北京

中国产权市场年鉴
2019—2020

中国产权协会 ◎ 主编

CHINA PROPERTY RIGHTS EXCHANGING
CAPITAL MARKET YEARBOOK
2019-2020

中国经济出版社
CHINA ECONOMIC PUBLISHING HOUSE

·北京·

图书在版编目（CIP）数据

中国产权市场年鉴 . 2019—2020 / 中国产权协会主编 . -- 北京：中国经济出版社，2021.5
ISBN 978-7-5136-6472-1

Ⅰ. ①中… Ⅱ. ①中… Ⅲ. ①企业产权-产权市场-中国-2019-2020-年鉴 Ⅳ. ①F279.21-54

中国版本图书馆 CIP 数据核字（2021）第 086019 号

组稿编辑	崔姜薇
责任编辑	焦晓云　夏军城
责任印制	马小宾
封面设计	任燕飞装帧设计工作室

出版发行	中国经济出版社
印 刷 者	北京富泰印刷有限责任公司
经 销 者	各地新华书店
开　　本	889mm×1194mm　1/16
印　　张	29.5
彩　　插	1
字　　数	827 千字
版　　次	2021 年 5 月第 1 版
印　　次	2021 年 5 月第 1 次
定　　价	498.00 元

广告经营许可证　京西工商广字第 8179 号

中国经济出版社　网址 www.economyph.com　社址 北京市东城区安定门外大街 58 号　邮编 100011
本版图书如存在印装质量问题，请与本社销售中心联系调换（联系电话：010-57512564）

版权所有　盗版必究（举报电话：010-57512600）
国家版权局反盗版举报中心（举报电话：12390）　服务热线：010-57512564

《中国产权市场年鉴2019—2020》编委会

主　　　任： 吴汝川　　中国企业国有产权交易机构协会会长

副 主 任： 周小全　　中国企业国有产权交易机构协会副会长
　　　　　　孔晓艳　　中国企业国有产权交易机构协会副会长
　　　　　　周业军　　中国企业国有产权交易机构协会副会长
　　　　　　朱　跃　　中国企业国有产权交易机构协会副会长
　　　　　　曾庆祝　　中国企业国有产权交易机构协会副会长
　　　　　　王　军　　中国企业国有产权交易机构协会副会长
　　　　　　宋林泉　　中国企业国有产权交易机构协会副会长
　　　　　　苗　伟　　中国企业国有产权交易机构协会副会长
　　　　　　刘　闻　　中国企业国有产权交易机构协会副会长
　　　　　　王乃祥　　中国企业国有产权交易机构协会副会长
　　　　　　夏忠仁　　中国企业国有产权交易机构协会党委书记、秘书长

委　　员：

岳士侠	粟　楠	蒋鸿雁	吴江涛	常　青	龙喜平
安　涛	周　琪	马志春	张亚明	朱　冬	连　炜
姜又阳	刘志鸿	王杰民	李晓光	张柏龙	张　静
郑承乾	刘　超	饶卫军	陈　戈	韦明芳	李建林
戴　斌	商桂林	郝敬林	胡海亮	王立峰	徐东喜
武　冰	黄　栋	王耀辉	徐世湘	夏德兴	侯海萍
李鸿乐	钟　伟	初志杰	徐　勇	肖有义	李晓芳
丛乐敬	刘　鹏	张起淮	刘庆波	杨大为	蔡　蕾
李文鸿	白　蕾	付景林	刘海涛	刘　良	冯益民
张　弘	胡鹏斌	褚　玉	宁志和	周松平	张　丽
吴卫华	汪　浩	夏龙江	黄　严	吴彦华	严孟宇
王英迪	凌　敏	康朝强	王　艳	王双林	伍小保
欧阳克坚	王予商	杨　洁			

编写说明

一、《中国产权市场年鉴2019—2020》是一部概览中国产权市场各方面情况的综合性、资料性工具书。本年鉴记载了中国产权市场2018年1月1日至2019年12月31日在改革发展、科学创新、党群建设等方面所取得的新成果。

二、本年鉴设有行业大事记、市场述略、行业动态、业务研究、案例选编、宏观政策汇编、年度统计和附录，共八部分。

三、本年鉴由全国70余家产权交易机构供稿，所有稿件均经中国企业国有产权交易机构协会（简称中国产权协会）秘书处负责年鉴编撰工作人员和相关领导审核。本年鉴文字内容、图表、统计数据等，由秘书处审核。

四、本年鉴的版式编排执行国家标准，计量单位一律采用国际单位制，文字采用标准简体汉字，专业术语遵循国家有关标准和行业规范，标点符号和数字书写遵循国家有关出版物的规定。

五、本年鉴依据行文需要，并用单位名称全称和简称。

六、本年鉴的编辑出版，得到了中国经济出版社有关领导的悉心指导和帮助，得到了来自中国产权协会及会员单位领导的关怀重视，得到了编辑团队的密切配合。在此谨向所有关心、支持和参与年鉴编撰工作的人员表示谢意和敬意。欢迎社会各界提出宝贵意见，以便进一步提高编撰质量。

北京产权交易所

  北京产权交易所（以下简称北交所）成立于 2004 年 2 月，是经北京市人民政府批准设立的综合性产权交易机构。

  自成立以来，北交所积极服务中央企业、地方国有企业和涉讼资产进场交易，业务范围涵盖企业国有产权转让、国有企业增资扩股、国有企业和行政事业单位资产转让、国有企业房屋租赁、诉讼资产处置及其他公共资源交易。以此为基础，北交所扎实开展非国有产股权交易、上市公司并购重组、文体旅游资源及债权资产交易等服务。

  同时，北交所通过投资设立中国技术交易所、北京金融资产交易所、北京绿色交易所等专业交易平台，搭建集团化运营架构，业务范围拓展到技术、金融产品、环境权益等领域。北交所集团交易规模逐年扩大，2019 年突破 8 万亿元，已成为全国要素交易市场的中心市场和领先机构。

北京产权交易所
地址：北京市西城区金融大街甲 17 号
电话：010-66295566
网址：www.cbex.com.cn

北交所集团官方微信

北交互联 APP

北交所抖音号

上海联合产权交易所

上海联合产权交易所（以下简称上海联交所）是上海市人民政府2003年12月批准设立的正局级事业单位，2017年12月改制为市属国有企业；是国务院国资委、财政部、国家发展改革委、工业和信息化部、文化和旅游部、科技部、生态环境部、商务部、体育总局等部委分别在相关领域授权的产权交易服务平台；是集股权、物权、债权、知识产权等交易业务以及增资扩股等融资业务于一体的专业化、综合性要素流通平台和资本市场平台。

上海联交所对标证券市场，不断提升服务能级，全面实施"一体两翼多平台"经营战略，在巩固国资国企产权交易传统优势的同时，积极推进金融资产和知识产权交易，大力发展公共资源、非公产权、环境能源、农村产权、体育产权等交易平台，为各类企业并购重组、各类要素有序流转、各类资源优化配置，各类资本高效融通提供安全、便捷、优质的服务。上海联交所将进一步深化服务供给侧改革和国资国企改革，支持实体经济和科技创新发展，全力打造服务国内国际双循环相互促进的全国产权交易重要枢纽，努力成为全国产权市场创新发展的引领者。

上海联合产权交易所
官网：https://www.suaee.com
电话：021-62657272
地址：上海市云岭东路689号1号楼

上海联合产权交易所央企交易总部
电话：010-51917888
地址：北京市海淀区北蜂窝中路15号

上海联合产权交易所华南业务中心
电话：020-83627427
地址：广州市天河区珠江新城华强路1号

上海联交所微信公众号

上海联交所官方APP（沪联天下）

重庆联合产权交易所集团

重庆联合产权交易所集团成立于 2004 年，是国务院国资委、财政部选定的从事中央企业、中央金融企业国有产权转让的机构，最高人民法院确定的全国司法拍卖网络平台服务商。2016 年，以国有产权交易为基础，整合政府采购、工程招投标、机电设备招投标、土地使用权和矿业权出让，挂牌"重庆市公共资源交易中心"，由此成为全国第一家依托产权交易机构设立、以企业化方式运营的省级公共资源交易平台。通过多年发展，逐步形成开放集聚的资源要素交易市场和规范成熟的市场化服务体系。

2019 年，建成集中统一的智能化交易场地、覆盖各类要素资源交易的信息系统和云平台，被确定为全国公共资源交易创新成果。全年实现交易额 3704 亿元，连续三年保持两位数增长，其中，产权交易规模同比增长 119%，创历史新高，企业国有资产交易规模位居行业前列。

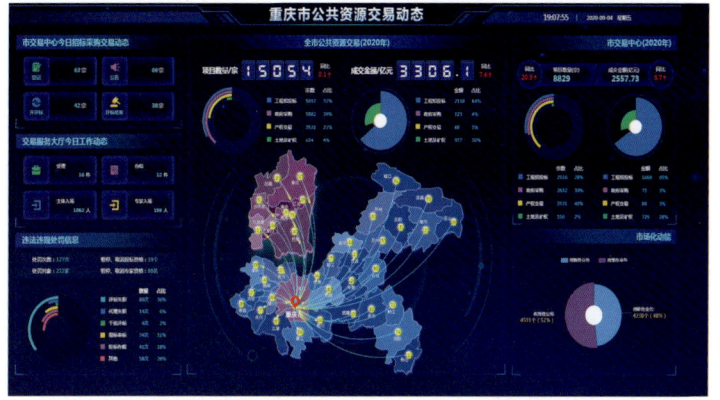

重庆联合产权交易所集团

地址：重庆市渝北区青枫北路 6 号渝兴广场 B9 栋、B10 栋

电话：023-63623509

网址：http://www.cquae.com

渝产权 APP

官方微信

微信订阅号

天津产权交易中心

天津产权交易中心成立于1994年，是天津市人民政府批准组建的天津市唯一的产权交易机构，是全国最早一批产权交易机构之一，是中国产权行业协会副会长单位，是行业唯一公开发行期刊、协会会刊《产权导刊》的主办单位。目前，天津产权交易中心整合控股了期货、区域性股权市场等证券类专业市场，投资控股了农村产权、技术产权、金融资产、排放权等权益类资产交易所。业务及研究涵盖企业股权、企业资产交易、企业增资扩股融资、企业私募股票及可转债、私募基金和产业基金投融资、股权及专利技术质押融资、租赁权融资、农村土地及经营性资产交易融资以及证券期货及衍生品等类别。

天津产权交易中心外景

渤海证券增资52亿元扩股15亿股项目在产权交易资本市场第三次典型案例评选活动中被评为"最具影响力增资案例"

天津市属企业集团混改项目签约仪式现场

联系电话：022-58922125

无锡产权交易所

  无锡产权交易所有限公司（简称无锡产权交易所）成立于 2010 年（前身无锡市国联产权交易所有限公司成立于 2004 年），是无锡地区市场化配置资源的专业交易平台，业务涵盖产权交易、招标采购、股权登记托管等，行业信用评价 AAA 级。

  无锡产权交易所是江苏省国资委选定的从事企业国有资产交易的机构，是无锡市政府确定的无锡市公共资源交易中心产权交易分中心、无锡市级农村产权交易平台，是无锡市财政局确定的政府采购代理机构。近年来，公司秉承"廉洁合规""规范、专业、高效"理念，在服务国企改革、促进各类要素资源市场化流转、优化资源配置等方面发挥着积极作用，2018 年、2019 年交易规模连续保持百亿元以上。

无锡产权交易所微信公众号

无锡产权交易所
网址：www.wxcq.com.cn
地址：江苏省无锡市太湖新城金融一街 10 号 A 区 3 楼
联系电话：0510-85197706（服务大厅）
     0510-82833660（产权交易）
     0510-82832368（招标采购）
     0510-85078568（股权登记托管）

要素交易行业信息化系统的耕耘者

顶点软件股份有限公司创立于1996年，是在上海证券交易所主板上市的金融科技企业，主要致力于提供产权、要素市场、证券、银行、基金和资管等行业信息化解决方案和软件开发服务。

通过多年发展积累，顶点软件现可以为国有产权、农村产权、知识产权、技术产权、用能权和环境权等的交易机构提供以要素交易和营销服务为核心的整体化信息系统解决方案和软件产品。

顶点软件将砥砺前行，倾心助力产权交易行业发展。

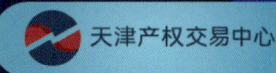

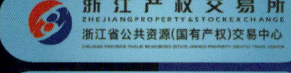

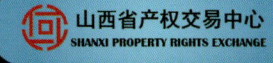

热线电话：
0591－87866888

顶点软件

2018年5月,中国产权协会在武汉举办"中国产权市场从这里起步——湖北产权市场诞生30周年"主题展览。

2018年5月17日,中国产权协会董事分会成立大会在京召开。

2018年6月21日,"2018中国国企混改与企业并购(成都)峰会"成功举办。

2018年9月27日,中国产权协会举办"推进产权交易资本市场体系建设 助力国企国资改革(井冈山)高峰论坛"。

2018年10月,中国产权协会"走进晋江"暨"央企、地方政府、民企战略对接活动"成功举办。

2018年11月23日,中国产权协会党委与会员单位党支部联合开展"纪念改革开放40周年,产权市场30周年"主题党日活动。

2019年4月,中国产权协会、安徽省产权交易中心联合开展"不忘初心踏征程 牢记使命促发展"主题教育培训。

2019年8月20日,中国产权交易资本市场助力乡村振兴研讨会和中国产权协会农村产权交易分会成立大会在哈尔滨召开。

2019年9月4日,国务院国资委副主任、党委委员赵爱明一行莅临中国产权协会调研指导工作。

2019年9月10日,中国产权协会参加国资委行业协会系统庆祝中华人民共和国成立70周年文艺展演。

2019年10月11日,中共中国产权协会第一次党员大会召开。

2019年10月17日,中国产权协会三届四次理事会会议暨理论研究课题结题会在重庆召开。

目 录

行业大事记

中国产权协会关于推动《企业国有资产交易法》立法研讨会在天津产权交易中心召开 …… 3
中国产权协会副会长孔晓艳当选十三届全国人大代表 …… 3
中国产权协会三届二次会员大会召开 …… 3
浙江产权交易所牵头开展产权交易行业信用体系建设调研 …… 4
中国产权协会资本投资运营专业分会一届二次理事会暨业务研讨会成功举办 …… 4
由中国产权协会主办、武汉光谷联合产权交易所承办的"中国产权市场从这里起步
——湖北产权市场诞生30周年"主题展览在武汉举办 …… 4
中国产权协会董事分会成立大会在京举行 …… 4
中国产权协会在郑州成功举办"推进国企混合所有制改革专题培训班" …… 5
中国产权协会当选中国商务信用联盟副理事长单位及商协会信用委员会副主任单位 …… 5
"2018中国国企混改与企业并购（成都）峰会"成功举办 …… 5
中国产权协会党委开展"真理的力量——纪念马克思诞辰200周年"主题党日活动 …… 6
国务院国资委领导听取中国产权协会工作汇报 …… 6
"推进产权交易资本市场体系建设，助力国企国资改革"高峰论坛在江西井冈山召开 …… 6
中国产权协会"走进晋江"暨"央企、地方政府、民企战略对接活动"成功举办 …… 7
全国企业国有产权交易业务风险防控专题培训班成功举办 …… 7
中国产权协会临时党委与北交所第三党支部联合开展主题党日活动 …… 7
国务院国资委协会党建局刘续浩同志一行莅临协会进行党建工作综合调研 …… 8
知识产权运营与国有产权交易研讨会及专题培训活动在广东佛山举办 …… 8
中国产权协会、安徽省产权交易中心联合开展"不忘初心踏征程　牢记使命促发展"主题教育培训 …… 8
中国产权协会资本投资运营分会理事会暨业务研讨会成功举办 …… 9
中国产权协会召开"不忘初心、牢记使命"主题教育动员部署会 …… 9
中国产权协会按照"不忘初心、牢记使命"主题教育安排举办形势与政策专题讲座 …… 10
中国产权协会临时党委召开庆祝中国共产党成立98周年暨"两优一先"表彰大会 …… 10
产权交易资本市场助力国企混改稳步推进——"2019中国企业并购与国企混改峰会"在成都举行 …… 10
中国产权协会农村产权交易分会成立大会暨中国产权交易资本市场助力乡村振兴研讨会在
哈尔滨召开 …… 11

国务院国资委副主任、党委委员赵爱明一行莅临中国产权协会调研指导工作 ········· 11
2019 年国企改革与混合所有制专题培训班在长沙举办 ········· 12
中共中国企业国有产权交易机构协会第一次党员大会圆满召开 ········· 12
中国产权协会三届四次理事会会议暨理论研究课题结题会在重庆召开 ········· 13
国家电投黄河项目增资引战签约仪式在北交所成功举办 ········· 13
服务国家战略 建设区域市场 长三角产权交易一体化信息发布平台成功上线 ········· 14
紧紧围绕产权交易资本市场功能定位 天津产权交易中心服务国企混改取得显著成效 ········· 14
唯一获奖国企！重庆联交所集团获"100 秒看重庆"微视频大赛优秀奖 ········· 14
湖北区域股权市场挂牌企业率先突破 5000 家 ········· 14
西部产权交易所完成陕西首个国有资产人民币跨境结算转让项目 ········· 15
广州产权交易所荣获"全国优质服务"大奖 ········· 15
济钢资产处置在山东产权交易中心实现溢价率新高 ········· 16
中国产权交易资本市场创新发展论坛在广州成功举行 ········· 16
初心不忘谋发展 砥砺奋进续新篇 云南产权交易所荣膺两项殊荣 ········· 16
全国产权行业大数据汇集、共享与应用研讨会在京成功召开 ········· 17
产权交易平台服务"一带一路"建设创新论坛召开 ········· 17
国务院国资委产权管理局贾立克局长一行莅临中国产权协会调研指导工作 ········· 17
中国产权协会举办成立 8 周年座谈会 ········· 17
国务院国资委产权管理局在协会组织召开专题座谈会 ········· 17
中国产权协会受邀参加 2019 上海·世界并购大会 ········· 18

市场述略

北京产权交易所 2018—2019 年市场述略 ········· 21
上海联合产权交易所 2018—2019 年市场述略 ········· 28
天津产权交易中心 2018—2019 年市场述略 ········· 34
重庆联合产权交易所集团 2018—2019 年市场述略 ········· 35
武汉光谷联合产权交易所 2018—2019 年市场述略 ········· 40
西部产权交易所 2018—2019 年市场述略 ········· 44
山东产权交易中心 2018—2019 年市场述略 ········· 47
广东省交易控股集团 2018—2019 年市场述略 ········· 52
江苏省产权交易所 2018—2019 年市场述略 ········· 64
浙江产权交易所 2018—2019 年市场述略 ········· 65
内蒙古产权交易中心 2018—2019 年市场述略 ········· 67
福建省产权交易中心 2018—2019 年市场述略 ········· 71
西南联合产权交易所 2018—2019 年市场述略 ········· 74

大连产权交易所 2018—2019 年市场述略 ………………………………………………………… 77
吉林长春产权交易中心 2018—2019 年市场述略 …………………………………………………… 78
江西省产权交易所 2018—2019 年市场述略 ………………………………………………………… 80
云南产权交易所 2018—2019 年市场述略 …………………………………………………………… 83
黑龙江省产权交易集团 2018—2019 年市场述略 …………………………………………………… 87
常州产权交易所 2018—2019 年市场述略 …………………………………………………………… 90
合肥市产权交易中心 2018—2019 年市场述略 ……………………………………………………… 93
无锡产权交易所 2018—2019 年市场述略 …………………………………………………………… 97

行业动态

在中国产权协会三届二次会员大会上做的工作报告 ………………………………………………… 101
在中国产权协会三届二次会员大会上的讲话 ………………………………………………………… 109
在"2018 中国国企混改与企业并购（成都）峰会"上的讲话 …………………………………… 111
2018 年中国国企混改与企业并购成都见解 ………………………………………………………… 114
在产权交易平台服务"一带一路"建设创新论坛上的专题发言 ………………………………… 115
在"推进产权交易资本市场体系建设　助力国企国资改革（井冈山）高峰论坛"上的信息发布 …… 119
在"推进产权交易资本市场体系建设　助力国企国资改革（井冈山）高峰论坛"上的致辞 …… 123
在中国产权协会井冈山高峰论坛上的讲话 …………………………………………………………… 124
在"推进产权交易资本市场体系建设　助力国企国资改革（井冈山）高峰论坛"上的讲话 …… 127
服务国资国企改革　助力实体经济发展 ……………………………………………………………… 129
在"2019 中国产权交易资本市场创新发展论坛"上的致辞 ……………………………………… 132
在"2019 中国企业并购与国企混改（成都）峰会"上的致辞 …………………………………… 135
产权交易资本市场助力国企混改稳步推进 …………………………………………………………… 137
在"2019 上海·世界并购大会"上的发言 ………………………………………………………… 140
北交所服务中央行政事业单位资产处置纪实 ………………………………………………………… 143
在"2019 上海·世界并购大会"主论坛的主题演讲 ……………………………………………… 144
天津产权交易中心 2018—2019 年业务动态 ………………………………………………………… 146
重庆联合产权交易所集团参与我国公共资源交易平台建设　走出一体化、企业化、市场化的新路子 …… 147
武汉光谷联合产权交易所 2018—2019 年业务动态 ………………………………………………… 152
山东产权交易中心 2018—2019 年业务动态 ………………………………………………………… 155
广东省交易控股集团 2018—2019 年业务动态 ……………………………………………………… 159
江苏省产权交易所 2018—2019 年业务动态 ………………………………………………………… 163
青岛产权交易所 2018—2019 年业务动态 …………………………………………………………… 168
甘肃省产权交易所 2018—2019 年业务动态 ………………………………………………………… 172
浙江产权交易所 2018—2019 年业务动态 …………………………………………………………… 174

贵州阳光产权交易所2019年业务动态 ········· 176
宁波产权"搭台" 各路专家"论道" ········· 177
江西省产权交易所2018—2019年业务动态 ········· 179
引领产权交易市场变革 推动多层次资本市场建设 ········· 182

业务研究

船行深处、棋至中局,"双百行动"开启了怎样的国企全面改革 ········· 187
生态文明建设背景下的资源与环境市场建设探索 ········· 189
建设高效、规范、覆盖多种经济成分的综合性资本要素交易平台 ········· 191
交易所的风险防控与自律建设 ········· 195
集约采购、高效规范:山东产权为国企阳光采购带来"新风向" ········· 198
做强做优新时代区域性大产权市场的建设者和运营者 ········· 201
不良资产进场交易难的经济学思考 ········· 208
黑龙江"四板"市场的建设与发展实践 ········· 212
江苏省产权交易所在国资租赁中的创新实践 ········· 216
改进交易模式 推动青岛产权交易所创新发展 ········· 218
国有资源资产通过产权市场补充基础设施建设项目资本金 ········· 220
供给侧结构性改革下的甘肃产权交易市场转型思考 ········· 222
产权交易市场是创新政府配置资源方式的主战场 ········· 228
从数据看楼市起起落落 ········· 231
积极推动去产能置换指标交易平台建设 ········· 235
煤炭去产能指标交易平台搭建与运行 ········· 237
影视投融资业务的实践与探讨 ········· 240
贵州阳光产权交易所2018—2019年业务研究 ········· 244
固废进场:利好各方、共赢发展的明智之举 ········· 245
江西省产权交易所2018—2019年业务研究 ········· 246
浅谈国有新三板挂牌公司定向发行业务 ········· 250
夯实基础 稳妥推进 逐步打造全要素农村产权交易市场 ········· 254
创新企业采购业务,实现"买""卖"双轮驱动 ········· 256
构建"农村产权+互联网"交易平台的思考 ········· 260
杭州市出租车经营权交易业务拓展研究 ········· 264
推动产权交易机构开展市场化"债转股"业务的探讨 ········· 266
关于国有房屋租赁项目采用"网络一次性报价+原承租人行权"方式的业务研究 ········· 269
产权交易平台融入公共资源交易平台探索实践 ········· 270

案例选编

"引战—股改—上市"三步走　打造绿色能源"国之重器" ... 275
首农食品集团房屋租赁凸显区位优势　租金收入翻倍 ... 278
无形资产入股光刻机企业　赋能北京高精尖产业发展 ... 280
降低负债，增厚业绩，中铁高速混改"一石二鸟" ... 286
创新交易、优化结构　助推铁路混改加速 ... 288
借力产权市场完成 A 轮融资　长安新能源加速香格里拉计划 ... 291
"股+债"一体化转让　助力央企处僵治困 ... 293
创新国资交易形态　实现多方互利共赢 ... 294
湖北海虹燃料集团有限公司等 37 户不良债权包转让项目 ... 295
湖北省轻工业科学研究设计院整体国有产权转让项目 ... 296
公开采购　阳光操作　农村产权交易平台助力乡村振兴作用凸显 ... 297
陕西医药控股集团山海丹药业有限责任公司股权转让加增资捆绑方案 ... 298
产权交易助力司法改革　首例破产资产高溢价成交 ... 300
广州产权交易所跨境交易先试先行　助力大湾区国有资产国际化配置 ... 302
以增资方式公开征集投资者　助新三板企业深圳巨正源混改 ... 304
首开破产财产进场处置先河，打造产权市场"史诗级"交易 ... 306
打造融资平台　助力国企混改 ... 309
沈阳石油化工设计院破产重整项目 ... 310
依托互联网，助力国企采购降本增效 ... 313
做好顶层设计　以混改激发企业活力 ... 315
推动城市货运配送绿色高效发展 ... 317
甘南州第一批共 104 辆公务用车制度改革涉改车辆全部高溢价成交 ... 317
杭州萧山国际机场原车库点 7 处保税仓库分零出租项目 ... 318
"现场竞价+交易互联网分段竞价"模式助推内蒙古自治区马产业发展 ... 320
福建省煤炭去产能指标交易平台助力煤炭供给侧结构性改革 ... 322
创新交易架构　助力成渝租赁增资扩股 ... 324
征集合作方　推动成都老牌建材市场升级改造 ... 325
贵州阳光产权交易所产权交易案例 ... 327
大交所试水停车场市场价值挖潜 ... 329
精心操作，增值股权，化解企业债务风险 ... 330
宁波产权交易中心公开交易富达资产项目 ... 331
创新服务方式　以混改助推市场化债转股 ... 333
低效无效资产卖"精"卖"细"　助推企业转型升级 ... 336

市场化去产能助企业变现近 1.67 亿元 ·· 339
常州路源房地产开发有限公司 100% 股权转让项目 ·· 340
河南航投物流有限公司增资案例分享 ·· 342
以混改促发展，助力企业逐梦 ··· 344
安世半导体部分投资份额退出转让项目 ·· 347
城投集团携手华润实现混改项目签约 ·· 349
成功运作天孚物业 51% 股权转让 助力国企混改 ·· 350
长江三峡集团下属企业水电站多宗资产处置项目介绍 ·· 350
转性上市安置房通过产权交易平台流转 ·· 352
无锡产权交易所服务非国有上市公司产权交易实践探索 ·· 353

宏观政策汇编

中国共产党国有企业基层组织工作条例（试行） ·· 357
关于深化公共资源交易平台整合共享的指导意见 ·· 363
关于统筹推进自然资源资产产权制度改革的指导意见 ·· 366
改革国有资本授权经营体制方案 ·· 370
国务院国资委关于以管资本为主加快国有资产监管职能转变的实施意见 ·· 374
中共中央 国务院关于建立更加有效的区域协调发展新机制的意见 ·· 377
团体标准管理规定 ·· 383
关于进一步推动构建国资监管大格局有关工作的通知 ·· 386
中央企业混合所有制改革操作指引 ·· 389
关于进一步明确国有金融企业增资扩股股权管理有关问题的通知 ·· 395
关于深化混合所有制改革试点若干政策的意见 ·· 398
国务院关于推进国有资本投资、运营公司改革试点的实施意见 ·· 400

年度统计

北京产权交易所 2018 年交易数据 ·· 407
北京产权交易所 2019 年交易数据 ·· 407
上海联合产权交易所 2018 年交易数据 ·· 408
上海联合产权交易所 2019 年交易数据 ·· 408
天津产权交易中心 2018 年交易数据 ·· 408
天津产权交易中心 2019 年交易数据 ·· 409
重庆联合产权交易所集团 2018 年交易数据 ··· 409

重庆联合产权交易所集团 2019 年交易数据	409
河北产权市场有限公司 2018 年交易数据	410
河北产权市场有限公司 2019 年交易数据	410
哈尔滨产权交易中心 2018 年交易数据	410
哈尔滨产权交易中心 2019 年交易数据	410
江苏省产权交易所 2018 年交易数据	411
江苏省产权交易所 2019 年交易数据	411
武汉光谷联合产权交易所 2018 年交易数据	411
武汉光谷联合产权交易所 2019 年交易数据	412
西部产权交易所 2018 年交易数据	412
西部产权交易所 2019 年交易数据	412
广州产权交易所 2018 年交易数据	412
广州产权交易所 2019 年交易数据	413
青岛产权交易所 2018 年交易数据	413
青岛产权交易所 2019 年交易数据	413
内蒙古产权交易中心 2018 年交易数据	413
内蒙古产权交易中心 2019 年交易数据	414
沈阳联合产权交易所 2018 年交易数据	414
沈阳联合产权交易所 2019 年交易数据	414
吉林长春产权交易中心 2018 年交易数据	415
吉林长春产权交易中心 2019 年交易数据	415
浙江产权交易所 2018 年交易数据	415
浙江产权交易所 2019 年交易数据	415
宁波产权交易中心 2018 年交易数据	416
宁波产权交易中心 2019 年交易数据	416
安徽省产权交易中心 2018 年交易数据	416
安徽省产权交易中心 2019 年交易数据	416
福建省产权交易中心 2018 年交易数据	417
福建省产权交易中心 2019 年交易数据	417
厦门产权交易中心 2018 年交易数据	417
厦门产权交易中心 2019 年交易数据	418
江西省产权交易所 2018 年交易数据	418
江西省产权交易所 2019 年交易数据	418
山东产权交易中心 2018 年交易数据	419
山东产权交易中心 2019 年交易数据	419
河南省产权交易中心 2018 年交易数据	419
河南省产权交易中心 2019 年交易数据	420

条目	页码
湖南省联合产权交易所 2018 年交易数据	420
湖南省联合产权交易所 2019 年交易数据	420
广东省交易控股集团 2018 年交易数据	421
广东省交易控股集团 2019 年交易数据	421
深圳联合产权交易所 2018 年交易数据	421
深圳联合产权交易所 2019 年交易数据	422
北部湾产权交易所集团 2018 年交易数据	422
北部湾产权交易所集团 2019 年交易数据	422
海南产权交易所 2018 年交易数据	423
海南产权交易所 2019 年交易数据	423
西南联合产权交易所 2018 年交易数据	423
西南联合产权交易所 2019 年交易数据	424
贵州阳光产权交易所 2018 年交易数据	424
贵州阳光产权交易所 2019 年交易数据	424
云南产权交易所 2018 年交易数据	424
云南产权交易所 2019 年交易数据	425
甘肃省产权交易所 2018 年交易数据	425
甘肃省产权交易所 2019 年交易数据	425
青海省产权交易市场 2018 年交易数据	425
青海省产权交易市场 2019 年交易数据	426
宁夏科技资源与产权交易所 2018 年交易数据	426
宁夏科技资源与产权交易所 2019 年交易数据	426
新疆产权交易所 2018 年交易数据	426
新疆产权交易所 2019 年交易数据	427
黑龙江联合产权交易所 2018 年交易数据	427
黑龙江联合产权交易所 2019 年交易数据	427
苏州市公共资源交易中心 2018 年交易数据	427
苏州市公共资源交易中心 2019 年交易数据	428
徐州产权交易所 2018 年交易数据	428
徐州产权交易所 2019 年交易数据	428
无锡产权交易所 2018 年交易数据	428
无锡产权交易所 2019 年交易数据	429
杭州产权交易所 2018 年交易数据	429
杭州产权交易所 2019 年交易数据	429
台州市产权交易所 2018 年交易数据	430
台州市产权交易所 2019 年交易数据	430
合肥市产权交易中心 2018 年交易数据	430

合肥市产权交易中心2019年交易数据	431
蚌埠市产权交易中心2018年交易数据	431
蚌埠市产权交易中心2019年交易数据	431
安徽长江产权交易所2018年交易数据	431
安徽长江产权交易所2019年交易数据	432
珠海产权交易中心2018年交易数据	432
珠海产权交易中心2019年交易数据	432
广西联合产权交易所2018年交易数据	432
广西联合产权交易所2019年交易数据	433
昆明联合产权交易所2018年交易数据	433
昆明联合产权交易所2019年交易数据	433
阳泉市产权交易中心2018年交易数据	433
阳泉市产权交易中心2019年交易数据	433
晋城市产权交易市场2018年交易数据	434
晋城市产权交易市场2019年交易数据	434
济南产权交易中心2018年交易数据	434
济南产权交易中心2019年交易数据	434
常州产权交易所2018年交易数据	435
常州产权交易所2019年交易数据	435
河南中原产权交易有限公司2018年交易数据	435
河南中原产权交易有限公司2019年交易数据	435
山西省产权交易中心2018年交易数据	436
山西省产权交易中心2019年交易数据	436
大连产权交易所2018年交易数据	436
大连产权交易所2019年交易数据	437
盐城公共资源交易中心2018年交易数据	437
盐城公共资源交易中心2019年交易数据	437
黑龙江农垦农信产权交易有限公司2018年交易数据	437
黑龙江农垦农信产权交易有限公司2019年交易数据	438
长治市产权交易市场有限公司2018年交易数据	438
长治市产权交易市场有限公司2019年交易数据	438
连云港市产权交易所2018年交易数据	438
连云港市产权交易所2019年交易数据	439
烟台联合产权交易中心2018年交易数据	439
烟台联合产权交易中心2019年交易数据	439
西安产权交易中心2018年交易数据	439
西安产权交易中心2019年交易数据	440

南平市产权交易中心 2018 年交易数据 ………………………………………………………………………… 440
南平市产权交易中心 2019 年交易数据 ………………………………………………………………………… 440
临汾地区资产调剂产权交易中心 2018 年交易数据 …………………………………………………………… 440
临汾地区资产调剂产权交易中心 2019 年交易数据 …………………………………………………………… 440
大同市产权交易中心 2018 年交易数据 ………………………………………………………………………… 441
大同市产权交易中心 2019 年交易数据 ………………………………………………………………………… 441
甘肃省文化产权交易中心 2018 年交易数据 …………………………………………………………………… 441
甘肃省文化产权交易中心 2019 年交易数据 …………………………………………………………………… 441
泉州产权交易中心 2018 年交易数据 …………………………………………………………………………… 442
泉州产权交易中心 2019 年交易数据 …………………………………………………………………………… 442
绍兴市公共资源交易中心 2018 年交易数据 …………………………………………………………………… 442
绍兴市公共资源交易中心 2019 年交易数据 …………………………………………………………………… 443
株洲市产权交易中心 2018 年交易数据 ………………………………………………………………………… 443
株洲市产权交易中心 2019 年交易数据 ………………………………………………………………………… 443
银川产权交易中心 2018 年交易数据 …………………………………………………………………………… 443
银川产权交易中心 2019 年交易数据 …………………………………………………………………………… 443
西藏产权交易中心 2018 年交易数据 …………………………………………………………………………… 444
西藏产权交易中心 2019 年交易数据 …………………………………………………………………………… 444
义乌产权交易所 2018 年交易数据 ……………………………………………………………………………… 444
包头产权交易中心 2019 年交易数据 …………………………………………………………………………… 445
山东潍坊产权交易中心 2019 年交易数据 ……………………………………………………………………… 445
中国林业产权交易中心 2018 年交易数据 ……………………………………………………………………… 445
太原公共资源拍卖中心 2018 年交易数据 ……………………………………………………………………… 445

附　录

产权交易资本市场国有资产交易指数 …………………………………………………………………………… 449
2018—2019 年企业国有产权交易相关地方性法规及文件一览 ……………………………………………… 458

扫描二维码
可获得中国产权市场相关资讯

中国产权市场年鉴 2019—2020

China Property Rights Exchanging Capital Market Yearbook 2019–2020

行业大事记

中国产权协会关于推动《企业国有资产交易法》立法研讨会在天津产权交易中心召开

2018年2月28日,中国产权协会关于推动《企业国有资产交易法》立法研讨会在天津产权交易中心召开。中国产权协会党委书记、秘书长夏忠仁,协会党委副书记、纪委书记王艳,天津产权交易中心主任、全国人大代表孔晓艳,天津产权交易中心党委副书记刘树坤出席了本次研讨会。中国产权协会原副秘书长、高级产权交易师何亚斌,中国产权协会、北京产权交易所、天津产权交易中心部分部门领导参加了会议。本次研讨会的目的在于推动《企业国有资产交易法》立法工作,研讨会形成了相关立法议案,由孔晓艳代表征集其他全国人大代表意见联名提交至全国人民代表大会主席团审议。

中国产权协会副会长孔晓艳当选十三届全国人大代表

2018年3月,中国产权协会副会长、天津产权交易中心主任、天津滨海柜台交易市场董事长孔晓艳以全票连续当选全国人大代表。孔晓艳同志为国家一级律师,理论功底深厚,长期从事国际大型企业重构重组、改制上市融资服务和法律服务工作,具有丰富的资本市场建设与实践经验。过去五年,孔晓艳同志围绕个人信用立法、证券法修订、区域股权交易市场服务中小微企业融资、天津金融创新运营示范区建设等方面建言献策,多项议案被纳入工作计划并稳步推进。孔晓艳同志再次当选全国人大代表,是中国产权交易行业的一件喜事、幸事。孔晓艳同志表示,将在协会的指导下、在业界同人的支持和共同努力下,全力做好《企业国有资产交易法》的立法推进工作,为行业的发展贡献力量。

中国产权协会三届二次会员大会召开

2018年3月29日,中国产权协会三届二次会员大会在北京召开。

会议发布的数据显示,2012—2017年,党的十八大召开后的6年,产权交易资本市场12类交易业务(含非国有)累计交易额突破26万亿元,取得了历史上最好的发展成果。

中国产权协会党委书记、秘书长夏忠仁在会上表示,产权交易行业按照国企改革"1+N"文件的要求,特别是认真贯彻落实《企业国有资产交易监督管理办法》(国务院国资委、财政部令第32号)(以下简称32号令),按照资本市场的定位,提升服务功能,深化业务创新,交易规模呈跨越式发展。

"经过一年多时间的努力,在国务院国资委和广大会员的支持下,协会组织开发的全国产权行业信息化综合服务平台正式上线,将全行业互联互通的夙愿变成现实。"夏忠仁在会上表示。

利用信息技术建设全国统一、规范、高效、服务功能强的产权交易大市场,是行业发展大势所趋。2017年,中国产权协会紧紧抓住"大数据""云计算"等网络技术带来的新机遇,通过实施"互联网+"战略,将分布在全国各地的产权交易机构连接起来。此外,本次会议公布了产权交易行业第二批信用评价结果并举行了授牌仪式。第二批共评出产权交易行业AAA级信用企业9家,AA级信用企业3家,A级信用企业1家。前后两批共评出产权交易行业信用企业36家,标志着产权交易行业信用（文化）体系建设迈出坚实步伐。

浙江产权交易所牵头开展产权交易行业信用体系建设调研

为贯彻落实党的十九大精神，更好地推进产权交易市场发展，厘清产权交易资本市场信用管理现状和存在的问题，根据国务院及有关部门信用体系建设要求，结合产权交易行业发展实际，2018年中国产权协会组织了"产权交易行业信用体系建设"课题研究。浙江产权交易所总经理姚上毅被指定为课题组组长。此次调研工作各组员单位积极参与，同时更得到了调研对象的热情接待和大力支持。课题组不仅学到了调研对象在诚信建设方面的好经验、好建议，而且学到了调研对象在产权市场发展方面的许多成功经验。此次调研工作得到了中国产权协会领导的充分肯定。

中国产权协会资本投资运营专业分会一届二次理事会暨业务研讨会成功举办

2018年4月25日至26日，由中国产权协会资本投资运营专业分会（以下简称分会）主办，北京产权交易所承办的"中国产权协会资本投资运营专业分会一届二次理事会暨业务研讨会"在北京怀柔成功举办。分会理事单位及部分中央企业、地方国有企业、民营企业共计80余家单位150余人参加了此次会议。

中国产权协会党委书记、秘书长夏忠仁莅临会场并做重要讲话。夏忠仁秘书长高度肯定了分会工作并提出四点要求，为分会下一步工作指明了方向：进一步贯彻落实好32号令、大力开展业务交流活动、积极参与协会各项工作、着力加强分会基础建设。

分会秘书长、北京产权交易所总裁朱戈在会上做了题为"2017年工作报告和2018年工作计划"的汇报。朱总在报告中指出，借助党的十九大精神的东风，在中国产权协会的统一领导下，分会成立一年来，结合中央和地方国有企业实际需要，开展了不同形式的互动交流，组织了四次会议和培训。这些活动的举办，有效发挥了分会功能，促进了各方交流，为推动国有经济布局优化、结构调整和战略性重组，做强做优做大国有资本，发挥了积极作用。

由中国产权协会主办、武汉光谷联合产权交易所承办的"中国产权市场从这里起步——湖北产权市场诞生30周年"主题展览在武汉举办

以1988年5月11日武汉市企业兼并市场事务所的成立为标志，中国产权市场从湖北武汉起步至今，已经走过了30年的历程。为追溯历史、展望未来，2018年5月11日，由中国产权协会主办，武汉光谷联合产权交易所承办的"中国产权市场从这里起步——湖北产权市场诞生30周年"主题展览在武汉开幕。国务院国资委产权局监管处处长李雪梅，省政府国资委党委委员、副主任胡铁军，中国产权协会党委书记、秘书长夏忠仁，武汉市政府国资委党委委员、副主任龚经海，东湖高新区党工委委员、管委会副主任徐磊，湖北省创投基金管理中心主任傅丽枫等领导，以及近30家协会常务理事单位负责人、产权市场发展的历史见证人约200人出席活动开幕式。武汉光谷联合产权交易所党委书记、董事长陈志祥致欢迎词，总经理范蕴玉主持了主题展览开幕式。

中国产权协会董事分会成立大会在京举行

2018年5月17日，中国产权协会董事分会成立大会在北京召开，这意味着国资监管在从以管资产到管资本为主的转变中提供市场化服务方面又迈出了一步，对帮助中国国有企业建立完善的公司治理制度有着重要的意义。为贯彻党的十九大精神，加强党的领导，积极推进现代企业制度建设，落实好习近平总书记关于"坚持党对国有

企业的领导是重大政治原则，必须一以贯之""建立现代企业制度是国有企业改革的方向，也必须一以贯之"的重要精神，中国产权协会邀请十几位公司治理领域专家学者和央企董事共同发起成立中国产权协会董事分会，目的是推进具有国际竞争力的世界一流董事会制度建设，建立健全权责对等、运转协调、有效制衡的决策和监督机制，促进董事依法自律、合规履职，帮助和激励董事成长，维护董事合法权益。

中国产权协会在郑州成功举办"推进国企混合所有制改革专题培训班"

2018年5月31日至6月2日，中国产权协会在河南省郑州市举办了"推进国企混合所有制改革专题培训班"。河南省人民政府国有资产监督管理委员会副主任、党委委员魏晓伟，国务院国有资产监督管理委员会产权管理局二处处长赵亮，河南中原产权交易有限公司董事长王耀辉等领导，以及中国产权协会会员单位学员、中央及地方国有企业的代表共260余人参加了开班仪式及培训。

中国产权协会当选中国商务信用联盟副理事长单位及商协会信用委员会副主任单位

2018年6月1日，"中国商务信用联盟"成立大会暨商务信用建设经验交流会在北京召开。该联盟是中国产权协会以及中国国际电子商务中心、中国经济信息社、中国盐业协会、北京国富泰信用管理有限公司等18家业内企事业单位、商协会倡议发起。"中国商务信用联盟"是依据并为落实国务院《社会信用体系建设规划纲要（2014—2020年）》而成立。

该联盟成立大会认为，新时代中国特色社会主义市场经济需要全方位、高品质的信用服务，商务信用建设的重要发展阶段已经来临。中国商务信用联盟的成立标志着中国商务信用建设有了一个共同、专业、协助的平台。该联盟作为一种信用行业合作机制，旨在凝聚各界力量，为推进商务信用建设、行业信用建设、国际信用互认、信用应用保驾护航；同时推动行业信用自律，树立中国企业信用形象和声誉，全面提升信用中国竞争力。

本次会议通过了联盟章程，选举产生了37家理事单位，召开了一届一次理事会会议，选举产生了首届理事长单位、11家副理事长单位，审议通过110家单位为联盟第一批成员单位，聘任了联盟秘书长、副秘书长，设立了秘书处、专家委员会、商协会信用委员会、信用应用委员会，通过了联盟2018年工作计划。中国产权协会当选为副理事长单位和商协会信用委员会副主任单位。

"2018中国国企混改与企业并购（成都）峰会"成功举办

2018年6月21日，"2018中国国企混改与企业并购（成都）峰会"在成都举行。本次峰会由中国产权协会主办，得到国务院国资委产权管理局、成都市金融工作局和成都市国资委的指导和支持，北交金科金融信息服务有限公司组织执行，北京产权交易所、甘肃省产权交易所和银信资产评估有限公司四川分公司联合协办。国务院国资委部门负责人、当地政府有关部门负责人、专家学者、企业精英和来自产权交易机构、金融机构、服务机构、上市公司及相关企事业单位的代表，共计300余人，会聚一堂，探讨新形势下国企混改与企业并购的新政策、新问题和新思路，交流新时代产权交易资本市场新趋势、新方向和新路径，隆重纪念改革开放40周年暨产权交易资本市场发展30周年。峰会由中国产权协会党委书记、秘书长夏忠仁主持。中国产权协会会长、北京产权交易所党委书记、董事长吴汝川和成都市政府副秘书长高建军相继致辞。国务院国资委产权管理局副局长郜志宇就如何推动国企混改和更好发挥产权交易机构的功能和作用发表了主旨演讲，并对交易机构加强市场化服务能力提出了具体要求。论坛发布了《2018中国国企混改与企业并购成都见解》。

中国产权协会党委开展"真理的力量——纪念马克思诞辰200周年"主题党日活动

为迎接建党97周年，2018年7月6日，中国产权协会党委组织协会秘书处全体人员及中产投科技有限公司全体工作人员开展"真理的力量"主题党日活动。主题党日活动分两个阶段进行。第一阶段：学习习近平总书记在纪念马克思诞辰200周年大会上的讲话。第二阶段：参观"真理的力量——纪念马克思诞辰200周年主题展览"。

党委副书记王双林组织大家集中学习习近平总书记在纪念马克思诞辰200周年大会上的讲话，解读"真理的力量"主题党日的内涵与意义，提出通过本次主题党日活动重温马克思对于人类社会的两大贡献——剩余价值学说和唯物主义历史观，了解资本市场理论的奠基之作《资本论》的现实指导意义，为建设产权资本市场做贡献。活动要求学习习近平总书记在纪念马克思诞辰200周年大会上的讲话、参观"真理的力量——纪念马克思诞辰200周年主题展览"后用不少于一周的时间进行自学，阅读《资本论》和习近平总书记在纪念马克思诞辰200周年大会上的讲话原文，每个党员写一篇心得体会，并以适当方式进行交流。

党委书记夏忠仁对本次主题党日活动的必要性做了深刻的分析，并对参观活动提出了明确的要求。他指出：在党的十九大精神指导下，经过国资委党委巡视，协会党建工作出现了新面貌，党员队伍更加年轻化，新鲜血液增多。我们要不忘初心，学习马克思主义、学习马克思的伟大人格，建设更加坚强的党员队伍。

国务院国资委领导听取中国产权协会工作汇报

2018年7月31日，中国产权协会党委书记、秘书长夏忠仁带队前往国务院国资委汇报工作。国务院国资委副主任、党委委员、总会计师沈莹，产权管理局局长贾立克、副局长李晓梁，产权局综合处副处长龚利杉听取了汇报。夏忠仁秘书长全面汇报了中国产权协会的基本情况、三届一次会员大会以来协会在推进产权交易资本市场体系建设和协会自身基础建设方面的工作情况，以及产权交易资本市场的发展情况，并提出希望由协会承接国务院国资委转移的部分"放管服"职能。沈莹副主任肯定了协会和产权交易资本市场近年来取得的工作成绩，对协会和产权交易资本市场建设发展提出了新要求，并强调协会要与国资委产权局、宣传局等有关厅局建立常态化沟通机制，及时交流工作，反映问题困难，国资委将认真研究并支持协会工作和产权交易资本市场建设。产权局贾立克局长、李晓梁副局长要求协会进一步发挥好自律监管作用，确保国有产权交易规范平稳运行，并表示产权局将与协会在课题研究、培训等方面加强合作。

"推进产权交易资本市场体系建设，助力国企国资改革"高峰论坛在江西井冈山召开

为纪念改革开放40周年、产权市场发展30周年，由中国产权协会主办、江西省产权交易所协办的"推进产权交易资本市场体系建设，助力国企国资改革"高峰论坛2018年9月27日在江西井冈山召开。与会者对于产权交易资本市场在服务国企国资改革等方面所取得的成绩给予充分肯定。"产权交易资本市场已成为引入社会资本、推动国有企业实现'混改'的主战场。"中国产权协会党委书记、秘书长夏忠仁在论坛上表示。党的十八届三中全会提出，国有资本、集体资本、非公有资本等交叉持股、相互融合的混合所有制经济，是我国基本经济制度的重要实现形式。按照有关部署和要求，产权交易市场以实现产权保护和要素市场化配置为使命，成功探索出一条推

动国有企业混合所有制改革的有效途径。

中国产权协会"走进晋江"暨"央企、地方政府、民企战略对接活动"成功举办

2018年10月24日至26日，由中国产权协会资本投资运营专业分会、中国产权协会市场服务专业分会、晋江市商务局主办，北京产权交易所协办，北京华诺信诚财务顾问有限公司支持的中国产权协会"走进晋江"暨"央企、地方政府、民企战略对接活动"在晋江市委党校宾馆成功举办。其间，召开了中国产权协会市场服务专业分会一届二次理事会、资本投资运营专业分会一届四次常务理事（扩大）会议；组织调研晋江经济发展情况；隆重举行了央企、地方政府、民企战略对接会，举办"晋江经验"专题讲座，以及产权交易资本市场暨产业发展基金业务研讨会等丰富活动。在"央企、地方政府、民企战略对接活动"会上，晋江市委常委、市政府副市长李自力和中国产权协会党委书记、秘书长夏忠仁分别致辞。晋江市人民政府分别与中国航天科工集团资产管理有限公司、中国物流股份有限公司、北京产权交易所等央企和产权交易机构进行了项目战略合作签约。

中国产权协会市场服务专业分会一届二次理事会审议了《中国企业国有产权交易机构协会市场服务专业分会会员管理办法》《关于建立市场服务专业分会专家库的议案》《关于增补北京顺澄股权投资基金管理有限公司等2家单位为分会理事单位的议案》《关于增补迟小莉、李文鸿、孙泽华3人为分会副会长的议案》《关于中投亿家（北京）投资公司等5家单位申请加入分会的议案》，研究了《信用评价工作准备事项》；资本投资运营专业分会审议了《中国企业国有产权交易机构协会资本投资运营专业分会会员管理办法》。

本次活动是中国产权协会两个分会联合举办的庆祝改革开放40周年、产权交易资本市场发展30周年的纪念活动，开创了协会业务活动新模式。活动得到了晋江市委市政府、晋江市商务局、北交所、各大央企、北京华诺信诚财务顾问有限公司等有关单位的大力支持。

全国企业国有产权交易业务风险防控专题培训班成功举办

2018年11月13日，由中国产权协会主办、山东产权交易中心承办的全国企业国有产权交易业务风险防控专题培训班在济南成功举办。中国产权协会秘书长夏忠仁、山东省国资委副主任王绪超为培训班致辞，国务院国资委企业改革局副处长李前艺、国务院国资委产权管理局监管处张奎、北京产权交易所总法律顾问魏存蕊、山东产权交易中心总裁王利等领导和专家为培训班授课，山东省国资委产权处处长杨睿、山东省发改委公管办副主任于明兵受邀出席，全国各中央企业及地方国有企业有关产权管理、资产管理、交易风险防控等部门的负责人，地方国资委监管企业相关负责人以及各产权交易机构的相关部门负责人近300人参加了培训。

中国产权协会临时党委与北交所第三党支部联合开展主题党日活动

为全面加强协会党建工作，进一步探索新形势下协会指导会员单位开展党建工作新模式，搭建良好交流学习平台，2018年11月23日，中国产权协会临时党委与北交所第三党支部联合开展"纪念改革开放40周年，产权市场发展30周年"主题党日活动。中国产权协会党委书记、秘书长夏忠仁，党委副书记、副秘书长王双林，北交所党委副书记刘超，双方党员、入党积极分子、业务骨干共计35人参加活动。

活动中，夏忠仁同志带领大家回顾了产权市场及中国产权协会的发展历程：从亲历者和见证者的视角，以"新兴的行业、兴旺的市场、心怀

梦想的产权人"为题,讲述了产权市场从无到有、从小到大、从单一到多元,实现向产权资本交易市场跨越式发展的过程;讲述了中国产权协会通过自身努力,不断用实际行动扩大凝聚力、号召力和影响力,实现行业引领、促进行业发展的过程;指出了新一代产权人面临的困难、任务和责任,压实了新一代产权人身上沉甸甸的担子。刘超同志向中国产权协会临时党委介绍了北交所党委在政治思想建设、引领企业发展及支部规范化建设等方面的经验做法,并结合本次党日活动的主题和内容进行了阐述。

国务院国资委协会党建局刘续浩同志一行莅临协会进行党建工作综合调研

2019年3月27日,国务院国资委协会党建局刘续浩同志一行莅临中国产权协会,就协会党建工作进行调研座谈。调研旨在了解协会党建工作、运行管理工作的相关情况,研究解决协会在管理体制改革中面临的突出问题,进一步提升协会党建工作水平。

中国产权协会党委书记、秘书长夏忠仁首先对协会党建局一直以来对协会工作给予的关心和大力支持表示衷心的感谢,并就协会的党建工作和运行管理情况做了专题汇报。随后,协会党建局调研组的同志充分听取了协会关于加强党建工作的意见建议,并就协会发展中面临的困难与大家进行了深入探讨和交流。最后,协会党委书记、秘书长夏忠仁表示,协会党委要在国资委党委的坚强领导下,进一步提升党建工作质量,加强协会队伍建设,确保党组织在协会建设发展中发挥政治统领作用。

知识产权运营与国有产权交易研讨会及专题培训活动在广东佛山举办

2019年4月1日,由广东省科技厅、佛山市政府指导,中国产权协会和中国技术交易所主办,中技所粤港澳大湾区科创服务中心承办的"知识产权运营与国有产权交易研讨会与专题培训"在广东省佛山市顺利召开。佛山市南海区委常委郭家新、广东省生产力促进中心副主任王厚华、中国产权协会秘书长助理隆小宇出席活动并致辞。来自50多个城市的200多位交易机构代表参加了研讨和培训。

在研讨会环节,中技所粤港澳大湾区科创服务中心合作机构广东佰国联合投资实业有限公司与连城资产评估公司、中国建设银行佛山分行、北京炜衡律师事务所、北京中天创意资产评估公司签署了战略合作协议。来自中国技术交易所、广州产权交易所、云南省科学技术院、中国医学装备协会、上海交通大学、中国科学技术大学和迪威奥科技公司的专家和领导,就知识产权与国有产权交易业务,以圆桌论坛形式进行了深入研讨。在主题培训环节,来自国家发展改革委财金司、航天科工二院206所、中国卫星应用产业协会、中国资产评估协会、北京市技术市场协会、北京炜衡律师事务所、北京君百略管理咨询有限公司,以及北京产权交易所、中国技术交易所、广州产权交易所的专家,围绕科技成果转化、国有产权交易、知识产权运营等,进行了深入讲解,受到参会学员的一致好评。

中国产权协会、安徽省产权交易中心联合开展"不忘初心踏征程 牢记使命促发展"主题教育培训

中国产权协会于2019年4月8日至12日在安徽金寨干部学院,与安徽省产权交易中心的党员同志共同开展为期一周的"不忘初心踏征程 牢记使命促发展"主题教育培训。中国产权协会党委书记、秘书长夏忠仁,党委副书记、副秘书长王双林全程带队参训;安徽省产权交易中心党委书记、董事长郑承乾,党委副书记、总经理斯映红出席开班仪式并讲话。中国产权协会及下属中产投科技有限公司、安徽省产权交易中心共47人参加培训。

此次培训是中国产权协会党委为深入学习习近平新时代中国特色社会主义思想和深入贯彻党的十九大精神，落实全面从严治党的各项要求，深入推进"两学一做"学习教育常态化、制度化的一项重要活动；是继2018年10月在井冈山举办的"坚定理想信念 弘扬井冈山精神"产权行业主题党日及2018年11月与北京产权交易所第三党支部联合开展的"纪念改革开放40周年，产权市场发展30周年"主题党日活动后，落实中央、国资委关于加强社会组织党建工作要求的又一项重要举措；是加强行业党建工作的一次重要探索；是与理事单位沟通联系、增进感情的重要机会。为使培训取得实效，中国产权协会与金寨干部学院在课程设置上进行了充分沟通，四天的培训课程设置内容充实、科学合理，既有富有激情、感人肺腑的现场教学，又有贴合实事、契合主题的课堂教学，还有锤炼意志、锻炼体魄的体验式教学，最后还组织学员对学习成果进行了深入的交流分享。

中国产权协会资本投资运营分会理事会暨业务研讨会成功举办

2019年4月11日至12日，中国产权协会资本投资运营专业分会（以下简称分会）一届三次理事会暨业务研讨会在北京密云成功举办。分会理事单位代表，部分中央企业负责产权管理、企业改革等工作的代表，"双百企业"代表以及相关服务机构的代表共计130余家单位260余人参加了会议。

会议首先由分会秘书长、北交所总裁朱戈做了《分会2018年工作报告和2019年工作安排》的报告，同时通报了2018年新会员入会情况。

随后，中国铝业、中国电信、中国保利专职外部董事，国务院国资委产权管理局原局长，规划发展局原局长邓志雄做了题为"混改的八条理由与七种方式"的专题授课。邓志雄教授从混改的基本概念讲起，从社会财富结构优化、社会发展动能变革、市场形态与生产主体变化、企业资本形成与运营方式更新等方面，系统阐述了混改的八条理由。用丰富的案例和数据，详细分析了改制上市、产权转让、增资扩股、合资新设、并购投资、资产处置和PPP七种混改方式。同时，对产权市场在国资国企改革中发挥的独特作用做了精彩论述。

通过学习，参会代表深刻领会了国务院国资委关于国有企业混改和"双百行动"的最新要求，系统掌握了国资国企改革新动向，深入探讨了国有企业混改路径，进一步拓宽了参会代表的工作思路。此次会议有效增进了理事单位之间、中央企业之间的业务沟通与经验交流，有效助力了国企混改和"双百企业"改革方案落地，取得良好成效。

中国产权协会召开"不忘初心、牢记使命"主题教育动员部署会

按照党中央、国资委党委统一部署安排，2019年6月14日，中国产权协会召开"不忘初心、牢记使命"主题教育动员部署会。协会党委书记、秘书长夏忠仁做动员讲话，协会党委委员、秘书长助理王艳同志在会上对主题教育实施方案重点内容做了说明。国资委协会党建局副局长、主题教育指导一组组长方长安到会指导并讲话。协会全体党员干部参加会议。会议由党委副书记、副秘书长王双林主持。

夏忠仁同志在动员讲话中指出，全党开展"不忘初心、牢记使命"主题教育，是以习近平同志为核心的党中央统揽伟大斗争、伟大工程、伟大事业、伟大梦想做出的重大部署。习近平总书记在中央主题教育工作会议上的重要讲话，深刻阐述了开展主题教育的重大意义、目标要求和重点措施，讲话通篇贯穿着马克思主义立场、观点、方法，彰显了我们党勇于自我革命、全面从严治党的坚定决心，为开展主题教育提供了根本遵循，为党员干部守初心、担使命指明了前进的方向。

中国产权协会按照"不忘初心、牢记使命"主题教育安排举办形势与政策专题讲座

为提升"不忘初心、牢记使命"主题教育的针对性,2019年6月20日,按照《中国企业国有产权交易机构协会"不忘初心、牢记使命"主题教育的实施方案》,协会举办了形势与政策专题讲座,邀请中国国际经济交流中心交流部副部长袁幽薇,以"对当前中美关系的认识"为题做报告。讲座由协会党委副书记、副秘书长王双林主持。

袁幽薇老师从事中美关系研究十余年,对中美关系的发展有着深刻而独特的见解。她的讲座条理清晰、深入浅出,聚焦当前国际形势,重点围绕三方面内容进行讲解:一是中美建交前被遗忘的三个事件和中美建交后关系主要发展阶段;二是美国国内对华态度的主要变化和目前美国内政的主要特点;三是特朗普政府和中美贸易摩擦。她深入解读了中美建交后两国关系发展的四个阶段,影响美国国内对华态度变化的主要因素,2008年金融危机后美国国内民众、精英、经济界等对华态度的显著变化,美国的政治、经济现状,以及特朗普政府与中美贸易摩擦的发展过程等。课后,袁幽薇老师还就大家关注的热点问题与大家交流互动。

中国产权协会临时党委召开庆祝中国共产党成立98周年暨"两优一先"表彰大会

为深入推进"不忘初心、牢记使命"主题教育,选树身边先进典型,2019年7月1日,中国产权协会隆重召开庆祝中国共产党成立98周年暨"两优一先"表彰大会。会议由协会临时党委副书记、副秘书王双林同志主持。协会临时党委书记、秘书长夏忠仁同志讲话,协会党委委员、秘书长助理王艳同志宣读"两优一先"表彰决定及部分受表彰人员先进事迹,协会全体党员参加会议。

夏忠仁同志指出,在全国人民喜迎共和国成立70周年和全党上下开展"不忘初心、牢记使命"主题教育之际,我们隆重集会庆祝中国共产党成立98周年,并召开"两优一先"表彰大会,目的是激励协会全体党员干部进一步激发斗志、提振士气,敢于担当、拼搏实干,更好地发挥基层党组织、党员的战斗堡垒作用和先锋模范作用。夏忠仁同志强调,协会全体党员要结合"不忘初心、牢记使命"主题教育的开展,深入学习贯彻习近平新时代中国特色社会主义思想,牢固树立"四个意识"、坚定"四个自信"、坚决做到"两个维护",始终把初心和使命体现在听党话、跟党走上,进一步增强自身的责任感和使命感,不断发挥各级党组织的政治核心作用,努力建设干净、忠诚、有担当的党员队伍,继续推进协会品牌建设,为我国产权交易资本市场的繁荣,我国产权交易行业的发展,服务国资监管、国企改革,做出新的更大贡献!

产权交易资本市场助力国企混改稳步推进——"2019中国企业并购与国企混改峰会"在成都举行

2019年7月25日,由中国产权协会主办,北交金科金融信息服务有限公司担任执行单位的第二届企业并购与国企混改(成都)峰会在成都举办。来自成都市地方金融监督管理局等政府主管部门、各产权交易机构、金融机构、上市公司、央企国企负责人及专家学者,共计400余人出席了本届峰会。

本届峰会聚焦企业并购与国企混改,激发国企发展动力,增强国企核心竞争力,赋予国企发展新动能。

中国产权协会党委书记、秘书长夏忠仁在致辞中表示,希望通过举办本次峰会,为关注产权交易资本市场发展的业界人士、专家学者提供一个交流经验和分享前沿信息的平台,促进央企国企、交易机构及各类投资机构更加积极稳妥、规范有序地开展或参与混改。中国产权协会党委委

员、秘书长助理王艳表示，产权交易资本市场已成为推动国有资本与社会资本相互融合、相互促进、共同发展的重要操作平台。2016年至2018年，产权交易资本市场共完成国企混改项目3404宗，交易额6081亿元。其中，2809宗是以产权转让方式实现的，交易额3383亿元；595宗是以增资方式实现的，融资金额2698亿元。在国企混改和企业并购为产权交易资本市场转型升级和经济发展赋予新动能的同时，产权交易资本市场也为国企混改和并购重组提供了可操作、可创新、可施展的广阔"舞台"，产权交易行业因此具备了无限的想象空间和巨大的发展潜力。峰会由中国产权协会党委副书记、副秘书长王双林主持。峰会上，与会嘉宾各抒己见，从全球贸易挑战、市场竞争、区域经济发展、市场化激励机制建设等多维度进行了交流与探讨。

中国产权协会农村产权交易分会成立大会暨中国产权交易资本市场助力乡村振兴研讨会在哈尔滨召开

2019年8月20日，中国产权协会农村产权交易分会成立大会暨一届一次理事会在哈尔滨召开。经一届一次理事会审议，通过了《关于中国产权协会农村产权交易分会会长、副会长、秘书长、副秘书长候选名单的议案》《中国产权协会农村产权交易分会会长、副会长、秘书长选举办法》，选举产生了中国产权协会农村产权交易分会会长、副会长、秘书长。随后，举行了隆重的揭牌仪式。

中国产权协会农村产权交易分会会长，北部湾产权交易所集团党委书记、董事长韦明芳在揭牌仪式上做了发言，他说，中国产权协会农村产权交易分会的成立，标志着在党的农村政策指引下，在我国广袤的大地上，产生了一批为乡村振兴而积极探索农村产权流转交易市场建设和运营的先进机构和先进分子，也标志着我国企业国有产权交易行业从企业资源要素交易市场延伸发展到了农村资源要素市场，是产权交易机构以及广大产权交易工作者特别是探索农村产权交易的积极分子，是积极贯彻落实党的十八大、十九大精神的具体表现。他代表分会向分会酝酿筹备过程中付出大量心血和劳动的单位和同志表示感谢，向各会员单位和同人，特别是黑龙江省产权交易集团（黑龙江农村产权交易中心）对分会成立给予的大力支持表示感谢。最后，他代表分会第一任会长承诺，自觉遵守分会章程，不断发挥会员作用，为农村产权交易行业发展做贡献。

国务院国资委副主任、党委委员赵爱明一行莅临中国产权协会调研指导工作

2019年9月4日，国务院国资委副主任、党委委员赵爱明莅临中国产权协会调研指导工作，国资委行业协会商会党建工作局局长张涛，副局长方长安、李春梅，二级巡视员刘续浩及综合处处长宋光兰等陪同调研。中国产权协会党委书记、秘书长夏忠仁等秘书处领导、各部门负责人及平台公司经营班子成员参加了调研会。

夏忠仁秘书长向赵爱明副主任一行汇报了中国产权协会的基本情况，重点就中国产权协会党建工作、在推动产权交易行业资本市场体系建设、加强行业自律监管、服务行业创新发展、提升行业影响力等方面所做的努力和工作成果，以及今后两年重点工作规划等内容做了全面汇报；平台公司总经理白蕾就全国产权行业信息化综合服务平台建设规划和工作成果做了简要汇报。

在听取汇报后，赵爱明副主任对中国产权协会加强党的建设及各项工作成果表示肯定，对协会在推动产权交易资本市场体系建设方面的努力和探索表示认可，对产权行业信息化及综合服务平台建设工作表示支持，对协会工作作风和全员精神面貌表示赞赏。

赵爱明副主任指出，中国产权协会要充分发挥协会党委把方向、管大局、保落实的重要作用，进一步加强基层组织建设和党员队伍建设，把党建工作和党组织活动融入协会各项工作之中，不

能搞"两张皮",要用实际工作成果来衡量和检验党建工作的成效,切实提高党建工作的质量和水平,自觉在思想上、政治上、行动上同党中央保持高度一致。

赵爱明副主任强调,中国产权协会要充分有效利用社会组织独特的体制机制和资源禀赋,发挥各业务领域专业分会的优势,进一步加强理论研究,更好地服务国企改革和国资监管。研究的重点方向包括:全国产权行业信息化综合服务平台与公共资源交易平台对接问题,"两类公司"的概念界定和运营机制,与服务"一带一路"相关的涉外法律法规,国有企业党委会和董事会的关系及作用、董事会制度建设,国有企业混合所有制改革的重点、难点,产权交易行业标准化体系建设,以及从业人员执业教育培训等。通过开展深入有效的实践研究,进一步提高产权交易行业服务国资监管和国企改革的质量和效果,为推动建设统一、规范、高效和服务功能强的产权交易资本市场做出新的更大贡献。

2019年国企改革与混合所有制专题培训班在长沙举办

2019年9月18日,2019年国企改革与混合所有制专题培训班在长沙开讲,活动由中国产权协会主办、湖南财信金融控股集团(以下简称湖南财信金控)旗下公司湖南省联合产权交易所有限公司协办。

本次活动围绕"混改政策解读及实务培训""国企混改的理由与方式""产权交易市场如何服务国企混改"等主题邀请行业专家授课,旨在指导全国各省市产权交易机构全面贯彻落实国有企业深化改革的政策要求,更好服务国资国企改革、创新发展。

中国产权协会秘书长夏忠仁,湖南省国资委巡视员樊建军,湖南财信金控党委书记、董事长胡贺波出席开班仪式并致辞。湖南省国资委相关领导、全国各省市区产权交易机构、中央企业和地方国有企业代表以及部分行业相关机构有关人员共计200余人参加培训。夏忠仁秘书长表示,此次培训是中国产权协会按照三届二次会员大会精神,针对产权交易资本市场服务国企混改的热点、难点和问题开展的重要专题培训,主要目的是通过学习交流,推动产权交易行业明确当前国资国企改革和混合所有制实施的政策形势和重点任务,掌握推进改革的实务要点、操作模式以及疑难问题的解决方案,对提升产权交易资本市场服务国企混改能力、助力国有企业用好用活产权交易资本市场平台、建立完善行业教育培训体系均具有重要意义。

中共中国企业国有产权交易机构协会第一次党员大会圆满召开

按照国务院国资委党委批复精神,中共中国企业国有产权交易机构协会第一次党员大会于2019年10月11日在京召开,选举产生第一届委员会和纪律检查委员会。中国产权协会会长吴汝川、国务院国资委管理局副局长张丽、协会党建局党建处处长龚治刚、办公厅信息调研处副调研员李飞翔、产权局干部刘颖应邀出席会议。

会上,夏忠仁同志代表协会临时党委以"坚守初心使命 不断开拓创新 提高党建水平 为中国产权协会发展壮大提供坚强保证"为题作报告,总结回顾了协会临时党委七年以来的工作,对协会未来五年党的工作进行了部署。

大会分别审议通过了《协会临时党委工作报告》《大会选举办法》等多项草案、报告以及候选人、监票人、计票人名单,经过严格的投票、计票、监票,最终选举产生第一届协会党委、纪委委员,圆满完成各项议程。

龚志刚同志代表协会党建局向本次党员大会的召开表示祝贺,希望协会要在新的班子带领下,以习近平新时代中国特色社会主义思想为指引,持续推进党的建设,用高质量的党建,锻造高素质党员队伍,推动协会党建和各项业务工作再上新的台阶！

夏忠仁同志代表新的党委班子作表态发言，他表示，当前协会各项工作面临新的机遇和挑战，第一届"两委"委员责任重大，要以更加饱满的政治热情和更加昂扬的精神状态，坚定信心、下定决心，认真贯彻党的十九大及历次全会精神以及十九届中纪委历次会议精神，求真务实，开拓进取，以推动协会高质量发展为目标做出新的更大贡献！

中国产权协会三届四次理事会会议暨理论研究课题结题会在重庆召开

2019年10月17日，由中国产权协会举办、重庆联交所集团承办的"中国产权协会三届四次理事会会议暨理论研究课题结题会"在重庆召开，旨在推动中国产权交易资本市场体系建设。

会议增补了协会常务理事单位和会员单位，邀请广东省交易控股集团董事长刘闻和北京金融资产交易所董事长王乃祥为协会副会长，审议通过产权交易机构综合评价标准、产权交易机构服务标准、行业数据统计规范、交易业务信息数据通用规范和国有资产交易服务收费规范，对推进产权交易市场体系建设，进一步提升产权交易资本市场服务实体经济发展、国资国企改革的能力和水平具有重要而深远的意义。理事会会议由中国产权协会会长、北京产权交易所董事长吴汝川主持，重庆联交所集团党委书记、董事长周业军致欢迎词，重庆市国资委副主任李星强和中国产权协会党委书记、秘书长夏忠仁出席会议并讲话，来自全国约60家产权交易机构的领导参加了会议。

理论研究课题结题会上，中国产权协会党委书记、秘书长夏忠仁就产权交易行业2018—2019年开展理论课题研究的总体情况、取得的主要成果、课题研究的成果应用、取得的初步效用等情况做了重点汇报，并介绍了2020年产权交易行业理论研究计划及研究目标，部署了相关工作安排。

国家电投黄河项目增资引战签约仪式在北交所成功举办

2019年12月16日，"国家电投黄河项目增资引战签约仪式"在北京产权交易所成功举办。国务院国资委、青海省政府等相关领导，国家电投、各投资方、专业服务机构及北交所相关负责人共100余人出席此次签约仪式，新华社、《人民日报》、中央人民广播电台、中央电视台等近30家新闻媒体进行了现场报道。

国家电投黄河项目本次增资共引入资金242亿元，是本年度国内第一大非公众公司股权融资项目、央企混改引战第一大项目、国内最大能源电力领域股权融资项目，创造了产权市场有史以来混改项目募资金额的新纪录。

国家电投集团党组书记、董事长钱智民在致辞中阐释了国家电投践行"四个革命、一个合作"能源安全新战略，坚持新发展理念，推动"两个转型"等方面的探索，分析了青海能源发展优势，介绍了国家电投近年来的清洁发展成绩。

北交所党委书记、董事长吴汝川介绍了北交所在服务国家电投黄河项目中提供的全流程专业服务，阐述了产权资本市场在助推国资国企改革尤其是混合所有制改革方面的积极作用。吴汝川表示，北交所将持续提升平台服务功能，为国家电投等国有企业改革发展提供更多助力。

国务院国资委总会计师白英姿在讲话中介绍了国资国企改革发展的形势和取得的重要成果。她指出，国家电投黄河项目增资引战既为混合所有制改革奉献了又一个成功案例，也标志着国家电投和黄河公司的改革发展迈入了新的阶段。白英姿强调，国家电投和黄河公司未来要做好三个方面的工作：牢记使命担当，做国家生态文明建设的主力军；突出主责主业，做世界清洁能源产业的领跑者；持续深化改革，做国有企业改革发展的先锋队。她表示，国务院国资委将加强对黄河公司的指导和帮助，推动公司实现更高质量发展。

服务国家战略 建设区域市场 长三角产权交易一体化信息发布平台成功上线

2019年12月，为贯彻落实长三角一体化发展国家战略，在上海联交所和其他长三角产权交易机构的共同努力下，首届长三角地区国资国企一体化发展联席会议召开。会议要求"强化产权交易合作，推动长三角国资系统产权市场一体化发展，推进信息联合发布、项目联合推介、共同组织交易等业务合作"。本次会议还举办了长三角产权市场一体化合作发布仪式：长三角产权交易机构党建联建正式签约；长三角产权交易一体化信息发布平台、长三角产权交易共同市场微信公众号、长三角体育资源交易平台正式上线，引起参会代表的热烈反响和相关媒体的集中报道。

紧紧围绕产权交易资本市场功能定位 天津产权交易中心服务国企混改取得显著成效

混改是国企改革的重要突破口，是推动国企持续和社会资本、社会资源合作的长效机制。2018年3月，天津市国资委召开加快推进市管企业混合所有制改革专题会，提出全力加快推动市管企业混改工作落实。天津产权交易中心作为服务国企混改的专业化市场平台，深入贯彻落实国资国企改革"两会一文"和"一二三"总体部署和要求，持续强化"行商"服务理念、优化交易制度和交易流程、创新交易方式、改造升级交易系统、提高资本市场服务效能，多次大幅度降低交易费用，全力打造制度性交易成本"洼地"，充分发挥产权交易资本市场服务国有资本与民营资本对接融合的专业化平台作用，取得显著成效。

2018年，天津产权交易中心完成各类国有资产交易2500多宗，交易额达370亿元，交易规模和服务效能持续大幅度提升；全年完成混改项目120余宗，引入各类社会资本近300亿元，其中以增资扩股方式实现的混改项目20余宗，融资额230多亿元。

唯一获奖国企！重庆联交所集团获"100秒看重庆"微视频大赛优秀奖

点赞改革开放40周年，展示重庆新作为新形象——由重庆市委网信办、重庆广电集团主办的"100秒看重庆"微视频接力传播活动自2018年12月6日启动以来，各区县、市级部门和重点企事业单位共报送62部参赛作品。2019年1月，市委网信办组织专家评审，共评选出17部获奖作品。其中，重庆联交所集团提交作品以21万点赞量获得优秀奖，是17部获奖作品中唯一一个由国有企业提交的作品。

重庆联交所集团一直致力于打造全国一流要素资源交易平台。2004年，重庆联合产权交易所成立；2016年，成立重庆市公共资源交易中心，涵盖产权（资产）交易、工程建设项目（机电设备）招投标、土地和资源交易、政府采购交易等业务领域。如今，集团已建成27563平方米智能化交易场所和"一网一平台、五库十系统"，围绕改革创新和高质量发展，以大数据智能化为建设全国一流的交易平台奠定坚实基础。充分发挥要素市场作用，推动公共资源优化配置，在服务国企改革、区域经济发展中发挥了积极作用。

湖北区域股权市场挂牌企业率先突破5000家

2019年1月8日，武汉光谷联合产权交易所旗下的武汉股权托管交易中心举行2019年首场挂牌活动。随着来自荆州的75家企业在光谷资本大厦集体挂牌开市，湖北区域股权市场的挂牌企业总数达到5067家，成为全国首个挂牌（不含展示）企业数量突破5000家大关的区域性股权市场。目前，湖北区域性股权市场的托管、挂牌、融资、特色产业板块、普惠金融等各项指标均位居全国前列。

成立于2011年8月的武汉股权托管交易中心即湖北"四板"市场，是全省资本要素市场体系中的重要一员。2018年，湖北"四板"市场共新增托管登记企业 735 家，新增托管股本 97.94 亿股；新增挂牌企业 1109 家；新增交易 20.59 亿股，新增成交金额 36.52 亿元；全年共为 107 家"四板"托管和挂牌企业完成股权融资 671 笔，实现融资总金额 177.91 亿元，同比增长 24.82%，其中，新增股权直接融资 87.27 亿元，新增股权质押融资 90.64 亿元。

下一步，武汉股权托管交易中心将与武汉光谷联合产权交易所旗下各要素市场互通联动，在投资融资、股权转让、并购重组、管理咨询、业务培训等方面，为全省企业尤其是中小企业提供综合增值服务，助力普惠金融创新，推动区域经济发展，为全省经济高质量发展做贡献。

西部产权交易所完成陕西首个国有资产人民币跨境结算转让项目

2019 年 4 月，西部产权交易所完成陕西首个国有资产人民币跨境结算转让项目。本次转让标的为陕西投资集团下设公司陕西省华秦投资集团有限公司（以下简称华秦投资）持有的华泰保险集团股份有限公司（以下简称华泰保险）1.28% 股权（5148 万股）。了解到该项目信息后，西部产权交易所第一时间组建了项目团队，积极与转让方华秦投资沟通对接，详细了解项目的交易背景，分析标的公司华泰保险的相关情况，研判潜在的意向受让方。业务团队通过公告前期的尽职调查了解到，在 2018 年下半年，华泰保险部分股东陆续退出，且受让方多为境内外保险相关行业投资机构，实时成交价格处于相对高位。鉴于上述特殊背景，项目团队设置了"以 20 个工作日为一个周期，不变更挂牌条件最多延长 6 个周期"的交易条件，并按照既定计划在 2018 年度最后一个工作日完成项目审核挂牌工作。

该项目的顺利完成，得益于交易所专业、专注的职业精神，在尽职调查、分析研究的基础上，设定了符合项目的交易条件；得益于交易所制定的精准推荐方案，针对性的宣传推荐；得益于与相关各方的深入交流和沟通，促成跨境结算业务的顺利完成，实现了陕西国有资产交易首笔人民币跨境结算业务。此项业务极大地巩固了交易所在国有产权市场跨境业务领域的竞争地位，进一步丰富了业务团队的项目经验和知识储备，为适应新形势、新要求，打造一流区域性要素交易市场积累了宝贵经验。下一步交易所将继续努力推进该项目中英文股权交易合同的审核和签署、成交价款落地，并配合银保监会交易审核备案等工作；同时，继续加强业务创新能力，为区域内各类资产交易提供更高效、更优质的平台服务。

广州产权交易所荣获"全国优质服务"大奖

2019 年 8 月 28 日至 29 日，全面质量管理推进暨中国质量协会成立 40 周年纪念大会在北京召开。本次大会以"全面质量管理助力高质量发展"为主题，由中国质量协会主办。为打造"中国服务"品牌，建设全国性的服务质量交流平台，大会同步启动了"中国质量技术奖第三届全国优质服务大赛"。大赛以"开放共享，优质高效"为主题，吸引了医疗、民航、公共、交通、零售、物流等 16 个行业 90 个由各省市区推选的优质项目参赛。在本次大赛中，由广州质量协会报送、由广州产权交易所组织的"文旅产业创新服务模式——广州文旅资源交易平台"和"广州市中小客车增量指标竞价服务"优质项目，经过全国大赛组委会资料评审及神秘客暗访等程序，最终进入全国总决赛。比赛中，广州产权交易所项目团队创新融合多种展示形式，高水平发挥，为大会呈现了一场集服务创新、跨界分享、观点碰撞于一体的视听盛宴。最终，广州产权交易所"文旅产业创新服务模式——广州文旅资源交易平台"荣获"全国优质服务"大奖，"广州市中小客车增量指标竞价服务"获得发表奖，广州产权交易所也成为国内首家获得中国质量协会"全国优质服务"大奖的产权交易机构。

济钢资产处置在山东产权交易中心实现溢价率新高

2019年4月17日，山东钢铁集团济钢板材有限公司西-7资产包（焦炉、化产区域）在山东产权交易中心（以下简称山东产权）成功拍卖。该项目以2859.82万元评估值为起拍价，经过34家客户291轮次的激烈报价，最终以31200万元成交，高于挂牌价28340.18万元，增值率高达990.98%，超过了济钢资产处置西-1资产包713.63%的增值率，创造了济钢资产处置项目增值率的新高。

从2018年9月14日济钢资产处置项目第一个资产包进场挂牌到目前为止，济钢资产处置项目共挂牌40宗，挂牌价格24.89亿元，成交26宗，成交金额23.52亿元，溢价9.43亿元，平均溢价率达137.24%。

山东产权充分运用专业化、市场化手段，秉持严谨规范的进场交易制度程序，深挖项目潜在价值，为国有资产处置创造了公开、公平、公正的市场竞争环境，发挥出高市场效应和公益性、公信力的"一高二公"属性，避免了国有资产处置过程中不规范操作导致的国有资产流失，保障了济钢产能调整工作扎实推进，助力企业实现新旧动能转换。

中国产权交易资本市场创新发展论坛在广州成功举行

由中国产权协会主办、广东省交易控股集团（以下简称省交易控股集团）承办的中国产权交易资本市场创新发展论坛于2019年6月29日在广州成功举行，中国产权协会负责人和有关领导、专家学者以及各大产权交易机构负责人齐聚一堂，广聚智慧，共同研讨产权交易资本市场服务"一带一路"倡议和粤港澳大湾区国家战略，鼓励和支持省交易控股集团在构筑大湾区资源要素市场化配置流转的金融基础设施平台中发挥主力军作用。

中国产权协会会长吴汝川，党委书记、秘书长夏忠仁，广东省国资委副主任、党委委员刘小龙，广东省地方金融监管局党组成员、副局长倪全宏，省交易控股集团党委书记、董事长刘闻等出席论坛。省交易控股集团党委副书记、总经理刘志鸿主持论坛。

吴汝川在致辞中提出，产权交易资本市场在中国经济向高质量发展转型升级的关键时期，应提升资本市场服务功能，实现国有资产阳光流转，推动混合所有制经济发展，优化资源配置，全面服务实体经济，肩负起历史赋予的重任。刘小龙在致辞中希望省交易控股集团积极推进建设产权区域交易中心等粤港澳大湾区资源要素市场化配置流转的金融基础设施平台，为推动广东乃至全国产权交易资本市场高质量发展贡献新的智慧。在论坛的主题演讲环节，刘闻做了题为"构建粤港澳大湾区金融基础设施的探索与实践"的演讲。他表示，省交易控股集团将围绕构建大湾区金融基础设施的市场创新，加快建设以产权交易为核心的非标资本市场、大湾区要素资源配置流转平台、产融结合的重要资本服务平台、科技成果交易和转化平台、统一的产权要素信息化平台，推动大湾区"三税区、三法律、三货币"体制下的生产要素自由流通。

夏忠仁在论坛上发布了行业市场信息：2012—2018年，全国产权交易资本市场累计交易额达38.32万亿元，年均复合增长率超过30%，取得史上最好的发展成果。2018年，行业全年交易额首次突破10万亿元，达12.39万亿元，同比增长56.9%。据悉，省交易控股集团组建5年多来，累计成交金额逾6万亿元，2016—2018年连续成为全国年交易金额超1万亿元的产权交易机构之一，广东产权交易资本市场交易规模位居全国前列。

初心不忘谋发展　砥砺奋进续新篇云南产权交易所荣膺两项殊荣

历时两个多月，以"致敬改革开放40周年，见证云南金融榜样力量"为主题的"2018第八届春城金融博览会"于2018年12月12日迎来收官颁奖活动。云南产权交易所荣膺"2018年云南省服务地方经济发展突出贡献奖"和"2018年云南省最具社会责任交易机构奖"两项殊荣。

云南产权交易所自2005年经云南省人民政府批准成立，开展国有产权交易活动以来，始终秉承"资源聚集、价值发掘、规范运作、诚信服务"的宗旨，深耕云南这片热土。作为中国多层次资本市场不可或缺的组成部分，产权市场在推进国企深化改革方面发挥了重要作用，以"公开、竞争"的制度设计，实现国有资产的阳光操作，有效防范了国有资产流失。作为规模、影响力、参与度均在全省位居前列的年度金融盛会和财经"名片"，此次春城金融博览会通过专家评选和超过10万人参与在线问卷调查及投票相结合的方式，最终将两项殊荣颁予云南产权交易所。云南产权交易所将继续全面提升平台服务功能，实现"流转"和"融资"双轮驱动，完善"平台+投行"服务模式，提供全流程服务和综合性解决方案，努力打造全国一流的产权交易机构。

全国产权行业大数据汇集、共享与应用研讨会在京成功召开

2018年6月29日，全国产权行业大数据汇集、共享与应用研讨会在北京召开。本次会议由中国产权协会副秘书长王双林主持。中产投科技有限公司、国双科技有限公司、北京中百信软件技术有限公司、东吴软件技术（北京）有限公司、金马甲产权网络交易公司、9家产权交易机构及协会秘书处各部门代表参加了本次研讨会。协会党委书记、秘书长夏忠仁发表了题为《大数据为产权行业带来的机遇与挑战》的讲话，重点从服务国家战略、政府监管、产权行业凝心聚力交易机构合作共赢、满足投资人需求、大数据应用五个方面阐释了大数据对产权行业发展的重要意义，希望通过本次会议，形成产权行业大数据公约以及数据汇集、数据共享、大数据应用三个方案，抓好落实，推进产权行业信息化建设再上新台阶。

产权交易平台服务"一带一路"建设创新论坛召开

由广西壮族自治区国资委主办的第十五届中国—东盟博览会、中国—东盟商务与投资峰会重要专场活动——产权交易平台服务"一带一路"建设创新论坛于2018年9月12日在南宁举办。

会上，中国产权协会党委书记、秘书长夏忠仁就产权交易资本市场的战略定位、产权交易资本市场服务"一带一路"建设的独特优势、产权交易资本市场服务"一带一路"建设的前景展望三方面发表演讲，并表示中国产权协会将一如既往支持广西产权交易资本市场扩大对外开放，加强与东盟国家互联互通，完善贸易投资促进机制，构建国际性综合要素市场体系。

国务院国资委产权管理局贾立克局长一行莅临中国产权协会调研指导工作

2019年2月20日，国务院国资委产权管理局贾立克局长一行莅临中国产权协会调研。协会会长吴汝川、党委书记、秘书长夏忠仁等领导及各部门负责人参加了调研工作会。

中国产权协会举办成立8周年座谈会

2019年2月27日，为纪念中国产权协会成立8周年，中国产权协会秘书处举办了以"爱岗敬业 追梦想"为主题的员工座谈会。会上大家积极踊跃发言，总结工作上的成绩和不足，并纷纷表示要为协会更美好的未来贡献自己的力量。

国务院国资委产权管理局在协会组织召开专题座谈会

2019年4月29日，国务院国资委产权管理局邀请部分交易机构在协会组织召开专题座谈会，就如何建立中央企业交易机构动态调整工作机制

和交易机构代表进行了深入交流。各交易机构主要负责同志和分管领导就交易机构动态调整工作应重点关注的内容、遴选交易机构的方式、动态调整工作机制的间隔年限等内容进行了交流，并对交易机构动态调整工作机制提出意见建议。

中国产权协会受邀参加 2019 上海·世界并购大会

2019 年 11 月 9 日，在 2019 上海·世界并购大会上，中国产权协会党委书记、秘书长夏忠仁在会上做了主题为"产权交易资本市场助力企业并购、合作共赢"的发言，重点阐述了产权交易资本市场在服务"一带一路"建设、长江经济带发展、长江三角洲区域一体化发展、粤港澳大湾区建设等国家重大区域战略发展，以及服务国有企业混合所有制改革、国资国企改革等方面的功能和作用。

中国产权市场年鉴 2019—2020

China Property Rights Exchanging Capital Market Yearbook 2019-2020

市场述略

北京产权交易所 2018—2019 年市场述略

2018 年以来，北京产权交易所（以下简称北交所或北交所集团）在习近平新时代中国特色社会主义思想的指引下，始终坚持"规范"和"创新"并举，紧密围绕服务国家和区域发展战略、服务北京"四个中心"城市功能定位，深入践行新发展理念和高质量发展要求，继续夯实传统业务，扎实推进改革创新，集团发展呈现良好态势。

一、总体交易情况

随着集团化运营架构的形成和服务范围的拓展，北交所集团推动企业改革发展取得显著成效，目前的交易品种涵盖权益、实物资产、金融产品、大宗商品四大品类，市场范围覆盖全国各省市区乃至全球市场，总体交易规模持续增长。自 2004 年成立至今，北交所集团累计交易规模超过 35 万亿元，其中 2018—2019 年实现交易规模 14.5 万亿元，占累计规模比例高达 41.24%，2019 年更是突破 8 万亿元，再创历史新高（如图 1 所示）。

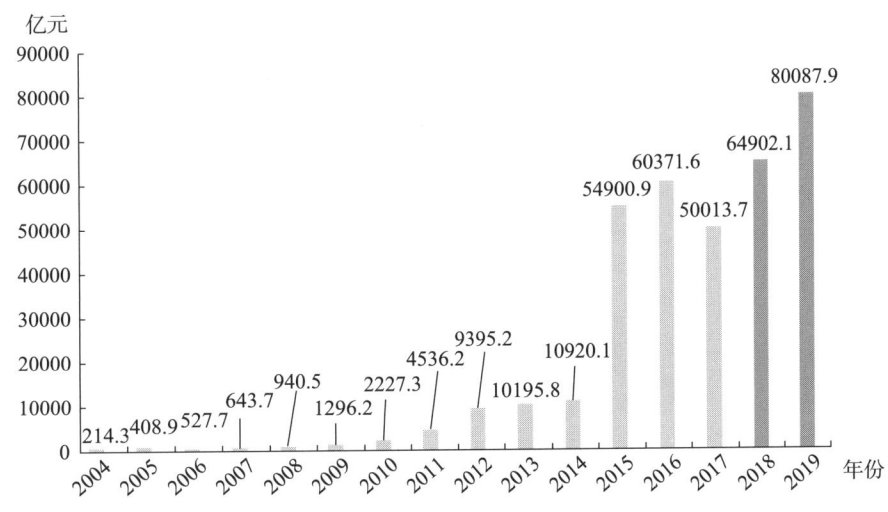

图 1　2004—2019 年北交所集团成交规模

从四大交易品类看，2018—2019 年，北交所集团累计成交企业国有产权、碳排放权、矿业权、技术、林权等权益类项目 1.25 万亿元，占比 8.63%；债券发行与交易、委托债权投资交易、信托产品交易等金融产品类项目成交 13.17 万亿元，占比 90.82%；行政事业资产、国有企业资产、诉讼资产、特殊资产等实物资产类项目成交 229.67 亿元，占比 0.16%；石油石化产品、铁矿石、林产品等大宗商品类项目成交567.47亿元，占比0.39%。

二、服务国家战略和首都"四个中心"建设情况

两年来，北交所集团一方面紧密聚焦传统业务，持续拓展服务广度和深度；另一方面积极培育发展新动能，不断促进集团均衡联动发展，推动企业改革发展取得显著成效。

（一）服务国资国企改革

2018—2019年，北交所共成交企业国有产权转让、国有企业增资、国有企业资产转让、国有企业房屋租赁四大类项目（均含非挂牌项目）12335项，成交金额6933.32亿元，各级国有企业通过产权市场开展资本运作和资产处置愈加活跃，国资国企改革不断向纵深推进。

1. 助力国有资产实现保值增值

在北交所成交的上述四大类项目共增值937.51亿元，表明各级国有企业积极运用产权市场充分发现国有资产价值，国有资产在流转中实现保值增值。其中，企业国有产权转让方面，各级国有企业通过北交所挂牌转让1335项企业国有产权，交易金额1826.57亿元，挂牌项目竞价率为21.27%，增值金额（仅股权部分，不含债权，下同）486.47亿元，增值率为35.27%。中信网络49%股权转让项目通过北交所以78.18亿元成交，项目溢价67.37亿元，增值率达623.45%。国有企业增资方面，各级国有企业通过北交所完成286项公开增资扩股项目，募集资金总额1226.39亿元，增值金额411.19亿元，溢价率为13.50%。航天科工旗下航天云网通过北交所增资，募集资金5.5亿元，增值金额达到28.95亿元，溢价率达66.28%。国有企业资产转让方面，各级国有企业通过北交所转让8893项资产项目，交易金额213.10亿元，增值金额29.35亿元，增值率为15.95%。中国石化集团资产经营管理有限公司安庆分公司港贮、液化气设施资产转让项目采用"资产转让网络竞价+资产拆除密封报价"同步进行的交易模式确定受让方，最终以资产报价5075.4万元、拆除费用报价1200万元成交，两者差额3875.4万元，较评估值625万元溢价520%。国有企业房屋租赁方面，各级国有企业通过北交所成交563项房屋租赁项目，出租物业总面积255万平方米，租金总额107.57亿元，公开挂牌项目的成交率达70%，进场前为出租状态的成交项目较原年平均租金溢价30%。北京首农食品集团旗下北京市北水嘉伦水产品市场有限责任公司位于新发地批发市场的一项房屋租赁项目，经过41轮竞拍，以124%的高溢价率成交，租金收入实现翻倍增长。该项目是北京市国资委《关于进一步规范市属国有企业京内土地房屋资产处置和房屋出租对外合作经营管理的通知》（京国资发〔2018〕21号）发布以后首个通过网络竞价方式开展遴选的房屋出租项目，充分体现了产权市场对国有物业价值提升的重要作用。

2. 助力国有企业混合所有制改革

2018—2019年，北交所通过增资扩股和产权转让两种方式助力381家国有企业实施混改，共计引入社会资本1456.77亿元。在增资扩股推进混改方面，各级国有企业实施213项混改项目，引入社会资本1064.47亿元，溢价率为13.53%。国家电投集团旗下青海黄河公司通过北交所以增资扩股方式成功引入包括中国人寿、工银投资、农银投资等在内的8家投资方，募集资金达242亿元，为打造具有全球竞争力的世界一流清洁能源企业奠定了坚实基础。该项目也成为2019年国内第一大非公众公司股权融资项目、国内最大能源电力领域股权融资项目，同时创造了产权市场有史以来混改项目募资金额的新纪录。在产权转让方式实现混改方面，各级国有企业完成168项混改项目，引入社会资本392.30亿元，增值率达76.01%。中国铁路总公司旗下中国铁路投资有限公司通过北交所转让动车网络科技有限公司49%的股权，铁路行业正式迈出混改第一步，最终腾

讯公司、吉利控股联合体中标，成交价格43亿元，增值12.51亿元，增值率达到41%。该项目通过"先设立公司再通过转让部分股权方式引入投资人"的操作方式，撬动了数量可观的优质非公资本，实现了高铁网和互联网的"双网"融合，对提升铁路运输服务品质具有重要意义。

3. 助力国有企业压减层级瘦身健体

2018—2019年，北交所积极助力各级国有企业提高资产利用效率，加快处置与主业关联度不高、无竞争优势以及扭亏无望资产。在退出非主业投资方面，各级国有企业通过北交所共退出263项该类企业产权，回笼资金369.42亿元，增值金额79.15亿元，增值率为28.87%。中国宝武钢铁集团通过北交所转让沪杭铁路客运专线股份有限公司14.04%的股权，收回资金27.65亿元，将更多资金用于发展主业。在退出劣势企业方面，各级国有企业通过北交所退出过剩和落后产能、僵尸、亏损等类别劣势企业822项，成交金额1163.84亿元，增值金额260.27亿元，增值率为68.15%。中国铝业集团旗下企业通过北交所转让2家僵尸企业产权，转让方整体减亏3.15亿元，处置收益8.3亿元。在剥离国企办社会职能方面，2018—2019年，各级国有企业积极通过北交所开展医院、学校、供水、供电、供热、物业等国企办社会资产剥离工作，成交该类资产29项，成交金额2.39亿元。中盐集团旗下企业通过北交所转让位于安徽省合肥市的安化创伤康复医院等2项国企办医院类资产，收回资金3648.06万元。

4. 助力国有企业处置闲置资产

2018—2019年，各级国有企业通过北交所处置各类闲置的库存资产8909项，交易金额213.54亿元，整体增值率为15.89%，实现了闲置资产变现，回笼了资金。其中，房产土地类资产成交923项，成交金额125.11亿元，增值率为4.13%。机械设备类资产成交1357项，成交金额55.20亿元，增值率为30.50%。交通运输工具类资产成交6614项，成交金额28.89亿元，增值率为64.88%。此外，还有一批专利等无形资产项目成交，如华润集团旗下企业转让两项医药产品生产技术无形资产所有权，成交金额0.4亿元，增值率为20.25%。

5. 助力国有企业降杠杆、减负债

2018—2019年，各级国有企业通过北交所"去杠杆"主要采取三种方式：一是增资扩股开展直接融资，两年共完成286项，募集资金1226.39亿元。二是转让"股权+债权"类项目，共转让113项，其中债权部分账面值296.68亿元，实现完全收回。三是助力企业开展资产售后回租。东方航空及下属四家子公司所属28架飞机通过北交所实现售后回租，项目以21.56亿元成交，增值率达94%，充分发现了市场公允价格，为国有航空企业处置同类资产提供了可借鉴的范例。

6. 服务国资交易范围持续扩大

一是北京市管企业房屋出租项目进场处置。2018年10月29日，北京市国资委正式下发通知，明确规定将北京市管国企的房屋出租行为统一纳入北交所公开进行，是继产权转让、资产转让、企业增资之后，扩大国资交易服务范围的又一重要里程碑。二是技术类无形资产交易品类进一步丰富。2018—2019年，北交所重点打造技术类无形资产交易平台——北交科技，共挂牌全国技术类无形资产项目125项，其中已成交5项，成交金额0.67亿元。三是国有基金份额和基金所持股权交易金额进一步增加。2018—2019年，中央企业通过北交所转让基金份额和基金投资形成的股权，累计共成交10项，成交金额13.08亿元。此外，北交所在应收账款融资服务、供应链融资服务、土地经营权转让、体育无形资产交易、国有文物建筑活化利用等方面也取得了一定进展。

（二）服务政府部门经济管理和资产处置

北交所阳光化、市场化的平台属性得到越来越多政府部门的认可，成为各级政府部门转变职能、发挥市场在资源配置中的决定性作用、最终实现经济调控与管理目标的重要依托。服务行政事业单位资产处置方面，总计成交31365项，交易金额 4.19 亿元，服务水平得到好评。继北京市管企业房屋出租行为进场交易后，北京市财政局也积极推动北京市级行政事业单位房屋租赁进场交易，北交所房屋租赁业务的服务范围有望进一步拓宽。服务涉案资产处置方面，总计成交 5573 项，交易金额 10.79 亿元。北交所成功入围最高人民法院司法拍卖网络服务提供者名单库，成为全国唯一一家具备该项资质的产权交易机构；在全国率先实现上缴国库类和非上缴国库先行处置类刑事诉讼涉案财物进场处置；受部分军事法院委托，协助处置相关诉讼财物。服务公共资源交易方面，北交所旗下北京软件和信息服务交易所（以下简称软交所）累计为 983 家单位提供正版软件采购和信息化项目招标服务，交易额 19.97 亿元，节约资金 1.07 亿元。在北交所和软交所运营团队的努力下，六里桥北京市公共资源交易综合分平台完成交易 2272 项，交易规模达 2169.46 亿元。服务民营企业发展方面，北交所针对部分民营企业遇到的资金紧张等难题，有针对性地制订交易方案、梳理债权债务关系、推进债务重组，吸引海航、万达、安邦系、明天系等多个大型民营企业集团项目进场处置。

（三）服务北京城市功能建设

北交所集团紧密围绕北京"全国政治中心、文化中心、国际交往中心、科技创新中心"的城市功能定位，积极服务科技成果转化、企业融资、文化体育和旅游资源交易。服务技术交易与科技成果转化方面，北交所旗下的中国技术交易所（以下简称中技所）积极服务高校科研院所技术交易与科技成果转化，在全国率先开展国有科技成果的挂牌交易、拍卖与成交信息公示以及技术合同登记服务，2018—2019 年，技术交易与科技成果转化项目成交 11410 项，交易金额 1160.62 亿元。此外，中技所搭建国家技术交易全程服务支撑平台——技 E 网，在全国布局 104 个地方工作站，为各地市和国家级高新区建设区域频道，建立起覆盖全国的技术交易网络平台，两年来共计聚拢和披露项目信息超过 30 万项。服务科技型中小企业融资方面，软交所与多家金融机构合作，为科技型中小企业提供知识产权质押融资和订单融资服务，两年来助力企业获得融资 116 笔，融资金额 24.35 亿元。服务北京建设全国文化中心方面，北交所建立旅游资源交易平台（以下简称旅游平台）、体育产业资源交易平台（以下简称体育平台），作为服务北京建设文化中心的主要抓手。两年来，体育平台累计挂牌 65 项，挂牌金额 7.18 亿元，为体育项目招商、体育企业股权交易、体育企业融资、体育实物资产交易等提供一站式服务。旅游平台累计挂牌 400 余项，挂牌金额 2000 多亿元，为地方政府、旅游企业以及投融资机构提供旅游项目招商、旅游企业融资、旅游企业股权交易、旅游实物资产交易、旅游产品发布等服务。

（四）服务京津冀协同发展

北交所集团深入贯彻京津冀协同发展战略，不断加强与京津冀各级政府部门、企业、投资机构、服务机构的联系，服务各类要素跨区域自由流动。体育产业资源交易方面，2019 年 4 月 18 日，由京津冀三地体育局共同建设的京津冀体育产业资源交易平台在北交所正式上线，平台有助于加强三地体育产业的对接与合作、完善体育产业链条、创新体育产品和服务，为京津冀体育产业资源整合、信息共享、规范流转和优化配置服务提供支撑。2019 年 11 月 21 日，北交所举办 2019 年京津冀体育产业大会，就京津冀三地体育产业发展趋势进行交流和探讨，并对三地体育产业资源重点项目进行了现场路演和专场对接。技术类无形资产交易方面，2019 年 7 月 1 日，由北交所牵头，天津产权交易中心、河北产权市场共同制定的《技术类无形资产交易规则（试行）》正式发布实施。今后各类市场主体通过三地产权交易机构开展无形资产交易将使用统一的规则流程，这将大大提升京津冀区域内技术类无形资产交易的规范化水平和交易效率，对促进三地科技资源自由流动、优化配置和产业协同均具有重要意义。

（五）服务打好三大攻坚战

北交所集团积极服务生态文明建设、贫困地区产业脱贫、要素市场资金结算，取得良好成效。服务碳配额交易方面，北交所旗下的北京环境交易所（以下简称环交所）是北京市政府指定的碳排放权交易平台。北京地区二氧化碳排放总量5000吨（含）以上的单位，均需履行控制二氧化碳排放责任。两年来，环交所累计完成碳配额交易1607万吨，交易金额7.63亿元，为北京市万元地区生产总值二氧化碳排放量持续下降做出贡献。服务排污权交易方面，环交所受哈尔滨环保局委托在哈尔滨市开展排污权交易工作，实现化学需氧量、氨氮、二氧化硫、氮氧化物四项污染物竞价交易，同时为企业提供排污许可证填报服务。两年来，环交所配合哈尔滨环保局推动数百家企业参与排污权竞价交易，成交量4008吨，成交金额0.71亿元，市场活跃度不断提升。服务自愿减排交易方面，环交所是国家发展改革委备案的中国自愿减排交易机构，建设运营中国核证自愿减排量（CCER）交易平台。两年来，环交所实现核证自愿减排量交易372.9万吨，交易金额2274万元；同期环交所还全力推进林业碳汇项目，成交9.88万吨，交易金额214万元。服务绿色公共服务方面，受北京市环保局委托，环交所承担淘汰高排放老旧柴油货运车、购买新能源汽车的车辆办理和补贴发放工作，两年累计为13.94万台车辆发放补助金额44.89亿元。受北京市住建委委托，环交所为公共建筑节能绿色化改造提供评审组织、补贴发放等服务，两年累计评审21个项目，涉及改造面积158万平方米。拓展碳中和市场方面，环交所与蚂蚁金服合作推出"蚂蚁森林"项目，旨在提供个人减排计算方法，用户通过步行、地铁出行等行为减少的碳排放量将用于植树，截至2019年底，用户超过5亿人，累计减排量792万吨，累计种植树木1.22亿株。服务绿色资产交易方面，2019年2月，国务院正式批复《全面推进北京市服务业扩大开放综合试点工作方案》，支持北京建设全球绿色金融与可持续金融中心。环交所在有关部门指导支持下，建设全国绿色项目库和国际绿色项目库，服务绿色项目投融资，累计对接企业100家，对接金融机构20家，涉及绿色项目1245项。服务贫困地区产业脱贫方面，北京支援合作工作涵盖内蒙古、西藏、河北、新疆、青海、辽宁等多个省（区），北交所积极服务这些地区相关企业的招商引资，实现产业脱贫，两年累计成交200项，成交金额582.83亿元。服务要素市场资金结算方面，北交所旗下的北京登记结算有限公司（以下简称北京结算）是北京市交易场所统一登记结算平台的建设者和运营者，是首都要素市场的核心基础设施，两年实现累计资金结算量1136.59亿元，目前北交所实物资产、环交所碳排放权交易以及其他交易场所的业务先后接入，有效促进了首都要素市场的高效、规范运行。

（六）服务优化营商环境

中央和北京市全力推进优化营商环境工作，北交所立足产权市场积极响应。一是设立"企业登记分中心"。2019年，先后与北京市通州区和西城区市场监管局签订协议，设立城市副中心和西城区两个"北交所企业登记分中心"，在全国范围内率先实现企业产权转让服务与登记注册服务的结合。截至2019年底，已有150家企业进行咨询，8家企业现场进行工商变更登记并领取新的营业执照，做到了"让信息多跑路、企业少跑路"。二是提供人民币跨境结算服务。积极与央行协调，打通产权转让、增资扩股两项业务人民币跨境结算的"双向"通道。截至2019年底，北交所已服务资金入境项目11项，交易金额33.28亿元，服务资金出境项目6项，交易金额8.66亿元，为跨境并购融资提供了便利条件。三是代征国有资产交易印花税。受北京市西城区地税局委托，从2018年1月1日起，对进场交易的国有资产业务产生的产权转移书据和购销合同代征印花税。截至2019年底，代征印花税650万元，为交易双方履行纳税义务提供了便捷、高效的服务平台，同时杜绝了阴阳合同、逃税漏税等问题。

（七）服务生产要素价格市场化改革

北交所旗下的北京铁矿石交易中心（以下简称北铁中心）、北京石油交易所（以下简称北油所）通过搭建大宗商品交易平台，积极服务国家对生产要素资源的价格市场化改革工作。两年来，北铁中心铁矿石现货交易量累计6848万吨，继续保持全球交易规模最大的铁矿石现货交易平台地位，对全球铁矿石现货价格的定价影响力持续提升。北油所服务石油石化产品交易，自主研发的石油石化行业B2B产业电商平台——"油品汇"，主要为炼化企业、贸易商、加油站、工矿企业等用户提供商品挂牌、网上交易、在线支付结算等服务，两年累计实现石油石化产品现货交易278万吨，交易金额124.61亿元。

三、多措并举提升交易所服务能力

2018年以来，北交所集团全力强化平台服务功能，提升服务的规范化、专业化、精细化水平，以促进整体服务能力的持续提升。

（一）深入贯彻落实国企党建要求

北交所认真贯彻落实新时代党的建设总要求，坚决贯彻落实习近平总书记提出的两个"一以贯之"重要指示精神，将党的领导融入经营管理各环节，落实到产权交易全过程，以高质量党建引领和保障企业高质量发展。一是切实用习近平新时代中国特色社会主义思想来武装头脑，深化大学习、大普及、大落实，把习近平新时代中国特色社会主义思想作为北交所一切工作的根本指引。二是牢记国有企业的使命和担当，不断提高政治站位，自觉向党的理论和路线方针政策看齐，向党中央决策部署看齐，切实将中央和北京市重大决策部署转化为指导推动北交所发展的思路举措。三是坚持把"不忘初心、牢记使命"作为党的建设的永恒课题，通过主题教育来统一思想、明确方向、解决问题和激发动力。四是充分发挥党内监督职能作用，严格落实党风廉政建设责任，推动全面从严治党向基层延伸，强化对权力运行的制约和监督，强化廉洁教育，深化作风建设，严格执纪问责，筑牢廉洁从业防线。

（二）全力推动中国产权市场建设

北交所全力参与和支持中国产权市场行业建设发展工作。一是积极参与中国产权协会的各项工作。作为会长单位，北交所全面接受产权协会在政策方向、业务创新、理论研究等方面的指导和监督；带头参与协会组织的"中国产权交易资本市场创新发展论坛"等一系列活动以及开展的各项业务培训；主动承担"产权市场立法研究""产权市场在企业增资业务中发挥的功能研究"等课题，从市场规范发展、市场功能提升等方面进行深入研究，为行业发展提供重要参考；作为中国产权协会资本投资运营分会秘书长单位，配合分会举办一届三次理事会暨业务研讨会、"央企走进中国科技城助推区域高质量发展峰会"等活动，进一步加深国有企业对国资国企相关政策的理解，同时促进中央企业与民营企业、地方政府之间的对接。二是服务统一的中国产权市场网络建设，进一步加强"权益互联"产权交易综合服务平台的运营与推广。截至2019年底，已有青海产权交易所、广西联合产权交易所等32家会员单位，成交项目1229项，成交金额4亿元，推进了行业资源的整合。三是加强与同业机构的交流与合作。授权黑龙江省产权交易集团、杭州产权交易所代理驻黑、驻杭中央企业股权转让以及企业增资扩股等项目，提升产权交易效率，推动交易机构合作共赢；与10家同业交易机构签订合作协议，在信息披露、业务开展和市场拓展等方面进一步加强合作与协同；持续维护"京津冀产权市场发展联盟""京沈产权市场合作专栏""北京黑龙江央企项目联合披露专栏"，发布各类产权交易项目信息及政策和市场信息，实现产权交易信息在这些地区的统一发布和推介。

（三）加强战略引领和推进业务创新

两年来，北交所通过执笔国务院发展研究中心课题，对产权市场发展历程进行全面总结，研究成果收录于《改革开放40年——市场体系建设、发展与展望》一书中，现已公开出版。与此同时，北交所成立"战略发展与业务创新工作委员会"，并设立6个专业委员会，推动创新工作有序开展。绿色资产交易方面，研究制定《绿色资产交易平台建设总体方案》，初步确定绿色项目库及投融资服务、环境权益交易和绿色金融交易三大业务板块。知识产权交易方面，完成《关于科技成果产权交易平台的建设方案》，初步设计出"科技成果产权交易+科技成果转化投行化服务"的服务模式。该项工作得到北京市政府的大力支持，已通过正式发文的形式商请证监会以北交所为依托，在京设立国家科技成果产权交易平台。服务营商环境改善方面，设立城市副中心和西城区两个"北交所企业登记分中心"，在全国范围内率先实现企业产权转让服务与登记注册服务的结合。投资机构管理方面，在市金融局计划对全市投资机构进行统一管理的背景下，制定《北京市投资机构管理方案》，拟以服务政府管理为契机，进一步充实北交所的投资人资源。自然资源交易方面，初步完成《中国自然资源交易所建设方案》，确定围绕土地、矿产、水权、森林、草原、海岛海域六大品类自然资源推进平台建设。投行化服务方面，探索与金融机构合作打造符合项目特点的定制化融资产品，为交易中的融资需求方提供融资服务。此外，在应收账款融资服务、供应链融资服务等业务领域也取得一定进展。

（四）全力提高集团管理效能和服务质量

一是对部分平台进行调整。按照"有所为有所不为"的原则，根据"是否有政府政策支撑、是否有市场化运营可能、是否有团队支撑"的标准，顺利完成旗下北京市房地产交易市场有限公司的股权退出；旗下的中国林业产权交易所大幅精减人员，房屋实现整体出租，同时以自然资源平台为切入点探索新的业务模式；北油所人员精减至40人，整体搬迁至房山办公区，有效减少了经营成本；旗下的北京国际矿业交易所（大数据）引入大数据交易中心发起人作为战略投资者，待相关审批程序完成后，将向大数据交易转型。二是继续强化国资业务协同。两年来，北交所集团11个"国资业务协同单位"累计成交项目308项，成交金额515亿元，为提升北交所业务规模和市场占有率做出贡献。其中，旗下的北交所金融服务（上海）有限公司带入项目200项，带入有效投资人390个，协助成交项目98项，成交金额244亿元，在长三角地区的桥头堡作用日益突出；旗下的北交金科金融信息服务有限公司参与对接国资项目146项，涉及金额56亿元，连续两年组织召开"国企混改与企业并购（成都）峰会"，在"云贵川藏渝"地区的市场影响力不断提升。三是有效防控经营风险。两年来，北交所集团严格落实主要负责人履行推进法治建设第一责任人职责，制定或修订27项业务规则、29项内管制度。四是进一步增强信息技术支撑。两年来，北交所加快推进金融科技相关信息技术与产权市场的深度融合，加强互联网服务平台的优化升级和运营推广；完成了与国家机关事务管理局、市金融局的监管对接；上线房屋出租交易系统和网络司法拍卖交易系统，优化实物资产交易功能，支持实物资产在线交易；推出智能客服与应用平台，采用客服机器人为主、人工客服为辅的模式，记录和分析客户行为，收集和反馈客户需求；基于"区块链+大数据"技术建设"北交数据平台"，与央企集团客户合作研发"央企直通车"，推出"产权交易信息服务"微信小程序，将信息技术支撑的服务向客户延伸。五是持续提升交易所影响力。两年来，北交所编写36篇交易案例分析并出版案例汇编；在中央电视台、新华社、《人民日报》等媒体开展10余次重点宣传报道；向主管部门报送61期工作简报、679条国资信息、7篇国资专报；推出23期《产权评论》，从产权市场角度解析财经热点，发出产权市场的声音；参与北京科博会、金博会，全面展示北交所平台功能、重点项目和企业文化，蔡奇书记、陈吉宁市长等市领导到展台参观，了解北交所集团建设发展情况。六是全力打造高素质的人才队伍。两年来，北交所完成11家专业平台的员工盘点并形成"人才发展档案"，邀请金灿荣、单霁翔、吕廷杰等专家开展10期"北交所大讲堂"，鼓励员工参加各类资格考试提升专业技能，目前拥有中级及以上职称的员工人数达到24%。

上海联合产权交易所2018—2019年市场述略

2018—2019年，上海联合产权交易所（以下简称上海联交所）在国务院国资委、上海市国资委的领导下，以党的十九大精神和习近平总书记系列重要讲话为指导，认真贯彻中央关于深化供给侧结构性改革的决策部署，紧紧围绕服务国资国企改革和上海五个中心建设的战略使命，坚持把服务实体经济作为各项工作的出发点和立足点，充分发挥资本市场的资源配置功能，努力强化自身体制机制建设和运营管理能力，不断提升资本市场的服务水平和能级，努力探索多元化、市场化业务创新，较好地完成了各年度制定的目标任务。

一、上海产权市场总体运行状况

2018—2019年，上海联交所累计完成各类产权交易项目3977宗，成交金额3808.92亿元。各类成交项目中，产股权类交易占交易宗数、金额的比率分别为39.98%和64.66%；增资类业务占交易宗数、金额的比率分别为4.53%和24.48%；资产类项目占交易宗数、金额的比率分别为54.54%和10.49%。

（一）产股权类项目交易情况

2018—2019年，产股权类项目累计成交1590宗，成交金额2462.83亿元。共有131宗产股权类项目以竞价方式成交，成交金额279.15亿元，较挂牌价格增值66.28亿元。

国有产股权转让项目成交992宗，转让金额1969.07亿元。其中，中央企业转让产股权项目491宗，转让金额925.52亿元；本市国有企业转让产股权项目478宗，转让金额995.5亿元。

从成交项目规模分布来看，超亿元的项目306宗，成交金额2269.41亿元，分别占成交总量的19.25%和92.15%；中等规模项目（1000万元至1亿元）成交462宗，成交金额172.58亿元，分别占成交总量的29.06%和7.01%；小于1000万元的项目成交822宗，成交金额20.84亿元，分别占成交总量的51.70%和0.85%。

（二）资产类项目交易情况

2018—2019年，资产类项目累计成交2169宗，成交金额399.45亿元。共有420宗资产类项目以竞价方式成交，成交金额93.59亿元，较挂牌价格增值18.19亿元。

资产成交项目中，不动产成交金额居首，累计成交824宗，成交金额260.66亿元。其次，债权类项目累计成交81宗，成交金额54.02亿元。

国有资产转让项目累计成交1706宗，转让金额358.85亿元。其中，中央企业转让资产项目859宗，转让金额153.75亿元；本市国有企业转让资产项目723宗，转让金额192.16亿元。

（三）增资类项目交易情况

2018—2019年，增资类项目累计成交180宗，成交金额932.53亿元。2019年，增资类项目共成交94宗，成交金额541.89亿元，同比分别增长9.3%和38.72%。2019年增资企业中，本市企业占38.37%，中央企业占56.38%，异地企业占5.32%；增资资本中，国有资本占77.66%，民营资本占22.34%。

二、上海产权交易市场运行特点

（一）服务国资国企改革，助力国资优化布局及国有企业做大做优做强

一是围绕混合所有制改革，为国有企业调整结构、优化布局提供支持。近年来，国务院国资委持续加大央企重组力度，上海联交所积极发挥产权市场作用，服务央企做强做优做大。例如，国电集团与神华集团合并重组为国家能源投资集团有限责任公司，在重组筹备阶段，上海联交所协助两集团开展非主业退出工作，顺利完成了神华新疆房地产开发有限责任公司50.5%股权项目、国电集团上海银锅热能设备有限公司51%股权项目的挂牌转让。中国航空发动机集团通过上海联交所挂牌转让多宗股权和资产项目，其中，株洲易利达机电有限公司72%股权、常州航空齿轮有限公司27%股权、贵州红湖发动机零部件有限公司51%股权、中国航发动力股份有限公司部分资产项目已实现成交，合计回收资金1.74亿元，为集团理顺资产结构、加速资源整合提供了支撑。

自国务院发布《关于推进国有资本投资、运营公司改革试点的实施意见》以来，作为两大国有资本运营公司试点企业之一的诚通集团所承担的多项改革试点任务逐步推进，通过上海联交所，先后完成了中国物流增资、中储智运增资、天津恒丰退出等重要项目，推进资本结构的市场化调整，实现向"管资本为主"转变。

2018年，上海联交所成功完成了招商资本、宝钢气体、中粮W酒店、国网太乙房地产、国华太仓能源等一批市场反响热、增值金额高、社会影响大的优质项目；以增资业务为抓手，积极发挥产权市场在央企推进混改中的功能和作用，协助央企优化法人治理结构和运营机制，有效降低企业资产负债率，提高市场竞争力。2018年，央企增资项目挂牌拟融资规模同比显著增加，重大项目进场挂牌宗数同比增加一倍，海南铁路、重庆长安、国电投资本、西飞民机、国大药房、国开新能源6宗重大项目合计挂牌拟融资金额达425亿元。其中，西飞民机募资67.22亿元、国开新能源募资20亿元、国电投资本募资60.41亿元。其他央企增资类项目成交率同比上升25.7%，成交金额同比上升33.83%。

2019年，上海产权市场共计实现中央企业挂牌成交项目471宗，成交金额1029亿元。上海产权市场积极服务央企深化改革，在电力、石油、天然气、铁路、民航、电信、军工七大重点领域成功完成混改试点项目287宗，引入社会资本超300亿元。目前，产权市场服务央企混改显现出三个"多样性"：①混改形式多样，既有产权转让项目、增资扩股项目，也有投资并购项目。②行业类型多样，既有传统的金融、房地产等项目，也有大量信息技术、新能源、新材料、节能环保、高端装备制造等战略性新兴产业项目，上海产权市场新兴产业股权项目共计成交292宗，占比达到38%，引入社会资本超150亿元。③释放股权比例多样，既有释放参股权项目，也有释放控股权项目。在上海产权市场，共有156宗交易项目释放50%以上股权，占比达到23.7%。

2019年，上海产权市场产生一批极具影响力的混改大项目：中铁交通项目近百亿元挂牌成交，创下产权市场股权转让项目最大交易规模纪录；金沙江水电、国投电力、幸福人寿、浙商银行、邦银金租等大型增资项目为能源央企、金融央企深化体制机制改革，进一步激发内生活力夯实基础；招商资本顺利引入新战略投资人，其新股东将为招商资本带来治理结构、战略规划和产业投资能力的提升；中铁特货等一批央企传统行业混改项目，对于推动铁路资产资本化、股权化、证券化，加快建立现代企业制度，提高铁路特种货

物物流服务水平和市场竞争力具有重要意义。

二是服务"双百行动"有序推进，在加速资源整合、探索改革创新等方面发挥作用。2018年3月，国务院国资委下发了《关于开展"国企改革双百行动"企业遴选工作的通知》。围绕该通知中提出的"五突破一加强"，上海联交所组成专家智库，加强对"双百行动"的政策研究和服务准备。组织召开产权市场服务国企改革"双百行动"业务研讨会，邀请到65家央企集团及其所属试点企业的负责人，集中开展研讨交流，形成对"双百行动"的思想共识。成立对口服务工作组，逐一开展实地走访，帮助企业梳理问题，找出症结，制订针对性的解决方案。与此同时，上海联交所将首批七大领域中央企业混改、10家中央企业子企业员工持股等单项试点积累的实践经验，灵活运用到"双百行动"的综合试点中，达到了良好的工作效果。例如，中国电信旗下的天翼电子商务有限公司增资项目，上海联交所协助企业制定了"引能力、引资源、引机制"的工作目标，吸引了中信建投、中广核、东兴证券、前海母基金等各类资本积极参与，募资工作已经顺利完成。

2019年，上海联交所不断拓展服务范围，增强服务央企混改的深度和力度，如为一汽集团、中国林业、冶金地质总局、招商局、航材集团、华侨城等多个重要企业提供优质服务，实现交易服务跨行业、跨地域的全覆盖。招商局两宗合计逾150亿元的重大增资项目，成为推进华南地区央企混改的标杆性案例。在国务院国资委指导下，上海联交所聚焦"第四批混改试点"和"双百行动"，对口项目跟踪率达到85%以上，陆续实现了宁波物流、化学工业岩土工程等多家"双百企业"的挂牌成交。同时，在境外产权交易上不断探索，相关服务团队围绕央企境外项目赴欧开展密集、高效的交易撮合工作，协同中国航空工业集团与欧洲意向投资人深入进行项目会谈，并签署了一系列战略合作协议和合作备忘录。

三是加大创新服务供给，提升投行化、专业化服务能力，积极对接企业需求，拓展国资国企服务渠道。推动国有资本与民营资本融合发展，对发展实体经济具有重要的促进作用。在上海联交所的积极运作下，央企保利集团旗下上市房企上海保利建锦房地产有限公司成功增资上海华辕实业有限公司，以90.5亿元出资获得上海世博滨江地块的开发运营权，成为探索存量稀缺土地资源开发运营的一次有益尝试。

2019年，上海产权市场继续提升专业服务能力，简化服务流程，降低企业交易成本，创新服务内容。相关投行团队着力提供企业改制重组、融资服务交易方案设计和咨询服务，并探索市属集团层面的个性化综合咨询服务产品。上海联交所已经成功为申迪集团和电气集团两家企业提供综合咨询服务，助力推动地方国企改革创新和转型升级。

上海联交所做精做优重大优质项目，努力从优质项目的运营中发掘市场的服务价值。例如，浦发银行东银大厦转让项目以20.6亿元底价挂牌，在整体市场状况平淡的情况下，实现增值金额2.83亿元。在电气集团下属的一家公司100%股权转让项目首次挂牌未成交的情况下，服务团队提供专业、高效的咨询和推介，再次挂牌后，以高于首次挂牌转让底价近800万元的价格成交。

四是国有企业通过上海产权市场进行并购交易，不断提升国资的证券化率，有效促进央地深化合作。2018年，上海国有资产通过产权交易注入国资控股上市公司的项目共有12宗，涉及金额104.27亿元，同比分别增长81.76%和40.12%。上海产权市场积极配合国资集团进一步做强做优，全年完成国有资本收购金额623.26亿元，同比增长12.74%。

上海联交所围绕资源整合，努力为地方国资国企引资本、搭平台，有效促进央地深化合作。例如，针对光明集团存量资产整合和产业发展的需求，成功促成光明集团和中国中铁上海投资集团战略合作。同时，积极与专业服务机构合作，为交易配套和延伸服务积累了大量资源，并形成了专营服务商模式。例如，先后设立生物医药、品牌服务和创投基金服务三个专业服务板块。其中，生物医药板块与张江药谷开展全面合作。品牌服务板块，根据市国资委统一部署设计交易服务产品，创新增值服务形式。创投基金方面，一方面，加大对发改委备案的创投基金的服务力度，联手上海市天使引导基金，把服务触角延伸至母基金，实现近5亿元交易规模；另一方面，在延伸交易服务链的基础上，针对中央降低国有企业资产负债率的要求，引导企业开展市场化债转股业务，成功为电气集团和临港集团等企业债转股提供交易服务，交易金额达到110亿元。

（二）围绕"三去一降一补"，加大对供给侧结构性改革的服务力度，支持企业提质增效、转型升级

一是积极落实"三去一降一补"要求，服务企业化解过剩产能，支持国有企业提质增效、转型升级。2018年，钢铁、水泥、船舶、煤化工、汽车、纺织、电力等产能过剩行业共有128家企业通过上海产权市场实施并购重组，合计交易金额233.78亿元；采取有针对性的服务举措帮助企业处置积压库存，为国企和行政事业单位处置实物资产，回笼资金173亿元。上海产权市场服务国有经济布局优化，协助国有资本进入新一代信息技术、高端装备制造、节能环保、新能源、新材料、服务业新业态等战略性新兴行业领域，推动新旧动能转换，全年累计成交项目473宗，总计金额853.31亿元。

2019年，中央企业通过上海产权市场转让非主业企业股权和低效无效资产137.2亿元；加快从钢铁、煤炭、电力等产能过剩领域退出，累计回收国有资本117.4亿元；批量处置企业库存存货等超过100亿元。从行业分布看，房地产、建筑、建材、钢铁、能源等行业企业去产能、去库存程度较高，共计为145家企业盘活存量资产110亿元。上海产权市场服务中央企业在退出所属宾馆、酒店、医院等辅业资产，推进央企之间、央地之间企业重组整合，实现协同发展方面取得实效，共计完成相关项目68宗，交易金额87亿元。

采用指标交易模式，有效化解过剩产能。根据国务院国资委中央企业钢铁煤炭去产能工作会议的精神，上海联交所积极探索通过产权市场帮助企业化解过剩产能的新思路、新办法。华能集团411万吨煤炭产能置换指标项目，作为全国首笔公开挂牌、网络竞价的煤炭产能置换指标交易，经过67轮竞价，在1.64亿元挂牌价基础上溢价0.72亿元成交，增值率达43.8%。

二是提高专业服务能力，以服务国有企业调整重组为重心，有效妥善处置僵尸企业。发挥联交所专家智库作用，成立"僵尸和特困企业处置（低效无效资产）"服务中心，帮助企业减损止亏、提质增效。截至2019年6月，共服务国有企业完成"僵尸和特困企业"清理退出312家，成交金额483亿元。针对中国广核集团13家特困水电企业处置项目，专业团队为其设计了捆绑转让的方案，经多轮推介，该项目由中国信达获得，在帮助中广核集中力量发展主业的同时，实现了央企集团间资源的优化配置。

（三）探索创新发展，推进子平台建设，提升专业要素市场服务能级，在长三角乃至全国产生重要影响

上海产权市场各专业子平台在充分发挥原有平台功能的基础上，不断完善服务功能，提升服务能级。各专业要素平台创新能力持续提升，形成了传统优势业务与市场创新业务齐头并进的良好局面。

国家知识产权运营公共服务平台暨国际运营（上海）试点平台，积极服务上海科创中心建设目标。2019年，知识产权运营国际平台根据联合国工发组织可持续投资发展计划需求，依托南南全球技术产权交易所的部分工作站基础，服务于"一带一路"建设的需要，构建国际化的科技创新成果转化、项目储备对接和服务机制，包括建立上海国际知识产权运营联盟，嫁接和链接国内外技术拥有方、技术需求方、专业服务方及资本方，共商共建国际知识产权运营生态体系；基于国际知识产权运营需求，针对影响科技发展的知识产权标的，与国际伙伴共建投资、许可、交易的产业生态。国际平台近一年开展了各类知识产权运营探索，完成了近700宗科技成果交易及服务项目和近9亿元的知识产权交易及服务额。

上海知识产权交易中心全方位对接供给侧与需求侧，2018年实现知识产权意向挂牌3290宗，成交项目42宗，成交金额21873.65万元。上海知识产权交易中心流转的科技成果大都来自高新技术企业、新三板等国内重点企业，实现供需双方价值最大化，成为支持上海科创中心建设的重要创新服务平台。从2018年成交项目来看，软件行业（包括集成电路布图设计专有权等）成交项目占比达42%。从成交项目所属产业来看，新材料、新能源、人工智能、生物医药等战略新兴产业占比达86%。

2017年12月19日，国家发展改革委宣布全国统一碳市场启动，明确由上海牵头承建全国统一碳交易平台工作。上海环境能源交易所全力打造集现货交易和金融衍生品交易于一体的全国统一碳交易平台，做好系统建设、制度建设和机构建设，确保区域性碳市场向全国性碳市场过渡期内上海碳市场的平稳运行。通过创新绿色金融服务机制、开发创新产品以及开展绿色投资管理业务三方面，形成以碳交易等环境权益交易为核心的人才、资金、资源集聚中心。增强平台综合金融属性和服务能力，打造国际性绿色金融和低碳服务中心。上海环境能源交易所全程参与了国家碳交易体系设计，参与制订碳交易管理办法、上海市碳排放报告与核算指南、配额分配方法、碳排放登记注册系统等工作。2018年，上海碳市场现货累计成交1.03亿吨，二级市场总成交量在全国各试点省区市中居首位。其中，配额累计成交3262.69万吨，CCER累计成交7065.95万吨。上海碳配额远期累计成交421.08万吨，总成交金额1.6亿元。2018年，上海环交所正式推出碳配额远期产品，碳市场的价格发现功能大大增强。上海环交所已经成为全国最有影响力的碳交易市场。

体育产权交易平台积极做好长三角体育产业一体化服务。一是协助制定长三角体育产业发展建设规划，推进长三角体育资源交易平台建设。2018年，体育资源配置上海峰会开启长三角体育资源一体化发展的序幕。二是发挥在长三角文化资源配置中的积极作用，推动长三角地区文化金融产业优势互补、资源整合，促进文化旅游、文化体育等延伸领域融合发展。

金融产权交易平台推出"特殊资产"推介服务模式，为各金融机构提供金融国有股权转让、不良资产处置等金融资产交易服务，率先以商业银行为试点，开展银行不良资产转让、担保类资产转让、抵债类资产转让、大宗物业资产租赁等交易业务，为银行不良资产处置开辟了一条市场化通道。产权市场通过引入社会资金，积极助力实体经济化解企业债务风险、盘活闲置资源和存量资产。

上海农村产权交易所认真贯彻中央关于深入推进农业供给侧结构性改革的部署，积极寻求战略合作伙伴，拓宽市场化发展路径，推进信息化交易服务。坚持以农业科技成果转化和农村金融业务为主导，逐步形成具有上海特色的农村产权交易品种体系。积极拓展涉农领域交易品种及服务功能，做好市科委"技术转移服务机构示范"项目，打造一流农业科技成果交易平台。探索土地承包经营权公开流转交易，建设农村集体资产处置租赁平台。探索供销合作社参与农村产权流转交易市场建设。深化金山区综合试点工作，建成农村产权规范交易示范区。开展农村经济改革与要素市场建设大调研，召开农村产权交易市场建设主题论坛。

（四）产权市场辐射力不断增强，资源要素跨区域流动特征明显，服务长三角一体化成效显著

一是上海产权市场的跨区域特征日益明显，异地交易的比重不断上升，拓展了要素资源的配置范围和效率。2018年，上海产权市场多元资本之间的并购规模不断扩大，异地并购金额同比上升16%。上海产权市场加强与央企及地方企业在增资项目挂牌、推介、专家库、投资人资源等方面的跨区域合作，并购项目的市场价格发现更趋有效，竞价率也在逐步攀升。在长三角地区，异地交易机构间的信息化合作联动机制不断创新，促进了要素资源跨区域的优化配置。

产权交易项目竞价活跃度的提升与跨区域的异地并购增加有密切关系。2018年，上海产权市场异地并购成交金额984亿元，占总交易金额的48%。其中，异地资本对上海企业的并购金额同比增长25%；上海资本对长三角地区企业的并购金额同比增长34%。同时，异地资本之间通过上海产权市场的并购活跃度也显著上升，其中长三角地区之间及长三角地区与东部地区间的股权并购所占比重最大。长三角高新技术企业加快并购步伐。长三角地区企业对长三角区域外企业股权并购的数量和规模正在不断扩大，一些战略新兴产业企业"走出去"并购的规模已经超过对长三角区域内企业的并购规模。长三角地区正在加快创新资源要素合理流动与开放共享，一批高新技术企业借助上海产权市场，正在逐步构建一个优势互补、资源共享的科技高地。长三角地区企业越来越成为上海产权市场并购的重要主体，包括苏宁等在内的苏商已"组团"进入上海产权市场，促进民营资本与上海国资乃至全国各类资本的对接。

二是探索长三角产权交易一体化机制，推动长三角产权市场建设。积极探索形成以资本为纽带的长三角一体化产权交易市场，推动建立长三角地区交易所平台联盟。积极推进各交易所交易规则统一，解决非标资产属地化信息不对称等问题。积极发挥资源整合优势，依托长江流域产权交易共同市场，面向长三角地区开放现有专业服务资源。

努力提升产权市场服务能级，依托长江流域产权交易共同市场，利用长三角数据资源，深化合作内容，加强业务协同，积极创造条件，探索以资本为纽带逐步形成长三角一体化产权交易市场，推动各类要素、资源、资本跨区域优化配置，服务长江流域乃至全国，不断提升上海联交所的品牌影响力。

2019年，上海联交所在与长三角地区产权交易机构进行传统业务合作的同时，逐步在党的建设、信息系统、体育资源交易三个方面共建共享、深度融合、率先突破。按照《长三角区域一体化发展规划纲要》"加强产权交易信息数据共享"的要求，由上海联交所牵头、长三角其他产权交易机构协同，以长三角产权交易一体化信息发布平台为抓手，全面对接各地交易所信息系统，实现项目信息的统一发布和披露。上海联交所新一代交易系统将有力推进各所联网交易，最终实现交易系统的统一，进而实现交易规则、交易竞价、交易结算、交易鉴证、交易监管等方面的一体化。

按照《长三角区域一体化发展规划纲要》相关要求，上海联交所进一步加强与监管部门的沟通，推动成立长三角产权市场联席会议机制。在服务好国资国企改革的前提下，逐步有序推进知识产权、技术产权、文体产权、金融产权、农村产权、碳排放权等交易平台的一体化合作。目前，上海联交所正在积极探索各类要素创新联动发展。例如：加快推动区域金融产权市场深化合作，打造长三角中小企业投融资服务平台，进一步拓宽中小微企业多层次的投融资渠道；体育资源平台与上海市体育局合作，协同江浙徽三地共建长三角体育资源交易平台，全力拓展体育资源要素交易进场规模；上海环境能源交易所立足长三角，聚集以碳交易等环境权益交易为核心的人才、资金、资源，增强平台综合金融属性和服务能力，努力打造国际性绿色金融和低碳服务中心。

（五）积极引导社会资本服务实体经济发展，化解中小企业融资难题，聚焦新兴产业领域，降低各类企业的债务风险

一是上海产权市场着力引导各类企业通过产权市场组合民间资本，解决企业融资难问题，通过市场化运作为中小企业融资服务，引导并推动包括创业投资及私募股权投资在内的各类社会资本进场投资和退出。2019年，累计实现中小企业融资交易154.35亿元，服务中小企业53家，其中非国有资本成交项目宗数占50.49%，交易金额同比增长11.50%。上海联交所挂牌增资项目主要涉及科创投资、金融服务、生物工程、文化传媒、医疗健康等近十个行业，投资人既包括来自实体经济的战略投资人，也包括风投、私募等财务投资人。上海产权市场发挥平台金融机构集聚的优势，与嘉实基金、鼎辉资本、凯雷资本、中平基金等一批重量级投资基金建立合作关系，促进产业资本与金融资本结合，服务中小企业股权流动和创新融资。

二是上海产权市场以重点领域、热门行业为切入点，引导各类资本向新兴产业集聚。新兴产业股权交易呈现逐月递增态势，非公资本加速向高端装备、文化传媒、新材料、生物医药、节能环保等产业集聚，与此同时，包括国内知名PE、VC在内的一些社会资本则聚焦物联网、云计算、金融科技等新技术行业领域。一些大型民营上市公司、实力型民营企业如复星国际、方大特钢等集团企业，借助产权市场寻找优质标的，横向并购相关产业资源，为实现发展战略积累动能。

上海产权市场通过整合各类资源，建立高成长型中小企业股权融资项目定期发布机制，搭建网上交易服务平台，发挥中小企业股权融资、挂牌转让功能，构建面向长三角中小企业直接投融资的综合服务平台。国内一家成长型科创企业在上海联交所平台上实施A轮增资，引入具有科创企业孵化运作经验的财务投资人，公司规模得以快速扩张，有效提升了市场占有率及品牌价值。此后，该企业又成功实现B轮增资，"引战"一家证券公司所属专业投资管理公司，为依托证券公司做好上市准备积聚力量。上海产权市场积极推动中小企业融资平台的建设，使中小企业项目资源、投资机构和社会资本真正实现集聚。

三是创新业务模式，降低企业债务风险。上海联交所积极推进债转股业务，截至2019年底，在上海联交所成交的本市国企市场化债转股项目，总交易金额超过百亿元。粗略统计，其中制造业和服务业占据九成以上。金融产权交易平台推出"特殊资产"推介服务模式，为各金融机构提供金融国有股权转让、不良资产处置等金融资产交易服务，率先以商业银行为试点，开展银行不良资产转让、担保类资产转让、抵债类资产转让、大宗物业资产租赁等交易业务，为银行不良资产处置开辟了一条市场化通道。产权市场通过引入社会资金，积极助力实体经济化解企业债务风险、盘活闲置资源和存量资产。

天津产权交易中心2018—2019年市场述略

天津产权交易中心（以下简称天津产权）是我国大型国家级产权交易资本市场，中国产权协会副会长单位，国务院国资委、财政部选定的央企产权、央企资产交易机构，天津市国资委、财政局、高院选定的全市唯一的产权交易机构，国企深改混改的综合性服务平台，各类资本、资产、要素资源市场化配置的专业化投融资服务平台，建立了目前全行业最齐全的既风险隔离又资源共享的专业交易市场体系，整合了期货、区域性股权市场等证券类专业市场，投资了农村产权、技术产权、金融资产、排放权等权益类资产交易所。天津产权是市政府选定的市小客车增量指标竞价服务机构，市二手公务车处置交易平台，中国产权协会会刊《产权导刊》的主办单位。

2016年32号令发布实施以来，天津产权对原有制度规则进行了全面、系统的梳理、修订和调整，强化"行商"理念、优化交易制度、升级交易系统、整合市场资源、加快转企改制、提高管控效率、降低交易费用，积极营造良好的营商环境，全力打造产权交易资本市场，实现交易规模和服务效能的大幅提升。

重庆联合产权交易所集团2018—2019年市场述略

2018年以来，重庆联合产权交易所集团（简称重庆联交所）以习近平新时代中国特色社会主义思想为指引，深入学习贯彻党的十九大和十九届二中、三中、四中全会精神以及习近平总书记视察重庆时的重要讲话精神，对标对表"两点"定位、"两地""两高"目标，发挥"三个作用"和优化营商环境要求，以服务"三大攻坚战""八项行动计划"为引领，全力推动资产资源要素市场化高效配置，着力打造"西部领先、全国一流"交易平台，市场建设取得新成效，交易服务呈现新面貌，平台发展开启新征程。

一、交易基本情况

经过持续创新发展，重庆联交所交易业务涵盖资产产权交易、招标采购交易、自然资源出让、环境权交易四大类27个品种51个分项，既包括公共资源项目，也包括非公共资源项目，既有依法必进场项目，也有非依法必进场项目，既有本地项目，也有异地项目，形成了"一场多市"的综合性资源要素配置大市场。2018—2019年，重庆联交所共成交各类项目37107宗（不含药品采购386.86万笔），成交金额6406亿元（含药品采购297亿元），实现交易增值和资金节约总额395亿元，平均增值（节支）率10.5%，如图1所示。

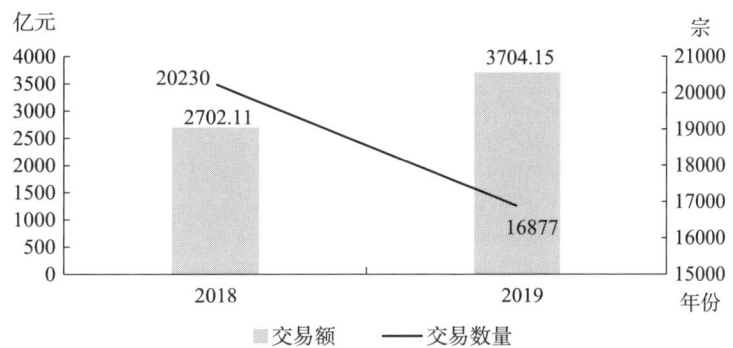

图1 2018—2019年重庆联交所交易数量与交易额

从交易品种看，2018—2019 年，资产产权类项目成交 14816 宗，成交额 940 亿元，分别占比 39.93%、14.67%；招标采购类项目成交 16437 宗，成交额 3583 亿元，分别占比 44.3%、55.92%；自然资源类项目成交 513 宗，成交额 1882 亿元，分别占比 1.38%、29.37%；环境权类项目成交 5341 宗，成交额 2 亿元，分别占比 14.67%、0.03%。近两年，以土地出让为主体的自然资源交易保持相对稳定，反映出"房住不炒"的宏观调控政策落地见效；资产产权、招标采购交易大幅增长，反映出在国资国企深化改革背景下资产产权流转加快，经济转型过程中基建投资提质增速。

从业务创新看，2018—2019 年，重庆联交所成交政策性项目（指政策规定应当进入重庆联交所交易的项目，反之为市场化创新项目）16188 宗，成交额 4805 亿元，分别占比 44%、75%；成交市场化创新项目 20919 宗，成交额 1602 亿元，分别占比 56%、25%。

近几年，重庆联交所市场化创新项目成交量所占比重持续超过 50%，反映出市场创新动能较强，服务全社会资源资产交易的溢出效应明显。

从受让主体分布看，2018—2019 年，重庆市内主体受让（承接）项目 11596 宗，成交额 1701.8 亿元，分别占比 69%、46%；市外主体受让（承接）项目 5281 宗，成交额 2002.3 亿元，分别占比 31%、54%。市内主体与市外主体受让（承接）项目数量与金额各有所长，合法权益受到平等保护，市场开放度较高，辐射力较强。

二、服务改革成效

作为政府主导建立的公共资源交易平台和资源要素市场，重庆联交所致力于发挥市场在资源配置中的决定性作用，全力服务改革大局，助推经济社会发展。

（一）服务国资国企改革，促进国资优化布局

发挥资本市场功能作用，全力服务中央企业、地方国有企业实施混合所有制改革、供给侧结构性改革，助推国有企业体制机制转换和国有资本优化布局。2018—2019 年，共完成国有产权、国有资产项目交易 8167 宗，实现交易额 598.4 亿元。一是完成混合所有制改革项目交易 55 宗，优化资本结构 177.7 亿元。协助招商蛇口完成下属四个公司增资 62 亿元，确保粤港澳大湾区太子湾片区整体开发进度；帮助兵装集团下属企业四川红光汽车溢价 1534 万元引入民营资本实施混改，并投入新产品和新技术，使企业重新焕发生机；为重庆高社集团引入物美科技和步步高投资集团，实现强强联合，增资金额 86.47 亿元，改变西部地区商贸零售市场格局；为重庆化医引入中国医药及其控股股东通用技术集团，注入资金 41 亿元，打造西部地区医药航母。二是服务供给侧结构性改革项目交易 7277 宗，收回国有资金 380.6 亿元，助力企业瘦身健体、提质增效。帮助长航集团顺利处置重庆恒春置业 45% 股权及相关债权，收回长期沉淀投资 5 亿元，化解企业风险；服务渝高公司"渝高·西领国际"项目招商，引入地产头部企业龙湖地产实施"经营＋移交"（Operate-transfer，OT）项目定制开发，提前锁定长期收益 22 亿元，提升国有商业物业有效供给；服务国有单位处置公车 1440 辆，回收资金 0.79 亿元。三是服务资本市场联动，帮助长安集团、招商局、国电投集团、建银国际等上市企业完成资产处置 36 宗，回收资本 39.8 亿元。

（二）服务重点工程建设，促进城市品质提升

围绕全市经济社会发展重点工作，全力保障重大基础设施建设项目招投标交易，助推项目落地建设。近两年，完成 10 亿元以上重大基础设施建设项目招投标 27 宗，交易额 856.8 亿元。完成铁路口岸创新中心、成渝铁路改造（重庆站至江津段）可行性研究和勘察设计、重庆西站综合交通枢纽环评、东环铁路龙盛站站前广场设计等铁路项目招标，服务"米"字形高铁网建设，助推

重庆全面融入"一带一路"发展；服务渝黔复线高速公路连接道工程、重庆城口（陕渝界）至开州高速公路二期工程、安康至来凤国家高速公路奉节至巫山（渝鄂界）段项目、合川双槐至钱塘高速公路等项目高效招投标，助推重庆"三环十八射"高速路网建设，提升交通保障能力；保障轨道交通 4 号线、5A 线及北延伸段、轨道交通 6 号线支线、9 号线一期工程、市郊铁路（轨道延长线）尖顶坡至璧山段等基础设施建设项目顺利交易，助力"850+"城市轨道交通网建设，推动城市品质提升。

（三）服务污染防治攻坚，助推绿色产业发展

围绕打好污染防治攻坚战和绿色生态产业发展，发挥交易平台"政府"和"市场"桥梁作用，服务环境治理、环境权益、绿色生态产业项目顺利交易、落地实施。近两年，重庆联交所共完成环境治理、生态修复项目招标采购和绿色产业、环境权交易 6888 宗，交易额 117 亿元。其中，完成污水厂和垃圾站建设、垃圾填埋、焚烧发电、转运分类、雨污分流、边坡治理、城市管网建设等招标采购项目 921 宗，投资金额 108.1 亿元，保障"清水绿岸""两江四岸"和城市水生态系统"海绵城市"专项治理重点工程顺利实施，助推"山水之都 美丽之地"建设；完成排污权、碳排放权、加工贸易废料等环境权交易 5903 宗，交易额 3.8 亿元，有效推动环境成本合理负担机制、污染减排激励约束机制和再生资源回收利用机制形成；服务田园综合体建设、高标准农田建设、林业有害生物防治能力提升、脆李基地建设、黑山羊养殖等绿色生态产业项目交易 64 宗，交易额 5.1 亿元，助推产业结构转型升级，环境、产业、人居协调发展。

（四）服务金融风险化解，助力不良资产处置

围绕金融风险防范攻坚，发挥资本市场功能优势，积极对接金融机构，开辟不良资产处置新通道。近两年，重庆联交所服务中信银行、长城资管公司、哈尔滨银行、广东南粤银行、重庆银行、渝康资管公司等金融机构化解处置不良资产 96 宗，消化债权资产 240 亿元，为金融机构成功回笼资金 210.8 亿元。特别是中信银行信托权益转让项目，涵盖不同分行的 8 个信托计划，由中信总行统一招标确定交易机构，经过层层比选，重庆联交所最终从 9 家交易机构中脱颖而出。项目进场后，通过重庆联交所的精准推介和精心组织，最终以 186.37 亿元溢价成交，高于保留价 6000 万元，为金融机构不良资产的规范处置提供了新的典型案例。

（五）服务脱贫攻坚战略，助力乡村振兴发展

履行国有交易平台的责任与担当，服务乡村振兴建设，助推脱贫攻坚战略顺利实施。近两年，重庆联交所通过优质服务，吸引城口、奉节、巫溪等区县"四好农村路"通畅工程、现代农业园、高标准农田建设等 314 宗乡村振兴项目进场交易，交易额 18.9 亿元，为区县特色产业发展、三次产业融合、四好农村路建设加油助力。积极参与脱贫攻坚，选派优秀干部驻长寿区龙沟村担任第一书记，捐赠资金 400 万元助力贫困县脱贫摘帽，发动员工自主捐资 23 万元帮助农村道路亮化工程和贫困户危旧房改造，通过"以购代扶""结对帮扶"等方式广泛发动员工参与消费扶贫。

（六）服务民生事业改善，提升群众幸福感及获得感

坚持公共服务职能定位，高效服务 6243 宗民生事业改善项目交易，为 500 亿元民生保障资金精准使用提供支撑。三峡移民职业教育龙兴校区、黄金坡小学、忠县忠州中学等文化教育项目，黄角垭正街棚户区改造、巫山县早阳片区棚户区改造、秀山县洪安镇岩庄安置区建设、渝北区市民服务中心等社会保障项目，残疾人康复中心（一期）、西阳新城医院、奉节县中医院扩建工程（门诊住院综合楼）等医疗养老项目，主城区建成区边角地建设社区体育文化公园项目总承包、重庆市游泳跳水训练馆建设、重庆市青少年活动中心等文体设施项目，竹溪河景观工程及物流园生产资料片区、仓储加工片区、土主片区市政及地块平场整治等市政景观项目，重庆市森林消防应急救援基地项目（一期）EPC（Engineering Procurement Construction）总承包、渝东北地质灾害应急分中心建设、重庆市沙坪坝区公共安全视频监控建设联网应用工程、南岸区茶园大众广场人防工程等公共安全项目陆续完成交易，为全市民生事业高质量发展提供了强有力的保障，进一步满足了人民群众对美好生活的向往。

（七）服务区域协调发展，促进资源开放共享

发挥平台资源集聚和市场辐射作用，助力重庆"一区两群"协调发展，推动成渝地区双城经济圈建设。近两年，重庆联交所共完成区域协调发展项目交易972宗，交易额2297.3亿元。服务主城区土地市场供应，完成商住用地出让216宗，出让金额1684.1亿元，供地规模2.5万余亩，其中市外主体竞得123宗，成交额1058.6亿元，分别占比57%和63%；服务半导体产业园、生物医药产业园、西永微电园、环保科技产业园、鱼复现代园、西部现代物流园等园区市政建设及配套开发项目招标146宗，交易额63.9亿元，助推产业发展和转型升级；利用市级平台管理、服务、设施、资源等优势，吸引1715宗区县重点工程进场招标，交易额708.9亿元，服务区县协同发展。

三、市场建设成果

重庆联交所在党委的集中统一领导下，坚持公共服务职能定位，强化责任担当，持续优化公共资源交易营商环境，推动平台高质量发展，形成了"六个一"工作成果。

一个标准化、规范化、智能化服务场地。按照"场地标准化、流程规范化、管理智能化"要求，重庆联交所用9个月时间建成3万平方米集中统一交易服务场地，合理布局公共服务、交易实施、评标评审和办公等功能区域并实行分区管理，根据交易需要设置开标室、谈判室、竞价室、拍卖厅等功能用房，配置音视频监控、门禁管理、语音广播等电子设备，保障现场交易规范高效运行。采用人工智能、物联网、大数据、人脸识别等技术，建成智能综合管控平台，并与交易系统、移动App连接，将原来的分散运维提升到一体化管理服务新高度，实现了交易服务的智能管理、智能控制、智能调度、智能引导、智能操作、智能监督。所有服务事项"一门受理、一窗通办"，市场主体办事更省心省力，交易监督更方便有效。

一套覆盖全市的电子信息系统。按照"建立全市统一、终端覆盖区县"的信息化建设要求，重庆联交所累计投入7000多万元开展信息化建设（不含租用的云平台），推动平台从依托有形市场向以电子化市场为主转变。已建立起服务全市公共资源交易的公共服务系统和支撑所有系统的云平台，设计开发了全流程电子招投标交易系统、招投标电子监督系统、土地和矿业权出让交易与监督系统，升级了国有资产交易系统、政府采购交易系统、碳排放权交易系统、排污权交易系统等，所有系统均获得国家信息安全等级保护三级证书，具备了为各类公共资源提供全流程电子化交易的技术条件，形成了"云+网+端"运行模式和"上连国家、下连区县、横连地方政务平台、覆盖多种交易"的全市"一张网"交易体系。全市公共资源交易数据、交易信息实现"一网汇聚""一网公示"，市场主体实现"一处注册、全市共享"，CA数字证书"一地办理、全市通用"。

一套完善的服务规范体系。重庆联交所组织专门力量，对各类公共资源交易涉及的政策法规、交易管理制度、交易服务流程、交易文书、办事指南、服务清单等进行了全面梳理，分类完善交易服务规范，出台了平台服务规范、首问负责制、一次性告知制、限时办结制等综合性服务标准。新场地投用后，结合新要求对交易服务规范进行了系统、全面优化，形成了170项服务规范体系。所有与交易相关的政策法规和服务规范全部挂网公示，市场主体足不出户，便可知晓全部办事流程、所需资料，做到便捷高效、公开透明。同时，重庆联交所还启动了交易服务国家标准试点认证工作，以进一步规范交易服务行为，提升服务管理效能。

一套严密的廉政防控体系。重庆联交所将党风廉政建设与交易管理深度融合，通过"机制+制度+科技"结合，构建起严密的风险防控体系，确保所有项目在进场后的交易环节不出问题。一是强化廉政监督机制。专设纪检监察室，配备专职人员，同时，建立起"受理、审核、办理、监督"相对独立、互为支撑又相互制衡的业务运行机制和审计、监事、法务、财务、纪检五位一体的风险防范机制，将合法合规性审查与监督贯穿于平台交易各环节。二是完善廉政内控制度体系。建立内部廉洁从业制度体系，强化廉政风险管理，全面排查廉政风险点444个，编制《交易中心工作人员廉政风险防控手册》。三是强化涉密信息技术管理。建立四重网络安全防护体系，配置堡垒机控制主机访问权限，业务电脑实行云桌面统一控制，对招标文件下载信息、质疑人信息、投标信息、保证金缴纳信息、评标专家信息等处于保密期的信息进行层层加密管理，全程留痕、可溯可查，形成管理闭环，既防止外部的网络入侵、黑客攻击，又防止内外勾结、信息泄密。

一个开放集聚的资源要素交易市场。在巩固必进场项目的同时，积极开拓新品种、新业务、新市场，近两年，重庆联交所交易的市场化项目数量占比均超过50%，市场的价格发现能力、开放程度和资源配置效益不断提升，服务全社会资源要素流转交易的溢出效应不断增强。承接了世界银行贷款项目电子招投标试点任务，在全国率先实现世界银行项目电子化交易；将西南地区铁路建设工程招投标项目引入平台交易；积极协调对接，顺利完成对重庆药品交易所的改革整合，将药品、医用耗材采购纳入平台交易；作为西部地区唯一一家参与全国碳市场联合建设机构，推动环境成本合理负担机制和污染减排激励约束机制落地，增加生态补偿收入；新引进34家知名房企来渝投资，与30多家央企集团公司开展交易合作，与多个省区市开展跨区域业务合作。

一个高质量发展的市属国有重点企业。按照国企改革要求，重庆联交所建立起现代国有企业治理结构，党委发挥领导核心作用、政治核心作用，形成了风清气正、干事创业的良好氛围，企业保持了持续快速健康发展。交易品种由最初单一的企业国有产权发展到资产产权交易、招标采购交易、自然资源出让、环境权交易四大类27个品种51个分项，交易规模由12亿元增长到3700多亿元，服务区域从重庆走向全国乃至境外；注册资本由0.5亿元增加到5.07亿元，净资产12亿元，国有资本保值增值成效明显；连续五年获得重庆市金融贡献突出或优秀单位称号，连续五年市属国有重点企业财务绩效考核优秀，近三年市属国有重点企业领导班子年度综合考核优秀，是全国首批获评"AAA信用企业"的产权交易机构。

四、未来发展展望

未来几年，重庆联交所的总体工作思路是：以习近平新时代中国特色社会主义思想为指导，全面贯彻落实党的十九大和十九届二中、三中、四中全会精神，按照国资国企改革、公共资源交易改革和优化营商环境要求，以保障公共服务有效供给为宗旨，以智能化、智慧化为引领，强化"互联网+交易+金融"主业，着力构建"大平台、大市场、大交易"。

（一）创新建设智慧交易平台

整体谋划、协同推进智能化、智慧化交易平台建设。将人工智能、物联网等技术置入交易服务场所和网络交易系统、移动使用终端，打造集云存储、云计算、云应用于一体，"线上线下有机耦合""场内场外无缝连接""服务与管理全面嵌套"的智能化、智慧化交易平台，实现交易全程的智能控制、智能调度、智能引导、智能操作、智能监督，切实为主体减负、为监管助力。采用"云+网+端"手段，构建全市一体化交易平台，实现全市公共资源交易与监督规范化、标准化、电子化。借助大数据、云计算技术，整合多维数据，挖掘数据资源，构建多维分析模型，建设完善集数据分析、数据监管、数据预测、数据服务、数据管理于一体，服务市（区、县）政府、行业部门、市场主体、社会公众的大数据分析应用平台。

（二）创新建成综合交易平台

建设以公共资源交易为主体，汇集各类资源要素的跨区域、跨行业、跨所有制的综合性、开放性交易平台，为全社会资源要素有序流动、市场化配置提供服务。从产业链、价值链和供应链角度，进一步完善交易服务功能，形成综合交易服务提供商。形成从股权进入到退出、增资到撤资、设立到注销的企业全生命周期的交易服务；形成从新物资设备采购到闲置废旧资产处置的全产品生命周期的交易服务；形成从土地出让、工程建设、物资设备采购、资产经营到资产处置的全产业链交易服务，不断打通从"关内"到"关外"、从境内到境外的大空间交易渠道，打通技术向资本、资本向产业的大生产转换渠道，成为市场综合性交易服务提供商。

（三）创新建成金融服务平台

找准资源要素市场化配置中的"难点""痛点"，不断完善与资源要素市场功能相匹配的金融衍生服务体系，增强市场资源、资本的流动性，促进市场配置效率提升。建成金融服务方案提供商，为市场主体提供互联网快捷支付、融资服务方案、融资服务渠道和后续债务清偿方案等金融配套服务。成为投资服务咨询商，为市场主体提供产权制度设计、交易方案策划、治理结构优化、交易投资咨询、产品生产调控等多方面的咨询服务；成为价格评估与产业信息服务商，利用持续交易形成的价格和产品需求，提供交易标的市场参考价格，提供产业发展综合信息，引导市场主体合理投资、合理配置生产产能。

武汉光谷联合产权交易所2018—2019年市场述略

一、光谷联交所基本情况

武汉光谷联合产权交易所（以下简称光谷联交所）的前身是1998年11月组建的湖北产权交易所，后更名为湖北省产权交易中心。2006年，经湖北省政府批准，以湖北省产权交易中心为基础，由湖北省政府国资委、武汉市国资委、湖北省科技厅和武汉东湖新技术开发区管委会四家股东单位共同组建光谷联交所，现为公司制的省管出资企业，按照现代企业制度规范运营，功能界定为承担重大专项任务的商业二类国有企业。

（一）功能定位

光谷联交所作为国内最早成立的产权市场之一，最初是国企改革源头治腐的产物，是《企业国有资产法》明确规定的企业国有产权交易的法定平台和纪委指定的经济领域源头治腐的"阳光平台"。后来，顺应经济社会发展的需要和市场经济的发展趋势，交易标的不断丰富，市场体系不断完善。根据《国务院关于武汉城市圈资源节约型和环境友好型社会建设综合配套改革试验总体方案的批复》和《省政府关于进一步加快湖北产权市场建设的意见》的要求，光谷联交所由传统产权市场逐步向"覆盖多种经济成分、多功能、多层次的综合性产权交易机构"的方向转型发展，目标是建设成为服务湖北、辐射中部、影响全国的资本要素市场体系。省政府制定的金融发展战略中，把产权市场和资本要素市场作为多层次资本市场建设的切入点和打造武汉金融中心的重要举措，为光谷联交所及下辖各要素交易平台的转型发展指明了方向。

（二）市场体系

目前，光谷联交所已建成两个"1+N"的市场体系，在交易品种、交易规模、市场体系、分支机构等主要指标上在全国均居前列。一个"1+N"：光谷联交所+全省17个市州分支机构。光谷联交所本部设企业国有产权交易、央企资产交易、金融资产交易、行政事业资产交易（旅游资产交易）和涉讼资产交易（非公资产交易）5个内部交易部门，同时光谷联交所是全国唯一一家分支机构全覆盖的省级产权交易机构，已与湖北17个市州合作设立了法人型分支机构体系，建立起"五统一"的全省产权交易大平台（统一监管机构、统一交易规则、统一信息发布、统一审核鉴证、统一收费标准），并与国务院国资委、省纪委、省国资委实现了信息对接，确保平台的规范性。另一个"1+N"：省联合交易集团+12个专业交易平台。2016年12月，湖北省政府批准光谷联交所牵头组建湖北省联合交易集团，集中投资、管理经省政府批准设立的专业交易平台。目前，湖北省联合交易集团控股设立了武汉股权托管交易中心、湖北碳排放权交易中心、武汉知识产权交易所、湖北环境资源交易中心、武汉国际矿业权交易中心、恩施硒资源国际交易中心6个专业交易平台，参股设立了湖北华中文化产权交易所、武汉农畜产品交易所、武汉城市矿产交易所、武汉陆羽国际茶业交易中心、武汉长江大数据交易中心、武汉长江众筹金融交易有限公司6个专业交易平台，区域性资本要素市场体系正在日趋完备。

（三）发展规划

光谷联交所在总结实践经验基础上提出"五大创新战略"作为指导思想，实现了从传统产权市场向资本要素市场转型的新突破。深耕国有产权交易、行政事业资产交易、金融资产交易和涉讼资产交易等基础业务，并不断加强投资银行能力和增值服务能力建设，主动创新交易流程和业务模式，积极吸引和对接投融资资源和金融新业态，实现了基础业务创新。各交易平台不断加强交易融资能力和综合服务能力建设，为所在行业的资源配置和资本运营提供平台支撑，积极发挥股权融资、绿色金融、科技金融和普惠金融服务功能，实现了资本运营创新。光谷联交所凭借对交易所业态的管理经验，不断完善综合性现代产权市场体系和区域性资本要素市场体系，全面推动交易功能和市场体系的外延拓展，实现了功能的拓展创新。统一开展对光谷联交所和各交易平台的对外品牌和形象宣传，打造全新区域性交易所集团的实体形象，初步建成了有形的"资本谷"和"市场群"，实现了品牌管理创新。全面推进各交易场所的市场化运营和规范化管理，积极防控业务操作风险，不断提高集团化管理水平，进行规范管理创新。

二、产权市场建设举措及成效

（一）置顶党建，发挥国有企业党组织的领导核心作用

一是坚持党建置顶，加强政治思想建设。高度重视加强思想建设和理论学习，不断提升政治思想素质。2018年，共组织党委中心组学习9次，其中集中研学4次。开展习近平视察湖北重要讲话精神宣讲。组织中层以上干部赴延安开展"寻心梁家河 传承延安魂"革命传统教育。二是坚持党旗领航，加强阵地意识建设。坚持党的领导，发挥政治核心作用。2018年，共召开党委会28次。严格落实意识形态工作责任制，牢牢掌握国有企业意识形态工作的领导权、管理权和话语权，加强对QQ群、微信群等网络社交平台的管理。三是坚持目标导向，加强基层组织建设。坚持"重心在基层、创新在基层、活力在基层"理念，对符合条件的市州公司实施组织建设全覆盖，不断增强支部的战斗堡垒作用。加强市州公司党组织隶属关系，完成荆门、襄阳、恩施三家公司的党组织整建制转移工作。开展"三定三比三创"活动，"党旗领航"示范点、责任区和示范岗的创建，彰显党员的先锋模范作用。四是坚持作风纯企，严肃执纪问责。落实巡视整改要求，一手抓整改落实，一手抓改革创新、转型发展，针对整改要求进行逐一销项。坚持问题导向，严肃执纪问责，及时运用监督执纪"四种形态"进行处置。五是坚持扶贫共建，履行社会责任。光谷联交所扶贫工作队在恩施州来凤县旧司镇大坝村采取金融扶贫、碳汇扶贫、产业扶贫、众筹扶贫等多种方式进行精准扶贫。驻村工作干部深入当地贫困人员家中，了解其困难和需求，帮助其解决问题渡过难关，精准脱贫工作取得明显实效。

（二）以市场为导向，发挥现代企业制度的规范作用

光谷联交所具有省、市、区三级国资入股的多元化国有股权结构，成立以来就严格按照现代企业制度的要求，不断建立和完善公司法人治理结构，规范设立了董事会、监事会、董事会专业委员会、董事会办公室等机构。公司董事会运作规范，各项管理制度不断健全，充分发挥董事会的决策作用、监事会的监督作用、经理层的经营管理作用、党组织的政治核心作用，总体经营运转情况良好。光谷联交所下辖各交易平台全部是公司制的独立法人，按照现代企业制度规范运作，同时积极推动混合所有制改革，在控股子平台中，股交中心有长江证券、天风证券等上市公司、证券公司和深圳证券信息有限公司参股；碳交中心进行战略性增资后，引入国电长源、中国建材等央企股东入股；知交所获得省政府国资委批准，开展员工持股试点。

光谷联交所根据公司战略发展方向，配合集团化管理架构的整合完善，在市场化人才队伍建设方面进行了一系列探索。在市场化人才引入、考核评价、激励保障和培养发展等方面逐步实现由国企人事管理向市场化人力资源管理的转变，引入专业咨询机构全面实施了"人力资源提升项目"，通过细化岗位职能、明确考核指标、优化薪酬激励体系，形成了与市场化人才相匹配的分配考核体系，让人才价值得以充分体现。

（三）发挥国有产权交易平台作用，服务国有经济改革

光谷联交所是全省企业国有产权交易唯一定点机构和全国央企资产转让业务的交易机构。省属、市属、区属国有企业产权，全省文化企业国有产权已基本全部进入光谷联交所进行公开转让。通过规范转让国有资产和信息公开，帮助企业改制重组，实现了资源优化配置和源头治腐。2016年9月，湖北省国资委发文指定光谷联交所为唯一从事全省国有企业增资业务的定点产权交易机构。光谷联交所积极参与省属企业的混合所有制改革进程，为企业提供政策咨询、方案策划、风险防控等专业化服务，帮助湖北省轻工业科学研究设计院整体国有产权转让项目实现了国有资产的大幅增值，为湖北永泰小额贷款股份有限公司增资项目优化了公司股权结构，助力湖北海虹燃料集团有限公司等37项不良债权包转让项目成功引进境外投资者，为"中华老字号"武汉精益眼镜有限公司97.24%股权项目成功引进了合格的战略投资者，为这些公司的后续壮大发展奠定了基础。

光谷联交所还是财政部和湖北省财政厅指定的行政事业单位，在配合行政事业单位改革方面成效显著。同时，光谷联交所致力于打造一个聚集信息、发现价格、规范交易、优化资源的金融资产交易平台，被财政部确定为全国金融企业非上市国有产权交易信息监测系统的指定对接单位。在国资国企业务不断拓展完善的同时，光谷联交所积极推进其他基础业务领域的创新发展，在湖北省旅游局的支持下，推动全省旅游资源交易平台网站顺利上线。

（四）拓展功能，发挥资本要素市场作用

1. 推动区域性股权市场的发展

形成了全省统一、规范的股权托管交易市场。目前，武汉股权托管交易中心挂牌企业总数、挂牌股份公司家数、挂牌科技板企业家数、县域特色产业板块数量、市场规模增长幅度五项主要指标在业内均位居前列，托管企业数量、成交总额、融资总额三项主要业务指标稳定增长中，已发展成为在全国具有广泛影响力的区域性股权市场。武汉股权托管交易中心在全国区域性股权市场率先推出了专门服务小微科技型企业的"科技板"、专门服务青年创新创业的"青创板"、专门服务海外留学归国人员的"海创板"及专门培育上市后备企业的"种子板"，设立了"四板"股权投资基金，开展定向私募增资、股权质押融资、私募债券备案发行等多种融资方式，拓宽了中小企业融资渠道。

2. 湖北碳排放权交易市场持续走在全国前列

湖北碳排放权交易中心自2014年4月正式开市以来，市场交易规模，包括总交易量、总交易额、日均交易量和日均交易额始终居全国首位，交易的连续性、市场开户数、引进社会资金量、控排企业参与度等指标亦均居全国首位。湖北碳排放权交易中心在全国首创碳现货远期产品、"碳保险"业务、碳众筹业务等，碳金融创新的首创性、创新品种和规模均领先于其他试点。2017年5月，该中心承担国家级金融市场平台——中国碳排放权登记结算有限公司的建设工作，同时积极开展用能权交易试点、长江国际低碳产业园、碳汇大厦、湖北两山绿色产业基金、"一带一路"低碳大数据平台建设、全国碳交易能力建设培训中心建设和"南南合作培训基地"建设等多项工作。

3. 区域性要素市场集群初步形成

光谷联交所与国内其他省份的同业机构相比，具有两个显著特点：与各市州合作投资的法人型分支机构覆盖全省；省政府批设的省联合交易集团统筹承担资本要素市场建设任务。这两个特点使光谷联交所在推动湖北产权市场转型发展和资本要素市场体系建设上具有良好的基础和条件。下一步，光谷联交所将推动武汉知识产权交易所建设全省科技金融创新创业服务平台和出版融合交易服务平台，推动湖北环境资源交易中心建设全省排污权交易及投融资的综合性服务平台，推动武汉国际矿业权交易中心成为全省矿业权转让交易的有形市场，推动恩施硒资源国际交易中心成为恩施州富硒产业战略实施的承载平台，推动武汉农畜产品交易所成为农业产业链资源配置平台，推动武汉陆羽国际茶业交易中心成为业界首选的国家级茶产业投融资服务平台，推动武汉长江大数据交易中心和武汉长江众筹金融交易有限公司为相关产业提供市场化服务。为促进区域资本要素市场体系发展，光谷联交所还设立了光谷联合资本管理公司，致力于为全省区域性资本要素市场体系提供创新、高效、专业的投资银行服务。

西部产权交易所 2018—2019 年市场述略

西部产权交易所（以下简称交易所）是经陕西省人民政府批准设立的省级综合性产权交易机构，是集股权、物权、债权和知识产权等各类权益性交易服务于一体的专业化市场服务机构，具备完善的交易制度体系和专业的服务团队。

经过15年的发展，交易所已步入"舞象之年"，交易所始终秉持"专业、规范、高效"的服务理念和"公开、公平、公正"的市场原则，以规范促发展，夯实业务基础，提升服务能力，促进各类权益要素阳光流转、拓宽各类经济主体投融资渠道，打造专业的阳光交易平台。

一、加强内部建设，提升管理水平

（一）以党建为引领，发挥党组织的领导核心作用

企业党建工作是企业发展的根本保障，只有把党建工作渗透到安全生产、经营管理、风险防控等各个领域、各个环节，才能真正推动企业的稳定健康发展。一是加强政治理论学习。全体党员干部要提高政治站位，认真学习习近平新时代中国特色社会主义思想，融会贯通，知行合一，树牢"四个意识"、坚定"四个自信"、做到"两个维护"，从思想根源上改变工作作风。二是加强领导班子建设。交易所领导班子是发挥党组织政治核心作用的重要保证，是企业强化风险管理、完成经营任务、实现发展目标的关键。通过建立健全集团决策机制，严格落实"三重一大"决策机制，正确把握"把方向、管大局、保落实"与"战略管理、科学决策、防控风险"的关系。三是不断完善党建带群建工作机制。在内容、形式、方法、制度等方面不断拓展和深化，通过"党建+经营""党建+服务""党建+学习""党建+安全"等模式，切实将党建与企业经营管理相结合，通过党建活动，促进业务发展。

（二）以制度建设为纲，促进各项工作规范运行

制度建设是企业规范化管理的前提，是企业规范化运行的基础，是企业发展的根本和基石，也是企业发展的必要条件。交易所根据实际运营情况，进一步完善制度建设。一是规范内部管理。根据实际管控需求与管理需要，重新修订及制定了包括公司治理、行政管理、人事管理、财务管理等二十余项制度，规范了交易所规章制度建设与管理，构建了制度建设与管理的制度化、程序化、流程化长效机制，促进公司依法规范运行。二是提升经营效率。随着业务量日益加大，管理流程逐渐复杂，对团队协作的要求越来越高，对整体运行效率的要求也越来越高，交易所通过重新梳理OA办公流程及业务流程，调整"前、中、后"台部门，加强部门协作，打造规范、高效的产权交易流程。三是激发员工积极性，交易所进一步明确了各部门、各岗位职责，并通过"立足岗位做贡献""常态化开展业务培训及分享"等活动，不断提升交易所全员的业务素质及服务能力，达到了优化人才结构、完善人才梯队的目的。

（三）以风险防范为基础，建立全面风险防控体系

为加强交易所的风险管理能力，促进业务持续健康发展。2018年，交易所依据"由点到面、循序渐进、逐步深化"风险管理体系建设思路，结合交易所业务实际发展需要，将原有的综合部调整为风险合规部，设置"三道防线"，提升风险管控合力。聘请了专业机构作为风险管理咨询的服务机构，在交易所和子公司范围内，通过风险识别与防控、风险预警、风险应对与处置、长效机制建立等实施步骤，全面、系统地识别交易所

层面、财务管控层面和业务层面关键风险，制定了《西部产权交易所风险管理办法》等制度。同时，修订了以业务流程为架构、以风险为导向、以活动控制为具体措施的业务流程图，促进了风险管理体系建设工作的规范化、标准化和常态化。

（四）以延伸服务为导向，打造"平台+投行"业务模式

32号令的出台，赋予产权市场新的历史使命，充分发挥基础资本市场的作用，服务国企改革创新，成为产权市场的核心任务和发展原动力。为更好地服务本轮国有企业改革，打造与之相适应的资本市场服务体系，"平台+投行"的业务模式成为行业内很多机构的发展方向。为了充分发挥投行的专业咨询、方案策划、资本聚集等作用，将服务对象从国有企业覆盖到各类主体和资本运作全流程，真正实现资本的自由流动，交易所根据现阶段业务运行情况，成立了陕西金控融智企业管理咨询有限责任公司（以下简称咨询公司）。咨询公司成立以来，以国有企业混合所有制改革为突破口，立足交易所平台，将产权交易服务向前端延伸，深挖企业国有产权产业链，为国有企业混改提供优质服务。

二、交易所参与资本市场建设情况

（一）服务国有企业深化改革

随着国企混合所有制改革走向纵深，产权交易市场成为引入社会资本的重要渠道之一。国有企业可通过股权转让、增资扩股、项目合作等多种形式积极引进战略合作伙伴，推进混合所有制改革，优化股权结构和法人治理结构，转换经营机制，做强做优做大国有资本。2019年初，交易所按照陕西省国资委的要求，分析汇总了监管企业所属企业基本情况：截至2019年上半年，陕西省国资委监管企业共计2000余家，其中混合所有制企业占比45.71%。交易所通过省国资委国有企业混合国有制改革计划表，有针对性地同地市国资委及相关企业对接，为多家企业提供方案设计等咨询服务，并且注重业务下沉，同地市国资委建立良好的合作关系，部分地市已明确地市国有企业改革进场交易。2017年至今，国有企业通过交易所平台引入非公有制经济成分的项目共有69宗，涉及金额达38.75亿元，为服务区域国有企业混合所有制改革发挥了重要作用。

（二）推进省级行政事业资产统一集中进场处置

2015年，公车处置的"陕西模式"成效显著；2018年，交易所继续承担以省级行政事业单位和省属国有企业为主的新一轮公车处置工作；2018年至2019年上半年，成交车辆总数为1379辆，成交金额为10730.75万元，2019年增值率高达90.94%。通过几年来的经验积累，规范、高效、安全、便捷的服务能力赢得了省公车办、省财政厅、买受人等的多方好评，树立了良好的业界口碑，进一步稳固了交易所在行政事业资产处置服务领域的市场地位。公车处置小组也被陕西省工会评为劳动竞赛先进班组。

为配合陕西省财政厅对行政事业资产实现资产使用、管理、处置的全流程监测，交易所同省财政厅积极沟通监管措施，并代陕西省财政厅起草了《省级行政事业单位国有资产统一集中处置管理办法》《行政事业单位房产出租管理办法》《实施办法》等材料，并通过走访、座谈、支部共建等活动，与财政厅资产处保持常态化业务联系，工作成效显著。截至2019年上半年，交易所进场交易的行政事业资产已超过2018年全年数量。

（三）积极探索新的交易模式

探索尝试"股权+增资扩股""股权+LP份额"新模式，尝试提供"新设混改+挂网征集投资方"服务。例如，山海丹增资扩股项目，鉴于原股东陕药集团出资不实的特殊情况，综合转让方及标的企业诉求，最终确定了"股权转让+增资扩股"的方案。陕药集团通过股权转让收回部分投资后，再补足欠缴资本金，新股东同比例再投入资金计入资本公积金，山海丹通过增资扩股实现了放大国有资本功能的初衷。在房地产类项目上，重点挖掘运作潜力，通过网站、微信等全媒体推介，两宗地产项目经过多轮报价，分别以41.17%和12.51%的溢价率成交。华泰保险1.28%股权转让项目征集到的意向受让方为一家在英属百慕大注册的法人机构，交易保证金及交易价款需通过跨境人民币直汇方式完成，交易所通过咨询相关监管机构，配合交易各方化解外汇管理政策限制与国有资产交易价款结算要求之间的差异，顺利实现保证金及价款在规定期限内落地，成为陕西国有资产交易首笔人民币跨境结算项目。银河发展集团10.53%股权转让项目，由于成交金额大，受让方要求采取"60%现金+40%承兑汇票"支付的方式，是交易所首笔采用电子银行承兑汇票支付的项目。

（四）加速创新平台搭建

持续推进农村产权市场建设与运行。一是积极推动省农业农村厅对6省市进行考察，形成了有说服力的考察报告，促进农业农村厅向省政府上报了设立省级中心的报告，得到省金融局批复由农业农村厅审批设立的批复，并代农业农村厅完成了相关工作方案起草，使省级机构搭建工作进程进一步加快；二是全省"六统一"的农村产权市场运行模式实践进一步扩大，在2017年与白水县合作共建基础上，相继与合阳、富平等4地采取不同形式合作建立了农村产权交易市场，产权交易业务取得了一定的突破；三是全力推动各地出台相关政策，支持当地市场建设运营和业务拓展，先后为各县区政府或部门起草了8个政策文件，3个已下发执行；四是设计完成整套的农村项目招标采购、农村产权抵押贷款操作规范流程和文本，并指导地方机构操作。

知识产权交易业务探索取得一定成效。一是以交易所知识产权处置功能为依托和以全程专业化服务为保障的"交易平台+金融机构+会员服务"的知识产权融资服务模式探索取得初步成效，得到陕西省知识产权局和社会的认可。二是信息发布平台搭建基本完成，形成了多板块、多形式的展示对接平台。

三、建设产权市场生态圈，提升投行运营能力

历经30余年发展，产权市场在优化社会资源配置、加速资源要素流动、激活社会资本、实现国有资产保值增值等方面取得了显著成效，成为多层次资本市场不可或缺的组成部分，对我国市场经济体系建设有着重要意义。随着业务种类的不断丰富，交易规模不断扩大，产权市场阳光化、市场化的优势日益凸显，业务创新与技术创新层出不穷，产权市场走上了蓬勃发展的道路。作为非标准化、区域性、基础性资本市场，充分发挥大平台优势，积极探索合作共赢的市场运营模式，实现与各相关市场主体的共赢发展，是产权市场未来的发展趋势。

要牢牢把握服务国企改革和要素资源配置的资本市场定位，站在服务国家战略、服务国企发展的高度，拓展业务领域，开展业务创新。要以交易为入口，对整个行业的资源进行重新整合，将产权交易服务向前端延伸，将融资方、投资方、中介机构、监管机构、交易机构等市场主体纳入一个市场体系中有序运转，构建自己的产权生态圈，成为提升服务能力的重要依托和主要抓手，构建起立体化发展的资本市场运营和服务体系，进一步增强产权市场服务国企改革、经济结构调整、优化社会资源配置的功能。

山东产权交易中心 2018—2019 年市场述略

一、总体概述

山东产权交易中心（以下简称山东产权）成立于2003年，是由省纪委、省监察厅推动，经山东省政府批准，由省国资委独资设立的专司国有资产规范流转、保值增值、源头防腐的专业化市场平台。2015年11月，经省政府批准，加挂山东省公共资源（国有产权）交易中心牌子，形成了一个平台两个中心的公共资源市场整合山东模式。经过多年创新发展，山东产权已成为资本交易、要素转化、大众投行和社会服务"四位一体"的市场化、生态化企业集团，是中国产权协会副会长单位、山东省公共资源交易协会会长单位。现辖山东国赢资产管理公司等20余家权属企业以及济南、淄博、东营、烟台、潍坊、济宁、威海、日照、临沂、菏泽等数十家分中心、办事处。

山东产权以"让天下没有无用的资源"为使命，在集团化、生态化发展模式下，围绕"资源与产权交易及相关服务""软件和信息技术服务"两大主业，积极构建以资本交易、信息科技、大众投行为三大支柱，以招标、司辅、国企采购等众多社会化服务主体为扩展的科学架构，重点打造资本交易、信息科技、大众投行、社会服务四大矩阵，实现了一个平台多种业务齐头并进的生态化发展局面。

自2007年实现盈亏平衡以来，山东产权收入及利润连续12年实现快速增长。2018年，山东产权共完成交易项目挂牌1561宗，较上年增长37.96%；实现交易额1009.16亿元，较上年增长17.74%；国有资产保值增值率为137.02%，高于产权交易行业优秀值（119%）18.02个百分点。2019年，山东产权共成交项目12267宗，总成交额约为1918亿元，全年为国有资产增值（节资）177.5亿元。山东产权交易额和项目增值率连续多年排名全国省级产权交易机构前列，在全国打造出闪亮的"山东名片"。

二、资本市场及业务体系建设

山东产权一直秉持规范化、专业化、市场化发展理念，不断发挥高市场效应以及公益性、公信力的"一高二公"属性，逐步完善"阳光平台"功能，在股权融资、债权融资基础上，开创了通过资源要素直接融资的新模式，助力企业盘活低效、闲置资源。同时，通过推进企业混改、增资扩股、并购重组、股权质押等融资方式，为山东省引入资金、先进技术、市场资源、优秀人才和科学的管理模式，成为各级政府"双招双引"、各类企业转型升级的主流选择，在推动山东省经济社会发展中发挥了日益突出的作用。

（一）市场体系建设

从2005年开始，山东产权以市场化手段对全省产权市场进行整合，通过逐一谈判、业务合作的方式实现了对全省（除青岛外）产权交易机构的整合统一。2007年，山东省人民政府办公厅下发《山东省人民政府办公厅转发省国资委等部门〈关于加强企业国有产权交易监管有关问题的意见〉的通知》（鲁政办发〔2007〕99号），对山东产权市场整合结果进行了确认，山东产权成为全省唯一从事企业国有产权交易活动的交易机构。原济南、烟台、济宁、潍坊、滨州、菏泽六市产权交易机构改造为山东产权驻市办事处，自此构建起山东省统一监管机构、统一信息发布、统一交易规则、统一审核鉴证、统一收费标准"五统一"的产权交易及监管体系。2015年，山东产权加挂山东省公共资源（国有产权）交易中心牌子后，在枣庄、淄博、临沂、威海等地市设置了分支机构。截至2019年底，山东产权已在济南、烟台、日照、东营等11地市设立了分中心、办事处，基本完成了市场网络地市全覆盖。

2018年，根据山东省委省政府《关于加快推进国有企业改革的十条意见》和《山东省国资委2018年推进国企国资改革发展和党建工作20件大事》的部署要求，山东产权提高站位，迅速部署，扎实推进阳光采购工作落地实施。2018年9月，阳光采购信息发布系统上线，山东产权与威海市公共资源交易中心启动战略合作，加挂威海分中心牌子；12月，与临沂市国资公司共同出资设立临沂市公共资源交易有限公司，加挂分中心牌子。2018年，山东产权作为会长单位，筹建山东省公共资源交易协会，进一步加强了山东省公共资源交易主体、运行服务机构及政府主管部门之间的沟通协调，充分发挥在全省公共资源市场建设中的引领带动作用，大大提升了在公共资源交易领域的影响力。

（二）业务体系建设

山东产权围绕主业，重点打造了资本交易、信息科技、大众投行、社会服务四大业务板块。

1. 资本交易板块

党的十九届四中全会指出，"要推进要素市场制度建设，实现要素价格市场决定、流动自主有序、配置高效公平"。这对产权市场提出了更高的要求。山东产权在原有十大交易业务品种之外，积极拓展，不断朝着山东省统一要素资源交易平台迈进。2019年，山东产权与航加国际合资设立山东航加航空服务有限公司（加挂航空资产分中心牌子），为航空资产交易提供专业、高效服务；在省大数据局指导下，山东产权联合成立山东数据交易有限公司，作为省级综合性数据服务平台，对数据和数据产品进行整合优化、深度开发；与北部战区陆军相关机构进行对接，军资业务进场交易取得实质性进展。截至2019年底，山东产权交易业务已涵盖企业国有资产、行政事业资产、金融资产、央企资产、涉诉资产、文化产权、海洋产权、体育产权、农村产权、技术产权十大要素板块，并成功拓展航空资产、数据资产、能源环境、自然资源、军队资产等新要素交易品种。在实现国资交易全覆盖的同时，山东产权将继续开拓新业务板块，全面辐射公共资源和要素配置领域，拓展发展空间，释放更大的发展动能。

2. 信息科技板块

技术因素是影响产权交易市场生存和发展的主要因素之一，技术进步和应用技术的程度决定了产权交易市场的业务模式和盈利模式。为此，山东产权积极加大对信息科技板块的投入，承建并运营山东省技术成果交易中心。2018年8月，山东省技术成果交易中心正式揭牌。该中心成立以来，先后发布400多项技术成果、50多项融资需求和多项企业路演，并与山东大学、青岛科技大学、山东省科学院、北京科技大学、教育部中国高校（华东）科技成果转化中心等多个科研院所达成合作意向，与山东电力科技协会签订战略协议，聚集优质科技资源，推动项目进场交易。2019年，山东产权战略并购了国内重点高新技术企业乾云科技，由乾云科技联合山东大学、省信通院发起成立了山东可信云研究院，引领新一代信息产业发展，合力打造国际一流综合性可信云主体协同创新平台，助推科技成果转化及产业聚合；乾云科技与华为开展技术合作，联合打造了面向企业市场的国产化云方案，大大增强了信息技术自主创新能力和业务引领推动能力，为产权公社战略和产权云发展提供全面的规划设计与实施保障。2019年12月，山东产权通过与齐鲁交通信息集团有限公司、中国联通山东分公司、上海数据交易中心、山东乾云等机构合作，设立山东省数据交易有限公司，建设大数据交易所并孵化数据服务产业，建立起以云服务平台为支撑、以大数据为新生产要素、以龙头企业为中心点的产权云生态体系，进而规范山东省数据交易行为，保护数据交易各方合法权益，促进数据资源有序流通。

3. 大众投行板块

《企业国有资产交易监督管理办法》的出台，

赋予产权交易市场新的历史使命。山东产权充分发挥下属企业山东国赢资产管理有限公司在投资管理、基金管理等方面的融资服务功能，基于互联网"线上、线下"相结合的非标准化基础资本市场，创新"平台+投行"业务模式。平台成为投行的重要依托和抓手，投行则实现了平台服务链条的不断延伸，构建起一个立体发展的资本市场运营和服务体系，进而盘活各类资源或资产，给产权交易市场带来了更多的发展机遇和更大的发展空间。在立足自身平台的基础上，山东产权积极与银行、券商及各类投行机构合作，将产权服务向前端延伸，开展咨询顾问服务，打造集研发、投行、融资、培育等于一体的"1+N"综合配套服务体系，为市场主体开展投融资、并购重组、资源资本化提供一站式、全流程服务，打通资本与产业的连接，为企业并购融资提供现代化、国际化视野。为更好地全方位服务国企混改、助力新旧动能转换，2018年，山东产权坚持高起点定位，创新混改服务模式，提供方案制订、资产剥离、战投引入与谈判、配套融资、员工持股等全方位顾问服务，先后助力烟台万华集团、山东兖矿国际焦化有限公司、山东省交运集团、山东石油天然气股份有限公司、山东鲁北企业集团总公司等打造多个典型混改案例，产生了较好的示范效应，为国资国企改革提供了现实依据和价值参考。在处置山东兖矿国际焦化有限公司50%国有股权及15000万元债权项目过程中，创造性地设计了"股+债+增资"的整体模式，帮助一个负债累累的企业"起死回生"。2018年末，国际焦化实现净利润1.8亿元，成为国资改革示范单位。

按照山东省国资委统筹推进省属企业产业布局结构战略性优化调整的要求，山东产权转变处置思路，从单纯的"僵尸"企业出清转变为"医僵尸"，2019年全年共处置僵尸亏损企业60余家，助力产业布局调整和国企转型升级。在处置过程中，山东产权创新提出"股+债+增资"的交易模式。贵州开阳化工有限公司项目以股权对价的形式代替现金支付，通过对"僵尸"企业负资产股权及兖矿集团不良债务进行资本运作的方式置换相关股权，预计每年可获得股东分红8000万元。银座家居混改项目以"存量转让+增资扩股"的方式开展，最终为其引入了优良投资者——红星美凯龙。国网所属集体产权项目面临职工安置、原始出资不规范、债权债务混乱等一系列复杂问题，经过交易中心对整体项目的精心设计，最终以高溢价成交的日照阳光合源电气制造有限公司100%股权、山东中茂电气设备有限公司100%股权、青岛鲁能恒源高新电气有限公司100%股权及3200万元债权和山东爱普电气设备有限公司27%股权，成为央企产权处置的"四大经典案例"，产生了较大的社会影响。

4. 社会服务板块

山东产权坚持积极履行社会服务责任。第一，为破解法院执行难困境，山东产权主动担当，成立了山东司辅网络信息服务有限公司，专业从事司法辅助业务，服务全省170多家法院。让各级法院当"店主"，山东产权甘做"店小二"，为山东省法院执行工作提供"加速度"。第二，为深入落实国企改革"十条意见"，搭建阳光采购服务平台，以"降成本、控风险、增效益、提质量"为目标，发挥市场驱动、采购自主、高效便捷、阳光规范、生态发展五大优势，为企业实施阳光采购提供第三方服务，推动国有资产运营与管理的市场化、公开化。第三，依托省属经营性国有资产统一监管划转的山东招标和鲁成招标两家权属企业，在开展传统招投标业务的同时，凭借山东招标、鲁成招标丰富的行业经验，创新开展设计、造价、监理等全过程咨询服务，为客户提供集成化、定制化工程咨询解决方案，不断扩大专业化、集成化业务空间。

2018年司法辅助网络平台系统正式上线，在展示海量网拍项目的同时，集节点提醒、预约看样、网络询价、VR全景展示等功能于一身，为法院、竞买人提供专业化、全方位的服务，实现了询价功能和淘宝拍卖标的信息的自动采集。2018年，该平台共协助全省法院系统发布项目信息22404宗，查看标的8601宗，全省70余家法院送来感谢信。平台赢得省高院及济南、青岛等多市中院的高度评价。在开展司法辅助业务的同时，平台在全国率先探索开展司法询价业务，切实提高工作效率、降低执行成本，目前询价业务已在各级法院全面铺开。2019年，平台协助全省法院系统成交司法网络拍卖项目3175宗，成交额103亿元，并搭建了"网拍+询价"新模式，先后有14个地市开展询价业务，全年出具询价报告3323份，得到了法院和当事人的高度认可。

山东产权搭建阳光采购服务平台，以"降成本、控风险、增效益、提质量"为目标，为企业实施阳光采购提供第三方服务。2018年9月至12月，通过服务平台发布信息及实施采购的456个项目，降本增效作用明显，采购成交额比计划采购额平均低7.5%。2019年，省属企业通过阳光采购服务平台发布采购项目6647宗，完成采购项目4466宗，实现平均节资率5.7%，被山东省国资委评为"2019年省属企业亮点工作"。

2018年9月，山东产权顺利接管山东招标股份、成城投资咨询公司。两家企业的划转，带来了一大批招标、咨询行业的专业人才和业务资源，进一步增强了协同发展能力，拓宽了服务辐射范围。2019年，山东招标获得"推动行业发展突出贡献单位"等5项荣誉；鲁成招标先后荣获"中国招标代理公司综合实力百强""优秀采购代理机构"等荣誉称号。

（三）配套服务体系建设

为进一步实现业务的快速发展，山东产权积极搭建资本市场配套服务体系，围绕服务经济向体验经济转型路径，以高市场效应以及公益性、公信力的"阳光平台"聚集各类资源，并运用"互联网+"新技术精准地进行跨区域整合，将融资方、投资方、中介机构、个人等各类市场主体纳入一个完整的市场体系，实现资源资本化，逐步形成一个规范高效、合作共赢的"产权公社"生态圈。自2008年实行会员代理制以来，山东产权已引领带动发展咨询、经纪、清算、拍卖、招标、审计、评估、律师事务所等中介服会员1000余家，建立了包含各类PE、VC、战投、产业投资者等在内的数十万户投资者信息库。此外，山东产权与全国100余家产权交易机构及各类专业市场建立了信息链接，搭建了集网络报价系统、资产处置电商平台、信息统一发布平台、综合交易系统、阳光采购平台等于一体的"山东产权云数据管理系统"，形成了覆盖全国、辐射世界的交易网络和信息共享平台。近两年，山东产权加大会员拓展力度，重点发展了一批招投标公司、拍卖行等专业机构成为中心会员，不断完善会员星级评定办法、交易员管理办法等相关制度建设，规范会员日常管理，强化会员培训。

（四）制度体系建设

市场制度体系是产权交易市场的生命线，产权交易市场的健康发展源于市场规范的建立和有效执行。建立并完善一整套市场制度规则体系，既要对产权交易的规范流程进行统一设计，确立具体环节、细化具体操作流程，也要明确产权交易平台和各类交易主体的权利义务关系，保证相关主体在产权交易各环节的规范运作。2018年，针对服务经济向体验经济转型，山东产权重点结合经营实际，推进业务微创新，不断优化、简化业务流程，通过制度体系的建设，全力保障了山东产权的健康发展。在风控管理体系建设方面，学习借鉴其他企业先进管理模式，以源头治理和过程控制为核心，以防范风险和提高效率为重点，创新形成了设计科学、简洁实用、运行有效的"4+3+2+1"风控管理模式，不断夯实风险管理基础，筑起了抵御风险的坚强堡垒，确保持续、平稳发展。山东产权已建立了一整套完备的交易规则制度体系，覆盖了各个交易领域以及交易各个环节，确保每一环节都有规可依，提升了客户体验。山东产权规则制度水平行业领先，多个基础交易规则被其他省市交易机构原文发布。成立以来，山东产权严守规范底线，各类业务均无违法违规情况。

三、建设完善的产权交易资本市场相关建议

（一）加快产权交易资本市场的专项立法工作

一是加快研究推动全国性产权交易市场立法，明确产权交易行业统一监管部门。健全和完善产权交易市场的法律、法规，确保产权交易市场各参与主体有法可依。在全国人大立法层面，加快推动产权交易市场立法工作，明确产权交易市场的概念、限定条件、运行规范、主要功能及主管部门。从市场管理与市场体系建设、规则与程序、市场主体与主体行为、相关中介机构、资产评估、信息披露、会员管理、市场维护等方面系统明确相关各方的法律责任。

二是加快研究出台相关政策法规，做好产权市场与证券市场两个市场之间的协同发展。基于产权交易市场及证券市场发展的实际情况，研究建立产权交易市场与证券市场两个市场产品流通的渠道，实现资本市场逐步顺畅流转。通过为各类非上市企业提供股权配置、改制、境内外上市、权益融资、并购重组、股权质押、国有企业资产证券化等一系列服务，使产权交易市场与证券市场的相互补充，成为上市企业资源的"孵化器"和"蓄水池"。

（二）加快完善产权交易资本市场的体系建设

一是加快构建全国统一交易信息系统平台。建设全国产权交易机构的信息化系统互联互通体系，实现产权交易市场更大范围、更加高效、更加便利地服务各类市场主体参与各类资源要素的跨区域流动和优化配置。逐步实现各交易机构业务的有效对接，打破地域分割，推动形成以几家大型交易机构为龙头、众多交易机构为支撑的跨区域产权交易市场，最终建立全国统一的产权交易市场。

二是建设产权交易市场的中介服务体系标准。产权交易是一个复杂的过程，需要审计、评估、律师、会计、拍卖、财务顾问、投行、产权经纪等各类机构的积极参与。产权交易机构要借助市场平台与其他中介机构进行有效分工与合作，通过建立中介服务体系标准，进而提高产权交易市场的资源整合能力和服务能力。

（三）加快提升产权交易资本市场的融资服务功能

一是积极打造投行化和金融化服务模式。以产权交易平台的现有客户为基础，努力集成咨询、法律、审计、评估、证券、银行、信托、基金等投行资源，为企业兼并收购、股权投资、风险投资、项目融资、上市等提供有效的进出渠道，并逐步构建以股权交易、托管、登记为基础的投融资服务平台。

二是大力拓展股权质押融资服务。加快设立股权登记托管系统网络平台，积极开展商标权质押贷款、资产类贷款、专利权质押融资、基金项目对接服务等。与各大金融担保公司加强交流合作，为非上市企业提供股权担保融资服务，不断降低企业融资成本。

三是积极发展资产证券化业务。围绕服务国有企业深化改革及高新技术企业融资需求，持续优化企业资本结构，不断提升企业的资产配置及增值能力，提升产权交易机构的资产证券化业务服务水平，推动国有企业深化改革、提质增效和高新技术企业更好融资，进而推动国有经济战略布局调整和高新技术企业更好更快发展。

广东省交易控股集团2018—2019年市场述略

——大产权 全要素 泛金融
构建粤港澳大湾区非标资本市场探索与实践

党的十九大报告提出："加快完善社会主义市场经济体系。经济体制改革必须以完善产权制度和要素市场化配置为重点,实现产权有效激励、要素自由流动、价格反应灵活、公平竞争有序、企业优胜劣汰。"

以习近平同志为核心的党中央把完善产权制度和要素市场化配置作为深化经济体制改革两大抓手,对产权市场创新发展具有重大意义。根据《中共中央、国务院关于深化国有企业改革的指导意见》(中发〔2015〕22号,以下简称党中央22号文件)指出"支持企业依法合规通过证券交易、产权交易等资本市场,以市场公允价格处置企业资产,实现国有资本形态转换,变现的国有资本用于更需要的领域和行业",明确产权市场与证券市场同属于资本市场,赋予产权市场承担国有资本形态转换的重大任务。

已经历五年发展历程的广东省交易控股集团(以下简称集团),始终遵循党中央关于完善产权制度、实现要素市场化配置、发展产权资本市场等一系列指导方针。在广东省委、省政府的正确领导及相关部门的大力支持下,集团抓住机遇,以产权市场服务国企改革为基础大力发展要素市场,以实现要素市场化配置为制度创新突破口,实现了广东省产权市场的规范运营和创新发展。

短短的五年,集团成交金额从2012年的69.16亿元增加到2017年的16340.5亿元,年均增长198.3%;营业收入年均增长82.1%,净利润年均增长100.7%,总资产年均增长135.6%,净资产年均增长119.4%,净资产收益率由-4.39%提高到23.2%。经省国资委考核,集团连续五年被评定为优秀企业。

一、广东产权市场发展及要素市场化配置创新

(一)广东产权市场创新发展的谋篇布局

2013年6月21日,经广东省人民政府十二届五次常务会议批准,在南方联合产权交易中心(以下简称南方产权)的基础上,组建了广东省交易控股集团。集团的成立标志着广东省委、省政府建立统一产权市场的战略部署已经实施,对广东产权市场来说是具有里程碑意义的重大事件。集团成立伊始,正逢全国产权市场经历国家清理整顿各类交易场所告一段落,产权交易机构面临转型升级和市场竞争的严峻挑战。在如何持续、稳定、规范发展的重大问题面前,全国产权市场必须找到解决问题的有效路径。刚刚成立的集团面临同样的问题,亟待找到突破口。为此,集团必须在以往发展基础上实现市场规模"量"的跃升和加快市场制度"质"的创新,引领广东产权市场走向全方位、高质量、跨越式发展新路径,除此之外别无选择。

2013年,党的十八届三中全会通过了《中共中央关于全面深化改革若干重大问题的决定》(以下简称《决定》),提出"建设统一开放、竞争有序的市场体系,使市场在资源配置中起决定性作用"。集团领导班子深入学习《决定》的精神实质,深入领会党中央22号文件的指导思想,针对广东产权市场的发展实际和存在问题,统一思想认识,清晰发展思路,主要聚焦以下方面:一是加快构建全省统一的非标准产权资本市场。市场统一是建立现代市场体系的基础。没有统一的市场建设基础,市场的全面开放和竞争有序则无

法实现。因此，广东产权市场只有实现统一运行，才能减少市场壁垒、完善市场制度，才能满足国企深化改革和国有资本形态转换的市场需求，才能确保国有资产优化配置，实现保值增值。全省产权市场统一是为国有企业提供优质服务的制度保障。广东省政府下定决心打破这个存在多年的制度瓶颈，持续推进全省统一产权市场进程。二是集团应当树立新发展理念，坚定不移地发展要素市场，通过要素市场化配置，实现广东产权市场的交易规模和融资能力的极大提升，唯有如此，产权市场才能在资本市场中有话语权，才能在资源配置上起决定性作用。因此，发展要素市场、实现要素的市场化配置是集团谋篇布局的"重头戏"，也是广东产权市场认定的发展新路径。

2013年，集团就在全国第一个提出发展要素市场的战略导向。五年发展实践和发展业绩证明了集团谋篇布局的新思维是正确的、有前瞻性的，也证明了提升产权市场功能、发展要素市场的顶层设计是可行的。

（二）广东产权市场创新发展的谋定破局

有了前瞻性思维仅仅是集团创新发展的起点，要实现谋篇布局的战略部署，还必须有破局的改革勇气和推进定力。五年来，集团在省国资委、省金融办等相关部门大力支持下，一手提升产权市场功能更好地服务国企改革，一手构建要素市场制度体系实现要素市场化配置，两手互动、两手齐抓，拉紧了产权平台和要素平台的连接纽带，实现了产权市场和要素市场的属性融合，咬定发展要素市场战略方向不放松，不断开拓广东产权市场发展新局面。

1. 实现全省产权市场整合，建立统一市场平台

2017年5月，集团依据广东省人民政府批准同意、广东省国资委发布的《关于印发〈广东省整合建立统一产权交易平台整体方案〉的通知》（粤国资产权〔2017〕2号）要求，组建了广东联合产权交易中心。作为省国资委和广州、深圳、珠海三市国资委联合出资成立的市场平台，广东联合产权交易中心在全省范围内实现交易系统、交易规则、信息发布、交易鉴证、收费标准和业务监管的"六统一"，为全国构建区域非标准资本市场体系提供了"广东方案"，贡献了"广东智慧"。

2. 提升产权交易平台功能，全方位服务国企改革

为国有企业改革和国有资本流转服务，既是集团发展的历史使命，也是集团发展的立身之本。近年来，国家有关国企改革政策不断推出，2018年又出台了《2018年降低企业杠杆率工作要点》等新政策。在新形势下，集团服务国企改革的任务更加艰巨，必须在国有企业混合所有制改革、降低国企杠杆率、处置"僵尸企业"等方面持续发挥市场平台的重要作用，继续为国有资本市场化配置提供高效服务。我们必须进一步提升产权交易平台的市场功能，完善市场交易规则，切实提高服务质量，加强市场一线监管，严防国有资产流失，为国有资本流转提供安全、高效的全方位服务。

2013—2017年，集团旗下的南方产权在国有产权转让方面取得重大进展：累计成交国有产权项目1924宗，成交金额1118.79亿元，国有资产增值额201.3亿元，平均增长率19%；其中，2017年与2013年相比，成交数量2.6倍，成交金额增长了7.7倍，增值金额33.7倍，增长4.7倍。从1000多个国有产权转让项目中选取几个案例，更有说服力。例如，南方产权成功处置了广东国际信托投资公司清算破产项目，通过精心策划、规范操作，经过22轮的激烈竞价，最终以551亿元成交，实现增值金额104亿元，增值率23.34%。这次拍卖开创重大破产财产进入产权市场公开处置的先例，实现了司法委托拍卖和破产财产清算处置的创新和突破，被多家媒体称为"史诗级交易"。又如，南方产权以市场发现价值重新确定挂牌价格，成功转让广东粤科软件工程有限公司股权，成交金额比净资产评估价值增值7.8亿元，比挂牌价增值6.5亿元，国有股权增值率高达361.11%，成为产权业界的经典案例。

产权市场的重要职能是有效保护国有产权，

服务国家供给侧结构性改革、服务国企的"三去一降一补"是集团提升产权市场平台功能的重要方面。在省国资委支持下，集团打造了全国首个"僵尸企业"出清重组专业服务平台，通过旗下的广东省股权托管中心积极开展"僵尸企业"处置业务。通过制定股权登记托管、评估资产价值、规范处置流程等一系列市场规则，实现了出清工作规范化、处置工作阳光化、处置效益最优化，保护了企业国有产权的合法权益，为市场竞争中的国有企业安全退出提供了经验。

3. 构建要素市场体系，实现全要素市场化配置

早在2013年，集团就提出从"企业国有产权交易"到"全口径产权交易"，再到"与产权相关的要素交易"的发展方向。五年来，集团在产权市场基础上持续发力，坚定不移地推进要素交易平台建设，在打破产权行业传统发展模式方面进行了先行先试。当时，广东发展要素交易平台并没有现成的市场模式可复制，在市场制度创新的难题面前，集团通过艰难探索和大胆实践，在全国开创了药品采购和招标平台进入产权交易机构的先例。随后，集团陆续建立了具有国际珠宝产业供应链综合服务枢纽功能的广东省珠宝玉石交易中心，以毛坯钻石保税交易、加工贸易转一般贸易进口为核心业务的广州钻石交易中心，拥有国家水权交易试点、广东省排污权试点和碳市场综合服务等资质的广东省环境权益交易所，承接国家级知识产权运营试点的广州知识产权交易中心。目前，集团正在筹建大数据交易、PPP资产交易、盐业交易、农权交易等平台及要素市场产业发展基金等新平台，已经搭建的20个要素交易平台的市场功能逐步显现，以要素与商品交易业、金融与交易服务业、数据与信息服务业为特色的新业态崭露头角，集团构建要素市场体系的战略布局基本实现。

五年来，集团开疆拓土，精耕细作，用智慧和勇气站在了全省要素交易市场的制高点，为推动全国产权市场不断创新贡献了广东经验、展现了广东担当。历史地看，今天的集团能够成为全国产权市场中规模较大的交易机构，如果没有发展要素市场平台是不可能实现的。要素市场化配置的市场实践，说明产权市场中发展要素交易平台是正确的制度安排，验证了实现要素市场化配置的制度效应。

4. 推动金融强省建设，打造泛金融市场平台

为推动金融强省建设，集团在构建要素交易市场体系的同时，着力打造泛金融市场平台。集团组建了广东金融资产交易中心，创新"交易+融资"运营模式，提升了广东省在全国金融市场的地位和影响力。交易的品种主要有：国有金融资产交易、非标金融资产等共计5类13个交易产品，包括人民币跨境试点、银行不良资产跨境转让试点等直接融资方式。到2017年底，广东金融资产交易中心累计成交额达2.22万亿元，被激活的金融要素迸发出巨大能量，成为立足广东、辐射国内外的新型融资市场。

五年来，集团积极促进产融结合，探索"投贷保三结合、投贷信三联动、债信担三运用"的三大产融结合模式，服务实体经济，累计提供混合所有制金融支持超过3000亿元；探索"互联网+供应链金融"服务模式，累计实现"药·贷"在线融资10.56亿元，"产权·贷"融资3779万元。总之，集团充分发挥综合性融资平台功能，通过创新实践和规模运营，为金融资产安全处置和实体经济融资做出了重要贡献，获得社会各界和各级政府的高度评价，打开了要素市场中泛金融业务的新通道。

（三）广东产权市场创新发展的案例分析

实际上，集团发展要素市场、实现要素市场化配置的制度创新是在许多艰难探索中总结出来的。我们对集团下属的广东省药品交易中心（以下简称药交中心）运作的成功案例进行深刻分析，不但能完善集团已经搭建的要素市场体系，而且能为全国产权市场构建要素交易平台提供可推广的经验。

1. 药交中心的运营模式和平台功能

2013年,广东省政府按照"政府主导、市场运作"的原则,通过全省公开遴选方式,最终选定由集团承担第三方药品电子交易平台(药交中心)的建设和运营工作。药交中心通过五年的建设发展,已经成为全国唯一的既独立于医疗机构、医药生产经营和配送企业,又独立于政府的第三方药品在线交易平台,并在全国率先实现"在线交易、在线竞价、在线结算、在线融资、在线监管"五大功能。目前,平台实现总交易额逾4400亿元、竞价交易平均降价率9.39%,交易规模稳居全国第一位,累计节约药品采购资金近300亿元。平台已经汇聚了各类会员2万多家,行业带动力和社会影响力日益增强。

药交中心始终坚守省政府赋予的"惠民、利企、保廉"的重任,坚守"三公"和规范运作。惠民,即无论在规则制定、政策执行还是具体交易过程中,坚守"合理降低药价"和"药品供应保障"双目标;利企,即不断开拓服务领域、创新服务手段、提高服务能力,"广东药交"模式已经从"服务广东"逐渐转型为"立足广东、服务全国、对话世界"的国际型医药健康产业交易与服务中心模式;保廉,即作为独立第三方平台,围绕交易服务与监管服务两大职能,为医疗机构、生产企业、配送企业以及政府监管部门等相关主体构建一个健康有序的交易生态圈。

药交中心始终坚持改革创新,实现了五个全国领先:一是"广东药交"模式领先全国;二是药品交易规模稳居全国第一;三是医用耗材全品规率先上线;四是全国首创药品交易价格指数;五是创新"平台+GPO专区"模式。

2. 药交中心运作模式的制度分析

一是广东省政府选择第三方市场配置要素是成功关键。根据发展现代市场体系要求,政府应当逐步将自身拥有的、具有较强市场竞争性的要素资源交给市场配置。对药品采购而言,广东省政府要素配置的制度安排有多项重要改革内容:①实现了政府在市场经济中的新定位;②彰显了政府服务社会的公信力;③选择了广东产权市场承担组建药交中心的职责。广东省政府选择产权市场组建第三方市场,把药交中心作为全省药品采购的市场平台,是贯彻新发展理念、深化体制改革的战略举措。没有广东省政府这个前瞻性的战略举措,没有集团的主动作为和扎实推进,药交中心也就没有今天的成功实践。

二是建立要素第三方交易平台是实现市场化配置的制度创新。实际上,要让市场在要素配置中起决定性作用,政府首先应将适宜竞争性配置的要素交给市场。集团通过探索实践,认为积极争取政府支持是前提,更为重要的是高质量、高水平地创建第三方要素交易平台,从市场制度创新方面取得政府信任。从市场制度看,第三方要素交易平台是连接政府和市场的桥梁和载体,其制度创新表现为具有政府背景的公信力、具有非营利性特色、具有公开公平公正的交易制度、具有市场风险防范体系、具有政府及相关部门的有效监管等,这些制度优势可以让政府放心地将要素交给产权市场配置,药交中心制度创新的核心就在于此。通过药交中心的成功运作,集团发展要素市场的运作模式逐步清晰:在政府支持下建立第三方市场平台→植入第三方市场平台适宜的要素内核(药品或其他要素)→设计融资源要素化、要素权益化、权益资产化、资产资本化为一体的新型市场制度→全力以赴组织实施→加强指导和一线监管→扩大规模实现收益。

三是建立药交中心交易平台带来的启示。业界同人也许会问:药交中心的案例在全国产权市场是否有推广意义?我们认为,集团建立第三方要素交易平台的模式是可推广的,因为第三方要素交易平台不是一般的商品交易市场,而是具备资源要素化、要素权益化、权益资产化、资产资本化的要素交易市场。因此,只要产权同行理解资源要素化、要素权益化的市场运作机理,把握第三方要素交易平台的运营模式,药交中心案例可以在广东产权市场出现,也完全可以在其他省区市的产权市场出现，可以在健康医疗产业出现，也完全可以在其他产业的要素资源配置中出现。因此，药交中心的案例对全国产权市场发展要素市场、实现要素市场化配置具有典型意义。

二、发展要素市场存在的问题及制度分析

（一）产权市场发展要素市场存在的主要问题

1. 政策环境不容乐观

虽然产权市场的制度基本完善，但市场创新内容基本没有进入法律层面，在发展要素市场方面更为突出。一是国家法律法规尚未对要素市场做出明确规定，如《企业国有资产法》既没有明确产权市场的定位、交易机构设置等相关问题，也没有明确要素等交易品种的法定内涵；二是政府对发展要素政策支持力度不够；三是政府涉及要素市场的制度供给相对不足。

2. 制度创新动力不足

由于产权市场进场交易的要素规模较小，真正引起政府重视的仍是国有产权交易方面。在发展要素市场方面，产权市场制度创新乏力、争取政府政策力度弱化，围绕要素等新品种进场交易的制度创新更加不足，制度的"短板"制约了市场发展。

3. 业务创新方向不清

许多产权交易机构仍以传统国有产权为主，品种的单一性没有得到根本改变。由于市场创新概念较为滞后，没有认识到"要素"进场交易可以成为产权市场业务创新的新路径。许多产权交易机构由于创新方向不清导致业务发展不快，要素等新品种占产权市场成交规模的比重较低，制约了自身的转型速度和规模发展。

4. 体制机制改革滞后

从国际证券市场的结构变革来看，证券交易所之间的竞争和由此衍生的创新举措始终是证券市场发展的主要动力源。通过与国际证券市场的对比分析不难看出，产权市场体制机制改革滞后的主要原因：一是政府仍是配置要素的主导力量，市场配置总量较少，要素市场化配置功能弱化。二是产权市场创新动力不足。许多产权交易机构存在依赖政府政策的惯性思维，无形中抑制了发展要素市场的创新激情和发展动力。三是市场仍处于低水平重复建设状态，一些地方热衷同质交易机构的数量扩张，忽视市场层次的提升和体制机制的创新。

（二）非市场化配置要素的简要分析

我们非常清楚，全国产权市场发展要素交易平台存在的问题，广东产权市场同样存在。为此，需要进一步找出问题的深层次原因。用新制度经济学理论分析存在的问题，发现其根本原因是要素配置的非市场化及其制度成因，具体体现在以下四个方面：

1. 要素界定的复杂性

要素概念如同产权概念，同样具有宽泛性，但要素概念的宽泛性大于产权概念的宽泛性，这给准确界定其定义带来复杂性。

2. 要素质体的非标准性

要素质体就是指要素本身的外延和内涵的统一体。衡量一个市场是标准化市场还是非标准化市场，主要看市场交易品种的质体是均匀状态还是非均匀状态。其实，这个衡量标准反过来也成立，当市场交易品种的质体处于均匀状态，就可以认定其属于标准化市场；当市场交易品种的质体处于非均匀状态，就可以认定其属于非标准性市场。我们认为，现实的要素资源的质体处于非均匀状态，现在的要素资源交易应当属于非标准化交易（主要指要素以非均等份额交易），产权市场中的要素交易是符合国家相关规定的。因此，要素交易是否属于标准化交易不应当成为要素非市场化的理由。

3. 要素流转的无序性

当前要素流转的无序性有着深层次原因，主要表现在：一是要素（特别是国有性质的要素）存在非排他性；二是非排他性导致的要素界定相对不清。这两个主要原因导致要素的无序流转和

场外交易；场外交易导致要素市场化配置率较低，大多数要素仍处于无序状态。非市场化配置造成要素的低效率配置状况应当尽快改变。

4. 产权市场制度与要素进场交易的不适应性

产权市场制度主要是围绕国有产权和国有资产进场交易制定的，其制度重心是防止国有资产在流转中流失。因此，对要素进场交易不完全适应，需要进一步完善产权市场制度。

三、产权市场实现要素市场化配置的制度优势和创新方向

（一）制度优势

实践证明，产权市场具有发展要素市场的制度优势，主要表现在以下四个方面：

1. 产权市场的市场定位和市场功能适应要素市场化配置

党中央22号文件将产权市场定位于非标准资本市场，产权市场同证券等标准市场具有相同的市场功能。另外，从要素交易规模在产权市场中占比不断上升的事实来看，产权市场适应要素市场化配置。

2. 产权市场的市场结构和品种体系适应要素市场化配置

产权市场的结构层次和品种体系属于非标准市场形态，而要素的非标准性与产权的非标准性基本相同，因而适应要素流转并实现价值。

3. 产权市场的公信力和规范性适应要素市场化配置

在当前条件下，实现要素有效配置的市场应是政府主导设立的、规范运营的、具有公信力的市场，而产权市场正是政府依法设立并具有公信力和规范性的市场，因而适应要素进场交易。

4. 产权市场的社会性和非营利性适应要素市场化配置

产权市场不同于一般逐利企业，它是社会性的第三方交易平台，其社会性派生了非营利性。产权市场的非营利性对要素市场化配置非常重要，因为产权市场的社会性和非营利性主要体现在市场的服务性、保护性、平台性上，集中体现在降低市场交易费用的基本功能上。

（二）创新方向

1. 要素市场化配置必须有前瞻性战略思维

首先，产权市场必须把握实现要素市场化配置的战略方向。发展要素市场是党中央经济体制改革的一贯指导思想。早在1993年党的十四届三中全会《关于建立社会主义市场经济体制若干问题的决定》中就提出"着重发展生产要素市场"；2003年，党的十六届三中全会《关于完善社会主义市场经济体制若干问题的决定》中提出，"促进商品和各种要素在全国范围自由流动和充分竞争"；2013年，党的十八届三中全会《关于全面深化改革若干重大问题的决定》进一步提出，"必须加快形成企业自主经营、公平竞争，消费者自由选择、自主消费，商品和要素自由流动、平等交换的市场体系，着力清除市场壁垒、提高资源配置效率和公平性"；2017年，党的十九大提出，"经济体制改革必须以完善产权制度和要素市场化配置为重点"。可见，党和国家发展要素市场的指导思想是一贯的。事实上，产权市场是在国家发展要素市场战略方针指引下发展起来的。这是因为，产权市场是从简单的要素进场交易蹒跚起步的，也是从要素市场不断探索创新中成长起来的。产权市场虽然定位于非标准资本市场，但仍然受交易品种单一的制约。而打破制约瓶颈的关键是给产权市场提供源源不断的要素进场交易。实际上，广东产权市场实现较快发展，重要原因是要素不断进入市场配置。因此，产权市场应当紧紧把握实现要素市场化配置的战略方向不动摇。

其次，产权市场必须把握实现要素市场化配置的战略机遇。当前，经过30年发展的产权市场正处于从快速发展到高质量发展，再到可持续发展的关键时期，正站在行业转型升级、创新发展的重要关口，面临着重大机遇与各类挑战并存的历史时期。在新时代，党和国家高度重视现代市

场体系建设，更加重视要素市场发展和要素市场化配置。习近平总书记在关于《中共中央关于全面深化改革若干重大问题的决定》的说明中指出，"生产要素市场发展滞后，要素闲置和大量有效需求得不到满足并存"。习近平总书记高屋建瓴地指出生产要素市场发展滞后的两个方面：一个是要素闲置没有进入市场实现其价值；另一个是要素的有效需求无法进入市场实现其价值。因此，造成要素低效率配置的主要原因是缺乏有效率的市场平台，只有发挥市场平台功能，解决市场信息不对称的状况，通过市场平台满足要素拥有者的卖出（要素供给）和买入（要素需求），实现要素市场化配置。

可见，产权市场发展要素市场、实现要素市场化配置任务艰巨，而发展机遇却千载难逢。因此，在重大机遇面前，应当学会将党和国家的政策迅速落地，唯有如此，才能得到党和国家政策的更大支持，得到各级政府和相关部门的大力支持。我们必须牢牢抓住发展要素市场的战略机遇不放松。

2. 要素市场化配置必须有破局的战略决断

按照党中央22号文件要求，产权市场与证券市场一同进入资本市场，共同承担国有资本形态转换、实现市场化配置的重要任务。与证券等标准化市场不同，产权市场是以非标准市场形态进入资本市场并承担此任的。在我国的金融资本市场中，与标准化证券等市场相比，产权市场的法律地位、市场流动性、融资能力和融资规模、市场影响力等都存在一定差距，制约产权市场发展的制度瓶颈依然存在，特别是在有效扩大产权市场规模、强化产权市场融资功能等方面，亟待找到破局思路。我们认为，产权市场破局思路的关键是坚决摒弃长期存在的思维惯性，下定决心走发展要素市场新路径。综上所述，广东产权市场制度创新应当走好"三步棋"：第一步，将党和国家发展要素市场的政策迅速落地；第二步，将政策转化为要素市场新制度；第三步，不断创新和完善市场制度。

3. 要素市场化配置必须有新型资本市场

产权市场实现要素市场化配置，需要建立产权和要素一体化的新型资本市场，其主要特征有：

一是产权市场实现要素市场化配置要求新业态。有的国内专家从观察形式角度将权益类要素市场分成8种业态形式（参见《中国产权市场发展报告（2010—2011）》，第19页）。其实，在产权市场中已经呈现的业态有抵押担保、融资租赁、大宗商品（现货）、投行私募类、衍生类合约（环境和知识产权等）权益类等。产权市场中出现的新业态基本上是要素市场功能延伸的各种表现形式。当前，要素市场新业态（主要表现为新市场）已经成为推动产权市场发展的新动力。例如，集团在2017年提出的，打造要素权益化、权益资产化、资产资本化、资本证券化的泛金融、类证券平台，建成涵盖"要素与商品交易、金融与交易服务、数据与信息服务"三大主要业务板块的战略部署，都是广东产权市场建立要素市场新业态的有益探索。在助力广东经济社会发展和金融强省建设、服务粤港澳大湾区战略方面，新业态发挥了重要作用。

二是产权市场实现要素市场化配置要求新模式。近年来，许多产权市场加快发展要素市场步伐，逐步从以国有产权交易为主转向以权益要素交易为主，单一国有产权模式逐步转变为产权要素一体化的综合交易模式。近年来，广东产权市场逐步从以国有产权交易为主转向以要素交易为主，逐步构建产权和要素一体化的泛金融平台，实现产权和要素共同融资的市场新模式。

三是产权市场实现要素市场化配置要求新层次。通过发展要素市场的实践，集团对产权市场和要素市场的关系有了更深刻认识；清晰了一些基本概念，认为产权和要素同属于要素大市场范畴，而且要素市场包含产权市场；要素市场是一级市场（母市场），产权市场是二级市场（子市场）。这些都是集团在提升产权市场功能、发展要素市场的实际工作中，不断加深对产权市场和要素市场的理解，逐步取得的新认识。

在此之前，一些产权行业专家依据党中央22号文件，提出了产权市场的新层次和新结构的新观点。"产权交易市场可以设计并探索两级市场结构，主要目的是提高市场适当的流动性。一级市场主要承担产权、资本及要素的动员和准备职能，有利于具有交易意向的交易主体之间通过谈判等复杂程序以协议等方式成交。二级市场主要是机构投资者买卖产权和资本品的平台，因为非标准市场要做到交投活跃是资本市场制度设计的难点，而产权交易市场试行二级市场层次，正是提高非标准化交易市场流动性的探索。"（引自《产权导刊》2017年第5期，第9页）。产权市场转型的基本构想中可以安排的四个层次包括：基础交易层次、交易投融资层次、交易所体系层次、交易所所在行业层次（参见《产权导刊》2017年第2期，第8页）。

以上分别从交易品种的流动性和交易所市场体系两个方面提出了产权市场层次和结构的创新方向。我们认为，从市场交易品种的内涵入手，设计适应产权市场发展要素市场的新层次更为贴切。理由是：产权市场的非标准形态和非连续化交易方式决定了其市场流动性较低，二级市场层次实现起来尚需较长时间；由于交易所市场缺乏纵向的有机资本连接，四个层次短时间内不易实现。当然，集团提出的产权市场和要素市场的新层次论点并不否定业界人士的观点，而是汲取社会各界和产权行业的理论精华，进一步通过深入研究和市场实践，逐步理清广东产权市场合理层次。

四是产权市场实现要素市场化配置要求会员管理新体制。通过发展要素市场，集团现有的要素交易平台拥有的会员数量已经达到10万个。集团对交易所市场（证券交易所市场和产权交易所市场）实行会员交易代理制度进行研究后，认为要素市场化配置应当有科学的会员管理制度支撑。因此，我们认为应当完善现有会员管理制度并建立会员管理新体制。

建立会员管理新体制的主要着力点：①提升会员的市场地位。会员制是要素市场制度的组成部分，会员是要素市场的业务主力，因此，应当提升会员在要素市场中的地位。与此同时，应当对会员的设立条件、资质认定、经营范围、监管职责等做出规定，依法明确会员在要素市场的地位。②提升会员形态及其结构。当前，产权市场的会员形态基本上属于以经纪商（Broker）为主的较为单一的形态。而改变会员形态及其结构路径是：建立以交易商（Dealer）为主、经纪商为辅、中介服务商为基础的三个层次的会员形态及结构。③提升会员的市场功能。根据产权市场发展要素交易特点，应当发展具有投融资功能的会员入场，大量吸收国内外的PE和VC等多种类私募投资基金、投资银行等作为会员，吸收国内非银行金融机构等专业投融资机构成为会员，积极争取国家政策支持、允许证券公司和保险公司及金融机构成为会员，形成专业扎实、实力雄厚的长期投资要素市场的会员队伍。④提升会员的交易规模及合理布局。国内专家对产权要素市场的会员规模有过描述："完全可以想象，拥有150家以上的做市商、1500家左右的成市商、15000家左右的价格收敛商，在大数行为的最低要求上，可以行为单元的分布密集程度达到统计规律——均衡状态实现的充要条件。当一个市场的价格收敛时，别的实点交易才能获得参照，从而获得定价的话语权。这就是产权市场的交易商要件和第三方市场形成的统计数量要件。"（引自《中国产权市场发展报告（2012—2013）》，第26页）广东产权市场发展要素交易平台会员的经济规模，可以参照以上论述和市场实践，按照三个层级设计，150家交易商（Dealer）是第一层级，1500家经纪商（Broker，即成市商）是第二层级，15000家（或以上）中介服务商（即价格收敛商）是第三层级，各层级会员按照10倍数量规模构成并形成在区域产权市场内外的合理分布。

五是产权市场实现要素市场化配置要求新功能。市场实践表明，要素交易比产权交易需要更强的融资功能，才能提高要素的市场流动性并实现优化配置。因此，必须充分发挥产权市场的投行化功能，为要素融资做好服务。还要发挥产权市场的综合性优势，引进金融、资本等机构，为要素进场交易做好配套服务。要素交易平台在市场化配置中应当发挥其交易品种的泛金融特性，加强投融资功能培育，通过市场充分竞争实现规模融资。

四、完善产权市场制度、加快发展要素市场的建设性意见

根据广东产权市场发展要素市场的实践，我们提出加快发展要素市场的建设性意见，期望得到社会各界、政府部门、专家学者、产权同行等的指正。

（一）完善产权市场制度的顶层设计

我们认为，经过近40年发展的产权市场，应将发展要素市场、实现要素市场化配置作为进入资本市场的战略选择。这个战略选择需要集中全行业力量、发挥社会和行业专家智库作用，对产权市场融入要素元素后的制度升级进行进一步科学论证，提出完善产权市场制度、适应要素市场化配置的顶层设计。

1. 完善产权市场的定位

根据行业协会课题研究总报告对产权市场进行定位："产权交易市场是国有产权交易为主、以非标准产品和非连续交易方式为企业产权交易和并购融资服务的资本市场。"我们认为，修改并完善产权市场定位是与时俱进的现实考量。主要理由有两个：一是产权市场中的要素交易规模占比逐年增大；二是现在的定义不能明确反映要素市场在产权市场中的位置。为了有利于产权市场集中力量发展要素市场，切实推进要素市场化配置进程，应提出产权市场的新定位：产权市场是以国有企业的产权和要素交易为主，以非标准化交易品种和非连续化交易方式为各类所有制市场主体提供服务的资本市场。修改理由有三个：一是将国有企业的要素和产权同列为主要交易品种，客观反映要素市场与产权市场的同等重要地位，也符合产权市场中的要素交易规模占比逐年增长现状；二是直接点明"为各类所有制市场主体"服务，更符合中央文件精神，体现了服务不同性质市场主体的发展方向；三是以"提供市场交易服务"取代"企业产权交易和并购融资"的表述，突出产权和要素市场的综合服务功能。

鉴于以上对产权市场定位的修改意见，建议行业协会对"产权交易资本市场"的提法也进行相应修改。关于提法，有两个建议：一是"产权要素资本市场"；二是"产权要素交易市场"。我们比较倾向于后面的提法。产权交易市场是党中央22号文件中的表述，如果增加"要素"，将"产权交易市场"改为"产权要素交易市场"，即在"产权"后面增加"要素"，这样的称谓能够真实反映产权市场和要素市场共同发展的实际，比较容易得到产权业界认可，也有利于加快产权市场和要素市场的法制化进程。另外，"产权要素交易市场"无须再加上"资本市场"的后缀，这样的称谓直接明了。例如，证券交易市场属于资本市场，但国家相关法律法规、中国证监会、经济理论学术界等仍以"证券交易市场"或"证券市场"表述，较少看到"证券交易资本市场"的表述。

综上所述，建议行业协会慎重研究，充分考虑发展要素市场的战略选择，在科学论证后进一步完善产权市场的定位和表述。

2. 完善产权市场制度

根据市场制度演化理论，任何完善市场制度的动因都是力图降低市场交易成本，因此，完善产权市场制度是提高市场效率的帕累托改进。根据产权市场发展中存在的问题，需要统筹推进非标准资本市场制度体系的顶层设计，改变目前产

权业存在的交易机构数量过多、市场集中度低、市场布局分散等市场弊端。

（1）完善要素市场的制度改进。

当前，产权市场实行各级国资监管部门监督下的进场交易制度，产权市场的交易品种主要是国有产权和国有资产。产权市场制度是规范市场运行、减少国有资产流失的有效制度安排，但制度安排也存在两面性。一方面，国有资产的分级监管落实了各级国资监管部门职责；另一方面，国资监管机构（或其他政府部门）设立（或选择）了多数量、多层级的产权交易机构从事此项业务，实际上给产权和要素的进场交易带来了制度门槛，需要通过深化改革，按照现代市场体系要求加以完善。

（2）完善要素市场化配置的制度要领。

完善产权市场制度的设计要领是依据其新定位。我们认为，落实产权市场定位需要统筹推动产权市场有效整合，因为市场整合是制度设计的根本要领，以下主要从五个方面阐述：

一是统一产权行业对市场整合的认识。"认识的统一是市场统一的前提。产权行业应当认识到，全国市场的统一是产权交易市场生存与发展的必然趋势，应当坚决摒弃'相互封闭、各自为政'的非市场化理念，主动创建包容合作、互利互赢的环境氛围和市场态势。当前，产权交易市场统一要坚持'三个有利于'（对服务国企改革有利、对服务地方经济有利、对市场发展有利）的工作方针，并按照市场化方式启动"（引自《产权导刊》2017年第5期，第11页）。

二是市场整合要依法依规进行。我们认为，国家法律法规层面规定国有产权交易应当进入依法设立的产权交易机构，并没有规定国有资产应当进入某个产权交易机构，也没有对市场整合加以限制。例如，《企业国有资产法》第五十四条规定："除按照国家规定直接协议转让的以外，国有资产转让应当在依法设立的产权交易机构公开进行。"同样，《企业国有资产交易监督管理办法》（国务院国资委和财政部32号令，以下简称32号令）第二条规定："企业国有资产交易应当遵守国家法律法规和政策规定，有利于国有经济布局和结构调整优化，充分发挥市场配置资源作用，遵循等价有偿和公开公平公正的原则，在依法设立的产权交易机构中公开进行，国家法律法规另有规定的从其规定。"至今，国家的法律法规和行政规章对产权交易机构的"依法设立"没有明确规定，所以产权市场整合不应该受到国家法律和行政规章（32号令）以外的任何限制。据了解，有些国资监管部门对国有产权（资产）进场交易设定了"门槛"：例如，选择从事央企的产权交易、资产交易、增资扩股业务的产权交易机构；又如，有些地方政府或政府相关部门要求属地国有产权转让等业务应当进入其管辖的产权交易机构进行。这些规定实际上给产权交易机构提供了隐形"资质"，不利于产权交易机构之间的有效竞争，也不利于产权交易机构之间的有效整合。

三是市场整合应当选择有效竞争方式。产权市场整合应当在政府允许下进行，但应充分尊重交易机构整合自愿，不搞"拉郎配"式的市场整合，应遵循市场竞争规律，按照市场竞争方式进行整合。例如，遵循市场优胜劣汰的竞争法则，以优质交易机构兼并（或重组）劣质交易机构为主要整合手段，以资本投入等方式实现机构之间的兼并或重组。

四是市场整合符合服务国企改革的总要求。国务院国资委对产权市场整合提出了明确要求，国务院国资委提出，"鼓励各地交易机构以市场化的方式进行联合和重组，通过跨区域的股权合作，推动形成以一家交易机构为龙头、众多交易机构为支撑的跨区域市场平台"（引自国务院国资委产权局副局长郜志宇2016年8月24日在"中产协"三届二次常务理事会议上的讲话稿）。因此，产权市场整合应当以服务国企改革为工作方向。

五是产权市场整合应当在行业协会协调下形成合力。发挥行业协会的桥梁和纽带作用，积极争取国家推进产权要素大市场建设的相关政策，加快市场整合步伐。

（二）复制产权市场制度是发展要素市场的捷径

实践证明，产权市场的制度体系具有可复制性。运用制度可复制性，一方面，可为要素市场化配置提供制度建设捷径，满足要素市场化配置需求；另一方面，对国家改革中不断出现的、需要市场配置的要素（包含公共资源等）具有重要意义。政府通过不断深化改革打破现有制度藩篱，充分运用产权市场制度的可复制性，不再建设同质性的交易市场，让运行多年的产权市场配置更多的要素（包含公共资源等），是国家降低市场建设成本、降低市场交易费用的有效制度选择。

（三）发展要素市场需要保证严格的法制环境

依据国家依法治国的大政方略，产权市场承担着保护产权和要素的重要职责，根本之策是推进产权要素市场的立法进程。

1. 立法进程的"路线图"

当前，产权行业加快市场立法的呼声越来越高，越来越多的业界人士提出要推动产权市场立法和完善现有法律法规。我们认为，仅仅针对产权交易提出立法或完善现有法律法规是不全面的，也不符合产权市场中要素交易规模占比逐年增大的实际情况。结合要素市场化配置情况，我们建议参照以下步骤进行：

第一步，由国务院国资委和财政部联合修订32号令。建议比照《证券法》，增加非上市（证券等标准市场以外）企业的国有产权和国有要素的定义、交易程序、交易机构、经纪机构及服务机构、登记结算机构、行业协会、监管机构等章节。修改后的32号令实施后，有条件时可上升为国务院颁发实施的《企业国有资产交易监督管理条例》（以下简称《条例》），进一步提升法规规格。《条例》对产权市场发展具有现实意义，因为它首次将要素交易纳入国家法规层次，结束了国家层面要素交易无法可依的状况，为要素依法进场交易提供了法规支撑。

第二步，由国务院国资委结合《企业国有资产法》，联合政府相关部门修订《条例》。修订后的《条例》上升为国家法律，更名为《企业国有资产交易法》，经国务院审定后呈送全国人大立法机构。国家颁布实施《企业国有资产交易法》具有重要意义：将结束长期以来产权要素市场无法可依的局面，赋予产权要素市场合法地位，并为产权要素的交易提供法律保护。《企业国有资产交易法》是国家代表全国人民对国有资产（包括国有要素）进行管理和监督的意志体现，可以为实现"归属清晰、权责明确、保护严格、流转顺畅"的现代产权制度提供法律保障。

第三步，由国家发展改革委和国务院国资委等相关部门共同组成立法小组，进一步修订《企业国有资产交易法》，更名为《产权要素交易法》。该法与《证券法》相似，主要调整各类非标准的产权和要素的市场交易行为，成为规范各类性质的产权要素、金融要素、资本要素、资源要素等其他权益要素交易行为的国家大法。

2. 立法进程的重大意义

党的十八届四中全会提出"依法治国"的大政方针，产权市场要在市场配置资源中发挥决定性作用，法律保护和法律规范是不可或缺的基础制度和支撑体系。因此，加快产权市场立法进程是产权行业最为重要和最为紧迫的任务，建议由行业协会牵头，尽快启动产权要素市场立法进程。

（四）要素市场化配置需要高度关注的问题

1. 建设要素市场风险控制体系事关重大

产权市场属于非标准资本市场，要素等新品种不断进入市场，带来的风险较大，更需要提前防范。在产权市场风控制度基础上，提出要素市场风险控制的设计要点是必要的。一是必须恪守国家法律法规规定，明确要素品种创新和要素违规交易的界限。可以考虑在要素的非标准化和非连续化等方面设计"熔断"机制，及时阻断风险蔓延，减少风险带来的损失。同样，要素市场的金融资产类、大宗现货商品类、资产证券化类等业务品种的创新都需要依法依规进行。二是必须加强对会员的一线监管和风险控制，减少或杜绝会员的不当逐利行为。当前，可以借鉴发达国家交易市场对会员实行的分类认证资格、区别不同职能、优胜劣汰等管理方法，建立会员管理新模式和新机制，达到既能充分调动会员积极性，又能加强对会员有效管理的双重目的，从根本上降低因会员违规带来的市场风险。三是增加新的市场风险控制部位。在设计风险防控制度时，应当找出不同于产权交易的、适合要素交易需求的风险控制点，并建立防范风险的制度体系。四是融入信用体系指标，降低要素市场参与者的违规和失信风险。五是制定全行业的产权要素市场全面风险管理指导意见。六是建立健全产权市场的风险控制部门和风险控制队伍，与要素市场发展和风险控制相匹配。

2. 推进"互联网+产权要素市场"平台建设是当务之急

要素进入产权市场对信息系统的技术水平和技术设施提出了新的要求。建议从以下五个方面入手，加快"互联网+产权要素市场"平台建设：一是尽快引进新技术。产权市场必须全力推进互联网、大数据、新智能等信息技术的应用，使产权要素市场的创新项目不断进入市场。二是果断提升交易机构的信息技术水平。构建适合要素进场交易的大数据和信息技术等共享平台，加强交易机构统计系统建设，实现信息管理科学高效。三是建设产权要素市场的大数据交易中心。开发建设符合要素交易需要的专业数据库和信息服务板块。积极设计符合要素进场交易需要的价格指数体系，指导要素市场创新发展。四是广泛运用"互联网+"等新型市场组织形式。根据要素的多类别和多样性，产权市场可以充分发挥区域市场制度优势，在区域内外建立与互联网链接的多层次市场或其他创新型市场组织，提高交易效率。五是建立新技术人才队伍。实现要素等新品种进场交易，更需要互联网和大数据等方面的专业人才。所以，产权市场要引进适用人才，提供发挥技术专长的环境，为要素市场的信息系统建设创造基础条件。

3. 发展产权市场的研究宣传机构正逢其时

国内外金融市场和资本市场历来高度重视市场的研究和宣传，这对提高未来预期和影响力起到了至关重要的作用。但长期以来，研究和宣传一直是产权市场发展的薄弱环节。不少产权交易机构重视业务发展而忽视市场研究，使市场发展存在盲目性，造成业务品种创新的滞后。例如，产权市场对其他市场平台（公共资源等）研究不深入，当市场边界发生冲突时既没有及时发出行业声音，也没有经过充分研究形成有分量的调研报告呈送政府相关部门，致使一些产权交易机构的业务范围与其他市场平台发生冲突，影响了市场发展。

集团在发展要素市场的同时，认识到市场研究和宣传的重要性，建立专业研究和宣传机构刻不容缓。其实，集团几年前就建立了要素研究院，专业研究人员逐步充实，研究功能逐步显现。为了抓好要素市场的研究宣传工作，根据广东省政府机构改革部署和工作要求，全省有影响力的《广东经济》杂志交由集团管理，集团通过融入产权和要素等资本市场元素，提升了《广东经济》的影响力。另外，集团确立了提升《广东经济》品牌声誉的实施方案：一是赋予《广东经济》综合功能，将市场研究、市场宣传、市场培训等融为一体，组织专业力量深入研究产权和要素的深层次问题，及时发表一批专业性强、理论水平高、有影响力的文章提供给政府等相关部门，扩大社会影响力。二是以市场化管理方式促进《广东经济》高质量发展。该杂志将面向全国产权市场发行，宣传产权要素市场，与《产权导刊》共同成为全国产权市场的舆论窗口和宣传阵地。三是充分发挥《广东经济》的品牌影响，在市场研究和市场宣传的基础上开展行业培训，力争将《广东经济》办成全国有影响力的要素市场培训基地，培养要素市场急需的专业型领导人员和专业技术队伍。

五年来，集团在广东省委、省政府和广东省国资委的正确领导下，在行业协会协调指导和产权同行的合作支持下，深入贯彻落实党的十八大、十九大精神，敢于创新，敢于实践，敢于担当，实现了跨越式发展。同时认识到，在五年快速发展的同时，尚存在薄弱环节和不足之处。在迈上发展新台阶的时刻，集团需要：进一步树立新的发展理念，加快推进集团"做强做优做大方案"的实施；进一步完善考核分配和激励机制，加强人力资源储备和人才队伍建设，有效解决子平台发展的不平衡现状；进一步提高管理水平、提升业务水准，增强集团市场化协调服务能力；进一步深化体制机制改革，逐步建立适应市场竞争需要的新体制、新机制，为集团高质量发展奠定坚实基础。

习近平总书记指出，抓住了创新，就抓住了牵动经济社会发展全局的"牛鼻子"。"市场是创造出来的，市场是可以创新的"，广东产权市场始终将体制机制创新贯穿于发展全过程之中，坚持提升产权市场功能不懈怠，坚持发展要素市场不动摇，在五年创新发展的基础上实现新时代的新跨越。

"好风凭借力。"广东产权市场这艘创新型资本市场航船将从粤港澳大湾区起航，在国家"一带一路"倡议指引下，以深化改革和制度创新为"压舱石"，全力构筑面向全球的具有国际一流水平的交易控股集团，为国家新一轮经济发展、为广东经济腾飞做出历史性贡献。

江苏省产权交易所 2018—2019 年市场述略

一、2018 年度

（一）产权交易业务方面

2018 年，累计完成产权交易业务 183 宗，成交金额 17.78 亿元，非指定进场业务持续增长。一是建立经纪会员制度，招募会员逾百家，项目推荐取得良好开端；二是尝试与专业机构开展深度合作，引进社会力量，提升平台专业化、市场化水平；三是挂牌项目数量持续增加，增资业务稳步推进，多举措争取国企混改试点项目进场交易；四是交易品种增长明显，涉诉股权、用电权益、债权资产、林木资产、集体土地租赁权、仓储用地使用权等首次进场挂牌交易；五是房产招租取得较大进展，交易宗数是 2017 年的 2.88 倍，服务车改车辆处置成效明显；六是破除市场藩篱，与南京船舶交易市场开展合作，实现资源共享，提升服务效能，提高交易效率。

（二）基金管理投资业务方面

一是母基金管理规模进一步扩大，新增受托管理 5 亿元鼓楼区产业发展基金和 20 亿元江苏聿泉服贸基金；二是直投业务业绩显著，已投项目运行情况良好，增值率高，已有 3 家公司顺利完成下一轮融资，估值均增长 1 倍以上；三是放大财政资金杠杆作用近 10 倍，投资民营企业近千家，投资金额近 100 亿元，有效促进了中小民营企业的发展。

（三）金融资产交易业务方面

一是打造不良资产处置生态圈，被中行江苏省分行指定为省内单户不良债权本息无损转让的唯一交易机构，引入湖岸基金等配资机构提供配资服务，投资人数量成倍增长，处置机构进场数量增长 3 倍多，达 23 家；二是建设企业直融信息平台，在平稳发展定向融资工具备案登记业务的同时，大力合规拓展挂牌融资业务，全年挂牌金额合计 5.65 亿元；三是整合线上资源交易平台，提升投资者服务体验，实现投融资业务流程优化突破。

（四）股权登记业务方面

在稳步开展股权登记业务的基础上，注重拓展配送股等股权管理业务，已为苏州银行等 97 家非上市股份有限公司提供股权登记托管和质押融资服务，登记股份合计 216 亿股，新增股权质押项目 17 宗，新增质押融资金额 4.64 亿元，在押融资金额 61.7 亿元。

二、2019 年度

（一）产权交易业务方面

2019 年，累计完成产权交易业务 320 宗，成交金额为 70.68 亿元，非指定进场业务持续增长。一是重点打造租赁平台，助推国有资产经营效益提升；二是助力资产云系统全方位、闭环式管理；三是以车改为契机，制定快速纠纷处理机制，规范处置行为，提高公车纠纷解决效率，提升服务效能；四是提升省级行政事业单位电子废物处置效率，提升服务质量；五是推动开展增资业务，积极推动国企混改试点工作，主动对接，上门服务，提前参与方案与程序设计，协助企业办理前期准备事宜；六是积极开拓市场化业务，拓展地方国企业务、民营企业业务，争取高校所属企业改革业务；七是开创信息内容个性化、交易流程自主化、按需定制的综合招商业务板块，满足民营主体产权交易多样化需求，进一步开拓民营业务市场；八是积极推动经纪会员制度，吸纳优质经纪会员，运用会员联动机制，及时向会员推送优质项目及宣传信息。

（二）股权登记业务方面

在稳步开展股权登记业务的基础上，积极贯彻落实中国银保监会 2019 年第 2 次主席会议通过的《商业银行股权托管办法》的要求，不断提升股权管理规范程度和工作效率，进一步防范业务风险，已为江苏长江银行等 93 家非上市股份有限公司提供股权登记托管和质押融资服务，登记股份合计 93 亿股。

浙江产权交易所 2018—2019 年市场述略

一、浙交所简况

浙江产权交易所（以下简称浙交所）是经省政府批准设立的浙江省内唯一的综合性省级产权交易平台。自 2004 年由省国资委管理以来，浙交所在省国资委的指导下，全方位加强专业能力建设，发挥区域资本市场平台功能，对标行业龙头，向建设全国一流产权交易所方向努力。

浙交所按照"两全四化、三大建设"发展战略和"四要"职业要求，弘扬"工匠精神"，持续推进"三大能力"建设，全过程服务于要素市场化配置、企业改革发展及区域非标资本市场建设，全力打造各类公共要素的市场化配置工具和非标化区域资本市场平台。目前，业务品种涵盖产股权及实物资产转受让、资产租赁、并购重组、企业融资、增资扩股、咨询策划、公车处置、中介机构选择等，同时努力拓展金融服务、农村产权、排污权等权益交易及政府招商等业务。

浙交所目前已拥有下述重要资质与资源：全省唯一由国务院国资委指定的从事中央企业资产转让交易业务的产权交易机构、财政部备案的国有金融资产交易机构、全省唯一的产股权及资产交易信息接入国务院国资委企业国有产权交易监测系统的机构、财政部全国金融企业非上市国有产权交易信息监测系统对接的机构、浙江省国资委混合所有制项目唯一指定发布平台、全国产权交易行业首批AAA信用等级机构。

二、浙江省产权市场发展现状

在社会主义市场经济条件下，产权交易是深化国有产权制度改革、促进市场在资源配置中起决定性作用的基本方式之一。建立一个规范有序的产权交易市场，对深化国有企业改革、促进市场经济健康发展有重要意义。浙江产权交易市场经过多年的发展，形成了自己鲜明的特点。

三、浙交所近年来的做法

近年来，浙交所在传统行政事业单位国有资产、涉诉资产及其他公共资源交易方面以高质量服务推动高质量发展，并不断向多个要素市场拓展，积极推进全省统一规范产权市场建设，争创体制机制新优势，更好地服务于全省经济社会发展大局。

（一）坚持集团化导向，保持业务稳步发展

两年来，浙交所积极配合省国资委产权处，承办全省（市、县）国资监管机构和产权交易机构座谈会、统一平台组建方案研讨会；积极参与省外5个省市和省内11个地市调研，并起草5个相关的调研报告；在党委的高度重视下和委领导以及产权处等相关处室的大力推动下，取得了阶段性成果。积极贯彻落实浙江省"僵尸企业"处置零收费、"改制上市"减半优惠等政策，以国资国企排头兵的自觉坚持自我革命、主动作为，全面推广产权交易收费折扣、商议、上限、下调等4项市场化优惠举措，因降费减负合计减免服务费1653.28万元。在全体员工的努力下，浙交所成立至今参与各方无一因进场交易而出现违规违纪问题。

（二）坚持市场化理念，做深做优交易服务

在省国资委等上级部门的大力支持下，浙交所积极实践市场在资源配置中的决定性作用，用市场化理念、市场化举措着力推进交易品种和平台建设。

一是持续做优做深省属企业传统业务。两年来，省属企业进场交易共挂牌2224宗，成交1469宗，成交金额191.22亿元，在服务省属企业国有资产交易的过程中，做到了制度保障到位、专业服务到位，得到物产中大等省属企业的肯定和鼓励。

二是积极打造"混改平台"，助力深化国有企业改革。两年共完成浙江省交通规划设计研究院有限公司等40余宗增资项目的咨询或进场挂牌交易工作，融资金额近27亿元。新设"投行服务中心"，组建专业团队，制定增资业务标准工作流程等相关制度。拓展市县企业增资业务，做好咨询策划及全流程服务，尽心服务企业资产证券化和"凤凰行动"计划，进一步做实浙交所"混改平台"功能。企业增资业务服务拓展至金华、嘉兴、丽水等地市。

三是积极打造债权板块，助推国有企业供给侧结构性改革。两年来，为各家银行市场化化解不良资产215亿元。充分发挥自身平台特色，为银行不良资产出清提供高效、便捷的处置服务。发挥专业化服务能力，为银行不良资产转让提供前期咨询策划服务，设计交易方案，通过不良资产重新经营打包集中处置，助力银行高效完成债权收回，成功助力表外资产切断。派专人对接联络，争取浙交所成为浙江省债权处置的主平台。

四是积极打造"公有房产租赁平台"，助力国有企业盘活存量资产。两年共成交出租项目1430宗，单向成交金额61.44亿元。自省财政厅颁布《浙江省省级行政事业单位房产出租管理暂行办法》以来，已有95家省级行政事业单位出租项目进场交易，其中2019年净增长49家。此外，在"出租+招商/融资"服务理念引导下，在交易品种、模式方面均进行了创新，实现了交易多元化。

五是积极打造上市公司资产处置模块，助力上市公司盘活存量资产。两年来，公司加大营销力度，累计调研走访省内上市公司84家，主动登门了解拟上市及上市公司资产证券化、并购重组需求，为其推送优质项目，同时为其提供阳光化交易平台，助力上市公司相关交易行为符合监管部门要求，努力为标准化资本市场的产权交易提供"最多跑一次"服务。

六是努力争取、积极开拓要素市场。继续推进排污权交易服务，围绕二级市场交易进一步完善功能，并促成与招行和广联达的三方合作，扎实推进全省排污权交易系统建设。两年开展排污权竞价交易695场，无故障率100%。有效对接浙江省公共资源交易中心，推进国有资产监管信息公开，两年共完成项目推送3272宗，金额达到219.45亿元。积极开辟体育行业产权交易新领域，主动走访省体育局，积极调研学习同行先行者的经验，努力夯实体育产权交易业务基础工作。

（三）坚持"互联网+"思维，推进服务数字化转型

为适应企业数字化转型的产业革命新浪潮，努力迎合数据是要素的重要内容的新要求，浙交所加快了整体数字化转型步伐，对数字化转型工作做出了新部署，全力推进公司数字化建设。

一是加强信息工作组织保障。成立了以总经理为组长、集全所之力的"信息化工作组"，强化组织和人力保障。

二是启动产权云2.0版系统建设。信息化工作组成立后，对浙交所未来信息化建设的方案和路径进行全方位调研，全力推进以"浙E云"（暂定）为代表的产权云2.0版系统建设，为推进全省统一产权市场打下信息基础。全力推进软件正版化工作，建立《浙江产权交易所有限公司正版软件管理办法》等制度，签订《使用正版软件承诺书》。用信息系统建设抢占市场份额、规范内部管理。

三是提升项目数字化营销水平。截至2019年底，投资人信息库客户总数已达187116家，依托投资人信息库大力提升项目营销覆盖面和精准度。联合58同城网、百度官网，进行了为期6个月的品牌推广，赢得了良好口碑，树立了品牌形象。参加中国产权协会"阳光共享"平台，真正实现项目"一点发布，全国展示"的推广效果。

内蒙古产权交易中心2018—2019年市场述略

内蒙古产权交易中心（以下简称内蒙古产权）是由内蒙古自治区国资委监管，自治区包钢、电力等大型企业集团共同出资组建的产权交易第三方公共服务平台，是拥有企业国有产权、央企实物资产、金融资产、行政事业资产、涉诉资产等多项国家和自治区特许经营资质的特定功能性企业，是中国产权交易行业企业信用评价AAA级信用企业，是自治区国资委"精神文明单位标兵"。

内蒙古产权坚持以党的十九大精神和习近平新时代中国特色社会主义思想为指导，深入贯彻落实自治区政府及国资委各项决策部署，牢固树立新的发展理念，坚持高质量发展，努力肩负起产权市场要素自由流转、资源合理配置、国有资产保值增值的责任和使命，围绕"立足全区布局和协同发展，深挖业务创新发展潜力，推动管理服务全面升级，着力建设以中心总部为核心、以分支机构为支点、覆盖全区的服务网络，以规模化、系统化、专业化服务实现高质量可持续发展,为集团化战略目标奠定坚实的市场基础"的总体思路,服务于区域内各类实体经济、国资国企改革,提高公共资源配置效率和效益。

截至2019年底,内蒙古产权累计实现交易业务6881宗,成交金额为261.6亿元,平均增值率为11.46%,累计为国有资产增值近27亿元,涉及资产总额1152.2亿元;累计完成采购项目10799宗,采购金额为207亿元,降本节资额为29亿元,综合节资率为12.3%;累计成功处置金融不良资产项目143宗,成交金额近39亿元;累计成交煤炭产能指标1000多万吨,累计成交金额近7亿元。

一、交易场所建设情况

内蒙古产权办公场所位于呼和浩特如意新区,建筑面积3200平方米,办公区域共有四层,能够满足各类交易服务需求。一层公共服务区:设有业务咨询、申请受理、资料审核、结算交割、交易鉴证、法律咨询等现场业务办理及交易流程化服务窗口,具备便民服务、采购服务等综合服务功能,同时配备了LED显示屏、竞价波动曲线显示器等同步设备,可以实时同步显示各省部分项目挂牌信息。二楼物资采购服务专区:配备了全程电子评标硬件设施,有高清视频、音频监控系统,建立了评标专家与招标人分流隔离措施,保障了招投标环节的规范、公正和高效。三楼及十二楼属于中心内部办公区域,达到了公共资源平台的要求。

二、内蒙古区域性要素资本市场

要素市场的发展程度是资本市场发展水平的重要表现,生产要素自由流动,产业才能蓬勃发展,所以市场机制能否高效运行,关键在于是否拥有一个门类齐全、发育成熟的要素市场。产权交易所是传统要素市场的升级,虽然目前仍以区域为主,但是这些交易所已将各类资本、企业、人才、信息充分汇聚,按照制度性服务标准整合各类要素资源,达到进场集中交易的目的,其壮大必将促进物流、金融、信息、法律、税务和各类中介行业集聚,资金、信息集聚,并且已经出现了全国整合的趋势。内蒙古产权以"汇聚资源、融通产权"的企业愿景为导向,明确以资产、资本交易为前提,定位为区域性非标要素资本市场。

(一)交易集团构想

内蒙古产权集团化发展之路已经初具规模。鉴于全要素交易的权益和资产流动功能在自治区各类交易场所中占据较大比重,内蒙古产权拟构建服务于区域经济发展的要素资本市场体系:立足"一个中心、多个支点、功能齐全"的发展思路,全资、控股、参股多家公司,在采购、文化旅游资源交易、农村产权交易等方面发力,逐步形成"1+N"的集团化发展态势。内蒙古产权助力自治区金融降杠杆、国企提质增效、振兴乡村和消费扶贫,大力发展文化产权要素流转和投融资服务,为成为自治区经济社会中最具社会认知度和政府影响力的区域要素资本市场、初步形成自治区首个综合产权要素交易集团打下基础。

(二)市场化生存

内蒙古产权战略规则定位是企业化经营、市场化生存。

1. 服务市场化

内蒙古产权从交易品种、客户群体、企业组织形式、区域分布、市场功能等多个维度提供服务,实现了服务全覆盖。为国有与非国有资产、行政性与资源性资产、单一与混合所有制企业、非上市与上市公司、民营与外资企业或个人,全面提供产权转让、资产处置、增资扩股、集中采购、投资咨询、并购贷款、直接融资等多样化服务。

2. 价格市场化

内蒙古产权树立市场化观念,通过具体行动和案例成果去说服客户、引导部门,保持高质量的市场化服务水准。收费模式逐步向市场化转型,提升专业服务水准,明确价值收费理念。通过数据向社会提供和反馈产权市场的价格信息,让全社会了解产权市场价格信号、财富效应和价值创造的情况，体现产权市场存在的价值。

内蒙古产权作为市场化主体，采取市场化收入分配方法，优胜劣汰，创造财富，让更多机构加盟参与产权市场，合力推动产权市场的繁荣发展。随着国企改革的进一步深化，内蒙古产权将顺应市场化改革要求，在出资人权力下放、健全董事会治理和经理层职业化，以及薪酬契约化等内部三项制度改革方面大胆尝试。

（三）金融化发展

内蒙古产权力争在金融化发展方面取得突破。在目前的金融监管体制下，产权市场作为新兴资本市场，必须具备金融化发展能力，才能服务好实体经济。我们将择机成立基金管理公司或投资管理公司，引进国有企业结构调整基金或共同发起产权市场投资基金，依托产权市场开发业务，提升平台的金融功能。

（四）信息化支撑

"工欲善其事，必先利其器。"内蒙古产权将不遗余力地推动"互联网+交易"的信息化发展，也将在数据挖掘和推广应用方面下功夫，促进大数据对自身经营活动和产权市场其他参与主体起到业务支撑和决策参考的作用；我们将依托基础数据，从全国、全区、客户、政府、自身五个维度提高应用分析能力，坚持"提得出需求、想得到应用、拿得出分析"，提升区域产权市场核心竞争力，使之成为自治区资本市场的引领者。

三、拓宽业务领域，优化业务结构

内蒙古产权交易业务品种在传统的产股权、实物资产基础上，不断延伸拓展，日趋丰富。

权益、债权类等项目宗数在整体业务中的占比明显提高，较好地落实了自治区国资委对于中心"提升除实物类资产外的其他类型交易在总交易收入中的占比"的工作要求。

实物资产方面，在传统房产、车辆、设备物资基础上，深入挖掘生产废料，甚至活体动物的交易。内蒙古产权举行的良种马竞价会，通过"线下+线上网络竞价"方式，成功转让良种马127匹，成交金额达到1130.55万元，部分增值率高达61.12%，成为全国产权市场探索开展动物活体交易的典型案例。

金融资产交易服务平台方面，加强客户走访和深度对接，与多家金融机构及资产管理公司建立常态业务合作关系，参加多家机构不良资产处置业务工作会议，宣讲中心服务功能和业务模式，深入推动项目进场。推进金融资产业务实质性合作，成功实施内蒙古银行异地分行债权转让项目中的保证金融资业务，为供应链融资业务的常态化开展迈出了重要的一步。

采购业务方面，加大市场开拓力度，不断优化客户结构，实现节资金额、节资率的同比上升，有效助力国有企业降增效。服务于国有企业的同时，内蒙古产权招投标采购服务平台在军民融合方面积极探索，完成了中国人民解放军某部队的印刷品、通信工程物资采购项目，平均节资率达13.69%。内蒙古产权国企阳光采购工作获得了自治区国资委的关注与支持，2018年底，自治区纪委监委派驻国资委纪检监察组成立专项调研组，分赴山东、深圳和11家出资监管企业开展招标采购专项调研工作；2019年7月，内蒙古自治区国资委印发《关于推进区属企业实施阳光采购的指导意见》的通知，明确由内蒙古产权负责搭建区属企业阳光采购服务平台，牵头组织与区属企业对接方案的制定实施，做好制度规则、公告公示等相关模板、操作流程和服务标准等工作。内蒙古产权抓住发展契机，一是着手采购系统优化升级工作；二是拟成立采购子公司，打造"自治区国有企业招标采购综合服务平台"。

创新权益交易方面，在原有股权、承包经营权基础上，增资扩股、收购鉴证、招选、PPP项目、煤炭产能指标置换、债权包业务取得实质性突破。按照国家煤炭去产能工作要求，中心积极拓展煤炭产能指标转让交易，全年累计实现成交煤炭产能指标近 1000 万吨，成交金额近 7 亿元，已成为煤炭产能全国最大的市场化配置平台之一。成功实施锡林郭勒盟国有高产饲料种植基地招租项目，增值率达 240.8%，是内蒙古产权社会权益资产转让业务模式的一次成功操作。内蒙古科技大学持有的包头联方高新技术有限责任公司 16% 国有股权+债权转让项目，成为内蒙古产权首宗行政事业单位持有的股权捆绑债权转让项目。此外，广告经营权、租赁权、资产置换、产能指标等业务均得以落地，较好地诠释了产权长尾市场和非标市场的功能和特性。

二手车交易平台方面，内蒙古产权积极开拓其他省区市驻区企业车辆业务和盟市国有企业车辆业务，实现国有车辆和民营车辆进场挂牌项目宗数、竞价率达到双增，牢固确立了自治区国有车辆第一品牌的市场地位。

内蒙古产权在做好国有资产项目的同时，积极推进民营项目进场挂牌交易，交易宗数、交易额、交易竞价率实现三连升。2018 年，内蒙古产权的民营项目各项交易指标均创历年新高，产权市场发现投资人、发现价值的功能得到社会各界的广泛认可。

四、提高服务能力，强化市场布局

（一）加大走访获客力度

推动盟市分支机构建设，交易、采购、出租、债转股等各类主业、创新业务进场，延伸走访对接触角，充分发挥分支机构积极性，挖掘盟市资源优势，增加业务进场机会。

（二）强化营销推介工作

持续加大力度，拓展包括权威媒体、行业网站与手机微信端在内的渠道 103 个，运用多种营销策划方式推动内蒙古产权微信加载量。加大市场主动营销力度，在企业密集的商协会开展宣传，提升内蒙古产权在企业界的知名度。互联网、渠道建设及走访交流等多措并举，在扩大影响力、提升品牌知名度、加强业务推广、促进项目成交增值方面发挥支持作用。

（三）提升市场服务功能

继续优化完善 e 交易平台功能，对竞价系统、页面、数据推送等板块进行了优化改造。加快进度建立各项服务工作机制，研究建立"首问负责制""最多跑一次"等提升服务的制度措施。组织召开高质量发展大讨论，改善经营管理质量，提升创新质量，提高客户服务质量，进一步完善市场服务功能，改善客户服务体验，扎牢基础。积极服务"处僵治困"和政府化债工作，推动当地开展政府化债工作，争取业务进场机会。内蒙古产权被自治区机关事务管理局指定为行政事业单位房产处置、出租承办机构，相关业务正在有序开展。

（四）加强法律专业支持

按照自治区国资委的考核及规范化运营的要求，内蒙古产权出台并制定了总法律顾问制度，组织机构和工作体系更加完善。建立法律内控体系实施方案，梳理各业务操作流程和内部控制风险点，制定预防和应急预案，提升风险防范和应对能力。修订项目分级审核制度和例会制度，保证项目操作的规范性。加大对业务模式论证、分支机构建设等领域的法律专业支持，助力业务开展。

（五）加快内蒙古产权分中心建设和入驻盟市公共资源交易中心工作

建立完成自治区 11 个盟市分中心，覆盖包头、赤峰、通辽等 10 个市（盟），基本实现分支机构的盟市全覆盖，实现 4 家分支机构入驻当地公共资源交易中心，争取早日实现分支机构入驻和对接系统的目标。

五、加强内部管理，提升运行效率

（一）坚持制度创新

内蒙古产权始终坚持制度先行、边立边破的原则，加强业务制度顶层设计，加快推进制度"立、改、废"工作。在交易运行的总规则方面，2018 年，由内蒙古产权负责编制报审的自治区《国有产权交易服务规范》（DB15/T 1447—2018）地方标准，通过内蒙古自治区质量技术监督局批准，并在国家标准化管理委员会备案，于 10 月 5

日起正式实施。这对于引导区域内国有产权交易服务工作实现高质量发展具有重大意义。内蒙古产权不断强化交易制度体系建设，先后多次制定和修订各类交易规则、配套细则、管理办法等83项，合同范本32种和各类业务操作流程手册，为全区国有产权的规范转让和产权市场的健康发展提供了重要保障。

（二）有效开展考核工作

在年初设定绩效和日常考核办法时，引导各部门完成年度各项任务，同时严格执行绩效和日常考核政策，按季度及时兑现奖惩，发挥绩效考核的导向和约束作用。

（三）加大监督检查力度

继续加大对400电话抽查、交易场所日常管理检查、项目档案抽查、职业化行为检查、督查督办等工作的监督检查力度，对违反制度员工进行通报、批评教育、经济处罚等，严肃了内部纪律，规范了内部运行，形成了不打折扣严格按照规章制度执行的良好作风。

（四）优化工作机制和配套措施

实现全面客户资源清单制管理，分层级标准化走访、对接、维护客户，加大投资人数据库建设力度，为项目成交、竞价、增值、节资提供了有力保障。

六、加强党的建设，强化主题教育

内蒙古产权党总支部严格按照国家、自治区和国资委党委的各项工作部署开展党建工作，以习近平新时代中国特色社会主义思想为指导，全面贯彻党的十九大精神和十九届二中、三中全会精神，特别是深入学习习近平总书记在全国国有企业党的建设工作会议上的讲话精神和视察内蒙古时的讲话精神。以培育践行社会主义核心价值观为抓手，深入推进"两学一做"学习教育常态化制度化，两个党支部利用业余时间每两周进行一次集体学习和研讨；同时，深入开展"不忘初心、牢记使命"主题教育，参加自治区国资委在自治区党校举办的主题教育辅导讲座和革命传统教育。内蒙古产权认真学习相关文件，深刻领悟中央精神，持续提升管理团队的素质和水平。

七、践行企业文化，增强团队凝聚力

内蒙古产权在统一原则上，不断推动企业文化建设落地。首先，以党组织的规章和制度、纪律和规矩、作风与习惯约束核心团队，建立组织信仰，统一企业核心价值观，让党员领导干部与企业家精神有机融合。其次，在技术层面，不断改进内部管理，不断提高整个团队的决策、执行、监督和管理水平，通过集中培训、交流座谈、征求意见建议等方式了解员工内心的想法，进行关于如何做到知行合一的企业文化培训，在涉及员工权益方面，始终为员工着想，帮助员工树立自信、自尊、阳光、平和、快乐的心态，逐渐形成文化认同感和凝聚力。

福建省产权交易中心2018—2019年市场述略

2018—2019年，福建省产权交易中心（以下简称福建省产权）深入贯彻《企业国有资产交易监督管理办法》，充分利用产权市场的资本市场融资功能，积极创设产权交易要素平台，探索创新产权交易模式，认真挖掘产权交易业务新领域，努力推动福建产权交易市场迈上新台阶。

一、构建产权交易要素平台，推进产权市场多元化发展

32号令明确将企业国有产权转让、增资扩股、资产转让行为一并纳入产权交易市场公开交易，推进了产权市场业务范围迅速扩大，从企业国有产权和国有资产进场交易逐步扩大到金融企业、行政事业单位的国有产权和国有资产进场交易，迎来了产权市场发展的新契机。

（一）推动构建了增资扩股交易平台

根据省委、省政府关于深化国有企业改革的决策部署，积极探索为国资国企混合所有制改革提供市场化服务的方案和模式，总结借鉴了公共私营合作制"PPP模式"。通过市场发现买者、发现价值，使市场在资源配置中起决定性作用，推动了国有企业改革，取得了良好的经济效益和社会效益。2018年，承接省国资委推出的13家省属企业的混改工作，帮助其引进战略投资方，帮助福建飞腾人力资源有限公司、福建省招标股份有限公司引入资金1.32亿元，有序推进混合所有制经济发展，这是福建省推进国企国资混合所有制改革迈出的新步伐。

（二）推动构建了跨省域产能指标交易平台

根据国家发展改革委等部门关于开展去产能指标交易工作部署精神，福建省产权在省工信厅的指导下，制定了《福建省煤炭去产能指标交易工作实施方案（试行）》，负责具体交易工作，并作为资金结算机构统一进行交易资金结算。2018年，圆满完成了福建、内蒙古、湖南等地的39宗煤炭去产能指标交易，交易额达4.24亿元，取得了良好的经济效益和行业声誉，获得国家发展改革委、国家能源局和有关省份监督部门的充分认可，为全国推进煤炭及其他产能指标交易工作起到了示范引领作用，也为推进供给侧结构性改革、化解过剩产能提供了新的思路。

（三）推动构建了文化艺术品交易平台

根据省政府关于加快建设文化强省、打响福建文化品牌、延续福建文脉的精神，推进整合文化工艺美术领域优势资源，调研文化产权交易产业，研究邮币卡、寿山石等文化艺术品交易模式，设立福建八闽联合电子商务公司，倾力打造福建文化艺术品交易平台——"丝路艺品"，上线文化艺术品交易微信端"八闽互联"，探索整合"海峡文化产权交易所"，促进文化要素资源的有效流转，服务福建省文化产业大繁荣、大发展战略。

（四）推动构建了自然资源交易平台

根据省委、省政府关于推进农村集体产权制度改革的实施意见，以及福建省自然资源产权制度改革实施方案精神，积极沟通协调省自然资源厅，与晋安区金投公司合资申请搭建全省农村产权及自然资源交易平台，得到了福州市委、市政府的支持。

二、优化产权交易结构，推进产权市场持续健康发展

坚持"盘活存量、做优增量"并举的方针，突出市场导向，不断挖掘存量业务潜能，延伸拓展服务领域，积极尝试跨区域合作，推进产权交易市场持续健康发展。

（一）巩固提升了省属企事业单位资产处置份额

福建省产权充分利用自身作为省直行政事业单位资产处置唯一指定交易场所的资质，围绕国有产权交易处置职能，加强与省直机关、省属企事业单位的对接合作，认真总结省属出资企业产权交易经验和模式，并将其推广到省直机关企事业单位，承办省直行政事业单位国有资产交易及租赁业务，促进省属机关企事业单位资产处置业务份额逐年攀升。2018年，共接受359宗行政事业单位及其下属企业资产的处置业务，成交额5.5亿元，同比增长66.7%。

（二）拓展运作了省外、异地及系统外资产处置项目

围绕做大做强的目标，充分利用指定交易机构的资质，稳步拓展省政府驻外资产产权、地市资产的交易和租赁以及系统外资产处置业务，不断扩展服务领域。一方面，争取省政府各驻外办项目和省外国资及其他系统的产权交易业务；另一方面，争取省内各地市资产处置及户外广告、高速公路资源配置业务。2018年，已争取到省政府各驻外办项目全部进场交易，完成了驻北京、上海、海南、深圳、天津、西安、武夷山、宁德、厦门、福清等地办事处的29宗异地项目，不断延伸行政事业资产交易、租赁业务的广度；与上海联交所签署战略合作协议，深化对接合作，通过战略合作参与英大证券引入战略投资者项目、宝钢金属有限公司债券股及引入战略投资者项目、云南9处林业股权及资产项目的交易工作；承接了福建高速及其他企业委托的户外广告牌、高速公路广告牌、加油站、服务区、闲置土地等招商项目，成为行业内较有特色的交易板块。

（三）开拓引进了金融资产业务进场交易

积极推动金融类企业国有股权和增资扩股等业务进场交易，进一步增加了业务品种、扩大了业务规模，也增加了收入来源。2018年，福建省产权与民生银行、招商银行、中信银行等金融机构开展金融合作，促进优势互补、资源共享。

（四）探索推进了采矿权转让业务

采矿权交易原属省国土资源厅采矿权交易中心的业务范畴，福建省产权以德化安村雷潭金矿采矿权转让项目为切入点，自我加压、自我探索，积极向省国土资源厅等部门寻求政策支持，促使项目得以溢价成交，顺利介入采矿权转让业务领域。

三、发挥政策作用，推进产权交易资本市场融合发展

32号令出台实施，拓展了产权市场的资本市场融资功能，市场作用被提升到新的高度，对产权市场来讲，这既是机遇也是挑战。福建省产权积极发挥平台优势功能，为推进全面深化改革和发展混合所有制经济做出新的尝试和努力，推动国有资本、集体资本、非公资本等相互融合发展。

（一）立足资本市场，服务国企改革中心工作

福建省产权紧紧围绕和牢牢把握资本市场定位，积极服务国有企业推进供给侧结构性改革、"三去一降一补"、"瘦身健体"提质增效、压缩产权层级、发展混合所有制经济等工作，特别是在发挥自身在产权转让、资产处置方面的优势和经验的基础上，迅速拓展融资功能，真正担负起为企业发展筹集资金、吸引更多社会资本参与国企改制重组的应尽职责，为规范发展混合所有制经济提供更多的市场化服务。

（二）坚持创新驱动，拓展业务新领域

产权交易市场交易标的非标准化特点，决定了该市场具有业务创新的先天优势。经过努力，福建省产权初步建立了产权转让、资产转让体系，正全力以赴搭建和巩固企业增资扩股新资本平台，还将根据企业需求提供个性化的创新服务，满足企业的多样化需求，特别是在去库存、去产能、服务政府PPP项目等方面，提出创新解决方案，不断拓宽产权交易市场业务领域。

（三）发挥自身优势，提高服务能力

多年来，福建省产权在国有产权转让业务方面积累了丰富的经验和资源，但作为资本市场，在服务能力和服务水平方面还有很大的改进空间。今后，福建省产权要突出做大传统业务，加强专业人才储备，在实践中不断完善操作规则，积累总结经验和案例，尽快补齐短板，积极与投行、律师事务所等中介机构合作，不断增强为企业提供综合服务的能力。同时，积极推进全省产权交易机构整合，倡导开放、合作、共享的理念，探索开展机构联合、协作、重组，提升全省产权交易市场的辐射服务能力。

西南联合产权交易所2018—2019年市场述略

西南联合产权交易所（以下简称西南联交所）成立于2009年，由四川省、西藏自治区和成都市两地三方的国有企事业单位共同出资组建，是全国唯一一家跨省产权交易机构、国务院国资委确定的从事中央企业资产交易的机构、国家科技部确定的国家技术转移示范机构，同时也是中国产权协会常务理事单位、长江流域产权交易共同市场副理事长单位。2018年以来，西南联交所坚持"聚焦定位、转型升级、创新突破"的工作总基调，立足"建设区域要素市场、服务国资国企改革"这一中心任务，盯紧"平台化、电商化、综合化、投行化"四化发展目标，不断夯实发展基础，创新开展各项工作，努力推动公司从区域性交易中介服务机构向全国性产权资本服务平台转型。

一、服务国资国企改革，创新推动改革落地

（一）持续推动国有资源优化配置

在省市区国资委指导下，西南联交所深入国有企业开展调研，从企业需求入手，为国企改革提供全链条服务，通过股权转让、增资扩股、征集合作方等多方式、多途径服务国资国企改革，为四川国企引进一批有实力的央企、民营企业、上市公司等战略投资人及优质产业投资资源。2018年至2019年，西南联交所国有产权交易（包括国有资产交易、股权转让、增资扩股等）项目成交6234宗，交易规模超过1100亿元。其中包括海光信息股权转让引入上市公司曙光信息（成交金额约11亿元）、成都府河桥市场改造项目引入央企保利发展（引入资金约74亿元）等一批对地方产业布局、区域规划重整、资源利用提档升级等产生重大影响的项目。

（二）创新推动国企混改项目落地

2019年，西南联交所成功承办"四川国企混改项目推介会暨培训研讨会"。大会集中推介了全省179个重点混改项目，发布了《四川省国资委所出资企业混合所有制改革操作指引》，成立并启动了国内首个由多省市产权交易机构共同搭建的"国企混改项目信息发布平台"，成为全国项目数量最多、招引资本量最大、涉及国资规模最大的国企混改项目推介会。推介会得到中央电视台新闻频道、人民网、新华网、《四川日报》等国内主流媒体的关注和报道，产生了良好的社会效应。自混改项目信息发布平台上线以来，截至2019年末，全省国有企业累计通过西南联交所发布混改项目254宗，涉及金额超500亿元，其中累计成交混改项目44宗，成交金额约43亿元。

（三）全力支持供给侧结构性改革

在高效完成第一、第二批煤炭指标交易的基础上，西南联交所顺利取得四川省公共资源中心批复成为第三、第四、第五批煤炭指标交易平台。其中，第五轮四川省煤炭去产能挂牌指标量为525.58万吨，挂牌金额超过5亿元。与此同时，西南联交所进一步推动煤炭去产能指标交易平台向全国辐射，促成辽宁、宁夏和江苏等省外煤炭去产能指标挂牌成交。近年来，西南联交所累计成交煤炭去产能指标1817.46万吨，成交金额28.37亿元，服务企业超过267家。煤炭去产能指标交易平台的搭建，加快了煤矿企业的横向整合，使大型煤矿企业在煤炭供给侧结构性改革中提高规模效应、增强竞争力，对四川及全国煤炭行业的结构调整和供给侧结构性改革发挥了重要作用。

二、以高质量发展为引领，加快新旧动能转换

（一）加快信息化建设，全力提升业务能效

西南联交所把信息化建设作为公司重要战略方向，以"第四产权"为抓手，打造产权交易信息化载体和工具，为提升交易效率、扩大市场能级做好物理准备。一是完成主要业务线上交易全流程开发。自主研发交易凭证线上审核、发放系统。公司各类交易业务全流程工作通过系统完成，系统权限覆盖公司本部及各分支机构。二是完善交易数据统计分析体系。自主设计并搭建"交易数据统计库""投资人资源库""国有企业资源库"，为公司在交易数据分析、项目推荐、客户维护等方面提供数据基础和支撑。自主开发了网上报名系统，为客户在线报名、交易所在线审核等提供了信息支撑，提高了客户体验和工作效率。三是进一步丰富网络数据接口。制定了《公司网站及分支网站一体化建设方案和实施办法》，实现公司16个分支机构网站同时建设，并与后台业务系统实现数据集成；企业国有产权交易信息还接入全国公共资源交易平台四川省公共资源交易信息网，实现企业国有产权交易信息的同步发布；此外，完成了与省金融工作局交易场所预警监管平台系统的对接，进一步夯实交易风险监管与防控基础。

（二）坚持市场化运作

2018年以来，西南联交所以高质量发展为统领，坚持市场化运作理念，不断强化以客户为中心的市场化意识。一是创新企业服务。积极推行落实客户经理制，深入企业开展调研，对全省各级国企企业结构、资产管理办法、对外投资运营计划、资产处置计划以及国企改革服务需求等进行摸底，进一步强化了服务国企的精准性、系统性。自客户经理制实施以来，西南联交所先后与30多家省属、市属一级企业签订《重点服务协议》，积极打造"管家式"一站服务。二是强化项目营销。探索建立以项目价值挖掘、项目包装策划为主要内容的营销推广机制和从广度、深度、精度、效度等维度的营销效果评估机制；结合具体项目的潜在客户群体特征，灵活运用公司微信公众号平台、纸媒、短信、电话等方式多渠道开展项目精准营销。三是优化交易流程。根据政策调整和市场实际，西南联交所对交易规则进行了全面的修订完善。从有利于交易效率、安全和客户需求的角度出发，在确保规范交易的基础上，进行交易规则的创新，改进了优先权行权规则，优化了交易资金结算，开展新型的综合评审交易，不断提升客户体验。

（三）围绕市场化需求，积极拓宽市场边界

在五大国资交易业务的基础上，西南联交所根据市场需求的变化，不断丰富和完善交易所的市场服务能力和产品供给能力，为长期快速增长提供有力保障。一是大力推进违约市场业务。制订违约市场建设方案，重点推进从债务人角度切入违约市场，通过提供资产处置服务为债务人化解债务问题，提供方案设计、配资融资等投行化、综合化服务。与银行建立并保持深度合作关系，协办"2019平安银行特殊资产推介会"，增强公司在不良资产市场的影响力。二是加快创新业务孵化培育。2018年以来，西南联交所积极引入银行、信托、融资担保等金融机构，开展交易价款融资服务，有力地促进了交易的实现；同时，公司深入贯彻落实省委、省政府战略部署和川荷经贸合作交流会议精神，积极筹建航空资产交易平台和航空资产交易服务中心，全力推进航空资产交易业务；顺利完成成铁中院1.10专案项目，形成了独具交易所特色的涉诉资产交易服务模式，得到省市法院和资产管理人的高度肯定。此外，西南联交所还积极探索文化版权交易业务，筹备搭建绿色农业服务平台，创新业务孵化培育工作有序推进。三是深入挖掘国资国企新业务。西南联交所组织业务部门与监管部门、法律顾问、风控、客户等进行研究、沟通和协调，探索开展国

有企业信托收益权转让、合伙制企业财产份额转让、财政引导基金投资的企业股权转让、公开征集投资主体组建新公司等新业务，为国有企业的产权形成及运营提供更多的阳光交易路径及市场化平台。在传统的企业国有资产交易业务基础上，西南联交所还积极拓展央企、行政事业单位、集体企业资产及民营资产等非政策性业务进场交易。

三、强化川藏协同共振，不断夯实市场基础

（一）继续深化省内交易市场

2018年以来，西南联交所持续加强分支机构建设。一是分所布局取得重大突破。眉山、南充、内江、阿坝分所相继成立，市州分所扩容至16家，乐山分所建设取得实质性进展，全省覆盖目标接近完成；市州渠道下沉扎根县域，雅安、广元等地县级国资业务取得较大进展。二是分所管理经营机制得到强化。推动分支机构专职化和事业部制管理，初步制定《分所事业部制运营方案》和《分支机构管理办法》，进一步规范分支机构业务操作，同时建立分所"超额分配"激励机制，充分调动了分所人员的积极性。三是统筹推进功能性分所。公司根据国家政策指引和地方发展规划，以信息技术为依托，以地方产业支撑为着力点，在资源量级、资本聚集、融资服务等方面寻求新突破，不断提升产权市场的功能优势。2019年11月，西南联交所在深圳证券交易所路演大厅成功举办"银河·596专场项目路演活动"，向全国的专业投资机构推介公司科技分所"第一生产力"创新平台的孵化项目，产权市场服务实体经济能力得到进一步强化。

（二）大力拓展西藏产权市场

2018年以来，西南联交所加强西藏产权市场拓展，西藏业务取得长足进展。一是政策资源取得重大突破。2019年6月，西藏自治区国资委正式发文明确西藏产权交易中心为自治区企业国有资产交易的指定交易机构，同时收费标准获自治区发改委批复，增强了藏区业务的合规性。二是房产交易资源进一步聚集。成立拉萨市房地产中介协会，担任协会秘书长单位，成功吸纳拉萨约50家房产中介机构加入协会。三是资源整合力度加大。取得自治区财政厅支持，推进非上市金融企业国有资产处置平台建设。大力推进行政事业单位资产项目进场交易，海关罚没资产处置业务局面全面打开并取得良好效果。

四、积极推动同业合作，行业影响持续提升

（一）以业务为纽带，积极推动区域合作

2018年以来，西南联交所积极推动与全国各地产权交易机构的交流与合作，通过异地项目合作处置、项目投资人推介、煤炭指标交易业务品种输出等方式与深圳联交所、重庆联交所、北京产权交易所、云南产权交易所、贵州产权交易所、福建产权交易中心等建立了广泛而有切实合作内容的合作关系，为产权交易机构间的区域合作打下良好基础。2019年7月，西南联交所联合全国31个省、市的产权交易机构共同发起"国企混改项目信息发布合作机制"，并搭建"国企混改项目信息发布平台"，为推动地方国企混改项目与全国资本高效对接贡献了"四川智慧"，为促进全国产权市场融合发展提供了新的合作思路。

（二）以理论研究为抓手，扩大产权行业影响力

1. 理论研究不断深入

2018年，西南联交所率先提出以产权交易机构为主的要素交易市场正逐渐成为地方经济发展的重要"基础设施"的创新理论，指出了产权交易机构在服务地方经济发展中的巨大作用，在产权行业引发强烈反响。此外，西南联交所积极承接中国产权协会重点课题"产权交易机构交易业务全面风险管理研究"的研究和"产权交易机构交易业务全面风险管理指引"的拟订，积极参与四川省国资委"省属国有企业发展混合所有制经

济问题研究""有限合伙基金中的国有权益退出问题研究"等重点课题的研究工作，取得协会及省国资委的高度认可。

2. 公司社会关注度逐渐提升

2018年以来，《四川日报》先后5次专版报道西南联交所转型发展情况，引发国家、省、市级政府和社会的多方关注。2019年承办的四川国企混改项目推介会暨培训研讨会得到中央电视台新闻频道、人民网、新华网、《四川日报》等国内主流媒体的关注报道，产生了良好的社会效应。

3. 行业影响不断扩大

2018年3月，西南联交所获交易机构行业AAA级信用评级；2018年9月，公司应邀参加产权交易协会行业峰会，公司党委书记、董事长景平发表产权交易行业风险主题演讲，获得业界广泛关注；2018年11月，公司作为讲师单位，参加产权交易协会风控指导培训；2019年8月，公司成功承办中国（西部）第二届特殊资产行业高峰论坛等大型行业峰会。

五、持续完善风控体系，提高风险防范能力

（一）完善风控体系建设

在大力推动公司转型升级的同时，西南联交所高度重视风险控制体系建设。一是进一步完善风险控制体系的顶层设计。2018年以来，公司拟定《西南联交所全面风险管理办法》《全面风险管理体系建设方案》《交易规则制度修订方案》《项目审核委员会议事规则》，全面风险管理和交易规则体系得到进一步完善。二是进一步提升信息化监管水平。西南联交所企业国有产权交易信息已接入公共资源交易平台（四川）、国资委、财政厅、金融局等监管机构的监测平台，接受实时监管。

（二）切实加强风险防控

为切实加强一线业务风险防控，西南联交所细化风控标准，创新工作机制，为具体业务的开展保驾护航。一是制定了项目风险审核标准，拟定《业务风险防控手册》，对国有股权、物权、增资扩股、债权转让、征集合作方、资产招租及非国有企业股权、资产转让等业务的风险点进行了梳理，更新并发布12项交易规则，对各业务风险点的审核标准、防控措施和职责划分等进行了明确的界定。二是派出风控专员进驻业务部门，推动风险关口前移，实现交易业务各环节、全流程同步风险审核，实时协助研究、解决交易业务中出现的困难和问题，实时预防业务风险。

2019年是西南联交所发展的第十个年头，在过去的十年中，我们实现从单一功能向综合服务、从区域市场向全国市场、从流程规范向全面规范、从人工作业向全流程信息化、从生存壮大到高质量发展、从模仿学习向行业引领的巨大转变。面对产权交易行业电商化、投行化的发展趋势，西南联交所将持续推动公司改革创新，为包括产权市场在内的多层次资本市场体系的建设完善添砖加瓦，为各类资源要素高效配置和服务社会经济高质量发展贡献更大的力量。

大连产权交易所2018—2019年市场述略

一、投身要素交易市场建设

为积极发挥产权交易资本市场功能作用，助力实施乡村振兴战略，加快推进农业农村现代化，中国产权协会联合各交易机构、信息技术公司等发起设立了中国产权协会农村产权交易分会，大

连产权交易所积极参与前期筹备工作，并作为副会长单位加入分会。

2018年，根据大连市政府、市农业农村局的安排部署，大连产权交易所农村综合产权交易中心正式挂牌。大连产权交易所农村综合产权交易中心计划以农村承包经营权、"四荒地"使用权等基础性农村产权流转业务为主，股权、林权、水域滩涂养殖权、海域使用权、知识产权等各类涉农权益交易并进，立足大连、服务辽宁、辐射东北，提供土地流转、产权交易、科技推广、金融扶持等多元服务，逐步建成全市统一的网络体系和多层次的农村产权交易市场，打造集各类农村产权要素于一体的多功能区域性农村产权综合服务平台。

二、参与行业信用体系建设

为建立和完善产权交易行业信用评价体系，促进产权交易行业持续健康发展，中国产权协会组织开展产权交易行业信用评价工作，大连产权交易所高度重视、积极响应、首批参评，并分别于2018年、2019年参加复审，获评最高信用等级AAA级。

2018年，大连产权交易所还参加了中国产权协会组织的"产权交易行业信用体系建设研究"课题的研究工作，与协会领导、行业专家及浙江、厦门等同业机构组成课题组，赴山西、重庆、武汉等交易机构进行现场调研，并合作完成了产权交易行业信用体系建设研究报告和产权交易行业信用体系建设指引。

三、支持行业信息化综合服务平台建设

大连产权交易所积极支持全国产权行业信息化综合服务平台的组建工作，向平台公司进行了间接投资。同时，积极响应中国产权协会发起的"阳光共享行动"，加强交易机构之间、交易机构和其他机构之间的业务协同，实现合作共赢；积极响应中国产权协会关于与招标采购服务专区联合展示和数据对接的倡议，进一步规范企业采购业务，扩大产权交易行业开展采购业务的影响力。

四、积极参加协会各类会议活动

大连产权交易所每年积极参加中国产权协会理事会、会员大会及其他各类专题培训研讨活动，据实上报年度产权交易数据，身体力行支持协会各项工作，推动行业健康发展。

吉林长春产权交易中心2018—2019年市场述略

吉林长春产权交易中心的前身是长春产权交易中心，于1993年由长春市政府批准成立。为整合吉林省产权交易市场，2005年5月，经省、市政府同意，省编办批准，在原长春产权交易中心和长春技术产权交易中心的基础上，组建了具有事业法人资格的吉林长春产权交易中心，为省、市政府合办的多功能、综合性的省级产权交易机构，在省、市政府的共同指导下开展工作。吉林长春产权交易中心是全省产权交易市场体系的核心和区域资本市场的重要组成部分。

作为吉林省内唯一从事国有企业产权交易的机构，吉林长春产权交易中心始终秉承"诚信为本、服务至上、公正规范、和谐发展"的理念，坚持以阳光交易平台和投融资服务平台为两轮，以综合性市场服务体系为助推器的发展模式，人员素质不断提高，服务范围不断扩大，在服务吉

林省国有企业供给侧结构性改革、各类要素阳光流转方面做出了一定贡献。

一、产权交易业务平稳发展

两年来，吉林长春产权交易中心深耕主业，拼搏进取，创新业务，紧紧围绕《企业国有资产交易监督管理办法》，努力打造线上信息资金汇集、项目展示交易和线下"贴身管家"服务的"互联网+"模式。一是实物资产业务交易规模不断扩大，交易额稳步提升，两年中一次性成功处置了吉林日报社两宗房产项目、中油吉林化建工程有限公司龙潭区房产、吉化辽源化工有限责任公司土地项目等大宗房产项目。2018年全年，实物资产一次成交率达到83%，溢价率5.1%。二是股权、增资、债权、租赁等业务均取得了良好的经济和社会效益，成功运作了珲春防川国际旅游控股集团有限公司增资49%股权项目、吉林森工融信投资集团有限公司8000万股权项目、吉林省国有资本运营有限责任公司两家房地产公司100%股权转让项目等多宗成交金额大、社会影响好的项目。其中，吉林省国有资本运营有限责任公司两家房地产公司100%股权转让项目，通过前期制订方案、信息发布征集意向受让方，经过568轮次的激烈竞价，最终以20.37亿元成交，增值5.71亿元，在实现资产价值最大化的同时，受到了吉林省国资委的好评。三是央企业务成效显著，服务驻吉林省内的央企是吉林长春产权交易中心的一项重点工作之一。自2011年以来，与一汽集团、吉化集团、中石化公司、移动公司等11家驻吉央企建立联系，积极主动走访省内央企，为央企盘活沉淀资产，推动央企资产交易大幅度增长。

二、打造增信融资平台

按照省政府《关于规范开展企业股权集中登记托管工作指导意见的通知》的要求，吉林省和长春市共同出资，以产权中心为主体，设立了吉林省股权登记托管中心。该中心组建以来，在有关部门的大力支持下，在省直及七个地区启动股权托管工作。一方面，积极扩大托管规模，加强股权管理，规范窗口服务，有效维护股东合法权益；另一方面，以股权质押融资为重点，积极搭建中小微企业融资服务平台。该中心先后与中国银行、兴业银行、华融资产、省投资集团、市担保公司等39家机构建立合作关系，在长春、四平、白城、延边等地牵头组织银企对接活动15次，多次召开股权质押研讨会，从根本上解决了民营企业的融资问题。

截至2019年6月底，该中心累计托管公司制企业12939家，协助2673家企业融资1585亿元，创立了"托管增信—对接融资—配套服务"的"吉林模式"，国务院国资委对这项工作给予充分肯定和积极推广，全国50余家同业机构先后到吉林考察交流。目前，吉林长春产权交易中心及各专业平台连续8年协助企业融资超百亿元，总融资额超千亿元，融资服务超万次，在全省企业金融服务领域处于重要地位。

三、加强市场化服务体系建设

在市场交易体系不断健全的同时，吉林长春产权交易中心也加强了市场化服务体系的建设。2018年，吉林长春产权交易中心完成了产股权交易系统2.0版的升级、增资扩股系统模块的自主开发等工作，正式完成了与财政部、国务院国资委、发改委公共资源服务平台、中国产权协会服务平台的对接，既满足了业务开展的需要，也迎合了监测机构的监测要求。至此，吉林长春产权交易中心的实物资产、产股权、增资扩股三大交易模块正式形成。

在服务竞买人方面，响应省政府工作报告中提出"只进一扇门、最多跑一次"的要求，吉林长春产权交易中心积极改善工作流程，提供便民措施，利用电子交易系统实现全面网络报名。吉林长春产权交易中心现场设立自助报名区，实现让群众"最多跑一次"的优质服务。这一举措吸引了外地竞买人的参与，打破了地域的局限性，真正实现了交易网络化。此外，吉林长春产权交易中心完成了对《产权中心业务手册》的修改，全面梳理优化业务流程、简化交易文本，全力提高企业资产处置工作效率。

此外，吉林长春产权交易中心注重宣传力度。一是通过中心官网网站、微信公众号发布信息、推介项目，提高信息披露的深度；二是针对一些优质的标的，仔细了解标的所在区域、特点与行业方面的不同，在所在地通过报刊、会员单位、同业机构、定向推介等方式进行推广，拓宽信息发布渠道。

四、厚植企业文化，树立正确价值观

吉林长春产权交易中心不断推动企业文化建设，聚焦员工的精神需求，利用征求意见了解员工的内心想法。在处理涉及员工权益方面的问题时，始终为员工利益着想，如在改善员工的工作环境、加强食品安全管理等方面，营造良好的人文环境。每周组织5公里跑步，帮助员工树立自信、阳光、快乐的心态，培育强化文化认同感和凝聚力。

江西省产权交易所2018—2019年市场述略

2018年以来，江西省产权交易所深入学习贯彻落实党的十九大精神和省委第十四届六次、七次全会精神，围绕"加快我省产权交易资本市场和综合要素市场化配置平台建设"主线，以及"坚持服务国企国资改革，坚持服务振兴实体经济"宗旨，推动国有产权有序流转，促进中小企业融资发展，全面深入推进"二次创业"，各项工作都取得了较好的成绩。

一、市场建设情况

（一）完成了新业务用房装修改造及搬迁工作

江西省产权交易所严格按照工程建设有关程序要求，按照打造"精品工程"要求，经过近半年的装修改造，于2018年6月底完成了省发改委综合楼6楼和10楼的装修工程验收工作，并于7月16日正式搬迁启用，作为新业务用房。此举结束了江西省产权交易所没有自主业务用房的历史，提升了形象，提振了信心。同时，省发改委综合楼7楼和8楼在2019年9月底基本完成装修改造工作，为江西省产权交易所今后快速发展提供了良好的基础和空间。

（二）开展了建所15周年系列宣传纪念活动

2018年是改革开放40周年，是产权市场诞生30周年，也是江西省产权交易所成立15周年。以此为契机，江西省产权交易所完成了建所15周年系列宣传纪念活动，主要包括：设计印刷宣传册及案例集、拍摄宣传视频短片、刊登重要宣传文章、组织"我与产交所共成长""五四"青年主题演讲比赛等。特别值得一提的是，江西省产权交易所圆满承办了2018年9月27日在井冈山召开的中国产权协会主办的"推进产权交易资本市场体系建设　助力国企国资改革（井冈山）高峰论坛"，受到国务院国资委、中国产权协会和各兄弟交易机构和各大主流新闻媒体及有关方面的高度关注和赞扬。

（三）完成了"1+3"交易系统建设

2018年6月底，江西省产权交易所完成了"1+3"综合产权交易系统建设工作，基本实现了所有业务的在线办理，结束了没有交易系统的历史。7月，按照有关监管要求，江西省产权交易所与国务院国资委、财政部的国有资产交易监测系统实现了对接，并与中国产权协会和江西省公管办有关信息系统实现了对接。

（四）开展了选拔优秀青年员工担任部门见习经理工作

2018年，江西省产权交易所制定了一系列培养选拔优秀青年员工的制度，并于6月底开展了第一批部门见习经理选拔工作。目前，选拔出来的见习经理已经分派至前台业务部门，逐步承担起重要职责。

（五）启动了生产经营类事业单位改制工作

根据中央和江西省委、省政府关于生产经营类事业单位改革的要求，江西省产权交易所启动了事业单位改革工作，改革推进工作方案已由2018年第9次委主任办公会原则通过。改革方案已经主管部门正式批复，目前正在按照改革方案积极稳妥推进改革各项工作。

（六）积极参与行业信用体系建设

2017年4月25日，江西省产权交易所被评为全国15家AAA信用等级产权交易机构之一；2018年7月和2019年9月，江西省产权交易所连续两年通过中国产权协会组织的AAA信用等级复审评价。

（七）其他重要会议

2019年5月30日，由长江流域产权交易共同市场主办、江西省产权交易所承办的"发挥产权市场功能 服务国资国企改革"交流研讨会暨长三角产权市场一体化委员会工作会议在江西共青城召开。2019年6月19日，由生态环境部与江西省人民政府共同举办的第七届全国低碳日活动在江西南昌成功举办。江西省产权交易所（江西省碳排放权交易中心）组织实施此次会议碳中和，实现"零碳"办会。

二、业务发展情况

（一）做好国企资产交易工作，保障国有资产保值增值

2018年以来，江西省产权交易所充分发挥产权交易资本市场的信息积聚功能、价值发掘功能、制度规范功能、中介服务功能，严格交易程序，切实防范市场风险，推动国有资产有序流转，实现国有资产变现保值增值。2018年，全年共完成国企资产交易项目950宗，成交额54.56亿元，竞价成交847宗，竞价率89.16%，增值2.34亿元，增值率4.48%；2019年，截至9月底，累计完成产权交易项目988宗，成交总额73.37亿元，竞价成交905宗，竞价率91.60%。2018年9月，为中鼎国际增资及债转股项目募集资金5.74亿元，标志着江西省国企市场化债转股第一单正式落地。

（二）围绕公车处置和租赁经营权转让，做好行政事业资产处置工作

2018年以来，江西省产权交易所坚持按照《江西省发展改革委 江西省财政厅关于进一步规范省级行政事业单位国有资产进场交易工作的通知》（赣发改公管〔2018〕815号）文件精神，积极跟进各行政事业单位及其出资企业招租项目。2018年，共成交省直事业单位资产交易项目135宗，交易额9.06亿元；2019年，截至9月底，完成行政事业单位资产交易项目241宗，成交总额2.69亿元。2018年6月，江西省产权交易所被省机管局选定为省直事业单位车改车辆处置综合服务机构，当年完成公车处置532辆，交易额近千万元；2019年，截至9月底，共举办两场省直单位公车拍卖会，处置公车共计189辆，成交金额640.6万元，增值301.6万元，增值率95.41%。2019年以来，成功引入南昌大学一附院、二附院及工业贸易职业学院等53宗食堂综合评议项目，并完成行政事业单位招租项目114宗，为超过20家行政事业单位寻找到承租方，成交金额共计6278.75万元。

(三) 做好煤炭产能指标交易工作，服务江西省"三去一降一补"

2018年以来，江西省产权交易所按照省化解过剩产能工作领导小组办公室的有关要求，在总结过去工作的基础上，继续发挥处置煤炭产能指标平台的优势。2018年，共完成376万吨煤炭产能指标交易，交易额5.29亿元，其中完成省外煤炭产能指标交易97万吨，交易额1.49亿元。2019年，截至9月底，共有31个煤矿企业成功转让煤炭产能减量置换指标，合计实现退出过剩煤炭产能150万吨/年，成交金额18152万元；完成省外煤炭产能置换指标转让项目1宗，助力实现退出过剩煤炭产能249.6万吨/年，成交金额34944万元。

(四) 做好金融资产交易工作，服务化解金融风险

2018年以来，江西省产权交易所努力探索不良债权资产交易业务，助力金融机构化解金融风险。先后有中国信达资产管理股份有限公司、中国华融资产管理股份有限公司、中国东方资产管理股份有限公司、中国长城资产管理股份有限公司、江西省金融资产管理股份有限公司、中国农业银行、中国建设银行、中信银行、浦发银行、江西银行、九江银行、大丰村镇银行、南昌农村商业银行等金融机构130宗不良债权资产转让项目在江西省产权交易所挂牌转让，成交金额27.19亿元。2018年12月，通过积极运作，成功引入上海信达立人投资管理有限公司持有的"南昌信达大厦1~6层及11~20层整体招租（10年）"项目进场成交，并促成该项目在江西省产权交易所正式签约。

(五) 做好股权登记托管工作，服务中小企业融资发展

2018年以来，江西省产权交易所认真履行股权登记托管专业机构职能，努力服务中小企业融资发展。2018年，共完成16家股份公司的股权整体托管，办理股权质押登记172宗，质押融资金额65.78亿元。2019年，截至9月底，共完成6家股份公司股权整体托管，托管股份78600万股，融资15.22亿元。2018年6月26日，在江西省产权交易所整体托管的江西银行在香港联合交易所主板成功挂牌上市，募集资金72.6亿港元；2018年7月10日，在江西省产权交易所整体托管的九江银行在香港联合交易所主板成功上市，募集资金约36.74亿港元。江西省产权交易所已成为中小企业发展的孵化器、优质企业上市的摇篮！

(六) 做好环境权益交易工作，服务江西生态文明试验区建设

2018年以来，江西省产权交易所（江西省碳排放权交易中心）按照《国家生态文明试验区（江西）实施方案》要求，致力于服务江西生态文明试验区建设，开展生态低碳课题研究、温室气体核算等工作，探索开展林业碳汇、用能权、水权、排污权交易业务，积极打造江西环境能源权益交易大平台，着力推进绿色发展、循环发展、低碳发展，努力服务富裕、美丽、幸福现代化江西建设；成功策划了2018年10月27日举行的江西省首届绿色拍卖会和11月30日召开的第五届世界绿色发展投资贸易博览会高峰论坛"零碳会议"，探索在全省推广碳中和。截至2019年9月底，累计成交林业碳汇近70宗，成交量近5万吨，交易规模居全国非碳交易试点地区前列。

三、推动市场创新情况

2018年以来，江西省产权交易所面对产权市场发展新机遇，在江西省发改委的正确领导下，在江西省国资委、财政厅等国资监管部门的帮助和指导下，在努力推进建设产权交易资本市场体系方面做了一些工作，取得了一些成果。

(一) 不断推动完善监管制度体系建设

江西省产权交易所积极推动省财政厅、国资委和公共资源交易管理办公室完善出台了《江西省省级行政事业单位国有资产配置使用处置管理暂行办法》《江西省国资委出资监管企业混合所有

制改革操作指引（试行）》《江西省公共资源交易目录（2017年版）》等一系列政策文件，不断强化国有资产进场规范交易。

（二）开展创新发展理论研究

江西省产权交易所委托江西财经大学开展了"江西省产权资本市场创新发展"课题研究。课题报告提出了江西省产权市场创新发展的战略目标、实施路径和保障措施。

（三）加强信息化体系建设

从2016年开始，江西省产权交易所不断加快推进"1+3"产权交易系统建设，并于2018年6月底完成系统建设工作。系统包括基础综合平台+国有企业产权转让、企业增资、实物资产转让系统，并实现了与国务院国资委、财政部监测系统、协会信息发布系统和省公共资源交易信息服务系统的对接。

（四）强化市场服务体系建设

江西省产权交易所学习借鉴外省成功经验，在全省推进"统一交易系统、统一交易规则、统一信息披露、统一过程监测、统一交易凭证、统一收费标准"的产权市场建设，通过设区市办事处、会员单位、经纪人，为全省各类产权流转提供服务。同时，采用多种形式完善服务体系：一是积极吸收审计评估、律师事务所、会计师事务所等各类专业服务机构成为会员，强化交易服务功能；二是免除会员年费，减轻会员负担，优化营商环境；三是实行竞价奖励制度，激励转让方及会员引进投资人参与竞买，提高交易活跃度。

（五）加快风险防控体系建设

江西省产权交易所加快风险防控体系建设，打造"公信力、公益性"平台。一是严格遵守政策法规，规范交易流程。二是认真贯彻省国资委、省财政厅的政策规章，坚持落到实处不走样。三是成立了风险管理委员会，及时评估和解决重大项目和重要业务流程中的风险问题。

云南产权交易所2018—2019年市场述略

2018年以来，云南产权交易所以习近平新时代中国特色社会主义思想为指导，深入贯彻党的十九大和十九届二中、三中全会精神，紧紧围绕公司"十三五"发展规划，不忘初心、牢记使命，坚持新发展理念，坚持要素市场化配置，坚持为实体经济服务，坚持助力国资国企深化改革，顺应全面深化改革新形势，把握新时代赋予产权交易资本市场的新机遇，按照资本市场的功能定位和提升市场服务水平的新要求，始终坚持规范化、市场化、信息化的发展方向。云南产权交易所在服务省国资国企改革、深化供给侧结构性改革、促进各类权益要素有序流转、拓宽融资渠道、优化资源配置、助力实体经济发展等方面发挥了重要作用。

一、总体情况

两年来，在省国资委的正确领导和大力支持下，云南产权交易所经过上下全体的不懈努力和奋斗，经营业绩再创新高，各项工作取得了优异成绩，市场范围涵盖全省各市区，总体交易规模持续增长。2018—2019年，云南产权交易所累计完成各类交易项目466宗，交易金额239.72亿元，实现增值金额14.4亿元。云南产权交易所通过充分发挥产权资本市场功能，在服务国企深化改革和促进地方经济发展方面发挥了重要作用，同时也受到社会各界的充分认可。在全国产权交易行业信用评价复审中，云南产权交易所被评定为最高等级AAA级信用企业；2019年，云南产权交易所荣获云南省国资系统2019"最美云岭国企人"先进集体荣誉称号；在连续两届"春城金融博览会"上，云南产权交易所荣膺"2018年云南省服务地方经济发展突出贡献奖""2018年云南省最具社会责任交易机构奖""2019年云南省服务国企改革突出贡献奖""2019年度云南省最具社会责任金融机构奖"四项殊荣，进一步提升了云南产权交易所的社会认知度。

二、以企业国有资产交易为抓手，全面服务国企改革

（一）全方位服务供给侧结构性改革，资产交易业务取得实质性突破

随着国企供给侧结构性改革向纵深发展，国有企业面临清理过剩产能、减少无效和低端供给的巨大压力，大量国企资产类项目进场交易。近年来，云南产权交易所抢抓机遇，充分发挥产权交易市场在资源配置中的决定性作用，为企业集团处置不动产、设备资产、租赁资产等积压库存提供优质服务。通过加强项目管理、实地踏勘掌握项目情况并进行专业的市场判断，为企业科学制订交易方案，充分利用网络、微信、报纸、现场人员推介、中介机构推介等方式积极招商，将项目信息辐射全国，精准定位目标投资人，实现"线上线下"联动，发现投资人、发现价值，提高项目成交率和竞价率，最大限度地实现国有资产的保值增值。2018—2019年，完成资产类项目322宗，实现增值金额2.51亿元，竞价率达75.78%，资产交易已成为云南产权交易所的支柱业务。其中，昆明焦化制气有限公司固定资产转让项目，历时近一年，通过精心策划、周密部署、多样化竞价的交易方式，共分9个批次成功为该企业处置废旧资产和清理低效无效资产，吸引近200位竞买人参与受让，项目处置金额逾1.3亿元，其中单项标的最高增值率达到880.39%，竞买人数和增值率均创历史新高，为企业逐步退出产能过剩行业、有效回笼资金、转型升级保驾护航。

（二）深化国企改革，股权交易业务稳步推进

随着云南省国有企业深化改革三年行动方案的持续推进，国资国企改革还将进一步深化提速，各类国有企业主要沿着两个方向发展：一是通过混改实现股权多元化，推动体制机制改革，降低负债率，提升企业持久竞争力；二是某些企业可能因自身条件或市场性原因，无法通过实施混改摆脱困境，企业中的国有资本必然以战略性退出为中长期方向。云南产权交易所主动服务国企深化改革，按照业务推进计划，精准把握好时间节点及各交易环节，进一步细化交易流程并有条不紊地做专、做精、做好股权交易业务，推动国有企业深化改革。2018—2019年，云南产权交易所完成股权类项目101宗，增值率8.68%，竞价率9.9%。随着国企改革步伐持续加快，进场项目数量较往年大幅增长，股权类项目金额普遍较大，资产类项目招商效果良好，形成较高竞价率。如西双版纳宝鼎置业90%股权项目通过竞价方式以821.47%的超高溢价率成交。

云南产权交易所开展全方位、全产业链的"无缝衔接服务供给"，切实将服务提前至项目进场前，深入对接客户需求，主动参与项目的方案设置、决策文件拟定等前置环节，为按期顺利完成项目提供了重要保障。同时，针对不同项目特性，切实掌握客户需求，在政策咨询、风险防控、交易设计等方面提供个性化交易方案，既符合政策要求，又最大限度地满足了客户的需求。昆明嘉丽泽旅游文化公司80%股权项目以28.8亿元顺利成交，有效引导民营资本参与混合所有制改革，为企业融资、引入战略与财务投资者、改善公司治理机制、培育企业发展新动能发挥了重要作用。昆明弗拉瑞矿业、云南锡合房地产等项目，成功

以"股加债"捆绑挂牌方式顺利完成交易,不仅扩大了交易额,还帮助转让方解决了项目中存在的债权债务问题。老中东岩石化股份有限公司29%股权项目,是云南产权交易所开展的首宗境外股权项目,需要充分依据我国及老挝相关法律法规要求,从项目属性、项目特点及存在的交易风险等方面进行全面分析,以确保严格按照两国法律法规进行交易,最终该项目顺利成交,为云南产权交易所推动国有资产跨境交易积累了宝贵经验。

(三)全力助推企业融资,增资扩股业务增长显著

随着国企混改步伐的持续加快,云南产权交易所通过自身平台优势和市场化服务,进一步发挥产权资本市场服务功能,推进"平台+投行"增资业务模式,助推国有资本与非公资本相互融合的混合所有制经济发展。通过优化增资业务交易方式和机制,制订有效市场拓展方案,深度挖掘引进增资扩股项目进场交易。两年来,云南产权交易所跟踪和制订方案的增资项目十余宗,完成重庆云天化纽米科技、吉林云天化、云南植物药业、富滇银行等增资项目共9宗,共募集增资款70.9亿元。其中,云天化纽米科技是新三板挂牌企业,连续两年在云南产权交易所增资,云植药业增资是省工投集团混合所有制改革的重要举措。在增资项目交易金额不断增长的同时,项目复杂程度也不断增加,富滇银行增资项目因其行业特殊性且身为公众公司,项目同时涉及国资、银保监、证监多方监管,通过积极参与项目前期工作、科学制订增资方案,最终顺利组织增资扩股项目竞价会,募集增资款38.099亿元。省设计院增资项目是首宗进行投资人遴选的增资项目,云南产权交易所全程协助增资企业及意向投资方开展竞争性谈判,该项目最终顺利成交。

几年来,云南产权交易所增资业务稳步推进,取得了良好的经济效益和社会影响,也为国有企业进行混合所有制改革、推动产业转型升级和加速实现"增强国有经济活力、放大国有资本功能、实现国有资产保值增值"的目标提供了一个专业化的市场平台。

三、积极拓展交易品种,服务各类产权交易

根据云南产权交易所"十三五"发展规划"创新交易品种,扩大业务范围"的目标,进一步完善产权交易资本市场的资源配置和融资服务功能。云南产权交易所不断扩大交易服务范围,不断拓宽业务领域、拓展交易维度,充分运用国有产权交易的成熟经验,探索各种多要素交易业务领域。通过锲而不舍的努力,云南产权交易所有力地拓展了各类新型交易品种,为今后资产交易业务的发展奠定了坚实基础。

(一)成功开展矿业权交易业务

2018年,云南省国土资源厅印发了《关于进一步规范矿业权申请资料的通知》(云国土资〔2018〕141号),其中要求国有事业单位、国有企业通过转让变更探矿权、采矿权的申请材料中需有国资监管机构的批准文件。云南产权交易所以此为契机,认真搜集、学习和研究国家和云南省关于采矿权转让相关政策法规,通过国有监管机构引导下属企业通过云南产权交易所公开交易矿业权,并多次前往省矿业与土地交易中心和省公共资源交易中心与相关负责人进行沟通交流,重点对矿业权挂牌转让需具备的自身条件、受让方需满足的资格条件以及办理产权过户中的问题和细节进行了充分讨论,并梳理了交易流程及交易过程中的重点与难点。通过不懈努力,华盖山煤矿采矿权项目在云南产权交易所的组织下成功完成交易,交易双方顺利完成了采矿权过户变更。在探矿权领域,云南产权交易所也积极探索。云南黄金矿业集团股份有限公司持有的云南省剑川县老君山金矿地质勘探探矿权在云南产权交易所挂牌顺利完成交易。

（二）积极推进各类指标进场交易

2016年以来，国家发展改革委等三部委《关于实施减量置换严控煤炭新增产能有关事项的通知》（发改能源〔2016〕1602号）及《工业和信息化部关于印发钢铁水泥玻璃行业产能置换实施办法的通知》（工信部原〔2017〕337号）相继出台，为促进云南省钢铁水泥和煤炭产能指标交易提供了政策指导。为进一步抢抓机遇，加快推进云南省钢铁水泥和煤炭产能指标交易项目进场交易，云南产权交易所多次与省煤炭工业局和省公共资源交易中心进行对接，有效促进云南省煤炭工业管理局、云南省公共资源交易管理局联合出台了《关于云南省煤炭去产能指标交易项目可申请进场交易的通知》（云煤技改〔2018〕46号），为今后云南产权交易所开展此类产能指标交易业务奠定了坚实基础。同时，云南产权交易所就钢铁产能指标交易事宜多次与云南省工信厅进行对接，深入钻研国家有关政策，通过与相关政策出台部门及各类交易机构深入沟通交流产能指标交易的重点和难点，对可能涉及的风险点进行了严格把控，理顺了整个交易流程。2019年，云南产权交易所成功挂牌转让武钢集团昆明钢铁股份有限公司钢铁产能指标项目，最终以19.28亿元顺利成交。该项目是工信部2017年337号文出台以来我国该类业务交易中指标数量最大、交易金额最高的一个，也是云南省开展的首宗产能指标交易，充分展现了云南产权交易所作为区域性、专业化和市场化的阳光市场交易平台强大的资源配置功能，有效拓展业务进场，高效服务地方国资国企及驻滇央企产能结构调整，有助于化解过剩产能、主动融入和服务地方产业协调发展。

（三）努力开拓国有建设用地使用权转让业务

随着《国土资源部关于云南省昆明市完善建设用地使用权转让、出租、抵押二级市场试点实施方案的批复》（国土资函〔2017〕267号）和《昆明市国有建设用地二级市场转让管理暂行规定》（昆政发〔2018〕21号）文件的出台，云南产权交易所积极开拓国有建设用地使用权二级市场转让业务，组织人员通过电话、邮件等方式，向国内先进产权交易机构学习取经，并梳理了国有建设用地使用权转让过程中的特殊规定，多次前往省国土厅、省矿业与土地交易中心和省公共资源交易中心进行了充分接洽、磋商。云南产权交易所凭借自身丰富的专业知识与实践经验，策划了首宗国有建设用地使用权业务的交易方案，重点包括防范和应对可能出现的影响交易的各类风险的措施。通过不懈努力，"'舒铂广场'房地产开发项目整体转让项目"成功实现转让，成交金额高达8.29亿元。这标志着云南产权交易所组织的首宗国有建设用地使用权项目顺利成交。

（四）积极推动招租业务进场交易

云南产权交易所积极组织人员向国内先进产权交易机构学习取经，向全国已出台规范企业国有资产招租业务进场交易的21个省级行政区借鉴经验，并陪同省国资委对北京产权交易所、重庆联合产权交易所就该业务进行专项调研，推动建立云南省省属企业国有资产出租进场交易制度，通过有效监管企业的资产出租行为，对提高国有资产运行效益、防止国有资产流失、促进廉洁从业、确保国有资产的保值增值等具有实质性作用。

2019年，有效实现租赁业务的进场交易近20宗。其中，海源·高新天地商业房屋和配套酒店租赁项目，以及高新·水岸晴沙项目商业房屋铺面53套和配套幼儿园租赁项目尤为特殊，是酒店和商业"两位一体"的综合商业体以及商业住宅区的配套幼儿园，对附近区域以及周边居民的生活娱乐和文化教育有着重要影响。云交所在对项目标的进行详细查勘和对周围环境进行详细了解后，针对出租方和市政部门的相关要求以及潜在意向方的诉求，制订了有效可行的交易方案，确保了交易各方的权益，并满足了标的运营的市政要求和社会职能需求，以及广大人民群众的需求。酒店项目最终以首年租金1891.236万元的价格顺利成交；配套幼儿园项目首年租金以56.3万元的价格成交。

奋斗创造历史，实干成就未来。在过去的两年里，在省国资委的正确领导和大力支持下，云南产权交易所各项经营管理工作保持了持续进步的良好态势，业务发展和市场拓展取得了较大突破，尤其是交易宗数和交易金额屡创新高。习近平总书记在党的十九大报告中明确提出并阐述了新时代中国共产党所领导的中国人民该走何种道路，坚持和发展什么样的中国特色社会主义的时代课题，也为产权资本市场下一步的发展指明了方向。奋进正当时，砥砺再扬帆，2020年，云南产权交易所将继续以习近平新时代中国特色社会主义思想武装头脑，将党的十九大精神和历次全会精神融入实际工作，不忘初心、牢记使命，努力拼搏，奋勇向前，在新征程中再创辉煌，为国资国企深化改革助添动力，为区域经济社会发展贡献更多的力量！

黑龙江省产权交易集团2018—2019年市场述略

黑龙江省产权交易集团（以下简称交易集团）是2018年1月12日经黑龙江省政府批准，在黑龙江联合产权交易所有限责任公司（以下简称联交所）的基础上组建的综合性产权交易机构，是主要为非上市公司权益流转和融资服务的要素资源交易市场和新型资本市场，是黑龙江省国资委代表黑龙江省政府履行出资人职责的国有独资公司。

一、优化布局，健全集团化发展的市场体系

交易集团立足于"政府管理经济的市场化工具、优化资源配置的要素市场、落实源头防腐的阳光平台"三个职能定位，形成了"国有资产交易、区域股权交易、农村产权交易、企业阳光采购、碳排放权交易"5个业务板块和1个博士后科研工作站的结构布局。

（一）国有资产交易板块

联交所主要开展企业国有资产、行政事业资产、涉诉资产、金融资产、央企资产等交易业务，重点服务于黑龙江省国资国企改革。联交所是2011年7月经黑龙江省政府批准成立的全省唯一的省级产权交易机构，也是黑龙江省公共资源交易中心国有资产交易分平台、中国产权协会"企业信用评价AAA级信用企业"。联交所的注册资本是1.5623亿元，由交易集团联合2个省属国企、13个地市政府共同建设，设立了除哈尔滨市以外的12个地市子公司和2个省直管县办事处；自成立以来，完成各类交易项目3132宗，成交额达737亿元。

1. 延伸了业务领域

在服务省属企业的基础上，向上与哈电集团、中国一重等央企实现深度合作，向下延伸至省内13个地市及所属区县，放大了服务半径；业务品种在国资全覆盖的基础上，延伸到广告经营权、煤炭去产能指标等，实现了有效拓展。哈尔滨交通集团2553台公交车体广告经营权项目，成交额达1188万元，创造了哈尔滨市公交车体数量及挂牌金额的纪录。鸡西矿业公司正阳煤矿166.5万吨煤炭产能指标转让项目，成交价16698.85万元，是黑龙江省首笔通过产权市场挂牌转让的煤炭产能指标交易项目。

2. 增强了市场功能

精耕细作传统业务，为企业提供并购重组、咨询策划等投行化服务；从产权流转到投融资服务，资本市场功能显著增强。大庆市国资委公开挂牌转让其独资企业深圳市世纪泰合资产管理有限公司和万宁明月旅业有限公司 100% 股权项目，联交所不断创新思路，击破各个难题，最终以 47249 万元价格促进该项目顺利成交，同时为受让方提供并购贷款 23600 万元。这是黑龙江省首例产权交易并购贷款案例。

(二) 区域股权交易板块

哈尔滨股权交易中心有限责任公司（以下简称哈股交）主要开展非上市企业股权登记托管、股权质押融资、挂牌展示、股权交易、私募股权融资和上市辅导等业务。哈股交于 2015 年正式开业，2018 年 8 月 24 日，黑龙江省政府明确哈股交为全省区域唯一合法的股权市场运营机构，由交易集团主导区域股权市场整合。截至 2019 年 7 月末，哈股交累计为民营经济和中小微企业融资 157 亿元。其中，股权直接融资 6 亿元，股权质押融资 151 亿元；累计登记托管企业 360 家，托管股权 311.59 亿股；累计挂牌企业 1058 家，涉及资本 131 亿元；转至新三板 4 家。

(三) 农村产权交易板块

黑龙江农村产权交易中心有限公司（以下简称农交中心）成立于 2018 年 9 月 27 日，注册资本 5000 万元，由交易集团联合省农业农村厅指定企业黑龙江睿丰和农业发展有限公司共同出资建设，是中国产权协会农村产权分会副会长单位。2019 年 5 月 30 日，黑龙江省委农村工作领导小组办公室、省农业农村厅印发了《关于农村集体资产资源等全部进场交易的通知》（黑农办联发函〔2019〕7 号）。截至目前，已经制定了交易规则；确定了阿城区、方正县、青冈县、富锦市、克山县、宝清县 6 个区、县（市）作为业务试点；与广州农村产权交易所签订了战略合作协议。2019 年 6 月，农交中心完成首个交易项目，挂牌转让松北区 12 户村林木经营权，挂牌价格 32.86 万元，竞价 37 轮次，最终以 70.86 万元成交，溢价率 115%。同时，农交中心正在推进林地、林权、水面等 17 个项目进场挂牌交易，挂牌金额 2924 万元。

(四) 企业阳光采购板块

2019 年 5 月 30 日，黑龙江省国资委印发了《黑龙江省国资委出资企业阳光采购监督指导意见》，指定由交易集团建设运营采购服务平台，出资企业有偿取得物资、工程建设项目和社会服务行为，应通过采购服务平台统一公开信息发布、公开评价选取供应商。采购服务平台高起点开局、高标准起步，具有规范性强、企业自主性强、可全流程线上操作等特点。企业可根据实际需要，自主选择九种采购方式，自主确定采购标准，最大限度满足工作需要；企业既可以选择全过程线上操作，又可以选择采购各节点线上、线下自由组合操作，方式灵活多样。目前，采购服务平台编制了《阳光采购制度汇编》，制定了采购操作规则和实施细则，依托"e 交易"搭建了阳光采购服务平台电子采购交易系统。截至目前，采购服务平台共完成 7 个采购项目，成交额 75.7 万元，节资率 6.07%。

(五) 碳排放权交易板块

黑龙江省碳排放权交易中心成立于 2018 年 9 月 27 日，与广州交易所集团签署了《黑龙江/广东两省碳市场建设战略合作协议》，共同推进两省碳市场建设，合作成立了全国碳市场能力建设（广东）中心黑龙江分中心；举办了全省碳汇知识及碳汇交易培训会，参与了黑龙江省碳汇经济产业发展规划总体设计，目前正在推进各项规则制度建设。

(六) 博士后科研工作站

2006 年 5 月，经原国家人事部批准成立，交易集团成为全国同行业唯一的博士后科研工作站。2018 年 7 月 19 日，"黑龙江省产权交易中心博士后科研工作站"更名为"黑龙江省产权交易集团博士后科研工作站"。截至目前，在站博士后 5 名，已经出站的博士后 3 名，完成了"产权市场在多层次资本市场中的实证研究"等多个研究课题，2009 年 12 月获滨海产权研究院优秀课题成果奖，2017 年博士后研究成果获中国博士后科学基金一等资助；成立了由黑龙江省经济领域主要专家参与的课题专家组；与哈尔滨工业大学、哈尔滨工程大学、东北农业大学等知名高校签订了课题研究合作协议；与内蒙古产权交易中心合作成立了内蒙古分站；正在与中国产权协会、广东省广交资源集团（原广东省产权交易集团要素市场研究院）合作开展理论研究。

作为为规范流转国有资产而设立的高效、公开、透明的专业化平台，交易集团已实现从单一的国有产权交易向全口径的产权交易转型升级，成为集资产交易、要素流转、金融服务于一体的专业化企业集团，并向建设全要素资源交易平台迈进。

二、深化改革，创新支撑发展的体制机制

交易集团围绕优化市场要素配置、助力企业深化改革、搭建企业投融资平台、提升产权市场服务改革大局和促进经济发展的功能，坚持在创新中实践、在实践中创新的原则，着力推进体制机制创新工作。

（一）启动董事会职权改革

《落实董事会职权试点工作实施方案》已经获得了黑龙江省国资委的批复。作为全省国有企业职业经理人选聘先行先试企业，交易集团已经完成集团职业经理人市场化选聘工作，选聘了 2 名集团副总经理；建立了《经理层权责清单》《职业经理人管理办法》《职业经理人考核办法》《职业经理人薪酬管理办法》等配套制度。董事会职权改革已经取得阶段性成果。

（二）进行薪酬分配制度改革

为适应集团组建及各业务板块发展需要，交易集团采取邀请招标的方式，聘请了北大纵横管理咨询公司设计薪酬分配制度，制定了《岗位设置方案》《岗位说明书》《薪酬体系设计方案》《薪酬套改测算方案》《薪酬分配管理制度》《绩效考核管理体系》等 6 项制度，在抓好集团机构设置、人员配备的同时，初步建立起了与劳动力市场基本适应、与企业经济效益和劳动生产率挂钩的薪酬分配体系。

（三）大力推进联交所事业部改革

在总结 2017 年试点事业部改革经验的基础上，2018 年，在联交所业务部门全面推开事业部改革，出台了《事业部激励考核办法》，重点鼓励业务部门拓展创新业务；在薪酬分配上，建立创新业务增量与奖金收入挂钩机制，充分调动了业务人员闯市场、揽业务的积极性，确立了收入增长凭贡献、重业绩的鲜明导向，激发了企业的发展活力。2018 年，3 个事业部的业务收入均大幅提升，创下历史新高，改革成效明显。

（四）稳步推进哈股交股权多元化

集团已经与哈尔滨市所属高开区、经开区以及绿地集团等达成一致，共同出资对哈股交进行股权多元化改造，完成黑龙江省区域股权市场整合，工作方案已报送省金融监管局。下一步，我们还将通过市场化公开选聘职业经理人以及管理团队，实行市场化薪酬分配制度，紧紧围绕"精准扶贫""双创""国企混改"等省政府主要工作开展服务，着力为中小微企业提供直接融资服务。

（五）重点推进农交中心建设

在 6 个试点区、县（市）的经验基础上，明确省、市（地）、县（市）、乡（镇）各级机构的建设模式，深入推进全省市场体系建设。推动农村集体资产进场交易，力争将农村产权交易板块打造成集团新的业务增长点和特色优势板块。

（六）加强与先进机构的合作

坚持"走出去、请进来"，向先进省份同行学习，与北京产权交易所、广东省交易控股集团、

广州交易所集团等全国先进交易机构联姻引智，发挥各自优势，在国有资产交易、金融资产交易、产权市场课题研究、人才培养与交流等领域开展全方位、深层次合作，不仅利于视野拓宽、观念转变，而且促进了资源、资本、业务对接。2019年8月，"北交所央企业务黑龙江合作中心"揭牌成立，"黑龙江·北京央企项目联合披露专栏"启动上线。黑龙江、北京两地央企项目实现双网联合发布，打破了黑龙江、北京的地域限制，充分发挥双方的推介渠道、投资人资源和专业服务等优势，进一步提升驻省央企国有资产交易效率，降低交易成本。

黑龙江省产权交易集团虽在推进改革发展中做了一些探索和努力，但还存在很多不足，主要包括：市场开拓力度不够大，与全国同行业相比，交易总量偏小；人才短缺，尤其是高端专业人才匮乏；子公司业务发展不平衡，各主营业务板块尚未形成竞发之势。下一步，交易集团将以"致力各类产权快速流转，让拥有产权者实现增值，让购买产权者体验收获"作为崇高使命，树立"以专业置业、以敬业立业、以勤业创业、以乐业兴业"的核心价值观，弘扬"开创蓝海、托起朝阳"的企业精神，探索实践，勇于创新，撸起袖子加油干，努力"成为中国产权市场的一匹黑马"。

常州产权交易所2018—2019年市场述略

一、基本情况

常州产权交易所（以下简称常交所）成立于1996年，是常州地区唯一一家经国务院国资委认可的产权交易机构，也是产权行业首批AAA级信用企业。经过多年的创新发展，常交所在综合服务、标准化建设、信息化建设等方面取得了显著成效，现已成为各类要素优化配置的流转平台、中小企业拓展直接融资的重要渠道、多层次资本市场的有机组成部分。曾先后荣获长江流域产权交易共同市场"特别贡献奖"、"江苏服务业名牌"、常州市"五一劳动奖状"、常州市"工人先锋号"等。

二、业务开展情况

（一）业务范围

常交所业务类型涵盖股权、债权、农村产权、知识产权、土地房产、车辆、二手设备、粮食、花木、工美藏品等，承担着全市产权交易市场的主体运作职责以及农村产权交易体系建设与运维任务，是常州市生产性服务业的龙头企业。服务对象包括国有（集体）及民营企业、行政事业单位、金融机构、自然人。经过多年的市场化运作，常交所先后派生出常州股权托管中心、金融资产处置平台等6家企业、10个子平台，进一步完善了平台的专业性、综合性服务功能。

常交所着力提高平台的知晓度、认可度，努力吸引各类资源和各路投资人，不断提高资源的优化整合与配置能力。充分发挥标准化、信息化、专业化、市场化的综合优势，构建多元化生态服务体系，开创了围绕企业发展全过程的"一站式""链式"两大集成服务，提供企业发展一体化解决方案，多渠道满足企业个性化、专业化需求。

（二）业务概况

2018—2019年，常交所共完成项目2347项，成交金额25.46亿元。截至2019年末，累计完成产权交易项目12370项，成交金额

565.64亿元；累计完成非上市企业股权交易11.99亿股，涉及金额71.8亿元；完成各类金融资产交易404项，涉及金额21.85亿元；促成科技成果转化896项、专利交易113项，涉及金额16.22亿元。

三、建设成果

（一）建成标准化体系，整体水平同行业领先

常交所把"标准保障质量"作为企业发展的核心理念之一，在全行业率先实施"标准化发展战略"，全面推进标准化建设。通过多年的潜心打造，取得了丰硕成果，标准化水平已处于行业领先地位。牵头编制的《技术产权交易服务流程规范》（GB/T 35559—2017）于2018年7月1日起正式实施，该标准填补了国内"产权交易"领域国家标准的空白，它的发布对规范、提升全国产权交易服务有着积极、广泛、深远的影响。独立起草江苏省省标《产权交易服务规范》（DB32/T 2035—2012），是省内首家制定产权交易标准的单位。该规范也是江苏省内第一个产权交易行业的标准，进一步提升了全省产权交易机构的服务行为，提高了产权交易机构业务水平及服务质量。产权交易服务业国家级标准化试点于2016年6月以96.5分高分通过验收，常交所成为行业内第一个也是唯一一个国家级标准化试点单位，在将标准化全面落实到实际管理工作中，累计建立产权交易标准173个，政府采购标准127个，模板共计428个。

标准是质量的保障。合理、规范的交易规则，标准化的操作流程及信息披露办法能有效保证交易过程的"公开、公正、公平"，保护参与各方的合法权利。常交所的标准化成果支撑了信息化建设，催生了平台化发展，有力地推动了产权交易服务功能和服务体系的日趋完善，有效助推企业提质增效、各类要素资源有序流转和优化配置。

（二）建有信息化平台，互联网非标资产交易国内一流

常交所牵头并联合多家省级产权交易机构全面建成产股权交易、金融资产处置、工程招投标、政府采购、拍卖一体化的全国性互联网交易平台——e交易，实现了从项目挂牌申请、信息发布、受让申请、网络竞价、成交公告到价款结算的全流程互联网化，有效整合线上线下资源，简化交易形式、流程和中间环节。e交易平台集信息发布、电子交易、金融支持等功能于一体，交易全程留痕，可追溯、可监督，并具有多元化展示、多渠道分享、制度与技术反腐等综合服务特色，为各类产权提供了"公开、公平、公正"的阳光交易平台。依托强大的功能优势和开放、健全的价值发现机制，e交易平台在提高资产转让效率、实现资产保值增值方面具有显著优势，在推动产权行业发展、促进全国性要素资本市场建设方面发挥了积极作用。

近年来，全国各地产权交易机构正通过e交易平台逐渐变为资源共享、交易模式不断创新、营销方式更加多元化的统一联合市场，这些都赋予这个市场吸引更多社会资本的优势。截至2019年末，e交易平台已吸引90余家省市级产权交易中心、公共资源交易中心、招标采购代理机构、大型国有企业、民企等入驻，核心会员共7万家，累计交易项目2.7万项，累计交易总额超1700亿元，服务覆盖区域超全国2/3。

2019年11月，e交易平台全新交易系统V2.0版正式上线，提供产权交易、招投标采购、农村产权、农特商城四大板块及业务、交易、结算、监测、数据分析五个子系统的全流程在线解决方案。平台设计新颖，亮点频现，得到广大用户的高度评价。e交易平台积累了大量用户和交易数据，通过后台大数据挖掘，对数据进行统计度量，对地区偏好度、行业产品增值率进行分析，对客户、标的进行画像，达到了精准推广的效果，有助于提高项目成交率。

常交所大力实施标准化、信息化融合发展战略，将标准制定与信息技术相结合，实现了产权交易跨区域、跨行业、跨体制、全流程线上交易。今后常交所将进一步以标准化为支撑，推动"共建、共享、共用、共治、共赢"统一云平台模式的形成，为社会经济发展创造更多价值。

（三）提供专业化服务，多点突破，成效显著

1. 打造农村产权交易服务平台，助推乡村振兴

2018年是常州市农村产权线上交易工作的起步之年，常交所参与制定了市农村产权交易市场建设实施方案，联合开发建设常州市农村产权交易信息服务平台（以下简称农交平台）。农交平台以规范流转行为和完善服务功能为重点，搭平台、建体系、重培训，致力于深化农村改革、盘活集体资产、活跃交易市场，积极推动农村产权交易市场建设发展。2018年3月正式上线以来，农交平台运作稳健，于2018年底顺利实现线上交易全市覆盖目标。截至2019年末，农交平台累计成交项目1527项，成交总额达5.03亿元，实现了跨越式发展。通过主动对接农村产权进入平台流转交易的需求，积极开拓农村产权潜在市场，挖掘农村产权市场价值，交易平台项目类型现已涵盖房产出租、土地承包经营权出租及二手设备转让，充分激发了乡村发展的生机活力。

农村产权线上交易信息平台在不到两年时间内，从无到有、由小变大，迅速发展，有力提升了常州市农村的"三资三化"管理水平。此外，交易平台积极对外拓展，推进与其他地区交易机构的融合发展、相互赋能，打造了广西"1+N"模式、安徽"芜湖模式"等，实现了从"一村一例"到"百花齐放"的突破，促进了我国农村产权交易市场大发展。

常州市农村产权线上交易服务平台还精心打造农特产品商城，汇聚各地优质农产品，发挥互联网优势，通过供需垂直对接，减少中间环节和层级，进一步降低交易成本，有效增加农民收入，助力实现精准扶贫。常州市金坛区薛埠镇的江苏一号农场科技有限公司将其生产的大米等农产品通过农特商城营销，一改往日传统销售模式，面向全国大力发展网络销售订购，大大拓展了产品销路。内蒙古产权交易中心充分利用农特商城，在赤峰市喀喇沁旗率先构建"市场化平台扶贫、互联网传递爱心"的扶贫新模式，帮助当地商户入驻农特商城，唤醒沉睡在广大农村牧区丰富的农牧业资源，在当地精准脱贫工作中发挥了重要作用。

2. 创新交易金融，进一步延伸交易服务链

2018年，常交所成功运作"丽源房地产100%股权转让"项目，项目标的金额6.23亿元，其中还涉及债权债务处置问题，是一个标的金额大且情况复杂的项目。考虑到当时房地产行情下行，为确保项目保质按期完成，服务团队精心设计转让方案，主动开展推介服务，广泛搜集国内房地产商信息，向近百家房企进行重点宣传和推荐，邀请其查看项目资料并进行实地踏勘，对项目价值进行专业分析，积极促成交易。此外，常交所在接受该项目委托时，关注到该项目标的金额较大且需成交后一次性付款。为提高项目成交率，减轻买受人的短期筹款压力，常交所在公告时特别注明，可以提供配套金融服务，吸引了多家潜在意向竞买人来电咨询相关服务。项目成交后，常交所主动延伸交易服务链，与常创集团投融资平台常州市高创科技小额贷款有限公司协同联动，在受让方提出融资申请三天内，为受让方发放了6000万元的"产权贷"，有效缓解了受让方的资金压力，通过交易金融服务为项目顺利实施保驾护航。

除了"产权贷"，常交所还联合常州市高创科技小额贷款有限公司开发了知识产权质押、股权质押、"股贷通"等金融产品。运用互联网技术，依托e交易平台，为产权交易引入资金活水，降低交易成本，提高交易成交率、竞价率，进一步促进了资产的保值增值。

3. 不断扩面增量，积极布局市场化业务

在产权交易市场化改革的大形势下，常交所

主动适应行业的发展趋势，不断寻求自我突破，一边扩大、增加市场化业务的客户范围及类型，一边探索、创新市场化业务的交易品种及交易方式，以创新推动发展，以转型谋求未来。市场化客户主要是以银行为代表的各金融机构，目前常交所已与工商银行、建设银行等15家金融机构签署了战略合作协议。围绕各类金融机构的需求，打造自身核心交易品种，交易范围不仅包括不良债权、股权、房地产、机动车、机器设备、资产租赁等各种类型，而且覆盖自有、诉前、涉诉不良等各个阶段。截至2019年底，完成各类金融机构委托的不良债权、股权、房地产处置、招租等项目涉及金额5.47亿元，为银行不良资产的处置、保值增值做出了一定贡献。

此外，常交所还积极探索创新与地方政府机构、国有企业合作模式。例如，已与常州市新北区薛家镇达成战略合作意向，清理工业园区内的"僵尸企业"，招商引进优质企业，通过"腾笼换鸟"的方式，整理、盘活当地优质资产，推动产业升级。

四、未来发展

（一）不断提升综合服务能力，构建"三轮驱动"良性生态圈

常交所将集中力量做大、做强常州市产权交易市场，不断丰富金融资产、农村产权、文化产权、排放权等权属交易功能。同时，主动延长交易服务链，根据产权交易非标资产的特点，引入金融工具，研究拓展交易链金融服务，形成交易与金融良性互动、协同融合的综合化服务格局，构建"互联网+交易+金融"生态圈，实现业态的转型升级。

（二）始终把高效服务作为宗旨初心，全力建成区域阳光交易平台

常交所将以统一制度规则、创新体制机制为重点，以信息化建设为支撑，形成统一的交易规则体系，着力构建交易行为规范、操作过程公开、成交机会公平、交易各方公正的综合性、开放型区域阳光交易市场。同时，集聚相关投融资服务、法务税务、会计审计、咨询培训等第三方服务机构，搭建丰富的生态服务体系和服务网络，为企业、投资者提供定制化、多层次、综合性的线上线下增值服务，不断加强交易融资能力和综合服务能力建设，努力开创区域交易新业态。

（三）坚持开拓创新，积极打造长三角一体化产权交易平台

2019年12月1日，中共中央、国务院印发《长江三角洲区域一体化发展规划纲要》，这是继2018年长江三角洲区域一体化发展上升为国家战略之后，国家层面再次给予的指导，意味着长三角区域一体化发展战略的细化措施全面铺开。常交所将依托e交易平台，立足长三角，服务周边区域和中西部地区，努力建立长三角统一的产权交易平台，进而辐射全国，为统一全国产权交易市场树立标杆，发挥示范效应。

合肥市产权交易中心2018—2019年市场述略

一、机构概述

合肥市产权交易中心（以下简称合肥市产权）是合肥市人民政府于1998年批准设立的，省国资委指定的安徽省从事企业国有产权交易的交易机构以及省高院指定的涉诉资产处置平台。2015年，

合肥市深化公共资源交易改革，安徽公共资源交易集团有限公司（以下简称交易集团）成立，合肥市产权交易中心变更为交易集团全资子公司。合肥市产权现注册资本1000万元，2018年总资产达1.6亿元，现有员工31人。

合肥市产权目前主要从事各类所有制企业产权转让，国有企业改制、并购重组、增资扩股服务，国有（集体）资产处置及房屋租赁服务，特种经营权转让服务，其他类型的公共资源交易等。合肥市产权通过其自身的平台优势为上述项目提供信息发布、咨询策划、项目挂牌、政策解读、交易组织、项目融资、交易鉴证等服务，是综合性产权交易平台。

合肥市产权经过20多年的探索和实践，已建立"统一监督管理、统一交易平台、统一信息发布、统一交易规则、统一交易鉴证、统一服务标准"的"六统一"交易模式，发展成为交易规则健全、交易行为规范、交易监管有力的国有资产交易平台，成为合肥市公共资源交易体系的重要组成部分。2018年，合肥市产权共计完成项目577项，成交金额127.73亿元，增值金额46.58亿元，增值率达57.4%。

二、政策支持

根据国务院国资委、财政部出台的《企业国有资产交易监督管理办法》（国务院国资委、财政部令第32号），企业国有产权转让、国有资产转让以及企业增资应当在产权交易机构进行。同时，合肥市将企业国有产权转让、国有资产转让、企业增资、房屋租赁、罚没物资处置等各类产权交易均纳入合肥市公共资源交易目录范畴；更为重要的是，依托安徽合肥公共资源交易平台，合肥市产权作为省国资委指定的产权交易机构之一，开展各项产权交易工作的政策优势明显。

三、平台公信力

2016年以来，合肥市产权一直依托省市共建的安徽合肥公共资源交易平台，借力要素市场的资源和区位优势，不断扩大影响力。对各类公共资源交易项目实行集中统一监管，将交易过程中的各项工作有效衔接，形成了一个完善的公共资源交易流程体系，营造出"公平、公正、公开"的良好交易环境。与此同时，合肥市产权以产权交易工作为管理范畴，以法律为依据，以实践为基础，通过制定制度、健全机制、完善措施、规范流程，逐步形成依法合规、运转高效、风险可控、问责严格的内控管理体系。通过内部控制管理，从全面管控、突出重点、分工制衡、权责对等、提升效能等方面实施，最终构建了一个完整、高效、务实的标准体系，确保产权交易法律法规和规章制度的贯彻执行，控制了各类风险，建立了"标准化服务、规范化操作、流程化交易"的产权交易市场，有效地保障了各项产权交易业务的顺利开展。

四、信息化建设

合肥市产权拥有先进的信息化软硬件设施和完整的交易系统。依托交易集团的信息化资源，联合合肥市公共资源交易监督管理局和安徽合肥公共资源交易中心，先后构建起以"三网"（内部管理业务网、外部公共服务网、交易监管网）、"九系统"（网上招投标系统、专家管理及自动抽取系统、异地远程评标系统、电子竞价系统、保证金管理系统、涉诉资产交易系统、第三方支付系统、OA办公系统、全方位监控系统）为核心的交易信息化管理和服务系统，实现了产权交易活动的网上业务受理、网上信息发布、网上报名、网上答疑、网上交易、网上支付和网上监控全流程电子化，有力地促进了交易时效的提升和产权交易成本的节约。同时，信息科技在产权交易的业务操作、综合管理、服务保障、纪检监察等领域的系统建设和应用为规范市场运作、净化交易市场、促进源头治腐提供了系统支撑。

五、人才储备

合肥市产权现有的31名员工，全部为本科及以上学历，专业涉及经济、金融、法律、财务、管理等。团队人员具有经济师、会计师、拍卖师等各类资格证书，专业素质较强。合肥市产权重视外部培训交流，积极选派人员参加全国产权交易行业的各类业务培训，并多次赴上海联合产权交易所、北京产权交易所等先进发达地区交流学习；同时，合肥市产权内部每月按计划组织专题培训、案例分享等活动。通过外地调研考察、外派培训学习及内部交流分享等多种方式，提升工作人员业务专业水平。

六、行业影响力

本着立足合肥、服务全省的发展思路，合肥市产权为省内多个城市如亳州、阜阳、滁州、马鞍山等提供产权交易服务，业务已逐步延伸至外省。作为中国产权协会、长江流域产权交易共同市场的双会员单位，合肥市产权与上海联合产权交易所、北京产权交易所、天津产权交易中心等业内领先机构建立了良好合作关系，实现了市场资源共享、信息互联互通。

七、项目操作经验丰富

合肥市产权在产权市场经历了20多年的历练，从传统的企业国有资产交易、房屋租赁、涉诉资产处置等常规产权交易项目到PPP（政府与社会资本合作）项目、矿业权出让、基金退出、各类特许经营权、企业采购以及企业服务类招标等新兴交易项目，均有丰富的实战经验。进场交易重特大项目不断：2018年，由合肥市产权报送的合肥市污泥资源化利用BOO项目及安世半导体部分投资份额退出转让项目在中国产权协会举行的案例评选活动中脱颖而出，入选"中国产权交易资产市场经典案例"。

八、内控制度体系健全

合肥市产权建立了一套完整的内控制度，针对目前产权交易细则缺失、方式多样化等特点，对交易流程各个环节进行梳理，按"总—分—总"方式建立了全流程操作制度体系，让每一类项目、每一种情况、每一项举措都有据可依、有理可循。通过内部控制管理，从全面管控、突出重点、分工制衡、权责对等、提升效能等方面实施，最终建立了一套完整、高效、务实的标准体系，确保产权交易法律法规和规章制度的贯彻执行，控制各类风险，形成了高效、优质的服务保障，有助于推动产权交易工作持续健康发展。

九、探索方向

（一）继续做好国有企业产权转让工作，重点研究企业增资业务，切实保障国企改革目标的实现

服务国企改革是产权交易市场的发展之本。当前，国有企业正在大力推进供给侧结构性改革，"三去一降一补"，"瘦身健体"提质增效，压缩产权层级，发展混合所有制经济。《关于深化国有企业改革的指导意见》（中发〔2015〕22号）提出国企国资改革的总目标，到2020年，在国有企业改革重要领域和关键环节取得决定性成果。合肥市产权将按照国企国资改革发展创新的总体要求，加强总结，不断完善交易规则和流程，实现国有资产的保值增值。重点加强企业增资业务研究，完善增资扩股业务规则体系。在发挥平台信息披露与发现价值功能的基础上，利用产权交易非标准化交易特点，在产品设计、方案策划、顾问咨询等服务上下功夫，提升服务理念及服务水平，有效规范权力运行，保障国企改革顺利实施。

（二）总结房屋租赁工作经验，树立品牌，扩大影响

自国有企业（集体）房屋租赁项目进场以来，合肥市产权一直秉持规范严谨、便捷高效的服务理念，严防权力寻租、规避廉政风险、确保国有资产保值增值。下一步，合肥市产权将针对房屋租赁市场出现的新问题、新形势，不断完善交易规则和流程，创新竞价方式。同时，加强与监管部门的沟通联系，探索建立产权交易信用体系以及交易监管反馈机制，努力打造一个健康有序的租赁市场。合肥市产权还要继续扩大宣传，打造规范、高效的品牌形象，形成合肥市国有资产租赁服务机构第一品牌效应。

（三）强化专业性，提升市场投行化服务能力

1. 拓展专业机构服务资源

加强与金融、法律、审计、评估、拍卖专业机构的合作，在原先提供受理、信息发布、组织竞价和鉴证备案服务的基础上，建立包括法律咨询、财务咨询、审计评估、尽职调查、投资银行等服务在内的一站式集成服务平台。

2. 聚集投资人资源

合肥市产权与一批国有产权单位建立了稳定的联系，项目资源较为稳定，但如何更好地发挥产权交易机构撮合交易的功能，是产权交易工作的难点。合肥市产权下一步将探索利用安徽合肥公共资源交易中心企业库资源，通过项目推介会等方式，聚集投资人资源，主动联系和挖掘潜在投资人。

3. 拓宽信息发布渠道

合肥市产权的产权交易项目主要通过安徽合肥公共资源交易中心网以及安徽公共资源交易集团网发布交易信息。下一步，合肥市产权将强化微信等新媒体平台建设，通过移动互联网拓展信息发布渠道，适时加深与长江流域产权交易共同市场的合作，实现联合发布信息、联合推进项目，扩大项目资源和投资人信息共享范围。

4. 创新服务理念

一是强化市场化服务理念，主动上门对接企业需求，简化服务流程，降低企业交易成本。二是着力在增值服务上下功夫，如为企业改制重组提供咨询服务，帮助企业设计融资方案，提供融资服务，充分发挥产权交易市场在企业股改辅导、挂牌上市、重组增发、国有资本进退中的市场化、专业化平台作用。

（四）加强人才队伍建设，培育高质量"投顾团队"

产权市场作为资本市场的补充，下一步需要拓展投行化一揽子服务，以满足其投融资需求。合肥市产权应以投行化、金融化、互联网化、产品化需求为导向，进一步优化人才结构，搭建与同业、投资银行、信托、租赁公司等机构的交流渠道，广泛学习先进经验，着重培养和引入专业化、职业化人才，向培育和组建"投顾团队"方向发展。

（五）提升信息化水平，促进产权交易服务升级

合肥市产权以信息化为手段，按照"六统一"要求，建立了一体化的网络交易平台。2017年，中心增加产权会员报名黑名单限制功能，通过技术手段，对有不良行为记录的意向方进行报名限制，进一步规范了产权交易领域意向方的交易行为。同时，网络一次性报价+场内行权系统也正式上线使用，提升了网络竞价的功能，解决了项目操作中的实际问题。为了不断适应产权市场的新形势、新变化，解决产权交易市场的新矛盾、新问题，合肥市产权将不断总结经验，根据市场发展的新要求，对其业务系统进行更新升级，加快互联网与产权市场的融合进程，进一步降低交易成本、提升服务效率。

无锡产权交易所2018—2019年市场述略

一、无锡产交所的基本情况

无锡产权交易所（以下简称无锡产交所）成立于2010年1月28日，为无锡市国联集团全资子公司。无锡产交所前身无锡国联产权交易所成立于2004年9月，2008年8月经江苏省国资委批复，成为从事企业国有产权交易的指定机构。

2011年9月15日，无锡产交所下属的招标采购平台无锡市公共资源交易服务中心有限公司揭牌成立。

2016年6月，根据《无锡市整合建立统一的公共资源交易平台实施方案》，无锡产交所增挂"市公共资源交易中心产权交易分中心"牌子，整合进入无锡市统一公共资源交易平台。挂牌分中心后，无锡产交所原行业管理体制、业务范围及单位性质不变，接受市行政审批局的监管和指导，接受市公共资源交易中心的管理和业务统筹，在系统对接、信息发布、数据报送、检查评估等方面按照市公共资源交易中心规定开展工作。

无锡产交所现有业务范围涵盖产权交易、招标采购、股权登记托管等。作为专业交易平台，无锡产交所认真贯彻落实各类政策法规的相关要求，依法规范开展各类交易。近年来，无锡产交所在国联集团的领导下，在无锡市国资委、无锡市行政审批局、无锡市金融监管局等监管部门的关心指导下，保持良好的发展态势，整体交易规模持续以较大幅度增长。2018年，交易规模首次突破百亿元，达到102亿元；2019年，交易规模继续保持百亿元以上，达到106亿元。

二、主要业务开展情况

（一）产权交易业务

自取得国有产权交易资质以来，无锡产交所认真贯彻落实省、市国资委的相关要求，严格执行国有资产交易的法律法规，依法规范开展国有产权交易活动，推动国有资产规范、有序、高效流转。2018—2019年，无锡产交所各类产权交易项目成交90.18亿元（2018年50.12亿元，2019年40.06亿元）。

2018—2019年，无锡产交所的产权交易业务取得多项突破。一是充分发挥"发现投资人、发现价格"的平台功能，有效促进各类资产保值增值。2018—2019年，通过竞价比挂牌底价增值2.28亿元。其中，无锡溪都置业有限公司100%股权及债权项目竞价增值9500万元，增值率15.02%；无锡市方圆实业总公司部分资产项目竞价增值455万元，增值率69.96%；外贸无锡印刷股份有限公司100%股权竞价增值7050万元，增值率50.36%。二是聚焦重点项目服务地方经济发展。2018—2019年，协助完成城发集团转让"惠灵置业、惠泽置业、惠远置业股权及债权"、太极股份转让"江苏太极实业股权及部分资产"、宜兴中环收购国电光伏土地资产、蠡湖街道转让"溪都置业100%股权及债权"、锡东新城转让"润民置业100%股权及债权"等重大项目。三是业务创新上实现突破。国企增资业务实现突破，完成无锡华莱坞文创公司增资项目，募集资金2.9亿元，完成中环股份下属企业无锡环众置业公司增资项目；拓展上市公司产股权交易业务取得成效，协助和晶科技完成首个民营上市公司股权交易项目，成交金额1.2亿元；顺利完成太湖街道仙河苑两批转性上市安置房交易，累计成交136套，成交金额1.53亿元。

（二）招标采购业务

在公共资源交易领域，无锡产交所始终坚持探索发展。在2005年开展行政事业单位非自用房招租、2009年开展无锡市"退城进园"企业剩余房屋和物资搬迁处置业务的基础上，积极探索招标采购业务，于2011年搭建起国有企业采购服务平台。

经过几年的建设，平台技术力量、人员配备、供应商库、专家库等不断健全壮大，管理制度、工作流程、监管措施持续完善，为无锡市属国企和部分区属国企提供专业招标采购服务。2018—2019年，无锡产交所进一步加强招标采购业务拓展力度，有效推广国企招标采购经验，客户范围进一步拓展至国有企业、上市公司、金融机构及民营企业，交易规模创历史新高。2018年，招标采购成交金额47.43亿元，2019年成交金额60.66亿元。

2019年，无锡产交所主动融入和服务无锡市政府重大项目采购工作，优质高效地完成了无锡市公办幼儿园和义务教育学校食材供应商库、无锡蓝藻藻泥处理工程、惠联垃圾热电提标扩容技改等重点项目采购招标服务。2019年12月，在市国资委的支持下，成功举办了"无锡国有企业采购操作培训班"，邀请了国内招投标专家陈川生教授来无锡进行专题讲座，取得了良好效果。

此外，无锡产交所积极构建产权交易诚信体系，围绕综合素质、管理水平、竞争力等要素加强自身信用建设，在产权交易行业首批信用评价中获得AA级，2019年行业信用评价等级从AA级升至AAA级。

三、未来展望

未来，无锡产交所将在江苏省、无锡市国资委的指导监督下，在无锡市统一的公共资源交易平台上，坚持"发挥市场在资源配置中的决定性作用和更好发挥政府作用"，更加规范、专业、高效地做好产权交易、招标采购及股权登记托管等业务，推动各类要素有序流转。

（一）加强业务开拓，打造"规范、专业、高效"的交易平台

进一步完善运行机制，加强平台建设，以打造"规范、专业、高效"的交易平台为主要工作目标，坚持高标准建设、高质量运行，努力把无锡产交所建设成为功能更加健全、服务更加全面的交易平台。

产权交易业务在服务国资国企改革的基础上，不断提升综合服务能力，进一步提升增资服务能力，拓展农村产权交易业务；进一步发挥平台优势，不断扩大国企招标采购业务，开拓非公经济招投标业务。

（二）加强党建工作，建设"廉洁合规"交易平台

结合行业特点，无锡产交所将围绕建设"规范、专业、高效"服务平台，以"廉洁合规"为核心，扎实开展各项党建工作，重点是进一步提高支部建设与业务工作的融合度，促进党建工作与经营管理更加紧密，通过"三会一课"、统一活动日等载体，抓好学习教育，不断提升党员廉洁合规意识，不断提升业务能力和水平，推动各项业务不断发展。

（三）加强风险防控，增强风险防控能力

以规范交易管理为核心，以制度建设和信息化建设为重点，进一步构建风险防控机制，不断提升风险防控能力。

一方面，加强建章立制，规范权力运行，在业务开展中，梳理交易过程中的风险点，制定相应的控制措施，不断完善交易规则和交易流程，并借助交易系统做好动态记录、留痕追溯，有效提高风险防范水平；另一方面，进一步开展风险防控专题培训，增加相关学习机会，帮助从业人员提高风险辨别能力，提高风险防控实效。

（四）加强对外合作交流，实现协同发展

以中国产权协会为依托，聚拢优质交易资源，凝聚行业力量，探索交易机构协同合作的有效方式，形成具有区域影响力的要素资源市场化交易服务平台，不断提高市场配置资源的效率和效果，努力实现质量更高、效益更好的发展。

中国产权市场年鉴 2019—2020

China Property Rights Exchanging Capital Market Yearbook 2019-2020

行业动态

在中国产权协会三届二次会员大会上做的工作报告

中国产权协会党委书记、秘书长 夏忠仁

（2018年3月29日）

各位会员、同志们：

受协会第三届理事会委托，由我向大会做工作报告。

一、第三届会员大会以来两年工作回顾

第三届会员大会以来，协会在民政部、国务院国资委和相关厅局的指导下，在全体会员单位的共同努力下，全面贯彻落实党的十八大、十九大及历次全会精神，认真落实中央经济工作会议、全国产权管理工作会议和协会第三届会员大会的工作部署，以"创新、协调、绿色、开放、共享"五大发展理念为引领，顺应全面深化改革和协会脱钩的新形势，把握新时代赋予产权交易资本市场的新机遇，按照资本市场的功能定位和提升市场服务水平的新要求，始终坚持规范化、市场化、信息化的发展方向，重点围绕理论体系、制度（法规）体系、信息（网络）体系、信用（文化）体系、风险防控体系和市场服务体系六大体系建设开展工作，行业发展呈现新局面，协会建设迈上新台阶。

（一）大力推进产权交易资本市场体系建设

1. 行业理论体系建设成果显现

2016年11月，协会在成都举办了产权交易资本市场服务国企改革创新论坛，从理论与实践的结合方面，对如何建设好产权交易资本市场进行了探讨，对产权交易资本市场的发展方向进行了前瞻性研究。协会秘书处围绕产权交易资本市场的统一性、规范性、高效性和服务性开展实证研究，进一步丰富了产权交易资本市场的理论体系内涵，受到主流媒体的广泛关注：新华社为论坛播发了通稿，《人民日报》头版对论坛进行了报道，中国政府网连续两天进行了图文宣传，150多家新媒体进行了转载。国务院国资委黄丹华副主任做出批示："祝贺论坛的成功举办，产权交易机构在推进产权市场建设方面发挥了积极作用，希望进一步促进产权交易市场完善和提升市场建设水平，更好地服务国企改革发展。"

2016年5月至2017年12月，协会组织40家会员机构和行业专家共80余人，开展了"中国产权交易市场的特质属性、功能定位与支撑体系实证研究"。2017年12月，协会在广州举行了研究课题结题会。本次研究共形成10个子课题、2个分课题和课题总报告。课题研究进一步明确，产权交易资本市场是我国资本市场的重要组成部分，是与证券市场并列，以企业国有产权交易、以非标准产品和非连续交易方式为主要特征，并为企业产权转让和增资扩股提供服务的新型资本市场。

2017年，协会成立研究中心，注册成立中产

研咨询公司，与黑龙江联合产权交易所共建博士后科研工作站。2018年初，为进一步强化行业理论体系建设，协会与华北电力大学国家大学科技园签署了《战略合作框架协议》。双方将开展产权交易资本市场及公司治理体系的理论研究；共建博士后流动站，为产权交易资本市场及董事领域储备人才；共建国家级的国际化人才培训基地，开展产权人才及董事培训和水平评价；举办国内国际论坛，促进业界学习与交流。

2. 行业制度（法规）体系建设逐步完善

一是推动市场主体规范开展交易业务。为更好地贯彻执行32号令，协会制定并印发了《国有企业增资信息发布格式文本》。在充分调研的基础上，研究制定了《产权交易市场国有企业增资业务规范指引（试行）》和《产权交易市场企业增资业务收费标准指引》。二是推动行业自律制度建设。组织起草了《中国产权交易行业信用承诺公约（试行）》，建立起行业诚信自律机制，督促交易机构自觉履行守法、诚信的社会责任，维护交易各方的合法权益，自觉抵制失信、违法、违规行为，规范市场秩序。协会业务标准委员会和政策研究与自律委员会在这方面发挥了非常重要的作用。三是推动《企业国有资产交易法》立法，相关议案已由全国人大代表、协会副会长孔晓艳同志报经全国人大天津市代表团一致通过，并联名提交全国人大主席团。

3. 行业信用（文化）体系建设初见成效

依据国务院《社会信用体系建设规划纲要（2014—2020年）》，按照民政部、商务部和国务院国资委相关文件要求，协会制定了《产权交易行业信用体系建设工作方案》和《产权交易行业信用体系建设工作任务分解》，构建起产权交易行业信用评价工作体系。2016年9月，协会启动了产权交易行业首批信用评价工作。经过第三方评价机构和协会信用评价专家委员会评定，2017年5月，15家机构获得AAA级资质，8家机构获得AA级资质。同年11月，对上述23家机构授予信用资质牌证。

在总结首批信用评价工作经验的基础上，协会于2017年7月组织开展第二批信用评价工作，19家机构申报，经初审，有13家机构向第三方评价机构递交了资料，其中有9家机构初评为AAA级资质，3家为AA级资质，1家为A级资质。

2017年9月，协会作为倡议单位参与发起"中国商务信用推进联盟"，进一步扩大了产权交易行业信用体系建设的影响力。

4. 行业信息（网络）体系建设迈出实质性步伐

一是加强行业信息化建设。启动"全国产权交易行业信息化综合服务平台"建设，完成综合服务平台、实物资产交易、增资扩股业务等系统开发，截至2018年3月20日，33家交易机构实现与协会综合服务平台数据对接，平台披露项目总数20900宗，挂牌总金额超2600亿元，成交公示总金额约1100亿元，为全行业互联互通、数据交换、信息共享打下了基础。二是组建平台公司。采用市场化、专业化方式运维综合服务平台，构建全行业统一的"互联网+产权交易"新生态，打造全国产权交易资本市场统一门户网站和信息共享服务枢纽，为行业持续健康发展提供技术、信息、数据和增值服务。平台公司已于2018年2月5日注册成立，名称为中产投科技有限公司，并将在此次会员大会上揭牌。

5. 行业市场服务体系建设全面推进

一是成立资本投资运营专业分会。为适应国有资本投资运营公司改革试点的要求，协会于2017年4月成立了资本投资运营专业分会，吸收了中央和地方近60家资本投资、运营公司和资产管理公司入会。二是成立市场服务专业分会。为贯彻落实国务院国资委关于加强产权交易市场中介服务机构管理的要求，协会于2017年11月成立市场服务专业分会，吸收了从事产权经纪、投资咨询、会计审计、资产评估、法律服务等一大批中介服务机构入会。三是成立董事分会。两年来，国资监管逐渐实现从管资产到以管资本为主的转变，协会按照国务院国资委老领导的建议着手筹建董事分会，搭建中国特色公司治理理论和制度研究平台。2018年2月1日，在英国首相特雷莎·梅访华之际，在国务院国资委副主任王文斌和英国国际贸易部大臣利亚姆·福克斯的共同见证下，协会与英国董事协会签署了战略合作备忘录，双方在特许董事资格认证、中央企业董事境外培训、公司治理及董事队伍建设等方面开展合作。董事分会将于四五月份召开成立大会。

分会的成立，将进一步聚拢行业资源，完善产权交易资本市场的主体结构和服务体系，将各类市场主体纳入统一的社会组织监管体系，为进一步加强行业自律、保障市场规范有序运行奠定坚实的基础。

6. 行业风险防控体系建设进一步加强

一是落实国资监管要求，防范政策执行风险。认真贯彻执行国务院相关文件要求，建立起与国家发展改革委、国务院国资委的沟通机制，持续跟踪各地产权交易机构参与整合建立公共资源交易平台工作情况，推动产权交易资本市场与公共资源交易平台数据对接，推动国有产权交易纳入国务院国资委监测系统，维护产权交易机构的市场主体地位和独立法人地位。

二是强化对市场业务创新的风险提示。认真贯彻落实中央经济工作会议和第五次全国金融工作会议关于防控金融风险的总体部署，按照国务院关于进一步清理整顿各类交易场所的要求及国务院国资委关于加强风险防控的要求，协会通过各种场合，采用多种形式向会员单位强调规范创新，严禁踩踏红线，确保国有产权交易规范有序运作。协会全体会员均已顺利通过清理整顿"回头看"验收。

三是加强风险防控体系建设的督导。通过参与第六次中央企业国有产权交易机构综合评审，加强对信息披露、交易项目、档案管理、内部控制和风险防范等工作的督导和检查。组织开展产权交易资本市场全面风险管理专项课题研究，制定全面风险管理指引，全面推动各地交易机构风控体系建设。

(二) 扎实推进协会各项基础性工作

1. 会员队伍不断壮大，服务能力得到提升

两年来，协会新发展会员单位近30家，本部会员单位总数达157家。加上资本投资运营专业分会会员单位55家、市场服务专业分会会员单位52家，以及即将成立的董事分会会员单位，协会会员单位总数将超过300家，协会的影响力和向心力进一步增强。

在做好会员发展的基础上，协会大力加强会员服务工作。一是完善行业专家库。特聘109名行业专家，涉及产权理论、业务实操、信息化建设等多个方面，为产权交易资本市场的专业化发展提供强大智力支撑。二是举办"国有企业增资服务座谈会"。交流企业增资业务典型案例，研究、探讨如何破解难题，为国务院国资委产权管理局提供决策参考。三是举办学习32号令和资本市场专题培训班。围绕贯彻落实32号令和国资国企改革、金融产品创新、产权交易资本市场建设等热点开展学习交流，参加人数近千人。四是搭建远程培训系统。启动线上培训，推出行业核心业务和党的理论学习课程，探索行业教育培训体系。五是组织召开"国资委监测系统对接技术协调会"。会上，29家机构解析监测系统接入原则和对接要求，有效推动了会员机构监测系统对接工作。

2. 宣传力度加强，行业影响力扩大

一是开发全国产权交易行业指数综合分析系统。该系统已于2017年5月上线运行，按月向社会公开发布国有资产交易两大类共9个指数，及时、准确地反映产权交易资本市场的发展动态。二是做好"一网一刊一年鉴"编撰工作。三是加强与国资委新闻中心、《国有资产管理》杂志的沟通合作，扩大了宣传面，提高了宣传层次。四是创办《产权交易市场资讯》。截至2018年2月，已编发18期，陆续登载产权交易机构为国资国企

改革提供服务的成功案例，引导交易机构规范创新服务功能，及时总结交流经验。五是制定实施《产权交易市场典型案例评审暂行办法》，以增资业务为主题开展第三次典型案例评选活动。共有19家机构申报了53篇案例，其中10个案例获评"最具影响力增资案例"，20个案例获评"典型增资案例"。2017年11月，在三届二次理事会会议上，协会向优秀案例获奖单位颁发了奖牌和奖状，并将案例汇编成册，通过多种渠道进行表彰宣传。六是大力支持交易机构做好案例宣传，北交所、上海联交所等机构编辑出版了服务国资国企改革案例汇编，充分展示了产权交易机构服务实体经济发展取得的成绩，社会反响很好。

3. 秘书处基础性建设扎实推进，内部管理进一步规范

一是加强规范化管理。坚持协会秘书处办公会制度，严格实施"三定方案"，做好档案管理工作，常态化更新会员信息，提升档案数字化管理水平。二是完善内部管理制度。在网络安全、公车使用、员工薪资、绩效管理、退休退职等方面制定实施了一系列管理制度，财务上做好成本控制和预算安排，并争取到2016—2020年非营利单位免税资格。三是加强员工队伍建设，通过公开招聘选拔和不断优化员工队伍，使协会工作人员更加年轻化、职业化和专业化，通过加强政治和业务学习，提高工作人员素质，服务能力和工作效率进一步提升。四是积极争取解决协会办公用房，得到政府部门和有关企业的大力支持。

4. 党建工作全面加强，政治保障得到体现

协会党委始终把加强党建作为推进协会各项工作的政治保障。一是引领行业学习贯彻党的十九大精神。通过集体观看党的十九大直播，组织协会党委中心（扩大）组专题学习座谈会，开通协会干部教育培训网，举办协会三届二次理事会扩大会议、中国产权资本市场国有资本投资运营研讨会、中国产权交易行业学习贯彻党的十九大精神暨理论研究课题会等重大会议活动，组织会员单位全面深入学习党的十九大精神。二是完善党组织建设。按照"一方隶属、参加多重组织生活"原则进行党员管理。组建青年学习小组，开展多项学习交流活动，做好新党员发展，夯实党建基础工作。推进党的组织和工作有效覆盖。三是积极开展"两学一做"主题教育和各项党员活动。制定协会议事规则，建立健全"三重一大"制度配套措施，推进民主办会。四是认真抓好党风廉政建设。持之以恒落实"八项规定"，坚决纠正"四风"，各项工作均符合中央精神。五是自觉接受党的纪律检察机关执纪监督。顺利通过国资委党委第一巡视组巡视，得到国资委党委的肯定。国资委党委书记郝鹏同志指出："在相当长一个时期，产权交易清晰化、透明化、公正公平，通过产权交易市场体现国有产权的价值是非常必要的，产权协会要在这方面进一步完善做好。"国资委党委委员、副主任黄丹华同志在2018年全国产权管理工作会议上指出，产权市场是我国多层次资本市场的重要组成部分，在服务国有企业供给侧结构性改革、"三去一降一补"等工作中发挥着不可替代的作用。

协会过去两年取得的成绩，得益于党中央、国务院对产权交易资本市场的高度重视，得益于国资委和相关部委给予的关心、指导和帮助，得益于广大会员单位的积极参与和大力支持。在此，我代表协会，向政府部门、专家学者和全体会员单位，向关心和支持协会建设和产权交易资本市场发展的各界朋友，表示衷心的感谢！

在总结成绩的同时，我们也清醒地看到存在的不足和面临的挑战，主要是：协会基础还显薄弱，研究能力相对不足；市场化服务能力和整体效率都有待进一步提升；人才专业化、职业化水平与建设创新型社会组织的要求还存在不小的差距；各地交易机构发展不平衡，转型升级的任务艰巨；国有产权交易立法工作亟待推动，全面风险防控机制亟待建立；行业内无序竞争现象依然存在，条块分割的问题突出。这些问题，必须努力加以解决。

二、新时代为产权交易资本市场发展开创了新局面

（一）产权交易资本市场的定位更加清晰

未来几年是全面贯彻落实党的十九大精神、决胜全面建成小康社会的关键时期。党的十九大为产权交易资本市场注入了新的动能、带来了历史性发展机遇，同时也赋予产权交易资本市场新的使命和新的要求。中央经济工作会议明确要求，围绕推动高质量发展做好八项重点工作。国资委党委委员、副主任黄丹华在2018年全国产权管理工作会议上强调，产权管理工作要在"不断提升国有资本运营和配置效率，推动国有企业实现高质量发展""加强国有产权保护，切实防范国有资产流失""加快产权管理职能转变，持续提高监管效能""深化混合所有制改革，不断放大国有资本功能"四个着力点上下功夫。提高国有资本运营配置效率、持续推进混合所有制改革、完善产权管理体系等都和产权市场建设密切相关。国务院国资委领导特别强调，各级国资委要在履行好国资监管职责的同时，指导产权交易机构从新的高度来把握未来创新方向。要紧紧围绕产权市场的资本市场定位进行业务创新和功能创新，营造公开、公平、公正的市场环境，吸引社会资本参与国企改制重组，为规范发展混合所有制经济提供更多市场化服务。要构建开放、合作、共享的市场网络体系，打破传统行政分割，探索交易机构协同合作的有效方式，形成具有区域影响力的市场平台，提高市场配置资源的效率和效果。要重视风险防范，将国有资产交易的日常监督和定期检查抽查有机结合，同时充分发挥产权协会的作用，强化行业自律，统一市场规则，督促交易机构重视交易关键环节的管理，防止出现系统性风险。这些对产权交易资本市场的发展定位、发展模式和发展质量提出了更新、更高的要求，为产权交易资本市场的业务发展和市场体系建设指明了方向。产权交易机构要主动作为，推动业务转型和新旧动能转换，确保全行业高质量发展。

（二）资本市场权益流转、融资服务功能凸显

两年来，产权交易资本市场按照国企改革"1+N"文件，特别是32号令的要求，依照资本市场的定位，提升服务功能，深化业务创新，交易规模呈跨越式发展。

据协会统计，全行业12类业务2016年、2017年两年总交易额近16万亿元。两年来，中央和地方国有企业通过产权市场盘活存量资产超5000亿元，平均增值率近20%。32号令发布实施以来，中央和地方国有企业通过产权交易市场直接融资超2000亿元。交易规模稳定增长的背后，是行业服务实体经济的力度和质量在逐年提升。

1. 产股权交易方面

2017年，交易总额5869亿元，和2016年（3716亿元）相比，年增幅58%。其中，企业国有产股权交易额3801亿元，和2016年（2739亿元）相比，年增幅39%。

2. 融资服务方面

2017年，全行业通过股权融资、债权融资、股权质押融资、政府与社会资本合作（PPP）等多种方式，共为实体经济企业募集资金7984亿元，其中1445亿元是通过增资业务实现的。北京和上海两家中央企业增资业务试点机构共完成央企增资项目114宗，募集资金699.70亿元。全国产权交易机构共为各级国有企业完成增资项目202宗，合计募集资金991.46亿元。

3. 资产交易方面

2017年全年实现交易额1183亿元。其中，为国有企业、行政事业单位处置实物资产回笼资金640亿元，比2016年（611亿元）有所增加。

4. 推动混合所有制经济发展方面

2017年，社会资本通过产权交易资本市场以股权受让方式参与的国有企业混改项目889宗，交易额合计981.6亿元。社会资本（含外资）以增资方式参与国有企业混改项目202宗，交易额合计770.9亿元。2017年，全年通过产权流转或增资方式完成的混改项目1150宗，合计金额1882

亿元。产权交易资本市场已发展成为推动国有资本与社会资本相互融合、交叉持股的重要平台。

5. 债券发行、债权投资方面

金融资产交易平台通过组织债券发行、债权投资等方式直接服务实体经济。2017年，全行业共实现金融资产交易5.76万亿元。北京金融资产交易所积极推动普惠金融发展和国有资产保值增值，大力推进银行间债券市场建设，显著提升了企业直接融资比重，全年共实现交易额4.43万亿元，为1370家非金融企业发行债券3886只，金额合计4.03万亿元。

2012—2017年，产权交易资本市场12类交易业务（含非国有）累计交易额突破26万亿元，取得了历史上最好的发展成果。

（三）区域性产权交易资本市场格局逐步形成

北京、广东、山东、湖北、广西等地相继组建产权交易集团，推动产权交易资本市场向集团化、多元化、市场化和专业化的方向发展。北京产权交易所牵头发起首都要素市场协会，为构建具有首都特色和全国影响力的要素市场体系做出了贡献。山东产权交易中心以"资合+人合"的方式，探索跨区域合作、跨区域联建模式，精心打造产权交易生态圈。武汉光谷联合产权交易所以资本为纽带，整合全省专业平台，聚拢优质交易资源，做好风险隔离，提升发展潜力。广东省产权交易集团推动整合省内4家机构打造全省统一的全要素资源交易与配置平台，探索构建粤港澳大湾区产权交易资本市场。京津冀三地国资委和交易机构建立联席工作机制，构建发展联盟，产权交易资本市场开放、合作与共享的趋势进一步显现。陕西、甘肃、宁夏、青海、新疆五省区产权交易机构围绕服务"一带一路"倡议开展合作。黑龙江省与广东省、沈阳市与北京市、大连市与上海市、哈尔滨市与深圳市的产权交易机构建立对口合作关系，落实《东北地区与东部地区部分省市对口合作工作方案》，助力东北振兴。顺应国家"互联网+"战略和市场发展要求，会员机构更加重视信息化基础建设投入，充分挖掘大数据的价值，交易系统基本实现全流程网络化，极大地促进了产权交易机构跨区域合作。

（四）行业的社会影响力、公信力进一步增强

一大批产权交易机构荣获国家和地方政府的表彰奖励。在中国经营报、中国社科院及中经新金融研究院共同主办的"2017卓越竞争力金融峰会"上，北京产权交易所荣获"2017卓越竞争力品牌影响力企业"称号。在中国企业改革与发展研究会主办的"中国企业改革发展优秀成果（首届）发布会"上，北京产权交易所荣获"中国企业改革发展"一等奖。福建省产权交易中心被选为福建省诚信促进会副会长单位，张亚明总经理被福建省国资委评为"经营管理领军人物"。吉林长春产权交易中心被授予"2016年长春市十佳公共服务平台"称号。广东省产权交易集团连续三年入选广东服务业100强，连续三年获得"广东省诚信示范企业"称号，荣获第五届金交会"最佳产品营销奖"。南方联合产权交易中心连续九年获得"广东省诚信示范企业"称号。浙江产权交易所被评为"浙江金融服务二十佳明星机构"称号，周琪董事长荣获"浙江金融十大领军人物"。烟台联合产权交易中心获评2014—2015年度山东省"守合同、重信用"企业。山西省产权交易中心获山西省总工会金融工会表彰，等等。协会副会长、天津产权交易中心主任孔晓艳连续两届当选为全国人大代表。协会副会长、中国诚通控股集团董事长马正武当选中国共产党第十九届中央委员会候补委员。会长吴汝川代表协会与英国董事协会在英国首相特蕾莎·梅访华期间签署战略合作协议，并连续3年受中办、国办邀请参加在人民大会堂举办的春节团拜会，展示了以协会为代表的全国产权交易行业的社会地位和公众形象。

三、未来三年的重点工作

在新的历史条件下，我们产权交易行业要以

习近平新时代中国特色社会主义思想为指引，以"创新、协调、绿色、开放、共享"五大发展理念为统领，认真贯彻落实中央经济工作会议、全国两会会议精神和国务院国资委的工作部署，坚持"规范、创新、合作、自律"的行业发展理念，大力推进规范型、功能型、创新型产权交易行业和产权交易资本市场建设，打造统一、规范、高效、服务功能强的产权交易资本市场，打造各类权益要素有序流转的阳光平台，更好地服务深化供给侧结构性改革、服务国资国企改革、服务混合所有制经济发展、服务要素资源市场化配置，促进国有资产的保值增值，为建设现代化经济体系、全面建成小康社会贡献力量。我们应重点做好以下工作：

（一）深入学习党的十九大精神，进一步抓好贯彻落实

学习贯彻党的十九大精神是一项重大的政治任务，是当前和今后一个时期产权交易资本市场建设的重要思想和行动指南。产权交易行业要在学懂、弄通、做实党的十九大精神上下大功夫，特别是深刻领会习近平新时代中国特色社会主义思想的精神实质和丰富内涵，贯彻新发展理念，切实提高政治站位，紧紧围绕核心任务，不断强化党组织在协会建设和行业发展中的政治核心作用，推动党的核心思想、重大举措在全行业落地生根。我们要全面把握产权交易资本市场发展的战略机遇，举旗定向、谋篇布局、开拓创新、真抓实干，努力开创产权交易行业的新局面。

（二）着力加强行业基础理论研究，进一步推进理论体系和制度法规体系建设

加强行业内外合作，形成研究合力，抓好理论研究。搭建产权交易资本市场智库，形成理论研究成果，为产权交易相关市场主体提供政策研究和产业分析等咨询服务。重点推动企业国有资产交易立法工作，开展立法专题理论研究，启动产权交易行业立法博士后课题，争取进入全国人大立法进程。开展好产权交易资本市场全面风险管理、产权交易行业信用体系建设、企业增资业务中产权交易机构的作用、产权交易资本市场体系建设框架下要素交易市场建设等专项课题研究，为产权交易资本市场体系建设提供理论支撑。

（三）着力建设全行业统一的信息化综合服务平台，进一步推进信息（网络）体系建设

运维好全国产权交易行业信息化综合服务平台，建成全国产权交易资本市场统一信息门户网站和"互联网+产权交易"网络生态体系，重视大数据、云计算、移动互联、人工智能、区块链等技术的开发和应用，高起点、高标准提升行业信息化水平，强化信息安全保障。进一步做好行业统计和交易指数的编制和发布，推进行业信息化系统集中统一，支持安全性高、公信力强的交易系统在行业内的推广应用，全面提升产权交易行业信息化水平。

（四）着力建设运营专业分会，进一步推进市场服务体系建设

以三个分会为抓手，继续壮大会员队伍，聚拢市场主体。运营好资本投资运营专业分会，加强与中央和地方国有企业的联系，参与推动资本投资公司和资本运营公司试点工作，推动央地合作、产融结合，助力国资国企改革和地方经济发展。运营好市场服务专业分会，培育引导具备投行服务能力的咨询机构、投资机构、基金组织入会，加强对服务会员的分类、分层管理，与机构会员实施联合监管，推动会员服务升级。运营好董事分会，培育中央企业和地方国有企业专职董事，发挥董事在公司治理过程中的核心功能。推动组建农村产权交易分会、金融资产交易联盟，促进公共资源、农村产权、知识产权、环境权益、林业权、矿业权等权益要素进场交易，为各类要素市场化配置做好服务。

（五）着力加强诚信自律建设，进一步推进信用（文化）体系和自律、风险防控体系建设

继续开展行业信用评价工作，落实评价结果运用研究，建立社会评价、失信惩戒和"黑名单"等行业信用制度，强化从业人员执纪意识和自律意识，促进产权交易行业的反腐倡廉建设。加强协会在国有产权交易进场、全面风险管理、档案管理、诚信自律、行业规范和收费标准等方面的监督，落实应进必进、进则规范的要求，完善实施自律奖惩举措，协同政府做好市场监管，维护市场秩序及交易各方权益，防止恶性竞争，全面提高产权交易资本市场的社会公信力。

（六）着力加强行业服务转型升级，进一步推动产权交易资本市场规范创新

产权交易资本市场要围绕经济体制改革的重点工作，完善产权制度和要素市场化配置，主动把握发展机遇。重点针对企业增资业务做好制度设计，规范流转、优化融资、提升服务功能，为企业发展提供综合融资服务。协助国资监管机构做好全流程过程监测。坚持规范创新，在做好现有12类业务的同时，拓展交易品种，创新服务模式，拓宽投融资渠道，提升服务实体经济的能力，助力经济增长，实现动能转换和高质量发展。

（七）着力加强行业培训，建立健全行业人才教育培训体系

针对企业国有资产交易业务涉及的金融、法律和投行服务等热点难点问题开展业务培训。加强与人力资源社会保障部的协调，推动建立行业水平评价类培训考评体系，提升行业队伍的执业能力和水平，满足产权交易资本市场建设对人才的需求。以董事分会的成立为契机，开展国际合作培训交流，开拓产权交易队伍的国际化视野，加快产权交易的国际化步伐。继续推进协会与华北电力大学等高等院校合作培养专业人才的机制，建立健全行业教育培训体系。

（八）着力加强协会党建工作，进一步强化市场化服务的政治保障

协会要着力加强功能型党组织建设，扩大党组织工作的有效覆盖范围，培养吸收新党员，扩大党员队伍，健全分支机构的基层党组织，切实强化协会的政治理论学习。按AAAAA品牌协会标准推进各项工作，致力于打造服务型协会。坚持市场化改革方向，推进协会脱钩改革，强化协会内部治理，完善秘书处员工招聘、任用、日常管理和考核评价机制，完善实施"三定"方案，提高业务素质和工作效率，承担政府转移、授权、委托和购买服务。强化人才队伍建设，加强专业人才引进，强化业务素质和组织管理能力。加强与国务院国资委、财政部和国家发展改革委等有关部门的常态化沟通协调机制，提供政策咨询、指导等服务。加强调研，反映会员诉求，解决会员困难，凝聚行业力量。加强与同行的交流与合作，提高专业化、职业化水平。继续发挥好理事会、常务理事会的决策职能，推进民主管理，充分发挥理事、常务理事的示范带头作用；发挥专业委员会的职能，加强自身建设、专题研究和工作落实；发挥会长办公会、秘书处办公会的议事职能，推进相关工作有效落实。持续推进协会信息公开制度，完善实施服务承诺制，增加透明度和公信力，提高服务质量，全面提升协会的社会形象。坚持发展业务与规范治理并重，发挥社会组织管理功能。

（九）组织改革开放40周年暨产权交易资本市场30周年纪念活动，全面提升产权交易资本市场影响力

2018年是中国改革开放40周年，也是产权交易资本市场诞生30周年。改革开放以来，中国产权市场从无到有、从弱到强，实现了向资本市场的跨越。我们要以此为契机，开展一系列纪念宣传活动，组织中国产权交易资本市场30周年成就展，深入推进行业理论研究，举

办产权交易资本市场创新论坛，深入总结发展经验，统一行业思想，凝聚行业力量，谋划未来发展，全面提升产权交易资本市场的公信力和影响力。

各位会员、各位同人，使命呼唤担当，使命引领未来。全国产权交易行业在过去的两年中取得了辉煌成绩，中国特色社会主义进入了新时代，产权交易资本市场也必将迎来新的机遇、开启新的征程，让我们不忘初心、牢记使命，以习近平新时代中国特色社会主义思想为指引，全力建设统一、规范、高效、服务功能强的产权交易资本市场，为国资国企改革、为各类要素资源市场化配置、为建设现代化经济体系和社会发展做出更大贡献！

在中国产权协会三届二次会员大会上的讲话

国务院国资委行业协会商会党建工作局副巡视员　刘续浩

（2018 年 3 月 29 日）

同志们：

受张涛局长委托，今天我来参加中国产权协会三届二次会员大会，感到非常高兴。我谨代表国务院国资委协会党建局向大会的召开表示热烈的祝贺，向关心支持中国产权协会各项工作的各位会员及有关单位的领导和同志们表示诚挚的问候！

在全国"两会"结束之际，中国产权协会召开常务理事会、理事会和会员大会，号召全体会员深入学习党的十九大和全国"两会"等会议精神，总结部署协会工作，修订协会章程、调整会费标准、制定自律公约、增补理事成员、制定行业规范、启动信息化平台上线及其平台公司揭牌运营，顺应新时代协会工作和行业发展要求，对于推进协会基础建设、提升服务能力、加强行业自律、推动产权交易资本市场建设和产权交易行业发展具有重要意义。

两年来，中国产权协会认真学习贯彻党和国家的方针、政策及决策部署，顺应全面深化改革和协会脱钩的新形势，按照加快建设统一开放、竞争有序的产权交易资本市场体系，增强市场服务功能的定位和要求，通过开展市场理论课题研究、举办产权交易市场服务国企改革创新论坛、推动行业立法、制定行业规范、构建行业信用体系、搭建信息化综合服务平台、完善市场服务体系和风险防控体系等一系列举措，扎实推进各项工作，进一步增强了服务会员、服务行业、服务政府的能力。可以说，产权协会两年来的工作取得了突破性的进展，迈上了一个大台阶，产权交易资本市场建设成效初显、成绩斐然，行业凝聚力、影响力和公信力显著提升。这些成绩的取得是协会理事会带领全体会员共同努力的结果，是协会领导班子和协会全体工作人员拼搏奉献的结果。在此，我代表国务院国资委协会党建局向产权协会和产权交易行业取得的可喜成绩表示衷心的祝贺！

2018 年是贯彻党的十九大精神的开局之年，是改革开放 40 周年，是决胜全面建成小康社会、实施"十三五"规划承上启下的关键一年。作为国务院国资委直管的国家一级 AAAA 品牌协会，产权协会要立足行业实际，高起点谋划、严要求推进、高标准建设，全力推动产权交易资本市场建设和产权交易规范健康发展。在此，我提几点意见和建议：

一是要全面深入学习贯彻党的十九大精神和全国"两会"精神。产权协会要按照国务院国资委党委统一安排和部署，坚决把思想和行动统一到全国"两会"精神上来，要把学习全国"两会"精神与学习习近平新时代中国特色社会主义思想紧密结合起来，与学习贯彻党的十九大，十九届二中、三中全会和中央经济工作会议精神紧密结合起来，与深化全国产权管理工作会议精神紧密结合起来，深刻理解、准确把握"两会"精神实质和科学内涵。要通过学习，进一步提高政治站位，牢固树立"四个意识"，坚决维护习近平总书记的核心地位，坚决维护党中央的权威和集中统一领导，坚决在思想上、政治上、行动上同以习近平同志为核心的党中央保持高度一致。要学以致用，坚持理论联系实际，切实把学习成果转化为推动产权交易行业发展、服务国企国资改革、服务要素市场化配置的中心工作的思路和举措。要强化宣传舆论引导，围绕"两会"精神，结合改革开放40周年、产权交易市场诞生30周年开展主题宣传活动，充分展示产权交易行业发展的新实践、新成效、新风貌。通过认真学习领会，进一步理解和明确协会在社会主义市场经济中的定位、使命任务、发展方向以及工作重心。

二是要深刻认识和把握新时代行业发展条件，明确协会工作新任务。党的十九大开启了中国特色社会主义新时代，为行业发展和行业组织建设提供了新的时代条件和实践要求。产权协会应自觉融入大格局，积极塑造新自我，在建设现代化经济体系，完善社会主义市场经济体制，打造共建、共治、共享社会治理格局的系统协同发展中，建立与本行业、本组织与现代化事业发展的关系，并从中看到前景，明确努力方向，把历史契机和机遇真正变为发展现实。在巨大的发展成就面前，我国经济大而不强的总体特征依然显著，既反映在经济总况中，更体现在具体行业内。产权交易行业虽然整体取得了不俗的成绩，但发展不均衡、多而散的市场格局依然存在，业内外无序竞争依然存在，协会基础还比较薄弱，服务能力和服务水平还有待提高。行业发展必须围绕结构合理、目标精准、全面和谐，在高速度转化为高质量、高效率的系统提升上下功夫。产权协会要正确把握协会发展的社会价值定位，突出新时代的任务使命和更高发展要求。积极适应政府综合监管体制、非营利组织政策支持体制、政社合作体制、协会自身治理体制、规范运行管理体制，在现代社会体制管理运行中把握定位，进一步体现价值自信，并发挥突出作用。要按照依法设立、自主办会、服务为本、治理规范、行为自律的社会组织建设发展目标，做好协会各项工作，不断提升协会的服务能力和服务水平，推动行业集群发展。

三是要切实加强行业协会党的建设。行业协会必须坚持党的领导，坚决执行党的路线、方针、政策，坚决贯彻党中央重大战略和决策部署。产权协会要坚持加强党的领导与行业协会依法自治相统一，坚持做服务与讲政治相统一，坚持维护社会主义基本经济制度、实现行业发展与共同进步相统一，坚持尊重市场规律与履行社会责任、服从服务国家宏观调控相统一，坚持利用国际与国内两个市场。产权协会要着力建立健全党的组织机构，大力发展党员队伍，完善工作机制，加强党建工作，为促进协会改革发展和作用发挥提供更加有力的政治保障。产权协会要进一步加强市场化改革，夯实基础建设，吸引高端人才，为行业发展提供人才保障和智力支撑。要积极改革治理和服务方式，加快推进协会自身的市场化转型，提升综合服务能力。通过脱钩和市场化改革、服务供给改革、决策关键机制改革，进一步完善协会法人治理，加快向行业组织功能转变，实现决策机制与服务转型，达到面貌更加清晰、机制更有活力、作用更为广泛、发展更可持续，成为精准满足行业需求、真正独立和高质量履行社会职能、自治管理、自律有为、自律发展的现代社会团体法人。

四是要在新时代有新气象、新作为。新时代要有新气象、新作为，要求人们干事创业的主观能动性更强、作为更大、精神面貌更加激扬，做到行行都要有贡献、人人都要能出彩。产权协会要认真把握推动行业新发展的重要实践课题，着眼于平衡性和高质量、高效率、可持续发展目标，紧紧把握建设现代化经济体系的目标，围绕经济体制改革完善产权制度和要素市场化配置的重点任务，积极融入并建立重要制度性建设。产权协会要发挥行业自主、集中行业智慧、争取政策支持，在构建现代化政策体系、完善市场化体制协同作用中做大市场、做强行业。产权协会作为资本市场领域的行业协会，要把防范金融风险、增强资本市场服务功能、提高为实体经济服务的效率和水平放在突出位置。要充分发挥产权交易市场在完善产权保护制度、实现产权有效激励、促进资本要素资源优化配置、推进国有经济布局优化、发展混合所有制经济等方面的重要作用，助推我国产权交易迈上规范化、制度化、现代化轨道，为构建产权交易非标资本市场体系，为建设统一开放、竞争有序的市场体系做出新的贡献。

同志们，新时代属于每一个人，每一个人都是新时代的见证者、开创者、建设者。幸福是奋斗出来的，要幸福就要奋斗。希望产权协会能够继续从国企国资改革和产权交易资本市场建设发展大局出发，适应新的形势要求，以强烈的责任心和使命感，勇于担当，着力加强自身建设，提升服务能力，进一步推动产权交易行业的交流合作、互惠共赢、快速发展，切实将产权交易资本市场建设和产权交易行业发展的目标落到实处。希望产权交易行业同人在新时代要有新的站位、新的目标、新的思路、新的气象，携手并进，不忘初心、牢记使命，以饱满的热情踏上新征程，以新制度、新要素、新市场的新动能驱动，加强学习，加强研究，加强创新，为全面建设统一、规范、高效和服务功能强的产权交易资本市场而努力奋斗，努力把中国梦落实在产权交易资本市场的强国梦当中。

在"2018中国国企混改与企业并购（成都）峰会"上的讲话

国务院国资委产权管理局副局长　郜志宇

（2018年6月21日）

各位参会嘉宾：

大家上午好！很高兴有机会就混合所有制改革与各位进行交流。国有企业混合所有制改革是以习近平同志为核心的党中央做出的重要战略部署，党的十八届三中全会以来，党中央、国务院把混合所有制改革作为国企改革的重要突破口，高度重视，积极稳妥有序推进。国有企业通过积极利用产权市场等多种途径，在混改工作方面取得积极进展，重点领域混改试点取得突破性成果，形成了国有资本和各类社会资本不断深化融合的良好局面。今天，我与大家交流以下四个方面的内容：

一、深刻认识发展混合所有制经济的重大意义

（一）发展混合所有制经济是党对国有企业改革认识不断深化的产物

1993年，党的十四届三中全会首次提出"混合所有制经济"的概念，之后党的一系列重要会议对混合所有制经济进行了深入的阐述。党的十六大以来，以建立现代企业制度为中心，发展混合所有制经济成为国有企业改革的重要手段；党的十八届三中全会做出混合所有制经济是基本经济制度重要实现形式的重大论断，首次把混合所有制经济提升到基本经济制度重要实现形式这样前所未有的高度；习近平总书记在党的十九大报告中提出，"深化国有企业改革，发展混合所有制经济，培育具有全球竞争力的世界一流企业"，为发展混合所有制经济指明了方向。

（二）发展混合所有制经济是各类资本寻求优势互补的必然结果

必须毫不动摇巩固和发展公有制经济，毫不动摇鼓励、支持、引导非公有制经济发展。国有经济和非公有制经济都有着巨大的发展前景，它们各具特色和优势，国有资本和非公资本的合作和融合，可以实现各种所有制资本的优势互补、相互促进、共同发展，这是我国建设社会主义市场经济的必然结果，也是各类市场主体从市场经济规律和企业发展规律出发做出的必然选择。产权交易市场为各类资本的集聚、融合、发展提供了公开、公平、公正的市场平台。

（三）发展混合所有制经济是国有企业适应经济发展新常态、推进供给侧结构性改革的关键举措

当前我国经济运行转入以提高质量和效益为中心的新常态，混合所有制改革是国有企业适应经济发展新常态、推进供给侧结构性改革的关键举措，通过推动不同所有制资本的混合，结合不同资本的运营优势，兼顾不同资本的利益诉求，真正发挥不同利益主体协调运转、有效制衡的作用，促进企业运营体制机制的转变，推动国有企业不断提升创新能力，优化国有资本布局，扩大股权融资，切实降低国有企业的资产负债率。

二、国有企业混改取得了积极进展

一方面，国有企业在产权层面总体上与社会资本实现了较为充分的混合。截至2017年底，中央企业各级子企业，包括98家中央企业集团公司，基本上完成了公司制改制。中央企业及各级子企业中，超过2/3的企业引进各类社会资本实现了混合所有制（统计口径为资本层面引入了非公资本的企业，如果某企业开展了混改，则其下属企业均统计为混合所有制企业）。中央企业利润总额的85%以上来源于混合所有制企业，混合所有制企业已成为国有企业的主力军和压舱石。

另一方面，重点领域混改试点工作取得实质性进展。2015年，国务院提出在电力、石油、天然气、铁路、民航、电信、军工等领域开展混改试点示范。国家发展改革委和国资委共同承担此项工作，目前已经确定50个试点项目，部分项目取得了实质性进展。例如，东航物流已通过产权市场公开引入德邦、普洛斯等行业龙头企业作为战略投资者，联想、绿地等民营资本作为财务投资者；同时，引入核心员工持股，使核心员工与企业形成利益共同体，东航物流引进各类社会资本后，重点推进三项制度改革，对职业经理人和员工全面实行市场化薪酬体系和考核分配机制，2017年经营效率显著提升，利润总额同比增长62.78%。中国联通在证券市场引入中国人寿、腾讯、百度、京东、阿里巴巴、苏宁、结构调整基金等战略投资者，并完成了董事会改选，与战略投资者在家庭互联网、云计算、大数据、物联网等领域强强联合、优势互补，商业模式创新成效显著，并且以混改为契机，建立了市场化的激励约束机制，推进"瘦身健体"精简机构，总部部门减少33%，人员编制减少50%，活力和效率显

著提升，2017年净利润同比增长192.5%。

三、产权交易市场已经成为国有企业混改的重要途径

产权市场自诞生之初就承担了服务国企改革的重要使命，在为国有资产提供阳光化交易、提升国有产权配置效率、防止国有资产流失等方面发挥了重要作用。党的十八届三中全会提出，国有企业实施混改应在产权、股权、证券市场等资本市场公开进行，对产权市场提出了更高的要求，也赋予了更重大的责任。为了落实党中央、国务院的决策部署，稳妥有序推进混改，国资委于2016年发布《企业国有资产交易监督管理办法》（32号令），充分发挥产权市场在资源配置中的决定性作用，为各类社会资本参与国有企业混合所有制改革提供了公开、公平、公正的市场途径。32号令印发以来，在各方的共同努力下，产权市场紧紧把握住资本市场定位，围绕国企国资改革和地方经济建设，不断拓展服务领域和市场功能，助力实体经济发展，取得了可喜成绩。应该说，产权市场在服务国有经济结构调整，优化资源配置，促进国有资本与非公资本相互融合、共同发展等方面，发挥了积极作用。

据统计，32号令发布以来，各地产权交易机构通过转让部分股权和增资扩股方式完成国有企业混改项目822宗，累计引入各类资本3074.7亿元，加快了国有资本与社会资本融合的步伐，有效降低了国有企业的负债水平，为国有经济向更高质量发展提供了资金支持，确保了混改的规范、阳光。这些成绩的取得，与产权交易行业全体员工以及在座各位专家的积极探索和努力工作是分不开的，在此，我代表国资委产权局向大家的辛勤付出表示感谢！

四、积极推动产权市场建设，助力国企创新发展

在看到成绩的同时，我们也应该清醒地认识到，产权市场作为新兴的资本市场，仍旧存在一些问题和不足。一是应加强机构之间的业务协同和业务合作，积极构建全国性的统一产权市场。资本是跨区域、跨行业、跨所有制流动的，这就决定了资本市场必须具备优良的资本集聚能力和市场辐射力，但由于受行政区域划分的影响，产权市场的条块分割问题和交易机构多、小、散的局面至今未有根本性的转变，如何提升产权交易行业资源配置效率是摆在大家面前的重要课题。二是切实提升产权市场资源整合能力和市场服务能力。在协会的带领下和各交易机构的共同努力下，产权市场建设不断完善，影响力和服务企业能力有了较大幅度提升，但与成熟资本市场相比，产权市场在行业自律管理体系建设、市场影响力、信息化水平、整合各类资源能力及从业人员专业化素养等方面仍存在不小的差距。三是防风险意识应持续增强。一直以来，产权市场在保障国有资产规范、阳光化交易，防止流失方面发挥的作用得到社会的广泛认可，但面对国企改革新形势，产权市场的服务如何更好地适应企业改革重组需求还需进一步研究，部分挂牌项目把关不严，个别交易机构甚至出现过分重视业务规模而忽视规范性的不好苗头，内控制度不健全，风险管理不到位。对于上述问题，如果不去认真思考并加以解决，将会制约产权市场向更深层次、更广领域、更高阶段发展。需要特别强调的是，规范和创新是产权市场两个永恒的主题。规范是生命线，是一切创新和发展的基础。现阶段产权市场主要是服务国企国资改革发展，大家要牢牢把握资本市场定位，进一步增强政治意识和大局意识，加快市场建设，增强市场创新能力，严格遵守32号令等国资监管政策规定，维护好国有资本安全，在流转中不断提升国有资本价值。要把创新和发展的重点聚焦在服务国企改革发展的大局上，在推进供给侧结构性改革、降杠杆和发展混合所有制经济等中心工作上发挥更大作用，这是党和国家交给产权交易行业的重要政治任务。

我们期待中国产权协会在发挥行业自律、引

领行业发展方面发挥更多积极作用，与产权交易机构同心协力共助国有企业高质量、高效率发展。

以上是这些年与大家一起工作中的感悟和思考，说得不对的地方请大家指正。最后，再次感谢大家一直以来的辛勤工作和对产权局工作的支持，谢谢大家！

2018年中国国企混改与企业并购成都见解

中国产权协会

（2018年6月）

改革开放40年，中国产权交易市场也走过30个春秋。30年来，在党中央、国务院的正确领导下，在国资监管等相关部门、地方政府和市场主体的共同努力下，我们坚持在探索中前进、在改革中创新、在开拓中进取，在业务拓展创新、市场培育建设、规则建立完善、监管自律发展等方面取得了重大突破，我国产权交易资本市场已经逐步发展成为社会主义市场经济体系的重要组成部分。30年来，伴随着改革开放的伟大历史进程，我国产权交易资本市场走过了跌宕起伏、波澜壮阔的发展历程。目前，产权交易市场已经建立了完备的规则体系、科学的交易流程、强大的交易系统、广泛的信息披露渠道，监管体系不断完善，统一进程不断推进，人员素质不断提高，市场服务不断延伸，交易规模和融资规模不断扩大。产权交易资本市场已经发展成为与标准化资本市场相对应的资本市场，成为中国资本市场体系的重要组成部分，在服务国资国企改革、促进各类权益要素阳光流转、拓宽投融资渠道、保护各类产权、促进资本形成、优化资源配置等方面发挥了不可替代的重要作用，有力地推动了实体经济的发展，成为支持我国经济社会持续健康发展的重要平台。

30年的生动实践告诉我们：在社会主义初级阶段建设和发展产权交易资本市场，必须坚持以服务国资国企改革和经济社会发展大局为出发点和落脚点，使发展的目标、原则、路径与国资国企改革和经济体制改革相协调，与时代发展要求相融合；必须把防止国有资产流失、保护各类参与主体利益作为监管自律的重中之重，完善市场监管，切实提高市场运行的规范化程度，有效维护公开、公平、公正和阳光的市场秩序；必须坚持信息化、市场化、金融化发展方向，尊重历史，尊重市场，不断建立数据标准，提高技术手段，推进信息互联互通，优化方法路径，强化金融服务功能，不断健全有利于推动市场统一开放、竞争有序和稳定健康发展的体制机制；必须坚持科学发展理念，坚持服务实体经济，不断深化对市场经济运行规律、产权交易资本市场发展规律的认识，更好地凝聚社会共识，形成发展合力；必须坚持规范创新发展，坚持非标底线思维，推动行业立法，有序推进产权交易资本市场转型发展和改革开放，不断提高我国产权交易资本市场的竞争力。产权交易资本市场发展实践是我国改革开放宝贵经验的重要组成部分，我们将始终牢记、倍加珍惜并不断丰富完善。

中国特色社会主义新时代的号角已经吹响，产权交易资本市场也开启了新的征程。习近平总书记在党的十九大报告中强调，经济体制改革必须以完善产权制度和要素市场化配置为重点。这为产权交易资本市场带来了新的历史机遇，注入了新动能，赋予了新使命和新要求。当前，中国经济正进入高质量发展阶段，经济结构不断调整，产业结构不断升级。产权交易资本市场必将扮演更为重要的角色,在直接融资、资源整合中发挥更重要的作用。

使命呼唤担当,使命引领未来。在新的历史起点上,让我们不忘初心、牢记使命,以建成统一、规范、高效、服务功能强的产权交易资本市场为目标,同心协力,锐意进取,开创产权交易资本市场建设和行业发展新局面,为深化国资国企改革、深化供给侧结构性改革和要素市场化配置,为提供高质量、高效率的服务,为建设现代化经济体系,促进国民经济和社会发展,实现"两个一百年"奋斗目标和中华民族伟大复兴的中国梦而不懈奋斗!

在产权交易平台服务"一带一路"建设创新论坛上的专题发言

中国产权协会党委书记、秘书长　夏忠仁

(2018年9月12日)

各位领导、各位来宾、女士们、先生们:

非常高兴能够应邀出席本次论坛。在第15届中国—东盟博览会举办之际,召开产权交易平台服务"一带一路"建设创新论坛,加强高层对话交流,创新区域合作机制,搭建市场合作平台,促进中国—东盟经贸合作,服务"一带一路"建设具有重要而现实的意义。我谨代表中国产权协会对创新论坛的召开表示热烈的祝贺!并向长期以来关心和支持协会工作,关心和支持产权交易资本市场建设和发展的各级领导、各界人士表示衷心的感谢!

下面,我想从三个方面谈一谈新时代产权交易资本市场服务"一带一路"建设的历史责任。

一、产权交易资本市场的战略定位

党的十八大以来,国家针对资本市场特别是产权交易资本市场的发展出台了一系列大政方针。2015年8月,中共中央、国务院印发《关于深化国有企业改革的指导意见》(中发〔2015〕22号),首次从党中央和国家层面确立了产权交易资本市场是资本市场的定位,这对于产权交易资本市场的发展具有划时代的意义。随后,国务院国资委、国家发展改革委相继出台了一系列专项改革意见或方案,"1+N"政策体系基本建立,确立了产权交易资本市场在新一轮国资国企改革中的作用和地位。2015年9月,国务院印发的《关于国有企业发展混合所有制经济的意见》(国发〔2015〕54号)明确提出,将充分依托产权交易资本市场,推进国有企业混合所有制改革。2016年6月24日,报经国务院同意,国务院国资委、财政部联合公布并正式施行《企业国有资产交易监督管理办法》,明确提出企业产权转让、增资、资产转让等国有资产交易行为,需在依法设立的产权交易机构公开进行。产权交易资本市场服务企业融资功能在政策制度层面得到国家的明确支持,为产权交易资本市场跨越式发展奠定了政策基础。2017年10月,党的十九大确定习近平新时代中国特色社会主义思想,做出"贯彻新发展理念,建设现代化经济体系"的战略部署,强调"经济体制改革必须以完善产权制度和要素市场化配置为重点,实现产权有效激励、要素自由流动、价格反应灵活、竞争公平有序、企业优胜劣汰"。这为产权交易资本市场的发展注入了新的动能,赋予了新的使命。产权交易资本市场发展进入新的时代。

据中国产权协会对全国主要产权交易机构12类交易业务的统计,2012—2017年党的十八大召开后的 6 年里，产权交易资本市场交易规模突破 26 万亿元。中央和地方国有企业通过产权交易资本市场盘活存量资产超 10000 亿元，平均增值率近 20%，取得了历史上最好的发展成果。特别是 2016 年、2017 年，产权交易资本市场依照资本市场的定位，完善提升服务功能，深化业务创新，交易规模呈跨越式发展，两年交易规模达 16 万亿元。2017 年，产股权交易总额 5869 亿元，融资规模 7984 亿元，资产交易规模 1183 亿元，金融资产交易 5.76 万亿元。32 号令发布至今，全国各地产权交易机构通过转让部分股权和增资扩股方式完成国有企业混改项目近 1000 宗，累计引入各类资本（含外资）近 4000 亿元。产权交易资本市场已发展成为推动国有资本与社会资本（包括外资）相互融合、交叉持股的重要平台，打造了川气东送、沱牌舍得、华龙证券、南洋商业银行等经典案例，中国茶叶引进外资、中铁动车网络引入腾讯和吉利控股等典型案例在国内外引起广泛关注。

二、产权交易资本市场服务"一带一路"建设的独特优势

产权交易资本市场作为交易的组织者，拥有资本市场应当具备的流转、融资、服务等功能，具有鲜明的资本市场特征。同时，产权交易资本市场作为政府治理的市场化工具，是完善产权制度、保护产权的重要手段，也是促进要素市场化配置的重要平台，承担了相当多的社会职能，成为"社会公器"。中国产权市场自 1988 年诞生以来，始终肩负着国有资产公开、公平、阳光交易的重任，为国有资产优化配置和保值增值提供规范、高效的平台，成为国家建立健全惩治和预防腐败体系的重要抓手。经过 30 年的实践，产权交易资本市场建立了完备的规则体系、科学的交易流程、强大的交易系统、完善的市场网络，信息披露渠道广泛，监管体系逐步完善，自律管理不断加强，统一进程不断推进，国际化步伐不断加快，人员素质不断提高，服务领域不断拓展，服务功能不断完善，交易规模和融资规模不断扩大。产权交易资本市场已经发展成为与标准化资本市场相对应的资本市场，成为我国资本市场体系的重要组成部分，在服务国资监管、服务国企改革、服务深化供给侧结构性改革和服务要素市场化配置，促进各类权益要素有序流转，拓宽投融资渠道，促进资本形成，优化资源配置等方面发挥了不可替代的重要作用，有力地推动了实体经济发展和产业转型升级，成为支持我国经济社会持续健康发展的重要平台。同时，产权交易资本市场的建设和发展，是中国在非标资产、权益资本、资源要素交易领域的重大制度创新，在我国完善社会主义市场经济体制过程中发挥了重要作用。产权市场，中国创造，构建了国际上独具特色的国有资产阳光配置平台，为世界其他国家和地区建设现代市场体系提供了中国智慧和方案，得到国际相关组织的高度赞赏。

（一）产权交易资本市场的功能优势

具体来讲，产权交易资本市场具备以下几大功能优势，能够为"一带一路"建设提供优质服务和平台支持。

一是产权交易资本市场能够防止国有资产流失、促进国有资产保值增值。产权交易资本市场的首要功能就是为国有资产的流动提供更有效率的载体、更规范的场所、更透明的操作流程、更合理的价格形成机制，从源头预防腐败，防止国有资产流失。

二是产权交易资本市场具有信息披露、信息公开和信息集聚功能。通过产权交易资本市场公开披露转让信息、公开转让过程，各类产权的转让或收购信息在产权交易资本市场内能够得到充分集聚，进而通过各种信息发布渠道并依靠现代网络技术辐射到全国乃至全世界，突破有形边界，大大提高交易配对的可能性和成功率。

三是有效集聚项目资源和投资人资源功能。产权交易资本市场通过充分发挥交易中间平台作用，集聚了大量非上市企业的产股权并购融资项目资源。同时，发布项目交易信息可以吸引潜在投资

人，会有越来越多的投资人聚集到产权交易资本市场周围。基于此，产权交易资本市场可以帮助各类社会资本轻松、高效地获取优质项目资源。

四是产权交易资本市场具有发现投资者、发现价格的功能。产权交易机构通过公开征集意向受让方、集聚投资者，以及有效的市场竞争途径，可以高效地发现投资者。产权交易资本市场的信息平台可以大大提高交易双方的信息对称性，促进买卖双方公开、公正、公平、自由竞争和充分博弈，有效发现项目的市场公允价格。

五是产权交易资本市场具有制度规范功能。产权交易资本市场为产权交易过程中所发生的各种行为提供规范，建立了规范的交易程序和服务规则，严格履行产权审核登记、挂牌公告、成交签约、资金结算、鉴证交割、档案管理等法定程序，规范交易行为，杜绝暗箱操作和商业贿赂，依法维护交易各方的合法权益，使各类产权在健全的制度下有序流转。

六是产权交易资本市场具有为非上市公司及中小企业提供股权交易及融资服务功能。我国的股份制公司有几十万家，但是上市公司只有几千家，其余均为非上市公司。这些非上市公司也有股权流动和股权融资需求。相较于证券市场，产权交易资本市场具有上市门槛低、费用少、运作灵活等特点，是广大非上市公司股权交易及融资的理想场所。目前，基于产权交易资本市场建立起来的区域股权交易市场已成规模，成为多层次资本市场体系的塔基。同时，全国工商登记中小企业有2000多万家，它们普遍面临融资难、融资贵的问题。产权交易资本市场能够为中小企业融资提供"点对面"平台，使中小企业同时获得来自银行、风险投资、私募股权投资等各类金融机构的关注。产权交易资本市场已经发展成为中小企业融资的重要渠道。

七是产权交易资本市场具有为创业风险投资提供进出渠道的功能。创业投资是当今世界各主要国家的主流资本运作模式。在创业投资的活动链条中，完善高效的进入退出机制是至关重要的环节。产权交易资本市场可以帮助创投企业进行股份制改造，使其建立现代公司治理结构，提升企业经营管理水平和市场竞争实力；可以提供股权登记托管服务，为创投企业提供包括股权登记、托管、查询、冻结、质押融资等服务，同时有效减轻企业的股东管理工作负担；可以在更短时间内、以更低成本和更低风险为创业投资机构提供退出渠道，实现资本增值。

八是产权交易资本市场具有为国内外资本市场提供对接端口的功能。产权交易资本市场可以通过引入私募基金、风险投资基金、行业投资等资本，使我国的非上市公司与国际资本顺畅结合；同时，可将境外企业的产权转让引入我国产权交易资本市场，使国内资本通过产权交易资本市场这个平台与国际上的产权资源相对接。

（二）产权交易资本市场的特性优势

除了上述功能优势，产权交易资本市场还有以下特质属性，能为"一带一路"建设提供保障和支持：

一是产权交易资本市场的社会公信力强。产权交易机构通常是由各地政府批准设立的国有企业或具有事业单位属性的交易机构，其交易行为受到中央和地方国资管理、财政、金融及其他相关部门的多重监管，以及行业协会的自律监管。产权交易资本市场始终以规范、高效作为立身之本，经历了数次清理整顿，得到政府部门和各类市场主体的高度肯定，公信力不断提升。

二是产权交易资本市场的交易品种和服务内容广泛。产权交易资本市场的交易品种已基本覆盖除上市公司流通股以外的大多数在资本市场可以交易的要素资源，涉及的业务类型不仅有交易型业务，也有投融资型业务，且交易活动形式多样，已经形成海量的资源库，蕴藏着巨大商机，能够降低投资人的搜索成本和交易成本。

三是产权交易资本市场的服务模式灵活、高效。产权交易制度具有很强的灵活性、包容性和适应性等优势,可以为各类市场主体提供项目策划、方案设计、顾问咨询、组织交易等服务,并且可充分利用第三方平台的支付结算等功能,有效解决各类企业在资产交易过程中遇到的疑难问题,分散投资风险,切实维护广大投资者的切身利益。在交易过程中,产权交易资本市场逐渐聚拢起一大批专业化的中介服务机构,为交易双方进行必要的服务,推动各类交易项目规范、有序、高效成交。

四是产权交易资本市场具有覆盖全球的信息网络体系。产权交易资本市场经过多年的发展,已经形成了覆盖全国、辐射全球的市场网络体系,除了全国各区域以及海外设立的线下实体服务平台外,还建立了基于互联网的线上服务平台,呈现出区域联合、协同发展的态势。在协会的主导下,全国产权交易行业信息化综合服务平台已经搭建,信息互联互通、业务合作共享机制初步形成,行业移动互联、大数据、云计算、人工智能等信息化建设不断推进。产权交易行业强大的信息系统和成熟的技术能力能够为产权交易服务"一带一路"建设提供全方位的技术支撑。

三、产权交易资本市场服务"一带一路"建设的前景展望

在经济全球化的今天,各类商品、劳务、技术、资本在全球范围内流动和配置,使各国经济的相互依赖度越来越高。2013 年,习近平主席提出共建"一带一路"倡议这一百年大计,旨在促进经济要素有序自由流动、资源高效配置和市场深度融合,推动沿线各国实现经济政策协调,开展更大范围、更高水平、更深层次的区域合作,共同打造开放、包容、均衡、普惠的区域经济合作架构。可以说,"一带一路"作为新时代对外开放的重大顶层设计,为中国经济注入了新动能,也为新时代产权交易资本市场的发展带来了历史性机遇。产权交易资本市场应抓住共建"一带一路"机遇,与服务区域发展战略联动协调,积极开展国际合作交流,加强与国际资本市场的直接交流合作,加快我国产权市场的国际化进程,以国际化的视野来加快产权交易方式和品种的创新,努力把产权市场建成既具有中国特色又能与国际接轨的资本市场,使我国产权市场成为国外各类资本进退中国市场的重要平台。

一直以来,产权交易资本市场在助力对外开放、支持"一带一路"建设、帮助企业"引进来"和"走出去"方面发挥着重要作用,打造了雪津啤酒、烟台张裕、漯河双汇、中国茶叶等外资参与的经典案例。陕西、甘肃、宁夏、青海、新疆、厦门等省(市、区)产权交易机构围绕服务"一带一路"倡议开展合作,形成产权要素市场联动机制。北京、上海、天津、广东、广西、黑龙江等地的产权交易机构依托平台优势、区位优势和资源优势,响应"一带一路"倡议,在国际化布局上迈出了更加坚实的步伐,建立了外资在产权交易资本市场快速进入和退出的通道,发展外资会员及分支机构,拓展海外办事机构,开展对外合作交流,举办项目推介会,海外合作不断深化,服务能力不断提升。中国产权协会在国际化建设方面,积极引导行业机构服务"一带一路"倡议,设立国际交流与培训专业委员会,组织会员机构前往澳大利亚等国学习考察,促进交流合作。2018 年,在英国首相特雷莎·梅访华之际,中国产权协会与英国董事协会签署了战略合作备忘录,在特许董事资格认证、中央企业董事境外培训、公司治理及董事队伍建设等方面开展合作。中国产权协会较好地发挥了政府与产权交易资本市场之间的桥梁和纽带作用,聚拢了市场主体,推动了行业统一,发出了行业声音,提升了行业社会形象,加强了行业自律管理,有力地推动了产权交易资本市场建设和行业发展。

当前,"一带一路"建设进入关键时期,产权交易资本市场应当围绕"一带一路"合作重点和"一带一路"国际合作高峰论坛、中非合作论坛北京峰会等重大会议取得的成果开展工作。广西壮

族自治区国资委全力推进这项工作，成效显著。在此，我谨代表协会提出三点建议：一是继续引导，帮助中国企业"走出去"，促进海外投资，继续将企业"引进来"，实现利用外资方式多元化，积极引导外资以并购、参股、再投资等多种形式参与国企混合所有制改革及本地企业的改制重组。二是构建"一带一路"跨境资本要素交易服务平台，在技术、管理、服务、运营、资本等方面形成稳定的合作模式，进行营销推广布局规划，明确战略重点，助力金融市场和要素市场协同发展。三是与国内外金融机构和投资机构实现联动，开展投融资合作，推进跨境投融资工具开发，推动建设多元化融资体系，着力促进跨境资本流动，加强资金融通，为"一带一路"沿线国家企业发展提供具有公信力的企业跨境双向投融资服务，支持"一带一路"沿线国家和地区的基础设施建设。

2015年3月28日，我国发布《推动共建丝绸之路经济带和21世纪海上丝绸之路的愿景与行动》，明确提出发挥广西与东盟国家陆海相邻的独特优势，加快北部湾经济区和珠江—西江经济带开放发展，构建面向东盟区域的国际通道，打造西南、中南地区开放发展新的战略支点，形成21世纪海上丝绸之路与丝绸之路经济带有机衔接的重要门户。在广西壮族自治区政府的推动下，北部湾产权交易所集团成立之后，在构筑广西全区统一产权交易资本市场体系、统筹建设面向东盟的综合要素市场基地等方面做出了重要贡献。如今，广西产权交易资本市场顺势而为，进一步推动面向东盟、辐射全球的综合要素市场的建设和发展，推进中国与东盟的经贸合作，为全国产权交易资本市场服务"一带一路"建设提供了模板和借鉴。中国产权协会将一如既往地支持广西产权交易资本市场扩大对外开放，加强与东盟国家互联互通，完善贸易投资促进机制，构建国际性综合要素市场体系。真诚欢迎东盟及全球各界人士和投资者到广西及国内其他省区市洽谈合作、投资兴业，我们将全力做好服务保障工作，推动共建"一带一路"，使之做大、做深、做实，造福世界人民。

在"推进产权交易资本市场体系建设助力国企国资改革（井冈山）高峰论坛"上的信息发布

中国产权协会党委书记、秘书长　夏忠仁

（2018年9月27日）

尊敬的各位领导、各位来宾、各位同人、同志们、朋友们：

大家下午好！

下面，我代表中国产权协会向大家通报过去五年来产权交易资本市场发展取得的成绩，以及我们对未来行业发展的一些分析和研判。

据中国产权协会统计，2013—2017年产权交易资本市场累计成交额已突破20万亿元，取得了史上最好的发展成果。这一方面受益于国家推动供给侧结构性改革、国有资本布局优化和结构调整，以及一系列国企国资改革带来的政策红利；另一方面受益于全国的产权交易机构对建设统一、规范、高效和服务功能强的新型资本市场的认识高度统一，心往一处想，劲往一处使，不断提升资本市场权益流转和融资服务两大功能。产权交易资本市场在建设我国现代化经济体系的伟大征程中，发挥着十分重要的作用。

一、提升服务功能，实现国有资产阳光流转

五年来，产权交易资本市场为各级国有企业完成产股权转让项目13342亿元，为国有企业和行政事业单位处置实物资产、回笼资金2877亿元。2016年7月起，国有企业增资业务全部进入依法设立的产权交易场所进行。2017年，中央企业和地方国有企业通过产权交易资本市场募集资金991亿元。2018年上半年，北京和上海两家试点机构已协助中央企业募集资金255亿元。

2016年7月1日起实施的《企业国有资产交易监督管理办法》进一步推动产权交易机构增强市场化服务意识，不断提升资本市场服务功能，一批有影响力、知名度高的交易项目引发社会各界高度关注。

企业产股权转让方面：北京产权交易所操作完成的中国航空技术国际控股公司转让航发投资管理有限公司100%股权及部分债权项目，以207.67亿元高溢价成交，国有资产实现增值18倍之多。重庆联合产权交易所操作的中新大东方人寿保险公司股权转让项目历时5个多小时激烈报价，最终以39.39亿元成交，增值23.36亿元，创下重庆市国有企业股权转让增值额新高。广东省产权交易集团以拍卖方式成功组织了广东国投破产财产整体处置项目，该项目以551亿元成交，增值104亿元，增值率23.34%，最大程度保护了债权人的合法权益。北京金融资产交易所严格遵守财政部关于国有金融资产转让的相关规定，以680亿港元的成交价成功完成南洋商业银行100%股权转让项目，充分表明境外国有资产同样可以通过产权交易资本市场实现阳光流转和保值增值。

国有企业增资方面：北京产权交易所完成的中石化川气东送天然气管道公司增资项目，为中央企业成功融资228亿元，成为自32号令发布以来中央企业通过产权交易市场一次性融资金额最高的增资项目。在华能资本服务有限公司增资项目中，上海联合产权交易所为增资企业灵活设计了"两轮报价+多轮谈判"的择优程序，有效提高了最终增资价格，最终协助中央企业成功募集资金142.5亿元。天津产权交易中心在渤海证券增资项目中，创新性地引入簿记建档、荷兰式招标定价方式，协助渤海证券募集资本52亿元。重庆联合产权交易所协助中国诚通集团旗下中国物流有限公司募集资金16.08亿元，成功引入11家新股东，对诚通集团下一步利用产权交易资本市场全面推动混合所有制改革提供了重要借鉴。甘肃省产权交易所协助甘肃省省属国有企业华龙证券募集资金96.22亿元，圆满完成甘肃省政府下达的各项融资目标。浙江产权交易所协助浙江省建设投资集团，成功将近20亿元的银行债权转为公司股权，成为产权交易资本市场以市场化方式实施银行债转股的首宗类增资案例。

二、突出融资功能，助力混合所有制改革

党的十八届三中全会提出，国有资本、集体资本、非公有资本等交叉持股、相互融合的混合所有制经济，是我国基本经济制度的重要实现形式。五年来，产权交易资本市场按照党中央、国务院的要求和国务院国资委的工作部署，以实现产权保护和要素市场化配置为使命，成功探索出一条推动国有企业混合所有制改革的有效途径。产权交易资本市场已成为引入社会资本、推动国有企业实现"混改"的主战场。

2017年，产权交易市场共完成混改项目1091宗，交易额1752.5亿元。其中，社会资本通过受让股权的方式完成项目889宗，交易额合计981.6亿元；通过增资方式完成项目202宗，交易额合

计770.9亿元。

2018年1—6月，产权交易市场共完成国企混改项目570宗，交易额1060.4亿元，占2017年混改项目总交易额的60%。

除国有企业引入社会资本实现"混改"外，不少民营企业也开始通过产权交易资本市场以股权转让或增资方式引入国有资本。2018年上半年，37家民营企业通过产权交易资本市场实现"混改"，交易额合计22.2亿元。

从上半年的发展势头看，2018年产权交易资本市场混改项目交易数量和交易规模均超过2017年。一批社会影响力广、示范效应强的"混改"案例引起海内外资本的高度关注。

北京产权交易所全程参与操作的中国铁路总公司旗下动车网络公司49%股权转让项目圆满收官，成功引入腾讯公司和吉利控股两家战略投资者，项目成交价格43亿元，增值率41%，中国铁路总公司由此成功迈出"混改"第一步。上海联合产权交易所在东航物流增资项目中，帮助原股东回笼资金，实施核心员工持股计划，协助东航物流有效引入22.55亿元非国有资本，显著放大了国有资本的带动力和影响力。航天科工火箭技术公司增资项目是军民融合领域具有里程碑意义的一个混改案例，上海联合产权交易所为融资方引入8家社会投资机构，募集资金12亿元，标志着我国航天骨干企业向社会化和市场化发展迈出重要一步。在天津津融资产管理公司混改项目中，天津产权交易中心帮助增资企业募集资金23.23亿元，改变了国有资本一股独大的股权结构，打响了天津市重点国企"混改战役"的第一枪。江西省产权交易所在协助江西省能源集团全资子公司中鼎国际引入社会资本的同时，成功实施了债转股及员工持股，募集资金近5.8亿元，标志着江西省国有企业市场化债转股第一单正式落地。在山东交运集团混改项目中，山东产权交易中心及其旗下的资产管理公司和股权投资基金分别扮演了交易平台、投资顾问和基金战略投资者三个重要角色，确保了"平台+投行"战略的成功实施。产权交易资本市场服务国企混改的"山东模式"，已逐步向山东省其他国有企业复制推广。

三、优化资源配置功能，全面服务实体经济

习近平总书记在2017年7月召开的第五次全国金融工作会议上指出，金融工作要回归本源，要服从服务于经济社会发展。五年来，产权交易资本市场在规范运作的前提下不断创新，为稳定和发展实体经济做出了突出贡献。

2017年，产权交易资本市场通过股权融资、债权融资、股权质押融资、市场化债转股、融资租赁、政府与社会资本合作（PPP）等非标准化融资方式，协助各类所有制企业融资7984亿元，和2016年相比增长近60%。如果将北京金融资产交易所开展的企业债券发行等标准化业务计算在内，产权交易市场2017年为各类所有制企业提供的融资服务总额已超过5万亿元。

2013—2017年，产权交易资本市场共为各类所有制企业提供非标准化的融资服务1.69万亿元，为非金融企业提供标准化的融资服务（如债券发行）11.59万亿元。

除产股权交易、实物资产交易和融资服务外，产权交易资本市场交易的12类业务，不仅业务种类丰富，而且交易方式不断创新。在为非上市企业提供非标准化的权益流转和融资服务方面，产权交易资本市场发挥的作用更加显著而独特，交易规模逐年扩大。

2013年，12类业务交易额合计2.6万亿元，2014年该交易额为1.55万亿元，2015年该交易额为3.76万亿元，2016年该交易额为7.92万亿元，2017年该交易额为7.90万亿元。五年来，产权交易资本市场累计交易额达23.73万亿元，五年复合增长率为24.89%。

全国产权行业信息化综合服务平台显示，自2018年3月平台正式上线以来，已接入41家主要的产权交易机构。截至9月20日，该平台已公示成交项目13404宗，成交公示总金额2290亿元，挂牌项目总数22579宗，挂牌项目总金额1771亿元，披露项目总数44000宗，披露项目总金额5253亿元。产权交易资本市场已显现出强大的信息辐射和资本聚集功能，帮助众多面临发展瓶颈的中小企业、非上市公司解决了融资难、融资贵的问题，有力地推动了实体经济发展。

2015年8月，中共中央、国务院印发《关于深化国有企业改革的指导意见》，明确将产权交易市场定位于我国的资本市场。产权交易资本市场转型升级的任务更加艰巨，同时也迎来难得的发展机遇。

2018年7月30日，国务院发布《关于推进国有资本投资、运营公司改革试点的实施意见》，为进一步推进政府简政放权，该意见提出："有序推进对国有资本投资、运营公司的放权。将包括国有产权流转等决策事项的审批权授予国有资本投资、运营公司。"随着国有资产监管体制的进一步完善，各级国有企业势必将加大力度处置低效无效资产，加快并购重组。除了中央企业层面的10户资本投资、运营公司外，各地国有企业已改组组建国有资本投资、运营公司89家。第二批国有资本投资、运营公司试点名单也将公布，规模或超第一批。现有的国有资本运营公司已发起设立6只股权投资基金，总规模近9000亿元。新一轮更加市场化的国企国资改革箭在弦上。

2018年6月，国务院国有企业改革领导小组选取百余户中央企业子企业和百余户地方国有骨干企业，启动国企改革"双百行动"，近200家中央企业和200余家地方国有企业入选"双百行动"名单。国务院国资委下发的《国企改革"双百行动"工作方案》要求，在2018—2020年全面落实国有企业改革"1+N"政策要求，把国企国资改革向纵深推进。我们认为，2018年下半年以来，国家出台国有企业改革的举措明显提速，这绝非偶然。可以预见，未来两年围绕"双百行动"兼并重组和"混改"的力度将进一步加大，进程将进一步加快。在这一大背景下，产权交易行业必须认真贯彻党的十九大对国有企业改革发展做出的决策部署，面对复杂多变的国际政治、经济环境，凝聚起全行业助力深化国有企业改革的强大力量，站在更高的起点，从更深层次、更广范围，用更大力度去谋划发展。

为实现建设完善的产权交易资本市场的奋斗目标，我们要继续大力推进产权交易资本市场六大体系建设——理论体系建设、信用（文化）体系建设、信息（网络）体系建设、制度（法规）体系建设、自律与风险防控体系建设和市场服务体系建设，不断增强产权交易市场服务国家战略的能力和水平，这既是产权交易资本市场实现转型升级的制度保障，也是未来发展的立身之本。

同志们，党的十九大为产权交易资本市场发展指明了航向，让我们不忘初心、牢记使命，认真贯彻落实党的十九大精神和国务院国资委党委书记郝鹏同志提出的"在相当长一个时期，产权交易清晰化、透明化，公正公平，通过交易市场体现国有产权的价值是非常必要的，产权协会要在这方面进一步完善做好"的要求，紧紧围绕《全国产权交易行业"十三五"发展规划》确定的目标和三届二次会员大会精神，不断夯实行业发展的基石，为建设统一、规范、高效和服务功能强的新型资本市场，建立我国现代化经济体系，实现"两个一百年"的奋斗目标贡献力量，争取再创辉煌！

在"推进产权交易资本市场体系建设助力国企国资改革（井冈山）高峰论坛"上的致辞

国务院国资委行业协会商会党建工作局副局长　李春梅

（2018年9月27日）

各位领导、各位嘉宾、产权交易行业的朋友们：

大家上午好！

在纪念改革开放40周年暨产权交易资本市场诞生30周年之际，我们相聚在革命圣地井冈山，参加中国国有产权交易机构协会举办的"推进产权交易资本市场体系建设　助力国企国资改革高峰论坛"，深入总结经验，达成思想共识，凝聚行业力量，谋划发展大计，有着特别的意义。首先，我代表国务院国资委行业协会商会党建工作局，向论坛的举办表示热烈祝贺！

论坛，是追求共同目标的有识之士、志同道合者构筑的彰显主张、交流思想、沟通信息、凝聚共识的特殊的思想平台和组织平台。本次论坛作为协会一项重要的纪念活动，旨在总结回顾我国产权交易事业30年的发展历程、成就和经验，展示产权交易行业发展的新实践、新成效、新风貌，分析全面深化改革背景下国企国资改革新形势，交流探讨新时代产权交易资本市场的发展趋势和路径，激励产权交易行业抓住历史机遇、开拓新的辉煌。

中国的产权交易市场是在建立与社会主义市场经济体制相适应的现代企业制度，以及为国有企业改制重组和产权交易服务的过程中逐步形成和发展起来的，已经发展为我国多层次资本市场的重要组成部分。产权市场从无到有、从弱到强，实现了向资本市场的跨越，在完善产权保护制度、促进要素市场化配置、"三去一降一补"等重点工作中发挥着不可替代的作用。特别是近两年来，产权交易资本市场按照国企改革"1+N"体系的总体部署，严格贯彻落实32号令，按照资本市场的定位，完善提升服务功能，深化拓展业务创新，融资服务功能和资源配置功能不断增强，帮助企业清理处置低效无效资产，及时回笼资金，化解债务风险，实现瘦身健体、提质增效，为助力混合所有制改革、加快国有经济布局调整优化、推动供给侧结构性改革做出了积极贡献。

习近平总书记在党的十九大报告中强调，经济体制改革必须以完善产权制度和要素市场化配置为重点。这为产权交易资本市场带来了新机遇，注入了新动能，赋予了新使命和新要求。在当前经济进入高质量发展、经济结构不断调整、产业结构不断升级的形势下，在建设现代化经济体系，推进国有企业、国资改革的进程中，产权交易资本市场作为国有资产转让、资源优化配置的重要平台，必将发挥越来越重要的作用。经过30年的发展，产权交易行业虽然整体取得了不俗的成绩，但发展不均衡、多而散的市场格局依然存在，业内外无序竞争依然存在，协会基础还比较薄弱，服务能力和水平还有待提高。产权交易资本市场30年的发展实践表明，必须坚持服务国企国资改革和经济社会发展大局，必须立足防止国有资产流失，完善市场监管，提高规范化水平。为国企改革发展服务，正是产权协会成立的初衷；服务国企改革发展大局、国家资本市场发展大局、供给侧结构性改革的大局，是产权协会的重点任务。党的十九大开启了中国特色社会主义新时代，为行业组织发展提供了新的时代条件和实践要求。行业协会作为国家经济管理的重要组成部分，要正确把握新时期自身发展的社会价值定位，突出新时代任务使命和更高发展要求，自觉融入大格局，积极塑造新自我，在推动质量变革、效率变革、动力变革，建设现代化经济体系过程中，建立本组织与中国特色社会主义事业发展的关系，把历史机遇真正变为发展现实。

新时代要有新气象、新作为。相信这次论坛的成功举办，对于我们进一步认清当前的形势任务，进一步解放思想、统一认识，必将发挥积极作用。产权协会作为资本市场领域的行业协会，要继续从国企国资改革和产权交易资本市场建设发展大局出发，坚持规范立会、创新兴会，坚持服务发展大局、聚焦交易主业、提升服务品质，坚持发展与市场同行、与时代同行，围绕经济体制改革、完善产权制度和要素市场化配置的重点任务，积极融入并建立重要制度性建设，助推我国产权交易迈上规范化、制度化、现代化轨道，为推动产权交易资本市场建设和产权交易规范健康发展，建设统一开放、竞争有序的市场体系做出新的贡献。

在中国产权协会井冈山高峰论坛上的讲话

中国产权协会会长　吴汝川

（2018 年 9 月 27 日）

各位领导、各位嘉宾、各位同人、新闻界的朋友们：

大家上午好！

金秋九月，美丽的江西风景如画、气候宜人。在这收获的季节，我们相聚井冈山，隆重纪念改革开放 40 周年、产权市场诞生 30 周年，总结回顾产权市场取得的辉煌成就，交流展望新时代产权市场发展的宏伟蓝图。首先，我谨代表中国产权协会，向大家的到来表示热烈的欢迎！向大家长期以来对产权市场发展、对协会工作的关心和支持表示衷心的感谢！向国资委产权局、协会党建局、新闻中心和江西省发改委、国资委、财政厅、金融办等政府部门，以及江西省产权交易所对这次论坛的高度重视、倾力支持表示诚挚的谢意！

井冈山是中国革命的摇篮，也是中国产权市场的福地。12 年前的 2006 年 7 月，正是在井冈山，国资委产权局组织京津沪渝等地的 11 家产权交易机构召开中国产权协会发起人会议，为中国产权协会的成立和发展奠定了坚实基础。

今天我们重上井冈山，中国产权协会已经成立七个年头。目前，中国产权协会的会员数量已达到 334 家，从业人数超过 2 万人，交易品类涵盖产权转让、企业增资、资产转让、金融资产交易、环境权益交易、技术产权交易、文化产权交易、农村产权交易、其他公共资源交易等 12 大类，2013 年到 2017 年党的十八大召开后的五年，总成交金额超过 20 万亿元。同时，中国产权协会在聚合交易机构会员的基础上，组建了资本投资运营分会、市场服务分会和董事分会，围绕产权交易生态链聚合各方力量，在促进行业自律、维护会员权益、促进行业交流、助力市场发展等方面发挥着越来越重要的作用。

中国产权市场因改革而生，在服务改革中逐步发展壮大，取得了辉煌成就。我想总结起来有三点：

第一个成就是建成了较为完备的市场体系。可以用五个"全覆盖"来概括。一是交易制度的

"全覆盖"。每项业务都有相应的制度规则配套，确保了各项业务的"依法合规"。二是交易地域的"全覆盖"。我们的会员机构遍布全国各省（区、市），为全国范围的企业提供专业服务，它们中有的还在国外设立了服务平台，为中国企业"走出去""引进来"提供支持。三是服务体系的"全覆盖"。我们围绕交易平台，聚拢了评估、审计、律师事务所、投行等中介服务机构和银行、保险、信托、基金等金融机构，建立了完整的产权市场生态体系。四是服务对象的"全覆盖"。既服务国有企业，也服务非国有企业以及外资企业；既服务各类企业，也服务政府部门；既服务资产方，也服务资金方；既服务流转，也服务融资；既服务产权的形成，也服务产权的运营和流动；既服务各类权益，也服务实物资产和无形资产。产权市场长尾市场、"全要素"服务的特性更加凸显。五是互联网信息网络的"全覆盖"。各会员机构包括产权协会都非常重视移动互联网的应用，这对提升交易效率、促进交易规范起到了重要作用。部分机构积极行动，运用大数据服务资产端和资金端的精准匹配，运用人工智能开展顾问咨询服务，运用区块链技术防范交易风险，等等。

第二个成就是创造了国有资产公开、阳光配置的"中国方案"。我们经常讲，中国产权市场之所以是一项伟大的制度创新，在于它用"公开、竞争"的制度设计，实现了国有资产的阳光操作，最大程度上发现投资者、发现价格。协会有一组统计数据：2013—2017年，接入国资交易监测系统的35家机构共完成国有产权转让交易金额9658亿元，较评估值增值1535亿元，增值率将近20%。这表明，通过产权市场的运作，很好地实现了国有资产的保值增值，有效防范了国有资产的流失，产权市场已经成为国有资产交易领域建立健全惩防体系的重要抓手。与此同时，中央和各地国有企业通过产权市场推进改革工作，党的十八大特别是党的十八届三中全会以来，中央和地方推进混合所有制改革、"三去一降一补"、"瘦身健体"、提质增效等国企改革核心工作的力度持续增强，产权市场同样发挥了重要作用，各地产权交易机构涌现出大量优秀案例，企业国有资产通过产权市场实现优化配置，为企业后续发展奠定坚实基础。

第三个成就是打造了现代资本市场的"中国模式"。长期以来，中国资本市场以证券市场为核心，以标准化、连续交易为特征，上市门槛高，只能服务极少数企业，存在明显缺陷。产权市场以非标准化、非连续交易为标志，同时具有长尾市场的显著特征，不仅可以服务多个领域、多个交易品种的交易，还可服务各种形态、各种属性的非标准化产权的流转或融资，这决定了产权市场能够为数以千万计的各类企业提供服务，很好地弥补了证券市场的不足，是真正能够支撑中国实体经济发展的资本市场服务平台。这里还有一组数据：2017年，产权市场通过产权转让、企业增资、债权融资、股权质押融资等方式，共为各类企业募集资金近8000亿元，服务企业超过10000家。同期，沪深证券交易所企业IPO和再融资总金额达到11000多亿元，涉及的企业仅有几千家。由此可以看出，相比证券市场，产权市场的融资能力在不断增强，服务企业的数量更为庞大，产权市场与证券市场一样，已经成为中国多层次资本市场不可或缺的组成部分。

产权市场取得的成绩令人振奋，也将成为激励我们继续前行的强大动力。当前，中国经济面临着极其复杂的国内外形势。在国内，中国经济进入新常态，速度变化、结构优化、动力转换特征明显；地方政府和国有企业的高负债积累起很高的金融风险；解决环境污染、资源枯竭、贫富分化等问题的任务非常艰巨。在国外，美国以贸易公平和知识产权问题持续施压，中美贸易冲突愈演愈烈，并有升级到政治、军事等各个领域的趋势。中央下定决心，采取了一系列深化改革、扩大开放的措施积极应对，但原有经济社会发展模式的巨大惯性会让这个转变过程非常痛苦。我们有责任也有能力在新时代背景下为中国经济转型升级贡献力量。结合行业面临的宏观形势和本次论坛的主题，就新时代推进产权资本市场建设，我提两点希望：

第一个希望是要有主动融入的意识。这么多年，产权市场之所以取得辉煌成就，首要的一条经验，就是产权市场始终服务和服从国家战略和区域发展，从没有偏离。党的十八大、十八届三中全会、十九大提出多项国家战略，各地方也提出本区域发展的重大规划。产权市场作为承载一定政府管理经济职能的交易平台，必须提高政治站位，提升主动融入意识，在服务国家战略和区域发展的大局中找到自己的定位。例如，国资国企改革、科技创新、生态文明建设、金融市场开放、价格改革、商事制度改革、"租购并举"的住房制度改革等国家重大改革举措；又如，"一带一路"、京津冀协同发展、长江经济带建设、东北振兴、粤港澳大湾区建设等区域发展规划，产权市场都要主动融入，要在服务国家和区域发展的大局中实现自身的高质量发展。

第二个希望是坚持用创新驱动发展。创新始终是产权市场发展的不竭动力。产权市场要成为真正的资本市场，就必须具备与资本市场相符的服务能力。两年前，在成都的创新论坛上，我曾提出产权市场的"四个创新"，这里仍然要强调。首先是理论创新。这两年，由协会牵头，各会员机构广泛参与，我们开展了一系列基础理论研究，涵盖行业立法、企业增资、风险管理、信用体系建设、要素市场化交易、信息网络建设等主题，稍后的会议上，我们各个课题研究小组会做具体讲解。通过基础理论研究，我们的发展目标会更明确、发展思路会更清晰、发展措施会更

有力、发展成果也会更丰硕。其次是制度创新。制度规则是游戏规则，是开展各项交易的基础。随着国资国企改革形势的新变化、新要求，我们要与时俱进，修订老规则、制定新规则，确保各项业务有法可依、有规可循。再次是功能创新。新时代的国资国企改革，从"1+N"系列文件、十项改革试点，到刚刚提出的"双百行动"，应该说改革的力度不断加强，但改革的难度也在不断加大。产权市场要全面提升平台的服务功能，一要巩固提升流转功能；二要把握企业增资业务进场的良好契机，着力强化融资功能，真正实现"流转"和"融资"双轮驱动；三要不断完善"平台+投行"服务模式，提高交易所在方案策划、市场推介、交易撮合、金融服务等方面的能力，为国资国企改革提供全流程、全方位的专业服务；四要在国资业务之外，关注中小企业融资难、融资贵等问题，通过产权市场的功能创新，为广大中小企业提供服务。最后是产品创新。我们要把服务产品化、显性化。例如，我们的竞价模式、投资人遴选模式，可以打造成服务产品；我们的融资服务，可以打造成服务产品；我们的市场推介、顾问咨询服务等，也可以打造成服务产品。只有这样，产权市场的服务才能更好地被市场理解和接受，才能逐步塑造产权市场的品牌。

以上，是我对于推进新时代产权交易资本市场建设的几点想法。做好这项工作，很不容易，需要各位领导、各位同人、各界朋友，需要一代代产权人付出不懈的努力。毛主席在他的著名诗篇《水调歌头·重上井冈山》里说："世上无难事，只要肯登攀。"我相信，有了井冈山这块福地，有了中国产权人的不懈努力，中国产权交易资本市场就一定能够不辱使命，在新的时代为国家战略和区域发展做出新的、更大的贡献。

在"推进产权交易资本市场体系建设　助力国企国资改革（井冈山）高峰论坛"上的讲话

国务院国资委产权管理局副局长　李晓梁

（2018年9月27日）

各位来宾、同志们、朋友们：

很高兴能参加中国产权协会举办的"推进产权交易资本市场体系建设　助力国企国资改革高峰论坛"。今年是中国改革开放40周年，在这个重要的历史节点，我们齐聚革命圣地井冈山，回顾产权市场发展历程，展望新时代产权市场发展前景，具有重要的现实意义。

产权市场的发展是与国有企业改革的历史进程紧密相连的。1978年，党的十一届三中全会拉开了中国改革开放的序幕，国有企业开启了以放权让利为主要内容的改革征程，目标是增强企业活力，举措是给予企业生产经营自主权，实现所有权与经营权分离。1987年，党的十三大提出，企业产权可以实行有偿转让，由此催生出我国第一批产权交易机构。

1992年，党的十四大明确了我国经济体制改革的目标是建立社会主义市场经济体制，并且提出"国有企业改革要进一步从放权让利为主，转向机制转换、制度建设为主"，国有企业改革开始进入转换机制、制度创新阶段。这一阶段的改革重点是建立现代企业制度，并通过抓大放小、兼并重组、主辅分离、辅业改制等改革手段调整国有经济布局，实现国有企业改革脱困。为"盘活国有资产存量"，使其成为推动产权市场发展的动力，各地产权交易机构不断进行业务创新，但这一过程中也曾因个别机构的不规范做法对产权市场发展产生重大不利影响，规范成为产权市场可持续发展的重要课题。

2002年，党的十六大提出，要建立中央和地方政府分别代表国家履行出资人职责，权利、义务和责任相统一，管资产和管人、管事相结合的国有资产管理体制。2003年国务院国资委成立后，国企改革进入以完善国资管理体制为主要内容的新阶段。以《企业国有资产法》为核心，以《企业国有资产监督管理暂行条例》为基础，以国资委出台的规章制度为支撑的国有资产监管法规体系逐步建立。

2013年，党的十八大召开，国有企业改革进入全面深化的新阶段。2015年发布的《中共中央、国务院关于深化国有企业改革的指导意见》（中发〔2015〕22号），是新时期指导和推进国企改革的纲领性文件，并且首次将产权市场明确为中国资本市场的组成部分，赋予了产权市场更广阔的发展空间。此后"1+N"文件体系的搭建，包括32号令在内的配套文件等，为国企改革构建了"四梁八柱"的政策框架体系，为深化国企改革提供了政策依据。产权市场在服务国有资本布局结构调整、发展混合所有制经济、提高国有资产配置效率、防止国有资产流失方面发挥了重要作用。根据国资委监测系统统计，2018年1—8月，产权市场助力国有企业盘活存量资产，完成国有资产交易1690亿元，增值273亿元，增值率达到19.2%。在发挥产权市场融资功能方面，通过开展股权直接融资，帮助国有企业引入各类资本676亿元，促进企业优化产权结构、转换机制，也有效降低了资产负债水平，助力企业"去杠杆"。

在充分肯定产权市场建设这些年取得成就的同时,我们也应当清醒地认识到产权市场距离成熟资本市场还有一定差距,还存在一些问题和不足,包括:因受行政区划影响,机构各自为政,市场整体影响力不高,聚集和整合各类资源、提供综合服务能力不强等问题。在此,就产权市场未来发展,提几点希望:

一是要牢牢把握服务国有企业改革、服务要素资源配置的资本市场定位。当前,国有企业改革处于全面深化阶段,发展混合所有制经济、优化国有资本布局结构、处置"僵尸企业"等重点改革举措正在落实。近日,中共中央办公厅、国务院办公厅公布了《关于加强国有企业资产负债约束的指导意见》,要求加强国有企业资产负债约束,依据市场化法制化原则,通过盘活存量资产优化债务结构,通过出让股份、增资扩股、合资合作等方式引入民营资本,利用多层次资本市场扩大股权融资规模等。这既是产权市场难得的发展机遇,也是产权市场肩负的历史责任。产权市场不能安于现状,要立足权益资本市场定位,站在服务国家战略、服务国企改革发展的高度去筹划产权市场的未来发展,去拓展业务领域、开展业务创新。

二是要坚持规范基础上的创新发展,防范市场风险。防范化解重大风险是党中央、国务院确立的三大攻坚战之一,产权市场要提高政治站位和政治敏锐性,进一步增强风险防范意识和规则意识。由于市场具有示范性效应,因此在制度设计上,产权市场要立足服务实体经济,远离市场炒作,坚决不能让产权市场成为引发重大风险的源头。下一步,国资委将结合32号令执行过程中出现的新情况、新问题,适时出台配套的规范性文件,加强对交易机构的业务指导和检查;中国产权协会可以通过制定行业规范、工作指引等方式,维护市场秩序,强化行业自律;各交易机构要结合自身业务特点,提升内部管理,完善操作细则,做好风险管控。

三是加强交易机构之间、交易机构与其他机构之间的业务协同,实现合作共赢。产权市场是由各地产权交易机构共同搭建的一个市场平台,要提供高质量、深层次的服务,就不能单打独斗,必须符合市场的发展规律。一方面,要加强交易机构之间的业务协作与业务协同,打破传统的行政区域分割,树立产权市场的整体形象,这也是今后产权市场发展的必然趋势;另一方面,要在集聚上下游资源方面下功夫,如审计、评估、法律、投行、金融机构等,应为企业提供全流程服务和综合性解决方案,持续提升产权市场的服务水平和服务能力。中国产权协会应当在工作推进和沟通协调方面发挥更大作用。

同志们,在当前我国经济发展形势"稳中有变"的大背景下,推动国有企业实现高质量发展是国企改革的重要目标之一,希望各会员机构把准定位、看清趋势、抓住机遇,主动服务大局和中心工作,勇于正视自身问题,积极推动自身改革,强化风险防范意识,提高市场公信力,共同努力推动产权市场健康可持续发展,为国有企业改革发展和国家"两个一百年"奋斗目标的实现做出更大贡献!

服务国资国企改革　助力实体经济发展

——党的十八大以来产权交易资本市场累计成交额突破35万亿元

中国产权协会党委书记、秘书长　夏忠仁

（2019年6月29日）

各位来宾、各位同人、同志们：

大家上午好！

2019年，新中国成立70周年。70年来，在中国共产党的领导下，我国经济发展取得了举世瞩目的辉煌成就，发生了翻天覆地的变化。包括产权交易市场在内的中国资本市场实现了从无到有、从探索起步到繁荣发展的伟大跨越，在服务国资国企改革和助力实体经济发展方面做出了重要贡献。下面，我荣幸地向大家介绍几年来中国产权交易资本市场建设发展取得的成绩，以及我们对未来的展望。

据中国产权协会统计，党的十八大召开后的7年，产权交易行业累计交易额已经突破35万亿元，达到38.32万亿元，取得了史上最好的发展成果。2018年，行业全年交易额首次突破10万亿元，达12.39万亿元，比2017年（7.90万亿元）增长56.9%。这一方面得益于国家推动供给侧结构性改革、国有资本布局优化和结构调整，以及国有企业混合所有制改革的有序推进；另一方面得益于全国产权交易行业在建设统一、规范、高效和服务功能强的新型资本市场方面的不懈努力。产权交易资本市场权益流转和融资服务两大功能日益显现，在建设我国现代化经济体系的伟大征程中，正日益发挥举足轻重的作用。

一、提升市场化服务功能，实现国有资产阳光流转

7年来，产权交易资本市场成交的企业国有产权转让项目1.51万宗，成交额合计1.8万亿元；为国有企业和行政事业单位处置实物资产14.05万宗，回笼资金4609亿元。2016年7月，32号令发布，国有企业增资业务全部进入依法设立的产权交易场所进行，截至2018年底，产权交易资本市场助力中央企业和地方国有企业完成增资项目1140宗，募集资金4580亿元。

2018年，通过产权交易资本市场完成的一批交易项目引发社会各界高度关注。企业产权转让方面，较为典型的案例包括：中粮集团及国电资本分别以4.62亿元和3.96亿元的价格通过北京产权交易所向瑞士银行转让其所持有的瑞银证券的股权；上海联合产权交易所完成的上海宝钢气体有限公司51%股权转让项目以41.66亿元成交，增值率达112%；天津产权交易中心助力北京金隅集团以40.18亿元成功收购天津市建筑材料集团55%股权；重庆联合产权交易所完成的宏达水泥制品公司65%股权项目，增值率达127%；广东联合产权交易中心完成的广东广物房地产集团45%股权及相关债权项目，以51亿元成交，较评估值溢价16亿元；安徽省产权交易中心完成的安徽省招标集团股份有限公司1395万股股份转让项目，以2.54亿元成交，增值率为178%。产权交易机构通过不断提升市场化服务水平，再一次印证了中国金融业加快对外开放、市场化改革的步伐和产权交易行业服务国资国企改革的成效。企业增资方面较为典型的案例包括：北京产权交易所助力中国三峡新能源公司完成117.4亿元增资项目，增值金额23.34亿元，溢价率9.31%；天津产权交易中心助力天津市华博水务有限公司完成49%增资扩股，实现65.4%的溢价率；广东联合产权交易中心助力广东省长大公路工程有限公司完成

31.83亿元增资；黑龙江联合产权交易所助力新三板挂牌企业丰润生物科技股份有限公司完成1.2亿元增资项目；西南联合产权交易所在二道桥温泉酒店招商引资项目中，为其融资过亿元的民间资本。这些案例充分体现出产权交易资本市场通过提升市场化融资服务水平助力国有企业实现跨越式发展的作用。

二、突出融资功能，助力混合所有制改革

党的十八届三中全会提出，国有资本、集体资本、非公有资本等交叉持股、相互融合的混合所有制经济，是我国基本经济制度的重要实现形式。党的十九大提出，以完善产权制度和要素市场化配置为重点推进经济体制改革。党的十八大召开后的7年间，产权交易资本市场按照党中央、国务院的部署和国务院国资委的要求，深度参与了这场以全面深化改革和实现国有企业高质量发展为目标的伟大实践。产权交易资本市场成为引入社会资本、推动国企实施"混改"的重要操作平台。

2018年，产权交易资本市场共完成混改项目1420宗。非国有资本参与的国企混改项目中，1056宗是以产权转让方式实现的，成交金额为1379亿元；290宗是以增资方式实现的，融资金额为1263亿元；二者合计引入社会资本2328亿元。此外，国有企业在引入各类社会资本参与混改的同时，也积极参股民营企业。2018年，国有资本参与的民营企业混改项目74宗，国有资本投资总额近60亿元。

从"混改"发展的势头来看，2018年产权交易资本市场混改项目交易宗数和交易规模全面超过了2017年。一批社会影响广、示范效应强的"混改"案例引发海内外资本市场的高度关注，例如：北京产权交易所完成的中国铁路总公司旗下动车网络科技有限公司49%股权转让项目；上海联合产权交易所完成的中国电信集团旗下天翼电子商务有限公司15.84亿元增资项目；天津产权交易中心完成的天津津融资产管理公司23.23亿元增资项目；重庆联合产权交易所完成的中国兵装集团下属企业四川红光汽车49%股权转让项目；山东产权交易中心完成的山东兖矿国际焦化有限公司重组改制项目；江西省产权交易所完成的南昌铁路旅游有限公司49%股权转让项目；黑龙江联合产权交易所完成的七台河龙洋焦电有限公司70%股权转让项目。

三、优化资源配置功能，全面服务实体经济发展

党的十八大以来，作为我国多层次资本市场重要组成部分的产权交易资本市场，始终遵循党中央和习近平总书记提出的"以公有制为主体、多种所有制经济共同发展的基本经济制度，是中国特色社会主义制度的重要组成部分""金融工作要回归本源，要服从服务于经济社会发展"的要求，在规范运作的前提下不断创新，为稳定和支持实体经济发展做出了突出贡献。

2018年，产权交易资本市场完成非国有企业产权转让项目2801宗，成交额为420.3亿元；完成非国有企业增资项目110宗，融资额为97亿元。此外，产权交易资本市场还通过债权融资、股权质押融资、市场化债转股、融资租赁、政府与社会资本合作（PPP）等非标准化融资方式，助力各类所有制企业实现融资5054亿元。党的十八大召开后的7年间，产权交易资本市场共为各类所有制企业提供非标准化的融资服务2.19万亿元，为非金融企业提供标准化的融资服务近20万亿元。

目前，产权交易资本市场开展的业务包括企业产权转让、企业增资、资产转让、金融资产交易、其他融资服务、诉讼资产交易、环境权益交易、技术产权交易、文化产权交易、林业产权交易、矿业权交易、农村产权交易和国有产权以外的其他公共资源交易，共13类，在为非上市企业提供非标准化的权益流转和融资服务方面发挥的

作用更加显著而独特，交易规模稳步增长。2012—2018年，全行业交易额分别为2.2万亿元、2.6万亿元、1.55万亿元、3.76万亿元、7.92万亿元、7.90万亿元、12.39万亿元。党的十八大召开后的7年，年均复合增长率超过30%。

全国产权行业信息化综合服务平台显示，自2018年3月平台正式上线以来，已接入全国55家主要的产权交易机构。截至2019年6月22日，该平台成交公示项目数40981宗，成交公示总金额10174亿元；挂牌项目总数59049宗，挂牌项目总金额4281亿元；累计披露项目总数116228宗，累计披露项目总金额12551亿元。产权交易资本市场显现出强大的信息辐射和资本聚集功能，帮助众多处于发展瓶颈的中小企业、非上市公司解决了融资难、融资贵问题，有力地推动了实体经济的发展。

2015年8月，中共中央、国务院印发《关于深化国有企业改革的指导意见》，明确将产权交易市场定位于我国的资本市场。产权交易资本市场转型升级、扩大服务范围、提高服务水平、优化服务质量的任务更加艰巨，同时也迎来难得的历史发展机遇，主要体现在以下三个方面：

一是一系列国家战略的落地实施，为产权交易资本市场服务我国区域经济建设和"一带一路"共建共享提供了广阔的发展空间。

党的十八大以来，京津冀协同发展、雄安新区建设、海南全面深化改革开放、长江经济带发展、粤港澳大湾区建设、长三角区域一体化发展等一系列国家重大战略相继实施，全球越来越多的国家积极参与共建"一带一路"，这些都为产权交易行业、产权交易资本市场服务国家发展战略、深度参与我国现代化经济体系建设提供了划时代的发展机遇，为产权交易资本市场长期健康稳定发展赋予了新的动能。

二是深化金融供给侧结构性改革，为产权交易资本市场更好服务实体经济提供了政策环境支持。

2019年2月24日，习近平总书记在主持中央政治局第13次集体学习时发表重要讲话，深刻阐明了金融与经济的关系，并就深化金融供给侧结构性改革、增强金融服务实体经济能力、推进资本市场进一步改革开放等方面提出了明确要求，为推动我国金融业高质量发展提供了重要遵循。我国产权交易资本市场是市场化配置各类要素资源的重要场所，直接服务于广大非上市企业，在破解民营企业融资难、融资贵难题，为实体经济提供多层次、广覆盖、差异化的直接融资服务方面具有自身独特的优势。

三是混合所有制改革和股权多元化改革为产权交易资本市场全面服务国资国企改革赋予了新的历史使命，提供了转型升级的历史机遇。

李克强总理在2019年的《政府工作报告》中明确提出2019年深化经济体制改革的重点任务，其中包括推进市场主体退出和深化国企产权制度改革。在全国"两会"上，国务院国资委领导也明确提出2019年是国企改革的攻坚年，重点就是"混改"和股权多元化改革，不久还将推出第四批100家以上的混改试点企业。这意味着"混改"将从试点阶段逐渐走向常态化阶段。就在2019年6月3日，国务院国资委印发了《国务院国资委授权放权清单（2019年版）》，5大类、35项授权放权事项被列入其中。可以预见，各级国有企业的市场微观主体活力必将进一步得到激发。在服务国企"混改"和股权多元化改革，全面提升市场化投融资服务方面，产权交易资本市场的想象空间和发展空间不可限量。

为加快产权交易资本市场体系建设，实现建设统一、规范、高效和服务功能强的产权交易资本市场的奋斗目标，2019年，中国产权协会着力推进产权交易资本市场八大体系建设，即理论体系建设、信用（文化）体系建设、信息（网络）体系建设、制度（法规）体系建设、行业标准体系建设、自律与风险防控体系建设、市场服务体系建设和教育培训体系建设，不断提高产权交易资本市场服务国民经济发展、国家战略实施、国资监管、国企改革的能力和水平。这既是产权交易资本市场实现转型升级的制度保障，也是行业未来发展的立身之本。

同志们：不忘初心、牢记使命，继续前进。党的十九大为产权交易资本市场发展指明了航向，让我们认真贯彻落实党的十九大精神和国务院国资委党委书记、主任郝鹏同志提出的"在相当长一个时期，产权交易清晰化、透明化、公正公平，通过交易市场体现国有产权的价值是非常必要的，产权协会要在这方面进一步完善做好"的要求，紧紧围绕《全国产权交易行业"十三五"发展规划》确定的目标和三届二次会员大会精神，不断夯实行业发展的基石。让我们站在更高的起点，更深层次、更广范围、更大力度去谋划高质量发展，为建设我国现代化经济体系和实现"两个一百年"的奋斗目标，贡献力量，再创辉煌！

在"2019中国产权交易资本市场创新发展论坛"上的致辞

中国产权协会会长　吴汝川

（2019年6月29日）

各位领导、各位嘉宾、各位同人、各界朋友：

大家上午好！

仲夏时节，美丽的广东繁花似锦、风景如画。今天，我们相聚花城，举办中国产权交易资本市场创新发展论坛，交流研讨产权交易资本市场服务"一带一路"和粤港澳大湾区建设。首先，我谨代表中国产权协会，向大家的到来表示热烈的欢迎！向大家长期以来对产权交易资本市场发展、对协会工作的关心和支持表示衷心的感谢！向国务院国资委产权局和广东省国资委等政府部门，以及广东省交易控股集团对这次论坛的高度重视和大力支持表示诚挚的谢意！

2019年是中华人民共和国成立70周年，是全面建成小康社会、实现第一个百年奋斗目标的关键之年，也是新时代改革开放再出发的第一年。党中央和国务院已经发出了改革再深化、开放再扩大的号令。共建"一带一路"，是习近平总书记统筹国内国际两个大局，顺应地区和全球合作潮流，契合沿线国家和地区发展需要，立足当前、着眼长远提出的重大倡议和构想，也是我国参与全球开放合作、改善全球经济治理体系、促进全球共同发展繁荣、推动构建人类命运共同体的中国方案。建设粤港澳大湾区，是习近平总书记亲自谋划、亲自部署、亲自推动的国家战略，是新时代推动形成全面开放新格局的新举措，是推动"一国两制"事业发展的新实践，也是"一带一路"建设的重要支撑和中国经济转型升级的重要战略部署。2019年2月18日，中共中央、国务院印发了《粤港澳大湾区发展规划纲要》，要求各地区各部门结合实际认真贯彻落实，吹响了建设大湾区的集结号。4月26日，习近平总书记出席第二届"一带一路"国际合作高峰论坛开幕式并发表主旨演讲，宣布了我国将采取一系列重大改革开放举措。当前，"一带一路"和粤港澳大湾区建设推进如火如荼，已经进入全面推开、全面深化的新阶段。近期，全党上下正组织开展"不忘初心、牢记使命"主题教育活动。我们协会在这样一个重要时间节点举办论坛，谋划"一带一路"和粤港澳大湾区建设背景下产权交易资本市场的创新发展，对于推动全国产权交易行业深入学习贯彻习近平新时代中国特色社会主义思想、推进产权交易资本市场建设、助力"一带一路"和粤港澳大湾区建设高质量发展，可谓恰逢其时、意义重大。

习近平主席 2013 年提出共建"一带一路"倡议这一百年大计，旨在促进经济要素有序自由流动、资源高效配置和市场深度融合，推动沿线各国实现经济政策协调，开展更大范围、更高水平、更深层次的区域合作，共同打造开放、包容、均衡、普惠的区域经济合作架构。习近平主席在第二届"一带一路"国际合作高峰论坛主旨演讲中阐释的"一带一路"思想，宣布的重大改革开放举措，推动形成了全面开放新格局。"一带一路"必将推动经济金融全球化深入发展，必将促进商品流通、贸易繁荣、投资便利、资本重组、技术发展、人员流动。要素、资源在全球范围内流动和配置，对资本市场和要素市场的服务能力提出了更新更高的要求。《粤港澳大湾区发展规划纲要》明确提出，建设国际金融枢纽，发挥香港在金融领域的引领带动作用，巩固和提升香港国际金融中心地位，打造服务"一带一路"倡议的投融资平台；支持广州完善现代金融服务体系，建设区域性私募股权交易市场，建设产权、大宗商品区域交易中心，提升国际化水平。可以预见，随着"一带一路"和粤港澳大湾区建设蓬勃发展，各类产权流转、资本流动、资金融通活动将越来越活跃，各类要素流动、资源配置需求将越来越强，各类所有制经济产权保护、企业融资、企业并购等市场化需求将越来越多。这些为产权交易资本市场的发展带来了新机遇、提供了新的发展动力，也对产权交易资本市场的建设赋予了新的使命、提出了新的要求。产权交易资本市场应以责无旁贷的使命感和时不我待的紧迫感，抓住历史机遇，深化改革创新，加快发展步伐，提升服务能力，完善服务功能，提高产权交易资本市场的行动力、执行力和竞争力，提升产权交易资本市场的服务质量和服务效率，扩大产权交易资本市场的知名度、包容度和影响力，为"一带一路"和粤港澳大湾区高质量发展提供市场支撑和平台保障。

近年来，全国产权交易资本市场在为"一带一路"建设、京津冀协同发展、雄安新区建设、长江经济带发展、粤港澳大湾区建设、长三角一体化发展、海南自贸区建设等服务的过程中，在基础研究、方案设计、机制建立、平台构建、市场创新、服务升级等方面已经做了大量工作，取得了一些成效，在促进要素流转、优化资源配置、拓宽融资渠道、保护各类产权、帮助企业"引进来"和"走出去"等方面发挥了重要作用。中国产权协会一直积极支持引导行业机构服务"一带一路"倡议和区域协调发展战略，致力于促进行业内外与国内外交流合作。特别是 2018 年，在英国首相特雷莎·梅访华之际，协会与英国董事协会签署了战略合作备忘录，在特许董事资格认证、中央企业董事境外培训、公司治理及董事队伍建设等方面开展合作，迈出了国际化新步伐。2019 年，协会还将发起设立"一带一路"专业分会，搭建国际性合作交流平台。作为"一带一路"的重要支撑，粤港澳大湾区是实体经济发展与资本市场融合最为深入的区域之一，是我国现代市场经济的前沿阵地，也是我国资本市场服务的战略要地。广东是我国对外开放的重要前沿地区，也是海上丝绸之路的发源地，区位优势、人才优势和资源优势明显。在广东省委、省政府和省国资委的指导支持下，广东省交易控股集团成立五年多来，已实现从单一的国有产权交易向全口径的产股权交易的转型升级，推动全省企业国有资产交易完成整合统一，并向建设全资源要素交易平台迈进，平台建设和交易规模都实现了跨越式发展，成为全省产权交易资本市场的核心设施和枢纽平台，综合实力跃居全国前列。当前，作为全国唯一入选国企改革"双百行动"企业名单并获准推进整体上市的产权交易机构，广东省交易控股集团正积极谋划推动构建服务粤港澳大湾区资源要素市场化配置流转的金融基础设施平台，为粤港澳大湾区金融服务创新贡献了"广东方案"，为推动全国产权交易行业参与服务"一带一路"

建设和区域协调发展树立了模板和标杆。在此，我代表协会向你们取得的成绩表示诚挚的祝贺！希望你们再接再厉、再立新功！

当前，世界面临百年未有之大变局，我国发展仍处于并将长期处于重要战略机遇期。第四次工业革命方兴未艾，将给世界经济带来新的动能。我国经济已由高速增长阶段转向高质量发展阶段，正处在转变发展方式、优化经济结构、转换增长动力的攻关期。2019年以来，以授权经营体制为核心的国资国企改革全面提速，"双百行动"向纵深推进，创建世界一流示范企业行动稳步进行，混合所有制改革有序推进。国务院办公厅5月19日转发国家发展改革委《关于深化公共资源交易平台整合共享指导意见》，为推进新时代公共资源交易市场化改革指明了方向。这些工作都迫切需要发挥产权交易资本市场的市场化服务功能和服务作用，助推经济发展质量变革、效率变革、动力变革。同时，依然存在许多不足，面临许多挑战。我们有责任也有能力为新时代改革开放做出重要贡献。结合行业面临的宏观形势和本次论坛的主题，就新时代改革开放背景下推进产权交易资本市场建设，我提出几点建议：

一是积极融入国家发展大局。回顾改革开放40年和产权交易行业30年的发展历程，产权交易资本市场是我国改革开放的产物，是我国经济体制改革特别是产权制度改革最为重要的成就之一，也是承载一定政府管理经济职能的市场平台。建设产权交易资本市场，必须坚持围绕改革开放重点任务，服务国资国企改革、经济体制改革和经济社会发展大局，坚持服务实体经济，以此为出发点和落脚点，使发展的目标、原则、路径与国企国资改革和经济体制改革相协调，与国家战略和时代发展要求相融合。新时代背景下，产权交易资本市场服务改革开放，服务国家战略大局，有着义不容辞的责任。我们要提高政治站位，敢于担当，主动融入，积极参与"一带一路"建设和粤港澳大湾区等区域协调发展战略规划的落地与实施，将区位优势、资源优势转化为市场平台优势，有效发挥产权交易资本市场的各项功能，继续服务好产权制度改革和要素市场化配置，更好地服务于国家战略和国民经济社会发展的大局。

二是深化自身改革创新力度。创新始终是产权交易资本市场发展的不竭动力。我一直讲产权交易资本市场要坚持四个创新，即理论创新、制度创新、功能创新和产品创新，在这里要继续强调。今后我们的创新还要突出市场化、法治化和国际化改革方向，用理论指导实践。协会开展了行业基础研究和专题研究，会员机构在市场研究上也加大了投入，都取得了积极成效，还要继续坚持，要做深、做细、做实。随着国资国企改革不断深化，国有资产交易制度规则要与时俱进调整，随着要素交易品种创新，交易规则制度要先行建立，并坚持底线思维，确保各项业务有法可依、有规可循。还要加快自身市场化体制机制改革，提高服务质量和服务效率，加快行业法治化进程，推动行业立法，完善自律监管，保护市场参与主体利益。功能创新是核心。产权交易资本市场要建成真正的资本市场，就必须夯实资本市场服务功能，继续巩固流转功能，增强融资功能，完善会员代理制，加强中介服务体系建设，着力提升平台投行化和金融化服务能力，提高发现投资人、发现价格和资源配置能力，为国资国企改革提供全流程、全方位的专业服务，为民营企业、中小企业解决融资难、融资贵问题，并帮助中国企业"走出去"，将外资企业"引进来"。产品创新决定市场容量和规模，包括业务创新和服务创新。要努力实现各类国有资产交易和公共资源交易进场全覆盖，围绕"一带一路"倡议和区域协调发展战略需要，参照国际惯例，以国际化的视野来加快产权交易方式和业务品种创新，不断拓展要素交易领域和服务领域，创新服务模式，提高服务标准和服务水平，聚集全球海量资源、项目和投资人。

三是加强协同合作交流。服务"一带一路"和粤港澳大湾区建设需要我们举全行业之力献计献策，贡献力量。产权交易资本市场要贯彻落实党中央和国务院关于加强"一带一路"建设与区域协调发展战略的协调对接，推动各区域合作联动的要求，加强跨区域市场协同发展，全面提升参与"一带一路"和粤港澳大湾区建设的质量和成效。会员机构之间应保持开放包容格局，发挥各自优势，深化业务合作交流，相互支持，相互促进。会员机构要积极支持协会及专业分会工作，加入"一带一路"分会，支持协会推进的理论体系、制度法规体系、信息网络体系、市场服务体系、信用文化体系、自律与风险防控体系、教育培训体系和标准化体系等八大体系建设工作，推动行业联合统一发展，实现信息互联互通。积极开展对外国际合作交流，构建跨境资本要素交易服务平台，与境内外资本市场和要素市场协同发展。与境内外金融机构、投资机构和投行服务机构实现联动，开展投融资合作，促进跨境资本流动，加强资金融通，努力把产权交易资本市场建成既具有中国特色又能与国际接轨的资本市场，成为国际各类资本进退中国市场的重要平台。通过品牌输出、管理输出、服务输出、资本输出等模式，加快我国产权交易资本市场的国际化进程，不断提高我国产权交易资本市场在国际资本市场和要素市场中的影响力，增强风险管理能力和定价影响力，在双向开放的环境下维护我国经济金融安全。

以上是我对推进新时代产权交易资本市场建设的几点想法。这项工作千头万绪，需要各位领导、各位同人、各界朋友，需要一代代产权人付出不懈的努力。蓝图已绘就，奋进正当时。正如习近平总书记所说，现在我们正走在开启建设社会主义现代化国家的新征程上，我们要继往开来，重整行装再出发！长征路上，每一个中国人都是主角、都有一份责任。让我们不忘初心、牢记使命，以习近平新时代中国特色社会主义思想为指引，深入贯彻新发展理念，大力弘扬愚公移山精神，大力弘扬改革开放精神，大力弘扬长征精神，坚定不移地把我们的产权交易事业不断推向前进，为新时代改革开放再出发做出新贡献。预祝论坛取得圆满成功！谢谢大家！

在"2019中国企业并购与国企混改（成都）峰会"上的致辞

中国产权协会党委书记、秘书长　夏忠仁

（2019年7月25日）

各位领导、各位嘉宾、各位同人、新闻界的朋友们：

大家上午好！

仲夏时节，万木竞秀。今天，我们相聚在美丽的蓉城，举办"2019中国企业并购与国企混改（成都）峰会"，共同探讨产权交易行业如何高效服务我国多种经济成分主体，以及在国企混改与企业并购过程中的新思路、新方法、新作为。首先，我谨代表中国产权协会，向大家的到来表示热烈的欢迎！向长期以来关心和支持产权交易资本市场建设和行业发展以及协会工作的同志们表示衷心的感谢！向成都市金融局等政府部门和本次论坛的执行单位北交金科金融信息服务有限公司，以及各协办单位对这次论坛的高度重视、大力支持表示诚挚的谢意！

中国产权协会成立于2011年2月，是由中央纪委推动、国务院同意、民政部批准、国务院国资委组建并主管的AAAA级全国性协会，由全国从事国有产权交易业务的相关机构自愿结成，是旨在发挥政府与会员之间的桥梁和纽带作用、加强行业自律的社会组织。当前，我们认真贯彻落实党中央22号文件精神和32号令，重点围绕理论体系、制度法规体系、信息网络体系、市场服务体系、信用文化体系、自律与风险防控体系、教育培训体系和标准化体系八大体系，推动建设统一、规范、高效和服务功能强的产权交易资本市场，助力国资监管和国企改革，为产权行业谋发展、为产权市场谋繁荣、为预防腐败搭建阳光平台、为经济发展做贡献。

2019年是中华人民共和国成立70周年，是全面建成小康社会、实现第一个百年奋斗目标的关键之年，当前全面深化改革不断向纵深推进，社会主义现代化经济体系建设日益完善。国有企业混合所有制改革是以习近平同志为核心的党中央做出的重要战略部署，党的十八届三中全会通过的《中共中央关于全面深化改革若干重大问题的决定》强调，要"积极发展混合所有制经济。国有资本、集体资本、非公有资本等交叉持股、相互融合的混合所有制经济，是基本经济制度的重要实现形式"。党中央、国务院把混合所有制改革作为国企改革的重要突破口。2015年9月，国务院发布《关于国有企业发展混合所有制经济的意见》（国发〔2015〕54号，以下简称54号文），提出混合所有制改革"政府引导，市场运作"的基本原则。54号文特别强调，要尊重市场经济规律和企业发展规律，以企业为主体，充分发挥市场机制作用，把引资本与转机制结合起来，探索国有企业混合所有制改革的有效途径。党的十九大报告明确提出，要深化国有企业改革，发展混合所有制经济，培育具有全球竞争力的世界一流企业。发展混合所有制经济是新时代培育具有全球竞争力的世界一流企业的方向和目标。随着国企改革的全面推进，国有企业混合所有制改革的力度、深度都在加强，特别是国务院国企改革领导小组部署的国企全面改革"双百行动"提出"五突破、一坚持"的改革目标以来，国企混改工作已经进入转折期和深水区，不仅要加大资本和产权方面的合作力度，注重混改面和混改层级，还要加大两类资本的深度融合，注重在管理、技术、体制机制、文化等方面取长补短、优势互补，使国有经济和其他所有制经济实现共同发展和进步，使国有资本和民营资本一起做强做优做大，最终实现不同所有制企业、不同所有者代表之间的合作共赢，防止"为混而混"，避免"一混了之"。

在政策体系的推动下，国有企业混合所有制改革在分类改革、垄断行业改革、公司治理结构改革、国企管理体制结构改革等方面都取得了进展。同时，也存在一些突出问题：对国有企业混合所有制改革的内涵和外延认识不清晰；国企混合所有制改革如果不能实现企业去行政化管理，则不能保障国有企业成为真正的市场经营主体，相当一部分"混改"后的企业的决策与经营行为不会发生根本性改变；混合所有制改革并不能很好地解决影响国有企业过度投资和非理性投资的政府干预以及国有企业的经理人代理问题，特别是如何激发企业活力、形成市场化企业竞争力等问题，值得大家深入研究并寻求解决的对策。为此，我们今天齐聚一堂，邀请各位行业专家与学者就国企混改的前沿信息和新思路、新方法进行分享与解读，就成功的混改案例与大家进行深入分析和交流，就企业并购过程中的控制权问题进行深度沟通探讨，旨在分享行业最新、最具价值的信息以及最独到的行业趋势与发展见解，为产权交易机构和各金融机构、中央企业、地方国有企业以及行业专家、学者创造新的对话平台。最近一段时间，全党上下正组织开展"不忘初心、牢记使命"主题教育活动，我们协会在这样一个重要时间节点举办此次峰会，谋划产权交易行业如何高效服务我国多种经济成分主体和产权交易资本市场创新发展，对于推动全国产权交易行业深入学习贯彻习近平新时代中国特色社会主义思想、推进产权交易资本市场建设、助力国有企业混合所有制改革、发展混合所有制经济，可谓恰逢其时、很有意义。

同志们，产权交易资本市场应以责无旁贷的使命感和时不我待的紧迫感，抓住历史性机遇，深化改革创新，加快发展步伐，提升服务能力，完善服务功能，提高产权交易资本市场的行动力、执行力和竞争力，提升产权交易资本市场的服务质量和服务效率，扩大产权交易资本市场的知名度和影响力，坚定不移地推进我们的产权交易事业，更好地服务国资国企改革、服务混合所有制经济发展、服务生产要素资源优化配置，促进国有资产保值增值，为建设现代化经济体系、全面建成小康社会贡献力量。

预祝论坛圆满成功！谢谢大家！

产权交易资本市场助力国企混改稳步推进

——2016—2018年通过产权交易资本市场完成国企混改项目金额超6000亿元

中国产权协会党委委员、秘书长助理　王艳

（2019年7月25日）

尊敬的各位来宾、各位同人、同志们：

大家上午好！

2019年，新中国成立70周年。70年来，在中国共产党的领导下，我国经济发展取得了举世瞩目的辉煌成就，包括产权交易资本市场在内的中国资本市场实现了从探索起步到繁荣发展的重大跨越。下面，我荣幸地向大家介绍过去几年来产权交易资本市场在助力国企混改、企业并购等方面取得的经验和成绩，以及我们对未来的几点展望。

国有企业混合所有制改革是以习近平同志为核心的党中央做出的重要战略部署，党的十八届三中全会以来，党中央、国务院把混合所有制改革作为国企改革的重要突破口，国企混改一直在积极、稳妥、有序推进。

2015年8月，中共中央、国务院发布《关于深化国有企业改革的指导意见》（中发〔2015〕22号），首次将产权交易市场与证券市场并列为我国的资本市场，明确提出支持企业依法合规通过证券交易、产权交易等资本市场，以市场公允价格处置资产，实现国有资本形态转换。

2015年9月，国务院发布《关于国有企业发展混合所有制经济的意见》（国发〔2015〕54号），提出混合所有制改革"政府引导，市场运作"的基本原则。54号文特别强调"尊重市场经济规律和企业发展规律，以企业为主体，充分发挥市场机制作用，把引资本与转机制结合起来，探索国有企业混合所有制改革的有效途径"，"以具备条件的区域性股权、产权市场为载体，探索建立统一结算制度，完善股权公开转让和报价机制"。

2016年6月颁布的《企业国有资产交易监督管理办法》（国务院国资委、财政部令第32号）要求国有企业增资业务进入依法设立的产权交易场所进行。从2016年下半年起，作为行业自律性社会组织，中国产权协会不断推动交易机构完善资本市场融资服务功能，努力提升市场化服务水平。特别值得一提的是，随着市场体系的不断完善，产权交易资本市场权益流转和融资服务两大功能日益显著，在助力国企混改和企业并购方面发挥着举足轻重、不可或缺的作用，积累了不少成功经验。

据中国产权协会统计，54号文发布三年多来，产权交易资本市场共完成国企混改项目3404宗，交易额6081亿元。其中，2809宗是以产权转让方式实现的，交易额3383亿元；595宗是以增资方式实现的，融资金额2698亿元。产权交易资本市场在确保国企混改规范有序、稳步推进方面做出了重要贡献。

2016年是产权交易行业全面助力国企开展增资业务的第一年。据中国产权协会统计，2016年产权交易资本市场共完成国企混改项目950宗，交易额合计1648亿元。其中，861宗国企混改项目是以产权转让方式实现的，交易额1012亿元；89宗是以增资方式实现的，融资额合计636亿元。二者合计引入社会资本1392亿元。国有企业在推进混改的同时，也在积极参股民营企业。2016年，国有资本参与民营企业混改项目共有93宗，交易额106亿元。

2017年，产权交易资本市场共完成国企混改项目1105宗，交易额1781亿元。其中，889宗国企混改项目是以产权转让方式实现的，交易额982亿元；216宗混改项目是以增资方式实现的，融资额799亿元。全年国有资本参与民营企业混改的项目共有65宗，交易额109亿元。

2018年1月，在全国国有产权管理工作会议上，国务院国资委领导提出要求："中央企业和地方国资委要用好用活资本市场平台和产权管理手段，在提升国有企业运行效益、优化国有资本运营配置中发挥积极作用"，"要紧紧围绕产权市场的资本市场定位进行业务创新和功能创新，营造公开公平的市场环境，吸引社会资本参与国企改制重组，为规范发展混合所有制经济提供更多市场化服务"。2018年，产权交易资本市场共完成国企混改项目1349宗，比2017年增长22%；交易额2652亿元，比2017年增长49%。其中，1059宗是以产权转让方式实现的，交易额1389亿元；290宗是以增资方式实现的，融资金额1263亿元。二者合计引入社会资本2328亿元。国有企业在推进混改的同时，也在积极地参股民营企业。2018年，国有资本参与民营企业混改的项目共74宗，交易额近60亿元。从混改发展的势头来看，2018年产权交易资本市场混改项目交易宗数和交易规模全面超过了2017年。

从行业分布来看，当前国企混改项目主要集中在电力、石油、天然气、铁路、民航、电信、军工七大重要领域。从混改的层级来看，二级及以上国有企业通过产权交易资本市场完成的混改项目数在逐年增长，国有企业的混改层级在不断提升。产权交易资本市场已成为推动国有资本与社会资本相互融合、相互促进、共同发展的重要操作平台。

三年多来，产权交易资本市场完成的一批国企混改案例引发社会各界高度关注。这些优秀案例包括：

——2015年6月，重庆联合产权交易所助力中国诚通控股集团旗下中国物流有限公司完成16.08亿元增资项目。该项目是32号令颁布实施前产权交易行业完成的一宗央企混改项目，对转型中的诚通控股集团探索混改、进一步与资本市场接轨具有重要意义。

——2016年4月，西南联合产权交易所助力沱牌舍得集团完成混改引资项目。民营企业天洋控股集团以38.22亿元购得沱牌舍得集团70%的股权，较评估值增值约26.03亿元，溢价率达213.46%，创下四川省国企混改增值额的最高纪录。

——2017年3月，山东产权交易中心助力山东省最大的文化国有企业山影集团旗下公司山东影视成功增资6亿元，引入包括万达院线、云峰基金等七家战略投资人，为山东省属国企规范有序推进混改开辟了一条创新之路。

——2017年6月，北京产权交易所助力中粮资本完成69亿元增资项目，引入的7家新股东包括弘毅弘量股权投资基金和中国国有企业结构调整基金等重量级投资人；2018年6月，北京产权交易所助力中国铁路总公司所属企业转让动车网络科技有限公司49%股权。由腾讯和吉利控股组成的联合体以43亿元受让了相应股权，项目增值12.51亿元，增值率达41%。该案例对中国铁路总公司下一步在集团层面推动混改将发挥重要的示范作用。

——2017年6月，上海联合产权交易所协助东航物流有限公司引入22.55亿元非国有资本，加强了国有资本的带动力和影响力；同年12月，上海联合产权交易所助力航天科工火箭技术公司完成军民融合领域一个具有里程碑意义的混改案例，为融资方引入8家社会投资机构，募集资金12亿元。

——2018年2月，天津产权交易中心助力天津津融资产管理公司完成23.23亿元增资扩股项目，打响了天津市重点国企混改战役的第一枪。同年12月，天津产权交易中心历时18个月，助力天津市大型国有金融企业北方信托完成62亿元增资扩股项目。

——2018年6月，在山东兖矿国际焦化有限公司重组改制项目中，山东产权交易中心创造性地设计了"股+债+增资"的交易模式，为融资方引入战略投资人永锋集团，帮助一个负债累累的国有企业起死回生。

——2018年7月，黑龙江七台河龙洋焦电有限公司70%股权转让项目以9683万元成交，黑龙江联合产权交易所规范、高效地配合黑龙江省龙煤集团完成省国资委既定的年度国企混改任务。

——2018年8月，重庆联合产权交易所完成中国兵器装备集团所属企业四川红光汽车49%股权转让项目，成功引入在军民融合领域颇具实力的民营资本作为战略投资者。该项目最终溢价1534万元，使一家多年持续亏损的老国企重新焕发生机。

——2018年12月，江西省产权交易所运作完成南昌铁路旅游有限公司49%股权转让项目，成功引入战略投资者江西省旅游集团，助力一家铁路旅游企业完成混改。该项目对国有企业深度开发铁路旅游资源市场具有示范作用。

——2018年，广东联合产权交易中心助力社会资本以受让股权的方式参与完成国企混改项目，交易额近173亿元；以增资方式参与完成国企混改项目，助力国有企业实现融资124亿元。截至2018年12月，广东联合产权交易中心通过产权流转或增资方式完成混改项目97宗，合计金额297.42亿元。

过去几年的实践证明，产权交易资本市场为国企混改和并购重组提供了可操作、可创新、可施展的广阔"舞台"。产权交易行业未来发展的空间和潜力依旧巨大，主要体现在以下几方面：

一是发展混合所有制经济、深化经济体制改革为产权交易资本市场全面助力国企混改提供了政策环境支持。

2013年11月，党的十八届三中全会决议明确提出要发展混合所有制经济。国有资本、集体资本、非公有资本等交叉持股、相互融合的混合所有制经济，是我国基本经济制度的重要实现形式。2016年底，中央经济工作会议再次明确提出，混合所有制改革是国有企业改革的重要突破口，推动混合所有制改革的意义重大。2017年10月，党的十九大报告明确了"经济体制改革必须以完善产权制度和要素市场化配置为重点，实现产权有效激励、要素自由流动、价格反应灵活、竞争公平有序、企业优胜劣汰"。党中央一系列重大决策部署为产权交易资本市场深度参与国企混改和企业并购提供了理论依据和政策支持。

二是不断深化的国资国企改革为产权交易资本市场服务国企混改提供了无比广阔的发展空间。

经过 30 多年的发展，产权交易资本市场已成为我国资本市场体系重要的组成部分，在信息辐射、资本集聚、要素资源优化配置和分散市场风险等方面日益发挥出独特而不可替代的功能和作用。54 号文颁布实施后，产权交易资本市场正按照相关政策的要求，积极引导非公有资本，以出资入股、收购股权、认购可转债、股权置换等多种方式推动国企混改；在引入外资方面，相关政策鼓励国有企业通过海外并购、投融资合作、离岸金融等方式，提高全球化配置资源的能力。同时，政策还强调以市场选择为前提，以资本为纽带，鼓励国有资本以多种方式入股非国有企业，鼓励国有资本与非国有资本共同设立股权投资基金，参与企业改制重组。这和产权交易机构制定的"平台+投行"的发展策略完全契合，交易机构不断完善的"权益流转+融资服务"恰恰是实现国企混改的两种重要方式。可以说，国企混改和企业并购为产权交易资本市场转型升级赋予了新的动能，是产权交易行业未来发展的新引擎。

三是不断完善的产权交易资本市场体系建设为全行业更好服务国资国企改革、实现转型升级提供了可靠的制度保障。

为加快产权交易资本市场体系建设，实现建设统一、规范、高效和服务功能强的产权交易资本市场的奋斗目标，2019 年，中国产权协会着力推进产权交易资本市场八大体系建设，即理论体系建设、信用（文化）体系建设、信息（网络）体系建设、制度（法规）体系建设、行业标准体系建设、自律与风险防控体系建设、市场服务体系建设和教育培训体系建设，不断增强产权交易资本市场服务国资监管和国企改革的能力和水平，这既是产权交易资本市场实现转型升级的制度保障，也是行业未来发展的立身之本。

同志们，我们要不忘初心、牢记使命、继续前进。党的十九大为产权交易资本市场的发展指明了方向，让我们认真贯彻落实党的十九大精神和国务院国资委提出的"在相当长一个时期，产权交易清晰化、透明化，公正公平，通过交易市场体现国有产权的价值是非常必要的，产权协会要在这方面进一步完善做好"的要求，站在更高的起点，在更深层次、更广范围，用更大力度去谋划高质量发展，为建设我国现代化经济体系和实现"两个一百年"的奋斗目标贡献力量、再创辉煌！

在"2019 上海·世界并购大会"上的发言

中国产权协会党委书记、秘书长　夏忠仁

（2019 年 11 月 9 日）

尊敬的各位来宾，女士们、先生们：

大家好！深秋时节，非常高兴受邀与大家相聚在黄浦江畔，相聚在现代化的国际大都市、世界金融中心上海，参加"2019 上海·世界并购大会"，我代表中国产权协会对大会的召开表示热烈的祝贺！对大家表示诚挚的问候！在庆祝新中国成立 70 周年和党的十九届四中全会胜利闭幕之际，在第二届中国进口博览会期间，我们围绕"中外资本市场与国际投资并购，开放合作·创新引领，助力世界经济高质量发展"这一主题进行交流研讨，我认为对产权交易行业、产权交易资本市场而言，具有重要的现实意义和深远的历史意义。

上周，国务院国资委举办了"第三届中国企

业改革发展论坛"。论坛上，国务院国资委主任郝鹏说，我们鼓励支持国有企业在更大范围、更深层次、更高水平上与各类所有制企业深化合作，携手促进中国经济高质量发展。他表示，下一步混合所有制改革要更加突出转换经营机制，探索建立有别于国有独资和全资企业的管控模式，进一步加大国有企业市场化改革力度。2019年，从央企兼并重组到央地合作混改，从"双百"推进到区域"综改"，国企改革持续向纵深推进，迈向综合施策深化期。国资委将继续推进国企布局优化和结构调整，坚决退出不具备竞争优势的非主营业务，推动国有资本更多投向关系国家安全、国民经济命脉的重要行业和关键领域，更多投向战略性新兴产业。我们要以共建"一带一路"为重点，更好地"走出去"，加大国际化经营力度，积极融入全球产业链、价值链，以高水平开放促进高质量发展。站在新的历史时期，面对经济发展不确定、不稳定因素增多的挑战，坚决打好、打赢防范重大风险攻坚战，为高质量发展保驾护航。

中国产权协会成立于2011年，是由中央纪委推动、国务院同意、国务院国资委组建并主管的从事企业国有资产交易和非标资本要素交易业务的全国性、非营利性的社会组织，2014年以来，获评民政部AAAA级品牌协会称号。协会在国务院国资委、国家发展改革委和财政部等相关部委的领导和支持下，坚持以建设统一、规范、高效、服务功能强的产权交易资本市场为目标，以服务政府、服务行业、服务会员、服务社会为宗旨，坚持规范化、市场化、信息化和国际化的发展方向，持续推进产权交易资本市场理论体系、制度法规体系、信息网络体系、市场服务体系、信用文化体系、自律与风险防控体系、标准化体系和教育培训体系八大体系建设，推动产权交易行业的发展，推动产权交易资本市场的繁荣。服务于企业投资、并购、重组，是我们的责任、我们的使命和初心。

以上海联合产权交易所为代表的产权交易市场是我国改革开放的产物，是我国经济体制改革特别是产权制度改革最为重要的成就之一。经过30多年的实践，产权交易资本市场已经发展成为与标准化资本市场相对应的非标准化资本市场，成为我国多层次资本市场体系的重要组成部分，构建了国际上独具特色的公平、公正、公开的国有资产阳光配置平台。产权交易资本市场引入各类社会资本，推动国企实施混改，也为大量的非国有企业（包括非上市公司和中小企业）提供股权交易及融资服务，为上市公司提供并购重组、资产处置服务，为创业风险投资提供进出渠道，为国内外资本提供对接端口和跨境资金通道。产权交易市场已经成为中国并购市场非常重要的组成部分。产权交易资本市场具有防止国有资产流失、促进国有资产保值增值，发现投资者、发现价格，积聚信息资源、项目资源和投资人资源，促进资本流转、资源配置、要素流动，实现产业集聚和产业结构调整的制度规范功能。据中国产权协会统计，党的十八大召开后的7年，产权交易行业累计交易额已达38.32万亿元，取得了史上最好的发展成果。其中，企业国有产权转让项目1.51万宗，成交额合计1.8万亿元；为国有企业和行政事业单位处置实物资产14.05万宗，回笼资金4609亿元。2015年9月，国务院《关于国有企业发展混合所有制经济的意见》（国发〔2015〕54号）发布至今，产权交易资本市场共完成国企混改项目近3500宗，交易额突破6100亿元。从2016年6月国务院国资委、财政部32号令发布到2018年底，产权交易资本市场助力中央企业和地方国有企业完成增资项目1140宗，募集资金4580亿元。产权交易资本市场已成为政府管理经济的市场化平台和推动国有资本与社会资本相互融合、相互促进、共同发展的主要平台，在服务国资监管、国企供给侧结构性改革、产业结构调整、混合所有制经济发展等方面发挥着不可替代的作用。产权交易资本市场交易品种多、服务内容广、服务模式灵活、服务能力高效、社会公信力强，完全能够为世界并购提供市场服务和平台保障。

上海联合产权交易所作为中国产权协会现任副会长单位和首届会长单位，是经上海市人民政府批准设立的综合性产权交易服务机构，具备经国务院国资委、财政部、国家发展改革委等国家部委和上海市政府特许从事企业国有资产交易、金融企业国有资产交易、行政事业单位资产、文化产权交易、环境能源交易、中小企业融资服务、技术产权交易、涉诉资产交易等业务的资质，是集物权、债权、股权、知识产权等交易服务于一体的专业化市场平台，也是实现资源市场化高效配置、连接各类资本进退的专业化、综合性要素流通平台和重要的资本市场平台。近年来，上海联合产权交易所围绕服务国家战略和上海作为国际金融中心、科技创新中心等城市定位，持续加强市场化体制机制改革，着力完善资本市场功能，平台运营能力和市场服务水平不断提高，对外合作不断深化，市场创新不断加强，投行化、金融化、信息化、国际化服务能力持续增强，基础业务和创新业务齐头并进，交易规模、市场占有率始终保持行业领先地位，品牌知名度始终排在全国同行前列。上海联合产权交易所坚持国际化发展战略，已经在32个国家和地区建立了53个工作站，搭建了覆盖全球的非标资本市场网络体系，打造了企业并购交易平台，促进了国际资本与国内产业的对接，成为国际资本进退的有效通道，在国际投资并购和资本要素全球化配置方面发挥了重要作用，成为推动上海经济发展的新亮点，赢得了世界各国投资人的关注和认可。

当今世界正在经历新一轮大发展、大变革、大调整，各国经济社会发展联系日益密切，全球治理体系和国际秩序变革加速推进。第四次工业革命方兴未艾，将给世界经济带来新的动能。我国经济已由高速增长阶段转向高质量发展阶段，正处在转变发展方式、优化经济结构、转换增长动力的攻关期。2019年以来，"一带一路"建设、长江经济带发展、长江三角洲区域一体化发展、粤港澳大湾区建设等重大区域战略稳步推进，对外开放力度不断加大，全面开放格局逐渐形成。以授权经营体制为核心、以混合所有制改革为突破口的国资国企改革全面提速，创建世界一流示范企业的行动稳步推进。这些不仅为产权交易资本市场带来了新的发展机遇，更为国际投资并购带来了历史性机遇。经济、金融全球化深入发展，必将促进商品流通、贸易繁荣、投资便利、资本重组、技术发展、人员流动、要素流转、资源供求在全球范围内的流动和配置，这就迫切需要发挥产权交易资本市场配置资源的服务功能和服务作用，以帮助企业"走出去"和"引进来"，助推中国经济和世界经济高质量发展。

女士们、先生们，中国国际进口博览会旨在通过打造一个包容、合作的平台，充分反映世界贸易各参与方的利益诉求，从而推动经济全球化朝着更加开放、包容、普惠、平衡、共赢的方向发展。举办世界并购大会，就是搭建世界投资并购交流平台，打造全球投资盛会。新时代产权交易资本市场将继续坚持市场化、国际化步伐，不断推进对外开放，加强与国际国内资本要素市场和全球投资人的合作发展。习近平主席在谈到"一带一路"国家合作时说，"一花独放不是春，百花齐放春满园"。让我们携手并肩，共同发展，为建设开放型世界经济、推动国际投资并购繁荣、推动经济金融全球化、推动构建人类命运共同体贡献力量。

最后，祝愿世界并购大会取得圆满成功！祝各位身体健康、工作顺利！谢谢大家！

北交所服务中央行政事业单位资产处置纪实

北京产权交易所

自 2009 年起，中共中央直属机关事务管理局和国家机关事务管理局委托北交所开展中央和国家机关行政事业单位资产处置工作。北交所充分发挥阳光化、市场化的平台属性，通过制定完善的交易规则、搭建便捷的市场服务网络、打造高效的信息化系统、开展周密细致的贴身服务以及全流程的风险把控等措施，实现了国有资产的保值增值，服务能力和成效得到委托方的高度认可。

一是制定完善的交易规则。制度规则是各项交易依法合规的基础保证。北交所依据中直管理局《关于中直机关行政事业单位国有资产处置若干事项的通知》和国管局《关于进一步规范中央行政事业单位国有资产处置工作的通知》等文件精神，制定了专门的交易规则，并编制了《资产处置委托书》、《资产处置接收单》、交易凭证、统计表格等一系列交易流转文件，保证了资产处置工作的操作规范和程序完整。

二是建成覆盖全国的市场服务网络。为调整行政事业单位资产类别多样、分散于全国各地的格局，一方面，北交所与广东、山东、宁夏等24个省（市、自治区）的产权交易同业机构达成合作，就近组织区域内该类资产的处置工作。各地合作机构按照北交所"统一规则、统一流程、统一信息发布、统一结算"的"四统一"要求，与北交所联手开展工作，既发挥了各自优势，又做到了操作上的统一，大幅降低了交易成本，提升了交易效率。另一方面，北交所在京内和京外选定多家资产处置专业服务机构。在京内，北交所通过公开招标评审，选出 5 家拍卖机构、1 家评估机构、1 家车辆买卖服务机构和 1 家车辆解体服务机构，组成京内资产处置服务团队。在京外，北交所与中国物资再生协会密切配合，在全国范围内遴选近百家车辆解体服务单位，形成了覆盖全国的车辆解体服务网络；与全国多家具备司法鉴定资格的专业机构或专家达成合作，对贵重物品等出具鉴定和估价报告，为资产处置提供依据。

三是开展广泛的信息披露。广泛的信息披露是充分发现买受人的重要保障。北交所通过交易所网站、"北交互联" App 等 PC 端和移动端渠道对项目信息进行充分披露，同时针对车辆资产设置"北交车辆"专栏，针对贵重物品资产设置"北交珍品"专栏，集中发布项目信息，便于竞买人搜索和查询。北交所还与电视、广播、网络、报纸、杂志等各类新闻媒体合作，广泛征集竞买人，取得了良好成效。此外，北交所在金融街办公区设置展厅，满足竞买人现场察看的需求。

四是打造全流程的信息化交易系统。功能强大的信息化系统是提高交易效率、促进交易规范的重要支撑。为适应行政事业单位资产数量大、单个标的金额小等特点，北交所在该类资产处置中全面运用"动态报价"的交易模式，从项目信息披露到竞买人注册、缴纳保证金、竞报价、资金结算全流程网上操作。同时，北交所依托"北交互联" App 开通网上即时缴纳保证金、即时自动开通竞买人资格的功能，实现了 7 天 24 小时不间断保证金缴纳，不受工作时间、银行到账延迟等因素的限制，保障该类资产处置可以不受时间、数量限制随时进行，意向买受人同样不受时间、地点限制可以随时随地参与竞买。此外，北交所对竞价环节进行隐藏处理，通过保护竞买人隐私，解除了竞买人的后顾之忧，有效提升了竞买人数量。在资金结算环节，北交所在全国产权交易行业率先实现资金结算通过银行和登记结算平台第三方存管，保证金和结算价款的缴退均由系统自动完成，极大地便利了竞买人的参与。

五是实现委托方在资产处置上的全流程把控。北交所在严格遵守中直管理局和国管局对中央行政事业单位资产处置的各项规章制度的同时，协助委托方开发了"中央单位资产处置交易监管系统"。通过该系统，委托方能够时时掌握资产的处置进度、资产类别、交易方式、成交情况、流拍情况、返款情况等信息，实现了委托方对资产处置全流程的充分把控，及时解决了资产处置中出现的各种问题，有效防范了各类风险。

六是提供周到细致的服务。中央行政事业单位资产处置涉及单位数量众多、具体工作庞杂繁复，非常考验北交所的综合协调和服务能力。为做好这项工作，北交所在交易所内部实行项目负责制，推行工作流程全记录制度，确保各项工作留痕、可追溯；严格实行保密制度，对资产来源、竞买人信息等严格保密；建立信息反馈机制，对中央行政事业单位抽样回访，及时听取项目所有方对处置工作的意见和建议，挖掘服务需求，完善服务内容；制定面向委托方的每月工作报告机制，接受委托方的实时监督和指导，随时报告资产处置过程中的问题和解决情况；与评估、拍卖、车辆买卖、贵重物品鉴定等专业服务机构和产权交易同业合作机构全面签署服务公约，强化处置团队的服务意识；专门设置了存放场所，配备安保人员，安装监控设备，做到资产进出库专人负责、24小时监控无死角。

北交所这一公开、阳光市场平台的处置，促进了国有资产的保值增值，提升了国有资产的管理水平，处置成效得到中直管理局和国管局的充分肯定。以此为带动，京内外部分法院涉民事执行资产、北京市刑事涉案资产、中央和地方国有企业抵债类以及干部员工主动上缴的礼品类资产等纷纷通过北交所公开处置，取得很好的成效。党的十九大报告指出，要"让权力在阳光下运行"，要"使市场在资源配置中起决定性作用"。可以预见，未来将有更多国有资产通过市场化平台公开处置。北交所将以此为契机，不断强化平台的综合服务能力，争取在新时代助力各级政府部门和企事业单位提升国有资产管理工作过程中，发挥更大的作用，做出更大的贡献。

在"2019上海·世界并购大会"主论坛的主题演讲

上海联合产权交易所党委书记、总裁　钱琎

（2019年11月9日）

一、产权市场是资本市场极具发展潜力的"新大陆"

产权市场是在改革开放中产生的，是中国对资本市场的一种创新。中国的产权市场与国外资本市场中的场外并购市场最大的不同是，它是有形的，也可以说是私募市场公募化。作为中国多层次资本市场的组成部分，目前产权市场的交易品种已基本覆盖了除上市公司流通股以外的其他大多数资本要素资源。从这个角度讲，产权市场是中国资本市场基础性的市场。

20多年来，特别是近三年，我国产权市场已经取得了长足的发展，以股权、物权、债权、企业融资、金融资产为主的13类业务累计成交金额约28万亿元。交易数量每年以30%以上的速度增长。德勤预测中国除证券市场外的非标资产规模大致在167万亿元，其中非标金融资产的规模在80万亿元左右。此外，从全球角度看，目前跨国并购基金参与的并购交易数量占海外资本市场并购总规模的75%左右，而中国资本市场并购基金交易数量占比还不到三成。2018年，中国产权市场并购规模达到12000亿元，上海产权市场也达到了1823亿元。也就是说，产权市场的发展才刚刚起步，未来的发展空间将是巨大的。

2018年，我国产权市场以股权融资、债务融资、股权质押融资、PPP、金融租赁等多种形式，为各类所有制企业提供融资类服务合计金额8000亿元，同比增幅达72%。我国有超过千万家处于成长发展阶段的中小企业，这些企业每年有超过万亿元规模的融资需求，产权市场将成为服务这些企业的重要融资渠道。

当前，产权市场的股权投资已经具备黄金价值。上海产权市场集聚了国内大量优秀的高科技、高成长企业，2018年挂牌增发融资的企业数量达到2000多家，拟融资金额2600多亿元。据测算，上海产权市场的企业股权转让、融资价格如果按照市盈率计算，众多并购项目不到5倍市盈率，远低于同类一级市场的平均估值水平。中小企业的股权价格更低，而且大都集中在高科技领域，不少企业在产权市场融资顺利上市之后，战略投资人的投资收益至少有10倍以上的溢价。对国内外投资者而言，产权市场确实是价值投资的洼地和金矿。

二、产权市场可以为实体经济的发展带来新动能

近三年，上海产权市场作为规模最大的并购市场之一，通过促进海内外资本并购重组、优化资产配置，有效地支持了实体经济的发展。2016年以来，上海联交所积极服务供给侧和混合所有制改革，在交通、能源、建筑、电信、航空、航天科技等国家重点产业、行业，向社会资本推出符合产业政策、有利于转型升级的产权交易项目4567宗，交易金额5000亿元，探索形成了"东航物流""欧冶云商"等国企混改的新样本、新模式。2018年，376家战略性新兴产业企业，包括新一代信息技术、新能源汽车、新材料、生物医药等行业，通过上海产权市场实施兼并重组，进行产业链整合，推动产业创新，交易金额达到826亿元。

中国正在经历一轮类似于美国20世纪七八十年代的并购浪潮，将逐步产生一批高科技、创新型的优质企业。产权市场具有信息透明、程序规范、监管严格的特点，已经成为国内外各类私募股权基金参与企业并购重组的重要平台。未来将有越来越多的高科技中小企业通过产权市场获得综合性融资服务，以及更多的成长机会。但是，我们也必须看到，产权市场的发展还存在一些制度性障碍，亟待进行交易制度上的创新。例如，如果能建立稳健的适格投资人筛选制度，解决针对200人股东限制问题，试行"T+5"的交易模式，解决交易时段不均衡的问题，特别是产权市场第四季度集中交易的问题，产权市场交易的活跃度将大大增强，服务实体经济的能级将大大提升。

三、产权市场将在服务国家开放战略中展现更多新作为

当前，中国经济已全面走向世界，"一带一路"倡议正在延伸，随着中国开放的大门越开越大，未来10年，中国进口商品和服务这一块将有超过30万亿美元和10万亿美元的巨大商机，产权市场正迎来扩大开放的新格局。在这样一个大背景下，产权市场应在国际资本并购领域架起桥梁，促进中国资本市场与国际资本市场的全面接轨，并且成为全球新经济、新业态、新模式的风向标和承载地。

上海产权市场正在大力推动跨境投融资服务，为国际资本进入中国市场、中国企业参与全球资源配置提供并购服务。如果政策允许，我们愿意积极探索在自贸区新片区设立离岸产权交易平台，通过筹建跨境投资并购平台，更好地服务境内企业"走出去""引进来"，推动中国企业在高端制

造业、品牌服务、现代服务业等领域强化核心业务，实现向价值链上游攀升和产业转型。

在支持科创板建设方面，我们将进一步完善融资服务对接机制，发挥好国际知识产权运营平台与科创板的协同效应，更好更快地培育一批核心技术能力优、集成创新能力强的创新型领军企业。譬如，中国电器科学研究院 2019 年已经成功完成引战融资，年底即将登录科创板，成为产权市场科技类融资企业登录科创板的首发项目。在上海产权市场，未来将有一大批中小科创企业在竞争中脱颖而出。

围绕上海国际金融中心建设，上海联交所将积极探索金融产权交易等创新服务，通过供应链金融和金融租赁服务，为中小企业融资难、融资贵问题提供解决方案，为股权、债权等多类型的资产包提供交易服务，化解银行不良资产风险。

建设规范、透明、开放的多层次资本市场，加快金融业全方位、高水平对外开放，是我们积极应对国际经贸摩擦和国际经济形势不确定性的客观需要，产权市场也将积极助力推进金融改革开放的新格局。

天津产权交易中心 2018—2019 年业务动态

2018—2019 年，天津产权交易中心全部交易项目挂牌 5300 宗，挂牌金额 1702.9 亿元，成交 3757 宗，成交金额 460.4 亿元。其中，国有产股权挂牌 397 宗，挂牌金额 733.8 亿元，成交 243 宗，成交金额 229.6 亿元；国有实物资产挂牌 4661 宗，挂牌金额 143.1 亿元，成交 3449 宗，成交金额 38.6 亿元；其他挂牌 242 宗，挂牌金额 826.1 亿元，成交 65 宗，成交金额 192.1 亿元。

一、持续强化"行商"服务理念

认真落实全市国企改革"两会一文"精神，持续强化"行商"理念，深入国企集团和各区国资委，做到主动服务、靠前服务、高效服务、精准服务，为企业解决进场交易难题。帮助企业设计混改、交易方案，提供市场延伸服务，增值服务水平持续提升，完成投行化服务国企混改。高效挂牌住宅集团、利和集团、天津信托等混改项目，助力海鸥表业、一商集团完成混改，全力为天津国企混改深改做好服务。

二、持续优化交易制度

2018 年，根据市场新需求和行业新变化，新增金融企业不良资产、金融企业债权、资产出租、技术类无形资产交易、权重报价、投资人择优评审专家管理等规则，修改完善动态报价、招投标、拍卖竞价细则，全面调整了交易收费制度。

三、持续加强信息化建设

天津产权交易中心坚持以资本市场为发展方向，以"互联网+"大平台、大市场为理念，加快实施信息化建设中长期规划。2018 年，一期项目通过验收，完成了"登记、交易、撮合、结算"四大中心的系统建设、24 个交易功能模块的开发、客户资源体系的线上整合、线下与线上结算的整合、各类业务交易撮合模式的统一等工作；上线 OA，实现了各类资产交易、各交易环节全流程电子化、业务常规审核标准化、出入金无纸化。

四、持续完善管控机制

进一步完善前中后台监督制衡机制及工作协

调机制，建立、完善 20 余项日常工作管理制度。进一步强化会员管理，优化单一会员机制，实行会员分类管理，加强会员业务培训，开展优秀会员评选。进一步加强业务运行管控，完善交易指标风险预警机制。加强专业交易市场风险管控，进一步明确了天津产权交易中心与下属单位的投资关系和经营管理责任，强化运营管控，加快培育良好的业务生态和发展空间。

五、全面从严加强党的建设

认真贯彻落实国有企业党建工作会议精神，细化全面从严治党主体责任，加强基层党组织建设，充分发挥党组织"两个核心"作用，持之以恒正风肃纪，推动党建工作向纵深发展，为加快实现高质量发展提供重要保障。

重庆联合产权交易所集团参与我国公共资源交易平台建设走出一体化、企业化、市场化的新路子

重庆联合产权交易所集团

2016 年 5 月，按照国务院关于整合建立统一的公共资源交易平台体系的决策部署，重庆市人民政府整合工程建设项目招标投标、土地使用权和矿业权出让、政府采购、国有产权交易、机电设备招标投标等市级公共资源交易业务板块，成立了重庆市公共资源交易中心。在原重庆联合产权交易所集团（以下简称重庆联交所）的组织架构基础上，加挂重庆市公共资源交易中心的牌子，实行两块牌子、一套人马，承担新设的重庆市公共资源交易中心的全部职能。在此后半年内，交易中心内部相继进行了职能配置、岗位设置和编制调整，一年内建立起公共资源交易服务系统、交易系统和监督系统，两年多时间建立起集约型、标准化、智能化、全覆盖的交易服务场所。三年来，基本上形成了从事土地使用权和矿业权出让、工程建设招投标、政府采购、国有产权交易等业务的服务体系。2016—2018 年，该交易中心坚持新发展理念，坚持要素市场化配置，累计成交各类公共资源交易项目 63441 宗，交易总额 8016 亿元，走出了一条产权交易所和公共资源交易平台组织架构一体化、治理结构企业化、业务运营市场化的新路子。

一、重庆市公共资源交易平台整合建立工作的特点

全国范围的公共资源交易平台体系整合建立启动之前，重庆联交所即为市属国有重点企业，是重庆市以国有产权交易为基础，集物权、债权、股权和知识产权等权益资产交易于一体的产权交易资本市场基础设施平台，拥有中央企业国有产权交易试点机构、国家专利技术展示交易中心、中央金融企业产权交易机构、中央国家机关行政事业单位资产处置平台、国家碳排放权交易试点机构、全国区域性中小企业产权交易市场试点机构和全国司法拍卖网络平台七个全国性交易资质，是首批通过国务院清理整顿各类交易场所部际联席会议备案的产权交易机构，是中国产权协会的副会长单位，是协会业务标准委员会主任单位，也是首批全国产权交易行业 AAA 级信用企业。以重庆联交所为基础，整合建立省级公共资源交易平台，此项工作具有以下特点。

（一）组织架构一体化

重庆市公共资源交易平台的整合建立，严格按照《整合建立统一的公共资源交易平台工作方案》（国办发〔2015〕63号）"整合分散设立的工程建设项目招标投标、土地使用权和矿业权出让、国有产权交易、政府采购等交易平台，在统一的平台体系上实现信息和资源共享，依法推进公共资源交易高效规范运行"的要求，对原重庆市工程建设招标投标交易中心、重庆市土地和矿业权交易中心、重庆市国有资产产权交易中心、重庆市政府采购交易中心、重庆市机电设备招投标交易中心等五个分散设立的平台进行了整合，将交易服务职能全部纳入重庆联交所，加挂重庆市公共资源交易中心的牌子，此外没有增设新机构。

（二）治理结构企业化

以重庆联交所为基础，整合建立公共资源交易中心后，按照公司制企业的治理结构，设定了价值目标、干部管理、党风廉政建设等方面的职责和任务。一是更高效的企业决策机制。减少了机构设立审批、人员编制核定、财政预算审批等环节，平台建设效率大大提高。二是更有活力的企业激励机制。实行"能上能下、能进能出、能高能低"的用工分配机制和绩效考核管理，"市场主体是衣食父母"成为管理层和全体员工奉行的服务理念，从根本上扭转了过去投诉、举报频发的状况。

（三）业务运营市场化

各个板块的业务都以国有产权交易为参照，进行了规则优化、流程再造、机制创新，激发了从业人员的积极性，工作质量和效率明显提升。例如，开展项目尽职调查，为委托方提供交易策划，协助制订交易方案；除通过法定渠道公开信息外，还通过微信、微博、App、召开项目推介会等形式广泛拓展业务；建立了市场主体信息库、投资人数据库，通过大数据分析实施精准推介；完善了服务链条，提供权证代办等配套服务，大大方便办事主体。

二、重庆联交所（重庆市公共资源交易中心）的建设、运营和管理成效

重庆市公共资源交易平台成立以来，在建设、运营、管理上取得了以下成效：

（一）平台从相加走向相融

整合前，工程建设项目招标投标、土地使用权和矿业权出让、国有产权交易、政府采购、机电设备招标投标五个市级公共资源交易机构分属于不同部门、分布在五个地方，服务标准、服务流程也有差异，不利于市场主体办事和监督管理。整合后，重庆联交所在统一服务规范、服务流程、服务场地等方面着力，推动各类交易从"物理相加"走向"化学相融"。①一个服务场地。自筹资金5亿元，用9个月建成集中统一的智能化、标准化交易服务场地，于2019年1月全面投入使用，市场主体办事更省心省力，监督管理更方便有效。置换的新场地建筑面积3万平方米，比之前五处分散场地节约近1万平方米，但交易服务有效使用面积大幅增加，使用效率提高1倍，平台服务承载能力也大幅提升，可容纳70余个项目同时进场开评标，每天可服务100个以上项目进场交易，可接待市场主体数千人次。②一套服务规范。对整合前原有的管理制度、交易服务流程、交易文书、办事指南、服务目录清单进行分类清理，解决内容缺失、重复矛盾、程序烦琐等问题，新制定了平台服务规范、首问负责制、一次性告知制、限时办结制等综合性服务标准，形成了235项服务规范体系，全部在"全国公共资源交易平台（重庆市）"公示，真正实现"一个市场、一套体系、一个标准"，让市场主体看得懂、社会能监督。③一套收费标准。坚持"公共服务、保本微利"的定价原则，连续两年下调公共资源交易服务收费，整体降幅达75%，市场主体改革获得感明显增强；建立全

市统一的市场主体信息库，统一CA数字证书技术标准，规范CA机构服务行为，实现跨区域、跨市场、跨行业互认，降低市场主体CA办理成本90%；取消软件服务商对市场主体的使用收费，成本全部由平台承担，每年再为市场主体减负3000多万元。严格落实信息公开和明码标价，实现官网、交易场所公开平台和CA服务商在收费清单、标准和依据上的统一。

（二）市场从封闭走向开放

整合前，原有的交易机构大多隶属于政府职能部门的事业单位，在公共资源配置上主要依赖于行政方式，停留于走流程，市场作用没有得到充分发挥。整合后，重庆联交所推动市场化配置方式向公共资源交易领域延伸，激发了市场活力，提升了经济社会效益。一是市场资源有效聚集。建立统一的公共资源交易公共服务系统，汇集交易信息、市场主体信息、专家信息、信用信息和监管信息，网站访问量日均超过10万人次，较整合之初提升近6倍。二是市场作用有效发挥。在产权交易领域开展投行化服务，国有资产项目竞价增值平均达到21.3%，国有资产招租项目平均溢价率达到45.7%。例如，中新大东方人寿保险股权转让项目，通过专业的市场化营销和网络竞价，促进项目以39.39亿元成交，比挂牌价16.03亿元增值23.4亿元，比股权对应净资产2.99亿元增值36.4亿元，溢价13.2倍，实现了国有资本高溢价回收退出。市场化交易方式还延伸到区县，盘活了大量地方资产、特许经营权，提升了地方财政收益。例如，云阳县城区预拌商品混凝土搅拌站经营权以496%的高溢价率成交，打破了云阳县仅有4家商品混凝土搅拌站垄断价格的局面。在土地出让领域，开展土块踏勘、定期回访等服务，连续两年举办春季土地推介会，到沿海城市参展布展，吸引30多家外地大型房企首次入渝投资，支持城市高质量发展。三是市场开放度、影响力有效提升。顺利承接世界银行贷款项目电子招投标试点任务，在全国率先实现世行项目电子化交易；联合湖北恩施开展异地评标，提升招投标质量；携手市交通局、成都铁路工程建设监管局推动西南片区铁路建设工程招投标来渝交易，结束重庆市无铁路项目交易的历史；作为西部地区唯一机构参与全国碳市场联合建设，开发运营中西部唯一一家加工贸易废料交易平台，推动环境成本合理负担机制和污染减排激励约束机制落地，增加生态补偿收入；与30多家央企集团公司开展资产交易合作，吸引原成都军区资产处置项目、长江上游航道资产项目入场。

（三）交易从线下走向线上

按照"建立全市统一、终端覆盖区县的电子交易公共服务系统和分类统一的电子交易操作系统、电子交易监督系统"的改革要求，重庆联交所（重庆市公共资源交易中心）累计投入7000多万元建成覆盖全市的公共资源服务、交易、监督平台，形成"云+网+端"的运行模式，推动公共资源交易从依托有形市场向以电子化市场为主转变。目前，国有资产、矿业权、碳排放权、排污权已全面实现网上交易，全流程电子招投标交易及监督系统在30个区县完成部署。全部投用后，预计市场主体招投标成本将下降60%。同时，通过搭建全市公共资源交易"一张网"，交易数据、交易信息实现"一网汇聚""一网公示"，并与全国公共资源交易平台、全国招标投标综合平台、重庆政务网、信用重庆等对接，实现数据、信息互联互通。

（四）管控从人工走向智能

搭建平台智能管理系统，采用人工智能、大数据分析、物联网、人脸识别等先进技术，整合信息网络管理系统、入侵警报系统、电话及融合通信系统、电视系统、多媒体信息发布系统、公共广播系统、视频监控系统、电子巡更系统、一卡通系统、会议系统、无线对讲系统、手机信号屏蔽系统、建筑设备监控系统、建筑能效管理系统、智能照明系统、排队叫号系统、专家身份验证门禁系统、RFID 定位系统、交易信息发布系统、变声询标系统、场地管理集中控制系统、远程评标监控系统、桌面云系统、移动 App 系统和微信公众号等近 30 个智能化子系统和近 700 个高清摄像头、300 个拾音器、200 个定位装置信息，将原来的分散运维和管理提升到一体化、智能化管控的新高度，实现交易管理与服务的智能管理、智能控制、智能调度、智能引导、智能操作，让交易服务更规范、更透明，让监督管理更方便、更有效。

（五）服务从粗放走向集约

交易服务场地集中后，整合效果进一步显现，实现了平台运营、管理、服务的集约化。①一站式服务场地，办事更便捷。工程建设项目招标投标、土地使用权和矿业权出让、国有产权交易、政府采购、机电设备招标投标、环境资源交易等各板块服务集中入场，服务窗口全部前移，实现了"一门受理""一窗通办"。例如，工程建设项目招标投标交易咨询、入场登记、合同备案、保证金退还等环节集中在一个窗口办理，精简了办事流程，提高了服务效率。设置多个自助服务区，90%的窗口服务事项均可在线自助办理，极大地方便了市场主体。此外，还提供复印打印、共享充电、订餐、直饮水、无线上网等人性化服务，全面提升市场主体的体验感。②一套智能系统，监督更有效。打造新场地智能综合管控平台，整合近 30 个子系统，将原来的分散运维和管理提升到一体化管控的新高度，为集中监管创造有利条件。利用物联网技术，对不同主体进行分类授权、分类管控和定位追踪，实时捕捉并显示市场主体、评标专家行动路线。③一个服务标准，交易更规范。推动线上电子交易系统与线下智能化管理平台对接连通，同类业务板块流程得到高度整合。新场地投用后，立即对原不同交易场地形成的管理规范、服务标准进行整合优化，真正实现"一个市场、一套体系、一个标准"，让市场主体看得懂、社会能监督。

三、重庆联交所（重庆市公共资源交易中心）走出"三化"路子的基本经验

公共资源交易业务链条长，参与主体多，执业风险高，受到社会广泛关注。重庆联交所（重庆市公共资源交易中心）对此有清醒认识，将党风廉政建设工作与公共资源交易服务紧密结合，围绕打造阳光、规范、公正、高效的公共资源交易平台，扎扎实实、有板有眼地开展工作，初步探索出以下五点经验：

（一）坚持用习近平新时代中国特色社会主义思想指导平台建设

重庆联交所（重庆市公共资源交易中心）在党委的集中统一领导下，不断强化思想武装，把学习贯彻习近平新时代中国特色社会主义思想、党的十九大精神、习近平总书记视察重庆重要讲话和参加 2018 年全国"两会"重庆代表团审议时的重要讲话精神，与学习党章党规党纪、宪法法律法规结合起来，与学习贯彻中央、中纪委，市委、市纪委，以及市国资委党委关于全面从严治党的重大决策部署结合起来，与公共资源交易平台整合改革要求结合起来，与平台建设发展结合起来，在平台建设、运营、管理中，始终将政治建设摆在首位，牢固树立"四个意识"，坚决做到"两个维护"，提高政治站位，强化政治担当，为平台的建设发展提供了坚强有力的政治保障。公共资源交易平台成立以来，从未发生违法违纪案件。

（二）厚植公共资源交易平台市场化理念

重庆联交所（重庆市公共资源交易中心）紧紧围绕"要素市场化配置"的改革目标，在平台建设、运营、管理中，厚植并不断强化公共资源交易市场化理念，促进市场功能作用的发挥。一是增添市场化服务措施。将产权交易资本市场多年积累形成的市场化服务理念和方法逐步植入其他公共资源交易领域。例如，在土地使用权出让交易中，实地踏勘每个出让地块的地形地貌、区域规划、周边配套、附近房地产价格等信息，编制推介手册，供投

资人参考；举办土地推介会、土地沙龙等活动，推动土地招商。二是建立开放的市场服务体系。始终将公信力建设摆在首位，坚持在规范的基础上开拓创新，在服务好公共资源交易的同时，向社会资源要素交易开放，提升市场服务经济社会发展的能力。2018年，重庆联交所（重庆市公共资源交易中心）公共资源交易目录外的项目成交数量占比达到57%。三是实行市场化考核激励约束机制。针对每类业务的创新程度、难易程度、工作强度等，结合交易效果与质量，分别制订绩效考核指标和考核办法，营造优质优评、多劳多得的工作氛围，激发员工干事热情。

（三）完善国有公司制企业的治理结构

重庆联交所（重庆市公共资源交易中心）认真落实《关于深化国有企业改革的指导意见》《关于在深化国有企业改革中坚持党的领导、加强党的建设的若干意见》，明确并做到了把加强党的领导和完善公司治理统一起来，明确并确保了国有企业党组织在公司法人治理结构中的法定地位。按照相关要求，建立现代国有企业管理体系，建立党委会、股东会、董事会、监事会、经理层相互制约、相互促进的治理结构，全面落实"双向进入、交叉任职"，确保交易服务规范创新发展。领导班子由市委、市政府统一管理考核，肩负"一岗双责"，执行薪酬统一管理和信息公开公示制度，接受审计、巡视、监察和人民群众的监督，接受政府部门的综合监管、行业监管，接受纪检监察和金融管理部门的日常监督，接受市场主体和社会公众的广泛监督。

（四）建立严格的自律制度

重庆联交所（重庆市公共资源交易中心）从公共资源交易平台建设实际出发，建立起"机制+制度+科技"的风险防控体系，确保所有项目在进场后的交易环节不出问题。一是强化廉政监督机制。专设纪检监察室，配备专职人员，专门调选两名长期在纪检战线工作的同志任主任和副主任。同时，建立"受理、审核、办理"相对独立、互为支撑又相互制衡的业务运行机制和审计、监事、法务、财务、纪检"五位一体"的风险防范机制，将合法合规性审查与监督贯穿于平台交易各环节。二是完善廉政内控制度体系。建立员工廉洁从业若干规定、员工行为规范、保密制度、经营投资管理责任追究办法、问责处理与经济处罚规定、信访举报案件管理办法等廉政控制制度，强化服务规范和廉政风险管理；紧扣公共资源交易全过程，开展全面廉政风险排查，编制《交易中心工作人员廉政风险防控手册》，列出廉政风险点444个，并逐一制定防控措施。三是强化涉密信息的技术管理。针对招标文件下载信息、质疑人信息、投标信息、保证金缴纳信息、评标专家信息等处于保密期的信息，依托云平台建立四重网络安全防护体系，配置堡垒机控制主机访问权限，业务电脑实行云桌面统一控制，堡垒机、系统日志自动记录所有登录的访问信息、操作过程，并全程留痕，可溯可查，形成管理闭环，既防止外部的网络入侵、黑客攻击，又防止内外勾结、信息泄密。

（五）加强交易业务的科学管理

采用多重防范措施，维护市场秩序，防范不良行为。一是严格落实"背靠背"投标制度，取消传统的投标报名环节，让市场主体自主下载招标文件，防止潜在投标人信息提前泄密。建立完善的保证金管理制度，实行投标保证金集中管理，加强托管银行的管理考核，建立保证金系统全程访问日志库和定期巡检、日志比对等风险排查机制，防止信息泄露。二是合理布局功能分区。将服务大厅、开标区等开放区设在裙楼，利于人员疏散；将评标室、专家抽取室等封闭区设在塔楼，加强信息保密。三是严格人员动线管理。通过单设进出通道、专用电梯和门禁系统，授予不同通行权限，物理隔离评标专家和代理人员。四是加强专家信息保密管理。专家抽取和名单打印设在封闭区域，通过加密专用终端抽取评标专家，专家名单提前10分钟密封打印，并直接进入评标区，整个过程全程监督监控。五是实行全方位无死角智能监控。通过场内安装的音视频监控设备和定位装置，对每个专家、招标人或代理人员实施全程精确定位追踪和音视频监控；同时，建立场地入侵报警系统、电子巡更系统，防止无关人员或不良人员潜入交易场所。六是把大数据分析技术引进平台运营管理工作。建立了公共资源交易大数据分析应用系统，对投标文件的特征码、标书雷同性、报价离散度、市场主体关联关系、异常中标率等进行分析、预警，为交易监督提供支撑。

武汉光谷联合产权交易所 2018—2019 年业务动态

一、光谷联交所整体经营业绩稳步提升

2018 年，在宏观经济下行压力下，光谷联交所整体经营业绩稳步发展，全面完成省国资委业绩考核指标。一是国有产权交易稳步推进。按照当前国资监管和国企改革各项要求，服务省属国企"降杠杆、减负债"和各项改革工作。贯彻落实降低企业成本、增强经济发展新动能的要求，降低国有资产产权交易收费标准，通过增值服务弥补收入差距。深入服务重点客户和项目挂牌，与省科投、省长投签订战略合作协议，对多家省属企业宣讲国有企业进场交易的政策和业务流程，积极推进小额资产动态报价系统实施。央企资产秉承"小事不小"的原则，提高项目成交率和增资率，与中信、武船等央企建立业务合作关系。光谷联交所江城分所牢牢把握混改机遇，积极对接增资项目，努力开拓新业务增长极，公房招租业务模式基本成形。二是行政事业资产交易深度拓展。紧抓行政事业单位的重点客户和重点项目，服务省属行政事业资产持续进场交易，助力高校资产深化改革工作。完成我所第一单行政事业单位所属企业增资扩股进场交易项目，这也是我所第一单高校国有资产混改项目。三是金融资产交易服务能力提升。承担省财政厅关于全省国有金融资本管理专项课题调研工作，摸底排查全省国有金融资本情况。举办湖北省首届不良资产论坛，集中发布 620 多宗债权项目信息，总金额达 300 亿元，为资产端和资金端搭建有效沟通的桥梁。成功操作"湖北海虹集团等 37 户不良债权"项目，成为湖北产权市场首单不良资产跨境交易项目。设立 PPP 资产交易部，推进 PPP 资产交易平台搭建。四是涉讼资产交易创新模式。形成了"网拍+评估+金融"的涉讼业务新模式，积极对接全市法院网拍辅助工作，基本实现业务联系全覆盖，各项业务数据再创新高。共受理法院委托审计评估案件 2769 件，涉及案件金额 236.8 亿元。共接受市区两级法院网拍拍品 701 件，涉及案件金额 8.54 亿元。五是非公业务交易逐步成熟。在提高引入非公项目数量的同时，逐步提高引入项目的质量。例如，武汉精益眼镜有限公司 86.9% 股权项目，成交金额 1.01 亿元；武汉晨鸣万兴置业有限公司 40% 股权项目，成交金额 1.32 亿元。

二、成功举办产权市场诞生 30 周年系列活动

产权市场是在中国改革开放的伟大进程中应运而生的，湖北武汉有幸在改革开放的大潮中成为中国产权市场的发源地。湖北产权市场起步于 1988 年 5 月 11 日成立的武汉市企业兼并市场，之后经过了武汉产权交易所、武汉产权交易中心、武汉联合产权交易所，再到湖北产权交易所、湖北省产权交易所、湖北省产权交易中心，再通过省市整合，由湖北省国资

委、武汉市国资委、湖北省科技厅和东湖开发区管委会四家政府股东发起组建了武汉光谷联合产权交易所，到今天，湖北产权行业已经整整走过了30年。2018年5月，光谷联交所成功举办"中国产权市场从这里起步——湖北产权市场诞生30周年"主题展览，来自国务院国资委产权局、省市国资委、中国产权协会、全国同业机构的领导和行业专家共同回溯历史、展望未来，在产权业界、学界产生了重要反响。为展现这段历史，"中国产权市场从这里起步"主题数字展厅上线运行，综合运用多媒体技术和互联网手段，溯源产权行业起点和再现湖北产权市场30年的发展历程。

三、积极支持国家"一带一路"建设

作为国家发展改革委和商务部在古巴举办的"经济增长和国有资产管理海外研修班"专家组成员，光谷联交所党委书记、董事长陈志祥受国家发展改革委和商务部的海外培训项目邀请，已连续两年（2017—2018年）代表全国产权行业赴古巴哈瓦那为其高层干部授课，光谷联交所还多次接待包括多哥宏观经济发展规划研究班、中国—毛里塔尼亚共享发展经验研修班、非洲法语国家先进节能环保技术应用研修班等国家发展改革委"一带一路"国际研修班近百名国际学员来所及旗下相关平台参观学习，国家发展改革委还向光谷联交所发来书面感谢信，就光谷联交所大力支持该中心援外人力资源开发合作项目、积极接待各国官员、宣传并分享我国产权领域的发展历程及经验、支持"一带一路"倡议等表达感谢。

四、成功举办首届不良资产论坛

2018年6月8日，由光谷联交所与不良资产行业联盟联合主办的"2018中国湖北不良资产行业发展论坛暨资产推介会"在武汉开幕。来自国内该领域600多位行业精英参加了本次论坛和推介会。湖北省内11家金融单位在活动中通过光谷联交所集中公开推介620多宗不良资产处置项目，总金额近300亿元。本次会议采用"高峰论坛+专题研讨会、资产推介会+资源交流会"全新会务模式，与会嘉宾结合湖北区域特点，通过九个专题研讨，探讨和研究化解湖北经济区不良资产的方法和措施，按规范化程序和市场化方式加快不良资产处置，将不良资产盘活、转化为优良资产，进一步促进湖北经济区及中国东部沿海地区的经济平稳、健康发展。

五、参与撰写改革开放40年经验总结专著

国务院发展研究中心为纪念改革开放40周年，组织专班编写《改革开放40年：市场体系建立、发展与展望》一书，其中的"中国产权市场建设与发展40年"部分由光谷联交所与北京、山东、广东等地的四家交易机构代表全行业共同完成，展现产权市场在改革开放进程中的重要贡献。

六、武汉股权托管交易中心各项指标位居前列

武汉股权托管交易中心在全国区域性股权市场已具有广泛的影响力。2019年8月6日，武汉股权托管交易中心融资总额突破千亿元大关，达到1000.17亿元，含股权直接融资428.28亿元、股权质押融资571.89亿元。规范培育小微企业，增强挂牌企业获得感，完成创新功能平台"湖北资本市场学院"和"四板优品汇"的搭建。积极为托管挂牌企业提供股权直接融资和质押融资等金融服务，2018年全年共为107家企业完成股权融资671笔，融资总金额177.91亿元，同比增长24.82%。积极推动私募可转债业务，制定私募可转债业务管理规则，储备可转债试点企业资源。跟踪证监会股权众筹试点政策，积极筹建股权众筹平台。举办第十八届华创会"区域性资本市场融资融智专场活动"，整合多方资源，构建综合性金融服务平台。

七、湖北碳排放权交易中心多项工作被列入省十大战略性举措

湖北碳排放权交易中心在市场指标、金融产品和业内影响力等多方面全国领先，为湖北省争创全国碳金融中心和碳交易中心奠定了坚实基础。经前期精心谋划和积极准备，在省发改委的支持下，由湖北碳排放权交易中心具体负责的构建全国碳排放权注册登记系统、组建"中碳登"、用能权交易试点、长江国际低碳产业园建设、碳汇大厦建设、成立湖北两山绿色产业基金、"一带一路"低碳大数据平台建设、全国碳交易能力建设培训中心建设和"南南合作培训基地"建设等重点任务和重大项目被列入《湖北长江经济带绿色发展十大战略性举措分工方案》（鄂政发〔2018〕27号），作为省级战略督办推进工作。湖北碳排放权交易中心还积极筹建湖北省绿色金融综合服务平台暨绿色金融协会，构建绿色金融政策数据库，开展绿色金融创新服务，探索绿色债券、气候债发行、碳金融产品等创新业务，形成可持续的经营发展模式。

八、武汉知识产权交易所荣获中国技术市场金桥奖

经过多年稳健经营，武汉知识产权交易所具有国家技术转移中部中心承建单位、全国知识产权服务品牌机构、国家知识产权局专利运营试点企业、中国知识产权发展联盟理事单位等重要资质，连续10年荣获武汉市科技局"优秀技术合同登记站"称号，2016年和2018年分别获得全国技术市场权威奖项——中国技术市场金桥奖"先进集体奖"和"集体突出贡献奖"，2018年是全国唯一获得该奖项的交易机构，也是湖北地区唯一荣获"集体突出贡献奖"的单位。近四年来，武汉知识产权交易所通过挂牌、公示等方式完成各类知识产权交易项目6793宗，成交金额180.62亿元；依托"湖北省专利投融资综合服务平台"和"湖北科技金融创新创业服务平台"，累计帮助企业融资37.56亿元，为知识产权交易运营模式创新、知识产权与金融资本融合发展以及金融服务实体经济做出了积极贡献。

九、湖北环境资源交易中心交易金额连续两年翻番

湖北环境资源交易中心深入推进湖北排污权交易试点工作，全省排污权交易取得突破性进展，成交量再创历史新高：2018年全年开展82次排污权交易，四项污染物排污权交易金额连续两年翻番，全省共有817家企业购买到排污权指标，涵盖宜昌、荆门、黄石、武汉等17个市（州）；强化交易平台建设，新交易系统即将上线运行；不断推动排污权二级市场建设，完成全省首笔二级市场交易。2019年初，湖北宜昌市完成全省首笔排污权抵押贷款，颁发了首张抵押贷款登记证，相关企业采用组合融资模式，成功融资3亿元。

十、武汉国际矿业权交易中心服务矿企绿色发展

武汉国际矿业权交易中心积极顺应国家政策，坚持贯彻国家绿色发展战略，用系统思维统筹山水林田湖治理，主动进行绿色矿山建设宣传，引导矿山企业进行绿色矿山建设。截至目前，已承接松滋市绿色矿山示范区建设方案采购项目、孝感广盐华源制盐有限公司西头村盐矿和大悟振兴石业有限责任公司绿色矿山建设方案及自评估报告项目。除此之外，武汉国际矿业权交易中心积极开展孝感市、应城市、阳新县绿色矿业发展示范区创建工作，得到自然资源管理部门领导的高度赞扬。

十一、恩施硒资源国际交易中心建设硒产业大数据平台

恩施硒资源国际交易中心立足于服务恩施硒产业发展，全力整合上下游产业链，完成硒产业大数据平台建设，广泛汇聚大数据资源，推进"硒资源交易生态体系"建设。

山东产权交易中心 2018—2019 年业务动态

我国产权市场应经济体制改革的大潮而生，是在服务国有企业改革和国有经济结构调整的基础上发展起来的。2018 年以来，面对国内外复杂的经济形势，山东产权交易中心（以下简称山东产权）在山东省国资委的正确领导与大力支持下，坚持以习近平新时代中国特色社会主义思想为指引，积极适应国内外经济新趋势，深入贯彻新发展理念，不断推动各项事业向前发展。

一、宏观环境分析

（一）山东省经济环境

近几年，山东省在以习近平同志为核心的党中央坚强领导下，坚持以习近平新时代中国特色社会主义思想为指引，深入学习贯彻党的十九大精神，全面贯彻落实习近平总书记视察山东重要讲话、重要指示批示精神，坚定不移贯彻党中央、国务院决策部署，坚持稳中求进工作总基调，贯彻新发展理念，落实高质量发展要求，以供给侧结构性改革为主线，聚焦重点任务，精准施策攻坚，经济社会持续健康发展。

2018 年，山东省出台新旧动能转换重大工程实施意见和实施规划，构建起"10+4""6 个 1"协调推进体系，通过专项规划、基金保障、智库支持等实现十强产业全覆盖。同时扎实推进"双招双引"，促进改革开放迈上新台阶，以增强微观主体活力为重点，深化国资国企改革。一是加快实现从管企业向管资本转变，完善国有资本投资公司、国有资本运营公司管理运营方式。二是实施省属企业混合所有制改革三年工作计划，鼓励民营资本参与国企改革发展。三是深化国有资本授权经营体制改革，推进符合条件的省属上市公司实施股权激励、非上市公司开展中长期激励试点。2018 年，省属 58 家试点企业混合所有制改革基本完成，321 家"僵尸企业"总体完成处置。

2018 年，山东省经济运行总体平稳，全年实现生产总值 7.65 万亿元，比 2017 年增长 6.4%。

2019 年，山东省以供给侧结构性改革为主线，全面实施八大发展战略，全省经济运行呈现总体平稳、稳中有进、进中向好态势。一是启动实施"现代优势产业集群+人工智能"十大工程，推动钢铁、焦化、地炼、电解铝等高耗能行业转型升级，加快了新旧动能转换。二是践行新发展理念，深入实施八大发展战略，聚焦"工作落实年"，全力以赴抓贯彻、抓执行、抓推进、抓见效，经济社会持续健康发展。三是"四新"经济增势强劲，865 个新旧动能转换优选项目和 104 个省重大建设项目，分别完成投资 2407 亿元和 1172 亿元以上，"四新"经济增加值占比达到 28%、投资占比达到 44.8%。四是重点领域改革向纵深推进，省属国有企业混改三年行动计划启动实施，省机场管理集团挂牌成立，山东重工、中国重汽完成战略重组。2019 年，全省生产总值增长 5.5%。

（二）山东省产权市场发展环境分析

国内经济将继续保持"三期叠加"下的经济新常态，"三去一降一补"任务艰巨，淘汰落后产能、改造传统动能、培育壮大新动能是经济结构转型升级的必然。面对经济新常态，作为资本市场的一部分，山东省产权市场将不得不面对以下趋势：

一是国际国内经济形势低迷，市场主体投资并购积极性下降。一方面，受国际经济增长放缓和中美贸易摩擦的共同影响，市场主体投资逐步收紧，造成并购市场活跃度、成交率大幅回落；另一方面，当前国内经济正处在增长速度换挡期、结构调整阵痛期、前期刺激政策消化期"三期"叠加的关键阶段，增速换挡的压力和结构调整的阵痛交织，新动力虽加快孕育但体量较小，在短期内难以弥补传统动力消退带来的影响，导致部分要素交易量下降。无论是国内还是省内，都处在新旧动力转换的关键阶段，山东省产权市场需要主动适应当下的经济新形势。

二是产权制度和要素市场化配置等系列经济体制改革对产权市场提出了新的战略性要求。党的十九大报告明确提出："经济体制改革必须以完善产权制度和要素市场化配置为重点，实现产权有效激励、要素自由流动、价格反应灵活、竞争公平有序、企业优胜劣汰。"2019年10月31日，党的十九届四中全会《中共中央关于坚持和完善中国特色社会主义制度、推进国家治理体系和治理能力现代化若干重大问题的决定》进一步提出，要"推进要素市场制度建设，实现要素价格市场决定、流动自主有序、配置高效公平"。这些重要论述进一步深化了对社会主义市场经济规律的认识，进一步坚定了社会主义市场经济改革的方向，进一步明确了完善产权制度、实现产权有效激励的目标。产权市场作为为国有产权形成、运营、流转服务的非标准化资本市场和资源配置的基础平台，在当前和今后一段时间内，应努力完善产权管理制度、有序规范产权流转、实现产权资源的保值增值。

三是国企改革顶层设计决定了产权交易资本市场服务供给侧结构性改革和国企国资改革任重道远。党的十八大以来，特别是党的十九大以后，无论是在政策层面，还是在执行层面，央企和地方国企改革的整体步伐和力度均呈明显加快态势。国有企业改革也实现了从放权让利、调动积极性到抓大放小、资产重组，从管企业到管资本的转变。随着国企改革顶层设计的逐步明确，国企国资改革将面临新一轮"僵尸企业"处置、新旧动能转换、混合所有制改革等诸多改革任务，越来越需要借助资本市场的力量来实现改革目标。2017年，山东省政府陆续出台了《关于加快推动国有企业改革的十条意见》及相关改革配套文件，从优化发展环境、加快转型升级步伐、深化供给侧结构性改革和体制机制改革三个方面制定了具体政策。山东省产权市场作为非标准化资本市场，需要在更大程度、更广范围内发挥资源配置的基础平台作用，衍生出更强大的增值服务功能，从而承担起服务供给侧结构性改革和国企国资改革的重担。

（三）山东省产权市场面临的困难与挑战

在经济增长与下行压力交织、国内外经济形势复杂多变的背景下，山东省产权市场在迎来巨大发展机遇的同时，面临着诸多困难与挑战。

一是产权市场面临传统企业国有产权资源日益萎缩以及创新新兴业务模式的挑战。中国的产权市场应经济体制改革大潮而生，随着经济社会发展和国企改革步伐的不断加快，各地国企改制工作基本完成，企业国有产权存量资源日益减少，产权市场的传统业务比重在持续下降，交易机构面临着生存空间压缩、市场效应减弱、创新动力不足的严峻考验。在国家政策和经济发展形势的引导下，产权市场增量交易逐渐活跃，对改革领域、改革深度的挖掘将产权领域拓宽至林权、水权、知识产权、大数据交易、体育、碳排放、环境产权等新业务板块，这些对产权市场的业务模式和市场整合提出了新的挑战。从交易品种来看，山东产权拥有国有资产、行政事业资产、金融资产、央企资产、涉诉资产、文化产权、海洋产权、体育产权、农村产权、技术产权十大业务板块，但仍有大量要素交易品种未被纳入，已开展的要素交易品种也存在省内同业竞争的情况。

二是来自互联网金融、互联网企业的挑战。信息化是产权市场生存的必要条件，但高度信息化已成为产权市场持续发展的重要风险源。以阿里巴巴为代表的电商平台利用互联网，以开放、民主的商业创新模式，给金融业带来了颠覆性影响。淘宝、京东等电商平台的网络拍卖等，使产权市场面临的竞争环境更加严峻。

三是山东省资源要素市场尚未实现整合统一，各类要素活力难以充分激发。资源要素市场的整合、统一、共享是推进要素市场化改革，促进形成强大国内市场，优化营商环境，实现"要素价格市场决定、流动自主有序、配置高效公平"总体目标的重要路径。但是，目前山东省要素市场平台尚未完成整合，部分要素市场还存在各自为政、单打独斗的情况，不利于形成市场合力。此外，部分公共资源进场交易落地难、公共资源交易市场化程度不高、市场效应不明显等诸多问题，也影响了业务的正常开展。在国内，广东、湖北已经通过集团化方式实现了全省要素市场的整合统一，搭建起了具有地方特色的资源要素市场平台，市场交易品种不断丰富，各类要素活力被充分激发，交易信息、集中结算、信息数据等方面优势得以充分发挥，形成了强大的发展合力。

二、山东产权发展情况

（一）"产权公社生态圈"的建设

随着互联网的快速发展，跨越企业边界的大规模协作成为可能，山东产权充分运用互联网发展新理念，聚集各类资源，围绕市场化平台，将融资方、投资方、中介机构、个人等各类市场主体纳入一个市场体系，逐步形成了一个规范高效、合作共赢的"产权公社"生态圈。通过打造生态圈，盘活海量个体掌握的各种闲置资源，并通过利益共享机制实现平台与个人的共赢，从而在要素和非标资本市场领域打造资源资本化的共享生态圈。

在"产权公社"生态体系中，核心的"阳光平台"不断发挥高市场效应以及公益性、公信力的"一高二公"属性，吸附各种资源；围绕阳光平台，不断丰富文化产权、海洋产权、体育产权、农村产权、科技产权等各类业务资源，并运用投行思维将各行业要素、各区域资源纳入阳光平台；同时，外围整合引领各类中介机构共同形成综合配套服务体系，不断向前、向后、向外延伸业务链条，提供市场增值服务；最外层的海量个人和买卖双方，在"互联网平台+海量个人"的组织模式下粘连形成的共生共享大体系，将成为以各大中心城市为节点的互联网经济新业态的基础框架。

为实现"构建生态经济新模式，打造共享经济新业态"的发展目标，山东产权分三个层次，有重点地同步推进：一是以产权市场为依托，以"一高二公"为指针，集中整合全省的资源要素市场，实现资源优化配置，要素高效转化，特别是实现资源要素直接融资，为山东的实体经济服务；二是以集中、统一的资源要素市场为依托，以"一体两翼"为战略，把产权中心发展为集资本交易、要素转化、大众投行和社会服务于一体的多元化企业集团，在此基础上探索形成生态经济新模式；三是以生态经济新模式为依托，以产权公社为目标，以"让天下没有无用的资源"为使命，打造共享经济新业态。

（二）"四位一体"的市场化业务体系建设

经过多年创新发展，山东产权已成为资本交易、信息科技、大众投行和社会服务"四位一体"的市场化、生态化企业集团。

一是资本交易板块。山东产权交易业务已涵盖企业国有资产、行政事业资产、金融资产、央企资产、涉诉资产、文化产权、海洋产权、体育产权、农村产权、技术产权十大要素板块，并成功拓展航空资产、数据资产、能源环境、自然资源、军队资产等新要素交易品种；在实现国资交易全覆盖的同时，不断开拓新业务板块，全面辐射公共资源和要素配置领域，打开广阔的发展空间，释放更大的发展动能。

二是信息科技板块。依托国赢大数据和乾云科技在云服务融合创新领域的优势，与业内共建山东可信云研究院，引领新一代信息产业发展，合力打造国际一流综合性可信云主体协同创新平台，助推科技成果转化及产业聚合；通过与省大数据局、大数据研究院合作，建设大数据交易所并孵化数据服务产业，建立以云服务平台为支撑、以大数据为新生产要素、以龙头企业为中心的产权云生态体系。

三是大众投行板块。充分发挥下属山东国赢资产管理有限公司在投资管理、基金管理等方面的融资服务功能，通过"平台+投行"业务模式创新，盘活各类资源或资产，打造集研发、投行、融资、培育等于一体的"1+N"综合配套服务体系，为市场主体开展投融资、并购重组、资源资本化提供一站式、全流程服务，连接资本与产业，为企业并购融资提供现代化、国际化视野窗口。

四是社会服务板块。快速高效推进司法辅助、阳光采购、招标服务、商贸合作等实体服务业务发展。作为网络司法拍卖辅助机构，为让各级法院当"店主"，我们甘做"店小二"，为山东省法院执行工作提供"加速度"，破解"执行难"困境；凭借山东招标、鲁成招标两家权属企业丰富的行业经验，在开展传统招投标业务的同时，创新开展设计、造价、监理等全过程咨询服务，为客户提供集成化、定制化工程咨询解决方案，不断放大专业化、集成化业务空间；搭建阳光采购服务平台，以"降成本、控风险、增效益、提质量"为目标，发挥市场驱动、采购自主、高效便捷、阳光规范、生态发展五大优势，为企业阳光采购提供第三方服务，推动国有资产运营与管理的市场化、公开化。

（三）资源要素直接融资模式的创新发展

在"三期叠加"的经济新常态下，"三去一降一补"任务仍然艰巨，淘汰落后产能、改造传统动能、培育壮大新动能是产业转型升级的必然。对企业而言，现金流是实现新旧动能转换的基础。目前在企业融资主要依赖银行信贷等债权融资渠道的现实情况下，企业降杠杆压力越来越大。另外，在庞大的企业基数面前，通过上市实现股权直接融资并成功化解风险的寥寥无几，融资难、融资贵问题突出。山东产权作为专门从事资源整合和价值发现的市场化平台，其平台属性决定了在未来较长的一段时间内，帮助企业改造提升传统产业、培育壮大新兴产业的任务艰巨。山东产权创新打造的资源要素直接融资模式，开辟了除债务性融资和权益性融资以外的新融资阵地，助力金融供给侧改革，服务实体经济发展。截至目前，山东产权通过市场化方式，累计为政府、企业实现资源要素直接融资2000多亿元，成为各级政府推进"双招双引"、各类企业推进新旧动能转换的主流选择。

三、山东产权行业整合建设情况

从2005年开始，山东产权以市场化手段对全省产权市场进行整合，通过逐一谈判，采取业务合作的方式实现了对全省（除青岛外）产权交易机构的整合。2007年，山东省人民政府办公厅下发《山东省人民政府办公厅转发省国资委等部门〈关于加强企业国有产权交易监管有关问题的意见〉的通知》（鲁政办发〔2007〕99号），对山东产权市场整合结果进行了确认，山东产权成为全省唯一从事企业国有产权交易活动的交易机构。济南、烟台、济宁、潍坊、滨州、菏泽六市原产权交易机构改造为山东产权驻市办事处，自此构建起山东省统一监管机构、统一信息发布、统一交易规则、统一审核鉴证、统一收费标准"五统一"的产权交易及监管体系。2015年，山东产权加挂山东省公共资源（国有产权）交易中心牌子。

2018年，根据山东省委、省政府《关于加快推进国有企业改革的十条意见》和《山东省国资委2018年推进国企国资改革发展和党建工作20件大事》的部署，山东产权提高站位，迅速行动，扎实推进阳光采购工作落地实施。2018年9月，阳光采购信息发布系统上线，山东产权与威海市公共资源交易中心启动战略合作，加挂威海分中心牌子；12月，与临沂市国资公司共同出资设立临沂市公共资源交易有限公司，加挂分中心牌子。2018年，山东产权作为会长单位，筹建了山东省公共资源交易协会，进一步加强山东省公共资源交易主体、运行服务机构及政府主管部门之间的沟通协调，充分发挥山东产权在全省公共资源市场建设中的引领带动作用，大大提升了山东产权在公共资源交易领域的影响力。

广东省交易控股集团2018—2019年业务动态

广东省交易控股集团党委副书记、总经理 刘志鸿

一、广东产权市场发展存在的薄弱环节

（一）市场功能待完善

与全国产权交易机构基本相同，广东产权市场主要服务对象是国有企业，交易品种主要是国有产权和国有资产，总体来说，交易产品创新相对不足，并购融资功能相对薄弱，制约了市场的发展。

（二）市场体系待合理

长期以来，全国产权市场主要是为国有企业产权转让提供服务。在国有资产分层委托代理和分级监管体制下，产权市场同质化问题突出，表现为机构数量过多且平均交易规模偏小，市场设立分散且层次不清。党中央22号文件将产权市场定位于资本市场，构建符合资本市场运行规律的市场体系是当务之急。

（三）市场立法待加快

虽然《企业国有资产法》出台已近十年，但因为该法不是有关市场交易的专门法律，所以有关产权市场的定位及性质、机构设立及条件、监管部门及职责、中介组织及作用、行业协会及自律等基本内容都未涉及。显然，《企业国有资产法》难以调整产权市场发展中出现的突出问题，影响产权市场规范发展，必须尽快推动产权市场的立法进程。

（四）市场服务待优化

产权市场受现有体制影响，交易机构的市场服务理念相对薄弱，市场化服务意识有待加强。广东产权市场在实际运行中，应当增强服务意识，加强融资等市场服务功能，优化并健全市场服务制度，切实为各类产权性质的交易和并购重组提供针对性较强的服务，满足各类市场主体的进场交易需求。

二、广东产权市场在提高国有资本配置效率方面的根本任务

（一）始终把服务国企改革作为立身之本

针对国有资产总量较大、国有企业数量较多的实际情况，我国对国有资产的处置采用了中国特色的产权市场制度，即法律法规规定国有产权和国有资产必须进入产权市场交易。实践证明，我国独创的产权市场在国企改革中发挥了不可替代的作用。国有产权只要进场交易，规范交易的市场制度就能够有效防止腐败、减少国有资产流失。在中国，服务国企改革是产权市场的历史任务。

（二）始终把保护国有产权作为市场基石

产权市场是依法设立并依法保护产权的市场。我国通过立法，一方面建立了较为齐备的国有资产管理制度；另一方面建立了规范的产权市场，把国有产权转让中容易导致资产流失的环节全部放到产权市场公开进行，通过规范的市场制度和市场规则减少国有资产流失，大量国有产权场内交易的成功案例就是最好的佐证。因为产权市场具有预防腐败的功能，2009年，国家将企业国有产权交易制度上升为国家法律，出台《企业国有资产法》。该法的第五十四条规定："除按照国家规定可以直接协议转让的以外，国有资产转让应当在依法设立的产权交易场所公开进行。"至此，国家从法律层面规定国有产权（资产）必须进入产权交易场所转让，这也是国家对产权市场预防腐败功能的认可。

（三）始终把市场监管和风险防范作为根本职责

广东产权市场是经有关政府部门批准设立并具备社会公信力的市场。为了确保市场规范运行，

政府相关部门对选定的交易机构进行有效监管。例如，国务院国资委对产权交易机构的交易系统加装监控系统，可以对国有产权交易的重要节点进行实时监控；行业协会作为行业自律组织，对入会的产权交易机构进行自律监管。广东产权市场不但建立了监管制度规范自身行为，而且通过各种制度规范会员等市场中介组织和市场从业人员的行为，通过专业培训，以及大数据和互联网等新技术，不断增强市场风险防范功能，将市场监管落在实处。多年来，广东产权市场发生重大市场风险的概率较小，说明产权市场一线监管是有效率的制度。

三、完善广东产权市场的相关措施

（一）完善全省产权市场统一运行制度

第一，完善全省统一的产权市场制度。广东联合产权交易中心（以下简称联合交易中心）挂牌运行标志着全省产权市场统一制度正式实施。但是，全省统一的产权市场制度还需要不断完善。一是完善统一交易平台服务功能。联合交易中心作为全省唯一的从事国有集体产权交易的平台，应当在"六统一"制度的基础上，进一步加强对子平台（南方联合产权交易中心、深圳联合产权交易所、广州产权交易所、珠海产权交易中心）的规范管理和有效服务，进一步完善对各类市场主体的服务机制。二是提升统一交易平台的服务水平。按照省政府要求及全省产权市场发展新形势，联合交易中心应当依据公司属性和平台作用，提升现有的规划和服务功能，积极开发交易新品种和市场新功能，更好地为子平台提供业务指导和业务监管。三是获得统一交易平台的新资格。联合交易中心应当在省政府及相关部门的支持和股东单位的协助下，争取国务院国资委等部门的认可，尽早获得央企增资扩股业务资格。四是实现统一交易平台的深度融合。我们应当认识到，全省产权市场的统一是国家建立统一开放、竞争有序的现代市场体系的总体要求，是广东产权市场服务粤港澳大湾区的基础市场制度，也是广东产权市场更快、更好、更大规模发展的必需条件。因此，我们必须深刻理解全省产权市场统一的重要意义和深远影响，深刻理解省政府统一全省产权市场的要求，在各级政府的大力支持下，减少市场藩篱，进一步按照《公司法》规定，实现股权等方面的深度融合，使联合交易中心（母平台）与子平台依法规范运作，唯有如此，统一、高效、规范运作的广东产权市场才能发挥作用，服务国企改革、提高国有资本配置效率、服务各类实体经济、满足中小企业直接融资等市场目标才能实现。

第二，完善全省统一的股权托管和股权交易市场。建议省政府及相关部门发挥产权集团综合性资本市场的优势，对省内具有股权登记托管和非上市企业股权交易的市场进行整合，以全省唯一具有股权登记托管资质的广东股权托管中心为依托进行整合，将股权托管中心建设成为服务各类所有制企业，集确权、登记、托管、分红、派息、融资及处置等于一体，功能完善的区域性股权交易市场。股权托管中心应当在股权托管登记、"僵尸企业"处置、国有企业混合所有制改革等业务基础上，积极开展非上市企业的股权交易、交易咨询、交易结算、并购重组、增资扩股、质押融资及财富管理等服务，拓展企业直接融资渠道。

第三，完善全省统一的金融资产交易市场。经过多年规范运行，集团旗下的广东金融资产交易中心已经成为以全省金融资产等交易为主、具有强大融资功能的非标资本市场。经批准，广东金融资产交易中心已经具有银行不良资产跨境转让试点资格，增加了金融资产跨境交易新通道。为此，建议省政府及相关部门对省内具有类似职能的同质性交易平台进行整合，将广东金融资产交易中心建成省内统一运行的交易平台，使其成为立足粤港澳大湾区、面向国际的金融资产交易平台，为广东经济发展做出更大贡献。

第四，提升集团综合性市场服务功能。经过五年的发展，集团已经成为集产权和要素于一体的非标准资本市场。为了进一步做优做强做大广东产权市场，集团制定了新的发展规划和实施方案，力争用三年时间，在完善集团现有职能的基础上，进一步提升综合性市场功能，建立符合资本市场要求的新型资本市场；以"一带一路"为市场发展导向，建成具有中国特色、水平一流的交易控股集团并实现整体上市，为广东经济发展注入新动力，开创粤港澳大湾区资本市场一体化发展新局面。

（二）强化全省产权市场的资本市场功能

党中央22号文件不但将产权市场明确定位于资本市场，而且将产权市场与证券市场并列，要求两个市场同时承担国有资本形态转换的重要任务，实质上明确了产权市场是与证券市场具有相同属性的资本市场，澄清了长期以来困扰业界产权市场如何定位的问题，不但给走过40年发展历程的产权市场进行定位，而且为产权市场发展带来新的机遇。产权市场发挥资本市场功能，关键是将市场交易功能提升为市场融资功能。不同于以营利为目标的投资银行等机构，产权市场是具有公信力的交易平台。要增强交易平台融资功能，应当以非投行机构的类投行业务为服务方式，按照32号令的规定，恪守市场公平交易规则，积极开展增资扩股等资本市场业务。因此，广东产权市场发挥非标准资本市场功能、实现为市场主体融资服务，必须立足自身定位，保持市场交易平台的公正性，全心全意为各类市场主体提供融资服务，不断满足实体经济的融资需求。

（三）提升全省产权市场"全方位"服务水平

广东产权市场作为中国特色资本市场的组成部分，其核心理念是提升服务水平、做好全方位服务。

第一，服务国家"一带一路"倡议。广东产权市场应当加快转型升级步伐，服务国家"一带一路"倡议，切实增强参与国际资本市场的意识，积极与国内外金融机构和投资机构实现合作，把产权市场业务拓展到"一带一路"沿线国家，为中国企业和当地企业的资本合作提供国际化服务。

第二，服务经济结构调整和深化国企改革。目前，国有企业承担着供给侧结构性改革的重要任务。广东产权市场要为国有企业"三去一降一补"、化解过剩产能、处置"僵尸企业"和低效无效资产提供更有效率的市场化服务，责任重大而任重道远。

第三，服务各类实体经济，提供产权保护。服务经济实体是产权市场赖以生存的基础，也是市场服务的起点和归宿。广东产权市场要强化服务实体经济的理念，通过结构调整和制度创新，不断发现和解决服务实体经济中存在的新问题，满足实体经济直接融资等方面的新需求。同时，广东产权市场不仅要为国企做好服务，还要为民企、外企、中小微企业及公共资源等不同所有制市场主体提供全方位的优质服务。在服务实体经济的同时，广东产权市场要按照《关于完善产权保护制度 依法保护产权的意见》，以公平交易为原则，完善各类产权进场交易的制度体系，使各类产权在市场交易中得到平等保护。

（四）推进全省"互联网+产权市场"平台建设

信息化是广东产权市场发展的一个基础性条件。集团五年来的发展实践表明，产权交易与互联网结合，可以提高市场运作效率、降低交易成本。当前，全省产权市场的信息化建设，已经从单个机构的局域网发展到若干个机构联合的区域互联网。为实现广东产权市场新发展，集团要为资本的顺畅流转和要素资源的优化配置做好服务，全力推进互联网、大数据、新智能等信息技术的应用，广泛运用"互联网+"等新型市场组织形式，满足产权市场开拓新领域、开发新产品等新需求。

广东产权市场应当加快信息技术平台建设。一是建立企业信用平台、资产交易服务平台、经纪会员培育平台、金融创新平台、产权服务平台、资产交易大数据平台等系统网络服务平台，逐步建设项目成果库、专家人才库、技术需求库、金融信用库、知识产权库、科技信息库等数据库；二是建立在线服务平台和项目信息推介专区，充分运用互联网技术，向进场交易的项目提供一次报价、限时报价、分段式竞价等新交易方式；三是建立投资人信息管理与投资意向平台，实现线上和线下的互动，提高项目信息的对接效率。

（五）实现全省产权市场的开放合作和共同发展

广东产权市场在发展中始终坚持开放合作，打破地域界限和业务平台分割，放眼全国拓展业务。一是积极发展区域性市场。由于产权市场的非标准化特点，交易信息对称性不高，交易品流转半径较小，市场开拓受到地域限制；而通过发展区域性市场，较好地解决了这些问题，提高了市场配置要素资源的效率。二是积极参与长三角、京津冀、珠三角等区域性产权市场建设。在行业协会指导下与全国产权交易机构开展协作互动和信息交流。三是加强与金融、投行、基金、资产管理公司等资本运作机构的合作，打开合作之门，并把合作渠道延伸到市场之外。四是加强与会员单位的合作。在一线监管前提下，加强与会员单位的合作，发挥会员参与市场交易的积极性，提高挂牌项目成交率。

（六）加强全省产权市场的人才队伍建设

产权市场的快速发展离不开人才队伍的建设。产权市场属于非标准交易资本市场，更需要重视培养各类专业人才，充分调动从业人员服务的积极性和主动性。因此，集团一贯重视选拔人才、使用人才、培育人才、留住人才，建立了有利于产权市场持续健康发展的人才制度体系。坚持集团文化理念，通过系统化培训等方式提高从业人员素质，使人才不断更新知识并提高业务水平，以适应资本市场发展需要。集团应从国内外金融、资本等市场引进高端专业人才，建立符合市场竞争要求的酬薪制度，充分发挥引进人才的从业积极性，逐步建成一支适应产权市场发展的稳定而长期的专业人才队伍，为广东产权市场的新发展提供新动能。

集团五年发展实践表明，产权市场作为国有资产交易平台，是低成本、高效率的制度安排。产权市场不但为国有资产进场交易提供了制度保障，而且不断强化市场功能，提高了国有资本配置效率，有效降低了国有资产在流转中的流失，确保了国有资产的安全。同时，在集团发展要素市场创新理念的引导下，市场制度产生了复制效应，带动了各类要素资源和非国有产权进入产权市场，成为促进省内实体经济发展的综合性市场服务平台。"产权市场，广东实践"得到国内外认可。

在习近平新时代中国特色社会主义思想的引领下，在省委、省政府及相关部门的大力支持下，集团遵循资本市场规律，不断深化体制机制改革，立足资本市场新定位不断满足市场新需求，不辱使命，不负重托，成为中国资本市场中独具广东特色的非标交易市场。我们相信，广东产权市场将以崭新风貌立足于粤港澳大湾区，傲立于世界资本市场之林，为国家经济发展、国有经济改革，为广东经济腾飞做出新贡献。

江苏省产权交易所2018—2019年业务动态

一、2018年度

(一) 打通境内外资产交易渠道，首例香港房产项目挂牌成交

2018年，位于香港铜锣湾礼顿道1号愉景楼一处房产，在江苏省产权交易所的精心组织下，以1056.03万元成交。这是江苏省产权交易所首例境外资产处置业务。

该项目情况复杂，处理难度大。一是内地和香港的房产交易法律法规存在差异，项目的顺利完成需做好两地的法律对接工作；二是交易资金结算烦琐，既要遵循内地国有房产交易资金结算程序和规定，又要符合外汇管理相关要求；三是异地房产交易存在信息沟通不及时、手续繁杂等问题。

江苏省产权交易所在接受转让委托后，认真组织项目调研、拟定处置方案，积极提供业务咨询、尽职调查、市场推介等综合性服务，每个服务环节都耐心细致，并注意把控各类交易风险，历时一年，该笔香港房产项目终于顺利完成。

该项目是江苏省产权交易所资产处置新模式的有益尝试，彰显了省产权交易所集聚资源、对接资本、发现价值的平台优势，以及高效的业务能力与优质的服务水平，为平台今后处理异地资产、境外资产交易等指明了方向、积累了经验。

(二) 发挥市场功能，服务国企调整资本布局

2018年，徐州矿务集团有限公司通过江苏省产权交易所成功挂牌转让所持天长市徐矿天然气有限公司51%股权，为该公司引入新投资者新奥燃气发展有限公司。

此次转让涉及城市燃气特许经营权，具有公共事业的特点。项目通过产权交易平台公开挂牌征集投资人，既体现了"公开、公平、公正"的市场原则，又可以利用平台资源广泛地征集意向投资人，从而找到合适的投资主体。接受项目委托后，江苏省产权交易所高度重视，对项目情况进行仔细研究，并与徐矿集团以及天长市政府反复沟通，制订出切实可行的转让方案。项目挂牌后，江苏省产权交易所采取多种途径进行推介，同时积极协助意向受让方对天长公司进行考察，最终该项目由新奥燃气发展有限公司成功受让。

交易结果实现了交易各方的共赢，得到天长市政府的高度认可。徐矿集团解除了低效投资对国有资金的长期占用，有利于企业集中资金聚焦主业，契合徐矿集团战略规划调整需求；天然气公司成功引进了我国环保清洁能源专业供应商新奥燃气发展有限公司，对保障天长居民生产和生活燃气供应、助力天长市经济发展具有积极意义。

(三) 积极服务国有企业"瘦身健体"

2018年，金陵饭店集团公司下属企业——江苏天泉湖实业股份有限公司拥有的一批闲置不动产，通过江苏省产权交易所以3614.44万元顺利转让，这是江苏省产权交易所盘活存量国有资产、服务国有企业供给侧结构性改革的又一成功范例。

金陵饭店集团公司是江苏大型省属国有独资企业。江苏省产权交易所根据江苏省委、省政府关于整合省属企业资源、发挥金陵饭店品牌优势、支持金陵饭店做强做优做大的有关精神，积极配合金陵饭店集团开展企业闲置资产处置工作。接受项目委托后，江苏省产权交易所高度重视，对项目情况进行仔细研究，并与金陵饭店集团反复沟通，积极为其提供业务咨询、尽职调查、市场推介等综合性服务，并注意把控各类交易风险，

最终，该批闲置不动产成功转让。

近年来，江苏省产权交易所依照其在资本市场的定位，主动服务江苏省国有企业改革，助力国企资源整合，推动要素资源市场化配置，取得明显成效。据统计，2018年以来，江苏省产权交易所通过资产处置、股权和债权转让等形式，为国有企业盘活存量资产超12亿元，有力地推动了国有企业聚焦主业、"瘦身健体"、提质增效，在国企集团优化整合和功能性重组过程中发挥了积极作用。

（四）六举措打造产权交易风险防控网

防范风险、规范运作是产权交易机构生存和发展的前提和基础。近年来，江苏省产权交易所按照"建立健全风险防控、建设阳光高效交易平台"的目标，从制度建设、思想建设、信息化建设等多方面入手，加强交易过程中对各类风险的防控，实现了国有产权的阳光交易、规范流转，促进了国有资产的保值增值。

1. 加强制度建设，夯实健康发展基础

针对交易类型制定交易规则，陆续出台了《国有企业资产交易规则》《国有企业增资业务规则》《产权交易资金结算规则》等，初步建立了覆盖全部交易类型的交易规则体系。

根据交易规则，制定相应的操作程序和服务细则，规范各类交易的服务内容、服务流程和服务标准，统一相关文件格式和要求，提升产权交易业务的规范化、标准化水平。

2. 完善内控程序，预防和控制各类风险

建立三级内控审核机制。对项目挂牌、报名、资金结算等交易全过程实行逐级审核，确保项目合规操作。

梳理不同类型交易的风险点，细化风险防范责任，强化责任落实，从机制上预防和控制各类风险。

3. 严把资料审核关，维护交易各方权益

把资料审核作为防范各类业务风险的基础环节，在业务咨询和受理、交易组织等过程中，严格执行受理审核规范和审核流程，从严审核各类材料。

对涉及问题较为疑难、情况相对复杂的项目，会同相关专家进行集体讨论，确保交易合法、合规，维护交易各方权益。

4. 推动全流程电子化，确保阳光交易

以信息化技术规范交易秩序，建成全流程电子化交易系统，实现了从项目挂牌、报名、竞价到资金结算全过程的网上操作。

交易系统直连国务院国资委监管系统，全程监控、留痕、不可逆；在省财政厅、省国资委、省公共资源网站同步公开信息，接受社会监督。

5. 强化培训学习，提升风险防范能力

不定期组织单位员工开展有针对性的业务知识培训，积极参加中国产权协会等组织的各类业务培训和交流，鼓励员工通过自学等方式充实专业知识、提高理论水平。2018年以来，单位人员共参加各类培训30人次，组织业务人员到兄弟交易机构学习交流25人次。

6. 深化廉政教育，筑牢防控底线

不断加强业务人员法律法规学习，深化廉洁服务教育，形成廉洁风险防控压力层层传导机制。出台《江苏省产权交易所员工廉洁自律具体规定》，制定廉洁自律10条禁令，员工违反禁令将予以问责，情节严重的将按规定终止聘用。同时，注重检查督导，按月考核，确保制度落地落实、常态长效。

（五）助力生态文明建设显成效

随着办公自动化程度的提高，江苏省行政事业单位的电子废物数量也在逐年增加。为进一步规范省级行政事业单位电子废物处置工作，提升电子废物处置效率，发挥省级单位在全社会电子废物规范处置中的示范带头作用，江苏省产权交易所进一步加强了对电子废物处置的管理。

加强政策宣传，提升省级单位生态文明建设责任意识。一是组织部分省级单位到专业处置企业参观，增强对电子废物处置必要性的认识，普及电子废物处置知识，提升各单位环保责任意识。二是主动走访相关行政事业单位，加强电子废物处置政策的宣传，征询电子废物处置工作的意见建议。

优化处置流程，提升处置效率。进一步优化处置流程，精简处置手续和材料；按照便民化原则，结合江苏省电子废物处置相关文件要求，制定《电子废物处置指南》，并在江苏产权市场网站（www.jscq.com.cn）公示，方便资产占有单位开展处置工作。

强化督促检查，提升管理水平。一是配备专人负责电子废物处置管理工作；针对目前省级机关反映的电子废物处置工作中存在的问题，召集相关处置企业研究解决方案。二是会同有关部门对定点处置企业的处置管理情况进行督促检查。

生态文明建设是关系中华民族永续发展的根本大计，是建设"强富美高"新江苏的必然要求。江苏省产权交易所承担着对江苏省省级行政事业单位电子废物处置实施归口统一的管理工作，多年来，积极发挥职能作用，切实强化电子废物处置工作，取得明显成效。据统计，三年来，江苏省产权交易所已累计处置电子废弃物500多批次，涉及电子废物12.8万件，收回残值327万元。

（六）建立三大合作机制，打造产权交易市场生态圈

为进一步发挥交易平台的市场化服务功能，提升平台的资本集聚能力、市场辐射力和资源配置效率，江苏省产权交易所紧紧围绕产权交易、股权登记、基金投资、金融资产交易、公物仓管理等核心业务板块，积极探索建立合作共赢的市场运营模式，打造产权交易市场生态圈。

一是建立会员制度，将融资方、投资方、中介机构等各市场主体纳入一个完整的市场体系中。主要包括四类会员，即经纪类、服务类、综合类和国企会员。会员制度是江苏省产权交易所引进社会力量、创新业务发展的有力举措。通过与会员的通力协作，既提升了江苏省产权交易所交易平台的专业化、市场化水平，也促使产权市场各方依托平台实现业务扩展和价值创新。自2018年1月1日实施会员制度至今，已发展各类会员近140家。

二是广泛建立战略合作，扩大项目信息发布与服务的范围和渠道。发挥新媒体平台在信息推广上的优势，重点打造微信官方平台，用户覆盖江苏、北京、上海、天津、重庆、广东、浙江、安徽等多省（市）。同时，与产权交易机构、房产、船舶、二手车等专业平台合作，实现信息互联互通，在房产、二手车、废旧设备等资产交易中，已形成稳定的客户群体，竞价交易活跃，成交率大幅提升。

三是推进产权交易"互联网+"发展，突破区域局限，连通全国市场。联合内蒙古、黑龙江、湖南、海南等地的八家产权交易机构，共同投资打造全国性互联网交易平台"e交易"。目前，"e交易"平台入驻交易机构近40家，注册会员近4万家，服务区域过全国1/3。平台内的交易机构打破区域壁垒、体制壁垒、资金壁垒、信息壁垒、资源壁垒，共享资源优势，互相依存、紧密合作、优势互补，大大拓宽了交易渠道和交易机会，提高了交易效率和效益。

二、2019年度

（一）推出多项创新举措，筑牢风险防控底线

产权交易市场是资本市场的重要组成部分，在完善产权保护制度、促进要素市场化配置、推动国有企业改革等方面发挥着重要作用，与此同时，又面临着交易风险、法律风险、道德风险、网络攻击风险等。如何通过制度创新，筑牢风险防控底线？2018年以来，江苏省产权交易所推出多项创新举措，扎牢制度笼子，有力地推动了江苏省产权交易市场的健康和稳定发展。

细化内部管理，加强风险防控。一是在产权交易方面，制定及修订了6项内部管理制度，进一步建立健全三级内控审核机制，坚持把资料审核作为防范各类业务风险的基础环节，从严审核各类材料，维护交易各方权益；二是基金投资管理方面，按照基金管理人风险指引要求，识别230余项风险点并制定应对措施，主动打造规范化、流程化的投资工作流程，进一步完善投资管理内控体系；三是金融资产交易方面，以"合规体系建设、风险防控化解、法治意识提升"为工作内容，建立健全风险预警、政策监测和风险审核机制，全年新制定业务管理制度6项；四是不定期组织员工积极参加行业各类业务培训和交流，充实专业知识，提高风险防范能力；五是不断加强业务人员法律法规学习，深化廉洁服务教育，坚持落实廉洁自律10条禁令，形成廉洁风险防控压力层层传导机制，筑牢防控底线。

充分利用互联网手段，增强发展动能。一是夯实制度基础，明确信息化管理中重点环节、关键节点的工作职责，压实工作责任，确保信息平台安全规范；二是构建全新数据中心，完善技术保障体系，提高基础设施性能，对分散应用进行整合，消除单点隐患，实现异地备灾，信息服务及网络安全保障得到全面提升；三是以信息化技术规范交易秩序，建成全流程电子化交易系统，实现交易各方"网上办、不出户、不见面"即可在线完成交易事项，大大提升交易效率，提高交易服务水平。

（二）创新产权交易业务，助力民营经济发展

江苏省产权交易所2019年首宗民营企业产权交易项目——江苏美通制药有限公司75%股权转让项目顺利成交，成交金额近3000万元。

民营经济是社会主义市场经济的重要组成部分，在稳定增长、促进创新、增加就业、改善民生等方面发挥着不可替代的作用。为优化江苏省民营经济营商环境，支持民营经济健康发展，近年来，江苏省产权交易所积极开拓民营企业产权交易业务。2015—2018年，共完成民营企业产权交易业务约10亿元。

在实施民营企业产权交易的过程中，江苏省产权交易所积累了丰富的经验、形成了自身的业务优势：一是"专业"。以国有产权交易数十年的成熟经验、交易体系以及投资人数据库为基础，结合民营企业产权交易特点，深入分析和挖掘项目价值，提高项目成交率。二是"灵活"。在恪守"公开、公平、公正"的原则下，根据民营企业产权交易项目的特点和交易需求，灵活设计交易方案，实行"个性化定制"，努力提高交易双方的满意度。三是"高效"。在国有产权交易既有规则的框架下，为民营企业产权交易项目制定规范、便捷的交易程序，提升交易效率。

下一步，江苏省产权交易所将继续贯彻中央及省委、省政府关于支持民营经济发展的要求，发挥产权市场"阳光便利、发现价值"的功能，进一步便捷交易程序、增加项目推介方式、优化资源配置和融资服务功能，为民营企业的资本退出、资产重组提供更优质、高效的服务。

（三）多措并举提升交易标准化水平

为提升产权交易服务质量和水平，近年来，江苏省产权交易所以运行规范化、交易电子化、服务标准化为抓手，不断加强标准化建设，有效促进了各项业务的开展，较好地服务了国资国企改革。

一是流程标准化。制定实物资产交易、股权交易、增资业务、房产招租等交易的流程，明确业务受理、信息发布、项目竞价、资金结算、档案管理等各个环节的规则、程序、时限、工作要求及注意事项，制定流程图，为每个交易环节提供更加规范、快捷、高效的服务和保障。

二是文本格式化。使信息披露、成交确认书、成交公告、交易凭证、各类协议等的格式和内容标准化，既提高了交易效率，又降低了交易风险。

三是审核规范化。明确了各类业务项目负责人、部门经理、分管所长和所长的项目审核重点和要求，规范了内部审核行为，提高了工作效率。

四是服务精细化。全面实行一次性告知、限

时办结、AB角等制度。为方便交易各方主体，根据交易类别，列示资料清单，实现了"最多递交一次材料"。针对报名、竞价、资金结算等关键节点交易各方易出差错事项，建立提示提醒机制。

五是标准化与信息化融合发展。依托e交易系统"产权交易"国家级服务业标准化试点成果，以产权交易标准业务模板为基础，结合江苏省产权交易所的交易标准化需求，积极推行"互联网+交易"发展模式，以信息化促进标准化，确保交易规则和各项制度要求的落实。

（四）开拓外资交易业务，畅通外商投资渠道

江苏省产权交易所2019年首宗外资收购业务——宁波零时尚商业管理有限公司23.529%股权转让项目顺利溢价成交，成交金额逾4000万元。

近年来，随着江苏省产权交易所交易平台影响力的不断提升、交易品种的不断扩大，吸引了越来越多的境外投资者的关注和参与。但是，由于外资收购项目涉及较多的法律法规和制度规定，风险控制点繁多，风险来源多样，交易程序设置与内资收购项目差异较大，交易面临诸多困难。江苏省产权交易所积极作为，迎难而上，主动对接相关职能部门，开拓外资交易业务。

一是梳理法律要点，保障交易依法合规。深入研究外商投资有关法律法规，梳理交易过程中有关外商主体资格认证、申购材料审核、资金结算等要点，灵活设置符合规定的交易程序，确保交易畅通。

二是完善资金结算渠道，满足监管要求。设立多种外币账户，方便交易方选择；与银行、外汇局多方沟通配合，打造顺畅的交易路径，满足资金监管要求。

三是拓展服务范围，提高交易满意度。不断拓展和延伸服务范围，为交易双方免费提供咨询、文本制定等服务，积极协调各项工作，努力提高交易各方满意度。

（五）深化平台服务，建立项目定期"回头看"机制

为切实提高交易效率、提升服务质量，江苏省产权交易所建立项目定期"回头看"机制，每季度末对在办项目进行全面梳理，重点摸清久拖未结项目底数，排查分析原因，集中力量研究推进措施，加快项目办结速度。

一是建立督办机制。对已经成交，交易双方因各种原因迟迟未办结过户的项目，建立台账，逐一分析原因，甄别情况，因情施策。明确项目负责人、部门经理、分管所长的职责，细化责任分解，强化责任落实。

二是加强督促指导。主动联系交易各方，加强沟通，了解项目在合同签订、价款结算以及过户中遇到的问题和阻碍，提出合理合法的解决方案，供交易各方参考，并对项目久拖不结可能导致的交易风险、法律风险等进行提示提醒。

三是优化纠纷协调服务。对存在严重纠纷的项目，建立由项目负责人、法务风控等组成的纠纷协调小组，快速协调处理争议，并在协调过程中为交易各方提供法律咨询服务，保障交易各方的权益。

（六）提高投融资对接效率，启动投资人库建设

江苏省产权交易所成立26年以来，已成为各类产权发现价格、发现投资者有效率的市场平台。为进一步提升市场价值发现功能，提高投融资对接效率，更好地服务创业创新，江苏省产权交易所对历年来的交易数据进行整理，启动了投资人数据库建设工作。

一是建立投资分析模型，促进投融资精准匹配。深度挖掘数据价值，分析交易过程中关键要素项，将交易各方按照交易行为、经济类型、经营规模、投资偏好等属性进行标注，按照不同标注建立不同的查询视图，方便投资人信息分类检索，提高精准推介效率。

二是探索诚信体系建设，加强产权市场诚信管理。对历年交易信息进行梳理，结合工商等三方数据，真实记录投资人交易诚信、社会诚信以及失信行为。对具有诚信风险的投资人进行预警，对失信者建立失信约束机制，有效防范诚信风险。

三是由专人维护数据，形成长效管理机制。每月由专人负责对系统新增数据进行筛选提炼，并与业务部门实际交易数据进行比对修正，确保数据更新及时准确，实现对投资人库的长效管理。

为适应国企混改新形势，拓展江苏省国企混改空间，7月16日，江苏省产权交易所与全国26家产权交易机构在成都签约，共建"国企混改项目信息发布平台"，实现一网发布全网获取，为江苏省国企混改与资本的有效对接、促进全国产权市场统一提供了新的跨地区合作范式。

全国产权并网，促进资本流动。"国企混改项目信息发布平台"将集聚各地产权交易机构的混改项目信息，实时共享到信息发布平台数据库，并在各地产权交易机构官网同步显示，以使投资人在各地产权交易机构官网上都能浏览全国混改项目详情，解决了混改项目与资本分布不均匀、不平衡问题，以共建共有、流量共享方式达到互利共赢。

打破区域隔离，投资人全国互联。"国企混改项目信息发布平台"立足各产权交易机构官网及其所附着的投资人资源，通过现代信息技术手段，帮助投资人"一站式"获取项目信息，进而实现投资人资源共享。这样，在方便投资人的同时，丰富了每家交易机构的"投资人资源"，打破了交易机构之间的地域隔离，实现了产权市场空间的成倍增长。

目前，"国企混改项目信息发布平台"已在江苏省产权交易所官网上线。下一步，江苏省产权交易所将按照资本市场的定位和要求，进一步提升产权交易机构在服务国资国企改革中的支撑作用，助力江苏省国企资源整合，助推江苏省国企改革向纵深发展。

青岛产权交易所2018—2019年业务动态

青岛产权交易所是国内较早组建的专业化产权交易机构之一，是青岛市公开、规范进行产权交易的唯一合法场所。自1993年成立以来，青岛产权交易所经历了"从无到有，从小到大，从弱到强"的发展过程，构建起较为完备的交易流程和规范的交易管理体系，形成了国有产权转让、企业增资、资产转让、公有房屋租赁以及其他权益资产交易等多品种交易平台。2018—2019年，山东省全面展开新旧动能转换重大工程，青岛市全面发起"推进国有企业改革攻势"，深入推进国有企业混合所有制改革工作。为配合青岛市国企混改、新旧动能转换等改革措施，青岛产权交易所推行了一系列适应新时代产权交易市场的新举措。

一、配合青岛市国企改革攻势，打造混改平台

近年来，青岛市委、市政府将推进国有企业混合所有制改革作为推进央地合作的重要途径，以"混"为纽带，以"改"促发展，先后推动了青岛港与中远海运，国投公司与招商证券，地铁集团、机场集团与国开基金等多个股权多元化混改项目，营造"央地结合、共谋发展"的双赢合作局面。混合所有制改革是当下青岛市市属

国企改革的重要突破口。2019年8月，青岛市国资委发布了《青岛市国有企业混合所有制改革招商项目书》，共涉项目109个，包括24个市属企业集团及85个子企业混改项目，涉及城市基础设施、工业制造、交通旅游、投融资服务、公共服务、金融服务和有关新兴产业等多个行业和领域。这是青岛市国资委落实"推进国有企业改革攻势"的重大举措，青岛产权交易所也为助力青岛市企业混合所有制改革、打造混改平台做了充分准备。

（一）共建"国企混改项目信息发布平台"

2019年7月16日，青岛产权交易所与全国26家产权交易机构在成都签约，共建"国企混改项目信息发布平台"，实现一网发布、全网获取。"国企混改项目信息发布平台"将集聚各地产权交易机构的混改项目信息，实时共享到信息发布平台数据库，并在各地产权交易机构官网同步显示，便于投资人在各地产权交易机构官网浏览全国混改项目信息，解决混改项目与资本分布不均匀、不平衡问题，以共建共有、流量共享的方式达到互利共赢。"国企混改项目信息发布平台"立足各产权交易机构官网及附着的投资人资源，通过现代信息技术手段，帮助投资人"一站式"获取项目信息，进而实现投资人资源共享。在方便投资人的同时，丰富了每一家交易机构的"投资人资源"，打破了交易机构之间的地域隔离，实现产权市场空间的倍数增长。目前，"国企混改项目信息发布平台"已在青岛产权交易所官网上线，为青岛市国企混改与全国资本的有效对接、促进全国产权市场统一提供了新的跨地区合作范式。下一步，青岛产权交易所将按照区域性交易平台定位和要求，致力于提升产权交易机构在服务国资国企改革中的支撑作用，助力青岛市国企资源整合，助推国企改革向纵深发展。

（二）升级交易平台，优化交易流程，为国企混改提供有效支持

国企混改的方式多种多样，核心资产上市、引进战投、引入基金、股权置换、并购认购可转债、PPP以及员工持股等，理论上都是国企混改的方式。如何将国企混改与企业产权转让、企业增资等国有资产交易制度有效对接，通过进场交易方式配合混改实施，对产权交易机构的工作提出了新的挑战。为适应国企混改相对多变的交易动态和交易形式，青岛产权交易所在交易平台升级、基础管理、流程建设等方面做了大量准备。

首先，拓宽信息发布渠道，增强门户网站动态交互功能。青岛产权交易所网站于2018年6月进行改版，以图文结合的方式突出了使用率较高的重点推介、交易规则、交易软件下载等栏目；对接青岛产权交易所综合交易平台和竞价大厅，网站首页实时显示项目竞价情况，进一步增强项目的公开透明性；对接全国产权交易机构国企混改项目信息发布平台，以"共建共有、分布管理、流量共享、业务独立"的方式实现了项目信息的互联互通。

其次，升级交易平台，强化企业增资功能。企业增资是国企混改的重要途径，青岛产权交易所升级了交易平台的企业增资功能，以投资方遴选为核心，按照现有增资成交模式设计系统算法。经过系统升级，青岛产权交易所综合交易平台企业增资模块满足了通过定价或竞价方式引进财务投资者和通过竞争性谈判、综合评议方式引进战略投资者的不同需求。同时，对在线结算等子系统模块化集成和资金项目自动匹配以及保证金交退款等功能也进行了升级，对国企混改提供全方位的交易系统支持。

最后，理顺交易流程，提升相关人员专业能力。从2018年底开始，青岛产权交易所连续派出多名业务骨干，对青岛市属、区属企业集团开展针对交易流程、交易服务等情况的调研，认真听取企业意见，在深入调研的基础上不断完善业务流程。制定出台了青岛产权交易所企业增资业务规则、信息披露操作指引、意向方登记操作指引、保证金管理办法等多个业务规则，并一直在完善。此外，在尽量实现交易业务标准化操作的基础上，为配合"青岛市国有企业实施混合所有制改革操作指引"的制定和下一步发布实施，满足国企混改对交易形式的多样性要求，青岛产权交易所探索成立业务咨询部门，专门针对复杂业务前期介入，提供增值服务。

二、发挥产权交易平台功能，服务新旧动能转换升级

2019年，山东省以新旧动能转换重大工程为引领，加快实施创新驱动发展战略，深化结构调整，培育壮大现代优势产业集群，打造高质量发展新优势。2018年6月14日，青岛市发展改革委、市动能办发布《2019年青岛市新旧动能转换重大工程行动方案》。实施新旧动能转换重大工程，是青岛市实现转型发展、创新发展、领先发展的重大机遇。

青岛产权交易所牢固树立和贯彻落实新发展理念，与青岛市推动新旧动能转换的核心需求相契合，充分发挥平台功能，服务地方经济转型升级。以青岛钢铁总公司为例，为响应青岛市政府环保搬迁要求，原青岛钢铁总公司实施整体搬迁，新厂区位于青岛西海岸经济新区董家口临港产业园，老厂区全部停产，大量设备处于闲置状态。青岛产权交易所成立新旧动能转换专项工作小组，服务于青钢新旧动能转换项目，配合淘汰落后产能，盘活闲置资产。经过青岛产权交易所公开挂牌，氧气厂区域资产包建构筑物及设备等资产1宗，以4800万元竞价成交，增值1100万元；四高线区域资产包建构筑物及设备等资产1宗，以2210万元竞价成交，增值60万元。同时，三高线区域和二高线区域资产包建构筑物及设备等资产正在挂牌过程中，未来青岛新机场搬迁工作的资产处置，也已列入工作计划。青岛产权交易所专项工作小组切实增强紧迫意识、责任意识和使命意识，以"功成不必在我""建功必须有我"的责任担当和雷厉风行、久久为功的工作作风，配合新旧动能转换工作，协助实现"腾笼换鸟"、资产变现，为促进青岛市国有企业健康发展发挥作用。

三、贯彻落实"放管服"改革，全面优化交易系统

为贯彻落实青岛市委、市政府关于加大"放管服"改革的指示精神，以更快更好地方便企业和群众办事创业为导向，降低交易成本，优化营商环境，为全市国有企业改革提供更高效的交易服务，青岛产权交易所结合当前全国产权交易市场和区域经济形势特色，与时俱进，转变观念，在保证国有资产合规交易的前提下，切实增强服务意识，不断提升服务能力、服务水平、服务效率。

（一）进一步提升软硬件设施

青岛产权交易所于2019年初迁入新址，设立了开放式服务大厅，设置4个服务窗口，开辟了洽谈室、大厅接待区等活动区域，在大厅内布置了电子显示屏实时显示项目信息，公示业务流程和收费标准，公示当日柜台值班人员，以便捷交易为目标，为交易各方提供全方位服务。

为提供更加高效、便捷的交易服务，减少交易过程中纸质资料的流转，青岛产权交易所充分利用技术手段，启用了"人证同一认证设备"。自然人携带身份证原件到青岛产权交易所大厅办理业务，通过设备比对身份信息，系统自动上传数据。此外，青岛产权交易所交易平台对接了知名征信服务公司的数据验证系统，对非自然人的营业执照照面信息进行验证，直接提取数据，只要验证成功的，不再要求复印营业执照。如此，既方便了客户，又通过设备实现身份验证，减少了人为操作失误，进一步保证了交易安全。

(二) 优化交易流程，提升服务质量

青岛产权交易所全面贯彻落实中共青岛市委办公厅、青岛市人民政府办公厅《关于印发〈青岛市深化"一次办好"改革深入推进审批服务便民化实施方案〉的通知》（青厅字〔2018〕32号）要求，营造一流营商环境，对交易流程进行了系统优化。首先，精简业务资料，通过公共信息系统采集或验证的交易各方主体资格证明类资料等，不再要求参与交易各方提交复印件。其次，优化业务环节，在满足交易规则的前提下，能减少或压缩的环节尽量减少或压缩。再次，充分利用信息化办公手段，交易过程中能通过电子邮件方式传递的资料尽量利用邮件传递，减少客户的跑腿次数。最后，制定青岛产权交易所服务标准，落实帮办代办、首问负责、一次性告知、限时办结等制度，践行服务承诺，严格责任追究。建立服务行为规范和服务评价体系，规范服务用语，通过一系列制度措施，切实提高青岛产权交易所的服务水平，为打造一流营商环境提供产权交易服务保障。

四、提升产权交易市场诚信水平，强化行业自律

行业自律是一个行业自我规范、自我协调的行为机制，也是维护市场秩序、保持公平竞争、促进行业健康发展、维护行业利益的重要措施。中国产权市场走的是一条自下而上、自发形成的发展道路。这种特殊的发展模式，一方面要求产权市场适应市场需要、自力更生，培育生命力与竞争力；另一方面也使产权市场至今缺乏统一的规划、指导和监管，出现条块分割与无序竞争。这一现状需要每一个行业从业者从规范自身行为做起，提高行业整体自律水平。作为协会的常务理事会员，青岛产权交易所秉承协会宗旨：遵守国家宪法、法律、法规和政策，遵守社会道德，坚持创新性、自律性原则，发挥政府与会员之间的桥梁和纽带作用，加强行业自律，为我国产权交易市场的规范发展服务，为维护协会会员的正当利益服务，为政府的决策和监管服务。

在行业自律方面，青岛产权交易所坚持把教育放在首位，加强廉洁自律制度建设，建立起警示教育长效机制。一是坚持党的理论知识学习与工作实际相结合，以产权交易行业内实际案例讲党课、讲廉洁、讲自律，进行切合实际的警示教育。全体员工在工作之余加强"学习强国"学习平台学习，加强思想道德文化建设，爱岗敬业，"不采华名，不兴伪事"，以担当尽责践行初心使命。二是完善诚信和职业道德教育制度，强化学习手段，通过每天显示廉洁自律教育电脑桌面、每季度在部门内开展集体讨论学习等，确保警示教育落到实处。三是全体职工重新签署职业道德与廉洁自律相结合的廉洁自律承诺书。没有监督的信任不是信任，是放任，每位员工都应习惯在有约束、受监督的状态下工作，时刻保持清醒，牢记工作纪律。四是部门经理首位问责制。专业、严谨的部门管理是组织高效、安全运营的基石，部门廉洁自律指标是衡量部门管理成效的重要考量依据。五是在廉洁自律方面建立严格的制度保障，通过制定交易信息保密制度、严肃员工工作纪律制度等约束内部员工行为，同时在网站公示相关承诺，严令禁止商业贿赂行为。青岛产权交易所在未来发展中将始终把行业自律工作落到实处，切实履行社会责任，稳步推进行业创新，通过自身努力提升产权交易市场的诚信水平，推动产权交易市场健康发展。

甘肃省产权交易所 2018—2019 年业务动态

一、成立九家子公司

（一）兰州新区联合产权管理服务有限公司正式揭牌成立

2018 年 1 月 16 日，由甘肃省产权交易所与兰州新区金融投资控股集团有限公司共同出资设立的兰州新区联合产权管理服务有限公司正式揭牌成立。仪式后，兰州新区联合产权管理服务有限公司分别与甘肃公航旅资产管理有限公司、兰州新区新广旅游文化传媒有限公司、兰州大成科技股份有限公司、舟曲县博大矿业有限责任公司、甘肃增鑫房地产开发有限责任公司现场签署了项目合作协议。

（二）平凉联合产权服务有限公司在工商联大厦揭牌成立

2018 年 4 月 18 日，由甘肃省产权交易所与平凉市城乡建设投资有限责任公司共同出资设立的平凉联合产权服务有限公司揭牌成立。仪式后，甘肃省产权交易所总经理赵永涛，平凉市城乡建设投资有限责任公司党委副书记、总经理唐常宁，平凉市城乡建设投资有限责任公司副总经理、平凉联合产权服务有限公司总经理柳振源在近百名与会者的见证下共同签署了《产权交易委托框架协议》。

（三）天水联合要素市场服务有限公司揭牌成立

2018 年 6 月 8 日，由甘肃省产权交易所与天水城市建设投资（集团）有限公司和天水投资发展有限公司共同出资设立的天水联合要素市场服务有限公司揭牌成立。

（四）酒泉市联合产权管理服务有限公司揭牌成立

2018 年 7 月 27 日，由酒泉市人民政府金融办、酒泉市经济开发投融资管理中心主办，甘肃省产权交易所、酒泉市经济开发投资（集团）有限公司协办的酒泉市联合产权管理服务有限公司成立暨"发挥要素市场功能　助力区域经济发展"研讨交流会在酒泉市财政局会议室成功举办。

（五）陇南市产权要素市场服务有限公司揭牌成立

2018 年 12 月 18 日，由甘肃省产权交易所与陇南市龙江城乡发展集团有限公司共同出资设立的陇南市产权要素市场服务有限公司揭牌成立。仪式后，陇南市产权要素市场服务有限公司先后与陇南市陇运汽车运输集团有限公司、陇南市龙江城乡发展集团有限公司、陇南市龙江金融服务有限公司、陇南市信通城市经济发展有限公司、陇南市富民产业发展有限公司签署了战略合作协议。

（六）定西产权要素市场服务有限公司揭牌成立

2019 年 3 月 4 日，由甘肃省产权交易所与定西国有投资（控股）集团有限公司共同出资设立的定西产权要素市场服务有限公司揭牌成立。仪式后，定西产权要素市场服务有限公司与定西市城投国有资产经营有限责任公司、定西市水务投资（集团）有限公司、定西市交通建设投资有限公司签署了战略合作协议。

（七）白银市产权要素市场服务有限公司揭牌成立

2019 年 4 月 10 日，由甘肃省产权交易所与白银市城市发展投资（集团）有限公司出资设立的白银市产权要素市场服务有限公司揭牌成立。仪式最后，白银市产权要素市场服务有限公司与白银市国有资产经营开发有限公司签署了战略合作协议。

（八）甘南州产权要素市场服务有限公司揭牌成立

2019 年 6 月 13 日，由甘肃省产权交易所与甘南州文化旅游交通建设集团有限公司共同出资设立的甘南州产权要素市场服务有限公司揭牌成立。仪式最后，甘肃省产权交易所副总经理王建中代表公司与甘南州文化旅游交通建设集团有限公司签订战略合作协议。

（九）武威产权要素市场服务有限公司揭牌成立

2019年8月16日，由甘肃省产权交易所与武威国有资产投资经营有限责任公司共同出资设立的武威产权要素市场服务有限公司揭牌成立。仪式上，甘肃省产权交易所与武威市人民政府国有资产监督管理委员会签署战略合作协议。

二、信息化建设

第一，上线甘肃省属国有资产出让项目专题推介平台、甘肃省属国有企业混合所有制改革平台、地方政府招商引资服务平台、公车改革专题平台、阳光招租平台、阳光招采云服务平台、上市公司并购交易平台、PPP咨询平台、土地资源流转平台、新能源并购服务平台、金融资产服务平台、甘肃省旅游产业资源交易平台、司法拍卖平台等十余个专题平台，并为新成立子公司搭建官方网站。

第二，2018年6月1日，甘肃省产权交易所顺利通过财政部政府采购代理机构审核，成功在中国政府采购网完成备案。

第三，2019年4月8日，在国务院国资委所属中国产权协会组织的第三批行业信用评价活动中，甘肃省产权交易所成功获评AAA级信用企业，是全省范围内唯一一家获得中国产权行业最高级信用评价的交易机构。

第四，2018年12月，临夏州、甘南州政府通过发文的形式确定甘肃省产权交易所为本州国有资产处置进场交易指定机构，为后续业务开展奠定基础。

第五，2019年1月，甘肃省产权交易所分别入围定西市PPP咨询入库机构和临洮县国有资产管理局政府采购评审中介机构。

三、重大活动

（一）甘肃省国资委产权处领导莅临甘肃省产权交易所检查指导工作

2018年2月6日，甘肃省政府国资委吴宝定处长一行莅临甘肃省产权交易所检查指导工作。会上，吴保定处长对甘肃省产权交易所近年来在服务省属国有企业进场交易方面所做工作给予充分肯定，对交易所在落实"三去一降一补"、盘活存量资产和服务全省国有企业混合所有制改革等方面做出的贡献和取得的成绩给予积极评价。

（二）江西省产权交易所刘超总裁一行莅临甘肃省产权交易所考察交流

2018年2月26日，江西省产权交易所总裁刘超、江西财经大学会计学院副院长曹玉珊一行19人莅临甘肃省产权交易所考察交流，双方各相关板块负责人围绕企业增资、金融资产、涉诉资产等业务进行深入交流，并就人力资源管理、项目推介、交易系统、财务管理等进行探讨。

（三）甘肃省产权交易所与中国光大银行兰州分行签订战略合作协议

2018年5月9日，甘肃省产权交易所与中国光大银行兰州分行签订战略合作协议，正式开启"产权交易+银行金融"的新篇章。签约会现场，双方围绕信贷资产交易、抵债资产交易、股权增资融资、担保类资产前置委托交易等重点合作内容进行交流。中国光大银行兰州分行副行长林峰表示，信贷资产交易、抵债资产交易、股权增资融资、担保类资产前置委托交易业务对银行防控和化解信贷风险意义重大，会后将组织人员加快推动相关业务落地。

（四）甘肃省产权交易所与北交金科金融信息服务有限公司签署战略合作协议

2018年6月22日，甘肃省产权交易所与北交金科金融信息服务有限公司签署战略合作协议，双方正式开展长期深度合作。

（五）甘肃省产权交易所与甘肃省粮油龙头企业甘肃广源实业集团签署战略合作协议

2018年7月16日，甘肃省产权交易所与甘肃省粮油龙头企业甘肃广源实业集团签署战略合作协议，双方将在围绕集团各级企业的采购代理等业务领域展开深度合作。近年来，甘肃省产权交易所积极拓展政府和各类所有制企业招标采购代理业务，为相关单位节省了大量采购成本。本次战略合作协议的签订将有助于双方充分发挥各自优势，打造供应链招标采购业务的合作样本，实现互利共赢。

（六）甘肃省产权交易所与中国银河证券签订战略合作协议

2018年7月19日，在中国银河证券总裁顾伟国、纪委书记郭晓光，甘肃省产权交易所董事长安涛、党支部书记刘志高等领导的共同见证下，甘肃省产权交易所与中国银河证券签订战略合作协议。甘肃省产权交易所总经理赵永涛、中国银河证券副总裁吴国舫代表双方签约。

（七）甘肃省产权交易所受邀为兰州建设投资（控股）集团有限公司进行"产权市场功能及服务举措"专题培训

2018年9月7日，甘肃省产权交易所受邀为兰州建投集团进行了主题为"产权市场功能及服务举措"的专题交流活动，培训从企业国有产权交易相关政策、产权交易市场的主要业务及功能、企业国有产权进场交易流程、企业国有产权进场交易中需要注意的主要问题四个方面为企业介绍了产权市场及其功能。兰州建投集团公司及所属子公司负责资产管理的50多名员工参加了交流会。

（八）甘肃省产权交易所与甘肃长达金融资产管理股份有限公司签订战略合作协议

2018年8月29日，在甘肃长达金融资产管理股份有限公司董事长王保国、副董事长李成，甘肃省产权交易所董事长安涛、常务副总经理孙健萍等领导的共同见证下，甘肃省产权交易所与甘肃长达金融资产管理股份有限公司签订战略合作协议。甘肃省产权交易所董事长安涛、甘肃长达金融资产管理股份有限公司董事长王保国代表双方签约。

（九）甘肃省产权交易所召开庆祝成立20周年表彰暨总结会

2018年12月28日，甘肃省产权交易所领导班子、部分退休老员工、各办事处及子公司全体员工近90人参加会议。会议全面回顾了甘肃省产权交易所成立20年来取得的各项成就，对做出突出贡献的员工进行表彰，并对下个十年甘肃省产权交易所发展目标进行展望。

（十）甘肃省产权交易所举办国有企业代理采购业务培训会

2019年3月19日，甘肃省产权交易所举办国有企业代理采购业务培训会，从工作实际出发，进一步提升公司代理采购项目运作水平。公司本部员工现场参加培训，各子公司、办事处员工以视频方式参会。

浙江产权交易所2018—2019年业务动态

浙江产权交易所（以下简称浙交所）是浙江省内唯一的省级产权交易平台，公司坚持"围绕两全四化，推进三大建设"的阶段性战略目标，着力推进信息化服务能力、平台营销能力和专业化服务能力建设。着力于服务企业改革发展，服务区域资本市场建设，努力做大做强浙江产权交易市场，助力供给侧结构性改革。

一、勇当国企深化改革排头兵

（一）积极推动区域产权要素市场统一建设

加快推进全省产权要素市场整合是浙江省全面深化国有企业改革"六大攻坚"任务之一。浙交所作为这一攻坚任务的主要实施平台，两年来借势借力省国资委"抓调研解难题，深化'双进双促'"专项行动，配合省国资委分管领导和相关处室多次赴广东、重庆等地产权交易机构开展调研交流，承办召开全省、市、县国资委和产权交易机构座谈会，全省要素交易统一平台组建方案研讨会，在提出多种预想方案并反复调研论证的基础上，提出了总体方案，取得了重要进展。

（二）全力配合统一公共资源交易平台整合

自国务院办公厅下发《关于印发整合建立统一的公共资源交易平台工作方案的通知》以来，浙交所积极配合相关部门开展联合行动，并于2018年10月16日增挂浙江省公共资源（国有产权）交易中心牌子，浙江国有产权交易系统正式接入浙江省公共资源交易服务平台。挂牌后，浙交所会进一步加强要素资产化、资产资本化服务能力建设，发挥信息集聚与辐射优势，通过"互联网+产权"模式，更好地服务市场参与各方以及政府相关部门的监测、管理需求，以实际举措承接和落实"完善产权制度和要素市场化配置"任务，为"放管服"改革提供市场化机制和工具，深化"四张清单一张网"，助力各级政府部门落实"最多跑一次"改革要求。

（三）全面实行降费减负，助力资源高效配置

两年来，浙交所坚持从服务经济社会发展、助力全面深化改革的高度深刻领会和坚决贯彻党中央、国务院实施减税降费的重大部署，切实担起服务国资国企改革发展的责任。贯彻落实浙江省"僵尸企业"处置零收费、"改制上市"减半优惠政策，助推国有企业供给侧结构性改革和混合所有制改革，勇当国资国企排头兵，自觉坚持、自我革命、主动作为，全面推广产权交易收费折扣、商议、上限、下调四项市场化优惠举措，并深化对降费举措意义的认识，做到"从倒逼走向主动"。降费后，浙交所收费标准总体上在行业内处于最低水平。

二、勇立市场建设新潮头

（一）创新平台跨境结算功能，助力产权业务国际化

浙交所针对客户人民币跨境结算需求，与国家外汇管理局、中信银行进行充分沟通，咨询相关政策，在政策出台时间短，实操层面相关实施细则及系统配套尚未建立，并征得国家外汇管理局同意的情况下，开立了全国首例由产权交易机构开立的资本项目下跨境人民币结算账户。

跨境人民币结算账户的开立有利于浙交所补齐短板，完善跨境人民币结算功能；有利于国有资产保值增值，有效规避外币汇率波动的不确定性，确保交易价款进场结算；有利于提升交易双方结算便利性。

（二）探索打造上市公司产权交易业务板块

2018年，省国资委发布《关于推进省属企业上市和并购重组"凤凰行动"计划的实施意见》，指出产权市场要发挥要素配置功能，推动国有企业转型升级。浙交所以《上市公司国有股权监督管理办法》为引子，主动走访省属上市公司，介绍公司为拟上市公司在增资扩股、剥离非主业资产等方面以及为上市公司在产业并购、公司自身资产处置、公允价格鉴证等方面提供的全方位服务。在积极走访省属上市公司的同时，浙交所也借势启动走访省内民营上市公司，打造上市公司产权交易业务板块。两年来，以省内民营上市公司为重点，走访了70余家单位，登门了解拟上市及上市公司资产证券化、并购重组需求，为上市公司推荐和输送产业并购优质项目，为上市公司提供其所属资产和股权转让公允价格确认和公开交易平台，助力上市公司相关交易行为达到监管部门要求。十多年来，浙交所为20多家上市公司完成200多宗交易，直接融资近400亿元。

（三）创新理念，全方位服务金融资产项目

从传统的资产包业务向单户债权业务拓展，深入推进与银行就不良资产处置的业务合作，以扫清进场障碍并减轻客户工作量、增加收益为出发点，以市场化机制挖掘资产内在价值，提升信贷资金周转效率，助力化解威胁金融安全的"累积风险"。两年来，浙交所已为各大银行和资产管理公司公开、规范处置不良资产近200亿元。

贵州阳光产权交易所2019年业务动态

近年来，我国市场经济快速发展，随新兴市场需求而生的招投标服务行业发展十分迅速。招标管理和代理机构在一定程度上规范了市场行为，在节约成本、提质增效、公平竞争方面起到了有力的推动作用，有助于促进市场管理逐步向专业化、规范化迈进，有效杜绝违规行为，创造更大的经济效益和社会价值。

一、政策支持与规范约束

招投标市场的蓬勃发展受到政府与有关机构的充分重视。2019年，国务院办公厅、财政部、国务院扶贫办先后下发一系列围绕落实"放管服"改革要求、优化营商环境的政策：2019年8月，颁布《国务院办公厅关于促进平台经济规范健康发展的指导意见》（国办发〔2019〕38号），明确了促进政府采购领域公平竞争、优化供应商参与政府采购活动的市场环境六大相关事项，致力于贯彻政府采购领域公平竞争、优化营商环境，持续深化"放管服"改革的核心精神，在充分发挥招标代理平台功能、助力营造公平竞争市场环境的工作理念上达成共识。第三季度，财政部、国务院扶贫办发布《关于运用政府采购政策支持脱贫攻坚的通知》，肯定了政府采购招投标作为政府在市场层面实施调控手段的作用，将其定位为重要的财政调控渠道，作为脱贫攻坚的重要支持，为打赢脱贫攻坚战增添力量。

二、行业机构的尝试和探索

随着招投标服务行业市场的发展和推进，市场竞争日趋激烈。只有不断总结经验、补足短板、加强监督、堵塞漏洞，坚持探索管理新方法，贯彻公平、公正、公开的原则，使招投标法律法规更加健全、监督机制日趋完善，招标投标活动中的各种违法违规问题才会逐渐减少，招标投标活动的规范化水平才能稳步提高。只有使市场健康有序地持续发展，才能实现资源的合理配置，保护国家和社会的利益。

2019年3月18日，中国物流与采购联合会发布《国有企业采购操作规范》团体标准，自2019年5月1日开始实施。《国有企业采购操作规范》由中物联公共采购分会组织立项，中国公共采购有限公司（01094-HK）、国家电网公司、招商局集团、中国建筑总公司、中航集团、中国银联等28家研究机构和国有企业参与起草，是我国国有企业采购领域第一个推荐性行业标准。该标准经全国物流标准化委员会审查通过，国家标准委备案。该标准将有效填补当前国有企业采购相关行业标准缺失的空白，为国有企业加强内部管理提供参照和依据，为推动行业主管部门就国有企业采购管理进行部门立法奠定基础。

三、本省同行同业的协作交流

2019年下半年，贵州省招标投标协会出台的《贵州省招标采购代理规范》正式上线并推广使用，进一步规范了贵州省招标采购代理机构及其从业人员市场行为，有助于不断提高贵州省招标采购代理服务质量，切实加强招标采购行业自律，引导招标采购代理行业转型升级。与此同时，贵州省招标投标协会还将牵头做好完善省综合评标专家库建设、积极推进电子招投标平台的建立运营等工作，同时注重行业各市场主体之间的交流互访，积极借鉴成功经验，谋求优势互补，实现共同发展，主动适应经济发展新常态。

随着市场发展的日新月异，行业内各方主体都意识到政策及市场的变化与发展要求，同时意识到面对市场需要招标采购代理服务工作做出适应性转型升级、加强行业自律、提高专职从业人员业务素质和专业能力、提升代理机构核心竞争力的重要性。在行业协会的牵头下，各招标代理机构通过多次多方的学习、培训与交流，注重对业主方管理能力、招标控制价的编制衡定、信息的有效沟通、团队的专业性、创新招投标监管模式等进行提升和探索，进一步推动贵州省招标投标行业健康、有序发展。

宁波产权"搭台" 各路专家"论道"

宁波产权交易中心

积极发展混合所有制经济是党的十八届三中全会提出的新要求。近年来，宁波市国资委大力推动混合所有制改革，充分利用产权市场平台，通过股权公开转让和增资扩股等方式择优引进投资方。通过混改，各方共同发力，显著提升了国企的经济效益。

宁波产权交易中心作为本市唯一一家市级产权交易机构，是政府职能的延伸窗口，一直致力于为国有企业提供业务上的专业服务，近年来更是积极提供形式多样的服务。近半年，宁波产权交易中心精心策划，从论坛主题的选定、议题与案例相结合等细节入手，搭建话语交流平台服务体系。2018年8月3日，宁波产权交易中心成功举办"2018'甬江之夏'宁波市首届国有产权交易发展论坛"，邀请中国产权协会副会长、宁波市国资委有关领导、各市属国企代表及社会各界重量级学者专家会聚一堂，各路专家以独特的视角和维度纵论混合所有制改革和地方国企改革及产权交易新思路、新发展。此次会议有来自国有企业、金融、民营、新闻媒体等62家单位参会。

当前，国企改革是我国经济改革中最关键的环节之一，新一轮以"混合所有制"为重要标志的国资国企改革，方向已定，细节未明。此次论坛上台嘉宾围绕"国企混改与产权交易案例纵谈""地方国企混改与产权交易的逻辑思路""创新发展产权交易推进国企混改"三大议题展开对话，会场上各路专家的思想碰撞，一次次将会场气氛推向高潮。

一、"混改"案例精彩纷呈

两年前芝士公园在宁波产权交易中心挂牌，以增资扩股的方式引进了战略投资者万科集团。双方实现了优势互补，项目由万科集团全盘管理，整个项目从落地到开业不到一年时间，发展明显提速。

2019年6月，宁波报业传媒集团引入万科"混改"打造的以教育为主题、以共享为核心的"教育+文化+商业"教育综合体——芝士公园正式开门迎客，这是宁波第三例以"增资扩股"方式完成混改的成功案例。在混改过程中，宁波产权交易中心给予了不少专业指导和建议，解决了不少程序上的难题。

"混改"带来了活力。如宁波城投旗下的宁波科环新型建材有限公司实行员工持股后，这家以水泥为主业的公司营利2亿元，但城投公司投入该公司的管理成本较少。"一些设备报废后，员工们会把零件拆下来以备下次技改时使用，周末员工也会自觉加班。"宁波城投公司投资部经理王兵团说。

为此，宁波城投公司与华润置地、万科进行"混改"，成立了混合所有制企业；同样，宁波工业投资集团有限公司与山东的万华也进行了混改，在大榭岛组建了一家公司，效益非常好。

宁波市国资委发展与改革处处长庞文轶介绍，宁波在国企改革方面走在全国前列。早在21世纪初，市、区两级国有资本在竞争性领域已经基本退出，现有的国企主要是近年来陆续组建的投资类公司，都是一些战略性平台，不少属于功能类、公共服务类资产。

宁波提出了"混改"三年目标，在竞争性行业全面推行混改。市属国企现有600多家，已经混改的约占1/3，剩下的除了功能类、公共服务类外，凡是处于充分市场化竞争类企业，原则上都要进行混改，特别是一些人力资源要素比较高的企业，要大力推行内部员工持股改革。到2020年，要实现70%以上的混改目标。从2019年开始，宁波明确新组建的竞争类企业都要进行"混合"，老的企业要逐年推进"混改"。

二、让各要素自由流动

经济学博士、上海交通大学安泰经济与管理学院研究员黄少卿认为，"混改"要注意三点：一要提高国有资产的回报率；二要解决"谁来混谁"的问题；三要防止"有混无改"的问题，要建立完善的公司治理结构。

经济学家、宁波诺丁汉大学教授姚树洁认为，"混改"的目的是要把企业做优、做强、做大，要打破阻碍各要素自由流动的樊篱。国企并不是没有效率，像高铁等领域如果没有国企参与，不可能会这么快崛起。"混改"首先是改效率、改市场的风格，目的是使市场成为一个整体，使生产要素在地区与地区之间、在城市与农村之间、在不同企业之间高效率地流通。对于"混改"，国资委有规范，这是告诉执行者："混改"是有底线的，对关系国计民生的领域要慎重。

中国产权协会副会长、山东产权交易中心董事长苗伟认为，国企在混改中有很大的资源优势。他举了一个案例：山东一家被认定为"僵尸企业"的国企，盘点时发现，它还拥有价值2亿元的电解铝指标，后来把这个指标放到产权交易平台，卖了14亿元。对国企产权而言，有形财产和无形财产都要重视，国企的市场网络、专利技术等都是无形的财富，不要抱着金碗要饭吃。

由此可见，产权交易的发展是与国有企业分不开的，同时"混改"也离不开产权交易平台。宁波产权交易中心于1994年4月成立，2017年4月完成公司制改制。作为市本级唯一一家产权交易机构，2017年，宁波国有企业通过宁波产权交易中心平台完成国有资产交易70780万元，其中，国有产权和股权交易68101万元，国有实物资产交易2679万元，对推动宁波国有企业"三去一降一补"、加快国有经济布局优化、推动供给侧结构性改革发挥了重要作用。

江西省产权交易所 2018—2019 年业务动态

一、重点和特色项目

(一) 2018 年

4月2日，萍乡南方煤机厂评估值为 15.0459 万元的报废资产，30 位竞买人在江西省产权交易所通过 238 轮网上竞价，最后以 57.55 万元成交，增值 42.5 万元，增值率高达 282.39%，彰显了产权交易市场"发现价值、发现投资人"的功能，实现了国有资产保值增值。

6月8日，江西省产权交易所与江西省机关事务管理局正式签订《江西省省直事业单位公务用车制度改革取消车辆处置委托协议书》，确定由江西省产权交易所作为综合服务机构，代为办理江西省省直事业单位公车处置的相关事宜。

7月25日，江西赣珠水泥有限公司持有的"1000 吨/天水泥熟料产能置换指标"在江西省产权交易所组织下以 1500 万元的价格成功签约。本次水泥熟料产能置换指标的成功转让，拉开了江西省水泥玻璃行业产能置换指标公开交易的序幕。

8月22日，中鼎国际建设集团有限责任公司增资项目顺利完成协议签订，江西省产权交易所不仅为增资企业引进民营资本投资方，还同步帮助其成功实施债转股及员工持股。增资后，中鼎国际注册资本由 42913.74 万元增至 87412.87 万元。该项目协议的正式签订，标志着江西省国企市场化债转股第一单正式落地，是江西省打造国企混改"江西样板"的又一次有益探索和尝试，将为后续江西省国企混改提供宝贵的经验借鉴，并起到很好的示范作用。

10月27日，省直事业单位公车改革取消车辆首场现场网络同步拍卖会成功举行。拍卖会由省机关事务管理局主办，江西省产权交易所承办、江西省华众二手车拍卖有限公司主持拍卖。参拍的 99 辆公车全部成交，起拍总价 165.9 万元，成交总金额 352.8 万元，溢价 186.9 万元，溢价率达 112.66%，实现了国有资产的阳光交易和保值增值。为倡导公众养成节能环保意识，引导践行低碳生活，江西省产权交易所将这次拍卖会举办成全省首场绿色拍卖会，倡导购车客户自愿购买林业碳汇，现场有 53 位客户购买林业碳汇，减排量共计 265 吨。

11月19日，江西省产权交易所公开挂牌的万年县恒邦置业有限公司 49% 股权及 6780.58 万元债权转让项目形成竞价。两位竞买人经过 79 轮激烈竞价，以 8170.46 万元的最终报价成交，比挂牌价 7780.46 万元高出 390 万元，溢价率 5.01%。

12月12日，上海信达立人投资管理有限公司持有的"南昌信达大厦 1~6 层及 11~20 层整体招租（10年）"项目交易合同签约仪式在江西省产权交易所顺利举行，成为首个在江西省产权交易所完成的央企金融机构招租挂牌项目。

(二) 2019 年

4月3日，受南昌大学第一附属医院委托，江西省产权交易所组织专家组对该院老院区食堂和象湖新院区食堂（共 4 个标的）公开招租项目进行综合评议。该项目的成功处置，再次体现了产权市场"发现价值、发现投资人"的功能，在保障国有资产的保值增值方面凸显了平台优势，并做到了公开、公平、公正。同时，为降低交易成本、减轻企业负担，江西省产权交易所对该项目实行减半收费，让利竞租方。

5月10日，江西省产权交易所与九江银行股份有限公司签订《战略合作框架协议》。双方将在低碳咨询服务、环境权益交易、绿色金融、不良资产处置等领域开展业务合作。

9月12日，江西洪都钢厂有限公司生产区资产（机器设备、存货、备件）整体转让项目通过江西省产权交易所组织网络竞价，20 位竞买人经过212轮激烈竞价，历时2小时，最终以8110万元的报价成交，较挂牌价5290万元增值2820万元，溢价率53.31%。

10月14日，江西省南昌市八一大道266号江西省展览中心首层4730平方米房屋整体招租（5年）项目，通过网络竞价的交易方式，以2270.3万元成交。

二、举办重要会议

（一）2018年

2月24日，江西省产权交易所在南昌召开一届二次职工大会暨2018年工作会议。江西省发改委党组成员、副主任王前虎出席会议并在会上做了重要讲话。时任常务副总裁易忠翔主持会议，刘超总裁在会上做了《进入新时代 抢抓新机遇 开启江西产权交易事业新征程》的工作报告，刘林波副总裁宣读了《关于表彰2017年度先进集体及先进工作者的决定》，全体职工参加了会议。

3月7日，由江西省发改委主办，江西省科学院能源研究所、江西省碳交易中心承办的"江西省重点企业温室气体排放报告（第三批）培训会"在南昌成功举办。来自江西省各地市发改委及全省5000吨标煤及以上重点排放企业近200人参加了培训会。

4月27日，江西省产权交易所在南昌召开2018年办事处工作会议。

7月9日，南昌举行"江西绿色低碳发展论坛"。该论坛由江西省发改委和江西省科学院主办，国家应对气候变化战略研究和国际合作中心提供支持，江西省科学院能源研究所、江西省碳排放权交易中心等共同承办，来自全国各地应对气候变化主管部门、技术支持机构以及江西省相关职能部门的领导、专家和代表150余人参加了此次论坛。

9月27日，为纪念改革开放40周年、产权市场发展30周年，由中国产权协会主办、江西省产权交易所协办的"推进产权交易资本市场体系建设 助力国企国资改革高峰论坛"在井冈山召开。国务院国资委协会党建局、产权管理局，江西省发改委、国资委、财政厅、工商局、金融办、省委宣传部文资办和有关设区市国资监管部门领导，江西省有关企业代表，全国产权交易机构代表以及行业协会代表230余人出席了论坛活动。

（二）2019年

2月13日，江西省产权交易所召开一届三次职工大会暨2019年工作会议，会议由刘林波副总裁主持，刘超总裁出席会议并做了《推进体制机制改革创新 努力打造区域具有影响力的综合产权交易集团》的工作报告，刘林波副总裁宣读了《关于表彰2018年度先进集体及先进工作者的决定》，全体干部员工参加了会议。

2月21日，民革中央委员、中国著名的文化学者、江西省人民政府智库专家、江西省政协常委彭中天教授，中国经济导报江西记者站万志华站长莅临江西省产权交易所考察指导工作并座谈。刘超总裁、刘林波副总裁和全体中层干部参加了座谈会。

为协助开展好江西省2019年煤炭产能置换指标交易工作，推动江西省煤炭产能置换指标顺利完成交易，3月14日，江西省产权交易所组织召开2019年江西省煤炭指标交易研讨会。江西省产权交易所总裁刘超、江西省能源局煤炭处曾洪晖处长和景德镇、萍乡、新余、宜春、上饶等市煤炭主管部门有关领导参加了会议。本次研讨会上，各方一致同意2019年指标交易通过江西省产权交易所进行。

3月28日，江西省产权交易所在南昌召开2019年办事处工作会议。会议由风险管理委员会专职副主任万里清主持。会上，刘超总裁做了题为《深化体制机制改革创新 努力打造区域具有影响力的综合产权交易集团》的工作报告，万里清副主任宣读了《关于表彰2018年度先进办事处的决定》。各办事处主任及江西省产权交易所各部（中心）负责人参加了会议。

3月31日，由江西省产权交易所组织的江西省省直事业单位公车改革取消车辆第三场现场网络同步拍卖会在红谷滩会议中心如期举行，参拍车辆有丰田、奥迪、大众等各类车辆共计111辆。所有车辆以评估价起拍，经过3小时的竞拍，111辆参拍车全部拍出，成交率100%。本次参拍车辆起拍价合计193.9万元，成交价合计406.2万元，溢价率109.49%，单车最高成交价26万元。

5月30—31日，由长江流域产权交易共同市场主办、江西省产权交易所承办的"'发挥产权市场功能 服务国资国企改革'交流研讨会暨长三角产权市场一体化委员会工作会议"在江西共青城召开。江西省发改委、省国资委、省财政厅和省文资办等机构的相关监管领导及全国产权交易机构代表总计160余人出席了本次会议。

6月19日，由生态环境部与江西省人民政府共同举办的第七届全国低碳日活动在江西南昌成功举办。为积极践行低碳理念，本次全国低碳日主场活动实现"零碳"办会，此次碳中和由江西省碳排放权交易中心组织实施。江西中创碳投科技有限公司购买北京盛达汇通碳资产管理有限公司开发的江西省乐安县VCS标准林业碳汇项目减排量，用于抵消本次活动产生的全部温室气体排放，并在活动现场举行了签约仪式。刘超总裁为江西中创碳投科技有限公司颁发了碳中和赞助荣誉证书。

6月25日，江西省产权交易所召开江西省林业碳汇市场建设座谈会。座谈会由江西省产权交易所刘林波副总裁主持，江西省生态环境厅气候处沈丰处长、省林业局外资办刘宾主任、省发改委生态处胡国珠同志，以及省科学院能源研究所、北京中创碳投科技有限公司以及江西省产权交易所交易六部的相关人员参加。座谈会就林业碳汇方法学可行性与适用性、林业碳汇市场建设总体思路、林业碳汇如何与用能权市场衔接等问题进行了讨论。

10月29—30日，由江西省发展改革委主办的江西生态文明试验区建设专题培训班在宜春市奉新县召开。培训会由江西省发改委生态文明处处长洪小波主持，全省发改系统相关负责同志参加了培训。按照生态环境部《大型活动碳中和实施指南（试行）》，江西省碳排放权交易中心对培训期间交通、住宿、餐饮、会议等活动产生的温室气体进行了审核，共产生39.82吨二氧化碳当量。此次碳中和将通过在奉新县组织当地林农种植546棵杉树，同时组织学生开展沿南潦河回收垃圾的活动来实现，产生的碳减排量将抵消此次培训的碳排放。

10月30—31日，为探索研究新时代国有资产交易的新思路、新举措和新路径，不断提升产权交易资本市场服务功能，促进国有产权有序流转和国有资产保值增值，加快推动江西省国有资产进场交易全覆盖，由江西省产权交易所主办、江西财经大学现代产业发展研究院协办的"2019年江西省国有资产交易研讨会"在江西共青城召开。中国企业国有产权交易机构协会，江西省发改委、国资委、机管局、文资办等部门相关负责同志及全省各大国有企业、行政事业单位、金融机构和部分民营企业代表总计160多人出席了本次会议。

三、其他重要活动

（一）2018年

2月8日，由江西省发改委核准、省产权交易所独资设立的江西金碳科技有限公司注册成功，注册资金为500万元，主要开展温室气体核查与低碳课题研究等业务。

（二）2019年

3月18日，江西省产权交易所举行聘任仪式，聘任彭中天（教授）担任江西省产权交易所战略顾问。

9月29日，中国企业国有产权交易机构协会公布了34家首批产权交易行业信用等级获评企业参加复审结果，江西省产权交易所荣获最高信用等级AAA级，成为29家最高等级信用单位之一。本次复审结果通过全国行业信用公共服务平台、中国产权网和全国产权行业信息化综合服务平台进行公示，并经产权交易行业信用评价专家委员会终审认定。

引领产权交易市场变革　推动多层次资本市场建设

常州产权交易所

2015年8月,中共中央、国务院出台《关于深化国有企业改革的指导意见》(中发〔2015〕22号),将产权交易与证券交易正式一并归入资本市场,明确将产权交易市场定义为中国多层次资本市场的重要组成部分,指出了产权交易市场变革和发展的方向,为产权交易市场提供了更广阔的发展空间。据此,本文从资本市场的功能定位出发,结合产权交易市场变革和发展的客观要求,根据常州产权交易所(以下简称常州产交所)相关探索实践,就促进产权交易行业多层次资本市场建设提出相关思路及建议。

一、引领产权交易市场变革的探索与实践

(一) 业务开展情况

1. 业务范围

常州产交所交易品种涵盖产权转让、企业增资、资产转让、金融资产交易、技术产权交易、农村产权交易、其他公共资源交易等12大类,承担常州市农村产权交易体系建设与运维任务,服务对象包括行政事业单位、国有(集体)及民营企业、金融机构和自然人。

2. 业务成果

截至2019年8月底,常州产交所累计完成企业产股权、知识产权、实物资产、债权等各类交易项目11957项,成交金额561.09亿元。其中:完成非上市企业股权交易11.96亿股,涉及金额71.7亿元;完成各类金融资产交易307项,涉及金额21.82亿元;促成科技成果转化896项、专利交易113项,涉及金额16.22亿元。

(二) 亮点与成效

1. 标准化建设行业领先

常州产交所是江苏省《产权交易服务规范》(省标)独立起草单位,是《技术产权交易服务流程规范》国家标准的第一起草单位,是产权交易国家级服务业标准化试点单位,现已建立产权交易标准156个、政府采购代理标准123个、业务模板396个。

2. 信息化建设全国一流

常州产交所联合国内多家省级国有产权交易机构,按照产权交易行业"四统一"发展方向,以"产权交易"和"政府采购代理"两个国家级服务业标准化试点成果和《技术产权交易服务流程规范》国家标准为支撑,统一规划、整体设计、模块化开发,主导建成集产股权交易、金融资产处置、政府采购、招投标、拍卖功能等于一体,全流程、多维度、自定义、支持多机构用户的全国性互联网交易平台——e交易。e交易平台以"共建、共享、共用、共治、共赢"为发展理念,自上线以来,不断提升技术、强化功能、优化产品,实现了持续高质量发展,业务量呈几何级增长。截至2019年8月,全国共有30多个省区市的70多家省市级产权交易、招投标代理机构及大型企业签约入驻,注册会员近6.14万家,累计完成交易项目近2.3万项,成交金额超1300亿元,服务地区超全国总面积的2/3。

3. 业务创新成绩显著

常州产交所积极实施交易金融创新,开发了知识产权质押、股权质押、"产权贷"、"股贷通"等交易与金融相结合的业务品种,特别是在知识产权交易、质押融资等方面做出了有益探索,取得了较好成绩。常州产交所准确地将产权交易市场定位为资本市场,紧抓为实体经济发展服务的主流业务方向,提升各类产品的创新能力,增强了作为资本市场的金融服务功能。

4. 平台功能日益完善

经过多年市场化运作,常州产交所先后派生

出常州股权托管中心、金融资产处置平台等6家企业、10个子平台，进一步完善了平台的综合性服务功能，着力提高了平台的知名度和认可度，努力吸引各类资源和各路投资人，不断提高资源的整合与配置能力。通过社会化、市场化、专业化的资源配置方式，常州产交所为众多企业提供"一站式""链式"服务。

常州产交所通过不断开拓进取、砥砺前行，先后获得市"五一劳动奖状"、市级机关先进党支部、长江流域产权交易共同市场"特别贡献奖"、"江苏服务业名牌"、产权交易行业首批AAA信用等级证书等荣誉，已成为常州市生产性服务业的龙头企业。下一步，常州产交所将集中力量积极做大常州市产权交易市场，不断增强金融资产、农村产权、文化产权等权属交易功能，实施金融、交易、互联网"三轮联动"，更好地服务于地方经济发展。

同时，常州产交所将进一步与合作机构共同推进e交易平台的发展。e交易平台是产权交易市场跨地区合作的里程碑，该平台以信息汇聚、资金融通、产权流转、开放共享为宗旨，打破区域、体制壁垒，以标准化、规范化、信息化发展引领我国产权交易市场变革，初步构建了"一个平台、多家支点、云上操作、交易便捷"的产权市场新业态。e交易平台在强化区域合作、推动产权交易机构间信息互通、优势互补、资源互联等方面做出了有益探索，有效推进了全国范围的产权交易市场融合，持续优化了资源要素配置，有力地促进了区域经济高质量发展。

二、产权交易市场规划展望

理论和实践证明，建设多层次、多形态、多元化资本市场体系，不仅能够提高直接融资规模比重，还能最大化地降低为稳定、协调经济社会发展而进行的直接投入和间接投入，为推动社会进步发挥了不可估量的作用。已走过30年的我国产权交易市场，逐渐形成了"多层次、多形态、多元化"的资本市场体系和创新理论，这既是我国完善市场经济体制建设的需要，也是在既有的国情下发展市场经济的客观反映。

在新时代历史条件下，常州产交所将为进一步推动建设规范、创新的产权交易行业，打造统一、规范、高效、服务至上的产权交易资本市场，打造各类权益要素有序流转的阳光平台，更好地服务供给侧结构性改革、服务国资国企混合所有制改革、服务中小企业健康发展、服务要素资源的市场化配置，为建设现代化经济体系，全面建成小康社会贡献力量。

中国产权市场年鉴 2019—2020

China Property Rights Exchanging Capital Market Yearbook 2019–2020

业务研究

船行深处、棋至中局，"双百行动"开启了怎样的国企全面改革

北京产权交易所

2018年下半年，国资国企改革工作骤然加速。7月26日，国务院国企改革领导小组在京召开第一次会议，研究部署国企改革重点任务。了解中国政治经济运行机制的人都知道，"小组"是党政系统常规治理方式的重要补充，并在特定时期拥有跨部门的协调功能。因此，凡是成立专门"领导小组"的事项，均被视为中央重点和强力推进的领域。

国务院国企改革领导小组于2015年成立，统筹推进新时代的国资国企改革工作，"1+N"系列文件、十项改革试点等就是上届领导小组的重要工作成果。党的十九大之后，随着组织人事变动和机构职能改革的落定，国务院重新调整小组组成人员，刘鹤副总理任组长，王勇国务委员任副组长，成员涵盖中组部、中央改革办、国家发改委、财政部、国资委、人民银行、银保监会、证监会、工信部等中央部委主要领导。新一届领导小组第一次会议公开披露的信息不多，但蕴含的改革重点非常明确，传递出的信号也很强烈，就是国企深化改革的重要性和紧迫性进一步升级，全面推进改革的时机已然成熟。正是在这样的大背景下，国企改革"双百行动"喷薄而出。

如何理解"双百行动"？大致可以从以下五个方面来看：

一、具有极强的改革延续性

"双百行动"是新一届领导小组推出的第一项国企改革战略举措，时间从2018年到2020年，它既与"1+N"系列文件、十项改革试点一脉相承，又是在前期单项试点成果基础上，全面拓展改革政策和试点经验，对国企改革的纵深推进和全面落地。

也就是说，一方面，入围"双百"的企业不是做单项改革，而是要综合推进各项改革；另一方面，"双百"企业从之前的几个、十几个试点企业，扩大到几乎所有的央企集团和副省级以上行政区划。

当然，这个扩大并非覆盖央企和地方国企的各层级和全部子企业，对于单个央企集团和副省级以上行政区划，"双百行动"仍带有一定试点意义，但"双百行动"实现了国企改革由"点"到"面"的跨越是毋庸置疑的。

二、入围企业有广泛的代表性

入围企业既有中央企业，也有地方国有企业。在中央企业方面，现有的96家央企中，除中外合资的上海诺基亚贝尔股份有限公司外的95家央企均有1~4家子企业入围，入围央企子企业共224家。在地方国有企业方面，覆盖32个省（自治区、直辖市）、新疆建设兵团和5个计划单列市，

均为地方国有骨干企业，入围企业共180家。

入围企业既有纳入前期单项改革试点的企业，也有首次纳入改革的企业；既有股权多元化企业（占比13.86%）、混合所有制企业（占比15.1%），也有国有独资企业（占比45.3%）；有上市企业（39家），更多的是非上市企业；既有处于垄断行业的企业，也有处于充分竞争领域的企业；既有经营状况良好的企业，也有发展较为困难的企业。

这些入围企业称得上精挑细选，代表了各种企业类型，将继续为后续改革提供实践经验。

三、改革内容有深度

"双百行动"工作方案对改革内容有明确的指向，就是"五个率先突破、一个全面加强"，即在股权多元化和混合所有制改革、健全法人治理结构、完善市场化经营机制、健全激励约束机制、解决历史遗留问题五大方面率先突破，同时全面加强党的领导和党的建设。实际上，在上述"5+1"改革总体内容中，一些具体的改革事项非常接地气，即"使国企改革各项政策要求'一竿子插到底'，打通改革推进的'最后一公里'"。例如，在健全激励约束机制方面，"对需求合理的'双百'企业，特别是因研发创新投入、特殊高端人才引进和激励等所需的工资总额问题，可以给予更大力度的政策支持"。

前期改革中遇到的现实问题，往往是最扼脖子也最难以解决的，此次"双百行动"有望在这些紧要处破题。

四、改革要符合市场和企业的基本运行规律

一方面，自上而下的改革，最忌"一刀切""拉郎配"，为改革而改革。"双百行动"工作方案着重强调，要分层分类、积极稳妥推进混合所有制改革，坚持因地施策、因业施策、因企施策，坚持宜独则独、宜控则控、宜参则参。"双百"企业基本上是生产经营和改革发展一线的基层企业，个性化强，需要足够的自由度和灵活性。另一方面，纵观国企改革的历史，正是资本市场的适时建立和有效运作，为其提供了市场机制基础，未来的国企改革也要依靠资本市场的力量，尤其是证券市场和产权市场。

通过市场，既能实现资源的最优化配置，充分发现市场公允价格，又能实现国有资产的阳光交易，有效防止国有资产流转过程中由于暗箱操作等行为造成的国有资产流失问题。

五、改革的攻坚难度前所未有

国企改革作为中国改革开放的重中之重，在国家整体改革中始终扮演着重要角色。从放权让利、承包制、抓大放小、三年脱困、破三铁，到建立现代企业制度、推进股份制改造，国企改革成绩斐然，改革的方向也非常明确。当前阶段的国企改革，宏观层面要实现国有经济和非国有经济的平行发展，消除国有企业在部分行业中的垄断地位，从而激发市场经济活力；微观层面要继续深化国有企业所有制改革，完善国有企业法人治理结构，继续探索创新国有资产管理的有效形式。国企改革既要适应现行体制机制，又要不断理顺政府与企业关系，促使国有企业真正成为自主经营、自负盈亏、自担风险、自我约束、自我发展的独立市场主体；既要在关系国计民生的重要行业与关键领域继续占据支配地位，又要在充分的市场竞争中做强做优做大；既要在渐进式改革模式中尽量减少与旧体制的摩擦，确保改革顺利推进，又要尽快推进制度创新，扩大存量和增量改革成果。

新时代的国资国企改革所面临的形势更加复杂，牵涉的利益主体更广，触及的利益调整更深，可谓船行深处、棋至中局，难度必然超过以往。

国有企业是中国特色社会主义的重要物质基础和政治基础，是我们党执政兴国的重要支柱和依靠力量，必须理直气壮地做强做优做大。"双百行动"正是践行中央这一重要思想的重要战略举措。我们深信，有了明确的方向、坚定的信念、强大的执行力，新时代的中国国有企业改革，必将在未来几年取得新的辉煌成绩，呈现新的时代风貌。

生态文明建设背景下的资源与环境市场建设探索

重庆联合产权交易所集团　刘波　曹竹

党的十八大以来，以习近平同志为核心的党中央站在中华民族永续发展的历史高度，将生态文明建设纳入国家"五位一体"总体布局当中。2015年9月，中共中央、国务院印发了《生态文明体制改革总体方案》，明确提出要构建反映市场供求和资源稀缺程度、体现自然价值和代际补偿的资源有偿使用和生态补偿制度，构建更多运用经济杠杆进行环境治理和生态保护的市场体系。党的十九大报告更是明确提出加快生态文明体制改革、建设美丽中国的要求，提出要加快建立绿色生产和消费的法律制度和政策导向，建立健全绿色低碳循环发展的经济体系。近年来，重庆联合产权交易所集团（以下简称重庆联交所）按照党中央的要求，主动作为，勇于创新，在自然资源、环境权益和废料交易等领域积极探索，做了有益尝试。

一、开展自然资源交易业务，提升资源配置效率

健全自然资源资产产权制度，全面建立覆盖各类全民所有自然资源资产的有偿出让制度，是生态文明体制改革的重要部分。特别是党的十八大以来，重庆联交所充分利用在企业国有产权交易工作中积累的经验，利用覆盖全市的服务网络，主动对接地方政府和主管部门，积极开拓各类自然资源业务，拓展产权市场边界，为建立健全自然资源市场化机制做了有益的探索，在河道采砂权、矿业权、探矿权、林权等多种自然资源交易业务方面取得了显著成效。

在河道采砂权方面，2012年12月，城口县一宗河道采砂权，挂牌价15万元，成交价119万元，增值率693%；2014年5月，长寿长江一个标段河道采砂权，挂牌价316.8万元，成交价3937.8万元，增值率1143%；2017年，涪陵区长江干流9个标段采砂权出让，总成交价达9241.9万元，增值8641.9万元，平均增值45.13倍；截至2018年6月，累计成交河道采砂权121宗，成交额1.76亿元，增值额5402.43万元，增值率44.26%。在林权交易方面，重庆联交所与涪陵区政府合作搭建林权交易平台，积极探索建立健全林权交易制度，截至2017年，实现林权交易165宗，成交面积65万亩，金额9.4亿元；完善林权融资功能，推动林权抵押融资，截至2018年底，共促成林业企业林权抵押融资超过3亿元，抵押林地10万亩。

二、完善排污权交易市场，推动生态补偿市场化

环境资源即环境容纳污染的能力，其丰富程度与环境的污染程度成反比，具有稀缺属性。我国有限的环境资源容量已经对经济发展方式提出了更为严格的要求。据环境规划院统计，中国每年的污染治理成本已经超过5000亿元。排污权有偿使用和交易制度的核心是将公共环境资源作为生产资料进行有偿分配。建立排污权有偿使用制度和交易市场，是我国环境资源领域一项重大的、基础性机制创新和制度改革，是生态文明制度建设的重要内容，对于建立健全环境成本合理负担机制和污染减排激励约束机制、改善环境质量和促进经济社会健康发展具有重要意义。

2009年，重庆市政府印发了《重庆市主要污染物排放权交易试点方案》，正式启动了排污权交易试点工作。重庆联交所克服试点初期经验不足和人员短缺等困难，积极对接市环保局、市财政局、市金融办等部门，先后优化升级了互联网竞价系统，在全国率先使用电子竞价模式开展排污权交易；2014年，《国务院办公厅关于进一步推进排污权有偿使用和交易试点工作的指导意见》

出台后，重庆市积极推动，建立了排污权有偿使用体系，完成了全市数千家企业的排污权有偿分配工作；重庆联交所按照标准化权益的特点对交易机制进行了重新设计，开发了新的排污权交易系统，实现了交易资金的自动结算、排污权自动过户，有效提高了交易效率，并在此基础上开展了建设排污权二级交易市场的探索。

重庆联交所在排污权交易领域的艰辛探索，扎实推动了重庆市排污权有偿使用和交易体系的建立，一系列先试先行措施为全国排污权交易试点提供了宝贵的运行经验。目前，重庆排污权交易市场已初具规模，交易制度、交易系统、结算平台等各项市场要素基本完备。排污权一级市场年均交易3000宗，成交金额2亿元。一级市场的排污权有偿分配收入全额上缴国库，由市财政统筹使用，用于环境基础设施运营、工业污染防治、跨区县河流综合治理等环保工程，并根据重庆市生态特点向生态环境良好、生态保护贡献较大的地区倾斜，通过市场化机制实现生态补偿。二级市场年均交易200宗，成交金额1800万元。二级市场卖方主要是通过节能改造、技术升级实现减排的企业，买方为超排企业，二级市场交易机制实现了环境成本的合理负担，达到了用市场化、货币化的方式激励减排企业、约束超排企业的目的。

三、推进碳排放权交易试点，促进社会节能减排

当前温室气体过量排放引起的气候变化已经严重影响人类的生存和发展。开展碳排放权交易，有利于优化配置碳排放权资源，推动以较低成本实现重庆市控制温室气体排放目标；有利于探索生态补偿机制的新路径。2011年，国家发展改革委批准重庆成为全国碳交易试点省市之后，市发展改革委制定了"重庆市碳排放权交易试点实施方案"，启动了重庆碳交易市场的建设工作，并明确重庆联交所为交易平台。

重庆地处西南，与其他六个试点省市相比，经济社会发展水平相对较低，加上社会各界对碳交易的认知较浅，各市场筹建单位缺少相关经验，试点启动过程中遇到了很多困难。重庆联交所积极作为：在制度建设方面，制定了《重庆市碳排放权交易管理暂行办法》《重庆市碳排放配额管理细则》等规章，并出台了交易细则、结算管理办法等一系列内部规则，为市场启动奠定了坚实基础；在系统建设方面，开发建设了碳排放交易系统和注册登记系统，为交易工作的组织和实施提供了渠道保障；在交易结算环节，率先将第三方支付结算接入碳交易系统，为市场主体交易资金结算提供了极大便利；在市场培育方面，重庆联交所举办多种形式的培训活动，提高了市场主体参与碳交易的能力水平。

自2014年6月启动碳交易试点以来，重庆碳市场拥有了各类交易会员300余家，交易主体齐备，交易方式丰富，年成交碳排放配额约200万吨，市场建设成果初显。在能力建设方面，控排企业从对碳交易一无所知，发展到能够主动规划企业碳资产管理；在机制体制方面，重庆碳试点历经三个年度的履约考验，碳交易体系总体运行顺畅，发挥了以市场机制促进节能减排的作用；在市场创新方面，重庆联交所以绿色金融理念为引导，积极促成控排企业与商业银行间的碳配额质押融资，帮助企业有效盘活碳资产。中国地域辽阔，各地区工业结构、经济水平有很大差异，作为西部唯一的碳交易试点地区，重庆在碳交易领域的探索为全国统一碳交易市场的铺开积累了宝贵的经验。

四、建立加工贸易废料交易平台，服务发展循环经济

2015年2月，重庆海关向市政府建议，搭建统一的废料交易公共平台，以解决保税区内加工贸易废料监管中存在的状态认定、价格审定困难等问题，防范监管廉政风险，保全国家税款。重庆市政府对建议内容高度重视，指示相关市级部门和重庆

联交所推动加工贸易废料交易平台建设工作。重庆联交所对此项工作高度重视，同市法制办、海关等单位赴苏州等地调研加工贸易废料业务开展情况，研究制定了《加工贸易废料交易管理办法》；组建专门的工作团队抓紧开展相关工作，进一步厘清交易平台的业务需求和建设思路，落实平台建设运营相关政策，加紧进行交易系统的采购和建设工作。经过一年的筹备，平台于2016年4月实现系统上线，并于6月正式启动交易。

重庆加工贸易废料交易平台以充分发挥市场的价格发现功能、提高监管和交易效率为建设目标，在交易规则、业务流程和系统建设方面做了针对性设计：一是实现了用户注册、项目申报、项目审批、项目公告、受让申请、竞价交易、交易鉴证等环节的全流程线上运行，加贸企业、处废企业可通过互联网完成整个交易过程，显著提高了交易效率。二是实现了加贸企业、处废企业的基本信息、资质和项目的全面信息化，海关工作人员可通过审批系统方便、快捷地完成项目审批和查询相关信息，提高监管工作效率。三是交易系统对接重庆联交所互联网结算平台，为企业提供了便捷的交易资金结算模式，提高了企业的资金结算效率。

截至2018年6月，平台累计挂牌项目1017宗，成交加工贸易废料4.7亿吨，成交额1.25亿元，实现增值2350万元。共有近300家企业在平台注册，吸引异地处废企业40家。通过集中、公开、透明的交易平台，海关解决了对加工贸易废料的状态认定和价值审定难题，有效防范了监管廉政风险；加工贸易企业实现了废料价值最大化，实实在在获得了利益，如重庆鸿富锦公司通过平台实现增收1200万元；处废企业通过平台获得了更多的公平竞争机会，有利于废料处置回收行业规范发展，形成良性竞争的局面；废料交易平台通过对各类废料处理资质额公开化、系统化，促进了废料绿色环保处理，为服务发展循环经济发挥了积极作用。

自然资源和生态环境产权制度及市场体系的建立健全是生态文明体制改革的重要内容。通过市场配置，可以让自然资源价值得到最大化体现；通过市场监督，可以让公共利益得到有效保护；通过市场调节，可以让生态贡献获得应有回报；通过市场竞争，可以让绿色发展成为立身之本。重庆联交所立足市场建设，在创新体制机制、拓展市场边界等方面做了大量有益探索，在资源、环境市场建设改革试点中发挥了举足轻重的作用。

建设高效、规范、覆盖多种经济成分的综合性资本要素交易平台

武汉光谷联合产权交易所

一、服务新一轮国企改革发展思路

走进新时代，产权市场发展面临的内外部环境更加复杂，不确定性更大，风险挑战更多，发展难度大于往年，实现预期目标会异常艰难。武汉光谷联合产权交易所（以下简称光谷联交所）既要保持战略定力，持续深入推进"五大创新战略"，又要增强忧患意识，未雨绸缪，精准研判，防范化解可能出现的风险挑战。

（一）推进基础业务开拓新领域

一是国有产权交易要继续做好服务国企混改等各项改革工作，加强与重要客户的联系，坚持提高全程服务质量，增强招商策划工作力度，推

进实物资产网络交易。抓住省政府国资委出台省出资企业资产租赁管理制度的机遇，全面开拓省出资企业资产租赁招商工作。二是行政事业资产交易争取政策支持，积极推进大宗项目进场，保证传统业务进场力度，紧抓公房出租业务，加快形成平台效应。三是金融资产交易要在继续巩固金融国资业务的基础上，全力推进不良资产处置业务，申报不良资产跨境交易资质，推进PPP资产交易定点工作及首单PPP资产交易业务落地。四是要不断提升涉讼资产与非公资产交易业务竞争力，升级涉诉业务模式，推介非公业务平台，探索创建非公市场联盟。

（二）推进平台发展站上新起点

高质量完成"中碳登"建设任务。把握"中碳登"落户湖北的历史性机遇，按照省委省政府"高水平建设全国碳排放权注册登记平台"的总体要求，全力争取"注册登记系统"结算功能，全力争取"注册登记系统"在全国碳市场系统平台中的核心地位。抓紧完成系统开发、数据中心建设等基础性工作。武汉股权托管交易中心立足区域资本市场平台功能定位，着力推进规范稳健经营、创新转型发展，夯实平台建设基础，增强市场服务能力，打造县域金融工程升级版，持续提升为中小微企业提供综合金融服务的能力和水平。湖北碳排放权交易中心开展用能权交易试点建设，推动长江国际低碳产业园建设，实施军运会碳中和行动，打造以碳金融为特色的绿色金融中心和低碳经济发展的综合服务平台。武汉知识产权交易所持续拓展各类知识产权交易业务，稳步推进出版融合交易业务，创新探索文化领域知识产权的商业化运营；承接省市知识产权金融服务职能，探索知识产权债券工作，聚焦高价值知识产权企业，推进基金管理公司开展实质性运营。湖北环境资源交易中心持续扩大主营业务收入，重点推进二级市场建设，密切跟踪国家建设全国性排污权交易市场的进度安排，努力在国家推进全国性排污权交易市场建设中占据有利地位。武汉国际矿业权交易中心以绿色矿山咨询业务为切入点，深度挖掘企业需求，抢抓产业转型升级机遇，协助矿企兼并重组，筹划建设机制砂交易平台。恩施硒资源国际交易中心努力克服困难，整合产品，拓展渠道，广泛汇聚大数据资源，推进"硒资源交易生态体系"建设。

（三）推进市州公司高质量发展

光谷联交所理顺市州公司管理体制后，市州公司各项管理逐渐步入正轨，接下来要推动市州公司高质量发展，助力市州公司成为当地综合性的专业化交易平台。一是完成理顺体制后续工作。推动荆州公司参股方案尽快落地实施，尽早落实宜昌分公司的规范运营，持续跟进十堰公司减资、股权比例调整等后续工作。二是完善管理制度体系。对于已理顺市州公司，要进一步提升管理水平，全面加强对市州公司党建、纪检、干部管理、业务、财务、薪酬等方面的管理。重点是完善市州公司薪酬考核制度，建立科学合理的激励机制；规范市州公司干部任免和人事管理，根据需要完善市州公司干部配备，提高市州公司人事规范化管理水平。三是规范创新转型发展。明确传统业务边界，出台业务授权管理办法，对市州公司业务资质进行授权，防范交易风险。积极协调光谷联交所各业务部门、创新平台与市州机构进行业务合作对接，举办业务培训，助力市州公司拓展业务领域，推动市州公司成为当地的综合性专业化交易平台。

（四）推进集团管控迈入新征程

通过构建完善的管理制度体系和文化建设体系，全面适应并更好地服务交易所集团化管控体系建设，营造良好的发展环境。提升战略规划服务水平，顺应建设现代化经济体系的要求，有效服务于光谷联交所的各项改革任务，为打造区域性、综合性资本要素市场集群提供战略规划参考。加强对控参股平台的日常管理和业务支持。做好日常会计核算及财务数据上报工作，提供强有力的财务信息支撑，加强与完善规范财务管理制度的执行。建成小额实物资产在线交易系统，全面提升实物资产在线服务能力和用户体验水平。增强网站和在线交易系统、结算系统安全，提升网络整体安全水平。严控项目交易风险，提高法律审核能力，保障规范操作。进一步推进普法教育、法治建设工作。细化内部管理，做好各项工作协调运转，加强各部门、各平台和上级政府部门的日常联系。落实"人才强企"要求，持续推进"511青年干部"培养计划，继续推进后备人才队伍建设。建立干部管理人才库，与重点业务和重点环节的关键岗位人员开展定期交流，拓宽人才选用视野。

二、构建有形的"资本谷"和要素市场群

根据光谷联交所"十三五"时期的总规划目标，从传统国有产权市场走向要素市场和金融市场的融合，建设覆盖多种经济成分、多功能、多层次的综合性资本要素交易平台，向集团化、创新化、品牌化方向发展，全面拓展产权市场功能，使之成为在全国有重大影响力的区域性资本要素市场群。根据这个发展目标，光谷联交所在巩固发展自身交易所品牌的同时，成立了核心子品牌"资本谷"，并于2015年通过了国家商标注册申请，正式投入使用。"资本谷"品牌既具有"光谷联交所"品牌作为国有交易所平台所有的优势传承，又具有在原有交易业务范围基础上向外延伸的灵活性和主观能动性。在发挥母品牌"光谷联交所"的"公信力""规范力""创新力""市场力"的基础上，可以更多地汇集国资国企之外更广范围的非强制进场的客户群体，在现有较为固化的模式下为交易所实现业务新突破提供更多操作的可能。业务范围和平台功能经过物理延伸后，将吸引更多属于"长尾市场"特色的客户群体进场，从而带动交易所业务产生新的增长点，助力公司实现利润增长的最终目标。

（一）"资本谷"品牌定位

结合当前国企改革形势和对未来交易所发展趋势的研判，"资本谷"的品牌定位是对母品牌"光谷联交所"的理性的延伸与扩张，通过多方位整合系统内外部资源，全面立体打造集团化核心子品牌，围绕品牌发展战略，优化现有资源配置，推进产权交易和资本要素市场建设的理念创新、机制创新、手段创新，以品牌建设促进业务增长，实现企业的跨越式发展。

（二）"资本谷"品牌形象设计

"资本谷"的发展目标和品牌定位，决定了它完全不同于现有"光谷联交所"的品牌形象——首先需要一个全新且具有自身特色的品牌形象标识。在"资本谷"品牌概念提出后，光谷联交所即启动了其Logo设计工作，并最终确定了"图形+文字"的双标识Logo形象。2016年，该品牌Logo图形和文字标识的商标集群在国家工商总局（现为国家市场监督管理总局）注册成功，获得国家法律承认。光谷联交所是"资本谷"品牌的拥有者，并计划通过网络域名、微博账号、微信公众号等逐步开通投入使用，建立品牌官宣渠道，巩固品牌影响力。

（三）"资本谷"品牌建设路径

一是做大平台规模，提升品牌市场影响力。为使"资本谷"品牌在实际运作中获得更大的市场影响力和更广阔的发展空间，光谷联交所配套组建了湖北省联合交易集团，作为"资本谷"的物理承接平台。与目前相关省区市已经建立的集团架构不一样，省联合交易集团在股权结构、平台位置、架构设计、功能定位上独树一帜，具有湖北特色。这个交易集团有三个定位，既是政策性业务和市场化业务的物理隔离平台，也是与集团体系规模扩张同步的资本补充平台，还是一个相对独立的市场经营和资本化运作平台，为下一步引进社会资本混改、推行员工持股改革、谋求挂牌上市预留了巨大空间。

二是整合办公场所，集中展示品牌实体形象。光谷联交所已经建立起"1+N"的集团体系，旗下有省联合交易集团及控参股平台十余家，但因办公场地分布较散，无法建立展示集团实体体系

形象的场所。为了展现实体的"市场群"和有形的"资本谷"品牌形象，光谷联交所着手对交易场所的实体形象进行集中展示，通过对集团架构内主要平台的现有场地进行统一集聚和重新整合，搭建了一个汇聚全省资本要素资源的市场群和各种要素资源能够便利、高效流转的实体交易场所，实现了"信息全接入、平台全展示"的一站式资本要素平台集中展示，展现出直观有形的"资本谷"品牌形象。

三是开发线上平台，提供规范全面服务。2016年，光谷联交所独立开发运营的"资本谷"网上综合交易平台（http://zibengu.ovupre.com）上线，该平台是连通实体交易场所、PC端、移动客户端等的网上形象展示和招商交易平台。光谷联交所现有交易平台通过协同合作形成规模效应优势，为包含但不限于国资国企的各类投资人提供项目发布、支付结算、投资融资等丰富且具有高度专业水准的服务，既打造了"资本谷"符合交易所自身特色和发展趋势的市场化运营品牌形象，又实现了企业从传统交易模式向线上推广、受理、竞价、交易一体化的转型升级，确立了行业领先的全新态势。

四是开设品牌讲堂，服务公司创新发展。光谷联交所作为国有企业也是行业市场主体，在顺应国家金融监管政策和未来发展方向上，要有更长远的思考和探索。我们的发展战略要具有规范的操作和精准的执行，我们的团队要有高度的专业性和执行力，才能更好地服务产权市场和要素市场的创新建设。在"资本谷"品牌自身的推广运营上，光谷联交所还独创推出"资本谷大讲堂"员工培训计划。"资本谷大讲堂"是光谷联交所以"资本谷"为核心树立企业品牌、加强企业文化建设的重大举措。自2016年10月24日"资本谷大讲堂"开课以来，经常邀请国内相关行业领域领导和资深专家来演讲，目前已成功举办8期。大讲堂以开放性和多元化的理念，汇聚企业智慧，打造品牌文化，加强员工团队政策理论学习和独立思考，在转型实践中进行理论总结，以理论创新推动探索实践，提炼出真正符合交易所特色的创新发展路径，用以支撑光谷联交所新一轮的转型发展，推进产权市场形成项目汇集、资本汇集、信息汇集的"谷底"效应和状态，现已发展为以探索、研讨、促进多层次资本要素市场发展为目标的教育学习综合平台。

三、开展企业管理特色实践活动

为进一步完善光谷联交所集团化管理制度体系，推进工作流程规范化建设，全面提升集团本部和控股子平台的执行力和管理水平，实现以规范管理建品牌、树形象、强实力的目标，根据"五大创新发展战略"要求，将2018年、2019年分别作为光谷联交所的"企业文化建设年"和"基层党建推进年"。

（一）企业文化建设年

2018年是"十三五"规划的关键之年，光谷联交所要实现由传统产权市场向资本要素市场的转型发展，全面拓展市场体系和功能，建设成为覆盖多种经济成分、多功能、多层次的综合性资本要素交易平台体系，要求企业管理工作紧跟光谷联交所发展战略和转型需要，遵循集团化、创新化、金融化、品牌化的理念，构建完善的管理制度体系，强化集团管理和执行力，全面适应并服务于各平台的创新发展和集团化体系建设。

"企业文化建设年"活动以"突出个性、彰显品牌、发挥作用"为主线。通过突出个性，重点挖掘提炼、整理出具有产权市场鲜明特色的文化内涵；通过彰显品牌，开展打响品牌知名度、建立品牌忠诚度、提升品牌信誉度等多维度品牌经营战略，发挥企业文化引领战略发展、支持战略推进的作用；通过发挥作用，以塑造集团核心价值观为内核，将企业理念塑造成为光谷联交所员工的普遍共识、自觉追求和实际行动，通过规范言行、凝聚人心，实现企业文化的稳固支撑和集团发展战略的全面落地。

（二）基层党建推进年

"基层党建推进年"以习近平新时代中国特色社会主义思想为指导，以党章为根本遵循，以党的政治建设为统领，始终坚持"党建置顶"原则，以开展"不忘初心、牢记使命"主题教育为总抓手，以学习贯彻习近平新时代中国特色社会主义思想和党的十九大精神为主线，以严肃党内政治生活和强化党内监督为重点，深入学习党章党规和党的最新理论成果及上级党委的重大决策部署。认真落实全面从严治党要求，切实增强"四个意识"，坚持稳中求进的工作总基调，全面提升基层党建基础、党建质量和党建水平，切实推动光谷联交所以"党旗领航"为首的党建五大工程落实落地。

通过开展"基层党建推进年"活动，进一步夯实基层党建基础，有重点地解决目前基层党组织建设中存在的突出问题，优化组织设置，扩大组织覆盖，创新活动方式，充分发挥基层党组织推动发展、服务群众、凝聚人心的作用。力争在强化基层、提高素质、示范带动、健全机制等方面取得突破，使基层党组织建设工作更加扎实、常规工作得到提升、重点工作不断创新、难点工作有所突破，形成职责明确、运转协调、制度健全、保障有力、统筹兼顾的基层组织建设工作新局面。

交易所的风险防控与自律建设

西部产权交易所

一、交易所在交易活动中面临的主要风险

（一）法律风险

产权交易是一个涵盖处置决策、价格评估、信息公告、组织竞价、交易签约、资产交割等多环节的过程，单纯从交易流程来看，产权交易并不复杂，但由于产权交易都是非标准化交易，大多数项目不是仅靠走流程就能够完成的，任何一个环节面临的法律风险都有可能导致交易行为出现非"三公"的情况。例如：产权转让是否经过法定决策程序、转让的价格是否依法评估、信息公告披露的内容是否完整真实、竞价过程是否公开透明、签订的合同与公告的内容是否一致、资产交割与公告或合同的约定是否一致等；有些项目背景复杂，涉及多方利益，易出现关联交易、内幕交易、市场操纵等危害市场交易秩序的情形，甚至可能引发诉讼纠纷。

（二）资金风险

对产权交易所而言，资金管理风险可以分为两类：一类是客户保证金及交易价款的管理风险，主要体现为资金安全风险；另一类是自有资金的管理风险，主要体现为资金使用效率风险。资金安全风险主要是指资金被侵占和挪用的风险。产权交易所作为专业化强、安全性要求较高的金融服务企业，安全高效地组织收付产权交易资金是维护市场各方权益的基础。倘若交易资金的管理存在安全隐患，则有可能引发极为恶劣的社会影响。资金使用效率风险主要指企业资金管理不善、资金严重分散和沉淀、资金使用率低下导致企业盈利能力下降。

（三）系统风险

通过应用电子信息技术，交易所的产权交易

活动实现了交易全流程电子化，不仅降低了买卖双方的交易成本，还能够提升产权交易的便捷性和安全性。但是，电子交易平台存在遭受网络攻击、病毒感染、软件系统不能正常运行、交易资料和档案消失、电源与设备安全性下降等环境与技术问题，从而可能影响产权交易活动的正常开展。

（四）合同风险

交易所未按规定订立合同、未经授权对外订立（变更）合同、合同对方主体资格未达要求、合同内容存在重大疏漏和欺诈等，可能导致交易所合法权益受到侵害；合同未全面履行或监控不当，可能导致交易所诉讼失败、经济利益受损；合同纠纷处理不当，可能损害交易所利益、信誉和形象。

（五）道德风险

产权交易工作与国有资产保值增值、国有资产权益维护息息相关，从业人员不仅要具备经济、金融、评估、财务、法律等领域的专业知识，熟悉国家相关政策法规，能够熟练操作业务，还应具备公正执业、廉洁从业的职业道德。风险防范仅依靠完善的交易规则和严密的内部工作制度是不够的，因为规则制度要靠人去执行，从业人员职业道德水准低下或违规操作都会导致交易不能按照"三公"原则进行。只有从业人员坚决杜绝操纵交易、"吃拿卡要"等利用职务牟取私利的行为，做到忠诚事业、爱岗敬业，形成全员风险意识，才能认真执行制度、切实履行职责，将交易风险水平降至可控范围。

二、交易所防范风险的主要手段

随着产权交易市场的不断完善和发展，产权市场业务和规模不断扩大，风险管控作为保证产权市场规范创新的重要举措，越来越受重视。当前，西部产权交易所开展风险管控的主要措施有：

（一）规范制度打造有序流转平台

西部产权交易所的一切交易行为、章程、交易规则和管理制度均遵循中央及陕西省关于国有产权处置的相关政策法规制定，资产处置过程严格按照有关政策法规进行。

（二）内外防控打造阳光交易平台

针对产权交易市场的风险，西部产权交易所建立了相应的内部防控措施，通过不断完善内部审批流程，制定高效完整的交易规则，规范交易所内部工作流程，形成了合理有效的内控机制。西部产权交易所还建立了一套智慧化网络交易系统，即西部产权云交易系统，目前该系统已与国务院国资委产权交易监测系统对接，并接受其监督。针对项目交易环节，云交易系统实现了从项目进场、信息发布、报名受理到最后组织交易的全环节网络化交易，可有效防范围标、串标等问题，最大限度地将国有产权交易置于阳光下，晒出公平公正，为国有企业产权交易阳光平台的建设提供智慧动力。

（三）自律建设打造诚信交易平台

随着我国产权市场的蓬勃发展，产权市场逐渐从粗放型向质量型发展、从规模型向规范型发展、从外延型向功能型发展转变，市场对诚信建设和行业自律的要求越来越高。西部产权交易所始终把诚实守信、严格自律视为生存与发展的重要基础，建立健全职业规范检查监督机制，强化从业人员的职业道德培训和专业素质培训，进一步提升交易质量，增强交易双方的信任感。

三、交易所的自律建设

诚实守信、严格自律是国有产权交易机构生存与发展的重要保证。产权市场作为集社会各类产权和公共资源交易于一体的综合性市场平台，需要以企业职工的自律建设为切入点。不断加强员工队伍自身建设，持续增强抵御交易风险的能力，是促进各类产权规范交易、维护阳光平台形象的基础和保证。交易所始终坚持廉洁自律，坚持国有产权流转和资产处置工作的公开化、程序化、制度化，促进产权交易各项工作的深入开展，取得了良好的经济效益和社会效益。

（一）充分发挥党员的模范带头作用，利用党建阵地，进行廉政教育，营造风清气正、廉洁从业的良好氛围

西部产权交易所始终将廉洁自律贯穿于党员员工教育过程中。在工作氛围上，促使员工时时处处受到高尚、文明、清廉风气的感染和熏陶；在工作作风上，使公平、公正、诚信成为员工普遍信守的理念。一是经常开展党性教育活动，以习近平新时代中国特色社会主义思想常态化宣讲、"不忘初心、牢记使命"主题教育等活动为载体，通过支部书记上党课、专题讲座、心得交流等方式，不断加强党员干部思想建设工作力度，为各项工作的开展提供坚实的思想保障。二是开展警示教育和法制教育活动，组织党员员工观看《蜕变的灵魂》警示教育片，使党员员工真正筑牢"反腐倡廉"的思想根基。三是开展典型示范教育和职业道德教育活动，通过年度优秀部门和先进个人评选活动，促使员工在岗位工作中"规范从业、诚实自律"。同时，不断加强对新进人员和在职人员的职业道德教育，把职业道德教育贯穿于党员员工学习培训的全过程，使党员员工始终保持正确的工作理念和强烈的责任意识。

（二）以制度约束为抓手，严格程序、坚持标准，为产权市场规范发展提供保障服务

西部产权交易所坚持在运营时让法规制度先行。通过完善制度建设和约束机制，以规范树诚信，以创新促发展。一是建立和完善内部管理制度，进一步夯实管理基础，先后制定和完善了人事、财务、业务、鉴证等规章制度，为各项经营管理工作顺利开展提供制度保障，促使产权市场平台规范化运作水平迈上新台阶。二是强化内部管理约束机制，在内部部门、岗位和业务流程设计上，形成部门之间、岗位之间互相监督、互相制约、互相配合的协调制衡机制。三是全体员工签署《客户资料信息保密承诺书》，书面承诺在项目交易前履行有关客户资料信息的保密职责，形成风险防范的自我约束机制。四是坚持重大项目严格执行集体研究和报告制度，确保决策程序规范化、科学化，保证产权交易过程客观、公正。五是成立风控法务部，全面防范交易过程中可能出现的各类风险，完善项目风险评估、预警与监控机制，加强风险防范工作。对较大的交易项目，在项目挂牌、受让报名、出具鉴证环节，纪检、法律和鉴证部门提前介入，参与监督，将交易风险的控制关口前移，不断规范交易项目审批行为，确保规范、有序、高效提供产权交易服务。

（三）统一规范的产权市场对于扎实推进惩防体系建设、从源头上治理和预防腐败起到巨大的推动作用

企业国有产权进入产权交易市场公开转让，正是从制度上充分发挥市场在资源配置中的基础性作用，最大限度地实现国有资产保值增值、实现资源优化配置、保障企业国有产权顺畅流转、有效预防腐败的重要举措。产权市场既是资产处置的服务平台，也是反腐倡廉的重要窗口。国有产权通过在产权交易市场公开挂牌、公平竞争、规范操作，防止黑幕交易和暗箱操作，严格执行公开、公平、公正和市场竞争原则，排除内部人控制或其他不公平因素，铲除权力寻租的土壤，使投资环境得到了净化和优化，形成了依法经营、规范诚信、风清气正的工作氛围，为产权市场健康持续发展营造了良好的环境。据统计，西部产权交易所自成立以来共交易完成近2000宗项目，没有因违法违规操作而产生重大问题的项目。实践证明，通过产权市场处置国有资产，能够从机制上、源头上杜绝腐败行为的发生，实现对国有企业的资产重组、战略调整和保值增值。

（四）进一步完善产权市场制度体系，提高从业人员纪律意识

尽管我们在建设陕西省统一规范产权市场的过

程中取得了一些成绩，但也要清醒地认识到，要适应不断完善的社会主义市场经济的要求，应对经济全球化趋势加快和日趋激烈的市场竞争环境，在国有产权转让过程中，产权市场源头防腐的责任更加重大。西部产权交易所在实践中不断总结和探索充分发挥产权交易制度防腐的手段和做法，继续把产权市场建设作为促进反腐倡廉工作的重要窗口，不断研究加强源头防腐工作的有效方式和手段，从加强从业人员廉洁自律意识、强化产权交易制度建设入手，坚持规范操作、阳光交易。一是持续开展廉洁自律文化进企业创建活动，积极推进反腐倡廉工作。要把廉洁文化建设同行业自律建设一同融入企业经营管理和文化建设当中，大力倡导"专业、规范、高效"的企业文化理念，使员工切身感受到"崇尚廉洁""自律为荣"的文化氛围，培育严于律己的工作作风、求真务实的工作态度、诚实守信的工作原则、爱岗敬业的工作精神，形成具有产权交易源头防腐自律特征的廉洁自律文化，不断提高产权市场平台的社会美誉度。二是继续重视制度建设。通过立体化、全方位的制度管理体系，将产权交易各个环节的操作管理纳入制度约束范围，切实做到用制度管人、管事。同时，随着破产资产、法院项目等进场交易的落实，此类资产处置的敏感性和受社会广泛关注的特征，也要求西部产权交易所进一步研究不同交易资产的特性，探索更加严谨规范的交易制度，以实现效率优化、程序畅通。通过完善的内部制度体系和具体操作办法，坚持依据制度操作业务，以制度的规范保证国有产权处置的规范。三是重视全体干部职工的思想道德教育和廉洁从业教育，继续将廉洁风险教育融入产权交易机构的思想政治工作，把反腐倡廉教育纳入企业文化建设，深入开展廉洁自律专题教育。四是积极承担产权交易源头防腐的责任，通过产权交易制度的落实，建立健全惩防体系，促进党风廉政建设，有效地从源头上治理和预防腐败，带动诚信市场建设，促进社会和谐稳定。

集约采购、高效规范：
山东产权为国企阳光采购带来"新风向"

山东产权交易中心

随着国企改革逐步深化，相较于国有资产流转的规范、公平、公开，国有企业在投资、采购运行层面尚存在薄弱环节，突出表现在部分企业的采购活动存在不同程度的"信息不公开、条件不公平、操作不透明、监控不到位"现象，造成了利益输送和国有资产流失，亟须通过创新体制机制加以解决。因此，在以管资本为主的国有资产监管体制背景下，整合建立统一的国有企业采购服务平台，通过"平台+服务"形式，从信息层面加强对国有企业采购的事前、事中、事后监管，并通过第三方为企业提供完善便捷的配套服务，不失为一种创新解决路径。为此，山东产权交易中心（以下简称山东产权）运用云计算、大数据、人工智能等手段，在全国产权交易机构中率先搭建了稳定、便捷、高效的企业阳光采购服务平台（以下简称服务平台），为企业实施阳光采购提供第三方综合性服务。服务平台坚持电子化、规范化、透明化、智能化的发展方向，以科技做支撑、以公信创品牌、以专长求认可、以创新谋发展，不断打造企业阳光采购的"山东模式"。截至2019年底，服务平台累计发布采购项目 7394 个，涉及采购金额 989 亿元，平均节资率达 5.7%，服务国资监管、促进企业采购阳光规范、提质增效的作用不断显现。

一、完善平台功能，服务阳光采购

服务平台于 2018 年 9 月正式上线运行，定位于为企业提供阳光采购全过程服务的第三方综合性平台，具备采购信息发布、交易组织、资金结算、监测分析、配套服务等功能。目前，40 余家省属国企分别通过数据传送、使用系统等方式实现了采购信息公开发布的全覆盖，服务平台还与 8 家省属企业自有采购系统及企业内部 ERP 系统实现数据对接，通过数据交互实现资源共享。随着影响力的提升和应用度的提高，服务平台的服务对象不再局限于省属国企，众多央企、民企、股份制企业也纷纷借助第三方平台组织实施阳光采购，甚至对采购标准要求极高的军资采购也对服务平台提供的设施及服务给予认可。

（一）为企业采购提供软硬件设施服务

服务平台具备 10000 平方米的"一站式"服务场所，专门设立了业务受理、多功能开评标、专家抽取、电子监控等多个功能区，并配备智能监控、身份识别等设施。平台软件系统运用人工智能、大数据、区块链等技术，搭建了"一网、三系统、五大共享库、十六个功能模块"全流程电子化操作系统，为采购人提供采购信息发布、交易组织、资金结算、监测分析、配套服务等全过程服务。对系统设施、场景环境等建立主动防护机制，为采购交易提供安全稳定的系统支撑。

（二）为企业提供采购信息寻源和数据汇集服务

服务平台依托门户网站（www.ygcgfw.com）为省属企业提供采购信息公开发布、采购渠道寻源等服务，并与企业自有采购管理系统互联互通，实现了信息发布、数据交互的自动链接及资源共享。通过服务平台对接和发布的采购信息还可直接推送至省级及国家级指定媒介，帮助采购企业进一步拓宽采购渠道。

（三）为企业提供采购交易全流程电子化服务

在采购交易组织实施环节，采购人可结合实际需要，采取线上报名、线上投标、线上开标和评标、资金结算等采购交易全过程操作，并具有招标采购及非招标采购各种方式的全流程电子化组织交易功能，便捷无纸化操作替代了线下传统招标采购方式。服务平台创新推出竞价和直采方式，既简化了采购程序，又达到了采购质优价廉、阳光规范的目的。

（四）为企业提供采购过程智能化监测分析服务

服务平台具备汇总各类采购数据，分析采购宏观及微观趋势、市场主体交易活跃度、专家评审客观性、围标串标行为、采购效能等多种功能，通过分析研判和预测，为采购决策提供依据。同时，对采购过程进行实时监测，提供采购各节点数据和开评标现场音视频数据，方便采购人、监督部门及时发现采购关键风险点。

（五）为企业采购提供定制化配套服务

服务平台从满足采购人个性化需求出发，为其量身定做采购方案及配套服务。在客户体验方面，成立专业的客户服务团队，主动到采购人处提供现场服务和平台系统使用培训，对采购人遇到的实际问题提供现场解答和服务。与多家金融机构合作，提供多样化的资金结算服务，并针对供应商开展物流配送、融资服务等延伸服务，全方位满足各采购主体的多元化需求。

二、创新业务模式，打造阳光国企

服务平台坚持市场化运作方式和理念，充分遵循市场经济规律，通过市场驱动对不同企业的同类采购需求进行整合；合并企业采购同类项，实现集约采购，打造企业版"拼多多"，提高企业采购的议价能力，促进企业降本增效。通过发挥资源聚集、规范运作的优势，服务平台推动企业采购管理的革新，助力打造"阳光国企"。

（一）尊重企业采购自主权，多种方式满足企业采购需求

服务平台充分尊重企业自主采购权，为企业量身定做最佳解决方案，提供自采、直采、委采、代采四种方式供选择。自采是指企业借助平台系统的全流程功能，自主操作完成采购过程，系统留存全部采购数据提供给企业监督管理部门；直采是指平台提供同比低于主流电商平台价格的通用小额商品供企业直接下单采购，既能简化采购程序，又能确保质优价廉；委采是指企业通过线下委托或平台选聘第三方采购代理机构，组织实施规范的采购活动，平台提供200余家优质代理机构供企业选择；代采是指企业委托平台全权代表组织实施采购，依托平台优质资源、专业采购团队，为采购企业提供全过程服务，高质、高效地满足企业生产经营需要。

（二）创新企业采购流程，确保过程阳光规范、便捷高效

一是线上运营。服务平台按招标采购行业标准，实现全程电子化、无纸化操作，并通过了国家认监委三星最高检测认证，采购人足不出户，通过网络操作便可完成采购过程。二是创新流程。服务平台根据企业采购需求，制定适用于企业的阳光采购规则，缩短采购时长，简化采购程序，进一步提高了采购效率。三是阳光规范。服务平台构建了"三大主体、四层隔离"制度体系，并组建专家组提供专业性指导，通过采购大数据智能分析切实防范采购过程中的暗箱操作和违规行为，为纪检、审计、国资监管提供实证线索。

（三）聚集各类采购资源，构建阳光采购资源共享大环境

一是集中汇集通过服务平台发布的采购信息，并直接推送到省级公共服务平台和国家级公共服务平台。企业自有采购系统可与服务平台通过技术手段进行端口互接，达到交易信息、专家信息、供应商信息在企业间的传递、互通和共享。二是服务平台建立了包括专家资源、供应商资源、金融服务资源等在内的大数据库，现有各类专家3000余名，其中不乏企业高管及资深专业技术人员；供应商10000余户，包括采购供应链上下游企业，供采购企业免费使用。三是服务平台融通企业内外部信息资源，与国家工业互联网互联互通，深入挖掘云端采购资源，构建阳光采购资源共享大环境，为企业采购的提质增效、风险防控提供优质服务。

（四）扩大采购服务范围，打造服务品牌

2019年，省属企业通过服务平台采购的体量及范围不断扩大，采购种类逐渐丰富，物资类和工程类采购大幅增加，通过平台发布信息及实施采购的工程建设类和物资类项目数量占比达84%。泰山保险、山东特检、铁投集团等企业还将全部采购项目委托给服务平台运作。除此之外，服务平台还与优质采购代理机构紧密合作，推动服务平台在其他企业及更大范围内的应用，现已有济南热力、菏泽市属企业等通过服务平台实施采购。同时，山东临沂、东营、日照、枣庄四市借助本地已有产权分支机构的优势，依托省级平台的软硬件设施陆续启动搭建地市阳光采购服务平台，地市国有企业通过平台实施阳光采购，并率先实现信息数据汇集到省级平台。2019年12月，《山东省人民政府办公厅关于印发〈山东省深化公共资源交易平台整合共享实施方案〉的通知》提出"国有企业招标采购信息2020年底前通过阳光采购服务平台纳入公共资源交易平台"。山东产权立即启动地市的对接与联系工作，烟台、菏泽等地市已有平台准备适时启动数据对接工作，威海、济宁等地市正在探求合作共建。以省级平台为支撑，省市共同联动、打造省市企业全面覆盖的"1+N"平台模式，阳光采购服务平台的品牌效应逐渐凸显。

三、延伸服务链条，构建阳光采购新业态

服务平台的设立，解决了采购需求与市场供

应不对称的问题，解决了企业采购程序烦琐、不规范等问题，更好地服务于企业生产经营和供应链管理，直接为企业带来了经济效益和社会效益。一是服务平台将通过产业链上下游的数据资源共享和信息流互通，推动功能的提档升级，增强高端资源要素的吸附力和辐射力，为供应商融资增信，逐步搭建企业间的信用平台、中小企业融资服务平台、银企直连的合作共赢平台。二是服务平台延伸采购服务链条，将产、供、销有机结合，构建多级生态圈，形成线上与线下结合、需求与市场结合、要素与资本结合、专业化运营团队和专业化服务机构结合的多种运作模式，让各类机构、产品、服务、信息集聚融合、开放共享。三是服务平台将持续关注国有自主知识产权产品应用，并带动智能仓储及物流、工业互联网等产业的融合发展，通过产业链的延伸为企业提供更加完备的服务，匹配更加高效、优质的资源，实现采购供应链管理的新生态。

做强做优新时代区域性大产权市场的建设者和运营者

广东省产权交易控股集团

广东省产权交易控股集团（以下简称集团）牢记使命，走过了不平凡的五年，实现了跨越式发展。新时代、新机遇、新征程，集团要乘势而上、勇担使命，围绕做强做优做大目标，致力成为粤港澳大湾区产权要素交易非标资本市场的建设者和运营者。

一、追本溯源、勇担使命

（一）铭记集团从哪里来

集团是2013年6月经省政府十二届五次常务会议批准组建的省属国有金融企业，是省政府用以"整合各类交易资源，形成相对统一的要素市场"的专门平台。这是集团需时刻铭记的初衷，也是集团需提请政府相关主管部门继续关注和大力支持的期望所在。

（二）清楚产权集团现处哪里

集团组建以来，在省委、省政府和省国资委的正确领导下，在集团党委班子的带领下，已从单一的产权交易平台发展为综合型要素交易平台，涵盖"要素与商品交易、金融与其他交易配套服务、相关数据与信息服务"3大主业20个子平台，远超国有产权交易范围，市场化程度越来越高。除接受省国资委出资人监管外，集团还接受省金融办、商务厅、经信委、环保厅等15家公共管理部门的市场监督和指导，已成为省政府培育、建设和组织、运营各类要素资源配置和交易市场的重要抓手。

一是综合实力跃居全国前列。目前，集团已取得了产股权、知识产权、药品、金融资产、水权、排污权、钻石、宝石等要素交易资质，位列全省第一，已成为全国三大产权要素交易市场之一。交易金额累计3.53万亿元，年交易量从2012年的59.6亿元增加到2017年的1.63万亿元，连续两年成为全国仅有的两家过万亿元交易机构之一。集团营业收入五年间增长接近15倍，归属于母公司净利润年平均增长率达354.66%，2017年国有资本保值增值率为142.82%。省国资委经济目标责任考核连续五年评定为优秀。

二是金融服务实体功能凸显。2015年，《中共中央、国务院关于深化国有企业改革的指导意见》将产权市场和证券市场并列为重要的资本市场。集团抢抓机遇积极培育投行增值服务，发挥资本市场功能，通过产权交易平台为企业引入战略投资者或财务投资者，实现直接融资近3000亿元。各类平台交易各方对税收贡献达1765亿元，带动经济发展规模1.59万亿元。助推供给侧结构性改革，构建了引领全国的"僵尸企业"出清重组专业服务平台，托管关停企业2490家；构建了全省混合所有制改革专业服务平台，累计挂牌混改项目253宗，成交额近1000亿元。集团旗下广东金融资产交易中心已经发展成为制度完善、产品完备、发展稳健、机制灵活的交易平台，形成5大类10余种产品的金融资产交易产品体系，累计成交额达2.5万亿元，位列全国前列。在金融创新方面，集团发挥交易平台的资金和信息聚集优势，推出"药·贷""产权·贷"等融资服务产品，将交易信息和数据转化为银行认可的"信用"，搭建银行与企业之间线上供应链融资服务平台，其中"药·贷"产品累计融资规模已超过10亿元。

三是交易平台运作相当规范。集团各类交易平台均由省政府批准设立，并经国家清理整顿各类交易场所部际联席会议检查验收。数据显示，全国清理关停交易场所215家，转型5家。在历次清理整顿活动中，集团所有平台均未被要求整改。集团严格按照《国务院关于清理整顿各类交易场所、切实防范金融风险的决定》等相关规定开展运营工作，交易系统安全稳定、披露信息及时准确、资金结算高效规范，没有采取分散式柜台、类似证券发行上市的现货发售、连续集中竞价等交易模式，没有发生过任何兑付风险和群体性事件。

四是改革创新不断深化。在省属国有企业集团层面，集团第一个开展市场化选聘经营班子试点，是唯一省政府批准推进增资扩股整体上市和实施股份制改革试点单位。牵头完成全省统一产权市场整合，设立了广东联合产权交易中心，为构建全国产权交易资本市场贡献了"广东智慧""广东方案"。2018年7月，集团被国务院国企改革领导小组列入国企改革"双百行动"试点企业。

（三）明确产权集团到哪里去

要提请各相关政府部门理解，继续支持集团担当起区域性要素市场的建设者和运营者，是政策和实践的最好选择。

一是新时期迎来最好的政策机遇。党的十九大报告指出，经济体制改革必须以完善产权制度和要素市场化配置为重点，实现产权有效激励、要素自由流动、价格反应灵活、竞争公平有序、企业优胜劣汰。《中共中央、国务院关于完善产权保护制度依法保护产权的意见》（2016）指出，产权制度是社会主义市场经济的基石，产权不仅包括物权、债权、股权，也包括知识产权及其他各种无形财产权。2017年8月，省委、省政府主要领导在全省金融工作会议上提出"支持广东省产权交易集团做大做强，增强产权市场融资功能"。该重要指示已明确体现于广东省委、省政府出台的"金融十条"中。这些均为新时代广东产权市场提供了良好的政策基础和发展机遇。

二是有丰富的要素市场培育、整合和平台运作经验。集团作为大型平台类交易机构，顺利建成20个要素交易和服务平台，拥有覆盖全国、辐射全球的10万家会员网络，已经从单一的产权交易机构发展为具有资本要素流转、资源优化配置、价值发现和价值创造等功能的综合型要素交易平台，成为全国三大要素交易市场之一，综合交易市场份额稳居全国第二。2017年，在省委、省政府的正确领导下，以及省金融办和省国资委的大力支持下，集团牵头完成历时十年的全省产权市场整合，并发起设立全省统一产权运营平台——广东联合产权交易中心有限公司，得到了国务院国资委的充分肯定。通过复制成功经验，集团有条件、有经验肩负起整合广东省其他要素交易市场、助推粤港澳大湾区要素交易市场健康发展壮大的使命。

三是符合聚焦主业和规模化、专业化、集约化经营的改革方向。集团功能定位应侧重于培育发展产权、股权、金融资产交易等泛金融市场，而其他地方金融控股集团则侧重于发展全牌照的金融机构和创新金融产品。按照"资产同质、经营同类、产业关联"原则，由集团控股和专业化运营管理广东省各类重点要素交易市场，能体现各省属企业的功能定位和分工侧重，符合聚焦主业，规模化、专业化和集约化经营管理的改革原则。

为此，经集团党委研究和董事会决策，报省政府和省国资委同意，集团功能定位明确为构建服务粤港澳大湾区战略的产权大市场，成为国家"北上广"产权市场战略的重要一极，打造立足广东、服务全国、面向国际、符合现代经济体系要求的要素资源市场和交易平台，建设一流的交易控股集团，使集团兼具政策性功能和市场化功能。

1. 政策性功能

一是服务国资国企改革。集团是国资委履行产权基础管理乃至"管资本"、推动混合所有制改革的职能延伸和市场化抓手，应发挥不可替代的平台作用，与国有资本投资和运营公司并行，形成"一个平台、两类公司"，成为服务国资国企布局优化、结构调整、战略性重组的"三驾马车"。

二是助推金融强省和粤港澳大湾区资本市场建设。《中共中央、国务院关于深化国有企业改革的指导意见》（中发〔2015〕22号）已将产权市场、证券市场并列为重要的资本市场，集团作为广东省属金控资本投资运营类企业，正按照省委、省政府"金融十条"关于"支持产权交易集团做大做强，积极争取中央企业产权交易和增资扩股资质，增强产权市场融资功能"的部署，加快构建服务粤港澳大湾区战略的产权交易资本市场，使之成为广东金融强省建设的有力抓手，更好地服务实体经济发展。

三是落实创新驱动发展战略。集团将依托所承接国家级知识产权运营试点的广州知识产权交易中心，以及筹备建设的大数据交易中心，在广东省引进国际先进科技、科技成果转移和转化、产学研对接和打造"双创"平台等方面，助力"国家科技产业创新中心"和"广深科技创新走廊"的建设。

四是配合推进供给侧结构性改革。积极配合实施乡村振兴战略，通过整合广东省农业要素交易相关平台，更好地服务广东省农村产权、涉农资金、基建投资等资源市场化配置；有效发挥广东省股权托管中心专业平台优势，创新广东国有"僵尸企业"出清体系；持续做好城镇化金融资产交易服务，积极申报广东省PPP资产交易平台，为广东省基础设施建设多渠道融通资金。

2. 市场化功能

一是满足规范安全需求。产权市场坚持"三公"原则，是防腐保廉的阳光通道，能很好地满足国有企业、政府、事业单位等体制内的市场交易主体（客户）的规范安全需求，起到保护公职人员、提升客户安全感的作用。

二是满足高效配置需求。产权市场聚集了数十万计的会员、庞大的投资者数据库、高水平的投行撮合能力、便利的供应链金融，将助推进场的各类要素资源以市场化手段高效地配置到更有使用效率的市场主体手中。

三是满足发现价值需求。依据公开充分的信息披露，以公平议价、多轮竞价等方式，使标的物的价值得到更合理地挖掘和创造，实现转让方资产保值增值、受让方降本增效。

四是满足资金融通需求。通过产权转让回笼资金、增资扩股引入资金，或者提供供应链金融服务等，满足标的交易主体的资金需求，乃至促进企业转换机制、产业升级，发挥产权交易资本市场功能。

二、资本运作、整合资源

要素的范围很广泛，从经济学层面看，包括资金、土地、劳动力、设备、技术、管理，乃至水和空气等资源。要素资源除人身权以外，经过法律（制度）层面的权属界定，具有了保护要求，从而形成财产权利（简称产权），即可纳入大产权范畴。产权市场的内涵和外延很广泛，不局限于狭义概念的"国有和集体产权"。作为市场经营主体，集团必须有所为有所不为，凡是国家和省战略部署的领域，必须有责任担当；其他领域，则以经济效益为导向，有进有退、分轻重缓急，优化资本布局、追求资本回报。

要紧紧围绕自身的功能定位和"要素与商品交易、金融与其他交易配套服务、相关数据与信息服务"三大主业的发展，在梳理分析存量资产、各子平台质量效益和谋划增量发展的基础上，根据预算约束、轻重缓急的原则，按照"巩固提升一批、重组整合一批、创新发展一批、清理退出一批"的思路，开展投资与资本运营，构建产股权交易、资源交易、金融资产交易、数信交易服务、智库杂志等板块。针对各平台所处的不同发展阶段，抓住"募、投、管、退"等关键环节，采取追加投资、增资扩股、重组整合、创新发展、市值管理和溢价退出等方式，实现集团整体结构优化和质量效益的提升。加强投资项目后评价、项目考核等全过程的规范管理和控制，加强项目管理和风险控制。建立重大资本投资和运营项目的后评价制度，将项目所达到的实际效果与项目可行性研究报告、决策确定的目标及内容进行对比分析，找出差距和原因，总结经验教训，提出对策建议，以改善投资决策和项目管理质量。要树立正确理念，既要注重资本投资与运营，也要注重后续的资产经营和管理，提高资产质量，谋求资本回报，实现内涵式发展。

一是加快构建产权交易资本市场。推进产权交易市场整合到位，积极申请中央企业产权交易资质，开展各类并购重组业务，提供增资扩股和混改等综合服务。

二是推进金融资产交易市场整合。以广东金融资产交易中心为基础，充分运用"一带一路"合作和粤港澳大湾区、广东自贸区建设的叠加优势，依托"广东国际金融资产交易中心"牌照，以及业已获得的银行不良资产跨境转让试点的优势，推进省内金融资产交易市场整合，争取将其建设成为粤港澳大湾区国际金融资产交易中心，尽快实现跨境资产和要素交易，重点探索跨境人民币资产交易。依托城镇化金融资产交易服务公司，争取设立广东省基础设施资产交易平台，并申请国家试点，开展基础设施金融资产交易、投资和服务。依托交易平台信息流、资金流合一的优势，创新"互联网+要素交易+金融"模式，开发更多平台专属线上融资服务产品。通过省市共建的方式，设立服务大湾区资本市场的登记结算机构，防范金融交易风险。

三是发展其他要素资源市场。积极参与区域性股权交易市场建设，做实做大做优股权托管中心，规范企业股权流转。继续推动实现公共资源市场化高效配置，努力将土地资源、"三农"资源、文化产权、海洋渔业资源、矿产资源、航空器材、林权、水权等要素资源配置纳入产权交易市场，实现公开、公平、公正的阳光化市场流转。积极推动省属国企招投标采购平台整合，进一步提升行业集聚效应及品牌优势，打造全国最知名、最具竞争力的招投标采购服务平台。

四是加快完善市场空间布局。坚持市场导向与政策推动相结合，以股权或业务资源共享为纽带，以统一交易系统、统一交易规则、统一信息发布、统一交易鉴证、统一交易价格、统一业务监管为管理模式，以粤港澳大湾区为核心，设立覆盖全省21个地市及香港、澳门的"21+2"综合服务网络体系；逐步建设北京、上海、海南、黑龙江、山东、浙江及广西南宁等地的支撑服务机构或合作机构体系；利用国家海南省自贸港战略机遇，推动两省间产权市场合作共建；根据国家"一带一路"倡议，探索布局境外市场节点。

三、创新驱动、提质增效

打铁还需自身硬。要开疆辟土，赢取更多的

市场发展空间，必须通过实施创新驱动，构建网络型、平台型、流量型的商业模式，提升主业核心竞争力。

（一）增强资本市场功能，提升平台增值服务能力

依托完善的会员体系，构建公开、有序、资本市场功能完备的产权市场，围绕各交易环节增强资本市场信息与数据中心、登记与确权中心、定价与评估中心、投顾与融资中心、托管与结算中心、智库与指数中心"六大中心"功能。利用产权市场交易标的类型广泛、交易门槛低、限制条件少、交易成本低、交易全周期短的特点，通过提供量身定制的产品设计、方案策划、顾问咨询、交易组织等专业投行服务，提升平台增值服务能力。

（二）建设统一"产权云电商平台"

围绕建设世界一流交易控股集团的战略目标，实现"三个转变"（变"常态思维"为"互联网思维"、变"产权交易平台"为"要素交易平台"、变"区域性平台"为"国际化和全国性平台"），切实做好"强基、建云、修路"工作，夯实信息化建设基础，建设完成满足粤港澳大湾区产权市场发展需求、支持各类要素资源高效配置、基础设施统一部署的"产权云电商平台"。

（三）加快完善会员体系建设

在现有会员基础上，立足粤港澳大湾区，面向世界，不断引入新型投行机构会员，建设交易商、经纪商、投资商、采购商、集成商五层会员体系，着力提高要素资源市场化配置能力，推行"平台+投行"运作模式，打造产权市场生态圈。通过加快整合市场中介服务机构网络资源，积极探索与合作机构、会员的合作制度创新，引导经纪会员机构和其他中介服务机构自觉主动与产权交易集团积极合作。

（四）持续培育、集聚市场投资者资源

探索建立产权市场财务中心，加快设立一批股权专项投资发展基金，积极争取政府主管部门支持，探索设立一批国资控股的股权专项投资发展基金，重点围绕产权市场各类股权交易并购融资项目进行资本投资，以便更好地推动国有企业做强做优做大、加快提升国有资本运作能力和快速增强产权交易市场的资本市场融资服务功能。充分发挥现有经纪会员机构及各类俱乐部投资人的作用，吸引民资、外资和其他社会资本参与产权市场的投融资项目。

（五）结成产业技术创新联盟

通过引入战略投资者或业务战略合作，围绕集团三大主业，构建"互联网+要素交易+金融"商业模式。引入产融结合的大型企业，扩充产权集团各类要素的交易量；引入具有投行经验的战略合作伙伴联手打造"交易+投行"模式，提高附加值、带动交易量、活跃交投度；引入战略合作伙伴的金融服务手段，开辟供应链金融、金融资产交易、合格资管产品等交易配套业务，并加快筹备票据交易中心、清算中心、保理中心等机构，提升符合资本市场体系需要的金融服务能力；引入战略合作伙伴的金融科技创新手段，提升"互联网+"产权交易等信息化经营管理水平，构建集信息共享、业务融合、资源汇集等功能于一体、安全高效的产权市场信息化高速公路。

（六）加强研究和实践探索

根据产权市场实际发展情况，充分运用集团专家库资源，充分发挥广东经济杂志社和要素市场研究院"智库"功能，对标证券市场开展理论研究工作，研究产权市场与证券市场之间产品流通的渠道，探索产权市场与证券市场互为补充的方式，为建设集交易撮合、投行服务、并购重组、融资服务于一体的综合性资本市场服务平台奠定理论基础，提升创新能力。同时，依托"一本杂志、一个智库"，广泛连接政、产、学、研、资等各方资源，构建产权市场发展生态圈。

四、股份改制、完善机制

现代企业制度是经济高质量发展、加速动能

转换、企业体制机制创新的土壤。在成为国务院国资委"双百行动"试点企业的基础上，到2020年底，集团要代表广东国资在改革重点领域和关键环节率先取得突破，稳妥推进股权多元化和混合所有制改革，将自身打造成治理结构科学完善、经营机制灵活高效、党的领导坚强有力、创新能力和市场竞争力显著提升的国企改革尖兵。

（一）加快实施混合所有制改制和整体上市步伐

贯彻落实2017年省政府同意、省国资委批复的《广东省产权交易集团有限公司增资扩股预案》的要求，在前期完成资产评估的基础上，启动集团公司股份制改革。

在股份制改革中，要积极引导战略投资者认识到集团的"一个平台、两种价值"。事实证明，集团市场化程度高、经济效益好。各级政府及其部门的认可和支持，是有力的佐证和增信。从国务院国资委、省政府，到出资人、行业监管部门，以及地市政府等，均优选产权集团，汇集诸多改革试点机会、奖励，并给予土地、补贴以欢迎平台落户等。除了自身优秀的经营业绩，作为政府各项重大改革部署的市场化抓手，集团广泛联结各界各业，聚集了各类资源，成为战略投资者布局粤港澳大湾区的有效平台，体现了政策性使命担当和资本市场功能。

首先，通过首轮增资扩股方式释放不超过30%股权，注入大量稳定、低成本、共担风险、共负盈亏的资本金，服务于公司发展战略，产生了更大经济效益。其次，导入新股东的其他资源，助推公司业务发展和管理、品牌提升。首轮融资主要用于"十三五"期间的要素市场整合、创新业务开发、信息化系统开发建设及补充流动资金。在此基础上，按照金融企业属性发展，以集团为基础，改组更名为广东省交易控股集团。

2019年，引入非公有资本推进混合所有制改革，省国资委保持控股地位。通过股权多元化改革，增强资本实力，协同股东资源，完善法人治理结构，激活经营机制，增强核心竞争力。深化、细化和优化集团整体上市方案，探索通过IPO或对接上市公司，加快推进集团整体上市进程。

（二）健全集团法人治理结构

进一步厘清党委和"三会一层"权责边界。充分发挥集团党委的领导作用、董事会的决策作用、监事会的监督作用、经理层的经营管理作用，明确出资人对集团董事会、董事会对经理层、董事会对子公司三项《权责清单》，规范用权，依规担责，权责对等。落实党委对重大事项和关键环节的决定、审议、建议及监督权。落实董事会对集团中长期发展的决策权、经理层选聘权、经理层业绩考核和薪酬分配权、员工工资总额和薪酬分配权等。落实监事会对董事会、经理层履职情况的监督权。落实经理层对生产经营工作的组织权，总经理对经理层副职和财务负责人的提名权，经理层对中层及以下员工的选聘权、考核权和薪酬分配权，对子公司经营业绩的考核权及其他董事会授权事项。进一步加强董事会规范化建设。股权多元化改革完成后，按照公司章程配备董事会成员，依法设立职工董事。完善董事会专业委员会，建立专家选聘和管理制度，选聘2~4名专家，增强董事会专业委员会辅助决策力量。进一步完善监督机制。依法设立职工监事，完善监事会工作机制，增强监事会的监督独立性。健全以职工代表大会为基本形式的企业民主管理制度，支持职工进行民主管理与监督，维护职工合法权益。

（三）完善集团市场化经营机制

实行集团本部和下属企业全员市场化。在集团经理层、本部职能部门及集团下属各级企业实现全员市场化选聘和管理。全面推行公开招聘制度，破除员工身份限制，建立以合同管理为核心、以岗位管理为基础的市场化用工制度。通过竞争上岗、公开选聘等方式，形成"能者上、平者让、庸者下"的用人导向。加强劳动合同管理，优化用工结构，畅通退出渠道，使员工能进能出、管理人员能上能下、收入能高能低成为新常态。

深化经理层市场化选聘机制改革。按照"市场化选聘、契约化管理、差异化薪酬、市场化退出"原则，健全经理层市场化选聘体系、薪酬管理体系、绩效考核体系。坚持党管干部与董事会依法选聘相结合原则，面向社会公开选聘领军人才，党组织着重把好标准、程序和纪律关。在"一个聘书、两个合同"的市场化选聘基础上，建立"一个责任书、两个办法"的契约化管理模式。通过聘用合同明确职责、聘期、考核目标及市场化退出办法，一岗一考，以业绩兑现薪酬，依据聘用协议、考核结果和德才表现决定去留。

（四）健全激励约束机制

建立与市场对标的薪酬管理体系。对标同业机构与金融行业薪酬水平，允许集团董事会根据实际情况调整工资总额基数，并实行"两个同步"，即企业员工收入增长和企业效益同步、劳动报酬增长和劳动生产率提高同步。建立具有市场竞争力的差异化薪酬激励机制，工资总额预算管理体系采取分类确定经济效益联动指标的方法，实现"业绩升、薪酬升，业绩降、薪酬降"。其中，组织任命的集团领导人员按照组织渠道考核，薪酬参照所在企业市场化薪酬标准调节。

实行多样化的中长期激励计划。以风险共担、利益共享、区别对待、分类推进为基本原则，结合股权多元化和混合所有制改革，启动集团管理层、中层管理人员和业务技术骨干的员工持股激励计划。若暂时仅引入中央企业或省属企业实现股权多元化，则在集团管理层、中层管理人员及业务骨干人员范围实施虚拟股权、岗位分红权等中长期激励计划，持有者可以据此享受分红权，但没有所有权、表决权。相关人员的中长期激励在其离开企业时自动失效。若同步引入非公有资本，则在集团管理层、中层管理人员及业务骨干人员范围内实施员工持股，兼顾选择虚拟股权、岗位分红权等中长期激励计划。

（五）全面加强党的领导、党的建设

坚持党对一切工作的领导，紧紧围绕新时代党的建设总要求和全面从严治党的重点任务，以党章为根本遵循，以党的政治建设为统领，全面推进党的政治建设、思想建设、组织建设、作风建设、纪律建设，把制度建设贯穿其中，推动产权交易集团党的建设高质量发展。

全面加强党的建设。坚持把政治建设摆在首位，深入学习贯彻习近平新时代中国特色社会主义思想和党的十九大精神，坚决维护习近平总书记在党中央、全党的核心地位，坚决维护党中央权威和集中统一领导。扎实开展"不忘初心、牢记使命"主题教育，持续推动"两学一做"学习教育常态化制度化，严格落实"四个同步、四个对接"要求，在压缩管理层级、减少法人单位过程中，坚持党的建设同步谋划、党组织及工作机构同步设置、党组织负责人及党务工作人员同步配备、党的工作同步开展，保证党组织工作机构健全、党务工作者队伍稳定、党组织和党员作用有效发挥，推动党建工作与企业经营深度融合，将党的政治优势转化为核心竞争力。

强化党委领导作用。坚决落实集团党委在公司治理中的法定地位，完善集团党委发挥领导作用的机制，确保党的路线方针政策和政治主张落地生根，充分发挥"把方向、管大局、保落实"作用。按照决定事项、审议事项、建议事项等，建立集团党委行权清单：对集团贯彻落实党的路线方针政策、重大战略性决策事项进行政治把关和方向把关，行使决定权和监督权；对企业重要人事任免、重大投资项目、大额资金使用等"三重一大"管理事项进行前置研究，行使审议权、否决权和监督权；对董事会、经理层等履职行为、日常经营管理和改革创新活动，行使建议权、否决权和监督权。

持之以恒正风肃纪。教育党员干部以上率下，严格规范党内政治生活，以改进工作作风、密切联系群众为突破口，反"四风"转作风，细化深化作

风建设，把软性规范变成刚性约束。坚决落实党风廉政建设"两个责任"，持续开展"三纪"教育，加大全员岗位风险排查防范力度，强化对关键岗位、重要人员的监督管理，实现审计和巡察工作全覆盖。建立健全包括党员干部述职述廉、个人重大事项报告、廉政谈话、执纪问责、巡察监督等制度，扎牢制度的"笼子"，强化制度的执行力。建立与董事、监事、经理层成员等治理主体履职相适应的责任追究制度，按照"三个区分开来"的要求，激励企业中高层管理人员干事创业。

不良资产进场交易难的经济学思考

北京金融资产交易所　袁麟　臧腾进

伴随着经济周期调整，防范化解由不良资产带来的金融风险问题至关重要，但是作为社会服务机构的交易所却未能充分发挥作用。本文基于马克思主义经济学和西方经济学视角，对不良资产进场交易难、定价难甚至市场失灵的原因进行探讨，并提出相应的解决思路。

一、问题的提出

受经济周期调整、产业结构升级、僵尸企业清退等多重因素的影响，不良资产正在加速积聚和暴露。金融企业是不良资产的主要来源。以商业银行为例，截至2019年第三季度，商业银行不良贷款达2.36万亿元，不良贷款比例达1.86%，不良贷款余额和不良贷款率的"双升"，导致化解不良资产的压力增大。

现阶段，不良资产转让交易①的主要途径包括不良资产证券化、互联网平台拍卖、交易所挂牌等。市场估计，金融企业不良资产年交易需求达8000亿元，而进入交易所交易的不良资产占比不足5%。那么，现阶段不良资产进场需求乏力的原因在哪里？投资人参与热情不高的主因是什么？带着这些问题，笔者分别基于马克思经济学视角和西方经济学视角，结合当前交易所业务开展实际，重点在信息服务、发现价值等方面，探寻不良资产交易市场失灵的根本原因。

二、不良资产进场交易难的理论分析及解决思路

金融企业形成的不良资产带有较大的回收不确定性，风险较高。在公有制为主的经济体中，国有金融企业产生的不良资产属于国有资产，在转让交易中首先要考虑的是如何提升内在价值，防范资产流失风险。同时，不良资产作为一种金融资产，流动性差，估值难度大，还需要充分提升资本市场的有效性，发挥价格发现功能，盘活存量资产。下面基于马克思经济学和西方经济学视角，分析不良资产进场交易难、定价难、市场失灵的原因。

（一）马克思经济学视角——重点强调提升信息价值

马克思经济学提出，商品的价值量由社会必要劳动时间决定，其价值体现在商品生产、流通、

---

① 一般而言，化解不良资产的方式可以分为三种，即清算回收、转让交易和债务重组。根据银保监会《金融企业不良资产批量转让管理办法》，金融企业批量转让不良资产的范围包括金融企业在经营中形成的以下不良信贷资产和非信贷资产：按规定程序和标准认定为次级、可疑、损失类的贷款；已核销的账销案存资产；抵债资产；其他不良资产。因篇幅所限，本文将重点围绕银保监会规定的不良资产转让交易相关问题进行理论探讨。

分配和消费过程中的各个环节。商品价格是由市场供求决定的，商品价格以价值为中心上下波动，不会长期脱离价值。

相应地，信息作为一种商品、一种经济资源，只有在其生产、交换、分配和消费各环节注入必要劳动，才能产生价值。不良资产作为一种风险资产，带有极大的不确定性，如果通过信息加工、信息服务等劳动提升其信息价值，不确定性就会大幅降低，如此经过风险调整的资产价值将大幅提升，不良资产价格水平也会相应抬升。因此，不良资产交易过程也是投资者不断挖掘信息做出决策的过程。

不良资产的信息具有私密性，投资者利用信息发现不良资产价值的过程就是信息生产、交换、分配和消费的过程。传统的交易所在信息价值产生过程中，发掘力度不够，要求不严，往往忽视了对信息生产质量的要求，信息生产由转让方承担，专业的社会中介机构参与度不高，交易所仅在信息流通环节提供信息发布服务，缺乏针对性的转让方与受让方之间的信息交互安排，在信息资源的分配方面，交易所普遍缺乏信息的分类分层披露，也缺乏差别化的信息消费机制和价格发现安排。因此，要提升不良资产的信息价值，就要打通不良资产信息的生产、交换、分配、消费环节。

（二）西方经济学视角——重点关注市场机制有效性

与马克思经济学分析方法不同，大多数西方经济学家认为，市场在资源配置中发挥了"看不见的手"的作用，但是当市场存在垄断、外部性、公共物品和信息不对称等因素时，自发形成的市场就会失灵。结合不良资产交易实践，我们发现上述因素都在不同程度上制约了交易所市场发挥作用，亟待改进。

1. 信息不对称的影响和解决思路

（1）逆向选择。

逆向选择是指市场交易的一方（通常指卖方）能够利用信息优势使自己受益而对方受损时，信息劣势的一方（通常指买方）难以顺利做出购买决策，进而导致价格扭曲、市场效率降低。

假设市场上的不良资产可以分为两类，即"好"不良资产（资产容易盘活）和"坏"不良资产（资产难以盘活）。在信息不对称的情况下，"坏"不良资产的转让方往往设法隐瞒甚至虚构不良资产关键信息，以谋求更高收益。投资者难以区分"好"不良资产和"坏"不良资产，导致价格扭曲，投资者的期望价格仅能购买"坏"不良资产。由此，越来越多的"好"不良资产退出场内交易，只有难以处置的"坏"不良资产在交易所挂牌，损害了交易所市场的声誉，造成市场失灵。

为解决逆向选择问题，1974年迈克尔·斯宾塞提出了"信号传递"理论，分析了市场中具有信息优势的个体如何通过"信号传递"将可信的信息传递给信息劣势的个体，以实现有效率的市场均衡。在实践中，交易所一般要求第三方中介机构提供相关资产评估、分析报告，对不良资产信息进行加工。这些报告实质上传递了信号，方便投资者和转让方实现信息均衡。

此外，罗斯柴尔德和斯蒂格利茨提出了"信息甄别"模型，即通过不同的合同甄别真实信息。他们主要分析了保险市场上的私人信息问题。在保险市场上，"信息甄别"的主要表现为，保险公司提供不同的保险合同供投保人选择，投保人通过选择适合自己的保险合同显示自己的风险类型，从而使保险公司可以获取和分析投保人的私人信息。

不良资产在交易所交易时，若收费标准一致，高收费标准会使容易处置的"好"不良资产退出交易所市场；低收费标准会在初始阶段吸引"好"不良资产和"坏"不良资产同时进场，但是一段时间以后，逆向选择问题会使"好"不良资产被迫退出市场。因此，参考"信息甄别"模型的思路，交易所可以通过差异化的交易费用来分析不良资产的类型，吸引所有类型的不良资产进行场内交易。

（2）道德风险与委托代理关系。

由于委托人与代理人双方利益的不一致性，不良资产转让交易中极易产生道德风险。市场经济是交易经济和契约经济，无论是委托人还是代理人，都以追求自身效用最大化为目标。当双方利益失衡时，尤其是代理人认为其付出与回报不成正比时，代理人就会采取损害委托人利益的方式来间接追求效益最大化。

在实践中，可能产生由"内部人控制"导致的道德风险。"内部人控制"是指在不良资产交易过程中，实际掌握项目交易信息的操作层要比决策层和监管部门掌握更多的信息，而交易方案直接由操作层制订。"内部人控制"导致操作层为追求自身利益，与投资者进行内幕交易，以较低价格出售不良资产。若交易所做不到有效监督，不良资产在交易所的挂牌交易就可能沦为转让方为达到合规目的而采取的一种手段，最终结果是损害了转让方的整体利益，交易所服务监管的职能难以发挥出来。

投资者与社会中介机构的委托代理关系也会产生道德风险。从市场运行状况来看，投资者在投资决策前往往需要会计师事务所提供尽职调查、估值定价等服务，需要律师事务所出具法律意见书。在缺乏有效监督的情况下，社会中介机构也存在道德风险，即社会中介机构在调研中没有做到尽职尽责，出具的报告不能真实反映不良资产的实际状况，使投资者的决策出现偏差。

对于委托代理关系带来的道德风险，有效的解决思路是代理人监督和报酬激励。委托人可以通过合理配置权限、公平分配利益构建制衡机制，并利用公众的监督力量，约束代理人的行为，降低道德风险发生的概率。此外，委托人可以通过合理的报酬激励机制，在分散风险和提供激励目标之间权衡，使委托人与代理人的利益实现最大程度的一致。

2. 经济外部性的影响和解决思路

经济外部性是指在社会经济活动中，一个经济主体的行为直接影响到另一个经济主体，却没有承担成本或得到补偿。经济外部性可以分为正外部性和负外部性。正外部性是指某经济主体的活动能够使他人和社会受益，而受益者不付出任何代价。负外部性是指某经济主体的活动使他人或社会的利益受损，而没有承担成本。

不良资产交易市场涉及的外部性问题主要体现在两个层面：一是加强不良资产信息披露产生正外部性。在交易所挂牌交易的不良资产往往需要披露相关信息，如果披露的信息详尽，参与不良资产交易的投资者和代表国有资产出资人的政府机构就会获益，因此产生了正外部性。二是非专业投资者的"搭便车"行为产生了负外部性。假设交易市场存在两类投资者，即专业投资者和非专业投资者。专业投资者在投资决策前，往往需要花费大量时间和资金开展尽职调查等工作，其出价信息在一定程度上代表了不良资产的价值信息，是信息的生产者，也是信息的消费者。当对不良资产进行公开拍卖或竞价时，非专业投资者可以很方便地获取不良资产信息和竞争对手出价信息，不需要支付任何成本。非专业投资者的"搭便车"行为给专业投资者造成了负外部性，最终专业投资者退出场内交易市场。

制度经济学为我们提供了解决外部性的重要思路——外部性内部化。针对信息披露的正外部性，交易机制的设计必须符合两个原则：一是参与约束原则，即交易所提出强制性、标准化信息披露要求，提高不良资产交易市场效率，实现交易的公开透明，防止国有资产流失。二是激励相容原则，即转让方由于进场信息披露而产生的交易成本，由投资者承担或者由政府提供补贴。针对非专业投资者产生的负外部性，应在投资者之间实行严格的投资者隔离机制，提高专业投资者进场交易的积极性。

3. 公共物品的影响和解决思路

按照萨缪尔森给出的公共物品的经典定义，公共物品是指消费上具有非竞争性和非排他性的物品。非竞争性指的是一个人对公共物品的消费不会影响其他人从中得益；非排他性指不可能将那些未付费的人排除在外。公共物品的非排他性容易诱发"搭便车"行为；非竞争性容易导致人们压低真实支付意愿，信息的生产者无法获得相应收益，从而削弱生产意愿，造成信息资源生产不足。因此，一般认为，公共物品的生产和消费问题不能单纯由市场自发解决，必须由政府等有公信力的机构进行干预。

信息有着很强的公共物品属性，但是不同的信息由于竞争性和排他性不同，其公共物品属性也不同。例如，政务信息、气象信息就是公共物品；商业信息、付费信息具有排他性，属于准公共物品。由于产生的特殊性，同时受社会经营环境影响，不良资产交易信息具有高度竞争性和排他性，具有很明显的私人物品属性。转让方往往不愿意将不良资产核心信息通过交易所公开展示，投资者更不愿意将其尽调获得的评估信息同其他投资人分享，对投资者而言，多一个人参与就会多一分利益损失。因此，为了解决不良资产交易市场的有效性，交易所应充分发挥公信力优势，在交易机制、技术手段、信息载体、使用范围等方面，充分保留不良资产信息资源的私人物品属性，促使信息资源"商品化"、信息消费"特定化"，避免"搭便车"行为。

4. 垄断经营的影响和解决思路

根据《金融企业不良资产批量转让管理办法》（财金〔2012〕6号），金融企业的不良资产只能批量转让给拥有政府授权的资产管理公司（AMC）。目前，批量转让是指3户以上的不良资产。按照不良资产进入市场的顺序，可以将不良资产交易市场划分为一级（收购）市场、二级（交易）市场，即金融企业将不良资产批量转让给资产管理公司的交易市场为一级（收购）市场，资产管理公司再将不良资产对外转让给其他投资者的交易市场为二级（交易）市场。

2016年，银监会（现为银保监会）向省级政府下发了《关于适当调整地方资产管理公司有关政策的函》，允许确有意愿的省级人民政府增设一家地方资产管理公司，同时允许地方AMC以债务重组、对外转让等方式处置不良资产且受让主体不受地域限制；鼓励民营资本入驻地方AMC，一级市场进入"4+2+N"时代。截至2019年底，全国AMC共50余家，银行业金融机构已超过4500家。相对而言，AMC处于市场优势地位。AMC作为市场上最大的供给方，在实践中存在收取通道费用并将收购的不良资产转手卖出的现象，既导致不良资产的价格升高，又造成不良资产交易的活跃度下降。受限于资金的周转速度，AMC收购和处置不良资产的规模较为有限。AMC经营垄断方式如图1所示。

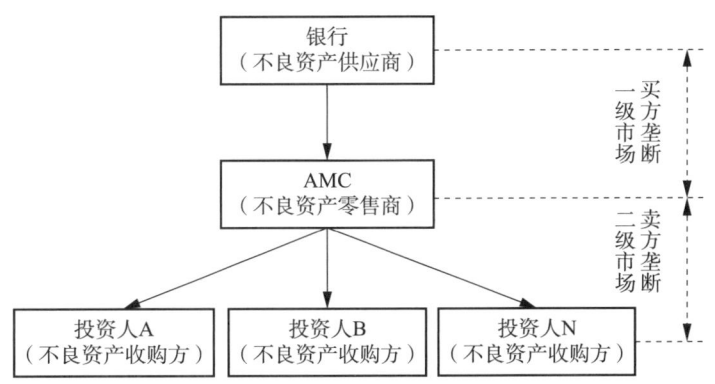

图1　AMC经营垄断方式

不良资产交易一级市场的政策性垄断，有一定的历史原因和行政色彩，是我国金融发展的阶段性产物，未来的趋势应该是逐步放开，让更多的机构参与到一级市场中来，提高市场活力。但打破垄断需要循序渐进，重点在于培育合格的机构投资者，提升投资能力。

三、不良资产进场交易的建议

针对不良资产进场交易的现状，结合上文的理论分析，笔者认为交易所作为公信力机构，需要通过交易规则的设计和信息披露、询价机制的安排，打通不良资产信息生产、交换、分配、消费各环节，并在各个环节中解决信息不对称、外部性、公共物品等问题。信息的初次生成很昂贵，而再生产却很廉价；信息披露的标准设计费时费力，但一旦形成并推广，即可以形成市场范式，规模化、批量化复制，提升信息价值生成效率，降低信息获取成本。

不良资产的信息由不良资产转让方生产，会计师事务所、律师事务所等第三方中介机构进行加工，通过在交易所披露实现信息流通。应加强对交易过程和社会中介机构的监督，减小信息不对称的影响。交易所发挥主动性，通过多渠道组织信息交互的方式和投资人隔离机制，防止投资人串谋，使各类信息定向传播，降低信息的公共物品属性；通过实行信息分层披露和密封投标机制，将转让信息按照需求分类，分层配置给不同的投资者，并将投资者的出价信息私密化，防止非专业投资者的"搭便车"行为，缓解外部性的影响；通过差别化收费机制，实现信息资源的消费，同时呼吁监管部门放开批量转让的限制，使金融企业的不良资产能够直接到交易所市场进行批量处置，以提升处置效率。不良资产信息价值的发现过程如图2所示。

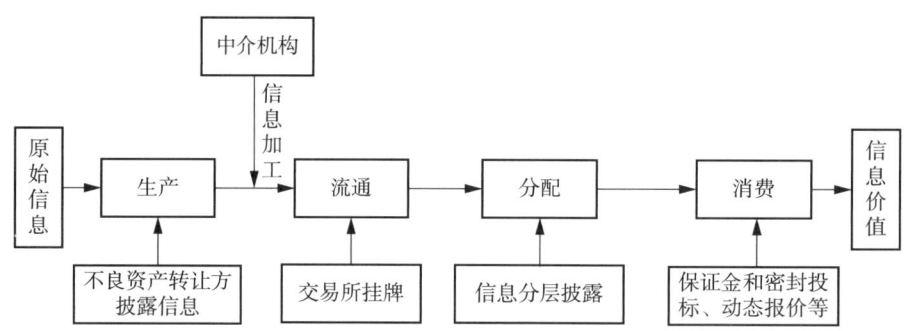

图2　不良资产信息价值的发现过程

黑龙江"四板"市场的建设与发展实践

哈尔滨股权交易中心

一、基本情况

2014年11月，黑龙江联合产权交易所（黑龙江省产权交易集团前身）按照证监会和省委省政府有关文件要求，注册成立了"黑龙江省股权交易中心"，后哈尔滨市政府提议省市共建并按共同确定的"政府主导、省市共建、公益性服务、市场化运营"的要求，更名为"哈尔滨股权交易中心"（以下简称哈股交），并于2015年7月8日正式挂牌；2018年8月24日，哈股交被省政府确定为黑龙江省区域股权市场的唯一合法运营机构。

哈股交的主要功能是服务黑龙江省域内中小微企业的私募股权交易市场，是各级政府扶持中小微企业发展的政策措施综合运用平台，是我国多层次资本市场的重要组成部分。哈股交运营以来，主要开展了"四板"挂牌、股权登记托管、股权质押、私募证券发行和转让、转板和上市辅导、股权转让、增资扩股、并购、信息公告、管理咨询和培训等业务，为发挥黑龙江省区域股权市场作用、助力中小微企业发展做出了积极贡献。哈股交成立以来，在省金融监管局和省证监局的支持下，区域股权市场作用及资本市场功能日益凸显。

二、业务开展情况

2015年7月至2019年6月，哈股交累计融资152.8亿元，其中：股权直接融资6.5亿元，股权质押融资146.3亿元；累计登记托管企业340家，托管股权556.3亿股；累计挂牌企业1058家，涉及资本131亿元；累计转至新三板4家。

三、挂牌企业分布情况

从地域上看，挂牌企业覆盖了全省13个地市，大部分集中于哈尔滨市。其中：哈尔滨673家，齐齐哈尔34家，牡丹江53家，佳木斯16家，大庆138家。从行业上看，基本覆盖黑龙江省重要的行业领域，包括信息服务、科技创新、农副食品加工、软件和信息技术、专业技术服务、土木工程建筑、零售批发等。

哈股交成立伊始，黑龙江省中小微企业对资本市场的认识普遍不够，哈股交即推出了中小微企业免费挂牌展示的政策，即便如此，挂牌企业也是寥寥无几。为此，哈股交深入全省各地市县积极开展免费培训与辅导，引导企业转变经营理念，先后与13个地市和省直各部门组织专项培训会80余场，辅导4000余人次，随时为企业提供辅导和咨询服务，提升了各地中小微企业的挂牌展示热情。截至2019年8月，哈股交累计为全省1058家中小微企业进行了挂牌展示；设立了专精特新、绿色农业等八个板块，对挂牌企业进行分类服务。

四、服务地方中小企业情况

（一）引导企业转变经营观念，培育和助力企业成长

一是免费培训与辅导。在全省范围内组织专项培训和对接会30余场，同时设立"企业问询门诊"，开设"哈股交企业公开课"。二是分层服务、逐步优化。根据各企业的成长阶段和规模进行分层分类，按"孵化初创型（保存活）、辅导成长型（促规范）、培育交易型（推上市）"的三步走路径，有针对性地进行需求对接，开展分层服务。三是理论研究与应用。依托省产权交易集团博士后科研工作站，对企业规范化经营、利用资本市场加快成长发展等课题开展深入研究。四是设立服务基地。结合当地政府主推产业，在当地金融办或工信委设立中小企业服务基地，跟踪当地重点企业，同时在哈股交本部设立"大学生实习基地"。

（二）发挥融资作用，缓解企业资金困难

一是对接金融机构。累计组织企业融资路演80余场，与银行、基金、投资、担保等各类金融机构合作。二是扩大股权质押融资范围。2018年，新增托管股权52.6亿股，新增质押股份18亿股，融资101亿元，为全省22家农村商业银行办理了部分或集中股权登记托管业务，托管股权50.5亿股，出质股权9.8亿股，融资13亿元。三是拓展企业融资渠道。与全国主要股权交易机构实现融资信息共享、服务机构共享和投资人共享，加强与深圳前海股权交易中心合作。国家发展改革委将"推动哈尔滨股权交易中心与前海股权交易中心的互动"纳入《哈尔滨市与深圳市对口合作实施方案》。通过股权融资业务的开展,哈股交为中小微企业另辟了一条降低融资成本的融资通道。随着与金融机构的紧密合作,哈股交的平台功能初步显现。

(三) 落地服务,围绕省政府主要工作开展业务

一是开展精准扶贫。配合省地方金融监管局扩大了金融精准扶贫范围,建立了"精准扶贫板",累计为望奎县黑龙江省龙蛙农业发展股份有限公司股权质押融资1.6亿元,为泰来县企业进行了融资辅导和专门对接,还为绥化市部分贫困县的20多家企业进行了实地尽调和融资辅导。二是服务科技创新企业。与省工信委合作探索建立"专精特新板",筹建全省"企业成长基地",为全省"孵化器"和"双创基地"优质企业提供加速孵化服务。三是服务全省农信社系统和国企混改。为8家农信社改制农商行提供股东征集、增资扩股、股份制改造、股权登记托管和股权质押融资等服务。四是服务全省养老产业发展。发起并参与了省民政厅设立的金融支持养老产业"天鹅颐养金融支持联盟"。五是服务全省"双创"。与省工信委发起了全省"双创优质服务机构评选"活动,并参与发起设立了"全省双创服务联盟",推动赛事项目和资本市场密切结合,全省共有1100余个团队报名参赛,69个项目后续通过哈股交官网和专门印制的项目推荐册送达全国各省股交中心帮助融资推介。

(四) 打造平台生态圈雏形

作为资本市场的重要组成部分,哈股交要完成政府赋予的使命,必须着力打造区域股权市场生态圈。哈股交建立伊始,就与金融机构、投行、保险机构、担保机构、会计师事务所、律师事务所、经纪人公司、投资协会、高校等组织建立了紧密联系;同时,借助集团博士后科研工作站力量,对自身运营模式进行研讨,通过与全国股权交易机构信息的互联互通实现作业、创新等实时交流。截至2019年,已建立拥有近百家会员的会员俱乐部,与各类中介服务组织提档升级的合作机制正在形成,企业诊断专业化、培训专业化、金融服务方案专业化、一条龙服务标准化、路演标准化、业务指导专家化的格局正在形成。

(五) 完成业务制度备案工作

已经起草包括《哈尔滨股权交易中心有限责任公司私募可转换公司债券业务管理规则(试行)》在内的十个规则、方案,经主管领导和各部门讨论通过,并提交集团法务、集团风控委员会、执业律师审核,已经完成两轮金融监管局和证监局审核,实现最终制度备案。

五、存在的问题及未来业务发展方向

(一) 坚持政府主导,推进政策落地

哈股交要始终坚持在政府主导下服务区域内广大中小微企业,积极推动省政府、省工信厅、省科技厅、团省委等职能部门给予中小微企业的扶持政策的真正落地,以科创板、青创板等子板块作为载体推动中小微企业、创新创业企业、高技术企业健康发展。哈股交未来在现有企业挂牌、股权登记托管等功能基础上,拓展对挂牌企业的服务功能,将推介、路演、集中培训、管理咨询、改制改造作为服务重点,将帮助企业托管和股权质押融资的功能扩展到专项资产托管、保理质押融资、可转债融资等创新服务,将沙龙、座谈会、对接会等服务项目作为盈利点,使各方受益,实现共赢。

(二) 推进可转债等创新业务落地

证监会131号文和132号文的陆续出台,以及省内区域股权市场唯一合法运营机构地位的确立,对哈股交为中小微企业提供诸如可转债等业务既提供了法定业务排他性环境,也提出了展业的规范性要求。要做好这些创新业务,一方面要收集一定数量的企业及其需求,另一方面要研究清楚各种规模金融机构的投资偏好、非银行金融机构的创新承受力、投行及基金公司的热衷话题,通过综合分析找到企业和投资人都能接受的解决方案。可转换债券是债券持有人可按照发行时约定的价格将债券转换成公司的普通股票的债券。如果债券持有人不想转换，则可以继续持有债券，直到偿还期满收取本金和利息，或者在流通市场出售变现。如果持有人看好发债公司股票的增值潜力，在宽限期之后可以行使转换权，按照预定转换价格将债券转换成股票，发债公司不得拒绝。该债券利率一般低于普通公司的债券利率。企业发行可转换债券可以降低筹资成本。可转换债券持有人还享有在一定条件下将债券回售给发行人的权利，发行人在一定条件下拥有强制赎回债券的权利。拟发行企业业绩优良，财务指标良好，具备较好的偿债能力。该业务属于区域股权市场的特色业务，由于其灵活性和相对安全性，对投资方和融资方都比较便利，今后要力争在哈股交挂牌和非挂牌客户中进行广泛推广。

（三）对挂牌企业的深度梳理及优质企业输送

集团公司领导对挂牌企业的梳理工作做过多次批示，哈股交前期虽对1000多家企业进行了梳理和分类，但依然存在分类不清、性质界定不清、近期信息收集不够、潜在可开发增值服务企业底数不清等问题，更重要的是，未掌握各类企业的实质性需求，出现"一挂了之"的情况，数据更新办法不多、督促不够。要提升哈股交在社会上的认知度，增加挂牌数量是形成市场、涵养市场的必由之路，而对挂牌企业提供持续服务是哈股交永恒的课题。要实现精准服务，必须精准掌握信息，而要精准掌握信息，就必须持续进行数据积累和数据挖掘。要积极孵化，为高一层资本市场输送精品企业。要以科技创新型企业为孵化重点，在公司治理、运营模式等方面提供专业化服务，将在航空航天、装备制造、新材料、生态农业、绿色环保等领域本省有比较优势的企业推向更高层次的资本市场。

（四）建立成熟、完善的盈利模式和全链条业务模式

全国股权交易机构盈利模式多种多样，有收取挂牌企业服务费的，有依靠开展供应链金融业务收取金融服务费的，有收取股权登记托管、股权质押费的，也有依靠政府补贴的。从整体来看，盈利模式不清晰，可持续性不强。目前，哈股交主要依靠收取股权登记托管、股权质押费加部分政府补贴，以及少许财务咨询费收入盈利，一直处于亏损和微利状态。积极探索和寻找盈利点、构建稳定而可持续的盈利模式迫在眉睫。

（五）加大力度建设平台生态圈

哈股交虽然在生态圈的构筑方面做了大量工作，已形成雏形，但仍存在参与的机构质量不高、活跃度不够的问题。以入会的会员机构为例，会计师事务所、律师事务所、小型投资咨询公司居多，为企业服务的能力不强、参与度不高，与商业银行、券商、创投、保险等专业性金融机构的合作度不高、合作关系不紧密、共生关系没有形成。潜在合格投资人数据库没有建立，不能形成企业需求和投资人需求的双向互动，存在按企业需求"一边找""一边倒"的情况。

今后哈股交要加强与专业性金融机构、社会中介组织、潜在投资人的共生机制建设，加强与省内外股权投资相关的协会、学会、同业机构的互动，最大限度地将各方力量和资源聚集到平台周围，培育融合共生的和谐生态圈，打造为中小微企业提供全链条服务的高质量经典平台。

（六）对接多层次资本市场的制度安排

随着我国多层次资本市场体系的不断完善，各个层次市场的定位逐渐清晰，作为区域股权市场的哈股交的"四板"市场，不断向更高层次资本市场输送优质企业，既是多层次资本市场的逻辑要求，也是提升自身影响力的本质要求，更是挂牌企业的热切期盼。哈股交作为我国多层次资本市场金字塔的底层，如果不能与上一层市场进行有效的互通互联，就难以形成"有进有出"的市场运作机制，发挥不了多层次资本市场高效配置资源的作用。哈股交应勇挑时代重担，积极呼吁、大胆探索，在尝试中补上这一短板。

（七）融入集团发展战略，实现集团板块的协同发展

哈股交作为集团的一个重要板块，既要争取在板块发展中起到先锋作用，又要实现与集团内其他板块的协同发展，要充分利用集团内的产权、股权全要素资源优势，打造业内一流的区域股权市场。

江苏省产权交易所在国资租赁中的创新实践

江苏省产权交易所

近年来，随着经济体制改革的不断深化，国有资产租赁活动日益频繁。在国有资产交易实践中，资产处置已形成从资产评估、审批备案到公开交易的监管治理机制和政策配套文件，但在国有资产租赁领域，现有国家政策对交易是否需要通过第三方公开市场进行尚无强制性要求，导致国有资产在租赁过程中可能存在价值流失的风险。

江苏省产权交易所（以下简称省产交所）充分发挥自身平台优势，积极推动国有资产租赁入场交易，在精准把握企事业单位需求的基础上，建立了面向市场的公开招租体系，在有效规范国资租赁、提高国资运营效益方面成效显著。两年来，省产交所在国有资产租赁方面合计成交金额近3亿元，增值率达9.23%，为培育区域租赁市场、推动区域租赁市场发展做出了有益探索。

一、多管齐下，打造行政事业单位资产租赁闭合链

（一）寻求政策支持

在内外部监管日趋严格的情况下，行政事业单位亟须一个公开、公平、公正的"三公"交易平台为其提供高效、规范、专业的资产招租交易服务。省产交所主动作为，积极与相关部门进行沟通，在政策层面上成功推动行政事业单位租赁资产进场公开交易。《江苏省省级行政事业单位国有资产使用管理暂行办法》规定，"省级单位资产出租应按照公开、公平、公正原则，委托经省财政厅确认的有资质的产权交易机构实行公开招租"，拉开了行政事业单位资产进场公开招租的帷幕。

（二）进行信息对接

为更好地服务行政事业单位，及时反馈已审批项目的进场招租情况，实现国有资产便捷高效管理，省产交所与江苏省行政事业单位资产管理系统——"资产云"系统进行对接，推送在省产交所进行的资产招租交易信息，确保交易数据的及时性、完整性、准确性，为交易主体、监管部门精准掌握资产公开招租交易情况提供便利，为规范行政事业单位国有资产管理提供有力保障。

（三）融入绩效评价

省产交所推动将资产公开招租情况纳入事业单位国有资产管理绩效评价指标体系，使之成为各单位年度考核的重要内容之一，进一步凸显资产公开进场招租的重要性，从监管层面保障资产阳光租赁，提高事业单位资产经营的效率和效益。此外，结合对事业单位国有资产管理绩效评价复核工作，省产交所积极调研各单位资产租赁情况，以便更全面地掌握事业单位资产现状和出租需求；同时，加强相关政策宣传，引导租赁交易逐步入场。

二、发挥优势，为省属企业提供一体化服务

（一）提升服务效能

省产交所多次在省国资委及省属企业举办的培训和交流会上做专题讲座，现场答疑解惑。同时，积极走访省属企业，探讨业务合作，从流程规范、风险防范、价值发现等方面为企业制定全方位解决方案；在资产招租条件设置、招租范围、资产评估等方面提供专业合理建议，保障出租方的利益，降低后期违约风险。

（二）开辟招租专栏

省属企业房产出租管理相关文件规定，房产出租"由出租企业通过产权交易机构、物业租赁专业机构（平台）、其他公开媒介发布信息进行公开招租"。针对此文件，省产交所特别推出国有企业房产招租自挂牌频道，为国有企业提供自主发布招租信息的平台，在保障规范性的基础上，充分简化操作流程，有效提高交易效率，并最大限度节约交易费用，减轻企业负担。

（三）建立战略合作

省产交所与多家企业签署战略合作框架协议，在资产租赁领域建立长期、全面的合作伙伴关系，实现资源共享、优势互补的双赢局面。双方合作既能有效规范企业国有资产租赁行为，杜绝擅自出租、低价出租、以租代卖等不合规行为，又能推动企业存量资产合理流动，使企业国有资产价值和权益得到维护，提高国有资产经营效益。

三、广泛推介，进行全方位、多渠道推广

（一）多方联合宣传

为充分发动市场，省产交所通过官网、微信公众号、行业联盟及全国各地产权交易机构，同步发布招租信息，实现"一网发布、全网获取"。同时，提炼项目亮点，在多家专业房产网站上进行宣传，打出一套网络营销组合拳，为租赁双方提供高效的撮合服务，提升招租效率，实现租赁资产的市场价值最大化。

（二）建设投资人数据库

为进一步提升市场价值发现功能，省产交所对历年来交易数据进行梳理及筛选提炼，深度挖掘数据价值，将交易各方按照交易行为、经济类型、经营规模、投资偏好等属性进行标注，方便投资人信息分类检索，提高精准推介效率。省产交所根据项目特点及目标客户范围，向特定类型客户定向发送重点推介信息，提高投融资对接效率。

（三）与社会机构合作

省产交所吸纳房产中介、律师事务所、会计师事务所等专业机构成为经纪会员，引进社会力量，促进社会资源和资本的有效对接，形成共赢发展的合作局面。此外，省产交所与多家银行签署合作协议，充分发挥银行渠道广、客户多、资金足的资源优势。一方面，由银行向省产交所推荐有实力、有投资意向的客户；另一方面，银行深度参与项目，提供全方位金融支持，给交易双方带来多元化、定制化的投融资服务，促使项目成交。

国有资产租赁进场交易不仅是贯彻有关文件精神的具体体现，更为国有资产规范管理工作开辟了一个新的阵地。省产交所将继续秉持阳光规范、专业高效原则，以市场化运作手段，促进国有租赁资产保值增值，为进一步健全国有资产管理体制提供助力。

改进交易模式　推动青岛产权交易所创新发展

青岛产权交易所

2018—2019 年，青岛产权交易所积极应对外部市场环境变化，踊跃参与实施国企混改、新旧动能转换工程，通过优化交易流程、创新服务模式，推进创新发展。

一、优化交易流程

2019 年以来，青岛市提出"聚集精兵强将开展 15 个发展攻势，在经济、社会建设方面突破重点、攻克难点，加快建设开放、现代、活力、时尚的国际大都市"。推进国企改革攻势是 15 个攻势中的重要一环。为更好地服务国企混改，配合《青岛市深化"一次办好"改革、深入推进审批服务便民化实施方案》的推进，青岛产权交易所加大改革力度，以"一次办好""打造一流营商环境"为标准，对交易流程进行再造，从减少交易环节、精简业务资料、提升服务意识、调整内部规范等方面对交易流程进行系统优化。

在业务流程方面，尽量减少、压缩、合并交易流程，尽量利用电子邮件或快递等手段传递资料，减少客户的跑腿次数。经过业务全流程研究，在遵循交易规则的前提下，优化挂牌结果反馈、便捷竞价登记手续办理、意向方资格确认等。

在精简业务资料方面，简化材料提交要求，实行清单化管理；通过公共信息系统采集或验证交易各方主体资格证明类资料，尽量利用公共数据资源，减少客户提交纸质资料数量，切实实现"让数据跑起来，办事快起来"的服务目标。

制定青岛产权交易所服务标准，落实帮办代办、首问负责、一次性告知、限时办结等制度，践行服务承诺，严格责任追究，建立服务行为规范和服务评价体系，规范服务用语。通过一系列制度措施切实提高青岛产权交易所服务水平，为打造一流营商环境提供产权交易服务保障。

经过流程优化，缩减交易环节 4 个，业务办理时间压缩 11 个工作日，委托方、意向方提交的资料各减少了 6 项，缩减了交易周期，节省了相关各方的时间，减少了经办人到交易机构现场的次数，从而全方位提高了办事效率。

二、创新服务模式

产权交易机构的本质是交易服务平台，服务是平台运营的核心。除了提升服务意识，通过流程优化改善客户服务体验外，在信息化、大数据浪潮下，如何通过创新服务模式提升服务质量是青岛产权交易所一直思考的问题。2018—2019 年，青岛产权交易所在创新服务模式方面主要做了以下几方面工作：

（一）拓宽信息发布渠道，增强门户网站动态交互功能

青岛产权交易所网站于 2018 年 6 月进行改版，以图文结合的方式突出了重点推介、交易规则、交易软件下载、交易平台登录、司法辅助、竞价使用说明等使用率较高的栏目；对接青岛产权交易所综合交易平台和竞价大厅，网站首页实时显示项目竞价情况，进一步增强项目的公开透明性；对接全国产权交易机构国企混改项目信息发布平台，遵循"去中心化"建设思路，由成员单位自主管理，采用"共建共有、分布管理、流量共享、业务独立"的方式，实现了项目信息的互联互通。

（二）升级交易平台功能，增强交易平台监测管理功能

根据《企业国有资产交易监督管理办法》和

国务院国资委对各地产权交易的监测接口要求，青岛产权交易所开发建设了青岛产权交易所综合交易平台，并在日常使用过程中根据业务实际不断迭代升级平台功能。目前，交易平台不仅满足国务院国资委监测系统数据监测要求、财政部国有金融资产交易监测系统数据监测的要求、青岛市公共资源交易系统数据共享监测要求、中国企业国有产权交易机构协会信息共享披露要求，还实现信息披露、客户管理、网络竞价、在线结算等子系统模块化集成和资金项目自动匹配及保证金交退款、竞价信息等手机信息提示等功能。

（三）对接公共信息系统验证，提升全流程服务手段

为减少客户现场办理次数，为客户提供更加高效、便捷的交易服务，针对非自然人客户，青岛产权交易所对接了知名征信服务公司的数据验证系统，对客户信息进行验证；针对自然人客户，青岛产权交易所通过"人证同一认证设备"现场拍照对比自然人身份信息，对客户信息进行验证，并据此逐步实现网上报名功能和 App 应用掌上系统操作，进行全流程网络服务。

三、将理论应用于实践

32 号令将企业增资业务正式纳入了国有资产交易业务范围，青岛产权交易所根据 32 号令出台了《企业增资业务规则》，对企业增资业务加以规范。在增资业务过程中，投资方遴选是整个过程的核心。为增加投资方遴选的可操作性，经过大量理论研究，青岛产权交易所在规则中明确将确定投资方的方式划分为协议增资、定价增资、竞价增资、竞争性谈判、综合评议五种类型，并就每种方式的流程设计了相应的确定方法和成交原则。具体如下：

协议增资类似于产权交易中的协议转让，如在增资信息披露期间征集到的合格意向投资方数量、拟出资金额及对应份额与增资公告要求完全匹配，则直接签订协议进行增资。

定价增资确定投资方，是在增资价格确定的前提下，全部意向投资方通过系统申报拟投资份额，按份额优先、时间优先原则计算成交，份额大的优先成交，份额相同则先申报的优先成交。

竞价增资确定投资方，全部意向投资方通过系统申报拟出资份额和价格，按价格优先、份额优先、时间优先原则计算成交，出价高的优先成交，出价相同则份额大的优先成交，出价和份额均相同则先申报的优先成交。成交价格按照被确认成交的最后一名合格意向投资方的报价确定。

竞争性谈判确定投资方，在遴选方案中明确竞投文件的形式和内容要求、提交竞投文件的时间和方式要求、谈判要点、谈判程序、谈判小组的评审规则、确定最终投资方及其认购份额和出资金额的标准等内容，并在增资公告中予以披露。信息披露期满，如出现多家投资方情形，按既定方案组织竞争性谈判。

综合评议确定投资方，在遴选方案中明确综合评议的权重分值体系、确定最终投资方及其认购份额和出资金额的标准、综合评议的时间和程序安排、拟签订的增资协议主要条款和相关责任声明、竞投文件的形式和内容要求、提交竞投文件的时间和方式要求等内容，并在增资公告中予以披露。信息披露期满，如出现多家投资方情形，按既定方案组织综合评议。

近两年，面对国有企业混合所有制改革不断深化，青岛产权交易所持续将理论应用于实践，以实践检验和改进规则。2018 年以来，企业增资项目逐渐增多，成功实现多个项目捆绑增资、通过债权转股权方式完成增资等多种交易模式，为进一步打造国企混改平台奠定了坚实基础。

国有资源资产通过产权市场补充基础设施建设项目资本金

甘肃省产权交易所　于锋

2018年12月，甘肃省政府办公厅下发了《关于以出让国有资源资产和资产证券化等多种方式补充基础设施建设项目资本金工作的实施方案》（以下简称《方案》）。《方案》强调，以出让国有资源资产和资产证券化等多种方式补充基础设施建设项目资本金，是破解投融资难题、提高资源利用效率、落实高质量发展要求的重大措施。要发挥财政资金的撬动放大作用，区分不同的资产类型，分门别类，对症施策，狠抓重点，通过产权市场有效盘活存量资产和资源，加大全省城乡基础设施建设力度，弥补基础设施建设短板。

一、产权市场盘活有效存量资产，补充项目资本金

存量资产是政府和企业所拥有的全部可确认资产。每一家企业在生产经营过程中，都会产生不同规模的存量资产，存量资产的价值在很大程度上反映了企业的价值与竞争力，只有不断提高企业存量资产使用率，优化资产结构，促进资产保值增值，才能实现企业的健康、良性发展。但是，目前很多企业忽视对资产的科学管理，在盘活存量资产方面的效率较低，使大量资产处于低利用率或闲置状态，加之盘活渠道不畅，无形中造成企业的资产流失。

在全面深化企业改革的背景下，如何盘活企业存量资产，将存量资产优势转化为企业效益与竞争力，是所有企业面临的问题。当然，存量资产涉及的资产范围较大，盘活存量资产的方法和途径也比较多，在此过程中，专业的产权交易机构发挥了重要作用。

《方案》指出："支持省属企业积极利用产权市场转让质量效益不高、与主业协同度低或非主业低效无效资产，有效回收资金，所获收入作为企业自有资金，引导企业重点投向基础设施建设项目。"这为产权市场服务此次补足基础设施建设资金短板专项工作提供了政策指导和实施依据。《方案》还提出："转让部分省属一级企业存量国有股权，所得收益按国有资本经营收益管理相关规定作为省级财政资金补充基础设施建设项目资本金；鼓励部分省属一级企业通过引进战略投资者进行增资，增资资金作为省属一级企业的自有资金，引导企业投向基础设施建设项目，形成的股权由省属一级企业持有。"国有权益类资产通过产权市场转让或增资，实现有效盘活，为企业盘活资源资产工作指明了道路。

二、自然资源通过产权市场出让，补充项目资本金

《方案》指出："鼓励市州、县市区将基础设施项目周边的砂石料资源、旅游资源，打捆以公开方式出让给社会投资人，置换资金按照有关规定用于该项目政府方资本金。鼓励市州、县市区将项目周边的旅游资源、矿产资源等出让给项目建设外的其他社会投资人，转让收入按有关规定可作为该项目政府方资本金。"

产权一般理解为资源稀缺条件下人们使用或配置资源的权利，或说人们使用或配置资源时的适当规则。产权管理是自然资源管理的核心，也是其他管理的基础。旅游、矿产等自然资源通过产权市场交易，可充分克服资源配置过程中的外部性，降低交易成本，实现资源的最优配置，从制度上保证合理、高效、持续地使用国有资源。

三、国有土地通过产权市场交易，补充项目资本金

《方案》指出："对可以使用划拨土地的能源、

环境保护、保障性安居工程、养老、教育、文化旅游、体育及供水、供电、燃气供应、供热设施等项目，除可按划拨方式供应土地外，鼓励以出让、租赁方式供应土地，支持市州、县市区政府可以用国有建设用地使用权作价出资或者入股的方式提供土地，与社会资本共同投资建设项目。"

《中华人民共和国土地管理法》规定："任何单位和个人需要使用土地进行建设的，必须依法申请使用国有土地，应当以出让等有偿方式取得。""有偿出让"实质上就是一种公开交易的行为，即建设单位和个人通过挂牌程序，缴纳土地出让金等费用后，参与竞买，最终由价高者获得国有建设用地使用权。2007年，国土资源部（现为自然资源部）《招标拍卖挂牌出让国有建设用地使用权规定》（国土资源部令第39号）（以下简称39号令）重新修订颁布，进一步完善了国有建设用地使用权市场化配置的制度，特别是对招拍挂出让的原则、范围、程序、法律责任进行了系统性规定，核心是通过公开、公平、公正、诚信的市场方式确定土地使用权人。39号令的颁布使土地有偿出让市场化配置成为制度性规定，让国有建设用地使用权进入生产要素市场。《企业国有资产交易监督管理办法》（国务院国资委、财政部令第32号）规定，企业一定金额以上的生产设备、房产、在建工程以及土地使用权、债权、知识产权等资产对外转让，应当按照企业内部管理制度履行相应决策程序后，在产权交易机构公开进行，赋予了产权市场依法开展国有土地交易的法律地位。

根据现有的法律法规和实际情况，当前在产权交易和土地交易过程中，在企业改制或兼并重组、破产清算中，对不可改变用途和性质的国有土地使用权资产，均可在产权交易市场进行整体交易，交易后按规定程序到国土、国资部门分开办理土地过户和资产交割手续，产权市场已成为国有土地市场交易的重要途径和平台。

四、产权市场服务PPP，加大社会资本投资吸引力

《方案》指出："积极稳妥推进政府和社会资本合作（PPP）模式，提高社会资本尤其是民间资本参与基础设施项目的占比。鼓励社会资本、民间资本全额投资基础设施项目。"

早在2015年，财政部、国家发展改革委、人民银行《关于在公共服务领域推广政府和社会资本合作模式指导意见的通知》就指出，要依托各类产权、股权交易市场，为社会资本提供多元化、规范化、市场化的退出渠道。实际上，从PPP项目识别阶段的"物有所值评价""财政承受能力论证"到项目采购、执行阶段的投资方选择、融资方案实施，以及退出环节的渠道与平台支持等，产权市场都可以提供全流程、全方位的服务。产权交易机构将一如既往地"秉承公益性、市场化的理念，努力促进公共资源、产权要素优化配置"，加强PPP项目市场融资方式及社会资本退出方式研究，设计对接产品，创新服务手段，以更好地引入社会资本参与，使财政资金和社会资本平等合作、共担风险、共享利益，形成政府性投资领域参与主体多元化、公共产品与公共服务供给市场化的格局。

五、产权市场服务企业资产证券化，补充项目资本金

《方案》指出："加快推进金川公司整体上市，华龙证券、甘肃银行主板上市，长城果汁创业板上市工作；推进新三板挂牌的西部重工、华龙期货等企业引进战略投资者，适时启动转板上市工作；积极培育新组建的省公交建集团、甘肃药业投资集团、丝绸之路信息港股份有限公司等引进战略投资者，具备条件时启动整体上市或主业上市工作，资产证券化转让收益引导企业优先用于支持基础设施建设项目。"

近年来，在国家政策的支持下，随着产权交易平台的日趋完善，众多国有企业相继借助产权市场的融资平台，通过增资扩股方式实施企业改制。一方面，通过产权市场的市场化运作择优选择投资者，进一步规范企业的改制和融资行为；另一方面，通过产权市场的价值发现功能助力股权升值，缓解企业资金压力，解决企业融资难

题。2016年6月24日发布的《企业国有资产交易监督管理办法》（国务院国资委、财政部令第32号）把"国有及国有控股企业、国有实际控制企业增加资本的行为（企业增资）"纳入产权市场职能范围，并做出明确规定。近年来，按照党中央、国务院的决策部署，在《中共中央国务院关于深化国有企业改革的指导意见》《国务院关于国有企业发展混合所有制经济的意见》《企业国有资产交易监督管理办法》等政策法规的指导下，产权交易市场积极开展国有企业增资扩股业务，为促进国有企业改革和发展做出了积极贡献。

与此同时，产权市场交易的对象是"非标准化资产和权益"，而这恰是金融和准金融机构开展各类金融服务的基础资产，交易从某种程度上讲也是个并购过程，本身就需要金融服务；产权交易所开展交易的过程也是"非标准化资产和权益类基础资产"客户、信息集聚的过程，交易量越大，客户、信息、资金集聚的数量也越大，各类金融和准金融机构完全可以将其部分服务产品与交易所"嫁接"。目前，甘肃省产权交易所已设立金融资产服务中心，开发了"交易贷"产品，搭建了一系列投融资专业化服务平台，利用互联网手段，集聚更多的客户和项目信息，积极为各类所有制企业提供资产证券化和投融资服务。

根据《甘肃省人民政府办公厅关于印发以出让国有资源资产和资产证券化等多种方式补充基础设施建设项目资本金工作实施方案的通知》（甘政办发〔2018〕197号）精神，按照甘肃省政府国资委制定并经省政府备案的《省属企业以出让国有资源资产和资产证券化等多种方式补充基础设施建设项目资本金工作实施细则》要求，为充分发挥市场对资源配置的决定性作用，提高资源利用效率，筹集省内基础设施建设项目资本金，支持城乡基础设施建设和十大绿色生态产业，促进甘肃省经济社会高质量发展，甘肃省属国有企业依据《企业国有资产交易监督管理办法》相关规定，通过甘肃省产权交易所向社会公开推出一批资产出让项目。一批、二批共计推出34个资产、股权转让项目，先后吸引了上百家投资机构、个人关注和尽调，部分项目已挂牌成交。

面向未来，甘肃省产权交易所将进一步提高服务实体经济的能力，按照既定的方向，充分利用现代信息技术改变作业方式，进一步提高市场化的服务能力和水平，满足政府和各类所有制企业的交易和融资需求，向西部一流的"非标准化资产和权益"要素配置市场迈进。

供给侧结构性改革下的甘肃产权交易市场转型思考

甘肃省产权交易所　于锋

近年来，甘肃省产权交易所（以下简称甘交所）在做好国有企业股权、资产转让和增资扩股主业的基础上，按照省委、省政府《创新政府资源配置方式的实施意见》要求，根据自身资源禀赋，实施"交易+金融+咨询"的"一体两翼"发展战略，大力开展业务创新，拓展服务范围。交易规模和经营业绩连续三年稳步增长，平台的社会影响力、综合实力大幅提升，在服务国资国企改革、供给侧结构性改革、经济社会发展方面发挥了重要作用。

一、经营业绩情况

甘交所深入业务一线，扎实推进市场化转型，进场挂牌、项目成交宗数和金额实现稳步快速增长，经营业绩实现三年连续翻番的良好发展态势。在平台建设方面，甘交所成功荣升为国务院国资委所属中国企业国有产权交易机构协会常务理事单位、中国证券业协会特别会员单位，获得财政部政府采购代理资质，搭建了"甘交所增资版、甘肃省招租服务中心、甘交所国有土地交易平台、甘交所上市公司并购交易平台"等十多个专业化子平台，经营业绩稳居西北五省第一、全国中上游水平，物权类项目交易排名全国第四。截至2018年底，甘交所净资产收益率84.07%，资产负债率53.29%，人均营业收入150余万元。在2017年产权交易资本市场第三次典型案例评选活动中，甘交所《跨市场运作助力华龙证券成就年度新三板最高融资记录》以第一名的成绩获得"最具影响力增资案例奖"，《甘交所以全流程投行服务完成民营企业中核嘉华增资扩股》《甘交所五年两次发力　助推兰石集团打造上市"双子星"》2个增资服务案例获得"典型增资案例奖"。

二、推动创新发展情况

甘交所着力在四个方面进行创新：一是把产权交易成熟模式复制到土地和政府特许经营权出让、国资租赁交易领域；二是创新"产权交易+金融服务"平台模式，大力拓展金融资产交易业务；三是探索招采业务，实现交易所由卖方市场向买方服务商业务的拓展；四是大力拓展"增资+咨询"业务，打造核心竞争力，提升交易所品牌形象。

（一）土地二级交易，提升土地配置效率

目前，我国正处于三期叠加下的经济新常态，供给侧结构性改革步入深水区。作为国民经济的重要组成部分，土地的价格波动牵动着经济社会发展的每一根神经，既决定着供给的质量，也决定着供给的效率。产权交易平台的搭建，为土地供应开辟了第二市场，对加快国有企业的非主业退出速度、助力企业转型升级具有较强的现实意义。

近年来，甘交所搭建了土地二级市场交易平台，挂牌和完成了多宗省内外有影响力的高增值、高溢价土地项目。2018年5月24日，甘交所组织的兰州兰石集团有限公司兰州市七里河区民乐路两宗土地使用权整体转让项目经过2小时48分19秒226轮次激烈竞价，最终以17.5946亿元顺利成交，成交金额、增值额均创甘交所操作的企业存量土地交易新高，成为甘肃省国有土地二级市场单个项目成交价的新标杆，受到全社会的广泛关注和房地产行业的瞩目。

实现国有资产的保值增值是产权交易所的基础任务，土地交易是产权交易市场的新蓝海。近年来，随着楼市调控政策持续落地，各地针对土地市场的政策呈现收紧之势，火爆的土地市场明显降温，产权市场"发现价值、发现投资人"的功能在国有土地资源保值增值方面显得越发重要，甘交所在全省土地交易方面的平台优势日益凸显。

（二）特许经营权进场，实现资源市场化配置

从2004年开始，甘交所便积极探索通过产权市场实现公共资源的市场化配置，在推进各种类型的公共资源政府特许经营权招投标和公开竞价方面积累了一定的成功经验。值得一提的是，2018年1月19日，由甘交所组织的武威市凉州区发改局加油加气合建站、加油站经营权出让项目成功交易。根据《甘肃省行政事业单位国有资产管理办法》（甘肃省人民政府令第52号）、《甘肃省"十三五"成品油分销体系发展规划》等相关规定，武威市凉州区规划区内1座加油加气合建站、10座加油站25年经营权出让项目于2018年1月5日在甘交所发布出让公告，通过报纸、互联

网、商会以及交易所自有投资人数据库等渠道广泛推介，共吸引35名意向投资人咨询，通过资格审查，最终13名意向投资人成功取得竞价资格，最终项目整体溢价率达976.22%，多个标的实现1500%以上的溢价率。在国家力推政府和社会资本合作的大背景下，此次加气加油站经营权公开转让，目的就是让社会资本充分参与政府经营项目。该项目创造了交易所加气加油站特许经营权出让新纪录。

经过多年不懈的探索实践，甘交所特许经营权交易业务已涵盖采矿权、河道采砂权、商业房地产经营权、户外广告位经营权、加油站经营权、停车位经营权和混凝土搅拌站经营权、殡葬用品经营权等，成为甘肃产权市场服务区域经济转型升级的一大亮点。公共资源特许经营权进入新兴的产权市场，可借助产权市场日益规范的交易规则、交易程序、信息共享平台，围绕产权市场众多的投资机构和各种专业中介机构，提高项目的交易成功率，使各种资源和资本借助产权交易平台获得有效流转和投资回报，有力地促进政府公共资源的市场化配置，助推区域经济发展。

（三）资产租赁进场，堵住国资管理漏洞

近年来，甘交所在国有资产公开租赁方面进行了大量探索，成效显著。国有资产进入产权市场公开招租，改变了过去资产闲置、人情出租、假出租的弊端，盘活了国有资产，提升了租赁收入，防止了国有资产流失，同时堵住了国资租赁中的"权力寻租"漏洞。

2016—2018年，甘交所累计成交招租项目标的上千个，成交金额1.59亿元，复合增长率达50%左右，招租业务品种从过去的住宅房产租赁逐渐拓展到安置余量房、写字楼、土地使用权、广告使用权租赁等，业务区域从兰州市延伸到武威、酒泉、定西、天水、金昌、敦煌等地州市县，委托也从过去单一的市属企业延伸到省属企业、区属企业及地方政府。其中，2016年开始运作的兰州建投安置余量房系列租赁项目累计挂牌成交22批次，成交标的上百个，接待竞买人200余人。该项目具有持续周期长、标的多、竞买人多的特点，且参与竞价的人员文化水平参差不齐、网络技能普遍缺乏。在项目运作中，甘交所通过一对一服务、简化竞买流程等方式确保交易活动顺利进行，取得圆满成功。事实证明，招租业务在产权市场大有作为，通过产权平台信息的广泛披露，租赁方可有效盘活存量资产价值，实现良好发展。

（四）拓展金融服务，为平台发展增添动力

作为省财政厅指定、财政部备案的非上市金融企业国有产权交易指定机构，2016—2018年，甘交所按照省委、省政府大力建设全省多层次资本市场的指导要求，以各类要素交易衍生出"产权交易+金融服务"平台模式，围绕区域金融资本市场建设，坚持边筹建金融产权交易平台，边拓展各类金融延伸服务，主动服务企业"三去一降一补"。在省财政厅、省地方金融监督管理局、省政府国资委等有关部门的大力支持下，甘交所携手推动金融创新，重点开拓金控平台、银行、证券、资产管理、财务公司等各类金融和类金融机构的不良资产转让及非上市金融国有企业股权转让等业务，积极发挥产权交易市场的要素聚集功能和资源配置作用，提高金融要素的有效供给，优化企业债务和股本融资结构，发挥金融发展对实体经济的支持作用，推动产融结合，化解各类国有金融机构存量经营风险。

2016年11月，甘交所成功组织实施了中国农业银行平凉分行抵债土地使用权转让项目。早在2003年8月，中国农业银行平凉崆峒支行与原平凉市崆峒区食品实业公司签订《抵债协议书》，按照该协议书的约定，食品公司将其下属的四十里铺食品购销站8541平方米土地使用权及地上附着物抵债其所欠农行贷款本息。接受委托后，甘交所立即成立该项目不良资产处置小组，针对该抵债项目存在的法律债务问题，认真研究和分析项

目中的风险点，在各大纸媒、网媒进行全方位推介，最终征集了3家意向受让方，项目通过43轮激烈的网络报价，最终以62.86%的溢价率成交。

金融资产作为一种非标准化高风险资产类型，其价值具有很大的不确定性，金融不良资产的定价较为复杂，目前还不能对金融工程事先进行较准确的估价。金融资产的交割常常存在诸多隐形债权债务关系，包括金融不良资产的回收，完全是一个概率分布空间。甘交所拥有多年的非标资产处置经验和遍布全国的投资人资源，从经济学上的"超产权论"看，在单一国有产权的资产管理公司体制下引入市场竞争机制，一定程度上可以解决资产管理公司的激励约束问题，而且统一、竞争的产权交易市场可以集中买者和卖者的信息，尽可能克服信息缺陷，降低交易成本，达到经济学上的"帕累托改进"，有助于实现金融资产的顺利交易和资产价值的最大化，为交易所平台发展增添强劲动力。

（五）实践代理采购，助力企业降本增效

国务院国资委要求中央企业不断加大集中采购力度，通过充分利用信息化手段向供应链管理转变、加强惩防体系建设及不断创新采购管理等方法和手段，准确把握采购管理发展方向，尽快建立集中、高效、透明的采购管理体系。在当前供给侧结构性改革不断深化的背景下，如何充分发挥产权市场公开阳光交易的功能和作用，帮助企业提升采购管理水平、完善供应链管理，从根本上影响着企业的经营成本，对企业提质增效、增强核心竞争力具有特别意义。

甘交所通过竞争性谈判、竞争性磋商等方式成功完成兰州公交集团300辆出租车、西客站公交车辆候车区智能化电子显示屏、公交集团员工体检采购项目，通过招标代理方式向甘肃广源集团提供了全套供应链产品的采购服务，获得了广泛好评。

产权市场作为非标要素资本市场，其服务于企业国有资产交易的范围应当是全要素交易，而产权市场公开、公平、公正的交易规则正是企业在进行国有资产采购交易中实现上述目标需要的具体机制，各类国有物权、股权、债权、知识产权在与民营资本进行交易的过程中，通过产权市场这个第三平台来保障出资人的权益，确保国有资产不流失。这既是产权市场功能的正常拓展和合理延伸，也是产权市场供给侧结构性改革努力的方向。

（六）增资扩股融资，增强企业发展动力

近年来，甘交所通过总结企业增资扩股、实现混改的经验，不断提升专业化、市场化、个性化的增资服务能力，努力形成可复制、可推广的增资业务模式和经验。在增资业务方面，甘交所始终将确保企业主体地位、发挥企业主体作用放在首位，在投资人遴选方式和选择标准等方面赋予企业更多的自主权，允许企业提出个性化较强、符合增资目的、与企业需求相一致的择优方案，凸显业务开展的便利性和有效性。甘交所先后为金川集团、华龙证券、甘肃稀土、陇神戎发、兰石集团石油装备公司等多家省属企业提供了增资扩股服务，累计直接融资金额突破300亿元，为激活并购市场和促进区域性资本市场健康发展发挥了积极作用。

2016年9月1日，陇神戎发药业股份有限公司在创业板成功上市，首次公开发行股票。早在2012年3月，甘交所为陇神戎发组织实施了首轮增资2000万股项目，实现融资1.05亿元。时隔一年后，陇神戎发再次通过甘交所增资扩股2000万股，实现融资1.178亿元，为上市奠定了基础。陇神戎发作为一个只有十多个国药准字号的制药企业，与甘肃省内其他拥有几百个药号的医药企业相比，资源优势并不突出，且每股净利润只有0.5元，特别是在2012年资本市场普遍低迷的情况下，能够通过产权市场"私募"方式率先成功融资1.05亿元，并达到10倍的市盈率，超出了各方预期，圆满完成了融资任务，实现了较好的社会效益和经济效益，为解决甘肃

省生物医药类行业融资需求提供了可借鉴的生动案例。

甘交所通过"增资扩股+股权交易"方式为国有企业完成混合所有制改造，既保留了国有企业的品牌影响力和资金优势，又引入了民营资本灵活高效的管理和投资决策机制，有效提升了公司的投资效率，增强了企业的竞争活力和发展动力。

（七）开展咨询论证业务，打造核心竞争力

产权制度改革、产权交易不仅涉及企业，还同政策密切相关，是一项复杂的系统工程，所以咨询论证业务必然大有作为。近年来，甘交所充分利用平台优势打造专业化咨询团队，通过信息的收集与分析，以市场为导向、以效益为中心，为企业提供融资（股权融资、债权融资）、并购（收购兼并、MBO、资产重组和不良资产处置）、合作新设、PPP业务等咨询服务，为企业提供产权变动策划，帮助企业开拓筹资渠道，协助战略公司、金融公司、投资公司、产业公司选择目标企业，加速推动产权的正常流动。通过为企业提供管理咨询，挖掘企业内部潜力，协助企业做大做强。通过对产业的分析研究及项目投资的分析判断，为管理者减少决策风险和失误，助推企业做大做强。

近年来，甘交所多次受托为中国石油、中国石化集团提供项目咨询论证，并为定西市政府提供了PPP咨询服务，建立了涉及土建、审计、施工等各工程环节领域的PPP专家库。2017年5月15日，甘交所为中国石油甘肃销售分公司与甘肃交建中油能源有限责任公司提供咨询论证服务，除由甘交所咨询团队进行充分论证外，还聘请了审计、法律、经济等领域的专家学者，对项目的可行性进行全方位论证，对可研报告做出全面可行的结论意见。甘交所的咨询论证服务得到了相关各方的一致好评。

三、市场化转型的实践与思考

（一）持续推动业务下沉，做精做细传统业务

随着国资监管政策的不断下放，甘交所审时度势，不断加大与中央企业、省属及市属等企业集团内部子公司的业务衔接力度，宣贯国资进场交易政策，协助集团及二三级企业制定国有资产处置管理办法，为有关单位企业改制、资产重组、资本运作、结构调整、投资融资等工作提供咨询服务。同时，从2015年开始，甘交所制定了以"业务下沉"为主线的市场化转型战略，鼓励业务人员全面走访市州区县，加大基层市场的开拓力度。在体制机制建设方面，甘交所与市州政府平台公司合作设立区域联合要素交易市场，巩固发展基础。甘交所总部协助各子公司健全内部管理制度、规范业务操作、防范运营风险、加快市场开拓，通过布局全省基层要素市场，不断完善服务体系，确保传统业务根基不动摇。

（二）提升投行化服务水准，增强项目运作能力

随着客户需求的不断增多，产权市场服务客户的要求也在不断提高。在项目具体操作过程中，为客户解决实际问题的能力是一项极其重要的能力。在一些复杂的股权转让中，解决问题的能力至关重要。而企业增资扩股比纯粹的产权转让业务更为复杂——在增资的同时，原股东可能转让部分股权，收回部分投资，这就对我们解决问题的能力提出了更高的要求。在增资业务中，投资者的遴选不是简单的"价高者得"，更强调"人合"因素，要更多地考虑引入股东的背景经验、资源协同、文化理念等，其中涉及大量税务、财务、法务、公司治理结构、商务谈判支持等能力建设，是一个系统性工程。例如，很多企业增资是为了在上市前引入战略投资人，确保不影响未来上市，甚至有利于未来的资本运作。此外，新三板挂牌的国有企业增资也需要通过产权交易市场进行，这就需要衔接好两个市场，同时要符合两个市场、两个监管部门甚至多个监管部门的监管规则等。以上这些挑战，归根结底，是对产权行业人才的挑战。

（三）增强项目推介水平，提升资本聚集能力

产权交易市场能否促成交易或实现资产（资本）增值，得到企业的充分认可，考验的是产权交易市场的资本集聚能力。经过30多年的发展，产权交易市场的交易规模、影响力和关注度有了很大提升。但相较于证券市场、私募并购市场，项目资源仍然偏少，投资人的关注度和黏性远远不够，项目信息的传递和推介方式也比较单一，主要依托各交易机构自身的网站（包括手机App、微信公众号等）、投资人数据库或同业合作渠道进行，尚未形成对接、吸引海量投资人的有效模式。未来产权交易市场要进一步提升服务水平，尚需要在这方面下大功夫。目前我们想到的解决方法主要有四个：一是项目信息的再加工，包括类似券商"研报"的深度价值分析报告，以及广告文宣、媒体报道等。二是进一步加大北京业务总部的建设和支持力度，与国内各类投融资主体建立良好的业务合作机制，通过首都资源和资本的核心辐射能力，将外部优质资本和智囊引入甘肃，将甘肃项目向全国推介，形成北京—甘肃两地的全面协同发展，扩大项目来源，提升项目成交率。三是做好线下投资人集聚的深度服务，包括国企国资改革政策动向及投资机会的介绍、拟交易项目的集中推介，投资意向的收集可采取专人上门、集中会议、资料邮递等方式，重点是集聚产业投资集团、PE/VC、私募基金等专业投资机构，核心是围绕"深"字做文章。四是充分实施"互联网+"战略，运用大数据思维，站在投资人的角度，真正形成一个信息内容丰富、用户体验良好、投资人黏性强的O2O模式。这方面目前我们的认识和实践尚浅，需要市场各参与主体来共同探索。

（四）优化商业模式，提高市场化服务水平

目前，产权交易市场大多是按项目一次性收取交易服务费（且成交后才有），协议和竞价两种情况下费率不同，总体市场规模并不大。而证券市场有财务顾问、上市辅导、保荐、承销、再融资、二级市场经纪等长链条服务收费项目，且二级市场高额收费由整个市场的众多参与者共同分担，相应带动了评估、审计、法律等其他市场机构资源的积极参与。两相比较，产权交易市场处于两难境地。一方面，受限于收入模式的单薄，各产权机构进一步提升服务能力有心无力，没有好的盈利模式，各类市场资源也不愿投入；另一方面，市场服务能力的不足和服务的价值点不清晰，使交易主体不愿多付费。如何打破这个怪圈是摆在产权交易市场面前的重要课题。我们认为，这需要从产业链和市场生态的角度来考虑。一方面，围绕"股权、物权、债权、无形资产"四大产权，尽量做大项目品种和数量，同时积极拓展符合产权市场特色的融资功能，扩展产业链，增加业务点，实现"一菜多吃"；另一方面，积极引导、培育一批具有"投行"水准、熟悉产权交易市场、能够提供全方位深度服务的合作机构，建立委托客户和投资人动态数据库，扩大战略合作朋友圈，为客户提供咨询论证、项目批复、委托挂牌、投资人遴选、组织交易、工商办理、场外配资等覆盖项目运作全生命周期的专业化、保姆式服务，增强客户黏性，做大市场规模。

（五）差异化竞争，增强企业核心竞争力

在竞争策略上，大量位于金字塔中部和底部的企业有巨大的交易、融资需求，产权市场可为企业提供价廉质优的化解存量和资本运作服务。作为地处西北欠发达省份的交易机构，甘交所在竞争策略上只有依据地区发展导向和经济结构，通过差异化竞争实现良好发展。一方面，重点开拓地产、房产存量交易及资产租赁、公车改革等业务，化解企业存量风险；另一方面，协助中央企业及省市属企业优化债务结构，引进省外增量资本，助推企业在资本结构、人力资源、产品研发、市场客户等方面进行优化，帮助政府筹集基础设施建设资金，助力产业升级和区域经济发展。

（六）建立市场化激励机制，树立务实企业文化

作为轻资产运营与知识服务型机构，人才优势是甘交所的核心竞争力。经过多年发展，甘交所培养和锻造了一支干事务实、勤于学习、善于钻研、勇于创新的专业型、复合型人才队伍。人才建设方面，由市场来定价，通过薪酬激励留住人才，为企业发展增添活力是至关重要的。甘交所长期以来实行市场化激励机制，鼓励多创多得，员工薪酬与公司业绩全面挂钩，市场化激励机制有力地调动了交易所团队主动立足于改革发展和市场前沿，真抓实干做业绩，实现经营业绩的稳步快速增长。"三流企业靠厂长，二流企业靠制度，一流企业靠文化"。经过20多年的发展，甘交所建立了企业与员工休戚与共、荣辱相连的发展共同体，形成"团结友爱、和谐融洽、安定有序"的良好氛围，通过定期举办素质拓展、业务创新和业务技能大赛等活动，使团队具有强大的凝聚力和战斗力。甘交所从上到下树立了"勤俭节约"的优良作风，通过成本自我管理，激发了员工的主人翁意识，充分调动了员工的主动性、积极性、创造性，团队凝聚力有了很大提升。

产权交易市场是创新政府配置资源方式的主战场

甘肃省产权交易所　于锋

2017年1月，中办、国办印发了《关于创新政府配置资源方式的指导意见》（以下简称《指导意见》），明确了创新政府配置资源方式改革的指导思想、基本原则和重点任务。这是我国完善社会主义市场经济体制的一项重大举措，必将带来深远的影响。2018年4月，为贯彻落实《中共中央办公厅、国务院办公厅印发〈关于创新政府配置资源方式的指导意见〉的通知》精神，甘肃省委办公厅、省政府办公厅下发了《关于创新政府配置资源方式的实施意见》（甘办发58号文），将经营性国有资产出租、出借等纳入统一的公共资源交易平台，在依法设立的产权交易机构进行，进一步规范国有资产交易。

一、创新政府配置资源方式是产权市场的天然功能

《指导意见》提出，"经济资源方面（主要指金融类和非金融类经营性国有资产）要突出国有资本的内在要求，建立健全国有资本形态转换机制"，"建立健全优胜劣汰市场化退出机制，加快处置低效无效资产，支持企业依法合规通过证券交易、产权交易等市场，以市场公允价格处置国有资产，实现国有资本形态转换，用于国家长远战略、宏观调控以及保障基本民生的需要，更好服务于国家发展目标"。这些政策指引充分说明党和国家对产权市场多年来在优化国有资本布局，推动国有资本合理流动、有序进退和优化配置，提高国有资本配置效率和效益方面所发挥的作用和功能是肯定的，反映出国家层面对产权市场作为经营性国有资产交易平台的认同，同时也是对产权市场一直以来服务国资国企改革工作的认可。

产权交易市场是伴随我国国有企业改革进程逐步发展起来的，其制度设计的初衷是通过"公开"与"竞争"，利用市场手段实施国有经济的战略性调整和国有企业改造，防止国有资产流失，

促进资源流动和优化配置，通过阳光、公开、透明的运作方式，充分发挥"发现价值、发现投资人"两大功能，让资产资源在交易中实现流动，实现国有资本在"资产、资本、资金"形态之间的转换。

《指导意见》中提到的"创新配置方式，更多引入市场机制和市场化手段，提高资源配置的效率和效益""着力推进供给侧结构性改革，使市场在资源配置中起决定性作用和更好发挥政府作用"都与产权市场的目标和宗旨不谋而合。因此，产权行业应当认清深化供给侧结构性改革的大形势，珍惜党和国家赋予的新的使命和任务，进一步提质增效、完善功能，成为实现资源优化配置的阳光平台。

二、创新政府配置资源方式

在总体思路上，根据政府和市场发挥作用的不同程度，区分创新政府配置资源方式的三种基本情况：一是对于适宜由市场来配置的公共资源，要让市场机制有效发挥作用，通过市场竞争优胜劣汰实现资源配置效益最大化和效率最大化。二是对于不完全适宜由市场配置的公共资源，一方面要引入竞争规则优化资源配置，另一方面要发挥好政府配置资源的引导作用，实现市场与政府作用的有机结合。三是对于仍然需要通过行政方式配置的公共资源，要在遵循客观规律的基础上，注重运用市场化方式和手段，实现更有效率的公平性和均等化。

在配置内容上，根据不同的资源类型，明确创新政府配置资源方式的重点任务：一是对于全民所有的自然资源，坚持资源公有、物权法定，建立健全自然资源产权制度，明确全部国土空间各类自然资源资产的产权主体；区分自然资源资产所有者和监管者职能，健全国家自然资源资产管理体制。同时，更多引入竞争机制，建立健全全民所有自然资源的有偿使用制度。二是对于包括金融类和非金融类在内的所有经营性国有资产，要建立国有资本授权经营体制，优化国有资本布局，建立健全国有资本形态转换机制，推动实现国有资产实物形态与价值形态的转换，促进国有资本的合理流动、有序进退和优化配置，更好服务于国家发展目标。三是对于非经营性国有资产，要在推进政事分开、管办分离的基础上，创新公共服务提供方式，扩大政府购买服务，引入更多社会力量参与提供，实现更有效率的公平性。

在配置手段上，根据资源配置组织和监管的不同要求，建立健全"一个清单""一个平台""两个机制"。建立公共资源目录清单，并根据资源变动进行动态调整、及时更新。健全公共资源统一交易平台，推动公共资源交易全过程电子化。进一步完善市场交易机制，建立健全信息服务机制，促进资源的整合管理和高效利用。全面履行政府监管职能，转变监管理念，创新监管机制和监管方式，加强和完善信用监管、协同监管、在线监管、全过程监管，构建依法监管与信用激励约束、政府监管与社会监督相结合的新型监管格局。

三、产权市场服务政府创新资源配置方式

（一）产权市场有助于国有资产存量的结构优化

由于历史的原因，我国国有资产存量在部门、行业、地区及企业组织等结构状态上严重失衡，致使我国的资源配置很不合理，市场作用难以发挥。存量资产结构的不合理主要表现在以下几方面：①资产存量条块分割严重；②资产存量在部门和行业之间的配置失衡；③不同地区产业结构雷同；④企业组织结构"大而全、小而全"。这种失调的存量结构对整个国有资产造成了两方面的不利影响：其一，大量闲置的设备和连年亏损的企业不但占用了大量的生产资料，而且加重了政府的负担；其二，那些效益好、竞争

力强的企业无法通过产权交易迅速扩大企业规模，实现规模经济。因此，需要一个产权交易平台来打破存量资产的失衡状态，推动存量资产的结构优化。

产权市场能够实现资产的流动，引导资源重组，让那些闲置的、效益低下的和竞争力弱的资产流向急需的部门；让效益好、竞争力强的企业兼并效益低、竞争力弱的企业，促进社会资源在不同地区之间、不同行业之间、不同企业之间流动，以实现国有资产存量的结构优化。产权市场还是各种产权信息的集散地，这种信息优势有利于企业跨地区、跨行业进行产权交易。

（二）产权市场为国有资产存量提供了进退通道

国有资产存量就是国有企业占有、支配并用于生产经营的财产。目前，我国国有资产存量占有格局的最大问题就是资产的"凝滞性"。一方面，许多部门的资产大量闲置或低效率运行，而另一些企业则特别需要这些整体的生产能力。另一方面，存量资产的凝滞性使低效资产无法"退"、高效资产无法"进"，严重损害了国有企业的整体竞争能力和国民经济的整体效益。因此，国有资产存量迫切需要自由流动，以提高国有资产的运营效率。

产权市场为国有资产的战略性重组提供了运行载体，成为国有资产存量进退的通道。发展产权市场，使存量资产自由流动，可实现国有资产"进"和"退"的双向功效：一方面，那些经营管理好、创新能力强、有发展前途的企业，通过购买经营差的企业，实现生产规模的发展；另一方面，那些经营差、长期亏损的企业可通过转让产权收回资金，使闲置的生产资料得到有效利用，而且收回的货币资金可用于搞活其他更有效的企业。因此，存量资产的一"进"一"退"带动了两类企业，从而在总体上提高了国有资产的经营效率。

四、推进产权市场提质增效，提升产权市场配置资源能力

（一）以信息化建设为依托，打造规范运作市场平台

充分运用大数据和互联网技术，实现全时空交易，定向推送式服务，使各交易机构互联互通、信息开放，注重交易项目信息披露、交易各方互动交流和交易效果评价，提高产权交易质量、效率和便利性；建立国有产权交易指数，以历史交易信息为基础，选取具有代表性的产权类型建立交易价格趋势指数，为交易各方提供决策参考，有效降低同类资产集中贱卖，有效防止市场交易风险，同时形成可追溯、可评价的国有产权交易数据库；建立区域、行业、资产规模、资本结构等维度的交易分析模型，分析国有产权供需关系、配置方向及价格，提升投资者参与活跃度，提升资本流动性和价值。

（二）服务国资国企是根本，做好做优主业是关键

产权市场必须严格按照《企业国有资产交易监督管理办法》（国务院国资委、财政部令第32号）的要求，认清自身在国资国企改革中的功能定位，切实为国有企业产权转让、增资扩股和资产转让服务。可以说，作为国有资产交易专业服务机构，产权市场责无旁贷要做好这些主业。当前，新一轮国资国企改革和创新以政府资源配置方式补足基础设施建设项目资本金等工作正在持续推进，产权市场应当紧紧围绕经营性国有资产的优化配置和国有资本的有序流转，专注主业、苦练内功，深入挖掘、发现价值，充分发挥基础性资本市场作用，实现国有资本形态转换。

（三）创新方式方法，促进各类要素资源进场交易

经过30多年的稳步发展，产权市场已经拥有了规范的运作体系、先进的信息系统、专业的人

员，相较于公共资源交易平台的其他板块，在引入市场化机制方面，不论是操作上还是监管上，都具有优势。今后，在做好现有国有资产业务的基础上，产权市场应该加强服务创新意识，除推进各类资源资产交易和管理外，还要进一步在国企招租、采购进场上下功夫，推动政府创新资源配置方式，实现资源配置过程公开、公平、公正、透明，促进政府创新资源配置的效益和效率双提高。

从数据看楼市起起落落

浙江产权交易所

2016—2018 年，中国楼市经历了重大变革。2015 年楼市处于相对低谷，2016 年逐渐升温，2017 年快速上涨，2018 年逐渐回归理性。浙江产权交易所（以下简称浙交所）作为第三方公共服务平台，虽然主要开展国有存量房转让、出租等交易业务，但也印证了楼市的起起落落。"以史为鉴，可以知兴替"，总结过去房产类项目的成交情况，分析楼市的变化趋势，利用大数据实现精准营销，通过业务嵌套开发新业务种类，对产权交易平台未来的发展具有重要意义。

一、潮起时，一路高歌

（一）"去库存"，楼市新周期的支点

在经济下行压力持续加大的背景下，2015 年 12 月 21 日，中央经济工作会议明确 2016 年中国房地产市场的政策主导方向——去库存，并出台了一系列政策：

2016 年 2 月 2 日，在不限购城市，购买首套普通住宅首付比例最低降至 20%。

2016 年 2 月 19 日，有关部门降低契税和二手房营业税年限。

2016 年 3 月 1 日，人民银行降准 0.5 个百分点。

在一系列政策的刺激下，投资资本开始进入房地产业，推动房市回暖增长。

（二）"攀高峰"，量价升至新高点

房价的上涨，首先体现在一手房（商品房）市场。根据国家统计局数据，2015 年初，全国商品房销售面积累计增速约为 -16.3%，随后逐步提升，至 2015 年底达到 14.4%。

自 2015 年底起，全国商品房销售面积开始快速增长，累计增速于 2016 年 4 月达到顶点（55.9%）。这与中央经济工作会议提出的"去库存"政策主导方向，以及后续降息、降准、降低首付比例、房贷利率下调等措施密不可分。需要注意的是，北京、杭州等一、二线城市先后于 2016 年 10 月左右开启限购政策，商品房销售面积累计增速随即从 41.2% 降至 2016 年底的 34.8%。

2017 年，全国商品房销售面积累计增速放缓，并于下半年逐渐回落至 2015 年的峰值水平。但是，若考虑基数的上升，"销售总量仍然在持续攀升"。

（三）"看过往"，浙交所房产交易行情

由图 1 可知，2015—2017 年，浙交所房产类进场项目的数量逐年增加，特别是 2016 年，相比 2015 年，出现大幅增长：进场宗数从 25 宗迅速升至 160 宗，成交宗数也由 22 宗提升至 134 宗。这与整个楼市的背景一致——杭州市全市（不含富阳区）商品房成交量由 2015 年的 12.29 万套上涨至 19.3 万套，商品房显性库存大幅下降，从 2016 年初的 17.9 万套下降到 2016 年底的 10.4 万套。2017 年，浙交所房产类项目进场 181 宗，成交

139 宗，与 2016 年相比略有上升。

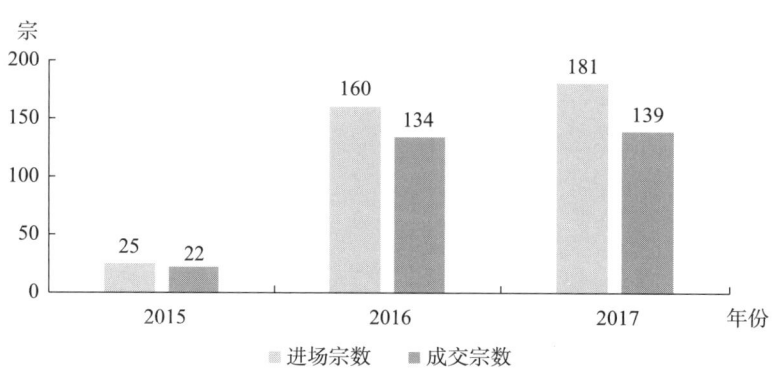

图 1　浙交所 2015—2017 年房产类项目进场情况

浙交所房产类项目以国有企业的存量房为主，即二手房交易。受中央"去库存"方针政策的影响，全国范围内的商品房销售情况与浙交所房产类项目成交情况相近。唯一的区别为在一手商品房增速放缓的 2017 年，二手房市场依旧火爆，这一点突出体现在成交价格上：2017 年，房产溢价比率为 16.78%，高于 2016 年的 11.69%。通过对比以上数据，不难看出二手房市场的交易情况更多是跟随一手商品房销售的趋势，且往往滞后于一手房市场。

浙交所作为浙江省内唯一一家省级产权交易机构，在完善产权保护制度、促进要素市场化配置、推动国有企业"三去一降一补"方面发挥着重要作用。三年来，浙交所累计成交房产类项目 295 宗，累计成交额 46477.58 万元，溢价 5932.52 万元。浙交所为积极响应国家"去库存"政策，在服务国有企业处置存量房产、盘活存量资产过程中，利用平台优势，充分挖掘市场价值，为国有资产保值增值做出了重要贡献。

二、潮落后，明显下跌

（一）寻政策："房子是用来住的，不是用来炒的"

2016 年底，中央经济工作会议提出"房子是用来住的，不是用来炒的""着力防控资产泡沫""加快研究建立符合国情、适应市场规律的基础性制度和长效机制"。

2017 年 3 月 2 日，在 2016 年 9 月 19 日实施部分区域限购以及 2016 年 11 月 10 日升级限购措施基础上，杭州市住房保障和房产管理局发布《关于进一步调整住房限购措施的通知》，明确自 2017 年 3 月 3 日起进一步调整住房限购政策，包括扩大限购实施范围、升级非本地户籍居民限购措施和增设本地户籍居民家庭限购措施。

2017 年 10 月 18 日，中国共产党第十九次全国代表大会开幕，习近平总书记代表第十八届中央委员会向大会做报告。报告坚持"房子是用来住的，不是用来炒"的定位，加快建立多主体供给、多渠道保障、租购并举的住房制度，让全国人民住有所居。

2018 年 7 月 31 日，中共中央政治局召开会议，要求"坚决遏制房价上涨"。

（二）找支撑："小数据，大印证"

由表 1 可知，2018 年上半年，除上海、深圳、武汉、成都及合肥外的其他重点城市住宅成交面积、套数比 2017 年都有明显下降。这一方面体现了二手房市场变化滞后于一手房市场；另一方面反映出二手房市场对未来预期不再乐观，市场热度进一步下降。这一情况在浙交所平台的房产类项目中体现得更加明显。

表1　2018年1—6月重点城市二手住宅成交面积、套数及同环比情况

城市	成交面积（万平方米）	同比（％）	环比（％）	成交数（套）	同比（％）	环比（％）
北京	663	-17	52	76929	-12	58
上海	656	2	14	82634	2	15
广州	318	-71	-13	40821	-63	-14
深圳	268	4	2	32956	6	-8
武汉	853	—	39	97101	—	36
重庆	846	-13	11	94627	-7	11
苏州	360	-16	-18	31891	-17	-20
成都	358	83	-7	39798	84	-11
杭州	295	-35	-3	32279	-32	0
青岛	259	-24	25	30141	-20	28
南京	258	-36	-21	30784	-36	-19
郑州	162	-24	-16	18287	-21	-15
合肥	161	33	45	17012	28	35
厦门	63	-68	-30	6290	-68	-23
总计	5520	18	24	631550	14	24

资料来源：克而瑞2017。

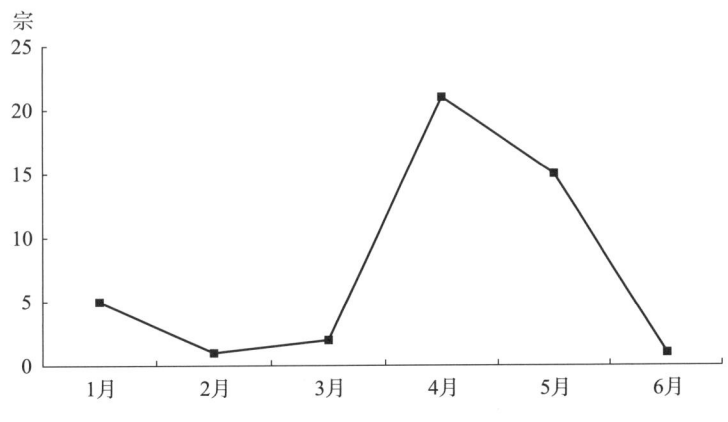

图2　浙交所2018年1—6月房产类项目成交宗数

从图2中可以看出，二手房市场交易在经历2018年1—3月的持续低迷后迎来2018年4—5月的爆发，成交宗数迅速攀升。究其原因，在于部分城市发布了一手房摇号规定，再度点燃了市场的购房热情，摇不上号的购房者把目光转向了二手房市场，带动了二手房市场的成交热潮。随后，棚改信贷政策有变，市场风向迅速扭转，成交情况呈断崖式下跌，二手房楼市再次转冷。

进入2018年8月以后，浙交所经办的在7月挂牌的8套房产仍有大幅溢价，8月挂牌的8套同区块房产不仅鲜有人问津，而且最后只成交5套。其中，4套分别只征集到一家意向受让方，以挂牌价成交，唯一一套有溢价的，也只征集到两家意向受让方。无论从项目的参与人数，还是从项目的成交价格上看，"冰冻效果"不言而喻（见表2、表3）。

表2 2018年7月挂牌的8套房产成交情况

序号	标的物	成交单价（元）	成交总价（元）	溢价率（%）	报名人数
1	中山花园1幢13层A室	42895.73	5014940	26.16	6
2	中山花园1幢13层B室	38965.58	4606900	29.89	8
3	中山花园1幢13层C室	31089.82	3675750	24.36	5
4	中山花园1幢13层D室	31698.23	3705840	32.08	8
5	中山花园1幢13层E室	34237.88	4002750	36.95	4
6	中山花园1幢13层F室	37642.22	4450440	34.44	4
7	中山花园1幢13层G室	41642.22	4923360	30.13	3
8	中山花园1幢13层H室	44251.09	5173395	28.26	5
合计			35553375		43

表3 2018年8月挂牌的8套房产成交情况

序号	标的物	成交单价（元）	成交总价（元）	溢价率（%）	报名人数
1	中山花园1幢14层A室	未成交	—	—	1
2	中山花园1幢14层B室	36300.00	4291749	0.00	1
3	中山花园1幢14层C室	未成交	—	—	1
4	中山花园1幢14层D室	29184.29	3411935	2.40	2
5	中山花园1幢14层E室	32200.00	3764502	0.00	1
6	中山花园1幢14层F室	36000.00	4256280	0.00	1
7	中山花园1幢14层G室	未成交	—	—	1
8	中山花园1幢14层H室	41200.00	4816692	0.00	1
合计			20541158		9

（三）觅规律："人多的地方不要去"

2018年第一季度，全国商品房销售面积累计增速进一步下降，进入4月，更是创下2015年以来的新低（9%）。随后的5—7月，累计增速迎来反弹，逐步提升至14.4%。究其原因，主要在于国家出台了一手商品房"政府指导价"。在部分城市，开发商一旦定价过高，将无法领到预售证，即销售价格需符合政府的指导价格。指导价格一般会低于市场价，这导致一手房二手房市场价格倒挂严重，二手房竞争力相比一手房明显下降，促进了一手商品房市场回暖。以杭州为例，"一手二手价格倒挂"，加之新盘摇号政策，多个"红盘"一再刷新最低中签率：栢悦中心中签率为3.1%，桂雨江南中签率只有1.6%。

三、望未来，谋定而动

相较于此前"购租并举"的提法，党的十九大报告中，把"租"和"购"的位置做了调整，由之前的"购租并举"变成"租购并举"。这充分体现了发展租赁市场的重要性与紧迫性。

（一）精耕租赁，彰显大数据魅力

浙交所作为浙江省内国有资产出租业务的权威平台，近年来业务量不断增长：自2012年开展首宗租赁业务以来，挂牌量和成交量逐年大幅攀升。2016年，全年租赁挂牌277宗，成交119宗；2017年，全年租赁挂牌595宗，成交417宗；2018（1—7月）挂牌462宗，成交302宗。出租方也由最初的省属国资、行政事业单位逐步拓展到在浙央企、大专院校等多类公有客户。考虑到当前的经济形势及政策调控，房价下跌的预期越来越明显，并将迎来理性回归。在房地产牛市将尽之际，如何延续交易所业务增长，提高经济效益？精耕租赁，开展大数据租赁是一条捷径。

浙交所作为区域性产权交易平台，房产类项目及租赁类项目进场较多，涉及交易项目或租赁双方的信息（如学历、职业、收入水平、付款方式、年龄、户型偏好、交易目的、租赁期限等）在投资人信息库中都有记录，对这些信息进行科学的分析整理，可以实现更精准的营销。例如，如果交易所知道客户的租赁期限，并为此建立档案，就会清楚地知道什么时候哪个租赁合约到期。这意味着有房要继续出租，有人要继续买房或租房，从而提高信息使用效率，发挥信息集约化优势。

（二）嵌套服务，推出租售流水线

自2017年起，房住不炒的定位使房地产长效机制的重点转向培育租赁市场、扭转土地财政等供给侧改革。

住宅地块"自持比例"规定的出台，使长租公寓成为各大房企、机构争相布局的风口。2018年3月全国"两会"政府工作报告也明确提出"支持居民自住购房需求，培育住房租赁市场，发展共有产权住房"。来自杭州万科的测算显示，作为租赁市场的绝对主力，杭州青年人租房人数约216万，青年人租房规模约144万间，市场规模高达518亿元。

对浙交所而言，除了现有房产、租赁项目外，推出租售流水线，房产售后的出租嵌套服务正当时。浙交所成交房产大多集中在杭州市主城区，多为中小户型，一部分处于学区区块，一部分涉及拆迁，这些都为开展售后出租业务提供了可能。因此，基于杭州租赁市场的巨大体量、国家政策对租赁市场的扶持，结合浙交所本身的业务、平台优势，该项业务应当大有可为。

（三）防范风险，瑕疵房也有春天

浙交所交易的国有企事业单位存量房中，有一部分是存在瑕疵的，最常见的瑕疵是因为历史原因缺少权证。对该类房产项目，浙交所的业务部门与法务部门密切沟通，合理处置应对，在合法合规的前提下促成交易，从而提高了浙交所的社会公信力，有效保障了国有资产保值增资，切实解决了国有企业的难题，提高了浙交所平台的专业化服务水平。

积极推动去产能置换指标交易平台建设

内蒙古产权交易中心

经济增速放缓对经济结构提出了优化升级的新要求，主要是"三去一降一补"。其中，有一项重要任务就是"去产能"：化解过剩产能，严格控制新增产能，实行减量置换；加快淘汰落后产能；有序退出过剩落后产能；严控超能力生产，加快优质产能释放，特别要坚持企业市场化退出机制，综合运用经济、法律、技术、环保、质量、安全等手段，坚决淘汰落后产能。国家相关部委相继出台了《国务院关于钢铁行业化解过剩产能实现脱困发展的意见》（国发〔2016〕6号）、《关于进一步加快建设煤矿产能置换工作的通知》（发改能源〔2017〕609号）等文件，内蒙古产权交易中心（以下简称内蒙古产权）及时关注到这一业态变化，适时打造去产能置换指标交易服务平台，有效发挥交易机构"价值发现"功能，在淘汰落后产能置换指标方面做了有益探索。

一、在去产能置换指标交易中的市场定位

（一）交易信息聚集、发布平台

充分利用内蒙古自治区产能大省的优势，以及内蒙古产权的自治区要素市场核心平台地位，广泛汇聚全国去产能置换指标交易信息，并通过各种渠道进行发布。

（二）公开交易平台

依靠完备的业务规则、先进的交易系统、覆盖全区乃至全国的市场网络，内蒙古产权可为去产能置换指标交易提供信息发布、交易撮合、网络竞价、资金结算等一整套服务，是具有公信力的市场化平台。

（三）资金结算平台

去产能置换指标交易具有政策性强、标的情况复杂、结算周期长、资金量大等特点，国有产权交易机构的公信力、国有身份可以保证结算资金安全。

二、开展去产能置换指标交易的模式

（一）信息发布

第一，规范发布去产能置换指标交易公告。

第二，借助各种报刊、微信平台、电视专栏、各种活动以及内蒙古产权自媒体多方位进行推介。

第三，对有交易意向的政府机构、企业进行定向信息推送。

第四，联系产能大省的其他交易机构，异地同步挂牌。

（二）交易撮合、竞价

第一，通过内蒙古产权购买方/出让方去产能置换指标的交易主体与内蒙古产权签订《委托合同》，并提交相关材料。

第二，内蒙古产权进行信息发布、信息推介。

第三，根据实际情况确定交易方式，主要包括协议成交、网络竞价、动态报价等。

第四，内蒙古产权组织交易双方签订交易相关法律文书。

第五，交易资金在场内结算。去产能指标交易结算资金量大，结算周期长，加之需由政府相关部门确认、发文，结算风险比较大，在场内结算能有效规避相关风险，提高结算效率。

第六，内蒙古产权出具交易凭证。去产能指标交易中的主体绝大多数为国有主体，通过进场公开交易，实现阳光防腐的功能。

三、开展去产能置换指标交易方面的实践

自2018年内蒙古产权探索开展去产能指标交易，已公开首次挂牌去产能指标项目7宗，包括去产能指标出让、购买，成交3宗，共交易煤炭去产能指标1037吨，成交价71762万元，取得了良好的经济效益和社会效益。内蒙古产权积极总结经验、优化流程，以便更好地服务于内蒙古自治区乃至国家的"供给侧结构性改革"。

煤炭去产能指标交易平台搭建与运行

西南联合产权交易所　樊科利

一、煤炭去产能指标交易平台搭建背景

2017年是我国供给侧结构性改革的深化之年，也是去产能的攻坚之年。5月12日，国家发展改革委发布《关于做好2017年钢铁煤炭行业化解过剩产能、实现脱困发展工作的意见》（发改运行〔2017〕691号），确定2017年煤炭去产能目标为"退出产能1.5亿吨以上，实现煤炭总量、区域、品种和需求基本平衡"；同时"鼓励煤矿之间通过兼并重组、减量置换和产能指标交易等市场化方式，加快淘汰落后产能，积极培育和发展先进产能"；其中，"对部分去产能煤矿数量多、产能规模小的地区，可由省级政府有关部门组织征得关闭退出煤矿企业同意的书面意见后，统一开展产能置换指标交易，签订产能置换协议，收益统筹用于本地区煤炭去产能相关工作"。随后，全国各省市响应号召，积极推进煤炭去产能工作。

二、煤炭去产能指标交易平台搭建与运行概况

2017年8月24日，经四川省公共资源交易管理委员会办公室批准，四川省煤炭去产能指标第一轮交易在西南联合产权交易所（以下简称西南联交所）正式挂牌。该次交易主要包括"2016—2017年煤炭去产能计划内指标"及"2017年煤炭去产能计划外指标"，共涉及220家煤矿企业，出让指标总量合计1297.11万吨，通过网络竞价方式实现了全部指标交易。该轮交易在交易指标总量、交易总金额、计划内指标交易溢价率、参与交易的煤矿数量、征集到的买方申报需求量五个方面均为全国第一。

2017年10月23日，西南联交所启动了四川省第二轮煤炭去产能指标交易。该次交易按照指标放大系数比例，将折算后的指标使用量作为挂牌指标量，共涉及省内31家煤矿企业合计347.2115万吨指标。经过近500轮次的激烈报价，计划内和计划外指标总成交金额5.1361亿元。计划内指标最高成交价102.4万元/万吨；计划外指标最高成交价149.9万元/万吨，溢价率49.9%，再次刷新了四川省煤炭指标交易增幅纪录，也创造了全国煤炭指标交易的最高增幅纪录，两轮指标总交易额超过23亿元，在全国范围引起了较大反响。

随后，云南等外省买家前来西南联交所，以线下撮合直接协议的方式陆续成交了16宗煤炭去产能指标交易项目，总成交金额为2.52亿元。西南联交所乘胜追击，先后与来自甘肃、宁夏、贵州、云南、江苏、辽宁等省（区）的煤矿企业进行了多次业务磋商，根据各省（区）不同的政策情况为煤矿企业进行定制化项目辅导。在为煤矿企业提供如"向当地省级主管部门去函确认客户可交易的煤炭去产能指标情况""根据项目具体情况草拟交易合同范本"等增值服务的基础上，2018年5月24日，西南联交所第一单外省煤炭去产能指标交易项目宁夏"石嘴山市德源工贸有限公司沙巴台煤矿煤炭去产能指标放大后的使用量90万吨交易项目"正式挂牌。期满征集到3家符合条件的意向受让方后组织网络竞价，增值954万元，以单价110.6万元/万吨全部成交，总成交金额9954万元。

2018年6月8日，西南联交所挂牌江苏拾屯煤矿"已领取奖补资金的煤炭企业所持煤炭去产能指标按30%折算后指标5.4万吨交易项目"，成交单价122万元/万吨，总成交金额658.8万元。

三、煤炭去产能指标交易平台搭建与运行中的创新点

（一）政府引导与市场功能有机结合，促进指标交易

党的十八届三中全会提出"要让市场在资源配置中发挥决定性作用"。与此相应，《关于进一步加快建设煤矿产能置换工作的通知》（发改能源〔2017〕609号）希望通过市场化交易手段化解煤炭产能过剩的问题。四川省化解办贯彻落实党和国家要求，坚持市场的事情交给市场来办，通过政策制定落实及顶层设计，在煤炭去产能指标交易平台搭建过程中充分发挥政府的引导和推动作用，四川省安监局在全省范围内按照煤矿企业自愿原则，接受煤矿企业指标交易申请并分类打包；西南联交所则利用自身从事产权交易的丰富经验，坚持"公开、公平、公正"的交易原则，发挥"发现投资人、发现价格"的市场作用，搭建煤炭指标交易平台，通过公开平台交易形成指标的公允价格。二者的完美结合，激发出强大的力量，极大地推动了交易进程，使指标交易取得圆满成功。

（二）出卖人随机排序，设计指标匹配规则，解决指标匹配难题

针对煤炭去产能指标交易涉及的指标总量大、出卖人数量多、单个出卖人指标供应量不同、单个买受人指标需求量不同等问题，西南联交所提出"总量发布、分量分价交易"的指标交易模式。该模式的难点在于同一场网络竞价中多个出卖人与多个买受人无法对应匹配。为解决这一难题，西南联交所设计出"出卖人抽签排序、买受人价高优先"的指标匹配模式。指标交易项目正式挂牌前，在公证机关的监督及指标出卖人同意和现场见证下，西南联交所将所有出卖人以"先抽签确定每位出卖人的序号，再抽签确定序号对应排位"的方式进行随机抽签排序。待网络竞价的报价过程结束，按照抽签程序所确定的出卖人顺序，西南联交所以买受人最后一次报价从高到低的顺序来匹配相应的出卖人，形成"排前先卖、排前价高"的出卖人匹配规则。同时，按照出价高的买受人优先匹配其指标需求量的方式，形成"价高先买、价高先满足需求量"的买受人匹配规则。如果有特殊情况，如最后一个顺位的买受人为2人或以上，则以"量大优先"的原则进行匹配；如果指标需求量相同，则以"保证金到账时间优先"的原则进行匹配。这样一来，既能有效防止因指标不能全部交易而产生的指标配置风险，还能避免同一类型交易方内部的指标价差纠纷，同时解决了发票开具和税收问题。

（三）设计开发专用电子竞价系统，满足指标交易特殊要求

为促成煤炭去产能指标成交、满足交易双方需求，西南联交所设计了指标交易网络竞价模式。这一模式与以往的产权交易网络竞价模式有所不同：以往的竞价是单一竞买人且单一价格成交，而指标交易网络竞价是多个竞买人且不同竞买人以其最高报价按照事先设定的匹配规则撮合成交。为此，西南联交所设计开发出煤炭去产能指标交易项目专用电子竞价系统。这一系统不仅能够在网络竞价过程中实时显示每个竞买人的最高报价并实时排序，便于竞买人了解目前所处位次，以促进竞买人充分报价，还能在竞买人报价结束后，根据事先设定的匹配规则，按照交易双方的排列顺序进行自动匹配以快速撮合成交。

（四）分期付款、分期证明，保障交易双方权益

煤炭去产能指标是一种无形资产且通常跨省份交易，因此交易成功后的交易价款结算和指标置换过程较其他类型项目存有更大风险。同时，在指标交易过程中，出卖人需要足够的资金满足政府对出卖人需支付足额职工安置费用的要求以及开具增值税发票。

为保障交易双方权益，推动交易顺利完成，

西南联交所与四川省化解办沟通后设计出一套"分期付款、分期证明"的交易价款结算和指标置换制度。交易双方签订买卖合同后,买受人将首付款支付到西南联交所结算账户,四川省化解办根据首付款到款通知出具预证明文件。买受人在取得预证明文件后,支付剩余价款到西南联交所结算账户,并向国家权限部门报送产能置换方案。四川省化解办再根据剩余价款到款通知向国家权限部门报送正式证明文件。这一制度保障了出卖人的指标安全和买受人的资金安全,有效降低了交易风险。

(五)根据政策环境和市场情况调整交易标的,适应交易双方需求

在国家政策允许各省自行确定交易指导价的前提下,西南联交所根据政策环境和市场情况在每轮交易前对交易标的的具体形式和价格进行调整。依据四川省2016年中央财政奖补资金总额与退出总产能的比例和计划内指标折算比例,结合市场交易价格来确定第一批指标交易指导价并作为挂牌底价。此后,国家相关政策出现调整。为适应"三区"内煤矿指标按200%折算后不能按文件再放大的新政策,西南联交所将第二轮指标挂牌量统一设计为"按照指标放大系数比例折算后的指标使用量",并参考第一轮挂牌底价,确定第二轮指标交易指导价并将其作为挂牌底价,有效解决了"三区"内指标底价难以确定、难以成交的问题,方便了买受人计算交易指标种类和需求量。

四、煤炭去产能指标交易平台搭建与运行的成效及作用

(一)指标市场化交易,为政府节约奖补资金

四川省煤炭去产能指标第一轮交易为2017年拟关闭的计划外煤矿企业(不申请享受中央奖补资金的关闭退出煤矿企业)获取收益近6亿元,高出中央奖补资金1.35亿元(按2016年的中央奖补标准测算)。在计划外指标交易取得良好交易成效的推动下,煤矿企业申请退出产能的积极性大增,且为了获取最大收益,煤矿企业都倾向于不申请中央奖补资金。到了第二轮交易时,申请挂牌的计划内指标(申请享受中央奖补资金的指标)仅不到14万吨,而申请挂牌的计划外指标(不申请享受中央奖补资金的指标)高达333.3万吨。指标市场化交易既促进了煤矿企业落后产能的退出,也为政府节约了大量奖补资金。

(二)加快煤炭去产能进程,推动煤炭产业结构调整

西南联交所组织的煤炭去产能指标交易的指标成交价、指标成交量和交易收益均超过预期,为煤矿企业筹集了煤矿关闭退出所需资金,提高了煤矿企业关闭退出产能的积极性。早在四川省煤炭去产能指标第一轮交易完成后,由于切实体会到市场化手段带来的好处,四川省内27家原本不愿关闭的煤矿主动关闭了矿井,占四川省当年煤炭去产能目标任务数量的56%,促进了全省全年关闭退出煤矿任务的超额完成。

煤炭去产能是国家的政策要求,通过西南联交所搭建的煤炭去产能指标交易平台进行指标交易是市场主体为寻求交易指标公允价值而探索出来的做法,是依靠"政府之手"与"市场之手"的创新之举。煤炭去产能指标市场化交易,一方面可驱动一大批安全条件差、资源利用率低、影响环境的落后煤矿关闭;另一方面可减量置换发展优质产能,加快了煤矿企业的横向整合,使大型煤矿企业在煤炭供给侧结构性改革中提高规模效应、增加竞争力。煤矿平均单井规模在此期间得到了大幅提升,生产集约化程度得到提高,安全事故、死亡人数大幅下降。产权交易机构借平台之力、市场之手,有效推动了煤炭行业落后产能的有序退出,大力促进了煤炭产业结构调整和新旧发展动能转换。

西南联交所煤炭去产能指标交易平台搭建与运行的实践充分说明，产权交易资本市场已从孕育初期的"国资国企改革为发展的主要引擎"转变为"我国现代化经济体系的重要构成、市场化配置各类要素资源的场所"，从国资国企领域迈向更广阔的天地。

影视投融资业务的实践与探讨

西南联合产权交易所　赵卫华

自2018年开始，影视行业的好日子似乎到头了。2014—2017年，国家大力推动影视行业发展，在政策、税收等方面给予了极大倾斜，其间影视板块融资并购几近疯狂。煤矿业主、房地产商、基金、信托、上市公司、P2P，各路资本各怀目的，粉墨登场、赤膊上阵，意图趁机在虚火旺盛的影视行业分一杯羹，影视项目保底发行的金额连创新高。直到《叶问3》票房造假、《大轰炸》P2P理财产品"爆雷"、范冰冰涉税风波及由此引发行业税收风暴，影视行业一时跌入谷底。随着国家加强行业调控，推动经济整体由虚向实，助力实体经济发展，资本加速逃离影视行业。整个2018年，资本对影视行业的投入大幅度减少，很多影视制作公司出现了融资难问题。据不完全统计，2018年影视板块融资案例不到50起，相比2017年的117起和2016年的191起，影视板块融资数目大大减少。小的影视公司生存压力越来越大，甚至不少上市影视巨头也出现了资金紧张，通过变卖资产维持业绩。据已经公开的影视上市公司业绩快报，约50%上市影视公司处于亏损状态。天神娱乐归母净利润亏损达75.22亿元，唐德影视净利润亏损达5.65亿元；市值一度高达300多亿元，曾制作和发行过《建国大业》《杜拉拉升职记》《钢铁侠3》《军师联盟》的印纪传媒在股权质押触及平仓线、高管离职、债券违规一系列事件影响下，老板"跑路"，员工流失率高达80%。

缺钱，让不少影视公司在2018年处于水深火热之中，多个进行中或规划中的影视项目推迟或搁浅。2019年，不少影视公司的资金压力有所缓解，如华策影视、慈文传媒引进了国资，华谊兄弟也拿到了阿里影业7亿元的借款。不过，钱都不是白来的，华策影视转让了3549万股股票，慈文传媒董事长马中骏让出了控股权，华谊兄弟则质押了旗下多家公司的股权或收益。

一、影视行业投融资服务

针对影视行业现状，为了解决影视公司及影视项目融资难问题，国内各交易所或国家级版权交易中心推出了相关影视投融资服务。目前，相关机构开展的为影视行业提供的投融资服务业务主要包括以下几类：

（一）影视项目衍生品的挂牌交易服务

此类挂牌交易服务以院线电影项目衍生品为主，交易对象包括个人与机构，通过衍生品的交易为制片方提供融资服务，部分衍生品交易还可在一级市场和二级市场进行。衍生品在院线电影项目正式上映之前挂牌，在规定时间内进行实物交割，并在院线电影项目正式上映之后的规定时间内进行积分兑换。实物主要指相关院线电影项目的纪念礼盒，包括与院线电影项目相关的戒指、金田黄制品、剧组演员签名照等。积分与购买的衍生品纪念礼盒有关，通常购买衍生品纪念礼盒可获得积分,购买数量越多,积分越高;积分可兑换院线电影项目票房收益及其他相关版权收益,并有机会获得片尾署名、片尾鸣谢、片场探班、出席院线电影项目新闻发布会及首映式的机会。

此类业务的开展以甘肃文交所及部分民营文化艺术品交易机构(北京文交联合投资有限公司)为代表,相关衍生品主要由各类线下金融理财公司作为代理经纪机构进行推广销售。在此类交易中,大部分机构重交割不重交易,且可挂牌交易的衍生品数量有限,成交数量及金额受院线电影主创团队知名度、美誉度及内容制作水准影响较大。通过衍生品交易募集资金不确定性较高,实际上更多只是为院线电影项目进行宣传和推广,营销功能甚于募资功能,且衍生品在院线电影正式上映之前挂牌,进行的是前置性交易,面临着电影因为各种原因不能完片或上映积分无法兑换的风险,效果还有待检验。

(二)影视项目应收账款质押融资服务

影视项目应收账款质押融资服务主要以西部国家版权交易中心(西安电视剧版权交易中心)的"融剧宝"产品为代表。融剧宝是由西部国家版权交易中心为影视制作企业和播出机构设计打造的金融支持产品,该产品以影视制作企业与播出机构之间存在应收购剧款为基础。在双方签订电视剧预先购买合同或电视剧播出合同后,由西部国家版权交易中心先向债权人(影视制作企业)支付应收购剧款,在约定期限内,债务人(影视播出机构)向版权交易中心支付全额购剧款,成功开展融剧宝服务后,西部国家版权交易中心在约定期限内收回垫付资金,并向债权人(影视制作企业)收取一定比例的交易服务费。融剧宝服务有效缓解了播出机构的付款资金压力,扩大了市场份额,同时满足了影视制作企业投入再生产的资金需求。

开展类似融剧宝应收账款质押融资服务,有一个重要前提条件:影视制作机构必须已经与播出平台(电视台或视频平台)签订了购销协议。而行业内大部分影视制作公司产生融资需求都是在与播出平台签订正式购销协议之前,且现在各类播出平台都在降低与影视制作公司签订预购协议的比例,能满足应收账款质押融资条件的影视制作机构不到10%,融资的时间要求与融资前提条件存在错位,针对要服务的对象,普适性较低;同时还要求开展此项业务的第三方机构具有自主垫资能力(且监管部门允许垫资)或相应的资金整合能力。联交所可在相关条件成熟后开展类似业务。

(三)影视公司资产托管及挂牌交易服务

2018年9月27日,深圳文化产权交易所(以下简称深圳文交所)"文化产业板"影视资产托管平台影视融资中心正式启动。

"文化产业板"是深圳文交所推出的国内首个专门服务于文化产业的全国性行业资本市场。"文化产业板"主要以中央文化企业国有产权指定进场交易业务为政策支撑,涵盖文化央企的资本对接;以文化产业专项债为业务延伸,辐射全国大型及中小微文化企业金融服务;以深圳区域股权市场为业务重点,服务于深圳文化企业对接资本市场。"文化产业板"设计"天使板""养成板""标准板"三个层级,以股权融资类服务和非股权金融类及其他综合类服务为内容,以物权、非物权和人才产权的交易为支撑。

"文化产业板"影视资产托管平台影视融资中心是深圳文化产权交易所根据影视行业特性而设计,以影视有形资产、无形资产作为托管标的,提供确权、确价、交易流通服务的平台,主要目的是解决影视公司、影视项目、影视周边产品与资本方对接难的问题,并为影视项目和金融资本搭建专业的对接平台。

深圳文化产权交易所"文化产业板"影视资产托管平台影视融资中心的业务范畴涵盖了影视公司股权转让、影视项目收益权转让及影视周边产品挂牌交易等,且有国家政策支持。在其所有业务中,影视文化类央企强制进场业务占据了主导地位,对其他交易所机构开展此类业务并不具有参照性。

二、可继续尝试探索的业务

西南联交所业务创新与孵化工作组(版权交易中心)已经将单个影视项目投融资业务作为"剧易网"平台的衍生业务之一进行了初步尝试;同时,根据自身条件及相关资源整合情况,以及行业内企业的实际需求,可继续在影视投融资以下几个业务领域进行尝试和探索。

(一)影视项目投融资业务

在现有基础上,继续开展影视项目投融资业务。根据影视出品方实际需求的不同,影视项目融资主要分为项目制作融资、项目发行融资、项目份额溢价出让三个阶段。在进行项目对接及审核时,需要注意区分项目挂牌融资的不同目的并制订相应的挂牌融资方案。

项目制作融资阶段是融资需求最为旺盛的阶段。在项目制作融资阶段,对于优质影视项目而言,影视出品方的传统融资渠道一般是业内自筹,以我为主,互买份额。出于影视项目前期内容保密、版权保护的特殊性,之前很少通过第三方平台进行公开融资。愿意通过第三方平台挂牌进行收益权转让的多为新晋公司或主创团队不甚知名的项目,这类项目通常风险较高,不符合银行、基金(大部分基金只投相对成熟的项目或是相关播出平台参与了投资并与出品方签订了预购协议的项目)等的风控要求,很难吸收行业外的投资,且业内资源偏少,可主要针对业内相关实力机构进行推荐,以提高成交概率。

与此同时,有实力的影视出品方主投主控的习惯正在改变。以前一部电影有三家以内出品方的情况极为常见,而最近几年,留心看片头片尾的观众会发现,电影"出品"和"联合出品"栏出现的公司名字越来越多。以 2019 年票房表现较好的几部国产电影为例,《熊出没·原始时代》共计 10 家,《飞驰人生》和《疯狂的外星人》分别为 16 家、17 家,《流浪地球》出品方甚至高达 27 家……当前影视出品方已不再满足于资金业内自筹,而是发展到了行业产业链上企业合作抱团阶段,影视制作方、发行方、票务平台、院线联盟等通过捆绑各自在行业产业链上的功能属性,达到分担风险的目的。要达到此目的,就需要整合更多的资金方,这为第三方平台或机构的介入提供了机会;同时,需要第三方平台或机构具备更多的行业产业链上的企业资源及行业外与影视文化相关的金融资源,这样才有可能吸引有实力的影视出品方将项目主动交由第三方平台或机构挂牌进行收益权转让。联交所可紧跟当前影视出品投资合作趋势,继续在行业产业链相关资源的整合方面加大力度,同时发挥在资本及金融服务上的优势,为优质影视项目的进场挂牌及成交创造条件。

项目发行融资,顾名思义,是为了融到影视项目发行阶段的资金。此阶段影视项目已经制作完毕,投资方可以直接看到成片,与项目制作阶段相比,融资难度较小,风险较低,出品方通过第三方平台或机构公开进行收益权转让的意愿不会太强,但可争取此类项目进场挂牌,并针对风险管控有一定要求的企业或金融机构进行推荐。

项目份额溢价出让,多为潜在爆款项目,如之前的《战狼 2》,以及以川航机长事件改编的《中国机长》等项目,本身并不缺资金,之所以愿意出让部分份额(一般控制在 10% 以内,多为 5% 或以下)是出于回报合作伙伴或溢价预留利润、降低风险的需要。此类项目基本不会通过第三方平台或机构公开挂牌进行收益权转让,只要份额一放出,行业内的企业基本不会给其他机构任何机会。第三方平台或机构要介入此类项目的难度极大,等在业内有了足够影响力以后,可尝试对接此类项目。

（二）影视文娱基金合伙人招募及份额转让

2018年，随着整个影视文娱行业监管、审批政策的收紧，投资人愈加谨慎和理性，影视文娱行业的并购和IPO持续下滑。在募资寒冬中，成批的基金没有顺利完成募资，影视文娱基金更是首当其冲，很多机构陷入资金不足的困境。

进入2019年，国内影视文娱基金整体进入泡沫出清期。部分影视投资基金（政府引导基金、国资主导基金、产业主导基金、专业投资机构主导基金）继续存在并发挥作用，而大部分2010—2016年内地电影市场爆发式增长时期进入的非专业影视文娱投资基金公司先后面临主动或被动的清算。

在继续存在的影视基金中，政府引导类基金非常有限，一般不会超过20%，剩余80%资金的募集对所有基金机构而言都难言轻松；国资主导类基金通常不缺资金，但投决程序烦琐，流程冗长，不适合市场化程度较高的影视类项目；产业主导类基金由于多为行业内上市公司发起，而大多数上市公司在宏观政策调控下均自身难保，不太可能继续为基金输血，需要寻找新的合作伙伴；专业投资机构主导类基金的主要目的是盈利，在行业繁荣时笑脸相迎，一旦危机出现，则撤离得最快，对行业的伤害也最大。

上述各类型基金中，基金合伙人的招募、LP的退出及份额转让都基于现实需求，且在不短的时间内都是相关基金亟须解决的问题。同时，主动或被动清算的非专业影视文娱投资基金在清算结束后，相关的GP、LP同样需要寻找"接盘侠"或新的出路。这为联交所介入基金合伙人招募及份额转让业务提供了机会和条件。联交所可根据现有条件，为行业内的基金机构与行业外有兴趣进入影视文娱行业的其他基金、金融机构、个人投资者搭建信息互通、合伙人征集、合伙人份额转让的交易平台，并借此为影视项目的投融资业务扩大投资人资源储备。

（三）针对影视文化行业的知识产权证券化业务

2018年底和2019年初，"奇艺世纪知识产权供应链金融资产支持专项计划"及"第一创业——文科租赁一期资产支持专项计划"先后在上海证券交易所和深圳证券交易所成功获批发行，前者的发行规模为4.7亿元，底层资产为与爱奇艺平台合作的十余家内容制作公司基于供应链上的版权应收账款；后者的发行规模为7.33亿元，底层资产租赁标的物全部为发明专利、实用新型专利、著作权等知识产权，共计51项，标志着我国知识产权证券化已由研讨和论证发展到了实操阶段。

由于知识产权证券化在资产确认、价值评估、法律适格性和风险缓释方面要求苛刻，且有严格的基础资产入池标准，门槛较高，目前并非一般企业所能企及。联交所可参照上述成功案例，先尝试从影视、文化类国企或规模较大、实力较强的民营企业切入，摸清相关企业的版权资产存量、价值及供应链相关情况，并与业内经验相对丰富的券商合作，选择有条件的企业开展知识产权证券化业务，并针对中小影视文化类企业与相关券商合作开发债券类金融产品。

要开展好上述业务，将影视投融资业务落到实处，并形成行业惯性和品牌影响力，前提是必须建立起健全完善的投融资服务体系，并大力建设完备的影视文化投资人资源库。基于此，当前需要持续开展的基础性工作主要包括以下几项：

一是内部挖潜，整合联交所已有的影视文化类投资人资源，以及现有投资人资料库里有兴趣参与影视文化类公司、项目投资的行业外相关企业和机构，信息互通，通过线上展示和线下路演定向推荐项目。

二是继续加大与相关行业协会及联盟的合作力度，在全国范围内积累业内实力制作机构资源，并拓展与业内相关机构合作的深度和广度，不断提升联交所在业内的影响力，共同孵化业内有潜力的公司或处于筹备、制作阶段有市场前景的影视类项目。

三是整合各类文创及影视类专项投资基金。联交所可以以第三方的传统角色为相关影视文化基金提供 LP 招募及基金份额转让的交易服务，以及影视项目的投融资对接服务。鉴于单一影视制作机构所属的不同影视投资项目与同一基金合作的可重复性，提供中介服务通常只能一次有效，因此联交所应积极调整角色定位，深度介入相关影视类文化基金的组建和运营全过程。由于联交所直接投资基金的现实可操作性不强，建议以协议 GP 或尝试以 SPV 的身份介入相关基金，把握项目推荐及项目投融资的主动权，避免只开展一锤子买卖似的交易服务。

四是加强与其他相关金融机构等的合作，对接银行、担保公司、保险公司、评估机构等；借鉴好莱坞影视制作流程，尝试与相关机构共同搭建影视项目完片担保体系及版权 IP 的价值评估体系，降低银行等的放贷顾虑，为行业企业或项目打通传统融资渠道。

五是对接政府相关部门，积极建言献策，为政府相关部门制定扶持政策提供参考，同时争取政府相关部门在建立行业相关风险补偿基金及基金的风险补偿比例方面加大力度，增强各类金融机构对影视文化行业的投融资信心。

六是尝试推动开展知识产权证券化服务。结合 2019 年版权专题培训活动，由业内实操专家对参与培训的企业进行知识产权证券化的宣讲与普及；整合券商资源，根据有需求企业的实际情况制订知识产权证券化服务方案，并根据知识产权证券化现有案例探讨合作开发类似金融产品，多方位开辟融资路径。

贵州阳光产权交易所 2018—2019 年业务研究

贵州阳光产权交易所

产权市场作为多层次资本市场不可或缺的组成部分，在服务国有企业改革、助力非上市企业融资、促进各类非标资产及权益流转、优化资源配置等方面发挥了重要作用。贵州阳光产权交易所作为贵州省唯一一家国有资产交易平台，致力于打造贵州省多层次资本市场，为贵州国有企业及民营企业的发展提供专业的要素资源配置服务，提升产权交易所综合实力。

一、项目"前""中""后"全程化服务

贵州阳光产权交易所依据多年国有资产交易经验，对项目进场交易各阶段进行分段研究，为委托方提供专业高效服务。一是对国家宏观经济及政策进行研究，把握国企发展方向，预判国企混改领域及行业、国企非主营业务退出等方面宏观信息；二是主动对接贵州省国有企业，了解企业国有资产交易动向，提前介入提供专业化服务；三是通过项目预披露方式，积极为委托方寻找项目潜在意向方，保证项目交易成功及保值增值；四是通过规范的项目披露，结合不同渠道对项目进行推广，征集意向方，完成交易；五是交易完成后，积极提供后续相关服务，保证项目有序完成。

二、整合资源拓展业务范围

贵州阳光产权交易所严格按照企业国有资产交易监督管理办法完成项目交易。近年来，交易所除完成国资委监管企业的项目外，通过会员制

度拓展不同区域、不同领域项目进场交易。首先，通过专业优质的服务积极拓展省外央企项目，上门提供服务，加强项目推广力度，最终实现国有资产大幅度增值，受到委托方的一致好评；其次，在行政事业单位资产交易方面，根据行政事业单位相关国有资产管理文件，完成资产交易工作；最后，加强在黔央企的对接和服务工作。

三、国企混改路径——增资与新设公司的探讨

国有企业发展混合所有制改革采取原公司增资扩股方式更符合国家混改的相关指导意见及规定。增资方式混改完成后，如国有股东仍然为第一大股东且对标的企业能够实际控制，可以最大程度保持员工稳定，减少员工抗拒情绪。由于主体不发生变更，可以保持企业经营的延续性。劣势主要是企业的历史遗留问题——负担沉重、非经营性资产庞杂等是投资人担忧的问题。

国有企业发展混合所有制改革采取新设公司方式，新设的公司与原公司完全脱离关系，程序较为简单，更加快捷。劣势主要有：新设公司将原公司主营业务和重要业务全部纳入新公司，剩下的只有非经营性资产、离退休人员以及部分能力较弱或不适合新公司的员工，由于缺乏主业，极有可能最终成为"僵尸企业"；涉及劳动合同解除及相应经济补偿问题，存在人员不稳定隐患。

四、民营项目在产权市场的价值体现

随着产权交易市场覆盖面越来越广泛，交易内容和交易活动日益丰富，贵州阳光产权交易所也在不断创新，开始向非国有股权转让领域开展服务工作。一是详尽尽职调查。重点对法律关系风险方面进行一系列调查。二是高效灵活挂牌。没有对转让底价及公告截止日期做严格限制，但是明确转让方和意向受让方签订《股份转让协议》时公告终止，灵活地设定项目的交易方式和报名时间，最大限度地缩短交易时间。三是全方位的项目推荐。通过各渠道汇聚投资信息，为潜在客户定向推荐，便于发现更为适合的投资人，充分发挥贵州阳光产权交易所创制的"平台+互联网"经营模式。四是严格的风控管理。提供专业的法律意见，切实保证交易双方的经济安全，为双方的交易保驾护航，合理地控制风险。

固废进场：利好各方、共赢发展的明智之举

大连产权交易所　金昊

一、背景介绍

化工、矿业、火电、化纤、铸造等行业企业在生产经营活动中会产生很多废渣、废料及其他废弃物。据不完全统计，我国每年产生的工业固体废弃物超过30亿吨，历年堆存的工业固废总量超过600亿吨，占地超过200万公顷。随着我国工业快速发展，预计未来固废产生量的年化增长率将超过8%。这些数量庞大、成分复杂、种类繁多的工业固废利用率很低，大多以堆存为主，有的甚至被随意丢弃，导致资源浪费、土地占用和环境污染，对生产生活产生很大负面影响。

二、主要做法

在新发展理念引领下，很多工业企业，尤其是国有企业，践行绿色发展理念，大力发展循环

经济，积极探索工业固废资源再利用、价值再发现。大连产权交易所主动响应企业诉求，针对工业固废标的特点，进行个性化的交易设计，推动企业固废进场交易，极大地提高了固废处置效率和效益。

一是充分披露项目信息。在项目公告中，大连产权交易所对标的的自然情况、定价方式和竞价方式、交易费用、保证金设定等均予以充分公开，尤其对该类项目涉及的较为特殊和复杂的转让底价和成交价格的确定方式，以及装卸、施工等约束性要求及履约保证等进行详尽披露，确保意向受让方全面知悉和了解，避免产生歧义和纠纷。

二是合理设置价格确定方式。针对多类物资捆绑转让，大连产权交易所采用对各单类物资转让底价进行加权平均的方式，计算全部物资综合转让底价，以此作为项目转让底价。用全部物资综合成交价格除以综合转让底价可得出增值倍率，以增值倍率分别乘以各单类物资转让底价，可得出各单类物资成交价格。

三是灵活设定保证金保障履约。由于标的数量的不确定性，有时还可能存在中远期交接的情况，实际交接数量、交接期标的市场价格等因素都可能导致受让方违约；受让方在进入转让方厂区进行施工作业、装卸搬运等交接操作过程中，也存在一定的安全隐患和道德风险。鉴于此，大连产权交易所建议转让方设定一定金额的保证金，设置约束有效、操作可行的保证条款和验收标准，保障交易活动顺利推进。

目前，大连产权交易所累计接受 50 余家客户的 120 多次委托，组织企业副产品、废旧物资等标的网络公开竞价 150 多场，成交总量约 3 万吨，成交金额超亿元，平均增值率 10%，单宗最高增值率达到 32%。

三、启示和意义

工业固废采用市场化方式公开处置，是企业综合利用自有资源、实现各类资产保值增值的有效手段，是打好污染攻坚战的重要举措，是产权交易机构市场化配置各类资源、发现市场主体和价格的功能体现，是利国利民利企、实现社会经济双发展的明智之举。

江西省产权交易所 2018—2019 年业务研究

江西省产权交易所

近年来，江西省产权交易所以服务实体经济为核心，坚持依法依规开展各项交易业务，特别是在国企混改和行政事业单位资产交易方面，不断提升业务服务能力，学习、探索和创新服务方法和交易模式，积累了一些好的做法。具体如下：

一、运用投行思维努力服务国企混改

2018 年以来，江西省产权交易所积极运用投行思维，开展国有企业增资业务，业务量和业务收入进入快速上升通道。截至 2019 年 9 月 30 日，江西省产权交易所共帮助全省 15 家国有企业成功募集资金 53.28 亿元。

（一）主要做法

如何更好地开展国企混改，帮助增资企业改善和解决股权结构单一、体制机制落后、资产负债率居高不下等问题，是江西省产权交易所面临的新课题。为此，江西省产权交易所积极配合增资企业及其原股东,结合企业的实际情况,采取多种方式积极推动增资企业完成混改。特别是中鼎国际建设集团有限责任公司混改项目,江西省产权交易所创新性地以混改为"桥梁",推动增资企业完成全省首单市场化债转股,取得了重大突破。

2018年8月22日,中鼎国际建设集团有限责任公司(以下简称中鼎国际)通过江西省产权交易所顺利完成混改工作,并同步实施债转股及员工持股,募集资金约5.74亿元。增资后,中鼎国际注册资本由4.29亿元增至8.74亿元,标志着江西省国企市场化债转股第一单正式落地。具体做法如下:

一是创新思维,打造项目实施方案。江西省产权交易所坚持以市场化推动为导向,以创新企业体制机制和降低企业资产负债率为目的,以市场化债转股为主体,同步引入战略投资方及实施员工持股的增资混改方案。方案主要内容为:增资企业通过公开挂牌,以市场化方式引入战略投资方,债转股及员工持股平台按照同股同价的原则同步进行认购增资。一方面,重新设计的实施方案可以一次性解决增资企业在资产负债率、股权结构和激励机制等方面的问题,释放企业活力,激发员工积极性和主动性;另一方面,重新设计的实施方案创造性地通过混改搭建"桥梁",帮助增资企业顺利完成市场化债转股,有效地解决了"三角"债务关系,为增资企业清理了债务、降低了资产负债率。

二是对症下药,为实施债转股创造可行性。针对增资企业的情况,江西省产权交易所与江西省能源集团和中鼎国际进行了充分讨论和研究,结合实际情况对症下药,为增资企业实施市场化债转股创造可行性:①有针对性地划转与增资企业主营业务相关性不强的子企业,减轻企业不必要的负担,帮助企业轻装上阵;②对增资企业部分资产及负债进行划转或剥离,最大可能地降低企业负债率,为企业发展扫清障碍;③向政府争取相关税费优惠政策及企业资质的认定,提升企业整体竞争力。

三是精细筹划,构造项目吸引力。江西省产权交易所仔细研读政策文件,针对增资企业的实际情况,在混改实施过程中,着力从根本上扭转增资企业发展前景,设置特定条件保障投资者的回报,并采取债转股实施主体持有增资企业的股权5年、增资企业在5年届满后2年内完成IPO模式,建立良好的退出机制等。

四是混改并进,营造企业凝聚力。江西省产权交易所针对增资企业活力不强、动力不足、效率不高等问题,将营造企业员工凝聚力作为本次混改的重要任务。通过混改,激发了企业员工的主动性、积极性和创造性。

(二)项目启示和意义

中鼎国际债转股暨混改协议的顺利签订,不仅标志着中鼎国际混合所有制及员工持股改革取得实质进展,还标志着江西省国企市场化债转股第一单正式落地,是江西省打造国企混改"江西样板"的又一次有益探索和尝试,为后续江西省国企混改提供了宝贵的经验,并起到了很好的示范作用。

二、运用综合评议方式开展食堂租赁招标工作

江西省产权交易所一直坚持按照《江西省发展改革委、江西省财政厅关于进一步规范省级行政事业单位国有资产进场交易工作的通知》等文件的要求,积极推动行政事业单位及其出资企业国有资产进场交易。截至2019年9月底,累计完成全省行政事业单位资产交易项目1257宗,成交金额77.18亿元。其中,医院、高校食堂招租项目取得突破性进展,完成食堂综合评议项目53宗。2019年4月3日,受南昌大学第一附属医院(以下简称南大一附院)委托,江西省产权交易所组织专家组对该院老院区食堂和象湖新院区食堂(共4个标的)公开招租项目展开综合评议。专家组对公告期内征集到的近40家竞租方提交的竞租

文件进行审核。经过9个小时的评审，秉承公平、公正的原则，根据专家评审意见，最终确定4名承租方。4月4日，评审结果在江西省产权交易所官网公示。

（一）主要做法

一是宣讲政策。江西省产权交易所积极走访各省级行政事业单位进行文件政策宣讲，以提高各单位资产进场交易的意识。

二是定期跟踪回访。自2018年上半年起，江西省产权交易所工作人员多次前往南大一附院对相关政策及交易业务流程进行宣讲。了解到院方食堂招租事项后，立即锁定项目线索，定期跟踪回访，牢牢盯住项目进度、紧握项目线索。

三是快速反应。最开始，南大一附院执意拒绝进场交易，仍依照惯用的招投标方式自行处置。发现院方招标信息后，江西省产权交易所立即做出反应。一方面，继续与院方沟通、协调；另一方面，快速对接省公管办、省财政厅、省卫生健康委员会及南昌大学汇报情况，得到了相关部门的大力支持。

四是努力做好各阶段工作。项目成功进场以后，江西省产权交易所全所进入应对挑战的状态，全体员工通力合作，拧成一股绳，积极应对，多次加班至凌晨，研讨项目工作方案，综合评议择优方案，披露申请书、进场协议书等信息，以确保万无一失。

（二）项目启示和意义

一是敏锐的商业嗅觉。江西省产权交易所根据南大一附院的实际情况，分析项目具体情况、关键诉求等，从中发现新的机会点；及时把握项目信息，紧跟项目进度，保证项目顺利进场交易。

二是越挫越勇的精神。江西省产权交易所充分发挥"吃得苦、耐得烦、霸得蛮"的精神，对于不能顺利进场的项目，不轻言放弃，越挫越勇、坚韧不拔。

三是做足功课准备。江西省产权交易所为控制综合评议全过程的风险，保证项目公平、公正。从综合评议择优方案的制作及保密、专家抽取、防串标工作、开标及评标过程风险把控到最终结果确认，涉及专家数据库、监控设备、评标室等方面的准备工作，需要在开标前保证落实。

四是严格把控风险。由于综合评议交易方式本身的复杂性，江西省产权交易所需要对整个交易过程进行严格风险把控，具体包括综合评议择优方案内容的公平合理性，专家抽取的公正性、保密性，业务流程的合规性等。

南大一附院食堂招租项目的成功，不仅为江西省产权交易所开展全省医院、高校食堂招租工作开了一个好头，而且为做好后续项目提供了宝贵经验，对促进全省行政事业单位资产进场交易起到了良好的推动示范作用。

三、贯彻落实"去产能"政策，服务供给侧结构性改革

为贯彻落实国家和江西省"去产能"政策，做好江西省煤炭产能减量置换指标交易工作，建立煤炭产能置换长效机制，加快淘汰落后产能，促进煤炭产业供给侧结构性改革和转型升级，江西省产权交易所响应国家发展改革委《关于实施减量置换、严控煤炭新增产能有关事项的通知》（发改能源〔2016〕1602号）等文件精神，按照《江西省化解过剩产能工作领导小组办公室关于印发〈江西省煤炭产能置换指标交易工作实施方案〉的通知》（赣化解产能办〔2017〕42号）等文件要求，在江西省化解过剩产能工作领导小组办公室的指导和监督下，积极开展江西省煤炭产能减量置换指标交易业务。

（一）交易情况

截至2019年9月底，江西省产权交易所完成煤炭产能减量置换指标交易15宗，其中，竞价成交5宗，竞价率33.33%，合计完成1562.1万吨煤炭产能减量置换指标交易；成交总金额19.89亿元，高出挂牌价总额5181.49万元，最高成交价为155万元/万吨，共计帮助440个煤矿企业成

功退出产能 2793 万吨。

（二）主要做法

一是实地考察学习。煤炭指标置换交易对江西省产权交易所来说是全新的业务。因此，在开展煤炭指标置换交易前，江西省产权交易所认真进行业务学习：一方面，到已经开展指标交易的兄弟产权交易机构进行实地考察，学习了解它们的先进经验和好的做法；另一方面，快速熟悉并了解国家以及江西省关于实施煤炭产能置换的政策和方针，特别注重向省能源局相关处室领导请教，确保煤炭指标置换交易符合国家和省有关规定和要求。

二是以国有产权交易为基础，创新交易方式。江西省产权交易所在传统国有产权交易方式的基础上开展煤炭产能减量置换指标交易工作，但又有所创新，主要体现在交易的委托方式、挂牌方式、受让方的确定方式以及最后指标分配方式等重要环节。在委托方式上，鉴于江西省煤炭指标置换交易的特殊情况，江西省产权交易所突破了传统单一转让方的委托方式，由各设区市的煤炭产能置换指标工作牵头部门作为整体分别进行委托；在挂牌方式上，江西省产权交易所将江西省 8 个设区市的委托汇总作为项目进行挂牌，从而形成集聚效应，既能满足大客户的需求，又不影响小客户购买；在受让方确定方面，江西省产权交易所突破传统的竞价方式，借鉴企业增资遴选投资方的思维，通过竞价确定受让方的分配顺序，按顺序一一分配受让方认购的指标数；在指标数的分配方面，考虑到江西省交易煤矿点多量少的复杂情况，不可能十分精确地将指标数进行分配，采取了上下浮动 2% 向受让方分配最终受让指标。

三是注重信息披露的充分性、广泛性与精准性。为征集到更多的煤炭指标置换交易受让方，江西省产权交易所特别注重信息披露的充分性、广泛性与精准性，具体措施有：①通过江西省产权交易所网站、省级报刊、微博、微信广泛发布项目信息；②针对性地在山西、陕西、内蒙古以及宁夏等产煤大省产权交易合作机构网站推广发布信息，据了解，项目信息在这些机构官网发布后，点击量明显提高；③充分了解全国各地的指标挂牌情况，将已经成交的兄弟机构意向受让方资源向未买到指标的意向购买方推介；④在信息披露时间内，注重跟踪服务，及时充分解答意向受让方有关购买煤炭置换指标的各种问题。

四是创新报名方式。由于项目的特殊性，报名咨询的大部分意向受让方为来自北方有关省份的产煤集团。为此，江西省产权交易所对项目意向受让人报名采取"线上+线下"方式进行受理，为受让方客户提供高质量、高效率的报名服务。

五是充分沟通化解财务结算困难。由于不同受让方对增值税发票的要求不同，同时卖方煤矿数量众多且大部分为已经关闭注销企业，开票过程中遇到各种各样的问题，开出的票有很多不符合受让方的要求，影响交易结算。江西省产权交易所面对上述问题，一方面，通过组织交易协调会，会同省工商、省人社、省国税和省地税等各政府职能机构解决已经关闭且已注销煤矿发票怎么开、开多少等疑难问题；另一方面，积极与买卖双方就开票的各种问题进行沟通，在交易各方中发挥桥梁作用，帮助各转让方开出符合受让方要求的发票。

（三）主要成效

一是党的十八大以来，我国不断深化供给侧结构性改革，坚持去产能、去库存、去杠杆、降成本、补短板，优化存量资源配置。江西省煤炭产能减量置换指标交易的顺利开展，是江西省在煤炭等主要能耗产业实施国家"去产能"政策的重大举措，为江西省淘汰落后高耗产能、深化煤炭产业供给侧结构性改革、实现煤炭产业经济结构调整做出了重大贡献。

二是煤炭产能置换指标成功实现交易社会意义重大，指标置换交易所得的交易价款有助于关闭退出煤矿企业解决员工安置、拖欠员工工资、企业债务等诸多疑难问题，从源头上解决了江西省关闭煤炭企业可能引起的社会稳定性问题。

三是煤炭产能置换指标成功实现交易，助力化解江西省煤炭行业过剩产能的同时，也帮助各关闭退出煤矿企业实现快速转型发展。

深化煤炭行业供给侧结构性改革是我国深化改革的重大战略举措，江西省产权交易所将继续全力配合江西省化解过剩产能工作领导小组办公室，以"规范化、市场化"的运作思路，在充分借鉴和利用已有交易经验的基础上，创新思维，继续做好后续各产煤设区市及江西省能源集团的煤炭产能置换指标交易业务，为江西省化解煤炭过剩产能做出贡献。

浅谈国有新三板挂牌公司定向发行业务

云南产权交易所

国有企业增资扩股行为须在产权交易机构公开进行是《企业国有资产交易监督管理办法》（国务院国资委、财政部令第32号）的亮点之一，与其说32号令对产权交易机构来说在新领域业务拓展或政策支持方面是红利，不如说对产权交易机构提出了更高的要求。现就云南产权交易所国有新三板挂牌公司定向发行（或增资扩股）业务实践，从业务介绍、业务实践、启示三个方面浅谈国有新三板挂牌公司定向发行业务。

一、业务介绍

新三板挂牌公司，是指股票可以在全国中小企业股份转让系统（俗称"新三板"）公开转让且未在证券交易所上市交易的股份有限公司。定向发行，是指新三板挂牌公司向特定对象发行股票。特定对象包括：①公司股东；②公司的董事、监事、高级管理人员、核心员工；③符合《全国中小企业股份转让系统投资者适当性管理细则》规定的自然人投资者、法人投资者及其他经济组织。其中，符合第②、第③项规定的投资者合计不得超过35名。国有新三板挂牌公司定向发行除需遵守《非上市公众公司监督管理办法》《全国中小企业股份转让系统股票发行业务细则（试行）》《全国中小企业股份转让系统投资者适当性管理细则》等中国证监会相关法规外，还需遵守32号令的规定。

二、业务实践

（一）事前审批或备案程序的规定

国有新三板挂牌公司属于公众公司，其行为涉及公众利益，关系金融市场秩序和社会稳定，故在发行股份前需要满足各监管机构的多重监管。

首先，作为国有企业，国有资产交易行为需按照国资监管机构要求，根据企业国有资产交易管理制度，履行行为报批、资产评估结果备案等程序。

其次，按照《非上市公众公司监督管理办法》，股东人数定向发行后累计超过200人或者股东人数超过200人挂牌公司定向发行，应根据非上市公众公司信息披露内容与格式准则等要求先向中国证监会申请核准。股东人数定向发行后未超过200人挂牌公司豁免核准，在发行验资完毕后填报备案登记表，根据《全国中小企业股份转让系统股票发行业务细则（试行）》等规定，直接向全国中小企业股份转让系统申请备案。

最后，还需注意各行业特殊性，如银行、保险、军工等需满足本身行业监管要求，在发行股份时取得行业主管部门的批准或备案。

（二）对接新三板，把握好信息发布尺度

根据《非上市公众公司监督管理办法》第二十九条，公司及其他信息披露义务人依法披露的信息，应当在中国证监会指定的信息披露平台公布。公司及其他信息披露义务人可在公司网站或者其他公众媒体上刊登依本办法必须披露的信息，但披露的内容应当完全一致，且不得早于在中国证监会指定的信息披露平台披露的时间。鉴于此，产权交易机构信息发布的时间和内容应与《认购意向公告》保持一致，与全国中小企业股份转让系统一并披露相关公告，且保证产权交易机构的公告时间晚于全国中小企业股份转让系统的公告时间。

（三）投资者条件的设定

在投资者的选定条件上，应结合企业的发展战略及发展目标，可以针对战略投资者和财务投资者分别设立选择条件。新三板挂牌公司股票的发行，投资者应首先满足《非上市公众公司监督管理办法》及《全国中小企业股份转让系统投资者适当性管理细则》的规定。针对财务投资者的准入条件可以设定得宽松一些，以吸引更多的投资者。需要特别说明的是，投资者资格条件中应对一些特殊规定做出提示，如存在私募投资基金管理人或私募投资基金参与认购的，需根据《全国中小企业股份转让系统机构业务问答（二）——关于私募投资基金登记备案有关问题的解答》相关要求，对私募基金的核查、获取相关承诺等设置资格条件。

（四）保障在册股东优先认购权

根据《全国中小企业股份转让系统股票发行业务细则（试行）》第八条的规定，挂牌公司股票发行以现金认购的，公司现有股东在同等条件下对发行的股票有权优先认购。需要注意的是，本条为章定条款，而非法定，即股份公司出于尊重公司自治的原则，可以通过修改公司章程直接排除优先认购的适用。产权交易机构应注意查阅公司章程，确定章程未对现有股东的优先认购做出限制性规定，指导企业在发行方案中明确在册股东优先认购权安排，并提示董事会、股东大会回避表决的事宜，提示在册股东做好内部审议决策程序。

（五）询价确定挂牌底价

根据《非上市公众公司监督管理办法》《全国中小企业股份转让系统股票发行业务细则（试行）》等相关规定，新三板挂牌公司可以采取定价发行或询价发行方式，发行价格没有法律要求。国有产权的定价应当遵循公开性、公平性和市场导向原则。定价目标除追求社会综合效益外，还应追求价格最大化，促进国有资产增值。企业国有资产定价过程包括基础价格的形成和交易价格的形成两个阶段。基础价格为净资产评估值，交易价格由市场决定。在国有产权交易中，如挂牌期内仅征集到一家意向投资方，则多以净资产评估值作为最终的交易价格。创新交易方式是国有产权交易定价机制的重要组成部分。为更加广泛、深入地实现国有产权定价市场化，挂牌前期，以净资产评估值为基础，参考公司所处行业、成长性、每股净资产市盈率等引入询价程序，最终以询价结果作为基础价格的定价依据，从而对定价的形成和保障定价的效力等起到积极的促进作用。

（六）创新竞价方式

1. 荷兰式招标排序

荷兰式招标又称单一价格招标，是指按照报价高低进行排序中标，直至满足预定的发行额，中标者以相同的价格（所有中标价格中的最低价格）中标。为了坚持国有资产价高者得原则，兼顾新三板挂牌公司定向发行股份数量或募集资金需设置上限要求，同时确保同股同价，云南产权交易所通过研究论证，结合各种竞价方式，在国

有新三板挂牌公司定向发行时采用了密封式一次报价，遵循价格优先、时间优先、股东优先等原则，参照荷兰式招标方式排序，确定最终发行价和投资者。

以2016年在云南产权交易所挂牌的重庆云天化纽米科技股份公司增资扩股项目为例，云南产权交易所按照意向投资者申报价格从高到低、相同价格以保证金进账时间先后进行排序，直至累计申购数量达到项目募集资金规模，将包括报价高于刚好达到项目募集资金规模最后一位意向投资方的所有意向投资方确定为发行对象。发行价格按照发行对象中所报的有效最低认购价格确定。

2. 两档报价方式

2018年5月，重庆云天化纽米科技股份公司再次通过云南产权交易所定向发行，云南产权交易所在首次定向发行成功经验基础上，深入研究、精心策划，开创性地采用了两档报价竞价方式，促使项目顺利成交。

（1）方式介绍。

此次定向发行采用密封报价。在报价设置上，意向投资方可以同时或任意填写两档报价，并根据两档报价中最高认购金额（认购金额=每股单价×拟认购股份数量）的5%（以下简称保证金A模式）或根据两档报价合计认购金额的5%（以下简称保证金B模式）缴纳交易保证金。

若同一投资方第一档和第二档报价同时入选有效认购，且两档价格均未进入配售环节（配售环节：根据投资者认购单价从高到低排序并对认购数量进行统计，在统计至某一每股认购单价时，超过该认购单价以上报价所对应的认购数量未达到剩余股份数量上限，在包含该认购单价时，该价格所对应认购数量超过剩余股份数量上限，则该价格下的股份将对该投资者进行配售）时，将根据投资者选择的保证金模式进行以下安排：

保证金A模式：在第一档和第二档中选取认购数量最多的一档作为该投资者的唯一有效认购；若各档认购数量一致，则选取价格较高的一档作为唯一有效认购。保证金B模式：该投资者认购数量为第一档和第二档认购数量总和，每股单价以该投资者两档报价中每股单价较低者为准。

若同一投资者第一档和第二档报价同时入选有效认购，且第二档报价栏（以每股单价较低者为准）对应的有效认购进入配售环节，该投资者第一档报价中所对应的认购股份数量优先为该新增投资者所锁定，同时根据投资者选择的保证金模式进行以下配售安排：

保证金A模式的配售限制：（该投资者第一档报价中已锁定有效申报股数+该新增投资者可获得配售股数）×发行价格≤该投资者两档中最大认购总金额。保证金B模式的配售限制：（该投资者第一档报价中已锁定有效申报股数+该新增投资者可获得配售股数）×发行价格≤第一档报价和第二档报价认购总金额的合计。

（2）举例。

采用两档报价方式，某投资者投资总额不超过10000万元，其第一档报价为12.00元/股，拟认购数量为500万股；第二档报价为5.00元/股，拟认购数量800万股。

在两档报价均未进入配售环节，选用保证金A模式时，该投资者可以认购的股数为800万股；选用保证金B模式时，该投资者可以认购的股数为1300万股。

在第二档报价进入配售环节时，若该投资者选用保证金A模式，其可以认购的最大股数为1200万股（第一档认购500万股，第二档最大可获配售700万股）；若选用保证金B模式，其可以认购的最大股数为2000万股（第一档认购500万股，第二档最大可获配售为1500万股），发行价格为该投资方的第二档报价（5.00元/股）。

（3）两档报价优势。

由上例可以看出，对比传统一次报价，两档报价主要有以下两个优势：

一是市场参与度较高，投资者可用最少的保证金参与认购最大的股份数。作为投资者，在拟投资总额有限的情况下，都想以相对较低的单价认购较多的股份数量。如采用传统报价方式，受投资总额的限制，投资者在报价时非常谨慎，往往会报出相对较低的单价和较多的股数，而对投资有明确持股数量要求的投资者又必然报出较高的单价以确保认购一定数量的股份，对投资者来说，很难确定报价策略。如采用两档报价方式，投资者在投资金额确定的情况下，根据投资需求先报出一档较高的单价以确保购买一定数量的股份，再报出一档相对较低的单价和较多股数，在两档报价对应的有效认购均为未进入配售环节或第二档报价进入配售环节且发行价格较低时，无论选用保证金 A 模式还是 B 模式缴纳保证金，均能确保第一档认购数量，且在不超过投资总额的情况下认购最多的股份数。这样既能满足投资者的投资需求，又能降低投资者的投资风险和成本，提高了市场参与度。

二是高溢价率。两档报价相比传统报价降低了投资者的投资风险和成本，更能吸引不同类型的投资者参与。投资者为了确保第一档认购数量，均会报出一个相对较高的单价，进而最大限度地提高股份发行价格，实现国有资产保值增值的目标。

三、启示

（一）学习、研究、吃透全套定向发行规则是开展新三板挂牌公司增资业务的先决条件

在国有新三板挂牌公司定向发行业务中，云南产权交易所首先扮演了产权顾问的角色。一是帮助公司解析法律适用的问题。国有新三板挂牌公司定向发行应符合 32 号令的要求，既不能违反国有资产交易的规定，又要符合《非上市公众公司监督管理办法》《全国中小企业股份转让系统股票发行业务细则（试行）》等相关规定和要求。二是充分发挥产权机构熟知国有资产交易的法律法规及拥有丰富操作经验的优势，围绕国有资产交易环节，为企业提供政策咨询，并结合新三板挂牌公司定向发行制度，设计本次定向发行交易路径。三是答疑解惑。云南产权交易所在学习、研究、吃透新三板挂牌公司定向发行制度的基础上，与 32 号令的核心条款进行了认真对比分析和解读，找出两者相冲突的条款，积极向监管部门汇报请教，确定执行标准，制定国有新三板挂牌公司定向发行流程，实现新三板与产权市场的有序、无缝对接。

（二）创新交易方式是完成定向发行的助推器

在国有新三板挂牌公司定向发行业务中，产权市场还应发挥"发现投资者、发现价格"的重要功能，在完备的交易机制及信息化交易系统的支撑下，创新交易方式，为定向发行业务提供强有力的保障，确保国有资产保值增值。

（三）做好风险防控是定向发行顺利实施的保障

针对国有新三板公司定向发行中的风险事项，如公司章程是否对在册股东的优先购买权做出了特别规定、在产权交易机构挂牌前是否在新三板公示定向发行申请相关文件、新三板公示定向发行申请相关文件内容与产权交易机构披露的信息是否存在实质性不符、审核投资者资格条件的详细标准、产权交易机构披露与定向发行相关信息的时间是否晚于新三板官网，要做好定向发行风险防控工作，就必须认真审核材料、及时关注新三板官网、仔细核对两者网站信息内容、规划信息发布时间，如此才能将风险点控制到最低，确保项目交易流程合规合法。

夯实基础　稳妥推进
逐步打造全要素农村产权交易市场

黑龙江省产权交易集团

黑龙江省以实施乡村振兴战略为统领，以深化农业供给侧结构性改革为主线，以全面经营、全程服务为抓手，以政府引导、市场运营、公益服务为原则，以集体增资、企业增效、农民增收为方向，全面推进农村产权交易市场建设，大力发展现代农业，推进黑龙江省现代农业全面振兴、全方位振兴。

一、主要工作

在打造全要素农村产权交易市场方面，着力从四个方面进行探索。

（一）政府助力，促进农村产权交易市场建设

一是政策大力支持。黑龙江省委、省政府对农村产权交易市场建设高度重视，先后出台相关政策5个，仅2019年就出台3个。其中，省委、省政府《关于贯彻〈中共中央、国务院关于坚持农业农村优先发展、做好"三农"工作的若干意见〉的实施意见》（黑发〔2019〕1号）明确提出："加快推进县级农村产权交易平台建设，尽快实现与省级农村产权交易市场互联互通，健全农村产权交易体系，确保农村产权交易规范有序开展。"《黑龙江省人民政府关于加强农村集体经济组织管理的意见》（黑政规发〔2019〕4号）要求：规范集体产权流转交易行为，集体资产的出让、出租、发包等资产交易行为，要遵循公开、公平原则，大额集体资产交易要通过农村集体产权交易平台进行。省委农办、省农业农村厅联合出台的《关于加快农村产权交易市场建设、推动农村集体资产资源流转全部进场交易的通知》（黑农办联发函〔2019〕7号）明确要求，村集体资产资源全部要进场交易。这些政策的出台，对促进全省农村产权交易市场健康发展、加快建立健全农村产权交易市场服务体系、确保农村产权交易规范有序开展、进一步规范农村集体资产资源交易行为、杜绝场外交易和暗箱操作具有重要意义。二是部门协同帮助。省农业农村厅、省国资委等部门高度重视，积极组织落实相关部门职能，其间农业农村厅副厅长带队下沉农村产权交易中心现场办公，省经管站全程参与，省农业农村厅合作处积极对农村产权交易体系建设进行指导，省改革处积极对进场交易进行落实，省国资委企业处对运营管理进行规范指导，为农村产权交易市场发展建设排除障碍。三是专家指导服务。为了更好地助力农村产权交易市场建设发展，农业部门派专家驻农村产业交易中心进行现场指导服务，帮助做好顶层设计，积极推动农村产权交易规则、流程的制定和农村产业交易系统升级改造进程，帮助协调有关部门和地方单位及时解决工作难点问题。

（二）提高标准，改造升级农村产权交易系统

过去黑龙江省没有省级农村产权交易服务系统，各地农村资产资源等农村产权进场交易难、交易不规范、资产流失、信息不互通不对称等问题较为突出。我们利用现有的黑龙江农村产权交易中心网站，协调该系统开发公司，对三级（省、市、县）农村产权交易系统进行网页升级，对竞价（挂牌）、后台数据库等三大方面91个项目的基本功能进行升级改造。升级改造后，黑龙江农村产权交易中心为全省开展农村产权交易提供了线上服务平台。该平台具有信息发布、竞价（挂

牌）交易、交易鉴证等功能，并采取报名实名认证、线上资质审核、系统操作留痕、审核权限明确等措施，避免了农村产权交易过程中的暗箱操作、偏亲向友等违规行为，筑建了基层防范腐败防火墙，有效防止集体资产流失；发挥了发现价格的功能，也发挥了市场在资源配置中的决定性作用，促进了集体资产资源的保值增值，有效增加了集体经济组织和农民的财产性收入。2019年6月，省级农村产权交易平台完成首笔村集体林带林木经营权竞价项目，第三方评估标的底价32.86万元，经过5位竞价者37轮次激烈竞价，最终以70.86万元成交，溢价115%。

（三）先行试点，农村产权交易初见成效

一是科学合理选点。农村产权交易中心选择经营性资产存量大、资源多、区域距离近、积极性高的市县作为先行试点，率先在哈尔滨市、宝清县等市县开展农村产权交易试点工作，积极协助试点市县谋划建设交易场所、配备交易设备和工作人员。对试点单位开展宣传动员，帮助农村集体资产资源对接平台交易，并采取下沉方式联络县区和乡村农经工作人员，全面动员农村集体资产资源进场交易。二是制定农村产权交易规则。我们统一制定黑龙江省农村产权交易规则办法共计17个，这些规则办法经过省直相关各部门、试点市县、从事风控管理的有关机构人员的多次论证修改，促进了省农村产权交易市场的健康发展，为试点市、县网点制定农村产权交易服务工作流程奠定了基础。三是开展业务培训。结合农交中心交易系统操作和农村产权交易规则流程，对试点单位先行制订培训计划，分批对试点市县开展业务培训工作，人数达到400次，提高了试点县工作人员对农村产权交易操作技能和政策规则的运用能力。截至2019年底，已经有6个市（区）县使用农村产权交易系统，挂牌金额6624万元。日后还将有大批农村工程项目进入农村产权交易平台进行挂牌交易、采购。

（四）多种形式，广泛进行宣传推介

一是利用官媒宣传。我们以农村产权交易中心成功进行首笔农村产权线上竞价交易为契机，通过中国青年网、东北网、《黑龙江日报》、《黑龙江经济报》、黑龙江电视台新闻频道等主流媒体进行报道，迅速提升了黑龙江农村产权交易中心的知名度和影响力，取得了良好的社会效益。二是利用平台宣传。开通农村产权交易中心官方网站和微信公众号进行宣传，网站头版在登载国内外政治经济热点新闻的同时，主要宣传党中央、国务院"三农"政策精神、农业农村最新动态、农村产权交易平台最新功能和各级农村产权交易机构的大事小情。微信公众号主要登载各类挂牌信息、农村产权交易中心情况介绍、各类新闻推送，让涉农企业和农民了解农村产权交易平台服务内容，知晓进场交易的好处。三是利用站点宣传。充分利用农业部门、农村产权交易站点和农业经营主体广泛宣传农村产权交易，发放《致广大农民朋友一封信》5万份，宣传手册3000份，重点宣传农村资产资源进场交易的好处，得到广大农民、集体经济组织和农业企业的一致认可，为今后农村产权交易各项业务开展奠定了基础。

二、下一步打算

为加快推进农村产权交易市场建设，推动全省农村产权流转交易公开、公正、规范运行，提高各类资源资产配置效率，不断增加农民财产性收入，继续推进以下四项工作。

（一）争取政府部门的资金支持

黑龙江农村产权交易中心由省农业农村厅和省国资委牵头，依托省交易集团出资组建。我们将积极向上级有关部门汇报工作，进一步争取省直部门对农村产权交易平台的资金支持。

（二）打造智能化综合服务平台

建立省、市、县、乡、村五级架构农村产权

交易平台网络体系，打造中心统控、分级服务、系统运行、全域覆盖的综合性农村产权交易平台。建设1个平台、16大系统，做到一个软件运行、一个数据库管理、一套规范交易文本，一个后台支持、一个平台交易；推动PC与手机版App实时同步运行，实现统一联网、五级联动、技术集成、信息互通、资源共享的农村产权交易市场网络体系。

（三）构建五级农村产权交易服务链条

打造农村产权交易服务体系是开展农村全要素交易的前提和基础。省农村产权交易中心是全省农村产权交易业务的具体实施单位，我们依托各级农经部门，打造省、市、县、乡、村五级农村产权交易服务体系，市级建立农村产权交易服务部，县级构建农村产权交易服务中心，乡级设立农村产权交易服务站，村级成立农村产权交易服务点。

（四）形成农业全要素交易服务体系

在市场经济条件下，农村产权交易产品趋向多样化，通过现有体系和平台，我们将在试点基础上扩大交易品类和服务范围。以农村资源全要素为主要内容开展的交易项目，包括集体四荒资源流转交易、农村集体建设用地经营权交易、农村土地经营权流转交易、农村宅基地交易、农村林地经营权流转交易、农村林木经营权交易等。以农业生产全过程为主要内容开展的交易项目，包括农村采购服务（农村生产资料采购交易、大宗农产品销售交易、农村集体建设项目招投标、农村集体办公用品采购和涉农其他用品采购服务）、农产品营销服务（大宗粮食产品、畜牧渔业产品、绿色有机食品、特色农产品等）、金融保险服务（惠农金融贷款、农村土地经营权抵押融资、农村房屋宅基地抵押贷款、新型经营主体抵押贷款、农村股权抵押贷款、农业保险代理服务等）。以农民生活全领域为主要内容开展的交易项目，包括村集体资产租赁、转让交易，农村房屋、厂房交易，农村车辆交易，农村生产设备交易，农村集体股权交易，涉农企业股权交易，农业知识产权、无形资产交易等农村资产交易服务。

风劲潮涌，自当扬帆破浪；任重道远，更需策马扬鞭。下一步，黑龙江农村产权交易中心将充分发挥资源禀赋和区位优势，把黑龙江省农村产权交易市场覆盖面拓展到农业生产全过程、农村资源全要素和农民生活全领域，敞开大通道，搭建大平台，繁荣大贸易，以立足本省、辐射东北亚、面向全中国经营理念，打造全国一流的农村产权交易市场。

创新企业采购业务，实现"买""卖"双轮驱动

黑龙江省产权交易集团

近年来，产权市场在提高交易效率、降低交易成本、促进国有资产保值增值方面发挥了积极作用。为更好地服务深化供给侧结构性改革、国资国企改革和黑龙江经济发展，黑龙江省产权交易集团按照"政府管理经济的市场化工具、优化资源配置的要素市场和落实阳光防腐的阳光平台"职能定位，不断拓展服务领域，搭建阳光采购服务平台，实现"买"和"卖"双轮驱动。

一、政策背景

国有企业采购具有公共采购和企业采购的双重属性，采购资金属于国有资产，采购活动必须

注重合规性。随着巡视全覆盖，纪检监察部门和审计机构对国有企业采购合规性的要求越来越严格。采购是企业生产经营的重要环节，具有量大、品种多、重复性高等特点，是问题多发领域，容易造成国有资产损失。然而，在国有企业采购方面，目前尚没有适用的法律法规，对国有企业采购缺乏统一规定。一些国有企业领导因为担心违规，无论采购金额大小、采购标的属性如何、采购项目是否紧急等，一律按照《中华人民共和国招标投标法》，采取公开招标方式进行，导致采购程序复杂、采购效率降低，影响了企业的运营效益。多数国有企业的采购是由自身组织或委托代理机构分散完成，存在分散采购成本高、供应商选择范围有限、程序透明度不高等问题。如何规范国有企业的采购行为，处理公平和效率问题，实现合规性和降本增效的协调统一，是国有企业采购面临的主要问题，同时对国资监管工作提出了新要求。

二、工作推进

为推动国有企业阳光采购，2019年3月，黑龙江省国资委及黑龙江省产权交易集团组成调研组，分别赴山东省国资委、山东产权交易中心和内蒙古产权交易中心进行调研，考察学习两地企业采购的实际做法和先进经验。调研结束后，黑龙江省国资委立即组织出资企业进行座谈交流，深入了解出资企业需求和实际情况。在总结山东、内蒙古两省（区）先进经验的基础上，结合黑龙江省国有企业实际，2019年5月30日，黑龙江省国资委印发了《黑龙江省国资委出资企业阳光采购监督指导意见》（以下简称《指导意见》），要求各出资企业及其各级全资、控股和实际控制子企业开展非依法必须招标项目的物资、工程建设和社会服务等采购活动，通过阳光采购服务平台统一公开信息发布、公开评价选取供应商；明确由黑龙江省产权交易集团负责建设运营阳光采购服务平台，为出资企业采购提供市场化服务。根据《指导意见》，黑龙江省产权交易集团搭建了阳光采购服务平台，开发了电子采购交易系统，制定了《阳光采购服务平台操作规则（试行）》《阳光采购服务平台公开招标、邀请招标采购实施细则（试行）》《阳光采购服务平台竞价采购实施细则（试行）》《阳光采购服务平台竞争磋商采购实施细则（试行）》等7个配套实施细则，并报黑龙江省国资委备案。2019年7月24日，黑龙江省国资委组织了出资企业阳光采购推进工作和业务培训会。在会上，阳光采购服务平台正式启动上线。

三、平台特点

（一）升级理念，明确服务宗旨

阳光采购服务平台坚持"开放、透明、灵活、高效"的服务宗旨，以提高采购质量、降低采购成本、提升采购效率为工作目标，努力打造电子化、规范化、市场化平台，竭诚为企业采购提供市场化的平台服务、系统服务、场所服务，以及专家抽取、咨询策划和投融资等服务。一是"开放"。阳光采购服务平台的定位具有公益属性，无论对采购人还是供应商，都没有准入门槛，只要符合《指导意见》及《阳光采购服务平台操作规则（试行）》等制度的要求，就可以在平台实名注册、发布公告、报名、投标等。采购人可以自行在平台进行采购，也可以委托社会代理机构在平台进行采购，平台免费提供电子采购系统和技术支持，不向采购人、代理机构及供应商收取任何费用。二是"透明"。体现为采购规则透明、采购需求透明、采购程序透明和采购结果透明。依据《指导意见》，阳光采购服务平台制定了《阳光采购服务平台操作规则（试行）》及7个配套实施细则，全部在平台网站进行公示，接受社会监督，确保采购规则透明。根据上述文件要求，国有企业的采购公告必须统一在平台发布，评标评审专家必须统一在平台抽取，采购结果必须统一在平台公示，采购过程实时接受黑龙江省国资委监测，确保采购全流程公开、公平、公正。三是"灵活"。平台充分尊重企业法人财产权和经营自主权，国有企业作为采购行为主体，享有采购行为的自主决策权利。在采购形式上，采购人可以自由选择自主采购或委托社会机构代理采购。在采购方式上，采购人可根据项目特点、供应商情况及采购需要，自主选择公开招标、邀请招标、竞价采购、询比采购、合作谈判、竞争谈判、竞争磋商、单源直接采购和多源直接采购9种方式，采购方式更加灵活多样。四是"高效"。阳光采购服务平台专门服务于非依法必须招标的采购活动，相对于依法必须招标的项目，通过平台采购的项目时间有效缩短、效率大幅提升、规则更加贴合实际，有效满足了企业的采购需求。例如，对于某非依法必须招标的项目，同样采取公开招标方式，以前参照《中华人民共和国招标投标法》，自招标文件发出之日起至供应商提交投标文件截止之日止，最短不得少于20日，但通过阳光采购服务平台，不少于7日即可，为企业节省了宝贵时间。又如，公开招标时投标供应商不足3家，按照《中华人民共和国招标投标法》的要求，就会导致流标，但通过阳光采购服务平台，可经采购人采购管理决策机构批准，直接转为其他采购方式继续进行，不需要重新发布采购公告、重新投标，为采购促成提供了多条路径。

（二）平台集聚，汇聚有效资源

全程线上操作，为实现采购信息化提供了可能性。一方面，阳光采购服务平台通过不断挖掘采购需求，建立了供应商数据库；运用大数据、人工智能等技术实现智能化采购，助推企业升级管理机制，实现采购活动向信息化方向发展。另一方面，阳光采购服务平台具有公益属性，吸引供应商合作伙伴、行业龙头、代表性企业注册入驻；作为信息的集散中心，平台对专家资源、供应商资源和产品信息资源进行有效整合、汇聚，向采购企业提供更有针对性、更有价值的数据。

（三）后台监管，采购全程留痕

阳光采购服务平台采用"统一采购规则、统一信息发布、统一专家库建设、统一保证金结算、统一网络监管"方式，采购公告发布、供应商报名、抽取专家、开标评标、结果公示等采购全流程均可线上操作，并做到全程留痕。通过黑龙江省国资委监管后台，可以对平台的商品信息库、供应商信息库、交易信息数据库、评标评审信息库等数据进行实时监测，有效避免暗箱操作和利益输送等违法违规行为，确保采购过程的公正透明。同时，配套建设的供应商、采购人和评审专家的诚信体系及采购活动档案，为国有企业采购监管和平台长足发展提供了信用规范。

四、平台操作流程

通过阳光采购服务平台实施采购，既可全流程线上操作，也可以线上与线下结合采购，其中，采购公告发布、供应商报名、抽取专家、结果公示在网上操作，开标评标在线下操作。采购流程简单，操作便捷，整个采购环节形成了完整的闭环链条。具体流程如下：

（一）受理采购信息发布申请

采购人如需在阳光采购服务平台发布采购公告，首先要登录平台网站注册采购人信息。信息注册完毕后，采购人可随时向平台提交采购计划。采购计划经平台受理后，采购人即可录入采购公告和采购文件，申请发布采购信息。采购人委托社会机构代理采购的，采购公告和采购文件可由社会机构代为提交。

（二）发布采购公告

采购公告和采购文件经阳光采购服务平台审核通过后，采购人即可通过平台对外发布。采购公告要遵循公平竞争、公正客观与诚实信用的原则，对供应商的资格条件无明显的指向性、排他性条款，且符合齐全性、规范性要求。采取的采购方式不同，采购公告发布的时间不同。其中：采取公开招标方式的，公告期不少于5天；采取竞价采购方式的，公告期不少于3天。

（三）供应商报名

供应商在阳光采购服务平台注册后，即可点击报名采购项目。采购人点击报名的同时，平台采购电子交易系统就会自动向供应商发送标书款、采购保证金的缴纳账户，这些账户与供应商是一一对应且保密的。供应商向对应账户缴纳标书款后，在平台采购电子系统下载采购文件，根据采购文件的要求制作并提交投标文件。供应商操作的每个步骤成功与否，阳光采购服务平台都会发送短信进行提示。

（四）采购活动组织

根据采购方式的不同，采购人或采购代理机构按照相应的程序组织采购活动。采购活动需要评审的，评标评审委员会成员由采购人代表和评标评审专家组成，其中，评标评审专家由采购人在阳光采购服务平台统一抽取。评标评审委员会完成评审后，向采购人推荐合格的中标或成交候选人，由采购人最终确定中标或成交供应商，并通过阳光采购服务平台对外公示。

（五）采购合同签订与结算

中标或成交供应商确定后，采购人与中标或成交供应商应在中标或成交通知书发出后30日内签订书面采购合同。采购人在平台采购电子交易系统提交采购合同后，阳光采购服务平台5个工作日后将供应商的采购保证金按原渠道退还。退还保证金环节在线上操作，一键点击，实时退款。

阳光采购服务平台采购流程如图1所示。

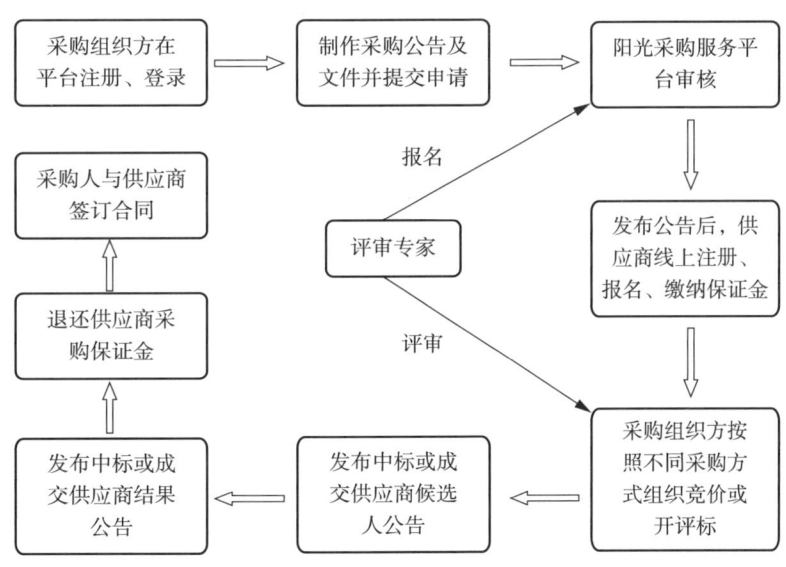

图1 阳光采购服务平台采购流程

五、案例分析

2019年7月24日，黑龙江省国资委组织出资企业近200人参加"出资企业阳光采购推进工作和业务培训会"，为做好此次培训手册的印制工作，同时测试阳光采购服务平台的效果，黑龙江省产权交易集团决定以印制此次培训手册《阳光采购制度汇编》为首个项目，在阳光采购服务平台对外发布公告。

（一）采购成果

2019年7月10日，《阳光采购制度汇编》材料印制竞价采购项目作为阳光采购服务平台第一个项目正式对外发布，采购内容为印制材料1000册，采购预算10000元。在公告期内，吸引了12家意向供应商前来咨询，5家意向供应商报名参与竞价。7月15日16时43分16秒，经过50轮次反向竞价，该项目最终以3400元顺利成交，节资率高达66%。

（二）主要做法

一是做足前期调研。虽然此次采购项目金额较小，体量不大，但市场调研同样是必不可少的关键环节。如对采购预算的设定，就经过广泛的市场询价。公告前期，采购组织方向不少于10家印刷单位进行了咨询、比价，最终确定印制1000册、每册10元的预算设定。二是确定合理的采购方式。由于该项目需求明确、标准规范、采购金额较小，且供给市场竞争激烈，综合衡量多种因素，最终确定采用九种采购方式中的竞价采购。由于竞价采购要求采购需求特别明确，因此该项目公告中指明，"采购需求为数量1000册、尺寸A5、单册页码约56页（含扉页2页、目录2页，单册页码上下浮动3页）、外封铜版纸250g、内页复印纸100g、胶装、数码印刷（实际页码按采购人最终需求及采购合同约定执行）"。上述描述让意向供应商有清晰的需求认知，无须当面沟通，即可直接报价，减少了磋商环节，为采购人节省了大量沟通时间和成本。三是积极广泛地宣传。利用平台，通过网站、报纸、微信公众号等多种方式，广泛宣传，积极造势，将采购信息尽可能传播扩散。虽然公告期只有5天，但吸引到12家印刷单位前来咨询，5家单位报名并缴纳保证金。虽然是第一次参与平台竞价，但5家单位都能够按照规则顺利进行报价，充分说明线上竞价简单易行、便于操作。四是全程公开透明。从发布公告到意向供应商报名，再到意向供应商竞价，全过程于平台公开操作。竞价过程中，意向供应商可实时看到出价情况及自己报价是否为最优价格。该项目结束后，没有一家参与竞价的意向供应商提出异议，整个过程阳光、规范、高效、便捷，项目圆满成交。

（三）经验总结

本次交易虽然总金额不大，但实现了66%的节资率，节资效果显著。见此成效，陆续有省内龙头企业入驻平台，并结合采购项目特点，采取公开招标、竞争谈判、竞价采购和单源直采等多种方式进行采购。平台上线仅1个多月，就累计发布采购项目92个，涉及采购金额4348.2万元；完成采购项目84个，采购预算3303.7万元，成交金额3179.65万元，节资率3.75%，在为企业降本增效方面取得了良好成效。

黑龙江省产权交易集团自成立以来，在黑龙江省委省政府、省国资委的支持下，不断开拓市场、创新业务，在传统的国有资产交易基础上，构建起国有资产交易、区域股权交易、农村产权交易、碳排放权交易、企业阳光采购五个业务板块和一个博士后科研工作站，以交易和采购构筑"买"和"卖"双轮驱动，逐步形成区域产权交易生态圈，为推动全省国资国企改革和经济高质量发展做出了贡献。

构建"农村产权+互联网"交易平台的思考

常州产权交易所　余庆哲

近年来，我国积极推进农业发展转型，中央政府相继出台多项政策推动农村产权制度改革。2015年1月，国务院办公厅印发《关于引导农村产权流转交易市场健康发展的意见》（国办发

〔2014〕71号），提出要以保障农民和农村集体经济组织的财产权益为根本，以规范流转交易行为和完善服务功能为重点，扎实做好农村产权流转交易市场建设工作。在政策引导下，很多省（市区）积极探索农村产权交易新模式。互联网技术革新冲击着各行业现有生态模式，各地农村产权交易所纷纷建设了多种形式的农村产权互联网交易平台，这是市场发展的必然产物。立足于常州产权交易所在农村产权交易业务的实践，我们从建设意义、建设挑战、经验介绍、未来展望等方面探讨农村产权互联网交易平台的建设与发展思路。

一、"农村产权+互联网"交易平台的建设意义

（一）线上交易公开透明，有效保障农民合法权益

"农村产权+互联网"交易平台实现线上交易受理、权属审核、信息发布、网络竞价、鉴证管理、资金结算等一站式综合服务功能，交易程序公开透明，既有利于各方交易主体明确权利、义务等责任，有效避免矛盾的发生，又有利于相关主管部门对数据的采集运用和集中监测。同时，线上交易取代传统线下交易，可有效规避竞买人信息泄露、恶意串拍等违法行为的发生，防范集体资产流失，保障农民合法权益。

（二）打破信息不对称，降低运营成本，提升交易效率

互联网交易平台具有信息传递、价格发现、交易中介的功能，扩大了交易信息传播范围，打破了信息孤岛效应，消除了信息不透明现象，节约了各方交易主体的信息发现和价格发现成本。此外，交易机构无须重复建设交易平台，连接互联网即可入驻互联网交易平台，能有效减少软硬件设备、系统开发和运维成本，避免资源浪费。同时，借助大数据技术，可取消交易重复程序，简化鉴证程序，降低交易成本，提升交易效率。

（三）提升资源配置效率，有效促进农村资产保值增值

党的十九大报告将构建产权交易市场、增加农民的财政性收入作为农村产权改革的重点。"农村产权+互联网"交易平台能够广泛聚集各类交易主体，实现投资人与农村资产的快速有效对接，充分展现市场力量对农村资源的配置作用，在推动农村产权合理流转、整合农村资源方面发挥了重要作用。同时，建设"农村产权+互联网"交易平台，有利于充分挖掘农村产权价值，对实现农村产权市场资本化运营、集体资产保值增值具有积极意义。

二、"农村产权+互联网"交易平台建设面临的挑战

（一）互联网应用浅尝辄止，无法实现交易全程在线

大多数农村产权交易机构建立的互联网交易平台仅提供信息发布功能，平台交易功能被弱化。虽然在此基础上，各地交易机构纷纷加强了自身信息化建设，使网络竞拍模式得到普遍应用，但能够满足报名、竞价、结算线上全流程需要的交易模式尚未普及，从而不利于上级主管部门对数据的采集运用及集中监测。业务开展过程中，由于基层工作人员事务繁杂，常常出现产权临近到期，相关村干部才向产权交易中心递交申请的情况，且资料多有遗缺，无法有效管理农村资产。

（二）市场化程度较低，基层缺乏对市场的正确认知

农村产权交易市场的市场化程度较低，表现为运营主体市场化管理水平较弱，农民难以触及信息对称的交易平台，且缺乏对市场的正确认知。目前，农村产权交易市场化建设主要依靠行政推动，对关键有限的资源整合力不从心，且优质资源较为匮乏。同时，农村基层干部及农民群众习惯于小农经济模式，对农村产权交易走向市场化存有一定的抗拒心理。互联网交易平台的出现将

推动农村产权交易的市场化进程，有效提升农村基层对市场的认知程度，帮助广大农民群体享受社会主义市场经济的丰硕成果。

（三）标准化建设水平相对偏低，市场资源亟待整合

标准化交易保证了交易过程"公开、公平、公正"，统一的交易规则可方便投资人参与由不同产权交易机构组织的不同区域、不同类型的项目。然而，目前农村产权交易平台分布较为分散，且缺乏统一的交易标准，无法控制交易过程；缺少集聚的大平台，项目信息无法快速触及潜在投资人，市场优质资源亟待整合。

三、常州产权交易所建设农村产权交易服务平台的相关经验

常州市农村产权流转交易市场依托专业产权交易平台——e交易平台，积极探索"农村产权+互联网"交易模式。针对当前中国农村产权交易市场建设中存在的问题，为提升农村产权交易整体水平，为不同区域农村产权交易中遇到的共性和差异性问题提供标准化解决模板和规范化路径选择，常州产权交易所联合全国多家知名产权交易机构，打造了以标准化为基础、以信息化为支撑、以大数据为依托的"农村产权+互联网"交易平台。

（一）"政府引导、市场化运作"的互联网交易模式

2018年3月，e交易平台打造的农村产权交易服务平台正式上线，形成市、区（县）、街道（乡镇）一体三层的互联网交易体系，实现资源、服务共享。该交易平台以行政支持为建设基础，以市场化运作为发展核心，集信息发布、线上交易、电子结算、金融支持等功能于一体，覆盖"农村产权交易""涉农招标采购""农特产品商城""衍生服务集群"四大领域，形成综合性服务平台。

借助互联网交易平台的跨地域特性，农村产权交易得以打破以往有形市场的局限。平台强大的信息传播能力及聚焦度，吸引了社会各地投资人的广泛关注，吸收更多交易主体参与平台项目，使市场在优化资源配置中发挥重要作用。同时，线上交易相较线下操作，有效提升了农村产权交易服务的规范性和便利性，让用户足不出户即可享受专业、优质的农村产权互联网交易服务。

（二）制度与技术保障下的标准化、规范化交易

e交易农村产权交易服务平台以全国唯一的产权交易、政府采购代理两个国家级服务业标准化试点成果等标准化体系为支撑，依托156个产权交易标准、123个政府采购代理标准、396个模板，以规范的交易体系和完善的服务功能为农村产权流转搭建统一、高效的交易平台。标准化制度体系明确了农村集体资产的进场目录、交易方式、责任主体、操作程序和监管办法，并通过各交易项目的标准化，实现交易要素数据化；结合项目实际情况，将各类项目的流程、模板、表单固化，对标的各项情况进行详尽披露，为交易全流程的公开透明提供有效保障。

交易平台实行"三方隔离，双重保密"，即机构方、竞买方、平台相互隔离，做到信息保密、过程保密；实现管理权限分离，交易全流程信息化管理，减少人为因素干扰，使所有环节都在公众监督之下，坚决杜绝暗箱操作。此外，交易平台成功对接财政部、国务院国资委及多家省级公共资源监管部门等多个交易监管平台，便于监督方实时监测交易过程，有效控制交易风险，实现交易阳光透明。

（三）"营销包装+渠道推广"的多元化电商运营模式

为助力交易机构低成本精准获客，同时有效提升交易各方的体验感、满意度，平台采用多元化电商运营模式，配备文案编辑、设计交互等专

业人员，利用航拍、全景等高科技传媒展现方式，为客户提供多种形式的营销推广。例如，项目公告的30秒视觉区包含项目全景VR展示、视频展示、收听展示及地图坐标展示等；项目公告页面设有微信二维码分享按钮，具有微信一键分享功能，也可借助e交易网微信公众号推送项目交易信息。

以互联网海量渠道和信息为支撑，交易平台联合多家移动门户及新媒体平台，借助大数据精准营销手段，提升信息传播的广度和精准度。例如，通过手机App、新媒体社交平台推广H5定制海报。通过有效弥补农村资产在推广营销方面的不足，平台在活跃区域农村产权市场、发展壮大集体经济、切实增加农民收入方面取得了丰硕成果。

（四）"农村产权+互联网"交易模式的运营成效

目前，e交易农村产权交易服务平台拥有全国各类交易机构、供应商、竞买人等6万多家中高净值会员，累计成交农村产权项目1395项，成交金额5.28亿元；农特商城入驻全国性卖家19家，累计交易5383项，成交总额51.54万元。

交易平台运作一年半以来，"农村产权+互联网"交易新模式有效盘活了区域农村产权市场。例如，常州天宁区红梅街道红菱村委首批13套商铺招租项目中，有一处商铺增值率高达941.42%；安徽南陵县弋江镇人民政府部分报废资产转让项目，增值率高达253.41%。以上案例充分体现了互联网交易平台强大的价值发现、投资引流功能。

交易平台积极对外拓展，加强与其他地区交易机构的合作，北部湾产权交易所集团、安徽长江农林产权交易所、内蒙古产权交易中心、山西省产权交易中心等多个机构已经入驻挂牌；交易平台创设了农村产权线上交易"广西'1+N'模式""芜湖模式"等模式，有效助力农村产权交易市场繁荣发展。此外，交易平台"农特商城"业务板块不仅为消费者提供了健康安全的绿色农产品，同时帮助农民转变经营思路，有效增加了经营收入。网上商城不仅拓宽了农产品销路，还通过供需无缝对接降低了交易成本，成功打通"精准扶贫"最后一公里。

四、未来展望

（一）加强互联网数据监管，完善交易主体信用评价体系

为保障交易规范，互联网交易平台将设置档案管理机制、台账机制、考核机制，不仅让整个交易行为处在公开、透明的状态，让交易行为有据可依、有源可溯，让产权交易运作制度化、规范化，还让广大群众了解、厘清农村资产交易的来龙去脉，便于群众参与交易监管。此外，通过先进的大数据分析技术，可对企业的交易行为、经营现状、资金流向及企业实力等进行数据分析，形成综合信用评价体系，对交易风险进行监测预警，确保农村产权交易市场高效、规范运行。

（二）运用大数据技术实现精准营销，促进农村产权交易流转

未来，数据依然是整个社会的重要资源，交易数据标准化后，平台可以依靠更加精密的算法为用户提供精确的信息和高效的服务，实现各类服务的个性化定制。e交易正是利用大数据技术，实现了对内部及外部的关联数据采集、清洗、存储、计算等功能，对投资人跨区域投资特点、市场价格变化特点、客户行为轨迹等各项数据进行分析研判，一方面实现了信息流的智能推送，另一方面完成了对产品的智慧营销，从而推动农村各类要素资源实现高效流转。

（三）打造"互联网+产权交易服务+金融服务"全产业链生态圈模式

e交易农村产权交易服务平台在推动交易规模

不断扩大的基础上，将不断加强交易融资能力和综合服务能力建设，强化资源配置的效率和效益，打造"互联网+产权交易服务+金融服务"全产业链生态圈模式。目前，交易平台"衍生服务集群"板块已开发出"产权贷""交 e 融""政采贷""应收贷"等金融产品。未来，随着农村土地制度试点改革的深入推进，交易平台将联合多方金融机构，主动创新交易流程和业务模式，不断完善综合性交易市场体系和区域资本要素市场体系建设，拓宽农村融资渠道，为农村产权流转量身打造抵押贷款、担保融资等金融产品，全面推进农村集体资产资本化进程。

互联网与农村产权交易的深度融合，将为农村产权交易市场创造新的发展生态，农村产权交易市场的规模将进一步扩大，基于全国互联的网上交易平台而进行的在线交易将成为主流交易方式。e 交易农村产权交易服务平台将继续发挥互联网在农村要素资源配置中的优化和集成作用，全面推进交易平台的市场化运营和规范化管理，积极建设和完善农村产权交易融资服务体系，为农村产权交易市场大发展积极贡献力量。

杭州市出租车经营权交易业务拓展研究

杭州产权交易所　朱燕

一、主要背景

长期以来，作为城市公共交通重要补充的出租车行业存在经营权属不清、利益纠纷不断等问题；同时，打车难、服务差等问题备受市场诟病。随着网约车的兴起，出租车行业受到了很大冲击。在此背景下，从国家到地方各个层面都在探索如何促进关系到民生的传统出租车行业的健康发展。

2015 年，杭州市人民政府颁布《关于深化出租汽车行业改革的指导意见》（以下简称《意见》），拉开了杭州传统出租车行业改革的序幕。《意见》明确指出，要改革经营权管理制度，实行经营权无偿、有期限使用，进行经营权确权，并要求出租汽车经营权转让交易进入杭州产权交易所（平台）。《意见》的实施，使杭州成为全国第一个完成出租车改革试点的城市。《意见》中提出的"出租汽车经营权转让交易进入杭州产权交易所"规定，是杭州产权交易所（以下简称杭交所）开展出租车经营权交易业务最为核心的政策基础。

2018 年，杭州市修订颁布《杭州市客运出租汽车管理条例》（以下简称《条例》），以地方立法形式对杭州客运出租汽车管理制度的改革进行了规范。《条例》第九条明确规定，"新增经营权不得转让。存量经营权可以按照有关规定转让。转让后三十日内，出让方和受让方应当按照有关规定向道路运输管理机构办理登记"，进一步明确了出租车经营权交易的合法合规性质。

二、主要措施

2015 年，《关于深化出租汽车行业改革的指导意见》颁布后，杭交所依托产权交易领域多年积累的经验优势，积极与杭州市客运出租汽车行业主管部门沟通探讨，从交易制度制定、专题网站搭建、工作团队组建及交易方式设计等多方面搭建杭州市出租车经营权交易服务体系，该体系于 2016 年 4 月正式运行。在运行过程中，通过交易系统优化、配套服务跟进等方式，进一步完善出租车经营权交易服务体系，提高杭州市出租车经营权交易业务的市场效率。

（一）交易制度制定

根据《杭州市客运出租汽车管理条例》《关于深化出租汽车行业改革的指导意见》，杭交所制定了《杭州市客运出租汽车经营权交易规则（试行）》，明确了市场主体、交易方式、交易申请和审核及违约责任等条款。其中，转让申请与受让申请均需得到杭州市客运出租汽车管理机构的确认。

（二）专题网站搭建

搭建出租车经营权交易专题网站页面，发布展示出租车经营权转让与出租车经营权求购信息、出租车经营权新闻动态、政策法规及资料、操作指南等内容，便于交易双方查阅了解相关内容。重点页面进行出租车经营权转让及求购的项目信息展示，每日及时发布转让及求购信息，方便交易双方查看，并在交易完成后及时更改交易状态。

（三）业务团队组建

围绕出租车经营权交易业务的全流程，杭交所组建业务组、技术组、客服组、结算组及交易审核组五个工作小组。其中，业务组全权负责经营权交易的各项事宜，技术组负责交易技术的改进与优化，客服组负责业务的咨询与答疑，结算组负责交易保证金和成交价款的安全结算，交易审核组负责交易资料的合规性审核。五个工作小组确保了经营权交易业务的合规操作、便利运行。

（四）交易方式设计

不同于传统的公开竞价方式，杭交所基于民营出租车经营权交易实际情况，设计了撮合的交易方式（国有单位持有的出租车经营权交易依然需要走公开挂牌转让程序）。更为重要的是，在设立初期，杭交所就将经营权交易客户信息整合到杭交所客户管理系统（CRM）中，形成海量数据的出租车经营权交易资源库。通过数据库的精准对接，缩短配对成交的时间，提高交易效率。

（五）交易系统优化

杭交所借助互联网交易系统，结合杭州市出租车经营权交易流程与实际特点，升级传统线下业务操作方式，积极搭建出租车经营权互联网交易系统，实现用户在线注册、在线转让申请与受让申请、在线信息审核、在线信息发布与展示、在线撮合交易、在线资金支付与结算等出租车经营权交易的全流程互联网化。该交易系统于2017年7月正式运行。

（六）配套服务跟进

在做好基础流程性服务的同时，杭交所充分挖掘客户需求，联合相关金融机构，设计开发出租车经营权转让方客户交易保证金线上融资产品，在缓解转让方资金周转压力的同时，提高延伸服务的附加值。该线上融资功能于2019年5月正式上线。

自杭交所正式拓展出租车经营权交易业务以来，共接待出租车经营权交易客户超过3万人次，组织签订出租车经营权转让合同6400份，成交金额超过2亿元。

三、主要特点

杭交所出租车经营权业务以"市场主导、合规交易"为思路，经过3年多的发展，在交易手段、撮合方式及配套服务方面都在不断改善与优化；业务的特色与优势逐步显现，表现为交易手段由线下操作升级到线上运转、撮合模式从普通撮合发展为智能化撮合、配套服务从流程性服务延伸到增值性服务。具体如下：

（一）交易手段互联网化

杭州市出租车经营权交易已完全实现在线转让与受让申请、在线审核（包括与市运管等多机构的联合在线审核）、在线撮合交易及在线结算等全流程操作互联网化，以及数据跑代替人员跑的参与模式，兑现了"最多跑一次"的服务承诺。

（二）撮合方式智能化

通过杭交所CRM数据库为交易双方做智能匹

配和推荐，实现了买卖双方的高效互动和数据交互，一举突破了因经营权价格、出租车车况等信息严重不对称而导致的交易双方的逆向选择和道德风险，有效建立了透明、公开、高效、可控的出租车经营权交易运营体系。

（三）配套服务增值化

在规范交易流程的同时，精细化出租车经营权交易各环节的服务，尤其是根据市场需求以及实际需要，联合金融机构共同开发了出租车经营权转让方保证金在线融资贷款产品，充分缓解转让方的资金周转压力。

四、未来发展方向

出租车经营权本质上是一个准公共物品，杭交所在出租车经营权业务领域的拓展，实际上也是在公共资源领域的探索实践。公共资源领域的拓展，流程规范是业务操作的基础，增值服务与创新延伸是业务发展的关键。

未来，杭交所将继续优化现有交易流程，以客户需求为导向，充分挖掘可市场化的现实需求；积极创新出租车交易延伸服务，提供"线上+线下"全方位一条龙服务，形成具有杭州特色的出租车经营权交易服务体系。主要包括：①优化转让方交易保证金贷款产品、开发受让方成交价款贷款产品等各类融资增值服务，充分满足交易双方的融资需求。②鉴于出租车使用8年必须强制报废，且使用7年的车辆不能交易，探索与4S店合作提供出租车辆旧车置换新车优惠服务。③尝试和保险公司合作，提供质优价廉的交强险种。

推动产权交易机构开展市场化"债转股"业务的探讨

南方联合产权交易中心　曾劼宁

2019年5月22日，国务院总理李克强主持召开国务院常务会议，确定深入推进市场化法治化债转股措施，支持企业纾困化险、增强发展后劲。会议指出，下一步要"着力在债转股增量、扩面、提质上下功夫"，提出"建立债转股合理定价机制""创新债转股方式""允许通过具备条件的交易场所开展转股资产交易""积极吸引社会力量参与市场化债转股"等要求。随后，在6月5日举行的国务院政策例行吹风会上，国家发展改革委副主任连维良表示，要"推动各类产权交易场所为债转股提供交易定价服务，更好地形成竞争性的市场"。

作为我国多层次资本市场的重要组成部分、非标准化资产流转的主要交易平台，产权交易机构在国家推进市场化法治化债转股战略中，能够发挥怎样的作用？我们尝试对这个问题展开探讨。

一、债转股交易模式的局限性

债转股交易，是指金融资产投资公司等专业从事银行债权及不良资产处置的机构，受让相关资产成为标的企业新的债权人，在对标的企业各项指标进行深入评估并与之协商后，将所持有的债权转换为标的企业股权，从而降低标的企业负债率的一种业务。债转股这种交易模式，主要存在市场化程度不足、转股资产及实施主体的范围较窄、融资企业没有交易主导权等局限。

（一）市场化程度不足

在实际操作中，标的企业债权转股权的具体转换过程由实施机构在内部进行，债权转股权价格等关键交易要素由"银行、企业和实施机构自主协商确定"[①]，转股资产不一定能完全实现市场化定价。另外，对于私募股权基金等专业投资机构而言，在这种模式下无法直接入股标的企业且缺乏能够公开交易的阳光化平台，影响社会资本的参与热情。

（二）转股资产及实施主体的范围较窄

目前，债转股业务涉及的债权通常仅限于银行贷款，标的企业其他类型的债务往往无法参与处置。同时，债转股业务的实施主体仍以金融资产投资公司、金融资产管理公司、保险资产管理公司等专业机构为主，其他社会资本受多方面因素的制约，通常只能在实施机构退出股权时接手，标的投资价值和吸引力远不及债转股刚刚完成的时候。

（三）融资企业没有交易主导权

不论是债转股还是直接转让债权，债务处置的交易决策主要取决于债权人，甚至由债权人发起相关交易委托，债务人（标的企业）无法主导对自身债务的处置。特别是直接转让债权的形式，虽然债权人可以借此优化表内资产质量，却无法改善标的企业的负债状况，仅仅起到风险转移的作用。

二、优化交易模式：以定向还款为目标的增资扩股

为弥补债转股交易模式的不足，并推动产权交易机构深入参与市场化"债转股"业务，建议采用"以定向还款为目标的增资扩股"形式，帮助融资企业同步实现降杠杆和引战投的目标。该类型交易模式由债务人（融资企业）发起委托，既可将交易主导权归还融资企业，又能真正实现阳光化、市场化、法治化"债转股"。

（一）建议交易步骤

一是确定交易底价及增资股本。以融资企业的全部债务金额 D 作为增资底价，以资产评估结果确定的每一元股本价格 P 作为交易初始价格（股本底价），则对应总增资股本 $S=D/P$。在后续交易流程中，总增资股本 S 保持固定不变。

二是征集意向投资方。融资企业委托产权交易机构发布项目公告征集意向投资方，并根据自身发展规划、战略协同性等方面的需要确定增资人的筛选标准，以此选择进入竞价或询价环节的意向投资方。

三是竞价/询价。入围竞价/询价环节的意向投资方，以增资金额 D 或每股价格 P 作为标的开展竞价/询价。融资企业从报价高的意向投资方中择优选定最终的增资人。

四是优先权行使。因为本类型增资以偿还借款为主要目标，融资企业或可在拟定交易方案时，设定债权人拥有次于原股东的优先入股权。[②] 若原股东不行使优先权，允许债权人以经审计的债权金额抵扣最终交易金额（如交易产生溢价），剩余价款另行补足后实现入股；或按照最终的股本单价确定其入股股本，并同比例减少其他投资方的入股股本。

五是建立完善的还款监控机制。融资企业在交易开展前应开立专用结算账户，该账户仅用于接收增资款项及清偿债务；账户的资金流向由银行负责监控，确保增资资金完全用于偿还对应债务，还款后的剩余资金及时转入融资企业其他账户，作为其新增资本金。

（二）本交易模式的优点

一是标的阳光化交易，间接实现转股资产的完全市场化定价（以市场价格确定债权的对应股本）。

二是扩大拟处置债务的范围。不仅限于银行贷款类债务，融资企业所有合法合规的债务（如

[①]《国务院关于积极稳妥降低企业杠杆率的意见》（国发〔2016〕54号）第二章"主要途径"第（五）部分第14点。

[②] 现行法律法规中，未发现有明确禁止此种方式的条款。

委托贷款、信托资管计划等）都可通过此方式实现还款。

三是所有法人均可报名，理论上不需要特定的交易资质。若竞价成功，投资人可直接入股标的企业，从而提升各类型股权投资机构、社会资本的投资热情。也可根据项目预披露过程中的市场反应，适度放开联合体增资、拆分增资等方式，吸引各类社会资金参与投资，最大限度激发市场需求。

四是融资企业能够自主引入契合自身发展规划的投资人。在债转股模式下，标的企业的新股东必然是金融资产投资公司等债转股实施机构，未必能与企业产生战略协同效应；实施机构退出股权时，往往根据出价高低来选择下家，较少会考虑标的企业未来的发展需求。如果采用以定向还款为目标的增资扩股模式，融资企业就有自主选择新股东的权利，既能降低资产负债比例，又有利于与战略投资人实现合作，助力融资企业可持续健康发展。

五是推动产权交易机构向投行服务平台转型升级。债转股交易存在一定的专业门槛，产权交易机构无法全流程参与，但通过将狭义的"债转股"交易转换为以定向还款为目标的增资扩股，既能市场化、法治化解决融资企业的降杠杆需求，又能增加产权交易机构的投行业务规模，促进产权交易机构向投行服务平台转型升级。

（三）相关交易案例

目前，非上市公司的债转股业务仍以金融资产管理公司、金融资产投资公司为主要实施机构，通过产权交易机构完成"债转股"全流程操作的案例虽不多，但不乏成功案例。例如，浙江产权交易所开展的浙建投债转股项目，引入中国信达资产管理公司和工银金融资产投资公司作为投资人，具体开展标的企业的债转股事宜；广东联合产权交易中心成立后，在2018年开展过"珠海华发综合发展有限公司增资""广州华工信息软件有限公司增资"两个在信息披露中明确以还款为目标的增资项目，分别为融资企业引进了2家、1家不属于金融资产投资公司的投资人。

三、主动开拓市场，为金融资产投资公司提供转股资产交易服务

除了直接开展增资扩股业务，产权交易机构还可将视角投向债转股市场的下游，为金融资产投资公司提供转股资产交易服务。按照2019年5月22日国务院常务会议的要求，为解决金融资产投资公司股权风险权重较高等问题，"允许通过具备条件的交易场所开展转股资产交易"。产权交易机构可以把握政策契机，积极开拓AMC、AIC市场，为存量债转股股权提供市场化退出的长效机制。

四、积极支持国家发展战略和规划部署

《中共中央、国务院关于深化国有企业改革的指导意见》（中发〔2015〕22号）明确了产权交易市场的资本市场属性。作为我国多层次资本市场的重要组成部分、非标准化资产流转的主要交易平台，产权交易机构应当积极把握国家政策导向，主动参与市场化"债转股"业务，推动符合国家发展战略、发展前景良好但暂时遇到困难的优质企业进场开展增资业务，帮助企业缓解债务压力并引入契合企业发展规划的战略投资人。产权交易机构可通过开展市场化"债转股"业务，进一步实现高质量发展的目标。

关于国有房屋租赁项目采用"网络一次性报价+原承租人行权"方式的业务研究

合肥市产权交易中心

一、合肥市国有房屋公开租赁发展历程

合肥市产权交易中心从 2007 年开始尝试国有房屋公开租赁业务。自 2007 年 3 月 1 日起，合肥市施行《合肥市招标投标监督管理办法》（市政府令第 126 号），规定"机关及事业单位的房屋租赁"须进场统一组织交易。2011 年，合肥招标投标中心出台了《合肥招标投标中心房屋出租项目操作细则》（合招法〔2011〕126 号），明确房屋出租应当遵循公开、公平、公正、竞争的原则，采取公开招租的办法，并通过合肥招标投标中心公开举行，接受社会各界的监督。2014 年，中共合肥市纪律检查委员会、合肥市财政局、合肥市监察局、合肥市人民政府国有资产监督管理委员会以及合肥市公共资源交易监督管理局联合发布《关于进一步规范我市国有（集体）资产出租管理工作的意见》（合纪发〔2014〕10 号），明确国有（集体）资产出租应当依据有关规定在公共资源交易机构公开招租。2018 年，合肥市人民政府出台《合肥市国有（集体）资产租赁管理暂行办法》（合政办〔2018〕41 号），要求国有（集体）资产租赁实行目录管理，列入公共资源集中交易目录的项目应当在所在地公共资源交易中心进行交易。

十几年来，作为合肥市国有房屋公开租赁的操作机构，合肥市产权交易中心通过不断完善租赁业务交易制度及规则、竭力创新竞价方式、努力提升交易系统功能水平，从原先现场接受报名材料、现场进行纸质报价，至今已实现房屋租赁项目网上报名、网上保证金缴纳及连续竞价全流程网上操作，不仅大大提升了资产租赁效率，而且在规范合肥市房屋租赁市场、严防权力寻租、规避廉政风险、实现国有资产保值增值方面发挥了积极的作用。

二、房屋租赁过程中遇到的问题

随着合肥市国有房屋租赁市场不断繁荣发展，在租赁市场逐渐滋生一批熟悉交易流程、善于利用交易规则、以敲诈原承租人为主要牟利手段的"房虫"，他们利用原承租人依赖原有商圈、不会轻易更换经营地点等心理，干扰正常租赁市场秩序。大多数原承租人为了能够正常经营，避免更大损失，愿意先行给予"房虫"一定费用，以避免他们恶意竞价；部分原承租人不愿妥协，坚持高价竞得房屋，最终因租金过高陷入无法履约的困境；部分原承租人直接放弃竞价，中标的"房虫"以房屋有各种瑕疵为借口不与产权单位签订合同，甚至以原承租人无法按时清场要求产权单位赔偿损失。

"房虫"上述行为使市场各方利益受损：一是原承租人为了维护成熟稳定商圈受制于恶意竞价或"房虫"敲诈，被迫选择私下解决，或因不堪承受恶意竞价而弃标，背负巨大经济压力。二是产权单位陷入与原承租人、中标人多重纠纷。以上情况，不仅影响产权单位的正常经营，很大程度上还造成国有资产无形流失。三是由于原承租人利益受损，极易出现纠纷和矛盾，原承租人通过上访或者其他极端手段维权，一定程度上增加了各种社会治安风险，不利于社会和谐稳定。四是作为承接国有产权房屋租赁组织竞价交易的产权交易机构，既是各方利益主体关注焦点，又是各方矛盾汇集点。合肥市产权交易中心工作人员要花费大量人力和时间来应对这些问题，严重影

响正常交易秩序和工作安排，对产权交易机构公信力造成不利影响。

三、创新使用"网络一次性报价+原承租人行权"方式

为规范国有房屋租赁市场、严防权力寻租、保障国有资产保值增值，以及保护原承租人利益、维护原有业态稳定性、保障租赁市场稳定和谐，合肥市产权交易中心针对原承租人房屋租赁项目，创新采用了"网络一次性报价+原承租人行权"的竞价方式，同步完成了业务系统、竞价系统的开发。具体操作流程如下：

一是意向承租人通过网上登记系统，完成项目登记、保证金缴纳，获得竞价资格。

二是获得竞价资格的意向承租人可在竞价期内通过一次性报价系统，报出最高心理价位，所有竞价人报价不得低于租赁底价。在竞价截止日期前，竞价人可以修改、撤回报价。竞价截止后，系统显示所有竞价人报价，并按从高到低顺序排序。

三是原承租人可在本项目竞价截止之后，通过竞价系统行使优先承租权。如原承租人行使优先权，则确定原承租人为当前最高报价人，且将其确定为承租人；如原承租人未行使优先权，则将最高报价人确定为承租人。

四是如果出现两个或两个以上相同最高报价：如原承租人行使优先权，则由原承租人中标；如原承租人未行使优先权，以时间优先的方式确定承租人。

五是如在竞价期内无其他竞价人报价，原承租人可在竞价截止时通过一次性报价系统进行报价，如未在网上进行报价，视为放弃竞价权利。

采用上述网络一次性报价方式，竞租人无法知晓项目报价参与人数，只能根据心理预期报出自己可接受的最高心理价位。其报价既具有一定的竞争性，又保证了合理性。同时，原承租人不需要参与竞价过程，在其他竞租人完成报价后，可根据最高报价，选择是否行使优先权，有效保障了原承租人的优先权利。

通过创新竞价方式，合肥市产权交易中心在保障国有资产保值增值的前提下，有效遏制了房屋租赁连续竞价过程中产生的恶意报价情况，充分维护了房屋租赁市场秩序，进一步提高了市属国有企业资产租赁效率，取得了良好的社会效益和经济效益。

产权交易平台融入公共资源交易平台探索实践

无锡产权交易所

2016年6月，根据《无锡市整合建立统一的公共资源交易平台实施方案》，无锡产权交易所（以下简称无锡产交所）增挂"无锡市公共资源交易中心产权交易分中心"牌子，整合进入无锡市统一公共资源交易平台。挂牌分中心后，无锡产交所原行业管理体制、业务范围及单位性质不变。

无锡产交所作为无锡市统一公共资源交易平台的组成部分，主动融入、积极参与无锡市公共资源交易平台建设，依托公共资源领域的综合资源优势、平台体系优势，交易量持续较大幅度增长。2016年交易量为69亿元；2017年增长27.54%，达到88亿元；2018年增长15.91%，达到102亿元；2019年增长3.92%，达到106亿元。无锡产交所在融入公共资源交易平台方面进行了以下三方面的探索与实践。

一、积极沟通汇报，成立公共资源交易中心产权交易分中心

2015年11月，根据江苏省整合建立统一的公共资源交易平台的精神，无锡市公共资源交易中心成立。该中心成立后，面临政府采购、建设工程项目招投标、土地使用权出让、国有产权交易等交易平台的整合工作。

作为成熟的、市场化的产权交易机构，无锡产交所能够正确认识自身与统一公共资源交易平台之间的关系。为此，无锡产交所根据江苏省、无锡市积极有序推进平台整合的要求，对接无锡市政务办和无锡市公共资源交易中心，主动汇报国有产权交易相关工作，推动无锡市统一公共资源交易平台体系尽快形成。

鉴于无锡产交所为公司制企业，与无锡市原有建设工程招标投标、政府采购、土地使用权出让等业务单位事业性质不同，在整合过程中，无锡产交所积极争取产权交易机构独立法人地位，主动向主管部门汇报产权交易机构在服务国资国企改革中的做法和市场化模式。

最终，无锡市政府决定采用"物理整合"和"化学整合"相结合的方式整合公共资源交易平台，无锡产交所独立法人资格得以保留，行政主管部门和单位性质不变。2016年6月，经无锡市政务办批复，无锡产交所增挂"无锡市公共资源交易中心产权交易分中心"牌子。

在统一公共资源平台整合过程中，江苏省仅有4家交易机构独立法人地位得以保留，其余10家均丧失法人资格并入公共资源交易中心。无锡产交所把握住了机会，凭借十多年来服务企业国有产权交易的实践成果，成为无锡市统一公共资源交易平台的重要组成部分。

二、发挥平台功能，为做好公共资源招标采购服务提供有益补充

无锡产交所自2005年开展行政事业单位房产招租、2009年开展"退城进园"剩余房屋搬迁资产处置等公共资源交易业务，在其他公共资源交易领域积累了一定经验。2012年7月，无锡产交所以无锡市政府办公室印发的《无锡市机电设备交易办法（试行）》为契机，牵头组织市经信委、发改委、国资委、监察局等职能部门和全市十大国有集团参加的推进会，积极开展政策宣讲，推进机电设备招标采购进场交易。2014年，无锡产交所以无锡市国联集团为试点，大力拓展无锡市国企招标采购业务，提供各类货物、服务以及未达到建设工程规模的零星工程采购服务。

经过多年招标采购实践，无锡产交所建立了较为规范的制度体系、公开透明的市场化平台并强化监管。2016年整合进入公共资源交易平台后，无锡产交所进一步发挥平台功能，持续为国企、非公经济招标采购提供专业化服务，成为无锡市公共资源交易中心的有力补充，积极推动公共资源交易业务健康发展。

三、利用专业优势，推进与其他公共资源交易中心的合作

无锡产交所坚持"合作共赢"理念，积极融入公共资源交易平台体系，加强与公共资源交易中心和其他机构的合作交流。

一是加强与无锡市公共资源交易中心及各分中心的合作。无锡产交所积极参加无锡市公共资源交易中心组织的交流会、专题讨论会、组织培训等，定期向市公共资源交易中心做工作汇报。2017年开始借调人员至无锡市公共资源交易中心工作，同时向无锡市公共资源交易中心提供场地、设备等资源。

2018年以来，无锡产交所深入无锡两市五区公共资源交易分中心，联系走访滨湖、新吴、江阴、梁溪分中心，针对资产转让、农村产权交易等业务，寻求合作发展。

二是依托行业协会寻求公共资源交易发展新空间。2019年，无锡产交所先后加入无锡市上市公司协会、中国招标投标协会及公共资源交易分

会，并参加了全国公共资源交易标准化峰会、国企采购操作规范解读培训等活动，协助无锡市场协会组织召开无锡市要素市场行业交流会。通过加强外部沟通，及时掌握公共资源交易领域最新动态，积极做好工作应对，并依托协会平台优势寻求新的发展空间。

三是加强与其他同行机构的交流探讨。结合江苏省公共资源整合情况，无锡产交所积极加强与省内其他公共资源交易中心之间的交流。至江苏省产权交易所拜访学习，探索加强制度建设、系统建设之道，以及更好对接公共资源交易平台之法；与徐州市公共资源交易中心就产权交易业务签署战略合作协议，加强沟通交流，寻求合作；与连云港产权交易所沟通无锡市公共资源交易平台模式；与南通市公共资源交易中心对接房产招租业务政策规定与操作流程。

在当前行业形势下，如何融入公共资源平台是产权交易平台面临的现实问题，同业产权交易机构应加强合作交流，共同探索出一条在统一公共资源交易平台建设发展前提下推动产权交易机构健康发展的道路。下一阶段，无锡产交所将认真研究《关于深化公共资源交易平台整合共享指导意见的通知》（国办函〔2019〕41号）精神，积极融入公共资源交易平台，抢抓"市场化配置资源"和"平台整合共享"发展机遇，坚持"规范、专业、高效"运营，致力打造门类齐全、功能突出、服务到位的区域性产权交易资本市场。

中国产权市场年鉴 2019—2020

China Property Rights Exchanging Capital Market Yearbook 2019–2020

案例选编

"引战—股改—上市"三步走　打造绿色能源"国之重器"

——中国三峡新能源有限公司增资项目

在全面深化国企改革大潮中，中国长江三峡集团公司（以下简称三峡集团）旗下中国三峡新能源有限公司（以下简称三峡新能源公司）为实现"打造千亿市值和千万千瓦装机规模的一流新能源上市公司"的目标，制定了"引战—股改—上市"的"三步走"发展战略。2017年底，三峡新能源公司通过北京产权交易所（以下简称北交所）增资扩股，成功引入8家综合实力雄厚的投资者，实现从单一股东向股权多元化、从国有独资企业向混合所有制企业的转变，迈出了"三步走"战略的第一步。2019年3月，三峡新能源公司正式启动股份制改造工作，争取早日上市，为实现企业发展目标奠定坚实基础。

一、精耕十年，做新能源行业领先者

2019年3月29日，三峡新能源公司在北京召开公司股改上市工作动员大会。这是2017年底三峡新能源公司在北交所引入战投之后，朝着上市迈出的又一关键步伐，距离"打造千亿市值和千万千瓦装机规模的一流新能源上市公司"的目标又近了一步。

说到新能源发电产业，无疑是过去十年的投资热点。一方面，中国经济的持续快速发展带来长期而巨大的能源需求；另一方面，化石能源储量不断减少，环境日益恶化。这都要求中国尽快调整能源结构，发展非化石能源成为一项国家行动，新增装机容量和发电量逐步提升。

国家能源局的数据显示，2009—2018年，中国新增装机中非化石能源占比从30%提高到70%，非化石能源发电量占比从不足20%增长到30%。

来自中国电力企业联合会的统计数据表明，过去十年，特别是2015年以来，我国每年新增发电装机容量中，风电、光伏等非化石能源发电量增长势头非常明显（如图1所示）。2016年，国家发展改革委和国家能源局发布的《能源生产和消费革命战略（2016—2030）》首次提出，到2030年，中国非化石能源发电占比要达到50%，到2050年，非化石能源消费占比达到一半的战略目标，表明这一领域的市场空间非常大。

三峡新能源公司是三峡集团的全资子公司，其前身是中国水利投资集团公司，2008年并入三峡集团，2010年更名为中国三峡新能源公司。2015年6月，公司由全民所有制公司整体改制为一人有限责任公司，名称变更为中国三峡新能源有限公司。

近年来，为适应中国能源结构的转型升级，三峡集团审时度势，提出并持续推进"风光三峡"和"海上风电引领者"的新战略发展目标，将海陆风电和光伏等新能源业务作为集团在水电之外的第二主业，三峡新能源公司正是这一新战略的重要实施平台。

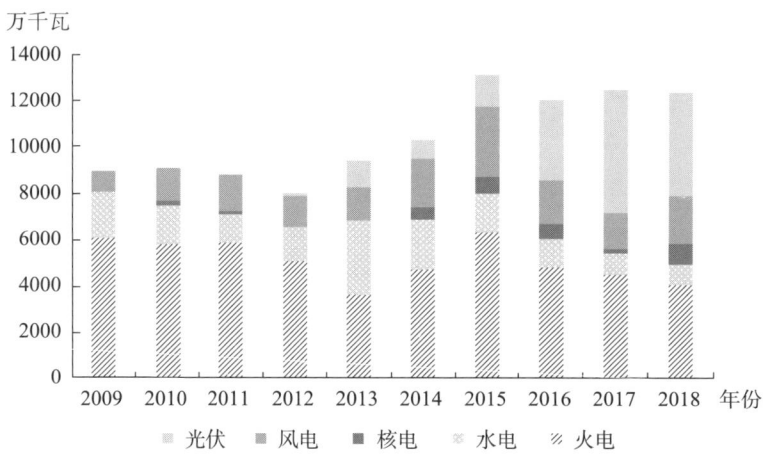

图 1 2009—2018 年中国新增发电装机分布情况

这些年，三峡新能源公司按照三峡集团确定的总体战略，大力推进陆上风电、光伏发电和海上风电，稳健发展中小水电业务，探索推进光热、增量配网、燃气分布式能源、风电制氢等新业务；同时，投资了与新能源业务关联度高、具有优势互补和战略协同效应的风机及零部件制造产业，基本形成风电、太阳能为主体，中小水电、装备制造业为辅助，相互支撑、协同发展的业务格局。截至 2017 年 6 月底，三峡新能源公司业务已覆盖全国 30 个省份，投产及在建的风电、太阳能及中小水电等新能源装机容量超过 800 万千瓦，资产总额超过 600 亿元，成功跻身国内新能源行业第一梯队。与此同时，三峡新能源公司盈利能力也处于行业前列：2015 年盈利 14.4 亿元，2016 年盈利达 17 亿元，2017 年 1—8 月盈利 17.8 亿元。

市场前景一片看好，企业发展也有了很好的基础，但在立志"建设具有全球竞争力的世界一流清洁能源集团"的三峡集团看来，三峡新能源公司应当有更高远的目标。这个目标就是"打造千亿市值和千万千瓦装机规模的一流新能源上市公司"，实现这一目标的路径则是"引战—股改—上市"的"三步走"战略。

新能源发电行业经过过去十几年的高速发展，已迎来发展拐点。行业的主要矛盾已经从原来的技术突破问题转变为传统的、单一的电力体制如何适应新能源市场大规模开发应用的问题，这在业内已形成共识。

此外，还有一个宏观背景，国企混改如火如荼推进，包括电力在内的七大关键行业更是成为混改重点。风正时济，自当破浪前行，蓄力十年之久的三峡新能源公司迎来改革风口。

根据"三步走"战略，三峡新能源公司时为一人有限责任公司，不符合中国证监会对于拟上市公司主体资格的要求。因此，三峡新能源公司首先要引入战略投资者，对公司进行股份制改造，以满足上市的主体资格要求。

二、引入战投，成功迈出上市第一步

2017 年 9 月 28 日，三峡新能源公司增资扩股项目正式在北交所挂牌。挂牌公告显示，此次三峡新能源公司增资扩股拟引进不超过 10 家投资者；增资完成后，原股东三峡集团持股比例不低于 70%，投资者持股比例合计不超过 30%；拟募集资金总额将通过竞争性谈判的方式确定。

明确的政策取向、广阔的市场前景、良好的业务基础，让三峡新能源公司增资项目毫无疑问地成为各方资本眼中的"香饽饽"。

2017 年 10 月 27 日，三峡新能源公司召开投资者见面会，50 多家投资机构参加，其中既有央企、地方国企、民营企业等实业投资者，也有银行、保险、券商、公募基金、信托等诸多金融机构。

见面会上，三峡新能源公司相关负责人强调，此次引入战略投资者，引资的同时将更加注重引智、引制和引治。除了具备资金实力，还要看其是否具有技术、管理、市场等优势，看其能否增强企业核心竞争力和创新能力，看其是否致力于长期投资合作、谋求长期利益回报和企业可持续发展。

挂牌期结束，经确认符合条件的意向投资方共16家。2017年12月26日和27日，经过两天的竞争性谈判，由评审工作组审议并经三峡集团批准，最终确定都城伟业集团有限公司、中国水利水电建设工程咨询有限公司、三峡资本控股有限责任公司、四川川投能源股份有限公司、浙能资本控股有限公司、珠海融朗投资管理合伙企业、金石新能源投资（深圳）合伙企业、湖北长江招银成长股权投资合伙企业共8家企业为投资方，募集资金总额117.4628亿元，相对于评估值，溢价逾10亿元。入资后，8家企业合计持股30%。本次引资规模将近120亿元，是近年来中国新能源企业规模最大的股权融资事件。

本次增资引入战略投资者，呈现出数量多、类型广、合作领域宽的特点。

首先是三家中央企业入资，构建起央企之间的资源协同。都城伟业集团有限公司是国家电网的全资子公司，是国网旗下重要的风电等新能源发电投资平台；中国水利水电建设工程咨询有限公司则是电力规划、设计、建设能力和业绩都位居全球第一的综合性特大型建筑集团；三峡资本控股有限责任公司是三峡集团旗下的资本运营平台，将强化三峡集团内部对三峡新能源公司的支持。

其次是两家地方省属国企入资，形成央地国企之间的业务协同。四川川投能源股份有限公司作为四川省属国有资产经营平台，在清洁能源投资领域有着丰富经验，此次投资将拓展其在风电、太阳能等新能源领域的布局。浙能资本控股有限公司隶属于浙江省能源集团公司，原本就与三峡新能源公司在海上风电开发、抽水蓄能、燃气发电等方面有着广泛合作。

最后是三家民营控股的专业投资机构——湖北长江招银成长股权投资合伙企业、金石新能源投资（深圳）合伙企业和珠海融朗投资管理合伙企业。三家企业的进入，将在三峡新能源公司改制上市、股权和债权融资、资本运作等方面提供支撑。

三、力推上市，打造绿色"国之重器"

2018年1月，三峡新能源公司完成工商登记变更，实现从单一股东向股权多元化、从国有独资向混合所有制企业的转变。按照增资协议的约定，新进的两家中央企业股东各拥有一席董事会席位，一家民营有限合伙企业获得一席监事会席位。三峡新能源公司在募集发展资金的同时，有效完善了企业法人治理结构。

战投的引入也为三峡新能源公司的经营发展按下了"快进键"。2018年3月，三峡新能源公司成功中标陕西省渭南市100兆瓦光伏"领跑者"项目；6月11日，成功中标陕西省铜川市250兆瓦光伏"领跑者"项目；2018年12月30日，随着青海锡铁山10万千瓦风电项目正式并网发电，三峡新能源公司并网项目总装机规模突破千万千瓦；海上风电项目集中连片规模化开发格局初步形成，广东阳江、汕头及江苏区域三个"百万千瓦级"基地取得实质性突破，江苏大丰、辽宁庄河项目首批机组并网发电，投产、在建及核准待建装机规模超过800万千瓦，位居国内同行业前列。在经营业绩方面，2018年合并报表后净资产达到404亿元，盈利28.91亿元，同比增长25%，再创历史新高。

与此同时，三峡新能源公司后续改革驶入快车道。2018年4月12日，三峡新能源公司召开首次股东见面会，就公司后续改革发展说明情况；5月24日，邀请证券行业专业人士就企业改制上市各阶段治理机制进行授课培训；2019年3月29日，召开股改上市工作动员大会。

上市愿景愈加清晰，愈走愈近。股改上市动员大会上，三峡新能源公司党委书记、董事长李斌指出，公司股份制改造正在有条不紊地进行，已初步具备 IPO 上市条件。他同时强调，股改上市是公司实施"风光三峡""海上风电引领者"战略和创建世界一流新能源企业目标的必经之路，也是公司建立现代企业制度、规范法人治理、健全内部管理的重要手段，更是公司未来发展壮大的必要基础。

习近平总书记在党的十九大报告中明确指出，要推进绿色发展，壮大清洁能源产业，推进能源生产和消费革命，构建清洁低碳、安全高效的能源体系。

可以预见，在构建未来清洁低碳、安全高效的能源体系的背景下，以三峡新能源公司为代表的中国新能源企业将以更清洁的能源供给体系为国民经济发展和人民美好生活提供更高效、更灵活、更便捷的能源服务，中国新能源产业必将绘出新的发展蓝图。

（北京产权交易所供稿）

首农食品集团房屋租赁凸显区位优势　租金收入翻倍

——首农食品集团北水嘉伦公司房屋租赁交易

2019 年新年伊始，首农食品集团北水嘉伦水产品市场有限责任公司（以下简称北水嘉伦公司）位于新发地批发市场的一项房屋租赁项目通过产权市场高溢价成交，实现国有资产保值增值、国有企业提质增效，同时规范了国有企业房屋出租行为，很好地践行了北京市国资委 21 号文件精神，对全市乃至全国各级国有企业房屋租赁进场交易具有很强的示范意义和带动效果。

一、监管部门出台新政，首农食品集团快速响应

2018 年 10 月 29 日，北京市国资委发布《关于进一步规范市属国有企业京内土地房屋资产处置和房屋出租对外合作经营管理的通知》（京国资发〔2018〕21 号，以下简称 21 号文），其中明确规定："企业将拥有或有控制力的面积超过 1000 平方米的房屋及面积不足 1000 平方米但招租底价每年在 100 万元以上的房屋资产出租或寻找合作经营方，出租项目应通过实施企业国有资产交易的产权交易机构以公开招租的方式广泛征集承租人。"由此拉开了北京市属国企所属房屋租赁进场交易的序幕。

文件发布后，作为北京市管国有企业之一的首农食品集团高度重视，主要领导亲自推动部署，组织旗下企业所属的房屋租赁项目进入北京产权交易所（以下简称北交所）公开招租。也是在这一背景下，2019 年 1 月 10 日，首农食品集团旗下北水嘉伦公司所属"北京市丰台区新发地银地西路 18 号的 2243 平方米房屋对外出租项目"正式进场挂牌。

首农北水嘉伦房屋租赁项目位于北京市南四环新发地批发市场的核心位置。说起新发地批发市场，这个以蔬菜、果品批发为龙头，以肉类、粮油、水产、调料等农副产品为主的综合批发交易市场可谓赫赫有名，它是北京人民的"菜篮子"，英国广播公司 BBC 的纪录片《中国春节：全球最大的盛会》中特别提到新发地批发市场，称其为"北京饮食文化的灵魂"。经过 30 多年的发展，新发地批发市场的交易规模不仅在全国、在亚洲名列前茅，在世界同类市场中也具有很高的知名度和很大的影响力。在这里，每天仅蔬菜和水果的吞吐量用厢式货车来装载，首尾相接可达 100 公里，相当于绕北京五环路一圈。

成立于 2006 年 5 月的北水嘉伦公司，是首农食品集团旗下子企业。2008 年 1 月，北水嘉伦公

司在新发地批发市场投资3.75亿元经营的北水嘉伦水产品市场开业，服务项目包括批发交易、保鲜仓储、分割包装、办公商住等。该市场占地面积9万平方米，建筑面积6.9万平方米，建有196个10~20吨的经营周转冷库和批发零售摊位、2万吨大型储藏冷库和3000吨地下恒温库、12300平方米综合商务楼、5900平方米客户公寓，市场内配套设施齐全，拥有检测中心、综合商务楼、配套公寓、停车场等，是北京地区唯一的"中国远洋渔业产品推广示范基地"。

首农北水嘉伦房屋租赁项目是北水嘉伦公司在该水产品市场持有的众多物业之一，且是批发市场内为数不多的独栋建筑。2008年1月起，该物业即对外出租，主要用途为农副产品分拣与配送，为新发地批发市场提供配套服务。

2018年12月31日，该项物业的原租户北京鑫亨源农产品配送中心租约到期。此时适逢21号文出台，首农食品集团和北水嘉伦公司随即决定通过产权市场公开招租，出租用途仍为农副产品分拣与配送。北水嘉伦公司经调研周边房屋租金价格，并参考原租户的租金价格，将招租底价确定为160万元/年，租期为两年。

二、网络竞价显现优势，租金收入翻倍

项目一经挂牌，受到新发地商圈广大批发及配送企业的广泛关注。截至2019年1月16日信息披露期满，短短5天时间，征集到北京利源百发商贸有限公司、北京金秋航商贸有限公司、北京憨果鲜生农业科技有限公司、北京好评果农业科技有限公司及原承租方北京鑫亨源农产品配送中心5家符合条件的意向承租方。

按照《北京产权交易所企业房屋出租操作规则（试行）》的规定：经公开征集产生符合条件的意向承租方的，可采取网络竞价、招投标、竞争性谈判、综合评议四类遴选方式确定承租方。首农食品集团和北水嘉伦公司为了更大程度提升国有资产价值，同时在最大程度上确保公平交易，最终选择了网络竞价方式。

2019年1月24日，一场激烈的房屋租赁网络竞价正式上演。上午11点5分，竞拍开始。各竞拍方紧盯电脑屏幕，一次又一次录入报价，价格从160万元的底价一路飙升，163万元、169万元、202万元、211万元……随着价格越来越高，竞拍者预设的价位逐渐被超越，开始打电话寻求决策意见。时间一分一秒过去，价格还在上涨，346万元、349万元、352万元……最终，历经15分钟41轮竞拍，拥有十年农产品经营经验的北京利源百发商贸有限公司以358万元/年的价格竞得该房屋两年的租赁权，溢价率达到123.75%，租金收入增长一倍以上，如图1所示。

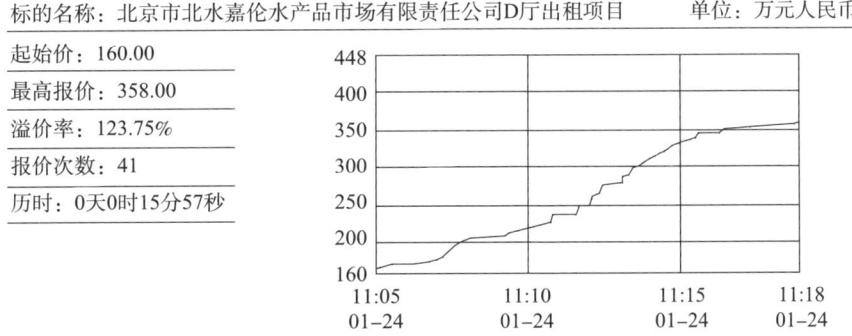

图1 北水嘉伦公司房屋租赁项目网络竞价走势

三、进场招租实现多赢，市场机制广受好评

首农北水房屋租赁项目是21号文发布以后首个通过网络竞价方式开展遴选的房屋出租项目，不仅具有很强的示范意义和带动效果，还取得了很好的市场反响，实现了各方多赢的结果。

对于租赁方——北水嘉伦公司来讲，该房屋租赁项目租金增值达198万元/年，相比原出租价格和本次招租底价，实现翻倍上涨，国有资产实现大幅保值增值。本次招租的承租方——北京利源百发商贸有限公司的负责人表示，通过公开市场网络竞价，虽然租金价格有所提升，但给了我们公平竞争的机会，整个过程阳光透明，令人非常安心。这位负责人还表示，将把该房屋装修改造为现代化仓储基地，更好地服务首都市民与和谐宜居之都建设。对国资监管部门来讲，推动国有房屋租赁进场交易，规范了交易行为，有效提升了国有资产监管效能，生动践行了党的十八届三中全会提出的"使市场在资源配置中起决定性作用和更好发挥政府作用"的重要思想。与此同时，21号文还提出，要加强国有企业所属房屋土地管理，鼓励企业将闲置土地和房屋优先用于高精尖产业、文化创意和现代服务业等符合北京市"四个中心"定位和产业转型升级的产业。通过进场公开征集承租方，有效提升了国资监管部门对国企房屋出租用途的管控力度，为疏解非首都功能和首都城市功能建设提供了支撑。

21号文发布以后，各市管国有企业积极行动，房屋出租整体进场交易取得很好成效。北交所的统计数据显示，自21号文发布之日起至2019年3月15日，北交所共发布87宗房屋出租项目信息，出租总面积15.67万平方米，租金总额10.71亿元。其中，已成交32宗，出租总面积7万平方米，租金总额4.09亿元，较租金底价增值1585万元，增值率达到4%。

北京市国资委对市管企业房屋租赁进场交易始终给予高度重视。市国资委党委书记、主任张贵林同志专门批示，要求北交所进一步总结经验、改进服务、提高效率，在提供公开公平交易的同时，实现国有物业价值最大化，更好地服务国企和租户。

作为企业国有资产公开、阳光交易的服务平台，北交所正在不断完善交易制度、优化交易流程，以进一步保障交易规范；同时，通过强化市场推介、打造信息化支撑平台、引入租赁融资服务等方式，持续提升市场功能和交易效率，为房屋出租类资产提供更优质的服务。

（北京产权交易所供稿）

无形资产入股光刻机企业　赋能北京高精尖产业发展

——北京国望光学科技有限公司增资项目

2019年6月，中国科学院长春光学精密机械与物理研究所和中国科学院上海光学精密机械研究所，以"中国首套高端光刻机曝光光学系统"部分发明专利所有权出资，作价10亿元，参与了北京国望光学科技有限公司增资，对应持股比例33.33%，成为全国产权市场首个以无形资产出资

方式成交的增资扩股项目，成为科技成果顺利转移转化的典型案例，也是北京构建高精尖产业的又一重大进展。更为重要的是，依托国望光学的资金实力和北京亦庄经济技术开发区在集成电路领域的产业集群优势，光刻机关键零部件产业化有望迅速实现，这将大大推动国产光刻机整机的量产工作，对于提升我国集成电路高端装备制造能力意义重大。

一、光刻机——"皇冠上的明珠"

如果有属于科技领域的热词榜，毫无疑问，2019年一定会有"光刻机"的一席之地。

证券市场上，2019年7月之后的多个交易日，"光刻"概念股集体走强，数家投行的研究报告给予"买入"评级。有消息称，规模高达2000亿元左右的国家集成电路产业投资基金（二期）即将完成募资，未来投资方向将向国内集成电路产业链薄弱环节即装备和材料领域倾斜。国信证券的报告更是直接指出，未来高端光刻机和高端光刻胶获得资金和政策双重支持的概率很大。一时间备受各路资本追捧的光刻机到底是什么？这要从中国集成电路芯片的现状说起。

中国是全球第一大芯片市场，占全球市场份额的50%以上，但目前中国所需80%以上的芯片依赖进口，高端芯片的自给率更是不足10%。根据中国海关统计数据，2018年我国芯片进口额达到3120.58亿美元，同比增长19.8%，已连续六年超过原油，成为我国第一大进口商品，对外依存度远远超过了国际经验50%的"安全警戒线"。

随着中美贸易摩擦的不断升级，特别是中兴和华为事件，突显出中国在芯片等高端制造领域面临的"卡脖子"问题。芯片自给率不足有很多原因，生产芯片先进装备的供给能力不足是其中重要的一个，这其中又以半导体前道用光刻机（以下简称光刻机）最为重要。

芯片制造主要分为设计、制造和封测三大环节。设计是指根据芯片的使用目的进行逻辑设计和规则制定，并根据设计图制作掩模以供后续光刻使用。制造环节是将芯片电路图从掩模转至硅片上，并实现芯片预定功能的过程，整个过程包括光刻、刻蚀、离子注入、化学机械研磨等步骤。在这个环节，我们与国外先进水平还有较大差距。封测是指完成芯片的封装和对性能、功能进行测试，是产品交付前的最后工序。这一环节是我国与国际水平差距最小的环节。

光刻工艺水平直接决定芯片的制作水平和性能。光刻的基本原理是在硅片表面覆盖一层具有高度光敏感的光刻胶，再用光线（一般是紫外光、深紫外光、极紫外光）透过掩模照射硅片表面，被光线照射的光刻胶会发生反应。此后，用特定溶剂洗掉光刻胶，即可实现电路图从掩模到硅片的转移。光刻完成后，对没有光刻胶保护的硅片部分进行刻蚀，并洗去剩余光刻胶，即可实现半导体器件在硅片表面的构建。

这个过程是整个芯片制造环节中最复杂、最关键的工艺步骤，耗时长、成本高，一个芯片需要进行20~30次光刻，耗时占整个芯片生产环节的50%左右，成本占芯片总成本的1/3。

用以光刻的设备——光刻机是芯片制造环节的核心设备。一台光刻机涉及系统集成、精密光学、精密运动、精密物料传输、高精度微环境控制等多项先进技术，由几万个精密零件、几百个执行器传感器和千万行代码组成，它的内部运动精度误差不超过一根头发丝的千分之一。由于技术的高难度和系统的复杂性，形成了超高的研发门槛和极高的价值，光刻机被誉为集成电路产业"皇冠上的明珠"。芯片制造核心工艺主要设备全景如图1所示。

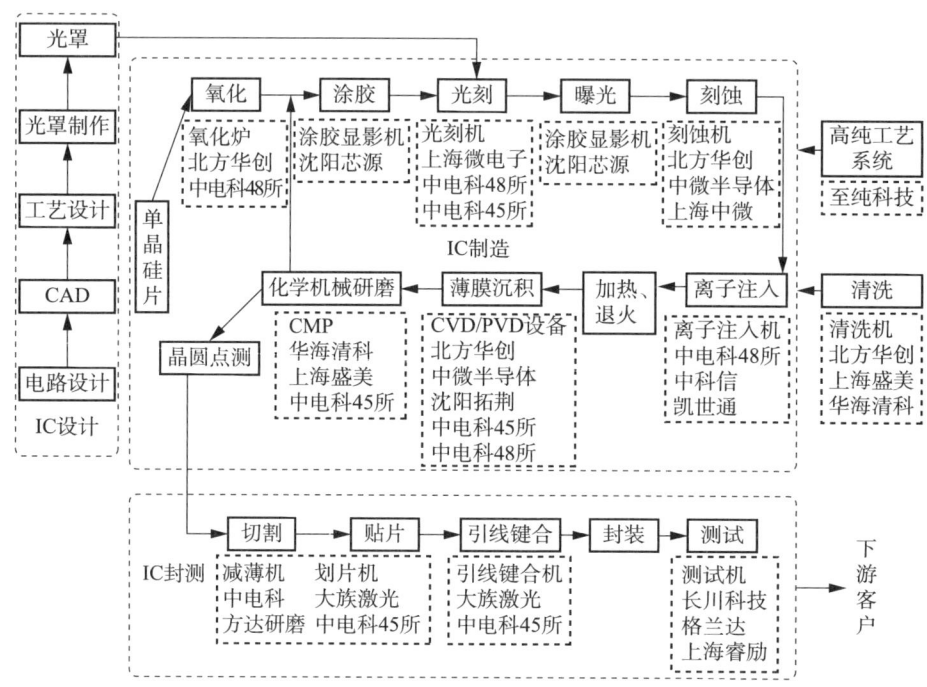

图 1 芯片制造核心工艺主要设备全景

资料来源：华创证券。

表 1 五代光刻机基本指标

代际	光源	波长（纳米）	对应设备	最小工艺节点（纳米）
第一代	g-ine	436	接触式光刻机	250~800
			接近式光刻机	250~800
第二代	i-line	365	接触式光刻机	250~800
			接近式光刻机	250~800
第三代	KrF	248	扫描投影式光刻机	130~180
第四代	ArF	193	步进扫播投影光刻机	65~130
			浸没式步进扫描投影光刻机	22~45
第五代	EUV	13.5	极紫外光刻机	7~22

通过光源的改进，光刻机已经经历五代（见表1）。目前，全球光刻机生产厂商仅有4家，分别为荷兰阿斯麦（英文简写ASML）、日本尼康株式会社（简称日本尼康）、日本佳能株式会社（简称日本佳能）和我国的上海微电子装备（集团）股份有限公司（简称上海微电子）。其中，荷兰阿斯麦在全球光刻机出货量中所占份额最高，达到67.3%，且世界上最先进第五代EUV光刻机只有它能生产，单价达到1亿欧元以上，且需很长的订货周期。日本尼康、日本佳能和上海微电子3家的产品主要集中在中低端市场（见表2）。

表 2 我国光刻机产品与国际先进产品的差距

公司	节点	波长	光源
ASML最先进水平	7纳米	13.5纳米	EUV
上海微电子最先进水平	90纳米	193纳米	ArF

二、十年不懈自主研发，突破"卡脖子"技术

自20世纪90年代起，我国科研团队就开始

进行光刻机相关研究，但受限于国外设备、技术封锁，我国光刻机产品一直落后于国际先进水平。

2008年，我国出台《国家中长期科学和技术发展规划纲要（2006—2020）》，明确了16个科技重大专项，其中排名第二的就是"极大规模集成电路制造装备及成套工艺"，因此被业内称为"02专项"。

"02专项"的总体目标是开展集成电路制造装备、成套工艺和材料技术攻关，掌握核心技术，形成自主知识产权，实现产业自主创新发展。其中，"十一五""十二五"期间重点实施内容为：实现90纳米光刻机产品化，进行22~45纳米光刻机攻关，开展14~22纳米前瞻性研究，形成45~65纳米装备、材料、工艺配套能力及集成电路制造产业链，进一步缩小与世界先进水平的差距，等等。

"02专项"的关键任务——光刻机项目由此开启，其中最核心的四大部件是物镜、光源、工件台和浸液系统。"02专项"的部署如下：由上海微电子负责光刻机系统的整体设计和集成；由中科院长春光学精密机械和物理研究所（以下简称长光所）牵头负责物镜系统的研发，中科院上海光学精密机械研究所（以下简称上光所）负责照明系统的研发，两者一起组建光刻机的曝光光学系统；清华大学牵头负责光刻机双工件台设计；浙江大学牵头负责研发光刻机浸液系统。

经过近十年的潜心钻研和艰苦奋战，光刻机四大核心部件研发先后取得突破。2018年3月，由上海微电子集成的90纳米光刻机产品通过国家验收，标志着上海微电子成为继荷兰阿斯麦、日本尼康和日本佳能之后，全球第四家掌握光刻机系统设计和系统集成技术的公司。90纳米是光刻机的重要技术台阶，在攻克90纳米节点后，有望快速将产品延伸至65纳米、45纳米制程。

三、国产光刻机光学系统制造企业落户北京亦庄

十年艰辛路，只为一朝显国威。随着光刻机整机及其核心零部件技术的日趋成熟，包括政府引导资金、风险投资等在内的各类资本纷纷开始布局。

上海微电子作为光刻机系统设计和系统集成生产商，2016年就获得来自光大控股（青岛）投资有限公司、上海张江浩成创业投资有限公司等多家战略投资者数亿元的战略投资，目前正处于上交所主板IPO筹备阶段；光刻机四大核心零部件之一双工件台生产商——清华大学朱煜教授主导的北京华卓精科科技股份有限公司（以下简称华卓精科），于2018年在新三板通过定向增发完成了两轮融资，募集资金近亿元；2019年3月完成了B轮融资。

就在此时，位于北京市大兴区的北京经济技术开发区也行动起来。基于北京建设全国科技创新中心的大背景，北京经济技术开发区作为北京"三城一区"的重要一环，担负起打造具有全球影响力的科技成果转化承载区的重任。经过多年积累，这里已经成为全球领先的存储器、基带芯片和射频电路、电力电子及功率器件、集成电路代工及装备四大高精尖产业研发制造中心，且打通了上下游产业链，形成包括制造、封装测试、装备、零部件及材料、设计等在内的完备的集成电路产业链，成为国内规模最大、水平最高的集成电路产业基地。

基于雄厚的产业基础，2018年6月，北京亦庄国际投资发展有限公司在北京市政府和北京经济技术开发区的支持下，斥资20亿元设立北京国望光学科技有限公司（以下简称国望光学），希望依托北京经济技术开发区在光刻机领域的资源聚集优势，吸引光刻机相关关键核心部件的研发与产业化资源，推动中高端光刻机整机的研发和量产。

国望光学虽有雄厚的资金实力，但缺少制造光刻机的核心技术。为此，国望光学决定通过北京产权交易所（以下简称北交所），以增资扩股的方式征集技术实力一流的战略投资方。

为做好这项工作，国望光学与北交所迅速组

成项目组，对增资方案进行了科学周密的设计。增资方案明确，本次增资拟征集2家投资方，拟募集资金金额不低于10亿元，对应持股比例合计不高于34%，募集资金用于光刻机曝光光学系统、高端镜头、光电仪器、光学加工与检测设备的研发与生产。方案进一步明确：本次公开增资，单个投资意向方拟投资金额不得低于1亿元；增资完成后，公司股东会拟设7名董事，其中原股东2名、独立董事2名、新进投资方2名、职工董事1名；监事会拟设3名监事，原股东、新进投资方和职工监事各1名。同时，为匹配此次增资目的，最大限度地确保能够征集到急需的目标投资方，增资方案明确：融资方将采用竞争性谈判方式遴选和确定最终投资方、持股比例和增资价格。遴选的主要标准包括：合格意向投资方提交的增资价格；合格意向投资方的行业声誉、企业背景、商业信誉、业务实力、资金实力及公司治理能力等。

筑巢引凤，只待来人。2018年12月10日，北京国望光学科技有限公司增资扩股项目在北交所正式挂牌。截至2019年2月3日挂牌期满，该项目征集到2家意向受让方，正是"02专项"项目组中的长光所和上光所。然而，两家投资方并非以现金形式，而是以持有的"中国首套全自主知识产权的高端光刻机曝光技术"部分发明专利所有权作价10亿元出资。

以无形资产作价方式参与企业增资，在产权市场以往的操作中并不常见，对北交所来说，也是新的尝试。为了确保交易的公开透明和规范操作，北交所拟定了科学周密的无形资产评估和审核方案，得到融资方和2家意向投资方的认可。

经过一系列程序，2家机构被确定为最终投资方。其中：长光所以49项发明专利作价入股，对应评估值为8.8亿元，股权占比29.33%；上光所以73项发明专利（申请）所有权作价入股，对应评估值为1.2亿元，股权占比4%，两者合计持股33.33%。

与此同时，根据2015年新修订的《中华人民共和国促进科技成果转化法》第四十五条规定，科技成果完成单位可对完成、转化职务科技成果做出重要贡献的人员给予奖励和报酬。其中一个奖励标准是，利用该项职务科技成果作价投资的，从该项科技成果形成的股份或者出资比例中提取不低于50%的比例。

根据此项政策，长光所和上光所对此次无形资产作价入股形成的股权，分别以50%的比例通过北交所奖励给研发团队，即长光所研发团队持有国望光学14.665%的股权，上光所研发团队持有国望光学2%的股权，由此实现了对核心技术团队的股权激励，并在北交所合规确权。

长光所始建于1952年，是新中国在光学领域建立的第一个研究所，主要从事发光学、应用光学、光学工程、精密机械与仪器的研发生产。另一家投资方上光所成立于1964年，是我国建立最早、规模最大的激光科学技术专业研究所，经过50余年的发展，已成为以探索现代光学重大基础研究、发展大型激光工程技术并开拓激光与光电子高技术应用为重点的综合性研究所。

2008年，根据"02专项"部署，长光所和上光所启动光刻机曝光系统的研发，即"高NA浸没光学系统关键技术研究"和"极紫外光刻关键技术研究"。两个研究分别瞄准产线应用和前沿攻关，专项一期投资6亿元，这一干就是9年。科技部原副部长、"02专项"光刻机工程指挥部组长曹健林曾称，这是"九年风云磨一镜"。

2017年10月，"高NA浸没光学系统关键技术研究"项目顺利通过"02专项"任务在整机环境下的验收测试。验收专家组认为，光刻曝光光学系统的成功研发不仅突破了制约我国高端光刻机发展的核心技术瓶颈，还形成了一支支撑高端光刻机曝光光学系统可持续发展的青年创新团队。

该项目作为"02专项"光刻机项目的核心部件之一，是高端光刻机国产化的重要支撑，也是我国首套拥有全知识产权的高端光刻机曝光光学系统，对于实现我国90纳米光刻机的量产意义重大。基于该技术生产的EpolithA075型曝光光学产品，现已作为最重要的核心零部件，集成至上海微电子生产的型号为SSA600/20的国产90纳米光刻机上，并且获得85纳米的极限光刻分辨率。

2018年，长光所和上光所牵头承担的"02专项"的另一任务"极紫外（Extreme Ultraviolet，EUV）光刻关键技术研究"，也顺利通过由"02专项"实施管理办公室组织的专项验收。极紫外光刻是一种采用波长13.5纳米极紫外光为工作波长的投影光刻技术，代表了当前应用光学发展的最高水平。第五代EUV光刻机使用的就是该技术，现阶段全球只有荷兰阿斯麦有能力生产。虽然现阶段我们的技术水平离真正应用还有不小的差距，但该项目的顺利实施将我国极紫外光刻技术研发向前推进了重要一步。

四、无形资产作价入股，探索科技成果转化路径

如果说光刻机是"02专项"的标杆，曝光光学系统便是光刻机的标杆。此次，长光所和上光所以曝光光学系统部分发明专利所有权出资的方式参与国望光学的增资扩股，意义重大。

首先，有力地推动了我国高端制造业的发展。国望光学和长光所、上光所牵手成功，实现了强强联手，推动光刻机核心零部件实现量产，为突破制约我国光刻机产业化的"卡脖子"问题、提升我国集成电路高端装备制造的国产化能力奠定了坚实基础。

其次，对我国科技成果的转化路径进行了成功探索。长光所和上光所此次均以无形资产作价入股的方式参与增资，打通了重大科技专项从研发到实现商业化、产业化的科技创新链条，为构建成熟的科技成果转移转化体系做出了有益的尝试。该项目抓住核心科研人员这个关键因素，深度践行新修订的《中华人民共和国促进科技成果转化法》中关于对科技人员实施股权激励的规定，将激发一线科研人员的创新热情落到了实处。为此，该项目成为中国产权市场及北京市国有企业中首个根据上述法规通过引进无形资产作价入股，并实现职务科技成果转化为股权激励的增资项目，这对于产权市场的业务操作和北京市属企业的改革发展均具有重要的借鉴和指导意义。

再次，有效助推了北京"高精尖"经济结构的构建。国望光学项目的完成，意味着中国首套高端光刻机曝光光学系统生产企业落地北京亦庄，将进一步提升北京经济技术开发区的先进制造业集聚能力，是北京构建"高精尖"经济结构的又一重要进展。

最后，实现操作流程的阳光规范操作。北交所作为该项目的平台服务方，在关键的无形资产评估环节，充分领会相关政策精神，督导投融双方统一评估基准日，并由融资方国望光学委托独立的第三方资产评估机构对投资方无形资产进行评估，然后由投融资双方各自履行核准备案手续，科学、合理、真实、公平地确定了无形资产的价值。此后，两家投资方对核心技术团队的股权激励同样在北交所实施，通过阳光平台的规范操作，履行相关程序予以确权，保障了各方利益，消除了过往股权激励容易产生的质疑，可为其他同类项目操作提供借鉴。

天行健，君子以自强不息。大国重器光刻机的量产之路，让我们更加坚信，只有把核心技术掌握在自己手中，才能真正掌握竞争和发展的主动权，才能从根本上保障国家经济、国防安全和其他安全。

（北京产权交易所供稿）

降低负债，增厚业绩，中铁高速混改"一石二鸟"

——中铁高速51%股权及相关债权转让项目

2019年12月23日，中铁交通投资集团有限公司（以下简称中铁交通）与招商局公路网络科技控股股份有限公司（以下简称招商公路）、工银金融资产投资有限公司（以下简称工银投资）举行高速公路项目股权投资协议签约仪式，中铁交通集团董事长、党委书记龙援青，招商公路董事长王秀峰，工银投资党委书记、总裁张正华代表各方签署协议。招商公路与工银投资组成的联合体受让中铁交通持有的广西中铁交通高速公路管理有限公司（以下简称中铁高速）51%股权及33.15亿元债权，交易对价为99.45亿元。

一、高投低收，债务压迫高速公路企业谋"深改"

（一）高速公路企业债务负担沉重，化解诉求强烈

近年来，我国高速公路通车里程快速增加，2018年全国通车里程14.3万公里，较2010年的7.4万公里增长近一倍。由于高速公路建设初始投资大、投资回报期长，以及资本金有限，目前高速公路建设投资以债务投入为主。因此，我国高速公路企业债务规模也随着建设里程的增加而快速膨胀。

截至2018年底，我国高速公路累计投资总额约为8.21万亿元，其中，资本金投入约2.45万亿元，债务资金投入约5.76万亿元。银行贷款是我国高速公路企业举债的最重要渠道，5.76万亿元的债务资金中，有5.35万亿元来自银行贷款，剩余的4100亿元则通过债券等其他形式进行筹措。其中，经营性高速公路企业的债务余额为2.52万亿元。

高速公路企业的债务偿还主要依赖通行费收入，与每年新举借的债务及还本付息金额相比，单一通行费收入量级明显偏小，因此高速公路债务的偿还周期普遍较长。目前，我国高速公路企业的债务余额约为5.37万亿元，银行贷款余额约为4.54万亿元。

由企业"托底"的经营性公路，一样处于高投低收、高额负债到期的窘境，甚至有些债务会牵连股东公司的经营。因此，平滑偿债结构、快速化解债务压力成为高速公路经营企业的共同诉求，倒逼企业谋求改革。

（二）优质高速公路资产的投资价值要被客观认识

尽管高速公路企业普遍面临高投低收、进入偿债高峰期的现状，但并不代表高速公路资产失去投资价值；相反，在资产荒的大背景下，优质的高速公路资产因稀缺性，仍旧受到广泛关注。

高速公路具备资产权属清晰、现金来源稳定等特点，在银行面临传统优质资产投放受限及其他资产不良率普升的双重压力下，其配置价值持续受到重视。一方面，高速公路周期性弱、收益尤其是现金流较为稳定，同时可长期受益于私家车保有量增长和自驾出行提升；另一方面，高速公路企业债务负担重的根本原因在于期限错配，长期回收周期对应短偿债期限，如果能够合理消解企业负债或者安排好偿债结构，则其仍不失为较好的配置标的。

二、中铁高速"移巢引凤"，出售股权，以期盘活资产

2019年11月18日，中铁交通在上海联合产权交易所（以下简称上海联交所）发布公告，公开挂牌转让其全资子公司中铁高速51%股权及对应比例的债权，转让底价为99.45亿元，挂牌公告期为2019年11月18日至12月13日。

中铁交通集团是中国中铁全资子公司，是中国中铁投资、建设、运营高速公路板块的专业公司，目前除涉及股权及相关债权转让的11条运营高速公路外，正在投资建设7条高速公路，建设

里程达735公里。

本次交易的标的——广西中铁交通高速公路管理有限公司成立于2015年1月，注册资本为5亿元，旗下有多家控股或全资子公司，包括中铁菏泽德商高速公路建设发展有限公司、河南平正高速公路发展有限公司、陕西榆林榆神高速公路有限公司、陕西榆林神佳米高速公路有限公司、四川遂宁绵遂高速公路有限公司、云南富砚高速公路有限公司、广西梧州岑梧高速公路有限公司、重庆垫忠高速公路有限公司、广西全兴高速公路发展有限公司、广西岑兴高速公路发展有限公司、重庆渝邻高速公路有限公司等，系中铁交通全额持股。

根据信息披露，截至2019年9月30日，中铁高速资产总计99.45亿元，年营业净利润亏损约907.3万元，负债3.3亿元。此外，截至11月14日，标的公司及各相关债务人欠转让方中铁交通借款合计65亿元。低收益加高额负债，严重拖累股东中铁交通的整体经营，同时也限制其在建高速公路项目的顺利推进。

项目公告期间，征集到由招商公路与工银投资组成的联合体作为意向受让方。根据交易规则，最终确定标的资产受让方的交易金额为99.45亿元。

招商公路是招商局集团（截至2019年9月30日，持股比例为68.65%）在公路板块的投资和经营主体，经营范围包括公路、桥梁、码头、港口、航道基础设施的投资、开发、建设和经营管理等。2018年全年，公司实现营收67.59亿元，归属股东净利润39.1亿元，归属股东净资产454.63亿元。截至2018年底，投资经营的公路、桥梁、隧道总里程达8824公里，管控里程达954公里。从经营体量和盈利能力看，招商公路均显著优于中铁高速；成为股东后，其优良的高速公路经营能力和资源将成为中铁高速经营发展的重要助力。

工银资产是工商银行实施债转股的专业化平台，拥有雄厚的资金实力，能够为企业降低资产负债率提供经验借鉴和资本支持。

本次交易完成后，中铁高速将不再为中铁交通附属公司。因此，中铁高速的资产、负债及财务业绩将不再并入中铁交通的综合财务报表。本次交易所得资金99.45亿元（其中，股权转让款66.3亿元，债权回款33.15亿元），税后款项全部用于归还银行借款，加上中铁高速合并层面银行借款193.01亿元出表，中铁交通带息负债规模预计减少288.6亿元，资产负债率由77.28%降低到76.46%，降低0.82个百分点，本年投资收益约增加45亿元。

三、强强联手，共同打造央企高速公路专业化投资运营平台

本次投资合作有助于推动中国中铁、招商局相关公路资源的优化配置和结构调整，为各方创新高速公路管理模式、创效运营资源储备，共同打造央企高速公路专业化投资运营平台奠定坚实基础。

一是招商公路作为高速公路优秀投资人，合资后将其在高速公路运营领域一系列管理手段和经验同步植入，将进一步提升高速公路资产的运营效率，降低企业经营成本，提升企业盈利空间。

二是可拓展中铁交通在高速公路运营领域发展空间，目前在建的25条高速公路也将陆续进入运营期。引入招商公路的先进高速公路管理手段和经验，为公司后续创新高速公路管理模式、高效运营储备了丰厚资源。

三是可借助工银投资雄厚的金融财务资源进行债务资源重组，降低企业财务成本，使亏损项目公司尽快盈利，缩短高速公路的投资回收期，进一步提升股东价值。

四是盘活中铁交通运营高速公路资产，腾挪出存量资源，优化本公司财务结构，提升发展动力。

五是中铁交通的传统及优势业务板块在于工程的建设施工管理，引入招商公路后，可合作进入其高速公路投资领域下游的施工建设，进一步拓展其在高速公路领域工程施工的市场份额。

招商公路成功受让标的，将大幅增加其投资运营高速公路里程，同时提升公司业绩，符合招商公路打造"世界一流中国领先的高速公路投资运营服务商"的战略目标，对招商公路主营业务拓展具有重要的战略意义。

（上海联合产权交易所供稿）

创新交易、优化结构　助推铁路混改加速

——中铁特货运输有限责任公司股权转让项目

为贯彻落实中央关于深化国有企业改革的部署要求，近两年中国国家铁路集团有限公司（原中国铁路总公司，以下简称国铁集团）加快了铁路资产资本化、证券化和混合所有制改革的步伐，取得了一系列重要成果。

2019年，中国铁路总公司改制成立国铁集团，铁路市场化改革迈出重要一步；被誉为"中国高铁第一股"的京沪高铁成功通过上市发审，创IPO过会最快纪录；国铁集团三大直属专业运输公司之一的中铁特货运输有限责任公司（以下简称中铁特货）公开挂牌转让部分股权，通过引入社会资本顺利实现混合所有制改革。

中铁特货是国铁集团下属唯一的特种货物专业化运输企业，主要从事商品汽车、大件货物、冷藏货物的铁路运输，依托国铁集团铁路系统，能够调动覆盖全国的铁路货运物流网络资源。财务数据显示，2017年底，中铁特货总资产达161.8亿元，净资产143.4亿元，全年实现营业收入63.0亿元，净利润5.8亿元。

2019年2月14日，中国铁路总公司在上海联合产权交易所（以下简称上海联交所）成功转让中铁特货部分股权，东风汽车、北京汽车、中车资本、京东物流、普洛斯、中集投资6家企业合计取得中铁特货15%的股权，成交金额23.65亿元。此举意味着国铁集团在实现国有资产保值增值的同时，加快推进下属优质企业深化混改，提升铁路特种货物物流的市场竞争力，向现代物流企业转型升级工作取得了重要进展。

一、物流需求快速增长，行业发展潜力可观

近年来，随着中国互联网技术的快速发展，物流行业积极抓住发展机遇，成为中国经济增长的一大亮点。公开资料显示，中国物流行业总费用近年来保持逐年增长态势，物流需求随宏观经济持续稳定增长（如图1所示）。目前，行业已处于产业地位提升期、现代物流服务体系的形成期和物流强国的建设期。但相较于欧美等发达国家，中国的第三方物流渗透率仍然较低，未来物流行业的效率提升空间以及第三方物流的发展空间巨大（如图2所示）。

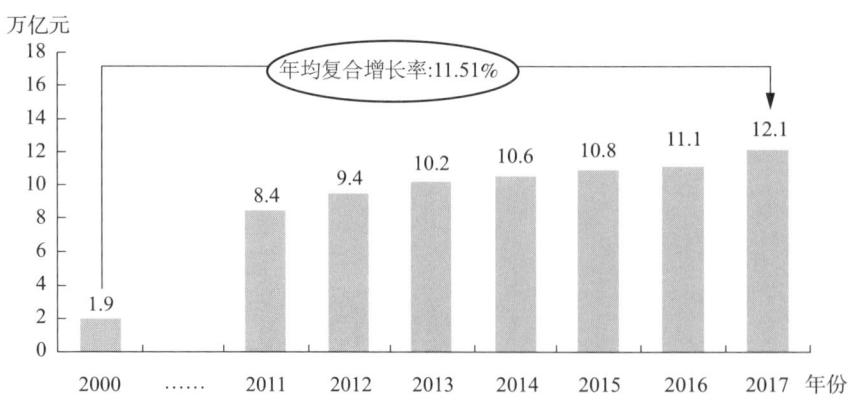

图1　2000—2017年中国物流总费用

资料来源：Wind资讯。

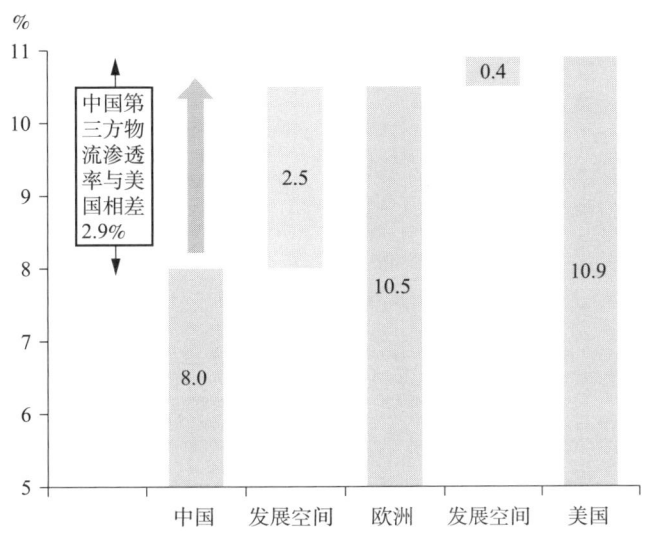

图 2 中国第三方物流渗透率与欧洲、美国的差距

二、经营业绩增长迅速，铁路货运优势明显

铁路货物运输具有运营成本低、货运量大、安全性高、受气候影响小、全天候运输等优势，在环境治理和公路治超管理加强的形势下，铁路货运前景良好。

2017年，国家发展改革委发布《铁路"十三五"规划》，明确提出充分发挥铁路绿色环保和规模运输优势，盘活路网资源，扩大铁路在大宗货物运输中的市场份额，大力发展商品汽车运输、冷链运输等新业务。这为中铁特货的发展提供了有力支撑。此外，铁路货运可以通过运用物联网等技术，扩大运输能力、优化货运服务供给、发展多式联运，为企业提供供应链全程物流解决方案，全面降低社会综合物流成本。

2017—2019年，全国铁路货运量持续增长。2019年，全国铁路货运量同比增长7.25%，国家铁路货运量同比增长7.80%。2019年1—12月，全国铁路货运量累计值达43.18亿吨，其中国铁集团货运量为34.40亿吨，占比79.7%（如图3所示）。

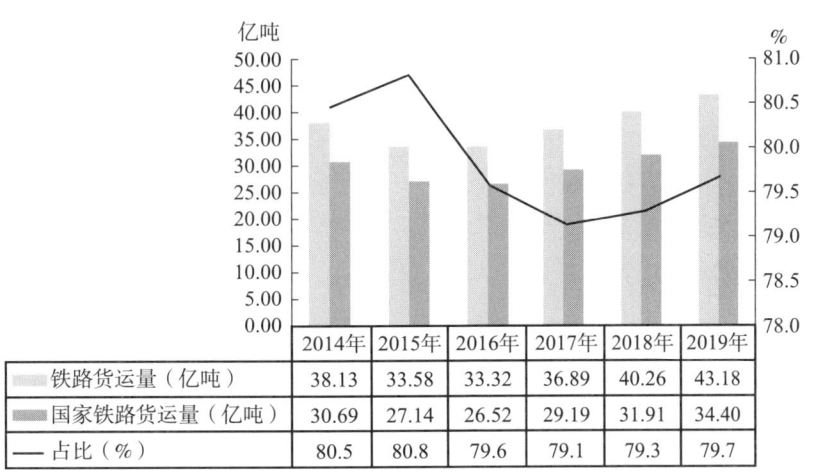

图 3 2014—2019年全国铁路货运量情况分析

资料来源：国家统计局、国铁集团、智研咨询整理。

2019年全国铁路货物周转量同比增长4.4%，达到3万亿吨·公里（如图4所示）。

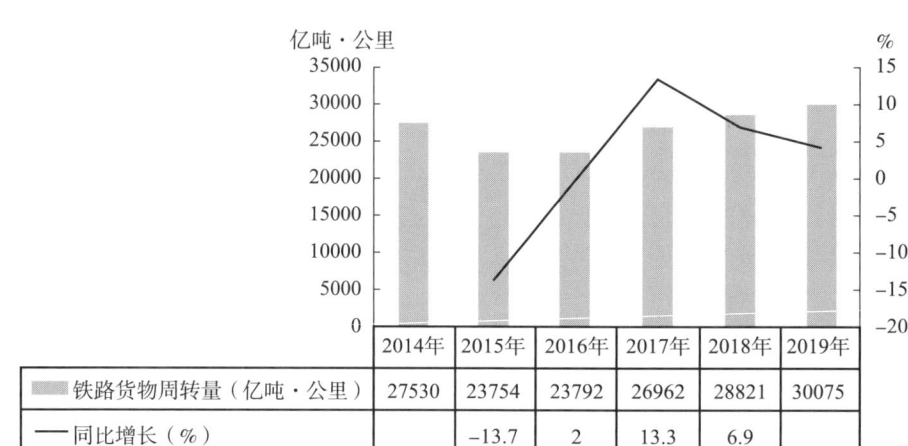

图4　2014—2019年全国铁路货物周转量

从公开数据来看，近年来全国铁路货运平均运距呈波动下降态势，铁路固定资产投资高位运行，带动了铁路机车和火车需求增长，产业链拉动效应明显。

三、精准匹配混改目标，提升交易运营效率

中铁特货系国铁集团所属全资企业，由中国铁路投资有限公司（以下简称中铁投资）与18家铁路局集团持有100%股权。国铁集团提出以国有资产保值增值为前提，以整体效益最大化为目标，转让总计不超过20%的股权，引进社会投资者，最大限度完善中铁特货法人治理结构。

为更好地服务国铁集团混改工作，上海联交所调动各方资源成立了专项工作组，从符合现行国资监管法律法规要求出发，结合中铁特货发展规划和转让主体的情况，兼顾提升中铁特货后续实施股改及申报上市工作的效率，对转让方案和交易程序深入进行可行性研究，并与本次转让的财务顾问、法律顾问高效合作，从信息披露、条件设置、竞价规则、系统匹配、监管可溯等环节进行全方位分析设计，多次进行竞价交易模拟演练，在项目挂牌前取得了监管机构与国铁集团、中铁投资的一致认可。

2018年12月17日，上海联交所正式发布中铁特货股权转让项目公告。公告一经发布，受到市场的高度关注和青睐。上海联交所积极通过互联网和新媒体方式滚动宣传推介项目信息，采用多种方式发动投资人资源，主动提供交易咨询服务，在公告期内征集到多家意向投资人。

为了使各类投资主体公平参与竞争，上海联交所对既有网络竞价方式和竞价系统进行了大胆创新，提出"单个挂牌，组合交易"的交易模式，以特货公司1%股权作为挂牌标的，由19个转让方进行科学组合，共挂牌20个标的，意向受让方根据自身的投资目标灵活申请受让不同股比的股权。通过对投资人的认购数量与价格进行双重筛选，为中铁特货匹配了合适的投资主体，也为转让后的中铁特货与标准资本市场对接创造了有利条件，体现了上海联交所"平台+投行"的专业化服务水准。

2019年1月25日，本次转让通过网络竞价方式确定了6家受让方，以23.65亿元合计受让中铁特货15%股权（如图5所示）。

项目完成后，中铁特货进一步加快了股份制改造和上市步伐。2019年5月，中铁特货物流股份有限公司召开创立大会，标志着中铁特货股份制改造完成；2019年9月，中铁特货开始接受A股IPO辅导，正式拉开上市序幕。中铁特货上市工作的顺利推进，标志着国铁集团在全面加快推动铁路资产资本化、证券化和混合所有制改革进程中再次迈出坚实一步。

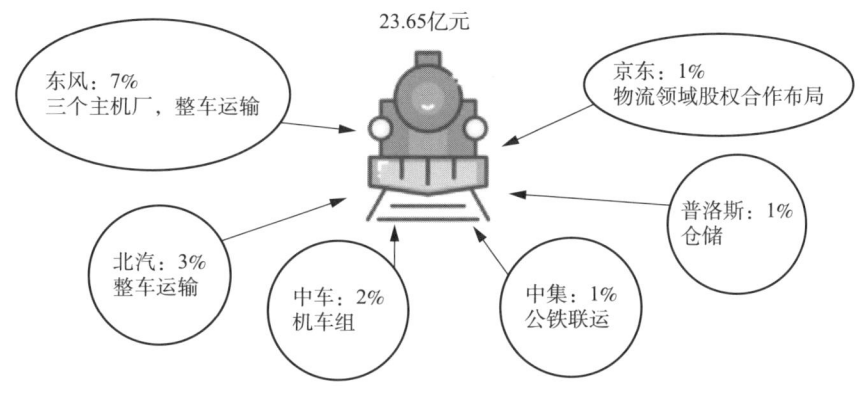

图5 中铁特货15%股权受让项目6家受让方占股情况

(上海联合产权交易所供稿)

借力产权市场完成 A 轮融资　长安新能源加速香格里拉计划

——重庆长安新能源汽车科技有限公司增资项目

2019年12月,重庆长安汽车股份有限公司(以下简称长安汽车)旗下重庆长安新能源汽车科技有限公司(以下简称新能源科技公司)成功举行首轮增资扩股签约仪式(如图1所示)。本次增资扩股通过上海联合产权交易所(以下简称上海联交所)完成,并委托北京亿朋投资顾问有限公司为经纪机构,经过多方努力配合,最终引入南京润科产业投资有限公司、重庆长新股权投资基金合伙企业(有限合伙)、重庆两江新区承为股权投资基金合伙企业(有限合伙)和重庆南方工业股权投资基金合伙企业(有限合伙)四家战略投资者,四方合计投资28.4亿元。

新能源科技公司是国家发展改革委、国务院国资委批准的第四批混改试点企业,也是国内首家实现混合所有制改革的新能源汽车领域央企子企业。在宏观经济下行压力加大的情况下,新能源科技公司成功完成A轮融资确属不易。该项目的顺利成交不仅证明了产权市场能够很好地承担起为中央企业战略调整、深化改革提供专业服务的职能,还进一步表明当前在我国不断深化国有企业供给侧结构性改革以及混合所有制的新形势下,只有锐意创新,引入新思路、新方法,才能更好地发挥产权市场的资源配置优势。

图1 新能源科技公司增资扩股签约仪式

一、产业加速发展,迭代压力凸显

发展新能源汽车是国家战略。2012年,国务院出台《节能与新能源汽车产业发展规划(2012—2020年)》,提出新能源汽车行业产化目标：到2020年，纯电动汽车和插电式混合动力汽车生产能力达200万辆，累计产销量超过500万辆，燃料电池汽车、车用氢能源产业与国际同步发展。2019年12月3日，工信部发布《新能源汽车产业发展规划（2021—2035年）（征求意见稿）》，继续护航我国新能源汽车产业快速成长。

在国家及地方政府配套政策的支持下，新能源车产业链逐渐成熟，市场规模不断扩大。经过2014—2018年连续五年的快速增长，2019年我国新能源车行业补贴"退坡"，行业进入充分竞争的市场化时代。随着汽车产业"新四化"——电动化、网联化、智能化、共享化成为汽车行业的发展趋势，不具备"四化"特征的车型很有可能被淘汰，新能源汽车将再次迎来高速发展。

二、第三次创新创业，推进"香格里拉计划"

作为中国汽车四大集团阵营企业之一的长安汽车，已经进入中国汽车品牌发展的深水区，正在经历产品全面升级的更迭时期。面对日益激烈的市场竞争以及汽车行业日新月异的变化，长安汽车着手进行第三次创新创业转型。在此背景下，长安汽车在新能源汽车板块启动了新能源战略"香格里拉计划"，逐渐加大了对新能源的投入，新能源科技公司便是此次战略实施的重要载体。

"香格里拉计划"是基于人、车、产业链和大自然问题的深度思考，包括四大战略行动：千亿行动、万人研发、伙伴计划和极致体验。该计划的启动标志着长安汽车在新能源领域进入全新阶段；该计划的实施有望使长安汽车实现到2020年完成三大新能源专用平台打造，2025年开始全面停止销售传统的燃油车，实现全系产品电气化的战略目标。

三、主动寻求变革，突破发展瓶颈

为适应新能源汽车业务的战略发展要求，以新能源技术、智能互联等为突破口，实现新一轮产业变革和跨越式发展，2018年5月，长安汽车发起设立了新能源科技公司，致力于新能源汽车整车及汽车零部件的研发、生产、加工、销售和服务等业务，主要负责研发、生产和销售与长安"V"标相关的纯电动乘用车。新能源科技公司成立之初，即定位于构建价值伙伴关系的整车、零部件、创新服务一体化产业平台和"产业+产品+服务+出行"解决方案的科技公司。

由于近年来汽车行业市场下行趋势加重，特别是受2019年以来的新能源补贴"退坡"和汽车产业变革加剧的影响，新能源汽车市场竞争日趋激烈，国内各汽车企业发展压力持续加大。在这种形势下，新能源科技公司单独依靠长安汽车来发展新能源业务难度会持续加大。为缓解发展新能源业务的压力，增强公司的发展活力，同时建立符合市场需求的法人治理机制、经营管理体制和运营机制，新能源科技公司需引入外部资源进行股权多元化改革，以实现新能源科技公司的顺利转型。

四、产权市场发力　助推央企加速转型

2019年9月30日，新能源科技公司增资项目成功在上海联交所网站公开披露，经过交易各方的共同努力，最终引入南京润科、长新基金、两江基金及南方工业基金四家投资机构。其中，南京润科为南京地方国资企业，长新基金和两江基金为重庆地方国资企业，南方工业基金则兼具央企、地方国资和民营资本混合属性。

本次增资的达成，一方面缓解了长安汽车发展新能源业务的压力，有力地保障了其后续研发及产品投入，有利于"香格里拉计划"的加速推进；另一方面通过引入外部资本实现股权多元化改革，增强了新能源科技公司的发展活力，有助于其提高运营效率，从而加速整合新能源汽车产业链资源，加快企业的顺利转型和发展。

新能源科技公司增资项目严格按照企业国有资产交易相关规则，依法合规完成企业增资活动。在坚持规范化、专业化、市场化的原则下，上海联交所将积极拓宽服务广度，不断优化服务能力，为提升国有资本能效、挖掘国有资本价值、提高资产流动性努力耕耘。

（上海联合产权交易所供稿）

"股+债"一体化转让　助力央企处僵治困

对标对表资本市场定位，重庆联合产权交易所（以下简称重庆联交所）一直在不断探索推行"投行化"服务的实现路径。2018年，重庆联交所服务"重庆恒春置业有限公司45%股权及62383万元债权"捆绑转让项目顺利成交，获得了项目转让方重庆长航房地产开发有限公司（以下简称重庆长航）的高度赞赏。

一、项目背景

地产开发项目的普遍特点是前期土地取得和开发投入以股东借款为主，在股东选择战略性退出时，除股权成功转让外，债权清收成为股东资金回收的一大难题。重庆恒春置业有限公司是重庆长航（占股比例45%）下属的一个历史参股房地产项目公司。公司成立近十年，因合作方大股东上海金禧房地产开发有限公司（占股比例55%）发生资金问题，后续开发停滞，重庆长航的股本投入和借款资金长期沉淀其中，企业净资产已经为负数，投资风险不断增大，亟须寻求解决之策，以化解风险，尽快止损。

二、项目回顾

面对这样一个存在开发停滞、资不抵债、债权涉讼等诸多问题的项目，重庆联交所全面调配平台力量，以央企资产交易部为主，综合部、信息处、财务处及政策法规处等部门密切配合，组成专业服务团队，提供项目服务。

在充分开展尽职调查掌握项目背景后，服务团队与转让方、法律顾问等多次召开研讨会，策划项目转让方案，并积极向国务院国资委就转让方案进行汇报，确保方案合法合规。经过充分论证，最终确定本次转让除将转让方及其关联企业对恒春置业的相关债权捆绑外，还将转让方对合作股东享有的债权一并捆绑，避免转让方股权退出后相关债权悬空。

本项目的投资风险不言而喻，找到一个合适的接盘者难度非常大。为此，公开挂牌后，服务团队深入挖掘标的公司停建楼盘的江景价值，分析筛选目标客户，针对性开展市场化推介；利用公共资源大平台优势，充分发挥工程建设和土地资源交易领域投资人集聚优势，组织召开专题推介会；主动协助咨询方开展深入尽调，并组织标的公司大股东、重庆长航与其洽商后续事项；在依法合规的前提下，对交易程序进行优化，在挂牌期内同步进行意向受让方资格确认、保证金缴纳等工作，提高交易效率。

经过多方推介和全方位服务，最终成功促成上市公司金科地产接盘，服务团队迅速跟进合同签署、资金结算等后续工作，用最快速度完成了项目交易与交割。

三、项目启示

当前，国有企业改革处于全面深化阶段，清理处置"僵尸企业"和解决历史遗留问题是推进企业供给侧结构性改革、瘦身健体、提质增效的重大举措。通过本次挂牌转让，重庆长航及时"退房""止血"，回笼资金约 5 亿元，实现了两大目标：一是投入合川项目的本金余额基本全部收回，盘活了存量资产，优化了债务结构，解决了历史遗留问题，化解了重大风险；二是落实了国家对主业非房地产的中央企业退出房地产市场的改革要求。重庆联交所通过细致、高效的工作，在确保合法依规的前提下，利用资源整合优势，创新交易方式，挖掘项目价值，保证了项目的顺利成交，帮助重庆长航解决了困扰多年的重大历史遗留问题，落实了《关于创新政府配置资源方式的指导意见》中"支持企业依法合规通过证券交易、产权交易等资本市场，以市场公允价格处置企业资产，实现国有资本形态转换"的精神，切实发挥了产权交易机构作为权益资本市场在国企深化改革工作中的关键支撑作用。

（重庆联合产权交易所供稿）

创新国资交易形态　实现多方互利共赢

2019 年 8 月，一宗闲置多年的国有土地在重庆联合产权交易所（以下简称重庆联交所）以"待建项目招商+定制开发+经营权转让"相结合的方式成功交易，为项目业主赚取收益 22.79 亿元，实现了多方共赢，成为重庆联交所创新交易形态、服务国企发展的又一典型案例。

一、项目背景

重庆渝高科技产业（集团）股份有限公司（以下简称渝高公司）是重庆两江新区所属大型国有企业，2003 年以出让方式取得重庆高新区二郎科技新城 L4-2 地块，拟规划打造集购物中心、商务公寓和写字楼于一体的城市商业综合体（拟定项目名称"渝高·西领国际"），总建筑面积约 26 万平方米。由于受大环境影响，项目久未开发。

2018 年，项目所在区域周边环境逐渐成熟，渝高公司拟重新启动项目建设。由于渝高公司缺乏大型商业综合体运营经验，若自行开发后招租，存在设计理念与实际运营需要不符的风险，因此，向重庆联交所咨询"期房招租并由承租方确定修建方案"的可行性。

二、项目交易

接到咨询后，重庆联交所业务人员积极对接，详细了解项目情况和业主意图，精心设计交易方案，保证了项目交易合法合规、公平高效完成。

（一）创新交易形态

本项目包括期房招商、项目主体工程建设、项目装修、经营权转让、物业二次招租、营运管理等内容，涉及土地管理、工程建设、地产开发、物业管理、国有资产管理等多个领域的法律法规。重庆联交所充分发挥区域统一公共资源交易平台的整体优势，集合内部土地出让、工程招投标、国有资产交易等方面的专业力量对项目进行会诊，提出交易风险管控的重点环节，并与项目业主充分沟通，创新设计出"待建项目招商+定制开发+经营权转让"相结合的产品交易形态。

（二）科学设计条件

鉴于项目承载为高新区二郎科技新城入驻企业人员和居民提供休闲、购物、娱乐的配套功能，重庆联交所在确保交易公开、公平、公正的前提下，从资金实力、经营理念、管理经验等方面向项目业主就交易条件提出合理化建议，并从保证未来国资项目顺利转让角度，建议项目业主一体化进行楼宇装修，避免出现纠纷。

（三）广泛发动市场

除在重庆联交所网站发布项目招商信息外，通过对目标市场群体的细分筛选，定向对接万达集团、新城控股、红星美凯龙等国内知名轻资产运营商，以及西蒙、凯德为代表的海外运营机构。在多渠道的推介下，龙湖地产、银泰集团、海诚集团等多家投资方前来开展尽调，最终龙湖地产以22.79亿元报价获得该待建项目20年的经营权。

三、项目亮点

本项目具有三大亮点：

一是交易品种形态独特。本项目集成了待建项目、合作招商、定制开发、期房经营权转让、经营者二次招商、物业管理等众多元素，对重庆联交所而言尚属首次。

二是"集团化"作战破解难题。由于项目独特，为保证交易合规，防止发生风险，重庆联交所汇集内部土地出让、工程招投标、国有资产交易等多方专业力量开展"集团化"作战，有效破解交易难题。

三是实现多方互利共赢。交易的顺利完成，使多方获益：为项目建设和尽早投用奠定了重要基础，为高新区完善配套功能、进一步优化营商环境、促进招商引资和经济社会发展做出了贡献；为项目业主渝高公司精准建设提供了支撑，并提前锁定了20年的经营收益；为受让方龙湖地产进一步扩大经营、提升"天街"商业综合体品牌影响力提供了平台。

（重庆联合产权交易所供稿）

湖北海虹燃料集团有限公司等37户不良债权包转让项目

一、项目简介

2018年，武汉光谷联合产权交易所（以下简称光谷联交所）成功完成了首单20.1亿元不良债权包跨境交易项目，由毛里求斯共和国BCC Asia Company 4 Limited以5.26亿元成功受让。

中国华融资产管理股份有限公司湖北省分公司（以下简称华融湖北分公司）委托光谷联交所，公开挂牌转让湖北海虹燃料集团有限公司等37户不良债权包，债权本息合计20.1亿元，挂牌金额5.26亿元，挂牌期限2018年9月7—17日，成交价格5.26亿元。

该项目成功引进境外投资者顺利成交，既为资产管理公司（AMC）拓宽了不良资产交易市场、提高了不良资产成交金额及成交率，又为境外投资者搭建了投资桥梁。

二、操作亮点

（一）调查分析，深挖项目价值

据了解，该项目包含的债权是由华融湖北分公司通过公开竞价方式收购金融机构不良资产包债权34户，以收购重组、投资方式形成的不良债权2户，以及受托处置不良债权1户，合计37户，债权总额20.1亿元。针对项目，光谷联交所安排项目团队人员与华融湖北分公司人员进行深入对接探讨，组织业务骨干对37

户债权涉及的抵质押物、保证人、诉讼情况进行认真研究，并对有关抵质押物、保证人及债务人分别进行实地查看和调查，深挖每户债权价值、分析收回比率。

（二）广泛招商，确保项目成交

光谷联交所一方面通过官方网站、微信公众号、投资人微信群、现场推介会等方式对该项目进行重点精准推介，受到了数家境内外债权投资机构和律师事务所等第三方受托机构的密切关注；另一方面精心组织各方对项目进行现场尽调、现场答疑、一对一面谈等，便于各方了解项目，促进项目成交。

（三）提前谋划，打通外币结算渠道

为确保该项目顺利进场交易，光谷联交所提前谋划，同银行、华融湖北分公司与外汇管理局等进行充分沟通协调，提前做好从境内外汇入不同币种资金结算准备工作，开通境外汇入资金结算账户，满足境内外投资者的参与需求，防患未然，确保项目成交。

三、社会影响

毛里求斯共和国 BCC Asia Company 4 Limited 以 5.26 亿元成功受让华融湖北分公司持有的湖北海虹燃料集团有限公司等 37 户不良债权包，既是湖北产权市场首单不良债权跨境交易项目，也是华融湖北分公司代表"四大 AMC"率先实现首单不良债权跨境交易，开创了湖北产权交易市场和资产管理公司债权跨境交易的先河，拓宽了资产处置的范围，提高了资产处置成交率，锻炼和提升了团队服务能力和业务素质，丰富了光谷联交所的资本要素市场功能，彰显了光谷联交所的综合实力和市场竞争力。

（武汉光谷联合产权交易所供稿）

湖北省轻工业科学研究设计院整体国有产权转让项目

通过产权市场公开处置，既实现了国有资产的大幅度增值，又为企业后续发展和职工安置提供了保障。武汉光谷联合产权交易所（以下简称光谷联交所）挂牌转让的湖北省轻工业科学研究设计院（以下简称轻工院）整体国有产权项目，为国企改制提供了有益借鉴。

一、项目简介

轻工院成立于1978年，是隶属于湖北省一轻工业局的事业单位，2002年作为省属第一批改制的科研院所由事业单位转为科研型企业，2009年开始由湖北省国有资产监督管理委员会（以下简称湖北省国资委）监管，2010年由湖北省国资委划转至湖北省宏泰国有投资运营集团有限公司（以下简称湖北宏泰），主要从事轻工业产品、微生物产品、数控自动化产品的技术研发、生产与销售。

为了贯彻落实《湖北省人民政府办公厅关于印发湖北省深化科研机构体制改革实施意见的通知》（鄂政办发〔2000〕134号）、《湖北省人民政府办公厅关于进一步深化省属开发类科研院所改制的通知》（鄂政办发〔2005〕127号），加快产权制度改革，优化科技资源配置，建立现代企业制度，促进轻工院科研设计工作的发展，按照省委省政府的决策部署，根据轻工院的实际情况，2018年，湖北宏泰决定对轻工院进行改制，出让整体国有产权，将其改制成为民营企业。

二、操作亮点

（一）前期推介，扩大项目市场影响

在获得湖北宏泰提供的《关于湖北省轻工业科学研究设计院改制方案的批复》后，光谷联交所立即对项目进行信息预披露。预披露期间，光谷联交所与项目转让方湖北宏泰资产管理有限公司（以下简称宏泰资产）进行全面沟通，对宏泰资产方面的疑问一一进行解答，并挖掘出项目的核心价值——位于武汉市汉阳区杨泗港片区的5400平方米的土地使用权。对项目情况进行充分了解后，受转让方委托，光谷联交所对以往参加过项目受让登记的投资人信息进行甄选，对有此类投资意向的客户进行一对一推介，项目还未正式挂牌就引起市场关注。

（二）安置职工，维护社会稳定

轻工院是一个历史悠久的老国有企业，人员众多，职工安置是否得当是该项目又一关键问题。根据企业改制方案，企业在册人员91人，光谷联交所对职工安置方案中关键信息进行逐一审核，对安置方案不合理的地方提出修改建议，协助湖北宏泰依法依规、平稳推进职工安置工作。另外，项目涉及的部分职工集资建房及房改房未完成权证的分割及办理，需要改制后企业承担，光谷联交所将上述情况分类进行详尽披露，促使企业改制时保护职工合法权益，维护社会稳定。

（三）网络竞价，促进资产溢价

项目于2018年12月挂牌，挂牌价格3638.61万元。通过广泛的招商推介，共征集到4家符合条件的竞买人，经过90轮报价，最终以6538.61万元成交，竞价增值率达79.7%。湖北宏泰及宏泰资产代表现场观摩了整个竞价过程，对光谷联交所的竞价组织安排及竞价结果非常满意。

（四）协调各方，依法合规确保成交

竞价结束后，光谷联交所与交易双方密切配合、加强联系。其间，交易双方对合同的个别条款产生不同意见，面谈几轮仍难达成共识。光谷联交所从中积极协调沟通，秉承国有资产处置的原则不动摇，尽量满足客户的需求，加速推进项目后续各项程序。

三、项目启示

本次交易圆满完成，充分体现了光谷联交所的市场运作能力。通过早介入、早推进，在规范的交易程序下，依靠阳光、透明的信息发布平台及广泛的市场影响力，使标的高溢价成交，充分发挥了产权市场发现投资者和发现价值的独特优势，助力国企改革，提质增效，取得了良好的经济效益和社会效益。

（武汉光谷联合产权交易所供稿）

公开采购 阳光操作
农村产权交易平台助力乡村振兴作用凸显

随着乡村振兴战略的深入实施，各级政府对农村集体经济发展和农村基础设施及公共服务设施建设投资越来越大。如何用好财政资金，花小钱办大事，防范各类不正之风？西部产权交易所合阳县办事处协助王村镇坊社社区，在农村产权交易平台上实现了大棚及驿站建设项目公开采购、

阳光操作，为集体组织节约项目资金17万元。这一案例很好地回答了上述问题。

合阳县王村镇坊社社区由坊社村、北蔡村合并而成，共有500户1819人，其中贫困户75户378人。2015年以来，合阳县果农人种植专业合作社流转坊社村土地500亩，建设果农人现代产业园，建成拱棚27个，主要种植红提葡萄、红心苹果、草莓等。2019年3月，坊社社区争取到县政府40万元扶贫资金，计划在果农人现代产业园内建设4个扶贫棚，主要发展草莓和有机蔬菜采摘体验休闲农业。扶贫棚产权归集体所有，由果农人专业合作社承包经营，承包费8000元/年·棚，合计3.2万元/年，2020年以前全部用于帮扶贫困人口脱贫，之后作为集体收入用于集体经济组织成员分红。2019年5月，社区委托县农村产权交易中心（西部产权交易所合阳县办事处）通过竞争性谈判的方式，在三家供应商中选择了陕西稔丰现代农业科技有限公司作为承建商，预算资金54万元，以51万元成交，节约项目资金3万元。

在计划建设扶贫棚的同时，坊社社区得知交通部门计划在108国道沿线利用林带建设3个便民驿站。考虑到驿站建设会给园区发展休闲采摘提供利好，通过努力，坊社社区争取到了在产业园门口建设便民驿站的项目，并于2019年3月委托县农村产权交易中心（西部产权交易所合阳县办事处）采取竞争性磋商方式，在三家供应商中选择了陕西科雅建设工程有限公司合阳分公司作为承建商。项目预算资金194.99万元，最终成交价为181万元，节约项目资金13.99万元，并于2019年5月完成驿站建设项目。

在以上两个项目运作过程中，交易所采用统一规范的采购规则、程序，坚持公开公正、阳光操作，实现了择优汰劣，节省了建设成本。这让我们深切体会到农村产权交易平台对壮大集体经济发展具有举足轻重的作用，合阳县借助农村产权交易平台服务农村集体建设项目招标采购，只是发挥了平台的诸多功能之一。相信随着本省农村产权交易市场体系的进一步健全和平台功能的进一步完善，各级农村产权交易平台在助推乡村振兴中必将发挥更大的作用。

（西部产权交易所供稿）

陕西医药控股集团山海丹药业有限责任公司股权转让加增资捆绑方案

一、交易背景

2009年9月，西安黄河制药有限公司和西安洪庆制药厂经陕西省国资委批准，改制重组成陕西医药控股集团山海丹药业有限责任公司，注册资本6000万元，实收资本3735万元。其中，陕西医药控股集团有限责任公司占股89%，山海丹企业集团占股11%。

2018年8月，陕西医药控股集团有限责任公司第七次董事会研究同意，"山海丹企业集团公司持有的山海丹药业公司的11%股权，按照原始值划转至陕西医药控股集团有限责任公司，山海丹药业公司成为集团全资子公司"。

山海丹药业在建设初期并未充分考虑实施过程中各种因素的变化，造成提取生产线与固体生产线、小容量注射剂生产线设计规模和产品结构不匹配，即使全负荷运转，生产能力仍然不足。同时，蒸汽等动力能源非自主供应也在一定程度上限制了生产，而且公司地处西安市高新区核心地段，受制于环境保护规定，在空气重污染时必须进行限产和停产。另外，公司现有库房面积不能满足药材和产品的存储，既制约了生产的组织，又和GMP规范（药品生产管理规范）不符。

山海丹药业注册资本不高，也未实缴到位，流动资金缺乏。公司自重组以来，为解决历史遗留问题，资金支出较大，致使药品研发资金投入较少，直接影响了公司创新能力的提高及技术成果转化的速度。受体制机制所限，公司很难引入市场开发、职业销售人才及高级科技人才，致使公司在产品销售思路、产品的更新换代、生产技术攻关等方面滞后于行业发展水平，长期没有新、特、专产品注入，缺乏市场竞争力。

2019年4月，经陕西医药控股集团有限责任公司2019年第六次党委常委扩大会议和第四次董事会审议，以增资形式进行混合所有制改制。

中联资产评估集团（陕西）有限公司对山海丹药业进行了评估，出具了以2018年11月30日为评估基准日的评估报告［中联（陕）评报字〔2019〕第1042号〕。公司净资产评估值8410.34万元，每1元注册资本对应1.402元。2019年5月，评估结果在陕西医药控股集团有限责任公司完成备案。

二、交易难点

陕西医药控股集团有限责任公司前期多次与潜在意向投资方进行混改商谈，潜在意向投资方明确表示参与混改后持股比例不得低于49%，投资金额不超过8000万元。陕西医药控股集团有限责任公司希望通过此次增资以现金方式补足未缴出资额，但由于公司内部政策变化导致规划调整，无法以现有资金完成实缴到位。

三、方案设计

陕西医药控股集团山海丹药业有限责任公司初始注册资本6000万元，实缴出资额3735万元，未缴出资额2265万元。陕西医药控股集团有限责任公司在转让山海丹药业21.22%股权后，用收到的股权价款补足其认缴的注册资金，同时新股东按持股比例补足其认缴的注册资金。为改善公司流动资金缺乏的现状，由新股东对标的公司进行增资，陕西医药控股集团有限责任公司不再继续增资，持股比例由78.78%下降至51%。

陕西医药控股集团有限责任公司为国有独资公司，股权转让需通过西部产权交易所公开进行。由于股权转让后陕西医药控股集团山海丹药业有限责任公司仍是国有绝对控股企业，为了规避新股东不兑现增资承诺的风险，以及原股东非同比例增资不进场导致国有资产流失的潜在风险，无论是股权转让还是增资，均需通过西部产权交易所公开挂牌来保证国有资产交易的公正及保值增值。在这种情况下，为在不违反国有资产交易相关法律法规的前提下尽可能地促成本次交易，经与山海丹药业多次沟通，研究出了股权转让与股权增资捆绑交易方案，山海丹药业股权转让与增资同时通过西部产权交易所公开挂牌。

陕西医药控股集团山海丹药业有限责任公司21.22%股权公开挂牌转让与陕西医药控股集团山海丹药业有限责任公司增资同时通过交易所挂牌，公告40个工作日，意向受让方或意向投资方需同时参与股权转让与增资项目。

项目成交后，原股东用收到的股权价款补足其应认缴的出资额，新股东在以现金方式补足其应认缴的出资额的同时完成后续增资。

通过股权转让加增资的捆绑模式，在满足企业增资的同时补足注册资本金，合理规避了股权增资分步走可能出现的潜在风险。

（西部产权交易所供稿）

产权交易助力司法改革　首例破产资产高溢价成交

——咸阳经纬纺织机械有限公司整体破产资产处置

起拍价 7112.8 万元，成交价 11342.8 万元，溢价 4230 万元，增值率达 59.47%，咸阳经纬纺织机械有限公司整体破产资产的高溢价成交开启了陕西省启动网络司法拍卖改革以来破产资产通过产权交易机构处置的先例。

一、项目背景

咸阳经纬纺织机械有限公司是在原咸阳纺织机械厂（1958 年建厂）的基础上，经主辅分离改制组建，生产经营纺织机械设备的企业，于 2006 年 7 月进入经纬纺织机械股份有限公司（隶属于中国恒天集团）。该公司位于咸阳市秦都区玉泉西路，占地 105530 平方米，职工近 800 人。因该公司长期巨额亏损、资不抵债，被列入国务院国资委督办须在 2016 年处置的"僵尸企业"。2016 年 12 月 29 日，咸阳经纬纺织机械有限公司向咸阳市中级人民法院申请破产清算。2017 年 2 月 21 日，咸阳市中级人民法院下发民事裁定书 [（2017）陕 04 民破 1-1 号] 裁定受理；2017 年 6 月 7 日，咸阳市中级人民法院下发民事裁定书 [（2017）陕 04 民破 1-6 号]，宣告咸阳经纬纺织机械有限公司破产。

2012 年 4 月，陕西省高级人民法院指定陕西省唯一的综合性产权交易服务机构西部产权交易所为全省法院诉讼资产第三方交易平台，形成由法院作为监管层、交易所作为运行层、拍卖机构作为经纪层的"三层分离，相互制衡"的运行架构。在担负全省诉讼资产处置任务过程中，交易所严格按照相关法律、法规和在省法院备案的配套业务制度规范进行业务操作，没有发生过一起违法、违规事件。2016 年 8 月，最高人民法院发布《最高人民法院关于人民法院网络司法拍卖若干问题的规定》，自 2017 年 1 月 1 日起执行。陕西省的诉讼资产处置于 2017 年 4 月起全部通过淘宝网络司法拍卖平台进行，交易所随即暂停了诉讼资产处置业务，但一直积极主动与全省法院保持联系，希望建立新的合作模式，继续为全省诉讼资产处置提供专业规范的服务。2017 年 12 月 6 日，咸阳市中级人民法院全权委托西部产权交易所对咸阳经纬纺织机械有限公司整体破产资产进行处置，开启了陕西省启动网络司法拍卖改革以来，法院破产资产通过产权交易机构处置的先例。

二、运作亮点

（一）方案设计

量体裁衣，精心设计交易方案。该破产资产主要包括工业用地土地使用权、机器设备存货及房产建筑物，且标的情况复杂。为了确保项目的顺利进行，交易所成立工作小组，及时与项目破产管理人对接，详细分析项目背景。交易所根据项目情况制订了两种处置方案：一是资产打包整体处置；二是资产拆分，即分为动产与不动产两个资产包分零处置。经过债权人大会审议、破产管理人及委托法院确认，以整体打包方式进行资产处置。

（二）策划推介

广泛收集资料，拓宽推介渠道。在项目运作期间，交易所组织工作人员多次亲临标的现场实地勘察，对项目的基本情况、周边配套以及未来发展规划做资料收集整理，第一时间形成项目分析报告和推介资料。除在交易所官网及同行业网站进行推送外，还通过腾讯、今日头条、搜狐财经、微信公众号以及交易所自有投资库进行精准推介，并首次采用无人机全景摄像拍摄等技术，进行动态视频拍摄。制作 360 度 VR 全景动态标的展示效果图，将项目现状通过网络链接进行虚拟化展示，帮助意向买受方全方位了解项目情况，降低了项目勘察成本。

(三）标的勘察

遵规履程，交易过程透明规范。为避免意向买受方在勘察标的时见面而发生串标行为，交易所项目组同破产管理人多次举行专项会议进行沟通，严格保密制度、强化保密责任、制定勘察标的实施方案，要求专人操作、责任到人。对有需求要现场勘察的意向买受方，错开时间，由专人逐一安排进行。在公告期内，交易所为意向买受方就国土规划、税务费用、不动产登记过户等相关配套政策进行了专业解读和解释；对司法网络拍卖报名程序有问题的意向买受方，交易所安排专职工作人员进行一对一上门服务，彻底打消意向买受方因不熟悉网络报名流程参与竞拍的顾虑，让意向买受方切身感受专业服务，为项目的最终成交奠定了良好基础。

三、交易结果

2018年6月1日，该项目在淘宝网络司法拍卖平台上发布处置公告，公告期限为30天。竞价时间为2018年7月5日10时至2018年7月6日10时（延时竞价除外）。通过交易所的全方位、多渠道推介，该标的围观次数超过5360次，25家意向受让方设置提醒，最终确定符合交易方案条件的意向受让方3家。项目起拍价为7112.8万元，经过买受人111轮激烈竞争，最终以11342.8万元成交，溢价4230万元，增值率达59.47%，远远超出破产管理人及债权人的预期，取得了多方共赢的结果。

四、项目启示

2018年，西咸新区迎来了跨越式发展。1月22日，省委常委会决定，西咸新区划归西安代管。此后，西咸新区发展规划、土地利用、生态保护等全部纳入西安市统一规划。这一举措有效拓展了发展空间，创新了城市发展方式，提升了城市能级，放大了辐射效应。随着西咸一体化进程的加快，咸阳市高新区依托咸阳丰富的资源，具有巨大的开发潜力和广阔的发展前景。它交通便捷，毗邻西北地区最大的航空港、出口产品内陆港和亚洲最大的铁路枢纽中转站，是一方基础设施完善、服务机构健全、投资环境宽松、有利于高新技术产业发展的投资热土。交易所接受该项目委托时，恰逢政策春风，可谓天时地利人和。通过前期沟通了解，我们发现标的资产的工业用地土地使用权、机器设备存货及房产建筑物具备增值的政策基础条件，但真正实现项目的成功增值，得益于交易所抢抓机遇、巧借东风，通过项目推介等手段，充分挖掘了标的资产的内在价值。

随着32号令的出台，各级国资监管机构在推进国有经济布局结构调整过程中，促进国有资本向优势领域和产业集中，有效提高了国有资源的配置效率和配置质量。破产资产既有别于一般的国有、民营企业资产，又和传统的司法诉讼案例不同，其进场交易的决策机制、组织要求都具有明显的特点。咸阳经纬纺织机械有限公司整体破产资产成功处置，不仅体现了西部产权交易所在项目策划、专业化服务及发掘资产潜在市场价值等方面的强大实力，也反映出市场对西部产权交易所专业化、规范化、高效化的多要素交易服务的认可，为央企国企"处僵治困"工作提供了有益借鉴，为交易所打造一流区域性要素交易市场积累了宝贵经验。

司法拍卖改革是中央确定的深化司法体制改革和工作机制改革的重要内容，其终极目标是通过对制度的不断完善，建立适应当前实际情况，能够低成本、高效率运行的司法拍卖运行机制，从而达到遏制司法拍卖腐败、体现司法公正的目的。产权交易机构作为一个公开的市场化交易平台，在完善的制度保障、技术保障和人力资源保障前提下，发挥"发现投资人、发现价值"的平台功能作用，为各类资产转让进入产权交易机构平台交易提供更多、更专业的服务，既盘活了企业资产，为企业发展解决资金问题，又为财税增长贡献了一份力量。

（西部产权交易所供稿）

广州产权交易所跨境交易先试先行　助力大湾区国有资产国际化配置

2018年12月5日,广州产权交易所(以下简称广交所)受中国南方航空集团有限公司子公司南航国际融资租赁有限公司(以下简称南航租赁)委托,对其名下4架老旧飞机资产包进行公开挂牌转让。标的资产包为3架A320-200整机和1架A320-200机身,总资产价值超过1亿元。因飞机资产本身具有的国际属性,考虑到买家可能同时处于国内和国际两个市场,广交所针对性地设计出既能满足国内投资者也能满足国际投资者的网络竞价方式,在短时间内完成了相关竞价规则的制定、双语竞价系统开发、外币资金结算方案设计,以及人员配置、竞价演练等多个环节的准备工作。广交所借助产权交易平台的资源优势,充分运用网络竞价产权交易模式,联通国内与国际两个市场,成功将飞机资产"嫁出国"。

一、背景介绍

从20世纪80年代末开始,我国飞机交付进入繁荣期。过去20年,飞机新进量占每年投入量的35%~80%。随着飞机服役时间的增加,单架飞机的维修成本会日益攀升,同时其资产价值逐年下降,在达到盈亏平衡点之前让其退役可以避免给飞机资产带来负面效应。因此,国内民航业即将迎来一轮飞机"退役潮"。如何妥善处置退役飞机,确保飞机资产的保值增值,是所有航空公司、租赁公司及交易服务机构面临的重大决策考验。

二、业务难点

此次飞机资产交易涉及境外客户,在交易流程、语言文本、资金结算等方面与传统国有资产交易有显著差异,存在多个业务难点。

一是飞机资产交易与传统国有资产在交易流程方面存在显著差异。老旧飞机作为非标交易标的,在技术参数和状态性能上存在诸多不确定性,严重影响标的资产的内在价值。因此,在交易前必须组织意向方进行绕机检、查阅飞机资料(飞行记录、检修记录及状态报告等)等,充分披露潜在风险,将信息不对称降到最低,保证交易顺利进行。

二是飞机资产交易涉及境外客户,在信息公告、发布、报名以及交易等环节均与国内不同,且境外客户对国内产权交易系统不熟悉,对交易原理不了解。因此,需要考虑境外客户的语言使用习惯,帮助境外客户学习了解产权交易系统的流程、规则、原理等,并在交易信息披露、交易流程设计、系统开发时充分考虑飞机交易的特点。

三是涉外资金结算要求、出口报关与国有资产交易的资金监管要求存在一定冲突。国有资产交易的资金必须在产权交易平台进行监管,而老旧飞机资产交易的市场是全球化的,境外买家使用外币缴纳交易价款,价款的收款人为产权交易平台而非实际交易的甲方。此次将飞机整机和机身组合资产打包交易,涉及飞机分拆出境。因此,如何处理交易所资金监管要求、外汇资金结算要求、海关出口报关三者的关系,在目前国内相关制度体系下还存在一定障碍。

三、创新做法

为解决以上业务难点,保障交易顺利进行,广交所充分发挥其在国有资产处置领域的经验及平台资源优势,从交易流程、资料尽调、市场发动、资金监管、结算等各个环节进行专门方案设计,在资产定价、发现价格、信息公开、交易增信、国资监管等方面产生了积极和正向作用,为此次交易赋能,实现了多个业内创新。

一是融合国资交易与飞机交易的特点,确保资产保值增值。在满足国有资产交易监督管理要求的前提下,将传统国有资产交易与飞机类专业资产交易相结合，优化交易流程，充实飞机类资产交易必需的绕机检、飞机资料尽调等环节，最大限度满足客户的全方位投资需求，促使客户在报价过程中报出心理最高价位，实现国有资产的保值增值。

二是开辟大型进出口资产的外币资金结算专属通道。为同时满足国际交易惯例以及国有资产交易的资金监管要求，确保境内外交易双方资产与资金的合法权益，开创了基于经常项下外币交易资金由产权交易机构全监管全结算模式，打通了外币资金支付交易对价的壁垒，实现了对境外资金的收汇、结汇和划转功能；同时，配合外管、海关对交易的监管要求，将价款结算与飞机进出口紧密结合，协调同步，实现无缝对接，为本次跨境交易保驾护航。

三是首创飞机资产全球同步竞价，推出全流程中英文双语服务。具体包括：①实现全流程线上交易，专设境外客户全线上网络交易流程，借用境外服务器搭建英文专栏及竞价系统访问通道，与中英文网站及竞价系统实现无缝对接，同步竞价。专设境外客户全线上网络交易流程，大大降低境外客户参与项目竞价的技术门槛。②提供全流程英语服务，包括全英文版公告、在线电子邮件报名、全程英文专线服务、英文版网络竞价界面等，改善境外客户的参与体验，与国际交易接轨。③通过在境外部署服务器，有效解决境内外网络互联互通可能存在的不稳定因素，保障全球各地区买家能在公开、公平、公正的网络环境下参与竞价。

四是升级国有资产现代化平台交易模式。完善、优化有关交易保证金的保证和处置规定，保护转让方的商业机密不被恶意泄露；满足客户对尽调的需求，提高客户违约成本，保障项目顺利推进。为国资跨境交易提供阳光规范、高效便捷的服务，助力国有企业在国际产能合作中"走出去"与"引进来"，主动响应粤港澳大湾区打造具有全球竞争力营商环境的战略部署。

四、项目成效

近年来，广交所积极响应国家发展战略，抓住机遇，利用自身专业、运营经验和平台资源，推动粤港澳大湾区要素交易体系建设，打造湾区要素流转核心枢纽，并对股权、实物资产、碳排放权等方面的跨境交易和跨境金融进行持续研究与探索，产生了广泛的影响力。此次交易通过广交所平台充分发动国内外两个市场，成功吸引了境内外十多家意向投资人参与。经过广交所组织的全球同步实时在线网络竞价，来自爱尔兰的境外机构以最高报价成功夺标。2019年1月10日，交易双方正式签订买卖合同。

此次飞机资产包公开挂牌不仅促成了国有资产跨境交易保值增值，也是继32号令颁布后，广州市在国内完成的首宗通过产权交易平台实现跨境资金结算的国有资产转让类交易项目，对于广州市发挥"领头羊"作用、更好服务国有资本、在国际产能合作中"走出去"与"引进来"具有重要的示范效应。

五、社会影响

此项目是南航租赁首次通过产权交易平台进行的老旧飞机处置项目，项目的成功落地，进一步推进了粤港澳大湾区金融改革创新，为广州建立航空资产交易平台奠定了良好的基础，是实现南航租赁发展战略的重要举措。南航租赁将以此为起点，深耕航空资产管理，不断推进产融结合，与境内外航空上下游企业深度合作，建成国际知名的资产管理平台，推动广州成为国内外飞机租赁和航空资产处置与交易的聚集地。

此次交易的成功落地得到南沙区政府的大力支持，以及政府有关部门的高度认可和积极评价。南沙位于粤港澳大湾区地理几何中心，"一带一路"路线、粤港澳大湾区、国家战略新区、自贸试验区和国家自主创新示范区等在这里叠加，政策优势十分明显。南沙自贸区表示，将以此次飞机资产跨境交易为契机，继续大力支持南沙飞机租赁企业复制推广此次交易模式，推动飞机租赁跨境资产转让，发挥南沙融资租赁产业聚集优势，进一步服务广州国际航空枢纽建设、粤港澳航空产业发展和"一带一路"建设。

六、案例点评

本次飞机资产跨境交易的成功运作，充分体现了产权交易市场在服务实体经济发展方面的专业化、市场化功能，是广交所在创新业务模式和竞价手段方面的一次有益尝试，为广交所未来运作同类跨境资产交易积累了实战经验，对拓展国有资产转让及跨境资金结算业务具有重要意义，其成功经验可借鉴、可复制、可推广。

（广州产权交易所供稿）

以增资方式公开征集投资者
助新三板企业深圳巨正源混改

2018年1月31日、2月2日、2月6日，深圳巨正源股份有限公司（以下简称深圳巨正源）在广州产权交易所（以下简称广交所）的见证下，以每股5.26元的价格与42名社会投资者分别签订了《附生效条件的股票发行认购合同》，标志着深圳巨正源增资扩股项目顺利完成。此外，该项目是三板企业通过产权交易机构以"公开方式"引入投资者的成功案例。

一、分析行业特性，了解企业增资需求

本项目的增资企业深圳巨正源系一家面向全国，集石化产品贸易、运输、仓储于一体的综合服务企业，成立于1999年，是在全国中小企业股份转让系统（新三板）挂牌的公众公司。为补充公司流动资金，支持主营业务发展及项目建设，延伸公司产业链条，提升公司整体经营能力及抗风险能力，推动企业规范运作及可持续发展，深圳巨正源拟通过增资扩股方式引入15~35家社会投资者，持股1300万股，约占总股本的4.05%。

广交所在接受深圳巨正源的委托后，成立专项团队为深圳巨正源提供咨询策划服务，充分发掘项目特点。

由于深圳巨正源是全国中小企业股份转让系统（新三板）挂牌的非上市公众公司，本次增资扩股对象的范围需符合证监会及中小系统的发行对象规定；同时，深圳巨正源有增强公司竞争力、提高盈利能力及实现品牌最大化的需求，因此对社会投资者的征集更注重同领域的技术力量及专业人才。

本次增资扩股设定了投资者名额的上下限及认购股份上限，但未对股份认购数下限进行规定。如出现投资者不足或认购不足的情况，是否要对本项目进行特别处理需要进一步确认。

本次增资扩股以"每股净资产的评估价"作为定价基础，但没有明确每股发行价格。深圳巨正源为股份有限公司，根据股份公司"同股同价"的原则，必须将所有意向投资者的报价归整为统一价格，作为成交价格（发行价）。但由于拟征集的投资方名额较多，如何归整为统一价格是深圳巨正源需着重考虑的问题。

二、制订切实可行的增资公开交易方案

由于本项目涉及新三板公众公司的增资事项，相关的法律法规、监管政策要求较为严格。为此，广交所组织了多次深圳巨正源、主办券商、法律顾问、会计师事务所参与的专项会议，对项目细节进行分析，对公开挂牌模式、意向方资格条件、投资者的遴选方式、价格订立机制等进行深入探讨，制订了切实可行的公开交易方案。

（一）确定拟发行对象及人数

由于深圳巨正源是全国中小企业股份转让系统（新三板）挂牌的公众公司，本项目发行对象及新增股东人数需符合中国证券监督管理委员会令第96号《非上市公众公司监督管理办法》第三十九条及《全国中小企业股份转让系统投资者适当性管理细则（试行）》的发行对象规定。为此，设定意向投资方准入条件如下：①公司股东；②公司的董事、监事、高级管理人员、核心员工；③符合投资者适当性管理规定的自然人投资者、法人投资者及其他经济组织；④投资方应不属于失信联合惩戒对象。

同时，深圳巨正源在确定发行对象时，对于新增股东数应有相关限制。为此，最终确定符合下列规定的投资者不少于15个（含原有股东），不多于35个（不含原有股东）：①不存在代持、委托、信托等影响股权稳定的不确定性因素；②拥有中国国籍，不享有境外居留权。

（二）合理制定定价机制

由于本次征集的意向投资方人数较多，且每个投资者报价均可能不同，而股份公司"同股同价"的原则要求本次股份发行价格必须统一，且深圳巨正源作为新三板挂牌公司，其当前股价已在全国中小企业股份转让系统公布。考虑到本项目的特殊性，经与券商及深圳巨正源商议，确定本次增资的评估价即为股份发行价格，并报请深圳巨正源的主管部门广东省广物控股集团有限公司进行审批并获得审批通过。

（三）以实际成交数量作为股份发行数量

虽然深圳巨正源急需募集资金用于建设，但由于投资方进入企业受到政策限制较多，广交所建议股份认购数量作为遴选择优条件之一，且通过谈判机制让符合条件的意向投资方对认购股份数量进行合理调配，尽量满足满额认购的要求。但如果调配最终无法达到满额认购的结果，则以实际认购数量作为最终认购（发行）总数量。

（四）采取问卷调查及竞争性谈判模式择优确定投资人

在有意向投资者参与的情况下，本项目不以报价作为选定最终投资者的唯一考量因素，还需考量意向投资者的整体综合实力。为此，本项目采用竞争性谈判方式，基于意向投资方的石化行业投管经验、价值观和企业经营理念，对公司股权结构、治理结构安排、战略协同性、股份认购数量等进行考察，力求选出最优质的意向投资方。

此外，在本项目正式组织遴选前，广交所与深圳巨正源共同制定了《股票发行投资者测试问卷》，就公司目前基本情况、股东架构、企业文化、发展历程等事项，以选择题或填空题形式要求意向投资方作答，使深圳巨正源初步了解了意向投资方对其了解度和熟悉度，为后续正式谈判打好基础。

三、高质量服务彰显价值

深圳巨正源股份有限公司增资公开交易方案得到了主管单位广东省广物控股集团有限公司的充分认可，并顺利获得了审批通过。本项目于2017年11月14日和2018年1月9日在广交所网站进行了信息发布，有多家社会投资者表达了投资意向。经过将近一个月的谈判，共42家意向投资方（含原股东）被确认为最终投资方。广交所于2018年2月12日对该项目出具了《产权交易

证明》。广交所在协助制订方案、准备挂牌材料、安排挂牌、寻找投资者、组织谈判、成交签约、资金监管、出具鉴证等方面提供了全流程服务，得到了深圳巨正源的好评。

四、体会与思考

本项目将国有资产交易的规定与新三板的相关规定融为一体，探索出了一条符合多方规定的路子。虽然新三板的挂牌公司是证监会认可的多层次资本市场的公众公司，但是32号令关于增资扩股的规定并没有豁免新三板挂牌公司增资扩股进场程序。本次增资经深圳巨正源董事会审议，以不确定认购对象的增资扩股议案进入广州产权交易所公开征集投资方，在公开征集投资方后，遴选出最终的投资者，再提交股东大会审议确定认购对象的增资扩股议案，后续完成股转系统备案流程。

深圳巨正源为新三板挂牌的公众公司，虽然新三板对增资扩股有明确的制度和指引，但对国有实际控制企业的增资扩股并没有明确规定。在深圳巨正源完成增资扩股项目后，股转系统新出台了关于国有实际控制企业进行增资扩股的流程，与广交所给出的本次深圳巨正源增资扩股流程完全契合，再次印证了广交所的专业性及把握法规的精准性。

（广州产权交易所供稿）

首开破产财产进场处置先河，打造产权市场"史诗级"交易

2017年6月29日，受广东国际信托投资公司（以下简称广东国投）破产清算组（以下简称清算组）委托，广东国投破产财产进入广东省产权交易集团（以下简称省产权集团）下属南方联合产权交易中心（以下简称南方产权）公开处置。标的起拍价446.772亿元，经过22轮激烈竞价，最终以551亿元成交，实现增值金额104.228亿元，增值率23.34%。本次拍卖成功开创了重大破产财产进入产权市场公开处置的先例，实现司法委托拍卖和破产财产清算处置的创新和突破，被多家媒体称为"史诗级"交易。

一、项目背景

广东国投破产案是中国金融史上第一宗非银行金融机构破产案例。本次广东国投破产财产项目于2017年6月5日正式公开挂牌，历时24个工作日，标的包括"广东国际信托投资公司持有的对广东省信托房产开发公司100%投资者权益及债权、广东国际信托投资公司持有的对广东国际信托投资公司广州房地产分公司100%投资权益，以及破产清算组受广东国际租赁公司破产清算组、广信企业发展公司破产清算组和广东国际信托投资公司深圳分公司破产清算组委托一并在本次拍卖中出让的其各自持有的对广东省信托房产开发公司的债权"。

本次拍卖的主要标的是广东省信托房产开发公司（以下简称广信房产）100%投资者权益及债权。广信房产原是广东国投的全资子公司，主要经营开发房地产项目，是20世纪80年代广州最早的房地产开发商，成功开发过羊城八景、牡丹阁、红棉苑、春兰花园等著名地产项目。1999年1月，广东国投进入破产还债程序以来，考虑广信房产情况的复杂性及涉及社会稳定等问题，广东省高级人民法院未将广信房产列入破产范围，而是要求清算组以

大股东及最大债权人身份对广信房产进行监管。广信房产历史遗留问题较多，主要包括：一是对外负债数额巨大，债权人众多，当时广信房产的债权人包括小业主在内有上万债权人；二是大量闲置土地面临被收回的风险；三是与大量小业主、拆迁户存在各种矛盾纠纷，如不及时化解，可能会激化矛盾、影响社会稳定。

在本项目中，南方产权充分发挥平台的社会公信力及发现价值、发现买家的功能，积极发动市场，共征集11家意向竞买人报名，其中8家竞买人参与最后竞买；项目最终以551亿元的价格成交，增值104.228亿元，实现国有资产的保值增值和债权人利益的最大化。

二、项目操作

（一）贯彻法规文件精神，引导破产财产进场处置

2013年，在获悉广东省高级人民法院拟处置广东国投破产财产事宜后，南方产权主动出击，第一时间拜访省高院和广东国投清算组等相关单位。以2011年最高人民法院和2012年广东省高级人民法院的司法解释、法律文件为指导，贯彻"涉及国有资产的司法委托拍卖应当进入省级以上国有产权交易平台处置"的精神，详细介绍南方产权作为省级产权交易机构的专业优势和服务能力；同时，积极与广东省高级人民法院沟通项目处置的具体事宜，并征求广东省财政厅、法制办、金融办等单位的意见，形成的处置方案获得广东省人民政府批准同意。

（二）依法合规，实施方案独具匠心

广东国投破产财产整体处置项目，不仅交易金额巨大且历史情况复杂，还涉及公司改制、股东变更、纳税申报、土地规划调整等诸多问题。因此，本项目实施方案的设计，首先必须保证依法合规，每一个步骤和环节都要有充分的法律依据。对此，南方产权成立专项工作小组，严格按照有关法规政策的要求，全力协助清算组做好前期准备工作；联合清算组指定的毕马威会计师事务所、广东君信律师事务所，共同清点全部项目档案；积极与清算组沟通讨论、研究落实项目的具体操作细节，包括拍卖机构的选定、竞买人的条件设置、保证金的设置和处置、信息披露内容、拍卖公告期限、意向买家尽调注意事项等，确保项目的依法合规开展。

经过多轮讨论修改，南方产权与清算组就项目的整体实施方案达成一致，最终编制完成一系列交易流程文件。鉴于本项目的特殊情况，项目小组在与清算组沟通后，独具匠心地设置了若干特别条款。例如：设置"按现状整体拍卖"条款，提高了对竞买人资金实力的要求，避免了分别处置可能会发生竞买人之间的利益冲突；设置缴纳"尽调保证金"（5亿元，后期可转为竞买保证金）条款，确保尽调资料查阅人的诚意，保障尽调资料的信息安全。由于项目涉及的历史遗留问题较多，存在大量小业主的利益诉求，项目小组设定了签署"解决小业主历史问题承诺书"条款，落实受让方的后续义务等。多种方式相结合，解决了项目开展过程中可能会遇到的各种问题，切实保护交易各方的合法权益，保障项目的全流程顺利推进。

（三）聚集资源，充分发挥平台信息和资源汇聚功能

为充分发挥产权交易机构发现价值、发现买家的优势，南方产权通过网站公告、纸质媒体公告、微信公众号、投资者数据库等多种宣传途径发动市场，向各大房地产商、房地产投资机构、各大投行和有实力的企业进行推介。项目公告期间，市场反应热度远超预期，工作组接听咨询电话近2000人次，最终有8家机构进入最后的竞拍环节，为项目的高溢价成交奠定了基础。

（四）精心服务、严控风险，保障项目顺利推进

本项目标的涉及的文件资料繁多，为全力配合意向竞买人开展尽调工作、满足竞买人的调研

需求，南方产权在有限的公告期内，尽可能延长竞买人的资料查阅时间；意向竞买人在历时24天的公告期内，每天8:30至21:00均可申请查阅尽调材料（含周六、周日）。项目公告期间，南方产权共收到12家意向竞买人的尽调申请，服务意向竞买人查阅资料895人次。南方产权高度重视信息安全，通过资料室安装视频监控、特殊时期值班制度、签署《保密承诺函》、指定场所查看资料等措施，确保公告期间项目资料的信息安全。

由于项目的具体情况复杂、历史问题较多，南方产权在项目公告中对所有重要事项及潜在风险做了全面、详细的披露，确保交易过程的公开、公平、公正；同时，对各个交易环节进行重点监控，细化风险防范措施，严格按照相关规定为交易双方提供平台服务，确保项目顺利推进。

三、项目启示

广东国投破产财产的成功处置，是国内非标准化权益交易资本市场成功实施的经典案例，标志着历时近20年的国内首宗非银行金融机构破产案圆满结束。通过本项目，可以得到以下启示：

（一）实现司法委托拍卖和破产财产处置的创新和突破

本项目与一般产权交易项目相比，涉及的国有资产金额巨大、历史情况复杂、牵涉面广、政策性强、海内外关注度高，对工作人员的专业素质有着很高的要求。南方产权依法依规推进项目，坚持处置工作的规范化、阳光化和效益最优化，有效保证了广东国投破产财产处置的廉洁高效。项目的开展以合规为基石，最大程度保护了破产债权人的合法利益，妥善解决了与大量小业主的纠纷、离退休职工安置等疑难问题，为广东国投的破产清算工作画上了圆满句号，对司法破产资产处置工作进行了有效的创新和探索。多家新闻媒体将本项目称为"史诗级"交易，实现了国有资产保值增值和创造社会效益的双赢。

（二）切实促进国资国企提质增效和国有经济结构调整，有效化解金融风险

党的十八大和十八届三中全会对国企改革专门做出重大部署。习近平总书记多次强调，国有企业是中国特色社会主义的重要物质基础和政治基础，是我们党执政兴国的重要支柱和依靠力量，要按照新发展理念的要求，推进结构调整、布局优化，使国有企业在供给侧结构性改革中发挥带动作用。

就本项目来说，广东国投是20世纪80年代的国有企业，是国有企业政策性破产清算的首宗案例，也是迄今最大的国有企业破产案例。本次广东国投破产财产在广东省高级人民法院的指导下，在清算组的认可和委托下，进入南方产权公开成功处置，是产权市场服务国有企业破产财产处置的创新实践，是南方产权运用市场化、法治化手段推动"三去一降一补"工作并取得实质性进展的重要举措，对国有企业遵循市场规律、瘦身健体、提质增效、淘汰过剩落后产能，以推动供给侧结构性改革具有重要借鉴意义。

实践证明，产权市场是国有企业实现产业结构调整和资本结构优化的主渠道和重要平台。通过产权市场处理国有企业破产财产，对于执行企业优胜劣汰机制，促进市场主体的自我完善和国有经济整体素质的提高，以及化解金融风险，维护国家经济安全、经济秩序和社会稳定具有重要作用。

（三）积极构建防控有效、规范有序的非标资本市场体系，稳步推进各项工作

我国非标资本市场影响面广、敏感度高，是多元利益诉求的交汇体。推进非标资本市场建设发展，要坚持稳中求进工作总基调。非标资本市场基础性制度改革需要综合平衡、统筹兼顾、稳妥推进。为此，南方产权始终以市场化、法治化为方向，强调全面风险控制机制建设，始终坚持"公开、公平、公正"和规范严谨的基本原则，具备严格的风险防范体系。

在对广东国投项目的组织实施中，南方产权深刻认识到项目进场处置的重要性和复杂性。成立专项工作小组，严格按照国家法律法规政策和广东国投清算组的要求，组织项目的公开挂牌、意向竞买人征集和拍卖工作，提高信息披露质量和范围，保证项目实施规范严谨和有序推进，保护各方当事人的合法权益。

近年来，南方产权凭借规范、高效的服务，吸引越来越多的企业进场开展产权转让、增资扩股、资产处置等交易，交易规模稳居全国前列，价值发现功能越发显著。作为华南地区产权资源优化配置和产业转型升级的重要枢纽，南方产权将紧紧围绕"构建服务粤港澳大湾区战略的产权交易资本市场，成为国家'北上广'产权交易资本市场战略的重要一极"的战略目标，继续坚定不移、攻坚克难，推动各类生产要素有序自由流动和优化配置，全力以赴完成产权交易资本市场体系的建设任务，继续为国内非标准化权益交易资本市场的发展奉献经典案例。

（广东省交易控股集团供稿）

打造融资平台　助力国企混改
——青岛港董家口液体化工码头增资案例分析

作为青岛市国企混改重点项目，青岛港液体化工码头增资扩股项目的成功实施，对青岛市国企混改工作的推进具有重要借鉴意义。

一、项目背景

青岛港董家口液体化工码头有限公司（以下简称液化码头公司）成立于2012年6月15日，地址为青岛市黄岛区（原胶南市）港润大道88号，注册资本为40000万元，是青岛港国际股份有限公司全资子公司，经营范围为码头及其配套设施施工（不包括新建、改建、扩建、存储、装卸危险化学品的港口建设）、货物装卸、货物仓储（不含危险化学品及一类易制毒化学品）。目前，青岛港董家口港区正在开发建设液体化工码头及配套罐区，码头规模为5万吨级、2万吨级各一座（水工结构按照8万吨级设计），配套建设26.8万立方米液化烃储罐，项目总投资约17.6亿元。截至2019年5月末，资产总额2.99亿元，负债总额0.12亿元，所有者权益2.87亿元，拟通过青岛产权交易所交易平台增资扩股募集资金37539.103739万元，用于公司码头、罐区和配套设备设施等项目的建设、运营及偿还债务。增资后，液化码头公司注册资本增至7.1亿元，新股东持股比例为49%。

二、方案设计

液化码头公司以前从未做过类似项目，对于增资的相关规定、流程十分陌生。企业提出增资意向后，青岛产权交易所立即成立了专门工作组与增资企业进行对接，去企业进行调研；与增资企业管理层进行沟通，了解增资企业需求，介绍交易流程，帮助企业设计增资方案，确定增资后的股权比例、投资方资格条件及增资条件，协助企业做好挂牌前期准备工作。

本次增资投资方需具备以下条件：①主体资格。意向投资者应为合法存续具有独立法人资格的企业法人。②管理经验及业务支撑。意向投资者及其控制的分（子）公司，需具备LPG（液化石油气)、丁烷产品销售和综合利用业务,大型低温储库、LPG、LNG(液化天然气)的管理经验(可提供相关证照);每年可为标的企业带来不低于150万吨的业务量,并需提供购销证明、意向书材料。③资金实力。意向投资者的资本金(或市值)不低于20亿元(或等值外币),最新一期财务报表显示,总资产不低于50亿元(或等值外币)且所有者权益不低于40亿元(或等值外币)。

三、项目推介

增资信息在青岛产权交易所网站及微信公众号同步发布。利用青岛产权交易所与全国26家交易机构搭建的国企混改平台,发布公告信息,实现一网发布,全网共享。项目信息发布后,接到多家意向投资方的电话咨询,各方对该项目表现出极大的兴趣。青岛产权交易所尽最大可能帮助意向投资方了解增资企业的基本情况,分析项目投资价值;同时,协调增资企业,为意向投资方尽职调查提供帮助,为其决策提供依据。

四、项目收获

该项目是青岛市国企混改首个进场交易的项目。青岛产权交易所成立工作组,积极与增资企业对接,从方案设计到项目推介,为增资企业提供投行式服务,按增资企业要求的时限,完成从增资方案设计到信息披露各环节工作,得到增资企业及集团的好评。

通过该项目的顺利实施,青岛产权交易所探索出了一条为委托方提供"产权交易+投行式"服务的路径,为下一步拓宽业务领域、为交易各方提供更深层次的服务打下了基础,更好地发挥了青岛产权交易所交易平台的资本市场功能。

(青岛产权交易所供稿)

沈阳石油化工设计院破产重整项目

2018年12月5日上午10时,国有企业沈阳石油化工设计院破产重整项目在沈阳联合产权交易所(以下简称沈交所)经过110轮次激烈竞争,最终以1855万元成交,增值率高达142.48%。破产管理人借助产权交易机构专业优势,以网络竞价遴选投资人的方式,成功化解了企业多年的陈欠积案,实现国有资产大幅增值,最大限度地保证了出资人、国有企业和债权人等各方的合法权益。

一、项目背景

沈阳石油化工设计院(以下简称石化院)创建于1964年,系全民所有制企业,是以化工、石化医药、建筑工程为主的专业设计院。在50多年的历史进程中,石化院完成多项国内化工石化医药行业大中型规模的工程设计任务(辽宁及沈阳地区化工石化医药行业的工程设计任务多由该设计院完成),为中国的石油化工事业发展做出了积极贡献,曾被前化工部、劳动部确立为"全国溶解乙炔工程设计中心",是一家历史悠久、在行业内颇负盛名的企业。

2014年以后,随着化工设计行业步入下行通道,石化院陷入经营危机,多起诉讼案件败诉,企业银行账户被依法冻结,正常经营难以为继。2016年10月,石化院开始拖欠员工工资,部分员工开始放假。2016年12月,因资不抵债,无力清偿到期债务，经出资人沈阳市大东区工业总公司批准，石化院向辽宁省沈阳市大东区人民法院申请依法破产。2017年12月25日，辽宁省沈阳市大东区人民法院《民事裁定书》（〔2017〕辽0104破申1号）裁定，受理沈阳石油化工设计院破产清算申请，并指定辽宁开宇律师事务所担任管理人，石化院正式进入破产清算阶段。

二、项目重整

作为省级产权交易机构，沈交所在服务国有企业产权转让及改制工作中始终坚持依法治所、依法服务的理念，广泛与律师事务所、会计师事务所等专业机构开展深度合作，建立起"公开、公平、公正、规范"的市场形象，努力开拓破产资产处置市场。辽宁开宇律师事务所在接受法院指派成为石化院破产清算管理人后，主动与沈交所合作，希望借助沈交所的业务经验及平台优势，为企业找到一个最优的破产解决方案。

沈交所认为，石化院作为一家具有50多年历史、为中国石油化工事业做出过突出贡献的企业，具有一定的潜在价值，应充分挖掘，通过重组和债务调整，帮助债务人摆脱财务困境、恢复营业能力，而不应简单地"一破了之"。为此，沈交所与破产管理人组成工作组，一方面深入企业进行调研，获知石化院具有以下资质：国家住建部批准的化工石化医药行业（化工工程、石油及化工产品储运工程）甲级工程设计资质，在全国同时具有这两个专业甲级设计资质的单位仅有36家；化工石化医药行业乙级、建筑工程乙级设计资质；国家发展改革委批准的化工石化医药行业甲级工程咨询资质；国家质检总局（现为国家市场监督管理总局）批准的GB、GC级压力管道及A2、A3级压力容器设计资质。目前，国家对新申请工程资质的审核极其严格，通过率极低。如果石化院破产，资质也将随之灭失，因资质和技术资源丢失所带来的无形资产损失会很大。如果能对这些无形资产价值进行充分挖掘和宣传，极有可能吸引有识之士参与收购，促成石化院破产重整，从而使该院获得新生，为职工就业、社会稳定和经济发展做出新的贡献。另一方面，工作组与破产企业出资人、原企业领导班子及相关债权债务人进行充分沟通，了解企业的债权债务类型与各方关系人的利益关系，寻找解决办法。

在扎实做好前期准备工作的基础上，工作组形成了石化院破产重整草案，得到有关各方的认可和支持。2018年6月，石化院公开发布征集投资人公告，通过沈交所的宣传推介，公告期间便有多家同行企业前来商谈投资事宜。众多意向投资人对企业原有的债权债务、职工人员情况、涉诉纠纷等敏感问题进行了详细考察和询问，工作组逐一进行了细致解答。经过多轮次、全方位的洽谈磋商，最终有两家投资人缴纳了诚意金，明确表示参与重整意向。

2018年5月2日，石化院破产项目管理人向沈阳市大东区人民法院提出重整申请。沈阳市大东区人民法院于2018年6月12日裁定对石化院进行重整。至此，沈阳石油化工设计院开启了通往新生的重整之路。

三、项目操作

为实现企业重整目标，依据《中华人民共和国破产法》和国资管理相关法规，工作组制订了重整工作实施方案，并克服各种困难，按计划逐步实施。

一是清查内外债务，保障职工及债权人的合法权益。为保证企业重整后能够稳定发展，处理好内外债务非常关键。由于多年经营不善，石化院对内尚欠职工的工资、采暖费、医药费、公积金以及退休人员预留大额医保，预留采暖费等各项费用合计300余万元，对外尚欠12家法人单位的各类欠款1235万余元。在工作组的指导下，沈交所对所欠款项进行逐一核对与清查，列出详细的债务清单。对于所欠的企业内债，于2018年6月29日分别在《辽沈晚报》

和石化院厂区进行了公示，得到石化院职工的认可。对于所欠外债，通过法院发布公告，于2018年5月8日召开第一次债权人会议，确认了石化院所欠12家债权人企业的欠款金额，债权人表示没有异议。

二是依法依规，防止国有资产流失。按照《中华人民共和国破产法》第八十五条"债务人的出资人代表可以列席讨论重整计划草案的债权人会议。重整计划草案涉及出资人权益调整事项的，应当设出资人组，对该事项进行表决"的规定，沈阳市大东区国资管理部门需要对重整中投资人的选择和转让价格等发表意见。为此，沈交所及时向破产管理人及大东区国资监管部门提出借鉴国有资产交易规则和流程，通过资产评估确定底价，通过网络竞价遴选投资人的建议；经反复沟通，建议得到相关部门的采纳。国资监管部门最终重新对石化院进行资产评估，并听取沈交所建议，以收益法评估值764.5万元为参考，确定底价为765万元。

三是组织遴选投资人，确保企业实现可持续发展。沈交所经过缜密思考，在前期征集意向投资人的基础上，在沈交所网站上发布公告，要求意向投资人在规定时间内正式登记报名。如一家报名，采用协议转让；如两家报名，则通过网络竞价转让。经过国资管理、法院等方面的同意，结合企业的具体情况，制定了严密且完善的遴选投资条件，要求投资人全面认可管理人委托审计、评估机构出具的报告内容；保证后续投入的清偿资金不少于1235万元（外债金额），即提供的总清偿资金金额（投资总额）不少于2000万元（外债加所有者权益总和）；投资人需严格执行经人民法院裁定批准的《重整计划》；投资人需保证在《重整计划》批准后两年内，石化院原职工留用率不低于70%，如与职工解除劳动合同，需根据相关法律规定足额支付经济补偿金等相关费用。这样，既能解决企业内外部的债务问题，保证原企业职工的权益，又能锁定投资人的后续投入，为企业今后的可持续发展提供保证。

四、项目亮点

在规定时间内，意向投资人均报名登记，并缴纳了交易保证金。网络竞价如期举行，竞价过程可谓低开高走，高潮迭起，精彩纷呈。2分钟的延时报价周期给双方的考虑时间十分短暂，但双方几乎没有间断连续报价，标的的价格交替上涨，不断刷新。在竞价现场观摩的各方有关人员的惊呼声中，底价765万元的标的仅用15分钟便突破1000万元，25分钟突破1500万元，最终经过110轮次的报价，江西天华工程设计咨询有限公司以1855万元报价成为本次破产重整企业的最终投资人。

报价结束后，江西天华工程设计咨询有限公司的负责人表示，虽然比标的底价多花费了1000多万元，但能够成功拿到该标的还是很兴奋；按照对该企业前期尽调的结果，预期入驻石化院后，该企业将能更好地开展在北方地区的主营业务，扩大客户资源，为自身长期发展提供有力的业务支撑。

五、体会思考

近年来，沈交所通过定期走访、组织论坛、专场推介等多种方式定期沟通，加强与著名律师事务所和会计师事务所的合作，形成了以沈交所为核心的产权交易生态圈。沈阳石化院项目的成功转让，是机构合作模式的成功范例。我们有以下几点体会：

一是通过机构合作机制定期进行业务沟通，与管理人辽宁开宇律师事务所合作，及时获得交易信息，掌握破产企业项目资源，及时介入，充分做好项目进场准备工作，为后续成功完成交易打下坚实的基础。

二是充分体现了沈交所开展国有资产交易的专业能力和政策把握水平。沈交所通过深入调研企业自身价值和市场环境，挖掘出企业的内在价值；同时，根据《企业国有资产交易监督管理办法》与《中华人民共和国破产法》等相关法律，制定了缜密的整改方案和交易流程，设计切实有效的实施方法，保证了项目的顺利实施。重整方案既有创新，又严格按照相关法律法规规定，实现了国资保值增值，保障了职工的合法权益。

三是充分发挥信息推介和组织交易的优势，保障了项目的圆满进行。公开遴选投资人信息经沈交所广泛推介，很快征集到多位投资意向方，为后续重整奠定了基础。通过精心编制竞价方案，组织电子竞价，实现转让价格大幅增值。

四是充分体现了法院、政府部门对产权交易机构的认可和重视。沈交所主导的石化院项目重整方案、评估意见和遴选方案很快得到法院、政府、企业职工以及债务人、投资人等各方的接受和肯定。

（沈阳联合产权交易所供稿）

依托互联网，助力国企采购降本增效

——湖南联交所员工食堂配套用品采购项目

长期以来，国企采购一直是腐败的高发区域，权钱交易、暗箱操作、围标串标等情况层出不穷。浏览审计署、中纪委等官网公开信息，不难发现落马的国企管理人员大多数涉及国企采购腐败。我们有规范招投标行为的《中华人民共和国招投标法》，规范政府采购行为的《中华人民共和国政府采购法》，但国有企业的采购行为却面临"无法可依"的尴尬局面。虽然很多国企都制定了有关采购的内部规章制度，但大都缺乏有效的外部监管，存在封闭运行、成本高企等问题。湖南联交所作为省内唯一省级产权交易机构，一直积极倡导建立公开、公平、公正的全要素品种交易平台，秉承从源头杜绝腐败、以制度治理腐败的宗旨，借鉴内蒙古、哈尔滨等兄弟机构的先进经验，于2018年初搭建了湖南省国企阳光采购平台（以下简称采购平台）。经过一年多的运营，采购平台已成功为多家国企组织各类采购项目80余宗，成交金额共计9509.9万元。其中，货物与服务（含零星工程）类采购项目预算金额共计5516万元，成交金额共计5009.9万元，累计节约采购资金506.1万元，节资率达9.2%，积累了丰富的国企采购经验。

一、项目简介

2018年，湖南联交所为满足员工诉求、优化员工工作环境、提升员工归属感，决定对员工食堂进行提质改造。采购平台前期对食堂装修项目进行了采购，取得了不错的效果。为加快食堂改造进度，在装修食堂的同时，需对食堂配套用品进行采购，拟采购的食堂配套用品包括厨房专用设备、抽排系统、新风系统、配套餐具、杂项等共计8大类148项商品，有标准的厂制品也有需现场制作的专用器具。

二、项目过程

（一）深入市场实地考察

拟采购的食堂配套用品清单为食堂承包商提供，最简单的方法就是委托承包商进行采购，但可能导致成本虚高。为达到降本增效的采购效果，湖南联交所决定由施工企业自主采购，并交由采购平台实施。接到任务后，采购平台工作人员对采购项目进行分析，并深入本地厨具供应市场进行现场考察；同时，积极与食堂承包商进行沟通，详细标定了各类商品的规格、材质、尺寸、参数、品牌等，细化采购商品清单，并以清单为基础向多家本地厨具供应商进行了初步询价，最终将采购项目限价为32万元。

（二）有的放矢确定采购方式

通过前期调查，采购平台发现拟采购的商品均为货物，其中需现场制作的器具，制作过程并不复杂，工艺比较简单；标准厂制品市场供应充足，对供应商的资质也无特别要求，价格是本次采购活动的主导因素。如果按思维惯性采用招投标采购方式，则采购时间过长、经济成本过大，采购平台决定采用网络询价方式实施本次采购项目。网络询价为采购平台使用e交易电子采购系统实施的互联网采购方式。该方式全流程线上操作，供应商报名、保证金缴纳、报价等情况系统操作人员都无法查看，全程保密，有效隔绝了人为因素的干扰，且操作极为简便，为供应商报价提供了便利，可大幅度提高采购效率。

（三）竞价充分超过预期

通过精心组织策划，采购平台在湖南联交所官网、e交易网站、中国采招网等平台发布了网络询价公告；同时，线下主动联系各厨具供应商，最终共有6家供应商在线上成功参与了该项目的报价。在限价32万元的情况下，项目最终以18.8万元的价格成交，节资13.2万元，节资率高达41.25%。在后续供货环节中，采购平台配合采购人严控货物验收环节。整个项目进展顺利，圆满完成，不仅节约了采购资金，也提高了食堂配套用品的品质，降本增效收到良好效果。

三、项目启示

该项目的成功运行，标志着湖南联交所精心构建的采购平台正式进入"互联网+时代"，从中我们得到下以几点启示：

（一）"互联网+采购"阳光透明

"互联网+采购"依托电子采购平台，全流程线上操作，全程留痕，可追溯，供应商信息严格保密，有效防止采购人与供应商、供应商与供应商之间互相串联，成功抑制了采购过程中指定供应商、围标串标等情况的发生。整个采购过程公开、公平、公正、阳光、透明、高效，使国企采购既达到采购预期，又符合各项监管与审计的要求。

（二）降本增效成果显著

本次采购，采购平台抓住了项目的核心特点，通过实地考察摸清了供应市场，选取合适的采购方式，最终通过网络询价方式使项目顺利成交，为采购人节约了采购资金，提高了项目采购质量。

（三）湖南联交所交易平台建设成效显著

湖南联交所采购平台设立后，形成了八平台的业务格局。采购平台的成功运行，意味着湖南联交所不仅实现了"卖"（转让）的功能，还实现了"买"（采购）的功能。湖南联交所既能帮助国有资产寻求一个合理的市场价格，又能为采购方提供性价比最优的商品和服务，为国有资产的保值增值、国有资金使用效率最大化提供了保障。

（湖南省联合产权交易所供稿）

做好顶层设计　以混改激发企业活力

——湖南国华制药有限公司增资项目

一、项目背景

湖南国华制药有限公司（以下简称国华制药）成立于1991年，注册资本1685.3178万元，系湖南省中医药研究院的全资子公司，主营业务为中成药的研发和生产。经过27年的发展，现已建成符合新版GMP认证要求的全新生产线，拥有5大系列20余种产品，并产生了一定的经济效益和社会效益。但是，国华制药在产品结构、经济规模、治理机制等方面与国内一流制药企业还存在较为明显的差距。随着制药行业竞争日趋激烈，公司亟须转换治理机制、创新管理模式、引入资源进行新的GMP基地建设和市场开拓。为此，国华制药拟通过增资的方式实施混合所有制改革，推动完善现代企业制度，健全企业法人治理结构，使各种所有制资本取长补短、相互促进、共同发展。

二、运作亮点

（一）以增资目的为导向，合理设计增资方案

2018年初，湖南省联合产权交易所（以下简称湖南联交所）项目团队在接到委托后，积极和企业对接，了解增资目的，为其修改完善增资方案。增资前，国华制药股权结构为湖南省中医药研究院100%持股，根据上级主管单位要求，增资后需要保留国有资本的控股地位。在此背景下，增资方案设计需要平衡资金需求（释放股权比例）、保持控股权和转变治理机制之间的矛盾。为此，国华制药和湖南联交所经过多次沟通后决定：①国有资本比例维持在34%的安全控制线以上，既可充分发挥国有资本的引领和带动作用，又保障了一票否决权。②预留不超过10%的股权用于骨干员工持股平台协议认购。国华制药处于充分竞争行业，同时又是人才资本和技术要素贡献占比较高的高新技术企业，允许员工持股有利于留住核心员工，建立员工与企业利益共享机制，激发员工内生动力。③将释放给战略投资的56%股权分为等额的两份，按照同股同价原则引入两家战略投资者，每家认购28%，两家投资方不得为关联方，确保国有资本相对控股。④在公告中约定，增资后需保留中医药研究院在大额对外投资、发展战略等重大事项上的决策主导权，并记载于公司章程。多年来，中医药研究院的科研能力为国华制药的发展提供了支撑，保障中医药研究院在重大事项上的主导权，有利于继续发挥国华制药作为研究院产学研一体化平台的作用。⑤在董事会层面，给予战略投资者足够份额，让更多的民营资本参与进来，为企业引入先进的经营管理理念和管理机制，增强企业发展动力，实现企业的高质量、超常规发展，并将增资后企业"三层一会"的组成安排在公告中进行披露，增强各意向投资方的投资意愿和信心。

（二）充分听取企业诉求，确定资格条件与增资条件

本次国华制药增资既是为了募集资金，也是为了引入认同企业发展理念的合作伙伴，为企业未来发展提供助力，以达到资合与人合的统一。湖南联交所与国华制药经过充分沟通、讨论，共同研究决定了意向投资方资格条件和增资相关条件，在注册资本、存款余额、资金支持等方面设置了要求，确保引入的投资方认同增资企业的发

展战略,并为公司后续新的 GMP 基地建设提供资金支持。

(三) 利用信息集散地优势,精准推介优质项目

项目挂牌前,考虑到投资方要求比较严苛,增资企业对项目达成信心不大。湖南联交所在深入了解项目情况后认为,在国家政策支持、市场环境改善的情况下,我国中医药大健康产业已形成巨大的"蓝海"市场。国华制药产品结构丰富,以天麻首乌片、人参补气胶囊等为主导的心脑血管、抗肿瘤核心产品具有独创性和优良疗效,市场前景广阔,企业具有长期投资价值。为此,湖南联交所以自有客户信息资源库为依托,积极对项目进行精准推介,最终成功征集到两家实力雄厚、发展理念契合的意向投资方。

(四) 发挥专业能力,精细化服务项目择优

此次增资,国华制药期望找到具有一定经济实力和融资能力,能为公司带来资金、先进管理经验、市场资源的战略投资方,故采用竞争性谈判来择优确定投资方。公告期满后,湖南联交所严格按照《增资业务择优确定投资方操作流程》,组织谈判小组专家抽取、择优文件拟定与发放、竞投文件收取、谈判活动指导与协调等相关工作。2019 年 4 月 22 日,国华制药竞争性谈判在湖南联交所成功举行,确定湖南润和城实业有限公司、湖南锡万投资有限公司两家公司为投资方,募集资金总额 7595.28 万元。原股东、增资企业和投资方均对湖南联交所的工作以及增资结果十分满意。

此次国华制药增资恰逢两家投资方试图布局医药行业之际,两家投资方对于国华制药的发展方向和发展理念均十分认同,并表示会积极利用自身资源协助企业发展。交易各方对未来凝聚共识、共谋发展充满了信心,对国华制药创造辉煌、实现高速发展和股东利益最大化、积极推动湖南省大健康产业和中医药事业的发展充满期待。

三、项目启示

自 2013 年党的十八届三中全会提出积极发展混合所有制经济,经过不断的探索和发展,国有企业混改已进入全面加速期,各地国有企业积极通过产权交易机构以股权转让、增资扩股等方式实施混合所有制。湖南联交所作为湖南省财政厅、湖南省国资委指定的唯一省属企业国有资产、行政事业单位资产、金融企业国有资产等交易平台,一直致力于服务好国资国企改革。从 2007 年开始运作增资扩股业务以来,积累了丰富的增资业务运作经验,拥有完善的交易制度和内部管理、风险控制体系。

《礼记》有云:"儒有合志同方,营道同术;并立则乐,相下不厌。"企业混改如同结志同道合者携手前行,国企混改对于未来发展举足轻重,不能"一混了之"。作为国企混改实施平台,产权交易机构在混改方案设计、投资者征集与择优等流程上具有丰富的经验,要充分发挥自身专业能力,以增资目的为导向,协助企业做好顶层设计,在保障增资方案合法合规和具有可操作性的基础上,系统考虑公司战略定位、股权架构、投资方选取原则、治理结构、资金需求等方面的问题,保障混改的质量和效果。

(湖南省联合产权交易所供稿)

推动城市货运配送绿色高效发展

——甘交所助力国有企业并购民营企业资产

为贯彻落实党的十九大精神，推动城市货运配送产业高效发展，促进物流业降本增效，兰州交通发展建设集团有限公司并购某民营企业土地使用权、建构筑物等资产项目在甘肃省产权交易所（以下简称甘交所）的鉴证下顺利成交，正式拉开了兰州交通发展建设集团有限公司建设现代化物流园区、打造兰州市绿色货运配送示范工程的序幕。

受兰州交通发展建设集团有限公司委托，甘交所严格按照《中华人民共和国企业国有资产法》《中华人民共和国公司法》《企业国有资产评估管理暂行办法》等法律法规的规定，在完成国资监管报批手续后，对兰州交通发展建设集团有限公司并购民营资产项目做咨询鉴证。通过全面、深入、充分、严密的论证调研，甘交所为委托方详细分析了该项目的可操作性、法律合规性，充分考虑资产的客观条件、交割细节、运营风险等影响并购交易的因素，并为委托方提供多套实施方案，帮助兰州交通发展建设集团有限公司通过并购迈出了打造兰州市绿色货运配送示范工程单位非常坚实的一步。

甘交所此次资产并购鉴证咨询的顺利完成，开了国有企业并购民营资产在鉴证咨询方面的先河。甘交所从不同领域、角度为委托方提供鉴证咨询服务，确保并购行为的规范性、透明性、安全性，为甘肃产权市场国有资本并购民营资本搭建了专业化交易平台，使得国有资本对外投资更加精准、安全、高效。

（甘肃省产权交易所供稿）

甘南州第一批共104辆公务用车制度改革涉改车辆全部高溢价成交

2019年11月，甘南州政府104辆涉改公务用车处置项目在甘肃省产权交易所（以下简称甘交所）高溢价成交，104辆车成交金额448万元，溢价高达102.26%，实现国有资产增值226万元。

甘交所受甘南州财政局委托，通过甘交所网站、《甘南日报》、微信公众号、香巴拉广场电子大屏以及自媒体等多种方式对本次车辆处置项目进行广泛宣传推介，成功吸引意向竞买人300余人。同时，甘交所总部与甘南州子公司形成联动，总部负责竞价专厅标的录入、动态监测，并及时向业务一线反馈各标的成交情况，总部业务部门抽调数名业务素质高、工作经验丰富的项目经理赴甘南州驻场，协助意向竞买人完成报名登记、网络竞价注意事项讲解以及成交确认等工作。高质量的服务，确保了本次项目104辆公车实现全部高溢价成交。

竞价现场，甘南州财政局副局长李生周、甘南州文化旅游交通建设集团董事长蒋爱民观摩了竞价全过程，对104辆公车全部高溢价成交的结果给予高度赞扬，并表示甘交所作为本省唯一经省级部门批准的交易场所，其公平、公正、公开的网络竞价模式最大限度地实现了国有资产的保值增值，有效防止了围标串标现象的发生。本次涉改车辆的成功处置，为全州全面开展公务用车处置工作做了有益尝试，提供了成功经验，为甘南州其他国有资产阳光交易树立了典范。

（甘肃省产权交易所供稿）

杭州萧山国际机场原车库点7处保税仓库分零出租项目

一、项目背景

杭州萧山国际机场原车库点7处保税仓库因原租赁合同到期，拟通过浙江产权交易所（以下简称浙交所）公开挂牌出租，出租区域为杭州海关监管二级保税仓库。

二、操作难点和重点

经与出租方充分沟通后发现，该项目存在四个操作难点：

一是出租标的物的稀缺性。本次出租标的为杭州海关监管二级保税仓库，经调研，本次招租活动结束后，短期内出租方无到期的二级保税仓库，无新建该类型仓库的计划，导致本次出租标的具有稀缺性。

二是承租方范围的限制。因本次出租标的为杭州海关监管二级保税仓库，受现行法律法规影响，承租方需为取得杭州海关监管运营资质的物流公司。新进物流公司即使承租仓库，短期内也无法正常运营，这对承租方资格提出了一定要求，一定程度上限制了意向承租方的范围。

三是出租方要求综合收益最大化。本次招租的物流公司除向出租方支付租金外，需按仓储流转的货运量另行向出租方支付货物操作服务费。经出租方测算，现有租户带来的操作服务费收益均大于租金收益，操作服务费可为出租方带来更多的收益。出租方希望在招租过程中更多体现货运量带来的价值，弱化租金收益，实现其综合收益最大化的目标。

四是无可借鉴的交易方式。鉴于本次出租综合收益的特性，浙交所无法采用传统的竞价交易模式。同时，为了保证出租项目全流程公开、公平、公正，出租方也不愿意采用竞争性谈判、招投标中谈判小组各自打分的方式，导致该项目无直接可借鉴的交易方式。

三、项目进场始末

经充分调研物流市场并与出租方协商，确定本次出租采用"一次性密封报价+综合评定"方式进行。

（一）出租方案

本次出租以租金、货运量等形成不同权重计算综合得分高低的方式确定承租方，具体办法见表1。

表1 承租方确定方式

计分项目	分值	计算公式	备注
租金	75分	报价高于基准价的：（基准价/意向承租方报价）×75（分） 报价不高于基准价的：（意向承租方报价/基准价）×75（分）	所有意向承租方一次性密封报价平均值为基准价
近三年货运量	进口货量20分	（意向承租方货量/基准量）×20（分）	最高进口货量的意向承租方货量为基准量
	出口货量5分	（意向承租方货量/基准量）×5（分）	最高出口货量的意向承租方货量为基准量
附加分——原租户	2分		

出租方要求每家意向承租方最多报名两个仓库（需明确优先顺序），但只允许成交一个仓库。

出租方案具有以下四个优点：

一是采用最多报名两个仓库（需明确优先顺序）、只允许成交一个仓库的报名及成交方式，避免了征集环节出现意向承租方范围过窄的限制。当意向承租方数量大于出租仓库数量时，必然导致项目产生一定的竞争。

二是租金的参考均价计分方式避免了一次性密封报价环节出现租金的恶性竞争，达到了出租方弱化租金收益的目的。

三是进口货运量与出口货运量分别计分的方式充分考虑了进口货运操作服务费高于出口货运操作服务费的实际情况，达到了出租方综合收益最大化的目的。

四是原租户少量附加分部分满足了原租户同等条件下的优先权。

（二）进场过程及成交结果

该项目进场挂牌后，浙交所充分利用市场渠道及出租方渠道发布相关出租信息，最终征集8家符合条件的意向承租方（其中6家意向承租方报名两个标的）。在一次性密封报价阶段，产生了14个有效报价，使出租标的产生了充分竞争。

因14个有效报价均为挂牌价，根据交易规则及综合评定，最终由货运量排在前7名的意向承租方承租该7处仓库，货运量最低的意向承租方未竞得标的（该意向承租方为其中一处仓库的原租户）。

该项目采用"一次性密封报价+综合评定"的方式，最终实现了出租方综合收益最大化的目标。

四、项目启示

该项目的顺利成交，丰富了浙交所国有资产出租业务的范围。该项目采用出租加招商的交易方式，将浙交所国有资产出租业务与国有企业招商业务相融合，延伸了产权交易机构的交易链条，开拓了出租业务的新领域。

该项目的顺利成交，丰富了浙交所国有资产出租业务的交易方式。本次出租采用的"一次性密封报价+综合评定"（"租金报价分+历年货运量分+原租户附加分"）的交易模式，为浙交所首创，丰富了浙交所现有国有资产出租业务的交易方式，开拓了一种全新的交易方式，值得进一步完善及推广。

该项目的顺利成交，丰富了"价格优先"的含义。该项目彰显了出租方综合收益最大化理念，丰富了《浙江省省属国有企业重大资产处置监督管理暂行办法》中确定的承租方价格优先原则的含义。

（浙江产权交易所供稿）

"现场竞价+交易互联网分段竞价"模式
助推内蒙古自治区马产业发展

一、项目背景

为推进内蒙古自治区马品种改良，缓解马种改良过程中优良种公马短缺，在自治区农牧业厅的指导下，自治区马业协会所属的可汗御马苑有限公司和内蒙古草原纯血马培育有限责任公司两家种马场分别筛选出 50 多匹纯血马和 50 多匹新锡林郭勒种公马，于 2018 年 6 月初，在锡林郭勒职业学院马都演艺大厅举办了自治区首次良种马竞价会。本次竞价会由自治区马业协会主办，内蒙古电视台、内蒙古产权交易中心、锡林郭勒盟职业学院承办，竞价采取"网上 PC/手机客户端+现场竞价"形式进行。

本次竞价会选出 50 匹全部经国际种马登记组织（ISBC）认证的英国纯血马种公马，其血统纯正清晰，系谱记载完整。50 多匹新锡林郭勒马通过不断导入纯血马基因对锡林郭勒母马进行杂交改良，育成了锡林郭勒马新种群。该种群不仅继承了蒙古马吃苦耐劳的优良特性，而且在体形、外貌、速度和耐力等方面都有明显提高，并多次在全国耐力和绕桶等项目赛事中取得优异成绩，受到区内外养马界高度关注。内蒙古产权交易中心成功举办此次良种马竞价会，在助推内蒙古自治区马产业发展的同时，在交易品种和交易方式创新方面也进行了有益尝试。

二、项目交易特点

（一）本次交易是产权交易市场首宗动物活体交易

在产权交易市场上，进行动物活体交易的很少。活体交易标的及标的受众群体的特殊性，对项目操作提出了更高要求。

标的特殊性。与传统实物资产交易相比，本次转让的良种马为活体动物，具有一定的特殊性。本次良种马展示、转让地与养马场距离较远，需要从马场集中将马匹运到展示现场。在集中展示期间，需要专人进行清厮、喂养、看护、遛马等工作，并且看护和饲养成本较高。此外，购马客户需要对马匹进行实地勘验，并观察马匹行走姿态，以便了解马匹的真实情况，所以需要专门牵马人。基于此，转让方要求：一是要在较短时间内进行马匹集中展示；二是要在展示期间将马匹转让完毕，降低看护和饲养成本。

标的受众群体的特殊性。本次良种马转让的重要目的之一是改良自治区马品种，受众群体主要是自治区的农牧民，与城市居民有诸多不同：首先，在网络使用方面，现代人更多倾向于手机操作，对于牧区农牧民，通过手机进行网络竞价操作是参与购马的首选渠道；其次，在购买方式上，农牧民习惯于现场勘验完毕后立即采用刷卡或现金形式支付价款，而不愿采用手机银行等方式进行支付；最后，参与购马的农牧民母语多为蒙古语，语言交流主要为蒙古语，需要提供语言翻译服务。

（二）针对转让标的的特殊性设计交易方式

为了保证本次良种马转让的效果，实现委托方意愿，内蒙古产权交易中心自接受委托后，与内蒙古自治区马业协会和内蒙古电视台进行了多次沟通，将马文化表演、赛马活动与良种马转让相结合；对转让方式进行精心设计，将马文化表演与现场竞价相结合，网络竞价同步进行，通过马文化表演突出本次良种马竞价活动的主题。针对项目特点，内蒙古产权交易中心与转让方多次沟通，以方便农牧民购马为出发点，对交易流程进行细化和优化，使参与购马的农牧民能够一看就会、一用就懂；同时，培训锡林郭勒盟职业学院志愿者，使其能够辅导参与购马农牧民进行相关操作。

竞价方式设计。为实现转让方在短时间内转让的要求，本次项目组合选用了现场竞价、网络竞价、一次报价三种竞价方式。

为保证本次良种马转让效果，由委托方选出12匹品种优良马匹进行现场竞价。12匹马在锡林郭勒职业学院马都演艺比赛大厅由志愿者牵引进行现场逐匹展示，主持人同步解说。网络竞价同步进行，充分调动购马农牧民参与竞价的积极性。

网络竞价组织。现场竞价结束后，未购买成功的客户可以继续参与网络竞价。马匹网络竞价结束时间设定为现场竞价结束的第二天。为保证意向方有充足时间参与网络竞价，中心安排工作人员现场接受报名，且将报名结束时间设定为最后一匹马竞价结束前2小时。

现场确定转让底价，一次报价。网络竞价结束后，对于剩余未成交马匹，根据马匹状况，委托方重新确定转让底价，在现场采用一次报价方式进行转让，以满足委托方快速转让的要求。

（三）多方位推介，精准营销

产品非标准化是产权市场的显著特点，面对日趋丰富的交易品种，常规的推介方式及渠道已不能满足新型交易品种的信息扩散。

鉴于本次交易标的的受众群体主要为自治区境内农牧民（自治区户籍可享受良种补贴），接到该项目后，中心市场营销部第一时间做出推介安排。一方面，进行专题宣传，利用微信、公众号、中心网站、内蒙古自治区马业协会网站等进行信息广泛覆盖；另一方面，通过内蒙古自治区马业协会、盟市马业协会、内蒙古电视台以及联系牧区朋友圈等渠道，发布良种马竞价会信息，有效实现特殊标的的精准化营销。

三、项目操作的几点启示

内蒙古产权交易中心本次接受委托的136匹良种马成功转让127匹，成交率达到93%，竞价马匹的最高增值率为47%。参与购马客户100余人，以锡林郭勒地区及赤峰、呼伦贝尔、乌兰察布等地农牧民为主，内蒙古职业教育机构也参与了本次竞价活动。本次良种马竞价顺利实现，一方面提升了内蒙古产权交易中心在特殊标的转让过程中的协调、组织、统筹能力；另一方面体现了产权交易机构的市场全要素综合服务能力。此次竞价会的组织工作获得委托方自治区马业协会、内蒙古电视台蒙古语专题频道、提供竞价场地的锡林郭勒盟职业学院等相关方的认可，为内蒙古产权交易中心日后开展该类业务积累了经验。本次良种马竞价活动的成功组织，带给我们以下几点启示：

（一）强大的网络交易平台能够保证交易有序进行

本次良种马竞价会对产权交易竞价系统提出了更多要求，e交易平台作为强有力的网络平台支撑，其"电商思维"的产品设计模式为本次良种马网络竞价提供了强有力的支持——牧民可以通过手机端进入"e交易手机竞价系统"，直接进行竞价，并且可以直观地看到自己想要的马实时的竞拍价格。参与竞价的牧民表示，这样的竞价方式非常便捷，希望这样的竞价会可以经常举办。

（二）便捷的结算方式可以提升客户满意度

为推动自治区马品种向高端化发展，鼓励自治区养马大户和广大农牧民踊跃购买优质种公马，自治区出台相关政策，对竞买成功且具有自治区户籍的受买人给予良种补贴。对竞买成功的受买人，在竞拍成交价的基础上，按照良种补贴的标准直接给予价格减免。同时，考虑到本次良种马竞价会牧民报名时间较为集中，内蒙古产权交易中心开通了多种结算渠道。在统一结算方式方面，内蒙古产权交易中心进行量身定制：一方面，在现场设计了POS机刷卡、微信、支付宝三种结算方式；另一方面，对价款中涉及的补贴款、保证金、赛事费一并进行现场结算，为委托方、购马客户提供高效、便捷的结算服务，保证项目顺利进行。

（三）项目有效组织是标的成功转让的关键

在良种马竞价会方案设计中，除标的展示、勘验、登记、竞价组织、交接等常规流程外，内蒙古产权交易中心在项目营销宣传以及活体交易特殊性等方面进行了重点策划，如在宣传方式、宣传渠道、赛马会现场的布置、竞价会现场安排、马匹展示、大屏显示、志愿者着装以及现场报名、竞价、网络指导、马匹勘验交接等方面进行了细致讨论与研究，做到不同部门有效对接，最终使竞价会圆满举办。

依据项目特点和受众群体情况，配备专业蒙古语翻译全程进行解说，并在锡林郭勒盟职业学院的配合下，对参与本次活动的志愿者进行了网络竞价流程中网上注册、竞价操作培训，为现场购马客户提供竞价指导，使购马客户的网上操作顺利进行。通过提供翻译专业服务，保证了竞价会举办过程中与农牧民的顺畅沟通，避免了由于沟通不畅而导致误解或因购马客户不熟悉竞价操作流程而出现相关问题。

四、市场创新

内蒙古产权交易中心是由自治区国资委出资管理的国有企业"阳光交易"平台，也是自治区本级行政事业单位资产处置指定机构。通过企业国有产权交易系统（国务院国资委监测）、e交易互联网平台、网络电子竞价系统、股权托管系统等先进的信息技术，内蒙古产权交易中心为社会各类投资者提供功能齐全、规范安全，集资产产权交易、企业采购、企业融资服务于一体的交易平台。本次良种马成功竞价转让，是内蒙古产权交易中心结合地域特点，与行业协会开展项目合作的一次有益尝试。本次良种马项目成功转让，既得到了自治区马业协会的高度认可，也让参与购马的农牧民充分了解了网上竞价的便捷性，并对本次竞价表示认同。作为自治区区域资本市场的组成部分，内蒙古产权交易中心在服务企业产权转让、资产重组、咨询过程中，将持续秉持规范、务实、高效的服务理念，合作共赢的市场理念，为社会各界提供全流程服务。

（内蒙古产权交易中心供稿）

福建省煤炭去产能指标交易平台助力煤炭供给侧结构性改革

2018年，福建省产权交易中心（以下简称福建产权）在福建省工业和信息化厅的指导下，聚力推进建设福建省煤炭去产能指标交易平台，这是贯彻落实国家和省政府推进供给侧结构性改革、化解煤炭过剩产能工作部署的积极探索，也是推进产能结构调整的创新举措。

一、案例介绍

根据国家发展改革委等部门关于开展去产能指标交易工作部署精神，在省工业和信息化厅的支持指导下，福建产权作为福建省煤炭去产能指标交易平台主体，配合制定了《福建省煤炭去产能指标交易工作实施方案（试行）》，负责具体交易实施工作，并作为资金结算机构进行统一交易资金结算。2018年以来，福建产权立足福建、辐射全国，为煤炭去产能指标交易搭建跨地域联动平台，提供全方位、全流程服务。目前，煤炭产能指标交易业务已延伸至吉林、内蒙古、陕西、山西、湖南、湖北等多个省（区），助力相关省（区）乃至国家推进煤炭产能结构调整，获得了国家能源局及相关省（区）主管部门的肯定和好评。

二、主要做法

煤炭去产能指标交易是国家供给侧结构改革、产业结构调整政策带来的新兴交易品种，操作实践中存在的具体问题与困难比较多。首先，涉及指标置换的政策与规定多，退出煤矿形成的指标类型众多，各种指标享受的政策与系数均不一样，指标的折算计算过程相当复杂。其次，从交易时间节点上看，供需市场明显不同步，产能指标有效期又短，逾期未完成交易即作废，造成指标交易"买也难、卖也难"的局面。针对交易过程中未形成成熟的交易模式，交易主体承担的交易费用高、风险大，福建产权迎难而上，急企业之所急、想企业之所求，积极开拓市场，认真研判需求，努力创新交易模式，帮助产能指标供给方和需求方实现精准对接。

一是加强市场研判，提供精准服务。根据全国煤炭产能分布结构，福建产权组建专门团队赴陕西、山西、湖南、内蒙古等指标需求较大的省（区）开展市场调研和行业研判；主动拜访当地行业主管部门，积极开展产能指标交易推介，努力争取政府部门的支持和引荐，摸索建立产能指标需求企业名录（库），准确分析各指标需求企业的诉求差异，努力为供给方和需求方提供精准服务。一年多来，福建产权以扎实的专业知识和积极的服务态度赢得诸多省（区）各级监管部门的认可，在激烈的市场竞争中赢得了认可和信赖，积淀了良好的行业声誉。

二是认真研究产业政策，优化改进交易模式。煤炭产能受国家宏观管控，国家发展改革委、国家能源局、国家煤监总局等部门根据煤炭行业的产能供需调控效果，不时对产能置换政策做出调整或实时出台新的规定。各省一级煤炭行业主管部门也会根据实际情况调整产业政策，在贯彻落实上一级政策规定中又存在较大差异，相关审批管控程序有很大差别。福建产权对产能指标交易有关的政策与规定进行了认真研读与学习，准确把握国家产能结构调整精神，系统梳理了各项政策与规定，将其汇编成册。在交易过程中，福建产权不断摸索与创新，积极探讨改进交易模式，逐步实现根据各地管控审批特点定制交易方案，并在实践中进行优化改进，日渐固化形成创新交易模式。

三是认真总结实践经验，呼吁优化产能置换政策。根据政策规定，当年关闭退出的煤炭去产能指标应在次年6月底之前完成交易。但在实际操作中，受指标退出与需求不同步、各省审批管控政策差异等因素影响，很大一部分指标很难在规定期限内完成交易。福建产权认真总结实践经验，归纳梳理实践中存在的问题和障碍，并积极与国家发展改革委、国家能源局等部门沟通协调。2019年7月，煤炭产能指标有效期延期获得国家发展改革委批准，国家发展改革委办公厅下发了《关于煤炭产能置换指标有效期问题的复函》（发改办能源〔2019〕805号），"同意2018年关闭退出煤矿产能置换指标交易完成时限延长至2019年12月31日。请你们进一步做好产能置换政策宣贯、指标信息发布工作，利用产权交易中心等平台，引导市场主体加快产能置换指标交易工作"。这是对产权交易中心推进产能指标置换工作的肯定，也是对产权交易中心平台功能的认可。

三、成效及启示

2018年，福建产权完成了福建、内蒙古、湖南、云南等地39宗煤炭去产能指标交易，交易额达4.24亿元；2019年1—9月，完成了福建、湖南、吉林、陕西等省86宗煤炭去产能指标交易，交易额达4.27亿元，获得了良好的经济效益和行业声誉，获得了国家发展改革委、国家能源局和有关省（区）监督部门的充分认可，为全国推进煤炭及其他产能指标交易提供范例和借鉴。

当前，国家积极推进供给侧结构性改革，落实"三去一降一补"，推动产业结构调整，福建产权将围绕资本市场功能，服务国资国企改革，认真开展经验总结和工作调研，探索产能指标交易模式和交易流程创新；推进建设全国性去产能指标信息发布与交易服务平台，为全国各地产能指标交易信息发布、供需匹配、交易提供多功能服务，帮助破解企业发展难题，优化产业布局，为国资国企高质量发展和社会稳定做出积极贡献。

（福建省产权交易中心供稿）

创新交易架构　助力成渝租赁增资扩股

西南联合产权交易所（以下简称西南联交所）始终以市场需求为导向，持续推动业务创新，不断提升服务能力。在服务成渝融资租赁有限公司（以下简称成渝租赁）增资扩股过程中，在原外资股东已明确表态不参与增资的情况下，创造性地设计了"两步走"增资步骤和投资者分类增资的动态交易架构，圆满解决了"外资股东在中外合资融资租赁公司中股权占比不得低于25%"这一监管政策下如何最大限度增加注册资金的难题。

一、项目概况

成渝租赁为上市公司四川成渝高速公路股份有限公司控股的中外合资公司，注册资本30000万元，拟通过增资扩股方式增加企业注册资金。融资租赁行业相关监管政策规定，"外资股东在中外合资融资租赁公司中股权占比不得低于25%"，成渝租赁原外资股东明确表态不参与增资。西南联交所积极策划、锐意创新，创造性地提出"两步走"增资步骤和境内外投资者分类增资的动态交易架构，通过增资项目为成渝租赁合计增加注册资金22889.76万元，圆满完成本次增资扩股，得到成渝租赁的高度认可。

二、项目亮点

相关法律法规对外资股东持股比例的特定要求，使本次增资扩股项目面临以下问题：一是如公开增资不能引入新的外资股东，在原外资股东持有注册资本11925万元（占39.75%的股份）的基础上，为不打破政策红线，本次增资最多只能将注册资本增加到47700万元，即最多增加注册资本17700万元，但这并不能满足成渝租赁对本次增资规模的要求。二是如果能同时引入新的外资股东和内资股东，那么本次增资的最大限额将由新增外资股东认缴的注册资本决定。这就需要一种动态的增资交易架构，能够在有境外投资者报名的情况下，自动调整境内投资者的投资额度，从而最大限度地增加注册资金。通过对客户需求以及项目难点的深入研究，西南联交所创造性地设计了"两步走"增资步骤和投资者分类增资的动态交易架构。

（一）"两步走"有效增加原外资股东出资金额

"两步走"即先将未分配利润转增注册资本，再实行对外公开增资扩股。先通过"第一步"来转增注册资金，将成渝租赁的注册资金提高到33264万元，从而间接提高原外资股东所持有的成渝租赁注册资金。原外资股东持有的注册资金提高后，再进行"第二步"公开增资，即使无新外资股东，也可以在不打破25%红线的基础上将总注册资金提高到52889.76万元；与直接增资模式下的47700万元注册资金相比,可以多增加注册资金5189.76万元。

(二)分类增资的动态交易架构守住政策红线

在"两步走"增资步骤基础上,国资服务部进一步设计了投资者分类增资的动态交易架构。将投资人分为A类投资人(原控股股东)、B类投资人(内资股东)和C类投资人(外资股东),三类投资人实行动态遴选;先开始C类投资人遴选,根据C类投资人确定增资金额;在符合"25%"监管政策的前提下,确定B类投资人的增资金额;同时,在方案里保留原控股股东同步增资的权利,让原控股股东根据B类投资人和C类投资人的实际情况决定是否同步增资,保障其控股地位。

三、项目成效及启示

产权交易市场作为资本市场的重要组成部分,要切实提升服务投行化能力,就必须以客户需求为核心,针对不同类项目的特点,深度进行客户需求调研,量身定制专项服务方案,不断创新服务模式,满足客户需求。

(西南联合产权交易所供稿)

征集合作方　推动成都老牌建材市场升级改造

四川省成都木材综合工厂府河桥市场(以下简称府河桥市场)作为成都最早的建材市场,自20世纪90年代开办至今,已有近30年的历史。这一成都市区内最大的建材市场已于2018年10月1日正式关闭,但不是再见,而是未来的再次相见。府河桥市场原址将升级改造为一个集家居购物、舒适居住、商务办公、特色街区、旅游休憩、生态运动、文化娱乐于一体的生态家居生活社区。

一、项目概况

2018年10月,西南联合产权交易所(以下简称西南联交所)官网发布"四川省成都木材综合工厂府河桥市场自主升级改造项目公开征集合作方"公告。府河桥市场的业主方四川省成都木材综合工厂(以下简称木综厂)以土地使用权作为合作资产,采用协议合作的方式征集一个合作方共同开发。项目内含两个地块,其中"地块一"位于成都市金牛区西北桥北街1号及二环路北二段,占地375.69亩(1亩=0.0667公顷),土地使用权类型及用途为作价出资(入股)工业用地,使用权人为木综厂。以上宗地在木综厂名下完成双评估后,由木综厂与成都市国土局签订《土地出让合同》,同时成都市国土局与木综厂、四川府河华益置业有限责任公司(以下简称华益置业)签订三方协议,"地块一"变更至华益置业;再由合作方缴纳土地出让金后,以上宗地变更为出让商业及二类住宅建设用地。"地块二"位于金牛区二环路北二段木综厂府河大道,占地3.26亩,土地使用权类型及用途为出让综合用地,使用权人为商贸公司,权证号:成国用(2002)字第395号。该地块待木综厂完成对商贸公司股东的股权收购后方纳入项目开发范围,若股权收购无法完成,则不纳入项目开发范围,除货币支付金额相应调整外,木综厂的其他合作基本条件不变。商贸公司现由一名自然人股东100%持股。木综厂将通过收购商贸公司股东全部股权的方式完成项目土地的整体改造。股权收购完成后,商贸公司将成为木综厂全资子公司,届时将商贸公司名下的土地（"地块二"）与华益置业名下的土地（"地块一"）联合报建，一并进行开发。

项目"地块一"经四川省同正地产房地产估价有限责任公司估价及咨询，结果为作价出资（入股）工业用地的评估价值为3.09亿元；出让商业及二类住宅用地的评估价值为40.36亿元，并备案。

木综厂计划在2018年底完成项目"地块一"的全部拆除，项目土地上的所有商家搬迁、赔偿及房屋拆除由木综厂负责，华益置业、商贸公司和合作方予以协助。合作方需自行负责项目土地达到开发建设条件的土地整理工作。

意向合作方应具备的资格条件：①依照中国法律在中国境内成立并有效存续的国有独资、国有控股公司及其持股51%以上的子公司和国有实际控制企业及其持股51%以上的子公司；②注册资本不低于15亿元，商业房地产开发面积（含全资子公司开发项目）累计（含在建项目）不低于50万平方米；③拥有房地产开发一级资质；④近三年完整的年度审计报告，且审计结果均为盈利；⑤近三年未被人民法院纳入失信系统；⑥近三年未被列入经营异常名录、严重违法失信企业名单；⑦报名前3天内任何一天的银行存款余额不少于5亿元；⑧不接受联合体报名。

二、项目亮点

（一）三种方式齐上阵，各有利弊难抉择

早在2015年，西南联交所项目组便受邀来到木综厂。经过对项目的实地考察，项目组认为此地块地处成都主城区，土地资源稀缺，具备极大的开发潜力。随后，项目组在对木综厂面临的现实问题和自身诉求进行分析后，提出三种方式：一是设立项目公司后，采用股权转让的方式引入社会资本共同开发；二是设立项目公司后，采用增资扩股的方式引入社会资本共同开发；三是设立项目公司后，进场公开征集合作方，以与合作方签订合作协议的方式引入社会资本共同开发。三种方式除了在税收和交易成本方面各有利弊以外，第一种方式涉及如果是国有资本作为受让方，则在完成共同开发后难以保证木综厂收回项目公司全部股权的问题，第二种方式面临与第一种方式同样的问题，第三种方式虽不存在上述问题，但存在协议合作方式完成后合作方如何以最低成本退出的问题。在西南联交所项目组与木综厂、律师、财务顾问等进行了长达两年的沟通交流后，木综厂最终选择了第三种协议合作的方式。

（二）反复斟酌定方案，设置条件保安全

在协议合作方式大框架下，项目组结合府河桥市场项目的实际情况，就《四川省成都木材综合工厂府河桥市场升级改造项目公开征集合作方实施方案》（以下简称《实施方案》）与木综厂和律师进行反复斟酌。在"收益共享、风险共担"合作原则下，《实施方案》确定了"合作基本条件"，内含"税费及土地出让金""货币补偿""项目物业分配及其位置和装修标准"等与项目开发成本和收益密切相关的内容。在"严控项目风险、保证开发进度"的原则下，《实施方案》明确了"合作方的保证及承诺"，内含"三方共同签署《项目合作开发协议》""设立共管账户""合作保证金""项目管理"等方面的内容。

三、项目成效和启示

（一）项目成效

经过西南联交所20个工作日的公开征集，四川省成都木材综合工厂府河桥市场自主升级改造项目公开征集合作方项目顺利征集到保利（成都）实业有限公司一家合作方。目前，地块已完成地面建筑物拆除和清理工作。

（二）项目启示

四川省成都木材综合工厂府河桥市场自主升级改造项目公开征集合作方项目是西南联交所在

产权形成及产权运营领域进一步深耕细作的成果，说明了产权交易机构能够在传统产权流转以外领域服务好国有企业及民营企业。

一是从实际出发，贴近客户及市场需求，才能取得好的成效。"站在前人的肩膀上，再创今日的辉煌"意味着产权交易机构需要不断推陈出新，在原有项目的实践基础上，充分融入征集方的需求，同时兼顾市场需求。项目在整体方案设计、意向合作方资格条件、遴选方式设计、项目营销宣传等方面都尽量贴近市场需求，为项目最终顺利成交创造了条件，赢得了征集方和合作方的良好评价。

二是充分披露后期项目合作内容和运行机制，为项目开发工作保驾护航。坚持"收益共享、风险共担"的合作原则，在公告中披露后期合作开发机制的具体内容，有利于保障双方权益，特别是保障了合作方在后期能够平等、有序地与国有企业开展商业合作，最终推动项目开发工作顺利进行。

(西南联合产权交易所供稿)

贵州阳光产权交易所产权交易案例

一、贵州银行股份有限公司股份转让项目

贵州阳光产权交易所接受转让方委托后，把本项目作为重点项目进行推荐，其间借助产权交易所平台优势整合资源，经过多轮竞争性磋商，为转让方寻求最优意向方；双方通过对《股份转让协议》中的多项边界条件进行沟通交流，最终确定受让方，并在交易所组织下签订《股份转让协议》。为促使本项目成功签约，交易所主要做了以下四方面工作：①明确股权转让的限制条件，但对项目披露的挂牌价和挂牌时间未设定限制，既保证了意向受让方的资格条件，又最大限度地降低了报名门槛。②项目前期，项目经理对国有与非国有产股权项目特点进行全方位分析，挖掘项目市场价值潜力，提炼项目亮点；立足产权交易所平台优势，以互联网营销为切入点，并通过各媒体渠道吸引实力雄厚的投资人。③充分利用产权交易所多年积累的投资人资源，定向推广项目信息，解决非国有股权转让项目中意向受让方的稀缺问题。④产权交易所专业法律服务团队提供了优质高效的服务，尽量简化交易流程，促成交易成交，严格地进行全环节风险把控，确保交易双方的资金安全。

二、原贵化破产闲置资产处置项目

贵州阳光产权交易所通过沟通了解到本次转让标的具有高附加值、确保受让后施工安全、保证贵阳市的饮用水源地不受污染等关键点。贵州阳光产权交易所结合项目关键点与转让方多次交流沟通，最终确定信息披露的相关条款。信息披露期间，贵州产权交易所针对该项目的情况专门进行市场营销推广工作，充分利用"平台+互联网"的营销方式，挖掘项目的市场潜力，提炼项目亮点，吸引上百家有意向受让的企业法人、团体组织和自然人咨询、尽调。该项目标的的转让底价为2463.16万元，经过347轮次网上激烈角逐，最终以13203.16万元成交，溢价10740万元，增值率达到436.03%，实现了国有资产处置

大幅度增值；充分发挥了产权交易所在国有资产处置中发现价值的作用，确保了国有资产处置过程遵循公开、公平、公正的原则，并为国有资产处置创造阳光的竞争环境，避免国有资产处置过程中的不规范操作，使国有资产处置保值增值。

三、贵州铜仁金瑞锰业"541技改工程"存货机器设备第一批（A包、B包、C包）转让项目

贵州阳光产权交易所作为国务院国资委指定的中央企业资产转让交易机构，一直致力于为国有资产保值增值服务，以开拓经济市场、优化服务满足改革要求、增强发展内生动力、实现进场项目效益最大化为目标不断努力。在处置贵州铜仁金瑞锰业"541技改工程"存货机器设备第一批（A包、B包、C包）转让项目中，遵循灵活高效的市场化经营机制，挖掘项目的市场潜力。在项目转让底价16.1341万元的基础上，通过网络竞价模式，历经近1小时、97轮次网上公开激烈竞价，最终以39.9341万元成交，溢价总额238000元，增值率达到147.51%，实现了国有资产处置效益最大化的目标。贵州阳光产权交易所针对"541技改工程"资产类别的复杂性，进行实地踏勘，挖掘"541技改工程"资产的市场价值，积极帮助解决信息对称、市场定价等问题；从专业角度为该项目制订信息披露方案，进行有针对性的宣传推介，成功吸引13家来自不同省市的意向受让方的关注与参与，通过公开透明的网络竞价方式保证竞价阶段的公平性。该项目的高溢价转让，再次证明了产权交易所强大的信息传播能力和高效的价值发现功能，体现了平台强大的市场服务实力，促进了国有资产的保值增值。

四、仁怀市人民医院招租项目

贵州阳光产权交易所通过与招租方充分沟通，对仁怀市人民医院便民超市、两个食堂招租项目中的标的进行实地踏勘，并对当地生活消费水平以及仁怀市人民医院所在地理位置、知名度、人流量大小进行了全方位统计分析，制订出一套完整的项目推荐方案，并在各大信息平台进行公告，同时通过微信推荐的方式向全国各地推送项目信息，成功吸引到多家意向承租方。仁怀市人民医院便民超市、两个食堂招租项目中的标的一、标的三分别通过公开竞价，经历3个多小时的激烈角逐，其中标的一通过90轮次竞价，在租赁底价基础上溢价203.33%成交，标的三通过53轮次竞价，在租赁底价基础上溢价327.50%成交，成绩喜人。该项目自官网披露到网络竞价环节结束，共计不到20个工作日，贵州阳光产权交易所在延续高效率的同时，保证了项目交易成功，项目成交价格远远超出招租方的预期。

五、招商银行股份有限公司贵阳分行所持有六枝工矿（集团）有限责任公司的债权转让项目

招商银行股份有限公司贵阳分行所持有六枝工矿（集团）有限责任公司（以下简称六枝工矿）的债权转让项目委托贵州阳光产权交易所进行无底价挂牌，报名截止后，采取网络竞价方式交易，项目经过两轮竞价后成交，为六枝工矿债转股项目画上了完美句号。本项目的竞价成功，标志着贵州省实施政策性债转股步伐不断加快，对推进现代企业制度、发展多元化产权结构和国有资本实施战略性重组，淘汰落后产能、调整产权结构、促进技术设备更新，以及在全社会实现资源优化配置方面发挥了积极作用。贵州阳光产权交易所将继续发挥产权市场的重要作用，遵循"公开、公平、公正"的原则，为贵州债权转让项目提供优质服务；同时，将按省国资委要求，充分尊重并发挥市场在资源配置中的决定性作用，不断完善信息积聚、价格发掘、制度规范、中介服务等职能，为促进经济结构调整优化、国有企业改革发展和国有资本保值增值做出更大的贡献。

六、贵阳轨道交通1号线广告招商

贵阳轨道交通1号线是贵阳开通运营的第一条城市轨道交通线路，于2017年12月28日开通运营，2018年12月1日全面开通。贵阳轨道交通1号线，线路全长34.3千米，共有24座车站。作为贵阳市人民政府2018年的重点工程，贵阳轨道交通1号线开通运营不仅有利于缓解贵阳市早晚高峰地面道路交通拥堵，还将有力拓展贵阳市城市发展空间，形成廊道经济效应，激发城市经济发展新的活力。为了丰富地铁轨道内的人文气息，提高市民生活质量，同时盘活国有资产，交易所接受贵阳市城市轨道交通有限公司委托，对贵阳轨道交通1号线平面广告媒体经营权、车站物业空间使用权、车站银行自助设备场地招租项目进行公开、公平、公正招租。凭借多年的招租经验和自身优势，贵州阳光产权交易所利用多媒体手段以及会员渠道发布招租信息，三个招租项目均有多家意向方报名。其中，平面广告媒体资源经营权招商项目网络竞价次数高达185次，项目最终以113.44%的溢价率成交。贵州阳光产权交易所再一次以专业的业务能力，为国有资产保值增值做出了特殊贡献。

（贵州阳光产权交易所供稿）

大交所试水停车场市场价值挖潜

随着汽车保有量的持续增加，停车问题引起社会普遍关注，停车场资源逐渐成为一种稀缺资源。停车场所有权人受到执业资质、管理能力、从业经验、人员配置等限制，一般会选择专业的停车经营管理单位负责具体运营。由于所有权人对停车场的经营不甚了解，难以对停车场经营权的市场价值进行准确判断，在停车场经营管理单位的招募过程中往往处于盲从地位。为破解这一僵局，确保停车场经营权价值最大化，大连产权交易所近年来摸索出了一套行之有效的办法。

大连产权交易所充分考虑停车场资源高价值潜力、高市场关注的特点，以及在经营、管理、使用等方面的特殊要求，在接受委托开展公开征集停车场经营管理单位业务过程中，对停车场的基本情况、经营要求、独有特点等进行深入尽职调查，在大连产权交易所官方网站、微信、微博和全国产权行业信息化综合服务平台、大连市公共资源交易平台网站等发布项目公告，对项目重要信息予以充分披露，并在公告期内组织现场勘查，使意向方能够全面了解停车场现状，审慎决策。按照公告要求筛选具备从业资质和履约能力的意向方，采用网络竞价、价高者得的方式产生最终的经营管理单位。大连产权交易所已完成公开征集停车场经营管理单位项目10余宗，年化总成交金额超过2000万元，平均增值率达到89%，单宗最高增值率达到539%。

公开征集停车场经营管理单位，既可以充分挖掘停车场资源的市场价值，又可以确保停车场高效经营管理，对杜绝暗箱操作、加强廉洁风险管控具有重要意义。

（大连产权交易所供稿）

精心操作，增值股权，化解企业债务风险

——天旗和旗盛两家房地产公司股权转让

2019年2月，吉林长春产权交易中心（以下简称吉林长春产权）接受吉林省国有资本运营有限责任公司的委托，公开转让吉林省旗盛房地产公司和吉林省天旗房地产公司的100%股权，挂牌金额为14.66亿元，成交金额为20.37亿元，项目增值5.71亿元，成功解决了两家房地产公司的融资问题，为化解企业债务风险、维护吉林省金融稳定做出了贡献。

一、项目背景

2018年9月，吉林省某集团因发生刚性兑付债务20余亿元，急需通过处置资产获取资金。为坚决守住不发生系统性区域性金融风险的底线，基于保障吉林省铁路项目建设、融资环境等多方面考虑，经省政府批准，由省国有资本运营公司先行以收购股权的方式，协议收购其洋浦大街两处房地产项目，预付部分资金以帮助其化解债务风险，剩余款项将通过在吉林长春产权公开挂牌转让的方式筹集。该项目能否一次成功转让，对运营公司的资金成本和企业金融风险化解具有很大影响。

二、项目交易过程

（一）共同协商、制订方案

省国有资本运营公司接手该项目后，及时找到中心咨询挂牌要求和交易流程。在双方进行充分沟通交流后，吉林长春产权按照国家有关要求，针对本项目的特殊情况，进行了项目分析，对实操细节提出合理化建议，得到了委托方的充分认可。双方经过几个月的多轮商议，形成了最终的信息发布公告，正式在国有产权转让渠道进行发布。

（二）信息发布、组织尽调

经过规定的预公告程序，该项目于2019年3月初正式发布转让公告。在预公告期和正式公告期，吉林长春产权工作人员将产权转让与招商引资结合，以广泛发布信息为主，兼顾重点推介，利用吉林长春产权累积多年的信息库，积极主动联系省内多家房地产公司。该股权主要资产为基本完工的楼盘，资产状况良好，受到众多投资者的关注，现场、电话咨询不断。挂牌期间，在委托方的积极配合下，吉林长春产权组织各意向方进行尽职调查，保证了各方程序一致、信息对称，以实现各意向方的公平竞争。由于该项目要求一次性付款，且付款期限短，对受让方来说资金压力较大，最终两家资金实力雄厚的地产企业按公告要求缴纳了10亿元竞买保证金，登记竞买。

（三）网络竞价、效果显现

2019年4月17日，网络竞价会于14时正式开始，两方竞买人在吉林长春产权网络竞价系统上进行此起彼伏的报价，委托方和标的企业相关人员现场观看了竞价过程。项目激烈的报价持续了约一个半小时，累计报价568轮次。最终，长春融创置业有限公司以20.37亿元成功摘牌，比挂牌价14.66亿元增值5.71亿元，溢价率达38.94%。委托方看到最终结果激动不已，表示完全没有想到溢价率会如此之高，回笼资金将帮助企业解决更多实际问题。

（四）顺利签约、资金到位

按照公告的要求，受让方按时到吉林长春产权办理了成交受让手续。交易双方按照公告的内容签署了《产权转让合同》，并通过吉林长春产权结算账户按期支付了剩余款项，吉林长春产权出具交易凭证。

三、项目启示

（一）吉林长春产权是政府处置资产的有力平台

吉林长春产权自成立以来，秉承"诚信为本、服务至上、公正规范、和谐发展"的运营宗旨，倾力打造政府放心、企业信赖、公众欢迎的产权交易与区域性多层次资本市场服务品牌。多年来，吉林长春产权在产权转让、资产处置、企业融资服务等方面积累了丰富经验，具有明显的市场优势，拥有强大的影响力和公信力，无论在政府部门还是在企业、金融机构以及社会公众中，都享有良好声誉。省资本运营公司明智地选择进入"公平、公正、公开"的产权交易市场，通过网络竞价方式，促进了国有股权转让价格的最大化。

（二）积累股权项目处置转让经验

吉林长春产权严格按照《企业国有资产交易监督管理办法》（32号令）交易规则运作，每一个细小环节都严格按规范操作，保证整个交易过程合法合规，让转让方放心进场、受让方大胆竞价。本项目的成功转让，为未来其他股权项目进场提供了强大的说服力。

（三）完善产权交易平台市场化功能

吉林长春产权通过不断丰富交易品种，满足区域内各类产权流转需求和各类投资人的投资需求；不断提升服务水平，为市场参与各方提供方便快捷的服务；不断完善交易手段，采用现代信息技术提高市场效率和降低交易成本，为吉林省经济发展提供新的思路。

（四）促进国资和民营资本优势互补

省资本运营公司是以股权投资为主的投资公司，房地产开发产业并不是其擅长的主业，而通过中心征集的受让方融创置业公司，以商业地产开发与运营为核心业务，接手洋浦大街房产，符合其核心业务跨区域扩展的发展战略。因此，本项目既有利于债务处理，又实现了国有资产的保值增值。

（吉林长春产权交易中心供稿）

宁波产权交易中心公开交易富达资产项目

2019年1月31日，宁波富达股份有限公司委托挂牌总价7633.12万元、位于余姚市阳明西路355号的建筑物、构筑物、土地使用权等资产，通过宁波产权交易中心成功交易。该项目资产整体打包出让，经过68轮次网络竞价，最终以10063.12万元成交，增值2430万元，溢价率达到31.83%。

一、项目背景

为进一步深化供给侧结构性改革，优化配置存量土地资源，推动宁波高质量发展，宁波市人民政府积极推进存量建设用地盘活。为响应市政府的号召，同时盘活存量，宁波富达股份有限公司于2017年8月23日召开董事会议，讨论出售位于余姚市阳明西路355号的土地使用权及地上建筑物（原富达电器厂房），该议案获得董事会全票通过。2018年11月23日，宁波富达股份有限公司委托宁波产权交易中心，运用市场化运作方式，本着"公平、公正、公开"的原则，公开出让余姚市阳明西路355号的建筑物、构筑物、土地使用权等资产。

二、业务难点

该资产出让项目房产情况较为复杂,涉及建筑主体、房产现状、安全隐患等多个问题。

一是该房产项目总体建筑面积为26530.13平方米,其中有产权证建筑19360.13平方米,无产权证建筑7170平方米。

二是该建筑物目前状态为租赁合同到期但尚未清退。2018年4月2日,宁波富达股份有限公司就房屋租赁合同纠纷一事,在余姚市人民法院发起诉讼请求。经两次公开开庭审理,余姚市人民法院判原告胜诉,委托方曾于2018年12月3日向该法院申请强制执行要求腾退。

三是租客众多,人员复杂,有部分租客随意改、拆水电燃气设施,造成较大的安全隐患。尽管委托方采取了一定措施,依旧不能达到预期效果。

三、交易过程

为解决以上业务难点,保障此次交易的顺利进行,宁波产权交易中心充分发挥其国有资产处置领域的经验及平台优势,对项目推广、现场看样、多方沟通、资金监管等各环节实行专人专员步步跟进,在资产定价、信息披露、交易增信、国资监管等方面发挥了巨大作用。

在满足国有资产交易监督管理的前提下,宁波产权交易中心尽可能优化交易流程,对挂牌资料进行多次分析解读,通过部门内研讨、咨询转让方等方式,最大限度地披露真实、完整的信息。

项目挂牌期间,宁波产权交易中心发挥市场影响力及项目推介服务方面的优势,通过多渠道进行信息推介,广泛发掘潜在投资人,快速精准地向市场传递项目信息,并安排专人负责咨询报名事宜,吸引了多家投资单位前来考察咨询,最终成功征集到两家意向方参与竞价。宁波产权交易中心通过与意向方多次交流,最大限度地满足了客户的全方位投资需求,促使客户在报价过程中尽可能报出高价位,确保国有资产权益不受损失。

项目竞价期间,宁波产权交易中心积极优化有关交易保证金的缴纳和处置规定,保护转让方的商业机密不被恶意泄露;同时满足客户对尽调的需求,提高客户的违约成本,保障项目顺利推进,为国资交易提供阳光、规范、高效、便捷的服务。

四、项目成效

项目最终受让方为宁波市江东现代家园市场服务有限公司,这是一家集市场管理服务、物业管理、摊位出租、建材批发及零售于一体的民营企业。此次公开转让,不但实现了国有资产保值增值,而且充分调动了民营企业的资金和管理优势,实现了双方共赢。

宁波产权交易中心通过公开透明的市场化运作、规范有效的产权交易规则、专业的产权交易项目运作经验,规范国有产权交易行为并减少国有资产流失,在充当国有产权"守护神"的前提下,让参与各方安全有效地实现各类资源的优化配置。

五、未来目标

近年来,宁波产权交易中心积极响应市政府"六争攻坚"发展战略,利用自身专业、运营经验和平台资源,积极发挥国资守门人职责,有效维护公开、公平、公正的阳光市场秩序。随着国家改革的进一步深化,对外开放力度不断加大,国资国企改革也将迎来全面提速,各类国有企业产权流转、资本流动、资金融通活动越来越活跃,市场化配置的需求日益强烈,这是挑战,更是机遇。

"长风破浪会有时,直挂云帆济沧海。"宁波产权交易中心将进一步加强自身建设,完善产权市场服务功能,拓展业务领域,以更加专业、规范、高效的服务助推宁波经济发展,谱写发展新篇章!

(宁波产权交易中心供稿)

创新服务方式 以混改助推市场化债转股

——中鼎国际建设集团有限责任公司混改项目

2018年8月22日，中鼎国际建设集团有限责任公司（以下简称中鼎国际）债转股暨混改和员工持股增资协议成功签订。通过在江西省产权交易所公开挂牌征集投资方，中鼎国际顺利完成本次混改，成功引进民营资本投资方江西文东实业有限公司，并同步实施债转股及员工持股，合计募集资金近5.8亿元。

一、项目基本情况

中鼎国际原系江西省能源集团全资子公司，组建于2011年12月，注册资本近4.3亿元，是江西省入选国企改革"双百行动"的7家企业之一，是积多年国内国际工程承包及海外投资经验，集外经、建工、矿业于一体的综合性跨国经营集团公司。

2018年6月7日，为贯彻《中共江西省委、江西省人民政府关于进一步深化国资国企改革的意见》精神，发展混合所有制经济，做强做优做大国有资本，中鼎国际在江西省产权交易所（以下简称省产交所）实现公开挂牌，引进战略投资方，实施混合所有制改革，并同步实施债转股及员工持股。

2018年8月22日，在省产交所的见证下，中鼎国际债转股暨混改和员工持股增资协议成功签订。通过公开挂牌征集战略投资方，中鼎国际成功引进民营资本投资方江西文东实业有限公司（以下简称文东实业），并同步实施债转股及员工持股，合计募集资金近5.8亿元。投资方建信金融资产投资有限公司（以下简称建信投资）和江西鼎新企业管理股份有限公司（以下简称鼎新股份）分别以债转股及员工持股的形式，参与本次混改。增资后，中鼎国际注册资本由4.3亿元增至近8.8亿元。

二、主要做法

在实施本次混改前，增资企业股权结构单一、体制机制落后、资产负债率居高不下，实施市场化债转股的难度较大。为助力中鼎国际顺利完成本次混改并实施债转股，省产交所积极配合中鼎国际及其原股东，结合企业的实际情况，创新性地以混改为"桥梁"，推动中鼎国际完成本次市场化债转股。

（一）创新思维，打造项目实施方案

关于"债转股"。最初，江西省能源集团拟通过在省产交所公开挂牌转让中鼎国际股权的方式实施本次债转股。但是，一方面，由于金额不匹配，江西省能源集团、中鼎国际和建信投资存在"三角"债务关系；另一方面，股权转让满足不了中鼎国际降低负债率的需求，难以达到理想的效果。

关于混改。中鼎国际计划在完成债转股后，再次通过省产交所实施混合所有制改革，引入民营战略投资方，优化企业股权结构，并同步实施员工持股，强化企业激励机制。省产交所坚持市场化推动为导向，以创新企业体制机制和降低企业资产负债率为目的，在全面了解客户需求并充分分析企业现状的基础上，从顶层设计、规范操作、混改效果等不同层面，创新性地打造了以市场化债转股为主体、同步引入战略投资方及实施员工持股的增资扩股混改方案。混改方案主要内容为：中鼎国际通过公开挂牌，以市场化方式引入战略投资方，债转股及员工持股平台按照同股同价的原则同步进行认购增资。一方面，重新设计的实施方案可以一次性解决中鼎国际在资产负债率、股权结构和激励机制等方面的问题，释放

企业活力，激发员工积极性和主动性；另一方面，重新设计的实施方案创造性地通过混改搭建"桥梁"，帮助中鼎国际顺利完成市场化债转股，有效地解决了"三角"债务关系，为中鼎国际清理了债务，降低了资产负债率。

（二）对症下药，为实施债转股创造可能

《关于市场化银行债权转股权指导意见》明确规定，并非所有国有企业都可以开展市场化债转股，市场化债转股对象企业应当具备以下条件：一是发展前景较好，具有可行的企业改革计划和脱困安排；二是主要生产装备、产品、能力符合国家产业发展方向，技术先进，产品有市场，环保和安全生产达标；三是信用状况较好，无故意违约、转移资产等不良信用记录。

在实施本次混改前，中鼎国际情况不容乐观：一方面，面临较高的资产负债率，债务压力较大；另一方面，面临较大的同业市场竞争，产品缺乏竞争力，企业主营业务收入逐年下降，利润不断降低，甚至在2017年出现了较大亏损。因此，当时的中鼎国际不具备实施市场化债转股的必要条件。

针对中鼎国际的情况，省产交所和江西省能源集团与中鼎国际进行了充分讨论和研究，结合实际情况对症下药，为中鼎国际实施市场化债转股创造可能：一是有针对性地划转与中鼎国际主营业务相关性不强的子企业，减轻不必要的负担，帮助企业轻装上阵；二是对中鼎国际部分资产及负债进行划转或剥离，尽最大可能降低企业负债率，为企业发展扫清障碍；三是向政府争取相关税费优惠政策及企业资质的认定，提升企业整体竞争力。

（三）精细筹划，增强项目吸引力

国家明确规定，开展市场化债转股要充分发挥市场在资源配置中的决定性作用，建立债转股的对象企业市场化选择、价格市场化定价、资金市场化筹集、股权市场化退出等长效机制，政府不强制企业、银行及其他机构参与债转股，不搞拉郎配。因此，中鼎国际要通过本次混改顺利实施市场化债转股，需在企业发展前景、资本回报率和退出机制等方面具备足够的吸引力。

扭转发展前景。混改前，中鼎国际出现运行质量不佳、经济效益下滑等问题，企业发展前景堪忧。因此，中鼎国际要通过本次混改，着力解决企业活力不强、动力不足、效率不高等问题，改造现有资本机构、运作结构、绩效机构，建立定位清晰、权责对等、协同运作、制衡有效的经营机制，从根本上扭转增资企业发展前景。同时，中鼎国际本次混改与债转股相辅相成：一方面，混改的推进优化了股权结构，改善了体制机制，提高了整体竞争力，从而加速了债转股的落地；另一方面，债转股是本次混改的灵魂所在，是本次混改得以实施的重要基础，是中鼎国际发展的助推器。

保障资本回报率。为构造本次债转股的吸引力，特别将本次实施债转股的股权设定为优先股，并设置7%左右的基准收益率，未足额分配的可累积到下一个年度，通过省产交所公告公开进行信息披露，并且要求同步引入的民营股东和员工持股平台承诺同意上述分配方案，充分显示了中鼎国际及其员工对企业未来发展的信心。

建立退出机制。采取"5+2"模式，即债转股实施主体持有中鼎国际的股权5年，并且中鼎国际在5年届满后的两年内完成IPO。如果中鼎国际无法实现上市，则债转股实施主体可按照市场化方式，将其持有的股权转让给第三方，江西省能源集团有优先购买权。如果出现无法转让给第三方的情况，中鼎国际原股东江西省能源集团承诺受让该股权。该退出机制的设定，一方面，给予债转股实施主体有效可靠的退出保障，另一方面，给予中鼎国际较长的发展期限，并为其设立了一个长远的发展目标，促使企业朝着目标奋勇前行。

（四）混改并进，营造企业凝聚力

"企业文化千万条，凝聚力第一条。"针对增资企业活力不强、动力不足、效率不高等问题，各方一致同意将营造企业员工凝聚力作为本次混改的重要任务。企业凝聚力的高低，决定着员工的精神状态，决定着员工的主动性、积极性和创造性，决定着员工能否高效率地工作，直接影响到企业的竞争力。本次混改要让员工满意，尊重经营者的意愿和管理团队、员工的意见；要让员工有岗位、有发展、有保障，实现双赢、共赢、多赢；要让企业员工之间产生协同效应，激发企业每个成员的积极性，不断增加企业的实力、活力、竞争力，真正实现可持续发展。

中鼎国际负责人表示："我们想把中鼎国际打造成一个幸福企业。幸福企业就是一群快乐的人在一起开心地做一件有意义的事情。"

三、项目回访

一是"江西样板"高光时刻。作为唯一的全国债转股项目典型案例照片，中鼎国际债转股暨混改和员工持股增资协议签订的历史瞬间影像在2018年11月13日开幕的北京国家博物馆"伟大的改革——庆祝改革开放40周年大型展览"上展出。中共中央总书记、国家主席、中央军委主席习近平在参观"伟大的变革——庆祝改革开放40周年大型展览"时，在该案例图片前驻足30多秒，并询问项目相关情况。

二是精神面貌焕然一新。混改完成后，中鼎国际规划了"十双"战略目标。围绕"十双"战略目标，中鼎国际党委结合企业自身特色，出台了党建"十个队"创建总体方案，创新性地将打造江西国企党建"升级版"目标与贯彻落实好全年任务切实结合起来，有效引领各项工作的开展。

三是发展潜力持续增强。增资后，企业先后获得"矿山工程施工总承包特级资质""高新技术企业""AAA级信用企业"等重要资质和资格认定，并入围2018年我国对外承包工程业务完成营业额前100家企业榜单。

四、项目总结

（一）服务国企混改，需要创新服务方式

就本项目市场化债转股、增资及员工持股等多方面存在的复杂问题，省产交所根据以往的项目操作经验，以市场化推动为导向，以体制机制创新为目的，从顶层设计、规范操作、混改效果等不同层面，创新性地打造了以市场化债转股为主体、同步引入战略投资方及员工持股的增资扩股混改方案。同时，本项目的顺利成交，标志着江西省国企市场化债转股第一单正式落地，是江西省打造国企混改"江西样板"又一次有益的探索和尝试，为后续江西省的国企混改提供了宝贵的经验和良好的示范。

（二）服务国企混改，需要提前介入

在项目策划时期就开始对项目进行全方位的了解，是产权交易机构能够为增资企业设计制作增资混改方案的前提，是为增资企业提供全方位挂牌服务的前提，甚至是能够以创新方式实现增资企业混改目的的前提。产权交易机构应在项目之初着手了解客户需求，帮助客户从源头上解决问题，并逐渐成为国企混改中介服务的第一选择。

作为省内唯一助力国企实施混合所有制改革的产权交易平台，江西省产权交易所将继续贯彻落实党中央、国务院关于深化国有企业改革的决策部署和方针政策，坚持以市场化为导向服务国资国企改革；更加注重从顶层设计、规范操作、改革效果等多层面出发，不断创新服务方式，提升服务水平；致力于为企业提供高质量、高效率的国企混改服务，助力打造多样化国企混改"江西样板"。

（江西省产权交易所供稿）

低效无效资产卖"精"卖"细" 助推企业转型升级

随着《中共中央、国务院关于深化国有企业改革的指导意见》（中发〔2015〕22号）下发，以及完善多层次资本市场建设、通过产权市场发展混合所有制经济等国资国企改革"1+N"文件相继出台，以习近平新时代中国特色社会主义思想为指导，面对新一轮国资国企改革新形势、新需求和发展面临的新机遇及"三去一降一补"供给侧结构性改革的新考验，云南省国企深化改革进一步向纵深发展，持续推进供给侧结构性改革，进一步提升供给质量和效率，加快转型升级，深入实施创新驱动发展战略。这为云南产权市场注入了新动力，使其焕发了新活力，国资国企深化改革进入了新时代。

昆明焦化制气有限公司（以下简称昆焦公司）固定资产转让项目从2018年跨入2019年，历时近1年。云南产权交易所有限公司（以下简称云交所）精心策划、周密部署，吸引200余位竞买人参与受让，共分12个批次，成功为昆焦公司处置废旧资产和清理低效无效资产。项目处置金额逾1.5亿元，其中单项标的最高增值为475.94万元，增值率高达880.39%，实现竞买人数和增值率均创新高。为企业逐步退出产能过剩行业、有效回笼资金、转型升级保驾护航。

一、项目背景

昆焦公司成立于2000年，注册资金115000万元，是昆明钢铁控股有限公司（以下简称昆钢控股）的下属全资子公司。企业职工近千人，主要从事煤气生产，煤焦化技术服务，项目投资，物流方案的设计及实施，冷链物流服务，电子商务平台运营、建设、管理，国内贸易，物资供销，货物及技术进出口。

近年来，为推进能源企业结构调整、节能减排和转型升级，国家相继出台各项政策引导企业健康发展。为贯彻省、市政府的发展战略，全力配合天然气置换工作，昆焦公司积极响应国家政策号召，坚持效益优先、因企制宜、规范运作等原则，积极稳妥有序地清理相关资产，从而实现转型升级，进入新领域，全面提升企业的价值创造能力和市场竞争力。在各级党委、政府的支持和帮助下，昆焦公司确定了建设以跨境电商、现代物流、现代商贸、高端制造、工业遗址公园为主要内容的昆明宝象临空国际产业园项目，作为转型发展方向。昆焦公司于2016年9月21日全部退出人工煤气的生产供应，全面关停。昆焦公司的一系列举措，对推进供给侧结构性改革、优化国有资本布局结构、实施"三去一降一补"等起到了积极的推动作用。

为进一步落实企业资产高效处置和全面关停，实现国有资产保值增值，并且严格按照《企业国有资产交易监督管理办法》（32号令）要求，昆焦公司固定资产在云交所成功挂牌进行转让。

二、项目操作

（一）根据市场需求及资产属性，合理组合资产，分批次有序处置，力求卖"精"卖"细"

该项固定资产为废旧资产、低效无效资产以及地上建（构）筑物，复杂且精细，面积规模较大，转让后涉及组织受让方进驻标的区域施工需具备相关要求的拆除资质及施工期限以及安全等方面的问题。因此，对受让方的施工团队、各项专业技术、拆除设备专业程度、人员组织管理、历史业绩经验、施工质量控制、团队经营管理和监督管理能力以及资金实力等均有较高要求。此外，还涉及拆除工期、安全、安保、廉洁等多方面问题。转让方案在相关条件设置上，既要满足转让方的实际转让要求，又不能与32号令的要求相冲突，要在保证交易顺利实施和资产保值增值的前提下，不对受让方造成进场和施工困难等。为此，在设计和制订交易方案时，需要综合考虑和平衡各方面因素。

在明确行业相关政策，以及资产属性和构成种类的基础上，云交所项目组在交易前期与转让方处置小组进行了多次沟通和商讨，充分交流意见，根据转让方的需求和项目的特点，结合以往项目资产处置的经验，在综合考虑各类因素后，制订出项目转让方案。根据资产属性和功能，并结合市场需求，划分组合打包资产，合理进行处置批次的划分，充分提升资产价值及其产生的经济效用，实现价值最大化和处置工作的高效性，力求卖"精"卖"细"。

为满足交易各方的实际需求和32号令中资产转让不得设置资格条件的要求，以及对拆除工期、安全、安保、廉洁等方面的考虑，综合各项因素制定了《拆除工程施工安全环保管理协议书》，并要求受让方在签署合同的同时签署该协议，对以上相关事项进行明确和确认。同时，要求意向受让方或其施工团队具有石油化工工程施工、冶金工程施工、机电工程施工、建筑工程施工总承包等拆除及废旧物资经营的相应资质。项目的各项要求设置及全面的协议约定，最大限度地保障了项目有序进行，避免了对具有相应资质的受让方造成困扰，既满足了转让方的要求，又符合32号令不设置资格条件的要求。

（二）详细划分处置区域，有效处置零散资产，降低资产现状与登记情况的差异带来的交易风险

在企业停产关停的情况下，产区容易出现资产归集整理、搬运储存、设置划分等工作强度大、组织管理难度高的问题，以及资产实际情况与登记情况的差异可能带来的交易风险。

为节省人力和物力成本，降低资产损失风险，缩短资产处置前期准备工作时间，同时便于意向受让方对资产进行实地踏勘，在项目转让方案中，明确划分处置区域，对有条件的资产就地堆放整理，进行有序编号，从而有效降低归集整理、搬运储存各项工作的成本和工作量，高效组织意向受让方快速、有序、便捷地进行实地踏勘，从而有效处置零散资产，降低资产现状与资产登记的差异可能带来的交易风险。

（三）通过多种竞价方式的合理设置，营造良好的交易氛围，防止串标、围标现象；精准定位目标投资人，进行有效信息推送，有效促进资产大幅增值

在项目征集意向受让方和组织交易时，报名参与受让的意向受让方多为从事废旧物资经营、拆除工程的公司，已形成了一个固有的行业圈子，相互之间极易产生围标、串标问题，容易出现只有少数意向受让方竞买或有多家意向受让方报名竞买但极少出价的现象。

云交所针对项目各批次不同资产特性，依据前期开展的市场需求情况调查，按需求高低和挂牌价格高低确定竞价方式。对于市场需求相对较小且挂牌价格较高的资产，通过网络竞价方式竞价，这首先能最大限度地保证资产顺利完成转让，其次能够防止因参与人数少而发生串标行为，还便于异地意向受让方参与受让和降低其受让成本。对于市场需求较大且挂牌价格相对较高的资产采取拍卖方式，可为项目营造良好的交易氛围，解决人数过多网络竞价服务器无法支持或网络环境不稳定的问题，有利于提升资产增值空间；同时，因人数较多，在短时间内难以出现围标、串标行为。

为最大限度地征集意向受让方，云交所根据项目特点，在通过多个网站对外发布信息的同时，组织了招商宣传推介会，发放包括项目简介、市场形势、优势分析、技术指标及未来利用前景等投资人普遍关注的热点问题的推介资料。通过对投资人信息库中的目标投资人进行筛选及精准定位，实施有效信息推送，并通过十余个相关信息推送渠道开展招商宣传，最终征集意向受让方达 200 余位，为项目大幅增值提供有力的保证。

三、项目结果

本项目转让经过九个批次挂牌，历时近 1 年时间，最终顺利完成交易，竞买人数和增值率均创新高。为企业成功完成资产处置任务，贯彻落实省、市政府的发展战略，配合天然气置换工作的顺利开展，有效回笼资金，实现企业转型升级、创新发展，奠定了扎实根基。随着交易成功，对项目范围内的老旧厂房进行拆除，昆焦公司转型升级为昆明宝象临空国际产业园的建设拉开序幕。

本次交易的成功实施，凸显了云交所为该项目和国资国企提供高质、高效及全方位交易服务的能力，为云南产权市场的创新发展做出了应有的贡献。

四、项目启示

（一）以资产特性为切入点，结合相关因素设计交易方案

随着国资国企深化改革的逐步推进，以及混合所有制改革和"三去一降一补"供给侧结构性改革的不断深入，各行业、各类别具有特性的企业资产大量进入产权市场进行资源重组整合及合理回收利用。处理企业资产转让交易，需根据资产特性，全面了解资产情况，做好市场需求情况前期调查，为交易方案的设计提供信息支持。同时，应结合对资产交易具有影响的相关因素进行方案设计，这对项目交易的成功实施具有关键性作用。

（二）通过严格把控交易全程关键节点，有效降低交易风险

在企业国有资产转让过程中，交易前期的准备工作决定了交易能否顺利完成，转让方应严格按照公司章程和公司相关制度履行程序。在项目挂牌前，应清产核资、核对评估报告和标的资产实际现状，使之与转让披露信息内容最大限度地保持一致，如存在差异，易使后续交易产生纠纷和诉讼。在征集意向受让方时，应尽量配合意向受让方对标的现状进行实地踏勘，并签署确认意见的文书。在披露信息中，保证金处置事项应明确各种情况下的处置方式，并与意向受让方提交的报名资料中所做的声明和承诺事项保持一致。交易双方签订的《交易合同》的主要条款应与项目披露信息内容的主要条件一致。该案例的成功实施充分表明，把控交易全程关键节点是降低交易风险的有效方法。

（三）建立投资人信息库，精准有效推送信息，发挥平台信息发布功能

在项目交易过程中，为实现征集最多意向受让方的目标，需对以往项目的投资人信息进行建库，不断积累项目意向受让方和受让方的相关信息，进行有效分类，实现精准有效地推送项目信息。在产权交易所强大的信息发布功能支撑下，项目信息能够更快捷、更准确、更有效、更广泛、更充分地扩散，有利于为项目寻找最优质的投资方，为最终实现国有资产保值增值提供有力保证。

（云南产权交易所供稿）

市场化去产能助企业变现近 1.67 亿元

——正阳煤矿 166.5 万吨煤炭产能指标转让项目

2019 年 6 月 28 日，黑龙江省产权交易集团所属企业黑龙江联合产权交易所（以下简称黑龙江联交所）顺利完成了龙煤集团鸡西矿业公司正阳煤矿 166.5 万吨煤炭产能指标转让，成交价 16698.85 万元。这是黑龙江省首个通过产权交易市场挂牌转让的煤炭产能指标转让项目，是黑龙江省推动煤炭行业供给侧结构性改革的一次有益尝试。

一、项目背景

为贯彻落实《国务院关于煤炭行业化解过剩产能、实现脱困发展的意见》（国发〔2016〕7 号），有序推动化解煤炭过剩产能工作，实现煤炭行业脱困发展，2018 年 12 月，鸡西矿业公司正阳煤矿被列入化解煤炭过剩产能退出计划，可置换煤炭产能指标 166.5 万吨。按照有关规定，在 2019 年 6 月 30 日前，该矿井的煤炭产能置换指标未完成转让及有关部门备案，将全部作废。这意味着鸡西矿业公司将损失近 1.67 亿元，占 2018 年全年利润总额的 60%。

作为服务全省国资国企改革和实体经济发展的市场平台，黑龙江联交所扮演着重要角色，在这场与时间赛跑的市场博弈中力挽狂澜。

二、项目操作

与时间赛跑，充分保证企业的经济利益。为促进煤炭产能指标的顺利转让，黑龙江联交所提供了全方位的市场化服务。

一是上门服务。黑龙江联交所抢先抓早，提前介入，多次上门为企业提供前期咨询策划，进行深度调查研究，结合指标总量大、需求量存在差异的特点，提出了"总量挂牌、分包转让"的挂牌方案。

二是紧随市场。由于市场形势的不断变化，前期调查时意向方趋之若鹜，挂牌后却无人问津，意向方普遍反应 140 元/吨的价格偏高。黑龙江联交所及时与企业沟通，将价格调整为 110 元/吨重新挂牌，同时向 80 多家煤炭企业定向推介，确保信息披露充分，但市场反应并不理想，挂牌后仅成交 3 万吨，成交价 330 万元。迫在眉睫之际，黑龙江联交所指定专人与 80 多家煤炭企业进行沟通，摸清对方意向价格和数量，建议转让方将挂牌价格调整为 100.1 元/吨，同时将原来 20 个标的包进一步拆分为 119 个标的包。

三是广泛推介。项目挂牌后，黑龙江联交所通过以下方式进行推介：①除报刊、网站、微信等，还通过辽宁、内蒙古、山东、四川、山西、安徽等地的兄弟机构同步发布信息。②充分利用新浪网、全国性互联网交易平台 e 交易等覆盖面较大媒体发布信息。③通过行业网站中国煤炭网发布信息。④向 80 多家意向方进行定向推介，同时通过意向方推荐意向方的形式，增加有效客户数量。公告期内，征集了山西、陕西、四川、内蒙古、宁夏、吉林以及黑龙江省双鸭山、七台河、鸡西、绥芬河等地的共 20 多家意向方，最终有效受让方 6 家。

四是贴心参谋。挂牌期间，部分意向方提出跨省交易政策风险、资金结算方式、指标的合法性、转让后的变更手续等多个影响项目推进的问题。黑龙江联交所多次组织各方进行洽谈，并就意向方关心的问题、交易流程以及注意事项等进行解答，打消了意向方的顾虑。为了保障各方权益，黑龙江联交所要求受让方的成交价款一次性划入黑龙江联交所指定账户，签订交易合同后，黑龙江联交所可将成交价款的 50% 划入转让方账户，取得黑龙江省发改委和黑龙江省煤管局相关证明文件后，黑龙江联交所将剩余50%价款支付给转让方，从而有效保证了交易资金安全，降低了交易风险。

历时3个月，经过黑龙江联交所1000余次耐心的电话沟通，166.5万吨煤炭产能指标最终全部成交！

三、项目启示

交易过程"有惊无险"，结果"皆大欢喜"。这是黑龙江联交所充分转变观念、解放思想、创新服务的结果，也是产权交易市场提供市场化服务、促进产权流转的新尝试。在交易过程中，黑龙江联交所发挥了桥梁纽带作用，在方案设计、市场推介、交易撮合等方面提供精准服务，最终促成项目顺利成交，既体现了专业化服务能力，又拓展了业务范围，延长了业务链条，实现了国有资产保值增值。

（黑龙江省产权交易集团供稿）

常州路源房地产开发有限公司 100%股权转让项目

2019年3月1日，常州建源城市综合开发有限公司（以下简称建源公司）委托常州产权交易所（以下简称常交所）公开转让的常州路源房地产开发有限公司（以下简称路源公司）100%国有股权项目正式挂牌，评估价为4518.76万元，挂牌底价为4600万元。通过常交所的全流程专业服务及市场化营销推广，共征集到2家意向受让方，经过21轮次网上激烈竞价，最终成交价为4810万元，较评估价增值291.24万元，项目圆满完成。

一、项目背景

标的企业路源公司成立于2018年9月28日，主要经营范围是房地产开发、销售。2017年初，常州房地产市场持续升温，产权交易市场地产项目关注度不断上升。本次股权转让的路源公司主要资产为坐落在武进区东龙南路西侧、卢中街南侧的国有建设用地，土地使用权面积为5702平方米，土地使用权限至2088年10月15日，宗地范围内主体建筑物性质为住宅，附属建筑物性质为公共服务设施及相关配套，建筑总面积8553平方米，建筑容积率大于1不高于1.50，建筑限高24米，建筑密度不高于30%，绿地率不低于30%。土地位于武进区牛塘板块，周边富民新村、卢家巷小区、湖滨小村等社区林立，生活氛围浓郁。生活配套方面，地块东侧为卢家巷幼儿园，周边有卢家巷生活消费综合市场，毗邻如怡园，生态资源丰富，不远处就是淹城春秋乐园、淹城野生动物园，板块南侧衔接武进绿建区，发展潜力较大。至评估基准日，路源公司未对该地块进行开发。

建源公司（转让方）此次转让路源公司100%股权，旨在清理整合资产，优化产业结构，集中精力做强做优重点项目，通过股权转让的形式引进有实力的投资方，推动地方经济发展。

二、项目亮点

（一）全流程专业服务

1. 全面尽调，把握项目情况

早在项目接洽初期，常交所就成立专项工作

小组与转让方对接，小组成员具有交易、风控法务、信息技术等专业背景，务求在每个交易环节提供全方位服务，给予转让方专业建议。同时，专项工作小组对项目重点进行了梳理，结合相关法律法规和政策文件，对项目可行性、风险点进行了细致分析，为规避项目风险、促进项目顺利成交打下了良好基础。

2. 市场调研，挖掘项目价值

为了提升项目品质，深入挖掘项目价值，常交所前往地块现场进行了为期2天的实地勘察，了解周边配套设施、走访附近小区、咨询多个中介机构，充分了解该地块周围的楼面价格及地理优势。通过市场调研，常交所了解到，地块周围学校、超市、综合体、交通等配套设施齐全，多个小区人气很旺，已形成很好的生活圈。随着商品房价格不断上涨，若对该地块进行充分规划，将其打造成精品小区，升值空间不容小觑。

3. 完善细节，注重交易保障

项目历时4个多月，常交所密切关注交易进程，对每个细节精益求精，以专业素质保障项目的顺利进行。项目挂牌后，项目负责人全程陪同尽调踏勘，协调每家意向方的时间；报名结束后，仔细审核意向方的报名资料，确保意向方满足竞价资格要求；成交后，与交易双方定时联系，了解项目进度，及时协调、配合为期2天的现场监交。此外，常交所还向意向方推荐针对保证金融资需求的保函产品——交e融、针对成交款融资需求的贷款产品——产权贷，确保"交贷联动"，为部分存在资金压力的意向方解除后顾之忧，从而扩大了合格意向方的范围。

（二）市场化营销推广

1. 充分利用e交易平台资源优势

常交所与国内多家产权交易机构联合打造的全国性互联网交易平台——e交易自2015年上线以来，已吸引了70余家省市级产权交易中心、公共资源交易中心、招标采购代理机构、大型国有企业、民企等入驻，会员6万多家，成交总额突破1300亿元，已有19000多个产权项目在平台上正式挂牌，积累了大量用户数据、交易数据。常交所通过对数据进行提炼分析，对客户、标的进行画像，以达到精准推广的效果。本次股权转让项目在e交易挂牌并利用平台首页重点推荐广告位进行信息发布；同时，平台向关注房地产领域的投资人及时精准推送相关信息，吸引潜在的合作者。

2. 多元展示、全渠道推广

常交所突破传统产权交易机构单一的信息发布模式，运用H5海报、VR全景、热点标签、地图坐标等多元化展示方式，结合独文推送、短信推送，以及微信公众号、启动页广告、网易新闻大图广告、网易信息流多图广告、今日头条等融媒体精准推送，对该项目进行全渠道推广，扩大招商信息的传播范围，助力项目快速成交。

3. 主动对接房地产企业

常交所广泛搜集国内房地产商信息，针对百余家房地产企业逐一进行电话营销，向具有成熟经验的大型房地产开发企业如新城、中梁、龙湖等10余家房企进行重点宣传和推荐，邀请这些企业查看项目资料并进行实地踏勘，对项目价值进行专业分析，积极促成交易。

三、项目实施

（一）信息预披露

2019年1月25日，常交所发布了常州路源房地产开发有限公司100%股权（对应4500万元出资额）转让信息预公告。预披露期间，通过全渠道推广，有3家意向受让方进行了咨询。

（二）正式披露和资格前审

2019年3月1日，常交所发布了常州路源房地产开发有限公司100%股权（对应4500万元出资额）转让信息正式公告，期间共有8家意向方详细咨询，3家来常交所查阅材料尽调项目，2家前往企业现场尽调。其中，无锡市志博投资发展有限公司为中梁控股集团下属企业，非常重视该项目，携律师事务所、审计公司进场，并前往工商、税务等地逐一了解情况。最终，两家前往转让方及标的企业进行现场尽调的意向受让方均在规定时间内完成线上报名及线下材料递交，经过常交所及转让方资格审核确认，均按时缴纳了保证金。

（三）正式竞价

2019年4月25日9点30分至10点30分，常交所在e交易平台组织网上竞价，经过21轮次报价，最终无锡市志博投资发展有限公司以4810万元的竞买价格成为受让方。

四、项目启示

本次交易过程中，常交所严格按照《企业国有资产交易监督管理办法》（32号令）及《江苏省企业国有产权转让操作规则》（苏国资〔2017〕117号）等有关规定，主动服务、精心运作、打破常规，积极主动进行项目包装、推广方案设计，充分发挥产权交易市场发现投资人和发现价格的功能，实现国有资产的保值增值，最终成交价较评估价增值了几百万元，为转让方清理整合资产助力，对今后常交所开展股权转让项目竞价交易起到了示范作用。

今后，在开展股权项目时，常交所会借鉴此次成功经验，主动强化市场功能，提升综合服务能力，创新服务方式和理念，为客户提供一体化、全流程解决方案，真正发挥自身在资源配置中的积极作用，助推国有资产保值增值。

（常州产权交易所供稿）

河南航投物流有限公司增资案例分享

一、项目背景

河南航投物流有限公司（以下简称航投物流）成立于2013年3月15日，注册资金17000万元，是河南民航发展投资有限公司（以下简称河南航投）独资成立的航空物流企业，经营范围涉及货运代理、保税仓储服务、区域配送、航空运输销售代理、进出口贸易等，具有航空运输销售代理一类、二类货运资质，并与卢森堡货航达成"力促中欧货物"向郑卢双枢纽集聚、共同促进郑卢双枢纽发展的合作共识。2018年，航投物流航空货运量超过1.1万吨。航投物流是河南省首家保税展示交易单位，河南物流领军企业，其跨境e贸易展销中心被授予"河南省跨境电子商务示范园区"，着力打造集一般贸易、跨境e贸易、保税展示交易等贸易形式于一体的跨境贸易交易平台，承担河南航投发展航空物流的重任，承载河南航投助推郑州航空港经济综合实验区建设和中原经济区建设的历史使命。

为切实贯彻《中共中央、国务院关于深化国有企业改革的指导意见》（中发〔2015〕22号）、《中共河南省委、河南省人民政府关于印发河南省省属国有非工业企业改革推进方案的通知》（豫发〔2017〕5号）精神，认真落实省委、省政府关于国有企业改革的总体设计和具体部署，积极深化国有企业改革，发展混合所有制经济，主动适应和引领经济发展新常态，吸引各类社会资本进入，促进企业转换经营机制、放大国有资本功能，实现国有资产保值增值及各种所有制资本取长补短、相互促进、共同发展，全面提升企业活力、竞争力、抗风险能力和可持续发展能力，培育具有全球竞争力的一流物流企业，促进航投物流发展成为郑州发展大物流、建设大枢纽的"主力军"，经批准，航投物流于2019年4月启动引入社会上其他国有资本或各类非国有资本投资主体投资实施股权多元化有限责任公司的混合所有制改革,并委托河南省公共资源交易中心挂牌征集意向投资方,尽快引进战略投资者,共同承接郑州—卢森堡空中丝绸之路的航空物流服务。

二、运作成效

(一) 以增资为导向,合理设计增资扩股方案

2019年8月初,河南省公共资源交易中心在接到航投物流委托后,积极和企业对接,了解其增资目的,为其方案设计提供了很多建设性意见。此次增资前,航投物流的股权结构为河南航投100%持股。根据航投物流经营发展实际需求,需通过增资扩股方式引进一家国有资本或各类非国有资本投资主体实施混合所有制改革,增资后需要保留国有资本的控股地位。在此背景下,增资方案设计需要解决释放股权比例、保持控股权和转变治理机制之间的矛盾。为了解决增资扩股过程中所要面对的各种矛盾和现实问题,在整个项目交易过程中,该增资企业需要做到以下四点:

一是严格程序,规范操作。坚持依法依规,严格执行中央及河南省关于国有企业改革的程序要求,科学评估国有资产价值;严格按照增资企业的交易规则,遵循市场定价机制,切实做到规则公开、过程公开、结果公开,确保不出现内幕交易和腐败行为,确保实现国有资产保值增值,避免国有资产流失。

二是政府引导,市场运作。尊重市场经济规律和企业发展规律,以改革企业为主体,充分发挥市场机制作用,择优选择投资方;把引资本与转机制结合起来,把产权多元化与完善企业法人治理结构结合起来,建立国有企业混合所有制改革的有效途径。

三是开放合作,互利共赢。在资源、资金、管理、业务等更大范围、更广领域、更高层次开展合作,更好地促进企业改革与发展,实现互利共赢,维护合作方合法权益。混改后,在公司章程上强化约束限制,在日常经营上加强监督制约,确保国有资产保值增值和现有股东利益。

四是依法安置,维护稳定。充分征求职工意见,满足职工的合理诉求,严格按照国企改革政策和劳动法律法规规定安置职工,确保经营稳定和职工队伍稳定。

航投物流和河南省公共资源交易中心经过多次沟通后决定:

一是确定增资底价与吸收资金总投资额。本次增资把航投物流全部有形资产、无形资产和债权等资产均纳入增资扩股的资产范围,以经河南航投备案的净资产评估值作为航投物流新增资本的定价基础。

增资底价设定与增资后的股权调整相结合:以航投物流现有账面17000万元出资、现有净资产评估值12335.37万元为基础。根据《中华人民共和国公司法》相关规定,每1元新增出资的挂牌价格按1元设定,由投资方认缴新增出资11851.63万元(航投物流净资产评估值/51%×49%)。募集资金数额不低于11851.63万元,募集资金中的11851.63万元计入航投物流实收资本,其余计入公司资本公积,由增资后的全体股东分享。

二是出资方式及股权设置。投资方认缴的出资全部以货币形式出资。本次混改后,新公司按照交易结果依法变更股东,原股东与投资方在新公司的持股比例相对均衡,新公司各投资方以股东身份享有权利和履行职责。各股东出资额和出资比例见表1。

表1 各股东出资额和出资比例

股东	出资额(万元)	出资比例(%)
河南航投	14714.33	51
投资方	14137.30	49

(二) 充分听取增资企业的诉求,确定资格条件和增资条件

本次航投物流增资既为了募集资金,也为了

引进认同企业发展理念的合作伙伴，为企业未来发展提供帮助，以达到资金倍增、人合智慧凝聚的美好景象。河南省公共资源交易中心多次与航投物流进行沟通和讨论，双方共同研究决定了意向投资方资格条件和增资相关条件，在注册资本、主要业务的发展经营规划、资金实力、职工安置等方面设置了要求。投资方认同增资企业的发展战略，双方后续共同承接郑州—卢森堡空中丝绸之路的航空物流服务，不断聚集优势资源，全力为航投物流提供货源组织和专业服务支持。

（三）利用信息集散地优势，精准推介项目

由于物流行业专业性强、地域性强，要求新的合作方具有交通枢纽优势。考虑到对投资者要求比较严格，河南省公共资源交易中心依托现有客户信息资源库，积极对项目进行精准推介，最终成功征集到一家实力雄厚、发展理念契合的意向投资方——港中旅华贸国际物流股份有限公司（以下简称华贸物流，SH.603128）。该公司成立于1984年，为中国诚通控股集团有限公司（隶属国务院国资委）旗下物流板块上市公司。华贸物流于2012年5月在上海证券交易所挂牌交易，主营国际空运、海运、物流、仓储及公路运输、航材物流、铁路运输跨境电商物流、报关、供应链贸易等业务，拥有全供应链及全球范围的服务能力，在国内有70余家分支机构，在美国、德国、新加坡、印度尼西亚和柬埔寨均设有分支机构，拥有遍布全球的海外合作方。华贸物流作为央企上市公司，具有国资品牌、资源优势和风险管控经验，又高度市场化和国际化。航投物流引入华贸物流作为战略投资者，既保证了国有资产的稳定性，又带来了市场活力。华贸物流的货量，既保障了航投物流的持续盈利能力，又为河南航投旗下货运、航空提供了货源支持。华贸物流在郑州地区设立物流枢纽，具有以下两个方面的积极意义：一方面，华贸物流可对全网络货源进行优化配置，将华北、华东、中西部地区的货源聚集到郑州地区，并运输到海外各地，有利于提升郑州机场的运量，同时有利于吸引其他物流企业到郑州地区，最终实现建设国际物流中心的目标；另一方面，有利于带动航空物流周边产业的发展，吸引包括航空物流配套的金融、保险等高端服务业落户，不断聚集优势资源，实现产业高度聚集。

（四）发挥专业能力，促使增资项目成交

2019年10月19日，双方经过认真磋商，成功签订《增资扩股协议》，募集资金总额11851.63万元。双方对于河南省公共资源交易中心的工作及增资结果十分满意。此次航投物流的增资，恰逢华贸物流寻找新的利润增长点、拓展新的业务、调整局部战略布局。投资方对航投物流将来的发展方向和发展理念非常认同，交易双方对于将来凝聚共识、共谋发展充满了信心，对航投物流再创佳绩，实现企业高质量发展和股东利益最大化，积极推动河南省建设大枢纽、发展大物流充满了期待。

（河南省公共资源交易中心供稿）

以混改促发展，助力企业逐梦

2019年3月，广东广业清怡食品科技有限公司（以下简称广业清怡）在南方联合产权交易中心（以下简称南方产权）的协助下完成第二轮增资，募集资金6000万元，成功引入两家优质投资方。通过本次增资，广业清怡进一步优化了股权结构与财务状况，实现了企业综合实力及发展后劲的提升，为企业加快推进IPO步伐、打造"特种食品配料全球领先绿色制造商"打下了坚实基础。

一、项目背景

广业清怡成立于2005年12月，前身是广东省食品工业研究所生产基地。2014年，广业清怡成为广东省国资委首批体制机制改革创新试点企业之一；2018年，被国务院国资委列为国企改革"双百行动"计划试点企业，以及广东省国资委融"激励、约束、容错"于一体的综合改革试点企业。

作为广东省广业集团有限公司（以下简称广业集团）下属国有控股企业，广业清怡主营业务包括特种食品配料制造和食品安全检测两大板块，致力于成为"特种食品配料全球领先绿色制造商"和"食品安全检测全球服务商"。广业清怡在特种食品配料领域拥有"牛塘""清怡"两个著名商标，60%产品出口国外，在国际市场拥有较高的占有率。广业清怡是国内甜味剂、抗氧化剂、功能食品配料研究开发的领头羊，其中：新型强力甜味剂三氯蔗糖的国内市场占有率为40%，国际市场占有率为10%；阿斯巴甜全球市场占有率为17%；营养配料叶酸全球市场占有率为30%；食用油脂抗氧化剂TBHQ国内市场占有率为70%。

2012年，广业清怡获批成为首批国家食品企业质量安全检测技术示范中心之一；旗下广东省质量监督食品检验站是专业从事食品检测的第三方检测机构，检测技术处于行业领先水平。2017年5月，中国食品甜味剂行业最大的收购案——广业清怡收购南通市常海食品添加剂有限公司项目顺利完成。至此，广业清怡成为中国最大的高倍甜味剂生产制造商。

成立以来，广业清怡积极推动企业体制机制创新，通过股权结构多元化改革，持续优化公司治理模式，激发管理层及员工干事创业的热情。由于广业清怡所在行业竞争激烈、资金需求量大，若继续沿用过往的股权改革方式，既无法满足企业发展需求，体制机制改革进程也存在局限性。为进一步推动企业改革发展，广业清怡决定面向社会征集战略投资方，深入推进企业混合所有制改革，最终实现IPO上市目标。

二、全面启动混合所有制改革

2017年12月，广业清怡加快推动混合所有制改革进程，以协议方式引入广东国有企业重组发展基金，原20名自然人持有的3.81%股权及其他新增员工股东的股权，分别转入4个员工持股平台。交易完成后，广业清怡注册资本从3923.62万元增至26288.35万元，企业资本实力显著提升，股东数量从2个增加到7个，员工持股比例合计19.68%，较增资前有大幅提升。通过本次增资，广业清怡基本实现"广业集团控股，外部投资者与核心员工共同持股"的交易目标，股权结构进一步优化。

第一轮增资完成后，广业清怡仍面临资产负债率及企业财务费用较高等问题，影响公司的稳健运营及对外融资能力；自有资金的缺乏，也不利于企业参与市场竞争。此外，根据中国证监会《首次公开发行股票并上市管理办法》的规定，发行人应当符合最近3个会计年度"净利润均为正数且累计超过3000万元""经营活动产生的现金流量净额累计超过5000万元或营业收入累计超过3亿元"，以及发行前股本总额、期末无形资产占净资产比例等要求。广业清怡尚未完全满足相关标准，不适合申请公开上市。为进一步优化股权结构、改善资产质量、提升盈利能力，通过深化混合所有制改革加快推进资产证券化进程，确保公司顺利实现IPO目标，广业清怡决定开展第二轮增资。

三、进一步深化混合所有制改革

南方产权与广业集团系统一直保持着良好的合作关系，广业清怡决定在第二轮增资中继续与南方产权开展合作。经过深入交流讨论，南方产权根据广业清怡的核心需求，梳理了第二轮增资需遵循的四个原则：一是以实现在中国证券市场公开上市为最终目标；二是保持原控股股东广业集团的绝对控股地位；三是交易要保障各方利益，实现多方共赢；四是合法合规，阳光交易。在此基础上，南方产权积极发挥产权交易机构的专业优势，深入分析相关法律法规及政策要求，为广业清怡科学设计个性化的交易方案，制定高效严谨的工作时间表，确保项目顺利推进。

（一）满足原股东场外增资需求

与一般增资项目不同的是，为保证广业清怡在未来发展中持续发挥既有优势和能力，原股东广业集团需保持对广业清怡的绝对控股地位，要求在场内交易的同时，对广业清怡同步开展场外增资。考虑到原股东场外增资的资金成本以及新老股东战略协同性的需求，经过与增资企业反复研究，南方产权为广业清怡设计的交易方案并没有简单地将增资金额作为交易达成的决定性因素。

针对项目实际情况，南方产权建议增资企业将募集资金范围限定在5000万元至33000万元之间，并按照经评估的净资产值计算出每1元注册资本增资底价为1.8389元；两相结合，确保场内增资的注册资本不超过17945.51万元（增资后，对应股权比例为28.36%），从而锁定新股东的股比上限，保证广业集团的绝对控股地位。与按照收益现值法计算的增资底价相比，以净资产值为基础确定的每1元注册资本增资底价更符合广业清怡当前的财务状况，对外部投资者的吸引力更大，既能打消原股东对场外增资资金成本的顾虑，又能吸引更多投资者参与交易，有利于项目的顺利成交。

（二）科学设置遴选方式

为满足增资后新老股东战略协同性需求，南方产权建议增资企业通过竞争性谈判遴选最终投资方。竞争性谈判的遴选方案除考虑增资报价外，还将意向投资方综合实力（包括行业声誉、资金实力、盈利状况、投融资能力、公司治理等）、资本运作能力、战略协同效应、企业价值观和经营理念、与原股东的沟通协作情况、是否形成同业竞争、管理层和员工的认可程度等多方面因素纳入遴选标准，全方位考察意向投资方与增资企业的契合水平。该方案保持了场内增资交易的灵活性，使增资企业能够择优选择符合自身多维度要求的战略投资方；同时，在竞争性谈判阶段，若累计募集金额未达到预定的33000万元，各意向投资方需承担对增资资金缺口的补足义务，具体金额由增资企业与各意向投资方协商确定，有助于交易各方充分发掘标的市场价格。

四、项目启示

第二轮增资成功为广业清怡引入广东省广业绿色基金管理有限公司和佛山顺德源航股权投资合伙企业（有限合伙）两家优质投资方，新股东合计持股比例为11.04%（不考虑原股东场外增资），圆满完成既定的交易目标；助力广业清怡进一步优化股权结构与财务状况，实现企业综合实力及发展后劲的提升，为广业清怡保持行业领先定位、加快推进IPO、推动企业跨越式发展打下了坚实的基础。本项目也是南方产权继"广东省长大公路工程有限公司增资"项目之后，助力国企改革"双百行动"广东省入选企业深化混合所有制改革、引入优质战略投资者的又一成功案例，体现了南方产权优秀的项目组织能力和交易服务水平。

与其他类型交易业务相比，企业增资的交易方式更加灵活多变、交易需求更加个性化，是国有企业推进混合所有制改革的主流形式，也是产权交易机构开展投行服务的主要业务类型，对交易机构的合规性、创新性、专业性、服务质量及持续学习能力提出了更高要求。南方产权将继续贯彻落实中央和广东省关于推进粤港澳大湾区建设的规划部署，以产权投行服务为抓手，助力大湾区国有企业开展混合所有制改革，推动国有资本优化布局结构及资源配置，全力支持国资国企改革发展，积极打造服务粤港澳大湾区产权交易资本市场的核心基础平台。

（南方联合产权交易中心供稿）

安世半导体部分投资份额退出转让项目

2018年4月22日，安世半导体部分投资份额退出转让项目在安徽公共资源交易集团有限公司旗下全资子公司合肥市产权交易中心（以下简称产权交易中心）完成竞价，由合肥中闻金泰半导体投资有限公司、云南省城市建设投资集团有限公司、上海矽胤企业管理合伙企业（有限合伙）三个机构组成的联合体成为最终受让方。在这一案例中，产权交易中心提供精准的咨询服务，利用平台优势，充分发挥市场的价格发现功能，转让标的最终以114.35亿元成交，增值额为44.35亿元，增值率为63.36%。

一、转让工作基本情况

（一）项目背景

2016年，合肥市建设投资控股（集团）有限公司（以下简称市建投集团）牵头组建合肥芯屏产业投资基金（有限合伙）作为合肥广芯半导体产业中心（有限合伙）（以下简称广芯基金）唯一有限合伙人参与安世半导体（sigma）项目，总投资约10亿美元，持有704318.25万元基金份额。其中，486164.00万元（7亿美元）由广芯基金直接对境内并购主体合肥裕芯控股有限公司（以下简称裕芯控股）出资；207453.00万元（3亿美元）以有限合伙人身份对北京广汇基金出资，再由北京广汇基金出资至裕芯控股。

为便于本次部分投资份额退出后的权利义务分割，广芯基金普通合伙人（GP）建广资产及有限合伙人（LP）芯屏基金对广芯基金进行分拆，分拆完成后，芯屏基金由持有704318.25万元广芯基金份额变更为持有广芯基金493664.63万元份额和持有北京广汇基金210653.62万元份额。

2018年3月，经批准，由芯屏基金委托产权交易中心通过公开挂牌方式转让芯屏基金持有的合肥广芯半导体产业中心（有限合伙）493664.63万元份额。

（二）转让工作结果

本项目公告期为2018年3月15日至4月12日。2018年4月13日，安世半导体部分投资份额退出项目进行资格审查，资格审查当天共收到四家单位递交的资格审查材料。经评审，共三家通过资格审查委员会审查。

2018年4月22日组织竞价，经过294轮共计5小时10分的激烈争夺，由合肥中闻金泰半导体投资有限公司、云南省城市建设投资集团有限公司、上海矽胤企业管理合伙企业（有限合伙）组成的联合体最终以114.35亿元竞得本项目标的，增值额为44.35亿元，增值率为63.36%。

二、主要做法

（一）提供早期咨询，助力精准施策

基于国有资本基金退出的特殊性，产权交易中心在项目进场前即成立专项工作组，跟踪项目服务，多次会同市建投集团、法律顾问做进场前准备；同时找依据、列清单，确定依照《企业国有资产交易监督管理办法》，列明进场材料。此外，产权交易中心站在专业机构的角度，利用实际操作经验为决策机构和转让主体提供建设性咨询服务，有效地加快了项目进度，极大地节约了项目的进场准备时间。

（二）系统部署落实，节点联席会审

从公告发布、答疑发布、资格审查到现场网络竞价，产权交易中心在4个节点共组织10余次多部门联席会议和会审，确保转让过程各项工作合规有序。

（三）优化工作流程，全力保障项目

一是发布预公告。正式公告前两周，产权交易中心在安徽合肥公共资源交易平台发布《拟对

合肥广芯基金493664.630659万元人民币基金份额公开转让》的公告。通过发布拟转让公告，既回应了市场关切，又留给市场参与主体充足的准备时间，为后期的高溢价奠定了基础。二是组建资格审查委员会。在项目进场前即确定本次资格审查委员会成员的组成结构，即由产权交易中心牵头组成7人资格审查小组，在省发改委综合评标专家库中选择法律及财务专家共2人，市财政局、市金融办、市国资委、建投集团及建广资产等相关部门各委派1人。这样的成员结构，既体现了资格审查委员会的专业性，又充分尊重广芯基金各普通合伙人应有的权利，从而保证了实际审查效果。三是采用现场网络连续竞价的方式确定受让方。通过后台系统实时监控、现场网络报价操作培训、模拟报价过程，既避免了网络竞价过程中可能出现的波动，又实现了价值的充分发现，全方位地保障了竞价的顺利进行。

三、启示及意义

（一）决策是项目成功的必要基石

本项目自确定基金退出至交易结束，离不开决策层的正确及果断研判。决策层高屋建瓴、审时度势，结合当时半导体产业市场和标的企业情况，及时果断启动了投资基金的退出工作。在转让交易过程中，出现了若干重要节点，主管部门作为项目的掌舵人，紧握方向，决策果断，坚持推进项目，通过科学细致的研判，确保了项目的成功。

（二）执行是推进项目的主要力量

决胜关键在于决策，决策关键在于执行。项目进场前，产权交易中心第一时间主动联合各方力量，对项目进行充分讨论。项目公告阶段，产权交易中心按照主管部门要求充分讨论研究项目风险，为上级主管部门的决策提供了大量重要依据。在项目资格审查及现场网络竞价阶段，产权交易中心紧密安排，细心操作，全力保障项目合规有序进行。

（三）团队是创造业绩的重要因素

众人拾柴火焰高，重大项目的成功离不开参与团队的共同努力。本次项目社会关注度高，在全国乃至全世界半导体行业都备受关注，加之各意向受让方自身就是来自金融及上市公司的尖端人才，项目要经得起考验、经得起推敲，就必须拥有优秀的团队。为全力保障项目顺利推进，主管部门集结了各领域的优秀人才，在产权交易、法律、监管机构等各方共同努力下，最终提交了一份出色答卷。

（四）市场是发现价值的重要渠道

本次竞价规则设计合法、合规、合理，充分利用公共资源平台优势。在设置底价的基础上，通过现场网络连续竞价方式，将标的定价权交由市场，让市场发现价值。通过市场竞价的方式，既保障了公开透明，降低了廉政风险，又实现了国有资产的保值增值。

（五）阳光是公共资源交易的必然要求

实现公共资源阳光交易，就要将公共资源交易纳入平台，就要减少政府对市场资源的直接配置，就要实现公共资源交易监管集约化、资源配置效益化、项目运作透明化。要引入更多交易主体参与，充分发挥市场优势，有效推动交易信息、交易过程、交易结果等在线公开，保证市场主体和社会公众的知情权、参与权和监督权。

（六）探索一条投资退出的新渠道

近年来，国有资本控制的孵化基金、产业投资基金等股权投资规模与日俱增，但从投资及退出的交易闭环来看，国有资本股权投资的退出渠道尚不完整。本项目依照国务院国资委《企业国有资产交易监督管理办法》，通过产权交易机构根据价高者得的原则公开转让标的，补齐了股权投资中的交易闭环，为国有资本股权投资退出探索出了一条可行的路子，为城市发展的产业化、规模化提供了有力保障。

（合肥市产权交易中心供稿）

城投集团携手华润实现混改项目签约

天津城投置地投资发展有限公司（以下简称城投置地）推动房地产板块向商品住宅发展，立足天津，形成以天津中心城区为核心，环城区县及外埠区域（海南）为辅的"一体两翼"产业布局，以城市房地产开发为主，商业运营、物业管理为辅的"一主两业"产业链条。为提升企业经济效益和整体实力，提高市场化水平，增强企业发展活力，最大限度壮大国有资本，并保持国有资本的控股地位，城投置地作为竞争类企业进行混合所有制改革。城投置地混改以增资扩股方式进行，引进一家战略投资者。

一、项目背景

城投置地成立于2011年3月25日，增资前注册资本452913.67万元，股权结构为天津市海河建设发展投资有限公司持股79.7%、天津市政投资有限公司持股11.47%、天津城市基础设施建设投资集团有限公司持股8.83%。信息披露期为2018年10月24日至12月18日，最终投资者为北京润置商业运营管理有限公司，募集资金额793400万元，增加注册资本435152.35万元。

二、项目特点及运作

天津产权交易中心受城投置地委托，为其提供交易方案、择优方案的设计及混改交易所涉及的政策指导服务。结合企业诉求，历时6个月，调整交易方案数十稿，天津产权交易中心通过"5+2，白+黑"专业服务，最终敲定交易方案及择优方案并顺利挂牌。鉴于拟募集资金体量较大，为促成交易，缓解战略投资者资金压力，经过多次论证，城投置地本次混改增资款接受一次性及分期付款两种结算方式。为规避交易风险，城投置地与天津产权交易中心多次开会讨论增资款分期支付的可行性，以及如采取分期付款方式将会面对的风险，严格设置增资条件。最终征集到的战略投资者选用分期付款方式完成本次增资，这是增资项目分期结算在天津产权交易中心的首次尝试。在交易方案设计过程中，为配合企业诉求，天津产权交易中心专门就保证金是否转为增资款多次与企业、审计机构进行讨论，并同时准备两套方案供企业选择。天津产权交易中心的专业服务得到了企业的高度认可。

三、项目启示

项目信息披露期间，华润置地以北京润置商业运营管理有限公司作为摘牌主体，参与城投置地本次混改。华润置地作为世界500强华润集团旗下的地产业务旗舰，经营规模长期居于全国地产业前列，是中国极具实力的综合型地产开发商之一，位列香港恒生指数成分股，主营业务包括房地产开发、商业地产开发及运营、物业服务等。

城投置地作为城投集团直属房地产开发企业，先后开发运营银河国际购物中心、新梅江锦秀里、南开悦玺以及海南万宁石梅半岛等知名项目。本次混改为增资企业募集到较大体量资金，引入了与城投置地战略协同、目标同向、主业匹配的优质战略投资者，实现了强强联合。混改后，各股东将持续向增资企业注入资金，优化企业产业结构，使企业在发展战略、市场规模、企业竞争力等方面实现质的飞跃。华润置地将继续依靠自身在住宅开发、商业运营等领域的丰富经验，积极参与并主导区域综合开发，探索长租、养老产业、产业园区等多元化创新，高质量稳健发展，极大地推动了区域经济发展，为天津城市综合投资开发贡献力量。

（天津产权交易中心供稿）

成功运作天孚物业51%股权转让助力国企混改

天津天孚物业管理有限公司（以下简称天孚物业）是天津泰达投资控股有限公司、天津泰达资产运营管理有限公司下属的大型综合性物管企业，是中国物业管理协会常务理事单位，具有物业管理一级资质，是天津市物业管理十强企业之一，在业内久负盛名。如何高质量实现混改，是摆在企业面前的重要课题。天津产权交易中心发挥专业优势，指定专门服务团队为天孚物业混改提供一对一服务。

一、项目背景

天孚物业成立于1995年9月8日，注册资本600万元。股权转让前股权结构为天津泰达资产运营管理有限公司持股70%、天津开发区金泰达建筑装饰有限公司持股30%。信息披露期为2019年8月5日至9月16日，转让底价为3014.9109万元。最终受让方为山东润华物业管理股份有限公司，成交价格为13014.9109万元。

二、项目特点及运作

项目竞价前，由天津产权交易中心协助企业设计、制订方案，帮助意向方进行尽职调查，既使意向方了解了企业的真实情况，又避免了商业秘密的外泄。天津产权交易中心还为各竞买方进行细致的竞买培训并为其配备"竞价助手"，确保竞买方在竞价过程中操作无误。经过111轮激烈竞价，天孚物业最终以底价的四倍溢价1亿元的交易结果成功实现51%股权出让。天津产权交易中心专业、高效的服务得到交易各方的充分肯定和高度评价。

三、项目启示

天孚物业混改成功是天津产权交易中心服务企业混改的又一成功案例，超高的溢价率充分表明天津产权交易中心在产权交易过程中发挥着不可或缺的平台作用。下一步，天津产权交易中心将继续发挥职能为国企混改提供专业化服务，助力天津国有企业实现高质量发展。

（天津产权交易中心供稿）

长江三峡集团下属企业水电站多宗资产处置项目介绍

2019年，中国长江三峡集团有限公司下属单位三峡金沙江川云水电开发有限公司（以下简称转让方）通过天津产权交易中心（以下简称天津产权）成功处置其管理的向家坝水电站和溪洛渡水电站所属多宗资产项目，其中四宗资产项目溢价率均在一倍以上。对天津产权在本次资产转让中的整体服务，转让方给予了充分肯定。

一、项目背景

向家坝水电站和溪洛渡水电站位于云南省水富市与四川省宜宾市叙州区交界的金沙江下游河段，距水富城区仅1500米，是金沙江水电基地最后一级水电站，由三峡集团修建。向家坝水电站至上海的±800千伏直流特高压国产化示范工程是国内"西电东送"电压等级最高最先进的电力系统之一。

向家坝、溪洛渡水电站建成后可以解决三峡最大的问题——泥沙淤积，同时能较好地分担三峡水库的防洪压力。由于向家坝和溪洛渡水电站承担的任务十分艰巨，工作量较大，在场设备的消耗折旧十分严重，为了确保水电站安全、高效运转，转让方决定尽快处置大批老旧资产。

二、项目操作及结果

2018年底，转让方与天津产权正式展开合作，为高效处置向家坝和溪洛渡水电站资产召开专题会议，讨论设计处置方案。因资产所在地偏远，种类繁多，要想按时、合规、高效地处置并非易事：一是项目地处偏远地区，踏勘管理难度大，无法保证后续流程的规范性。二是意向受让方属于各行各业，无法保证在踏勘的同时正确合规地履行全部受让申请手续。三是项目资产用途特殊，在拆除的过程中稍有不慎就会引发安全事故。

针对项目难点，天津产权为转让方设计了详尽的转让实施方案，具体包括以下三个方面：①制定动态现场踏勘时间表。意向受让方如想进行现场踏勘，需先向天津产权提供相关受让申请材料及资质电子版文件进行初审，审核通过后，于当天将材料整理发送给项目现场管理人员，由现场管理人员根据每日报名顺序，为受让申请材料及资质齐全合规的意向受让方灵活错峰安排踏勘时间，这样既能提高踏勘效率，又能保证踏勘行为的合规。②采用经纪会员代理制。意向受让方需委托天津产权的经纪会员进行现场踏勘报名，经纪会员单位为意向受让方提供市场分析、受让申请咨询、材料审核、竞价辅导等经纪服务，确保意向受让方在现场踏勘的同时按时合规地完成受让申请流程。③资质审核。对于需要特殊拆除资质的资产，在现场踏勘前，意向受让方的资质文件需通过经纪会员、天津产权及现场管理部门三道审核程序，确保资产拆除作业的安全性。

最终，该项目总关注度达上万人次，近百家意向受让方参与报名，30余家经纪会员为本次资产项目提供了服务。其中，向家坝水电站退场设备物资（焊条、橡胶条等辅机、检修平台、圆拉刀、座环加工工具等），溪洛渡水电站的部分退场设备物资（散装物料系列）、固定式卷扬启闭机、液压启闭机项目和喷油螺杆压缩机一批四宗项目分别征集到18家、13家、12家、14家意向受让方，最终分别以230.24万元、171.82万元、133.72万元、91.1万元成交，溢价率分别为219%、343%、159%、107%。

三、项目启示

天津产权的职能由最开始的保证国有资产保值增值、保证交易行为的合法合规等基础服务，逐步延伸到方案设计、市场价值发现、招商推介、多元化结算、协助交割变更、争议调解以及相关增值服务，在交易的每个环节，天津产权都能提供专业的意见及周密严谨的服务，为国有资产高效、规范、顺利交易提供服务保障。同时，天津产权不断发展优质经纪会员，促进产权交易服务多元化、精细化。在本次资产项目处置中，经纪会员发挥了重要作用，多数经纪会员能在短时间内为意向受让方提供规范、高效的服务，并与天津产权紧密配合，成为意向受让方、转让方和天津产权在交易过程中的纽带，有力地促进了项目高效、有序地完成。

（天津产权交易中心供稿）

转性上市安置房通过产权交易平台流转

2019年10月至11月，无锡产权交易所（以下简称无锡产交所）受无锡市经开区太湖街道委托，高效完成政府惠民工程"仙河苑二期转性上市安置房交易"，两批次共挂牌150套房产，成交136套，成交金额1.53亿元，成交率93.15%，其中39套竞价成交，竞价增值338.5万元。这是无锡产交所首次承接转性上市安置房业务，通过规范、高效的运作，既帮助政府盘活了资产，又维护了群众的切身利益。

一、项目背景

城市化的快速推进带来了大量拆迁安置房，地方政府在完成拆迁安置后，可能存在剩余安置房，形成存量资产。由于安置房与市场化运作模式下的商品房有较大差异，如何盘活存量安置房成为地方政府研究的课题之一。无锡市滨湖区政府率先启动存量安置房转性上市交易工作，在协调全区相关部门后，将安置房转性为商品房入市交易，并选择通过产权交易平台来实现流转。

二、项目操作

（一）分批次操作

2019年10月21日至11月1日，仙河苑二期首批100套转性安置房在无锡产交所公开挂牌转让。经公开征集，共有146人次报名91套房产，其中32套房产多人报名形成竞价（2套房产分别有6人同时报名）。2019年11月6日，无锡产交所分4个批次组织不见面网络竞价，32套房产均增值成交，成交金额合计3530.7万元，较挂牌底价增值287.5万元。首批100套安置房中有91套房产顺利成交，成交总额为10064.95万元。

2019年11月18日至11月29日，仙河苑二期第二批50套转性安置房在无锡产交所公开挂牌转让。经公开征集，共有61人次报名45套房产，其中7套房产多人报名形成竞价（1套有9人同时报名）。2019年12月4日，无锡产交所组织不见面网络竞价，7套房产均增值成交，成交金额合计874.06万元，较挂牌底价增值51万元。第二批50套安置房共有45套房产顺利成交，成交总额为5230.14万元。

（二）做好全程服务

无锡产交所在前期充分准备的基础上，重点做好优化交易环节、规范交易流程两方面工作，进一步提升了服务水平和服务效率。在优化交易环节方面，无锡产交所通过公司网站、微信公众号、地方报纸及时做好对外信息发布，明确相关交易要求和缴款时限。在接待几百人次的咨询、报名过程中，无锡产交所认真做好政策和流程解读，履行对客户一次说清、限时办结等服务承诺，有效提高办事效率。在规范交易流程方面，无锡产交所严格遵循"公开、公平、公正"的交易原则，充分利用信息技术手段，推广不见面交易，在挂牌结束后高效、有序组织网络竞价，并及时发布竞价结果公告。无锡产交所在竞价前通过微信公众号专题推送网络竞价操作视频，有助于竞买人准确掌握操作流程，确保竞价顺利进行。

三、项目启示

安置房交易属于农村、集体产权交易，以产权交易平台成熟、规范的国有产权交易模式实施，确保了交易的规范、高效。

未来，无锡产权交易所将进一步总结安置房交易经验，继续围绕"要素资源市场化交易服务平台"的发展定位，提高综合服务能力，提升市场化配置资源的能力，夯实发展基础，规范、专业、高效地开展安置房、农村产权业务。

（无锡产权交易所供稿）

无锡产权交易所服务非国有上市公司产权交易实践探索

产权交易市场作为最初服务国资国企改革的市场化平台，已形成一套成熟、稳定的运行模式和定价机制，具有优化资源配置、促进价值发现的重要功能。2015年8月，中央明确将产权交易市场与证券交易市场并列为中国资本市场，支持企业依法合规通过产权交易市场，以市场公允价格处置企业资产。近年来，上市公司对外投资转让、资产转让及下属子公司产权转让等越来越多地进入产权交易市场，通过产权交易市场公开、透明、规范的交易实现各类资产的保值增值。

无锡产权交易所（以下简称无锡产交所）作为江苏省国资委指定的国有资产交易机构，在服务国资流转，确保国资公开、公平、公正交易，防止国有资产流失的业务基础上，积极探索如何高效服务非国有产权交易，特别是如何高效服务上市公司产权交易。

在前期为华光股份（600475）、中环股份（002129）、太极实业（600667）等国有上市公司提供产权交易服务的基础上，2019年，无锡产交所加入无锡市上市公司协会，积极探索为非国有上市公司产权交易提供交易平台并取得实际成效。2019年9月20日，无锡和晶科技股份有限公司（300279）委托的上海澳润信息科技有限公司100%股权项目经无锡产交所公开挂牌后正式成交，成交金额为12002.9万元。该项目是无锡产交所服务非国有上市公司的首单产权转让业务，是无锡产交所拓展服务领域的实践创新，充分发挥了产权交易市场在配置资源方面的"发现投资人、发现价格"功能。

一、项目概况

上海澳润信息科技有限公司（以下简称澳润科技）系无锡和晶科技股份有限公司（以下简称和晶科技）互动数据业务板块全资子公司，主要通过销售广电网络基础设备和智能终端投资运营参与广电业务。2018年，受广电行业发展迟缓、单一大客户经营恶化且回款困难等影响，澳润科技经营业绩出现大幅下滑，且进行的业务转型尝试未能实质性改善其整体经营状况。根据澳润科技的经营现状，它与和晶科技整体发展战略的契合度已大幅下降。为更好地配置公司资源、优化资产结构，和晶科技拟对澳润科技进行整体剥离，并于2019年8月召开临时股东大会，审议并通过了《关于公司拟挂牌转让全资子公司上海澳润信息科技有限公司100%股权的议案》。

为确保交易顺利进行，无锡产交所高效开展前期对接，把服务向前端延伸，组建专门工作小组，多次与转让方和晶科技进行沟通，积极了解其诉求，深入探讨交易细节，从政策要求、规则制度及时间效率等多方面考虑，并结合交易过程中可能出现的风险来为转让方制订个性化交易方案，最终圆满完成了本次交易。

项目挂牌公告期间，无锡产交所通过无锡市公共资源交易中心网站、微信公众号、投资人库等渠道加强项目推介，并依托中国产权交易行业信息化综合服务平台，多渠道发布信息，广泛征集意向受让方。在受让咨询环节，无锡产交所认真接受意向受让方的咨询与尽调，在交易流程、受让材料准备、受让方资格确认、保证金及交易价款缴纳时间节点、交易合同条款等方面为意向受让方提供全方面服务，提示交易过程中的难点与注意事项，并及时就意向受让方提出的问题与转让方进行对接沟通，积极参与谈判协调。最终，上海一家公司被确定为本项目的受让方，交易双方于2019年9月19日签署了交易合同。

二、项目意义

该项目证明产权交易市场为上市公司产权交易提供了市场化的阳光交易平台，在确保产权规范、有序流转的同时，能充分发挥其资源配置功能，实现资产保值增值。首单民营上市公司产权交易项目的完成是无锡产交所开拓创新取得的成果，也为其今后进一步开展服务上市公司业务积累了经验。无锡产交所将本着"廉洁合规""规范、专业、高效"的理念，利用产权交易市场的平台优势，为上市公司提供更多服务，如产权市场不仅能帮助上市公司实现公开透明交易，还能协助上市公司豁免关联交易审议披露。上市公司通过产权交易市场实现各类资产的公开、透明、规范交易，以达到符合证券交易所规定的关联交易审议和披露的豁免，已成为值得探索的重要实践。无锡产交所将以此为契机，进一步拓展服务上市公司的产权交易业务，不断丰富服务内容，创新业务品种。

三、未来展望

作为公共资源交易体系的重要力量和组成部分，产权交易市场在发挥自身优势、服务非国有上市公司产权交易方面将大有可为。一方面，上市公司具有不断增加的交易需求；另一方面，产权交易机构在融入公共资源交易平台后，可以与不同市场主体的需求相适应、相融合。产权市场在不断拓展业务的过程中，坚持"应进必进、能进则进、进则规范、操作透明"的工作原则，并按照市场化配置资源的要求不断完善交易规则、交易方法，探索合作发展，平台影响力日益增强。

未来，产权交易市场要在更大的市场平台、更高起点上创新发展，进一步提高资源配置能力，提高市场化的服务能力和水平，满足更多企业的交易需求，为公共资源交易向更高水平发展做出更大贡献。

（无锡产权交易所供稿）

中国产权市场年鉴 2019—2020

China Property Rights Exchanging Capital Market Yearbook 2019–2020

宏观政策汇编

中国共产党国有企业基层组织工作条例（试行）

（2019年11月29日中共中央政治局会议审议批准　2019年12月30日中共中央发布）

第一章　总　则

第一条　为了深入贯彻习近平新时代中国特色社会主义思想，贯彻落实新时代党的建设总要求和新时代党的组织路线，坚持和加强党对国有企业的全面领导，提高国有企业党的建设质量，推动国有企业高质量发展，根据《中国共产党章程》和有关法律，制定本条例。

第二条　国有企业党组织必须高举中国特色社会主义伟大旗帜，以马克思列宁主义、毛泽东思想、邓小平理论、"三个代表"重要思想、科学发展观、习近平新时代中国特色社会主义思想为指导，坚持党的基本理论、基本路线、基本方略，增强"四个意识"、坚定"四个自信"、做到"两个维护"，坚持和加强党的全面领导，坚持党要管党、全面从严治党，突出政治功能，提升组织力，强化使命意识和责任担当，推动国有企业深化改革，完善中国特色现代企业制度，增强国有经济竞争力、创新力、控制力、影响力、抗风险能力，为做强做优做大国有资本提供坚强政治和组织保证。

第三条　国有企业党组织工作应当遵循以下原则：

（一）坚持加强党的领导和完善公司治理相统一，把党的领导融入公司治理各环节；

（二）坚持党建工作与生产经营深度融合，以企业改革发展成果检验党组织工作成效；

（三）坚持党管干部、党管人才，培养高素质专业化企业领导人员队伍和人才队伍；

（四）坚持抓基层打基础，突出党支部建设，增强基层党组织生机活力；

（五）坚持全心全意依靠工人阶级，体现企业职工群众主人翁地位，巩固党执政的阶级基础。

第二章　组织设置

第四条　国有企业党员人数100人以上的，设立党的基层委员会（以下简称党委）。党员人数不足100人、确因工作需要的，经上级党组织批准，也可以设立党委。

党员人数50人以上、100人以下的，设立党的总支部委员会（以下简称党总支）。党员人数不足50人、确因工作需要的，经上级党组织批准，也可以设立党总支。

正式党员3人以上的，成立党支部。正式党员7人以上的党支部，设立支部委员会。

经党中央批准，中管企业一般设立党组，中管金融企业设立党组性质党委。

第五条　国有企业党委由党员大会或者党员代表大会选举产生，每届任期一般为5年。党总支和支部委员会由党员大会选举产生，每届任期一般为3年。任期届满应当按期进行换届选举。根据党组织隶属关系和干部管理权限，上级党组织一般应当提前6个月提醒做好换届准备工作。

中央企业直属企业（单位）党组织换届选举工作，以中央企业党委（党组）为主指导，审批程序按照党内有关规定办理。中央企业及其直属企业（单位）召开党员代表大会，可以为党组织隶属地方党组织的下一级企业（单位）分配代表名额。

第六条 国有企业党委一般由5至9人组成，最多不超过11人，其中书记1人、副书记1至2人。设立常务委员会的，党委常务委员会委员一般5至7人，最多不超过9人，党委委员一般15至21人。党委委员一般应当有3年以上党龄，其中中央企业及其直属企业（单位）、省属国有企业的党委委员应当有5年以上党龄。

国有企业党总支一般由5至7人组成，最多不超过9人；支部委员会由3至5人组成，一般不超过7人。正式党员不足7人的党支部，设1名书记，必要时可以设1名副书记。党支部（党总支）书记一般应当有1年以上党龄。

第七条 国有企业党组织书记、副书记以及设立常务委员会的党委常务委员会委员，一般由本级委员会全体会议选举产生。选举结果报上级党组织批准。

中央企业党委（党组）认为有必要时，可以调动或者指派直属企业（单位）党组织负责人。

第八条 国有企业党委设立纪律检查委员会或者纪律检查委员，党总支和支部委员会设立纪律检查委员。

第九条 国有企业在推进混合所有制改革过程中，应当同步设置或者调整党的组织，理顺党组织隶属关系，同步选配好党组织负责人和党务工作人员，有效开展党的工作。

第十条 为执行某项任务临时组建的工程项目、研发团队等机构，党员组织关系不转接的，经上级党组织批准，可以成立临时党组织。临时党组织领导班子成员由批准其成立的党组织指定。

第三章　主要职责

第十一条 国有企业党委（党组）发挥领导作用，把方向、管大局、保落实，依照规定讨论和决定企业重大事项。主要职责是：

（一）加强企业党的政治建设，坚持和落实中国特色社会主义根本制度、基本制度、重要制度，教育引导全体党员始终在政治立场、政治方向、政治原则、政治道路上同以习近平同志为核心的党中央保持高度一致；

（二）深入学习和贯彻习近平新时代中国特色社会主义思想，学习宣传党的理论，贯彻执行党的路线方针政策，监督、保证党中央重大决策部署和上级党组织决议在本企业贯彻落实；

（三）研究讨论企业重大经营管理事项，支持股东（大）会、董事会、监事会和经理层依法行使职权；

（四）加强对企业选人用人的领导和把关，抓好企业领导班子建设和干部队伍、人才队伍建设；

（五）履行企业党风廉政建设主体责任，领导、支持内设纪检组织履行监督执纪问责职责，严明政治纪律和政治规矩，推动全面从严治党向基层延伸；

（六）加强基层党组织建设和党员队伍建设，团结带领职工群众积极投身企业改革发展；

（七）领导企业思想政治工作、精神文明建设、统一战线工作，领导企业工会、共青团、妇女组织等群团组织。

第十二条 国有企业党支部（党总支）以及内设机构中设立的党委围绕生产经营开展工作，发挥战斗堡垒作用。主要职责是：

（一）学习宣传和贯彻落实党的理论和路线方针政策，宣传和执行党中央、上级党组织和本组织的决议，团结带领职工群众完成本单位各项任务。

（二）按照规定参与本单位重大问题的决策，支持本单位负责人开展工作。

（三）做好党员教育、管理、监督、服务和发展党员工作，严格党的组织生活，组织党员创先争优，充分发挥党员先锋模范作用。

（四）密切联系职工群众，推动解决职工群众合理诉求，认真做好思想政治工作。领导本单位工会、共青团、妇女组织等群团组织，支持它们依照各自章程独立负责地开展工作。

（五）监督党员、干部和企业其他工作人员严格遵守国家法律法规、企业财经人事制度，维护国家、集体和群众的利益。

（六）实事求是对党的建设、党的工作提出意见建议，及时向上级党组织报告重要情况。按照规定向党员、群众通报党的工作情况。

第四章　党的领导和公司治理

第十三条　国有企业应当将党建工作要求写入公司章程，写明党组织的职责权限、机构设置、运行机制、基础保障等重要事项，明确党组织研究讨论是董事会、经理层决策重大问题的前置程序，落实党组织在公司治理结构中的法定地位。

第十四条　坚持和完善"双向进入、交叉任职"领导体制，符合条件的党委（党组）班子成员可以通过法定程序进入董事会、监事会、经理层，董事会、监事会、经理层成员中符合条件的党员可以依照有关规定和程序进入党委（党组）。

党委（党组）书记、董事长一般由一人担任，党员总经理担任副书记。确因工作需要由上级企业领导人员兼任董事长的，根据企业实际，党委书记可以由党员总经理担任，也可以单独配备。

不设董事会只设执行董事的独立法人企业，党委书记和执行董事一般由一人担任。总经理单设且是党员的，一般应当担任党委副书记。

分公司等非独立法人企业，党委书记和总经理是否分设，结合实际确定。分设的一般由党委书记担任副总经理、党员总经理担任党委副书记。

中央企业党委（党组）配备专职副书记，专职副书记一般进入董事会且不在经理层任职，专责抓好党建工作。规模较大、职工和党员人数较多的中央企业所属企业（单位）和地方国有企业党委，可以配备专职副书记。国有企业党委（党组）班子中的内设纪检组织负责人，一般不兼任其他职务，确需兼任的，报上级党组织批准。

国有企业党组织实行集体领导和个人分工负责相结合的制度，进入董事会、监事会、经理层的党组织领导班子成员必须落实党组织决定。

第十五条　国有企业重大经营管理事项必须经党委（党组）研究讨论后，再由董事会或者经理层作出决定。研究讨论的事项主要包括：

（一）贯彻党中央决策部署和落实国家发展战略的重大举措；

（二）企业发展战略、中长期发展规划，重要改革方案；

（三）企业资产重组、产权转让、资本运作和大额投资中的原则性方向性问题；

（四）企业组织架构设置和调整，重要规章制度的制定和修改；

（五）涉及企业安全生产、维护稳定、职工权益、社会责任等方面的重大事项；

（六）其他应当由党委（党组）研究讨论的重要事项。

国有企业党委（党组）应当结合企业实际制定研究讨论的事项清单，厘清党委（党组）和董事会、监事会、经理层等其他治理主体的权责。

具有人财物重大事项决策权且不设党委的独立法人企业的党支部（党总支），一般由党员负责人担任书记和委员，由党支部（党总支）对企业重大事项进行集体研究把关。

第十六条　国有企业党组织应当按照干部管理权限，规范动议提名、组织考察、讨论决定等程序，落实对党忠诚、勇于创新、治企有方、兴企有为、清正廉洁的要求，做好选配企业领导人员工作，加大优秀年轻领导人员培养选拔力度，加强企业领导人员管理监督，保证党对干部人事工作的领导权和对重要干部的管理权。

实施人才强企战略，健全人才培养、引进、使用机制，重点做好企业经营管理人才、专业技术人才、高技能人才以及特殊领域紧缺人才工作，激发和保护企业家精神，营造鼓励创新创业的良好环境。

第十七条 健全以职工代表大会为基本形式的民主管理制度，探索职工参与管理的有效方式，推进厂务公开、业务公开，保障职工知情权、参与权、表达权、监督权，维护职工合法权益。重大决策应当听取职工意见，涉及职工切身利益的重大问题必须经过职工代表大会或者职工大会审议。坚持和完善职工董事制度、职工监事制度，保证职工代表有序参与公司治理。

第五章 党员队伍建设

第十八条 国有企业党组织应当坚持集中教育和经常性教育相结合，采取集中轮训、党委（党组）理论学习中心组学习、理论宣讲、在线学习培训等方式，强化政治理论教育、党的宗旨教育、党章党规党纪教育和革命传统教育，组织引导党员认真学习党史、新中国史、改革开放史，推进"两学一做"学习教育常态化制度化，把不忘初心、牢记使命作为加强党的建设的永恒课题和全体党员、干部的终身课题，形成长效机制。

第十九条 严肃党的组织生活，认真召开民主生活会和组织生活会，提高"三会一课"质量，落实谈心谈话、民主评议党员和主题党日等制度，增强党内政治生活的政治性、时代性、原则性、战斗性。坚持重温入党誓词、重温入党志愿书等有效做法，落实党员领导干部讲党课制度。

第二十条 强化党员日常管理，及时转接党员组织关系，督促党员按期足额交纳党费，增强党员意识。加强和改进青年党员、农民工党员、出国（境）党员、流动党员、劳务派遣制员工党员的管理服务。有针对性做好离退休职工党员、兼并重组和破产企业职工党员管理服务工作。

从政治、思想、工作、生活上关心关爱党员，建立健全党内关怀帮扶机制，在重要节日、纪念日等走访慰问功勋荣誉表彰奖励获得者，经常联系关心因公伤残党员、老党员、生活困难党员和因公殉职、牺牲党员的家庭，帮助解决实际问题。

严格执行党的纪律，对违犯党的纪律的党员，按照党内有关规定及时进行教育或者处理。

第二十一条 按照控制总量、优化结构、提高质量、发挥作用的总要求和有关规定发展党员。坚持把政治标准放在首位，重视在生产经营一线、青年职工和高知识群体中发展党员，力争每个班组都有党员。注重把生产经营骨干培养成党员，把党员培养成生产经营骨干。对技术能手、青年专家等优秀人才，党组织应当加强联系、重点培养。

第二十二条 紧密结合企业生产经营开展党组织活动，通过设立党员责任区、党员示范岗、党员突击队、党员服务队等形式，引导党员创先争优、攻坚克难，争当生产经营的能手、创新创业的模范、提高效益的标兵、服务群众的先锋。引导党员积极参与志愿服务，注重发挥党员在区域化党建和基层治理中的重要作用。

第六章 党的政治建设

第二十三条 国有企业党组织必须把党的政治建设摆在首位，担负起党的政治建设责任，提高政治站位，强化政治引领，增强政治能力，涵养政治生态，防范政治风险，坚决落实党中央决策部署，推动企业聚焦主责主业，服务国家发展战略，全面履行经济责任、政治责任、社会责任。

第二十四条 坚持用党的创新理论武装党员干部职工，突出政治教育和政治训练，推动习近平新时代中国特色社会主义思想进企业、进车间、进班组、进头脑，引领职工群众听党话、跟党走。开展中国特色社会主义和实现中华民族伟大复兴中国梦宣传教育，加强爱国主义、集体主义、社会主义教育，抓好形势政策教育。

第二十五条 坚持以社会主义核心价值观引

领企业文化建设，传承弘扬国有企业优良传统和作风，培育家国情怀，增强应对挑战的斗志，提升产业兴国、实业报国的精气神。深化文明单位创建，组织开展岗位技能竞赛，开展群众性文化体育活动，弘扬劳模精神、工匠精神，大力宣传、表彰先进典型，发挥示范引领作用，造就有理想守信念、懂技术会创新、敢担当讲奉献的新时代国有企业职工队伍。

第二十六条 把思想政治工作作为经常性、基础性工作，把解决思想问题同解决实际问题结合起来，多做得人心、暖人心、稳人心的工作，积极构建和谐劳动关系，努力将矛盾化解在基层。健全落实企业领导人员基层联系点、党员与职工结对帮带等制度，定期开展职工思想动态分析，有针对性做好人文关怀和心理疏导。注意在企业改革重组、化解过剩产能、处置"僵尸企业"和企业破产等过程中，深入细致做好思想工作，解决职工群众困难，引导职工群众拥护支持改革，积极参与改革。

第二十七条 坚持党建带群建，充分发挥群团组织桥梁纽带作用，推动群团组织团结动员职工群众围绕企业改革发展和生产经营建功立业，多为职工群众办好事、解难事，维护和发展职工群众利益。

第七章　党内民主和监督

第二十八条 国有企业党组织应当落实党员的知情权、参与权、选举权、监督权，畅通党员参与党内事务的途径，推进党务公开，建立健全党员定期评议党组织领导班子等制度。落实党员代表大会代表任期制，健全代表联系党员群众等制度，积极反映基层党组织和党员意见建议。

第二十九条 落实全面从严治党责任，强化政治监督，加强对党的理论和路线方针政策以及重大决策部署贯彻落实的监督检查。严格落实中央八项规定及其实施细则精神，坚决反对形式主义、官僚主义、享乐主义和奢靡之风。加强对制度执行的监督，加强对企业关键岗位、重要人员特别是主要负责人的监督，强化对权力集中、资金密集、资源富集、资产聚集的重点部门和单位的监督，突出"三重一大"决策、工程招投标、改制重组、产权变更和交易等重点环节的监督，严肃查处侵吞挥霍国有资产、利益输送等违规违纪问题。问题严重的，应当及时向上级党组织报告。

第三十条 落实党内监督责任，建立健全党内监督制度机制，强化日常管理和监督，充分发挥内设纪检组织、党委工作机构、基层党组织和党员的监督作用。加强对企业领导人员的党性教育、宗旨教育、警示教育，落实谈心谈话制度，加大提醒、函询、诫勉等力度，通过巡视巡察、考察考核、调研督导、处理信访举报、抽查核实个人有关事项报告等方式，督促企业领导人员依规依法用权、廉洁履职。

善用企业监事会、审计、法律、财务等监督力量，发挥职工群众监督、社会监督和舆论监督作用，推动各类监督有机贯通、相互协调，形成监督合力，提高监督效能。

第三十一条 国有企业内设纪检组织履行监督执纪问责职责，协助党委推进全面从严治党、加强党风建设和组织协调反腐败工作，精准运用监督执纪"四种形态"，坚决惩治和预防腐败。

各级纪委监委派驻企业的纪检监察机构根据授权履行纪检、监察职责，代表上级纪委监委对企业党委（党组）实行监督，督促推动国有企业党委（党组）落实全面从严治党主体责任。

第八章　领导和保障

第三十二条 各级党委应当把国有企业党的建设纳入整体工作部署和党的建设总体规划，按照管人管党建相统一的原则，健全上下贯通、执行有力的严密体系，形成党委统一领导、党委组织部门牵头抓总、国有资产监管部门党组（党委）

具体指导和日常管理、有关部门密切配合、企业党组织履职尽责的工作格局。中央组织部负责全国国有企业党的建设工作的宏观指导。

中央企业直属企业（单位）党建工作，以中央企业党委（党组）领导、指导为主，企业所在地的市地以上党委协助。

中管金融企业党委垂直领导本系统的党组织，负责抓好本系统党建工作。

第三十三条 国有企业党组织履行党的建设主体责任，书记履行第一责任人职责，专职副书记履行直接责任，内设纪检组织负责人履行监督责任，党组织领导班子其他成员履行"一岗双责"，董事会、监事会和经理层党员成员应当积极支持、主动参与企业党建工作。

各级党组织应当强化党建工作责任制落实情况的督促检查，层层传导压力，推动工作落实。

第三十四条 全面推行党组织书记抓基层党建述职评议考核。强化考核结果运用，考核结果在一定范围内通报，并作为企业领导人员政治素质考察和综合考核评价的重要依据。

企业党组织每年年初向上级党组织全面报告上年度党建工作情况，党组织领导班子成员定期向本企业党组织报告抓党建工作情况。

第三十五条 国有企业党委按照有利于加强党的工作和精干高效协调原则，根据实际需要设立办公室、组织部、宣传部等工作机构，有关机构可以与企业职能相近的管理部门合署办公。领导人员管理和基层党组织建设一般由一个部门统一负责，分属两个部门的应当由同一个领导班子成员分管。

第三十六条 根据企业职工人数和实际需要，配备一定比例专兼职党务工作人员。选优配强党组织书记，把党支部书记岗位作为培养选拔企业领导人员的重要台阶。注重选拔政治素质好、熟悉经营管理、作风正派、在职工群众中有威信的党员骨干做企业党建工作，把党务工作岗位作为培养企业复合型人才的重要平台。严格落实同职级、同待遇政策，推动党务工作人员与其他经营管理人员双向交流。

加强对党支部书记和党务工作人员的培训，确保党支部书记和党务工作人员每年至少参加1次集中培训。新任党支部书记一般应当在半年内完成任职培训。

第三十七条 通过纳入管理费用、党费留存等渠道，保障企业党组织工作经费，并向生产经营一线倾斜。纳入管理费用的部分，一般按照企业上年度职工工资总额1%的比例安排，由企业纳入年度预算。整合利用各类资源，建好用好党组织活动阵地。

建立党支部工作经常性督查指导机制，推进党支部标准化、规范化建设，抓好软弱涣散基层党组织整顿提升。注重运用网络信息化手段和新媒体平台，增强党组织活动和党员教育管理工作的吸引力、实效性。

第三十八条 坚持有责必问、失责必究。对国有企业党的建设思想不重视、工作不得力的，应当及时提醒、约谈或者通报批评，限期整改。对违反本条例规定的，按照有关规定追究责任。

第九章 附 则

第三十九条 本条例适用于国有独资、全资企业和国有资本绝对控股企业。国有资本相对控股并具有实际控制力的企业，结合实际参照本条例执行。

第四十条 本条例由中央组织部负责解释。

第四十一条 本条例自2019年12月30日起施行。其他有关国有企业党组织工作的规定，凡与本条例不一致的，按照本条例执行。

关于深化公共资源交易平台整合共享的指导意见

国家发展改革委

（2019年5月29日发布）

近年来，各地区、各部门认真贯彻落实党中央、国务院决策部署，按照《国务院办公厅关于印发整合建立统一的公共资源交易平台工作方案的通知》（国办发〔2015〕63号）要求，积极推动整合分散设立的工程建设项目招标投标、土地使用权和矿业权出让、国有产权交易、政府采购等交易平台，全国范围内规则统一、公开透明、服务高效、监督规范的平台体系初步构建，公共资源交易市场迅速发展，公共资源配置的效率和效益明显提高，促进了经济社会持续健康发展。同时，公共资源交易领域仍存在要素市场化配置程度不够高、公共服务供给不充分、多头监管与监管缺失并存等突出问题，亟待进一步深化改革、创新机制、优化服务、强化监管。为深化公共资源交易平台整合共享，促进公共资源交易市场健康有序发展，现提出以下意见。

一、总体要求

（一）指导思想

以习近平新时代中国特色社会主义思想为指导，全面贯彻党的十九大和十九届二中、三中全会精神，统筹推进"五位一体"总体布局，协调推进"四个全面"战略布局，按照党中央、国务院决策部署，坚持稳中求进工作总基调，坚持新发展理念，坚持推动高质量发展，坚持以供给侧结构性改革为主线，充分发挥市场在资源配置中的决定性作用，更好发挥政府作用，持续深化公共资源交易平台整合共享，着力提高公共资源配置效率和公平性，着力提升公共资源交易服务质量，着力创新公共资源交易监管体制机制，激发市场活力和社会创造力。

（二）基本原则

坚持应进必进，推动各类公共资源交易进平台。对于应该或可以通过市场化方式配置的公共资源，建立交易目录清单，加快推进清单内公共资源平台交易全覆盖，做到"平台之外无交易"。

坚持统一规范，推动平台整合和互联共享。在政府主导下，进一步整合规范公共资源交易平台，不断完善分类统一的交易制度规则、技术标准和数据规范，促进平台互联互通和信息充分共享。

坚持公开透明，推动公共资源阳光交易。实行公共资源交易全过程信息公开，保证各类交易行为动态留痕、可追溯。大力推进部门协同监管、信用监管和智慧监管，充分发挥市场主体、行业组织、社会公众、新闻媒体外部监督作用，确保监督到位。

坚持服务高效，推动平台利企便民。深化"放管服"改革，突出公共资源交易平台的公共服务职能定位，进一步精简办事流程，推行网上办理，降低制度性交易成本，推动公共资源交易从依托有形场所向以电子化平台为主转变。

（三）主要目标

到2020年，适合以市场化方式配置的公共资源基本纳入统一的公共资源交易平台体系，实行目录管理；各级公共资源交易平台纵向全面贯通、横向互联互通，实现制度规则统一、技术标准统一、信息资源共享；电子化交易全面实施，公共资源交易实现全过程在线实时监管。在此基础上，再经过一段时间努力，公共资源交易流程更加科学高效，交易活动更加规范有序，效率和效益进一步提升，违法违规行为发现和查处力度明显加大；统一开放、竞争有序的公共资源交易市场健康运行，市场主体获得感进一步增强。

二、完善公共资源市场化配置机制

（四）拓展平台覆盖范围

将公共资源交易平台覆盖范围由工程建设项目招标投标、土地使用权和矿业权出让、国有产权交易、政府采购等，逐步扩大到适合以市场化方式配置的自然资源、资产股权、环境权等各类公共资源，制定和发布全国统一的公共资源交易目录指引。各地区根据全国目录指引，结合本地区实际情况，系统梳理公共资源类别和范围，制定和发布本地区公共资源交易目录。持续推进公共资源交易平台整合，坚持能不新设就不新设，尽可能依托现有平台满足各类交易服务需要。

（五）创新资源配置方式

对于全民所有自然资源，特许经营权，农村集体产权等资产股权，排污权、碳排放权、用能权等环境权，要健全出让或转让规则，引入招标投标、拍卖等竞争性方式，完善交易制度和价格形成机制，促进公共资源公平交易、高效利用。有条件的地方可开展医疗药品、器械及耗材集中采购。

（六）促进资源跨区域交易

严格执行公平竞争审查制度，防止通过设置注册登记、设立分支机构（办事处）、资质验证、投标（竞买）许可、强制担保、强制要求在当地投资、人员业绩考核等没有法律法规依据的限制性条件实行地方保护或行业垄断。鼓励同一省域内市场主体跨地市自主选择平台进行公共资源交易，积极稳妥推进公共资源交易平台跨省域合作。

三、优化公共资源交易服务

（七）健全平台电子系统

加强公共资源交易平台电子系统建设，明确交易、服务、监管等各子系统的功能定位，实现互联互通和信息资源共享，并同步规划、建设、使用信息基础设施，完善相关安全技术措施，确保系统和数据安全。交易系统为市场主体提供在线交易服务，服务系统为交易信息汇集、共享和发布提供在线服务，监管系统为行政监督部门、纪委监委、审计部门提供在线监督通道。抓紧解决公共资源交易平台电子档案、技术规范、信息安全等问题，统筹公共资源交易评标、评审专家资源，通过远程异地评标、评审等方式加快推动优质专家资源跨地区、跨行业共享。进一步发挥全国公共资源交易平台作用，为各级各类公共资源电子化交易提供公共入口、公共通道和综合技术支撑。全国公共资源交易数据应当由全国公共资源交易平台按照有关规定统一发布。中央管理企业电子招标采购交易系统应当通过国家电子招标投标公共服务系统有序纳入公共资源交易平台，依法接受监督管理。促进数字证书（CA）跨平台、跨部门、跨区域互认，逐步实现全国互认，推动电子营业执照、电子担保保函在公共资源交易领域的应用，降低企业交易成本，提高交易效率。

（八）强化公共服务定位

公共资源交易中心作为公共资源交易平台主要运行服务机构，应不断优化见证、场所、信息、档案、专家抽取等服务，积极开展交易大数据分析，为宏观经济决策、优化营商环境、规范交易市场提供参考和支撑，不得将重要敏感数据擅自公开及用于商业用途。除法律法规明确规定外，公共资源交易中心不得代行行政监管职能，不得限制交易主体自主权，不得排斥和限制市场主体建设运营的电子交易系统。

（九）精简管理事项和环节

系统梳理公共资源交易流程，取消没有法律法规依据的投标报名、招标文件审查、原件核对等事项以及能够采用告知承诺制和事中事后监管解决的前置审批或审核环节。推广多业务合并申请，通过"一表申请"将市场主体基本信息材料一次收集、后续重复使用并及时更新。推行交易服务"一网通办"，不断提高公共资源交易服务事项网上办理比例。

四、创新公共资源交易监管体制

（十）实施协同监管

深化公共资源交易管理体制改革，推进公共资源交易服务、管理与监督职能相互分离，探索推进公共资源交易综合监管。各地区公共资源交易平台整合工作牵头部门要会同有关行政监督部门按照各司其职、互相协调、密切配合的要求，根据法律法规和地方各级人民政府确定的职责分工，形成监管权力和责任清单并向社会公开。建立健全投诉举报接收、转办、反馈工作机制，由有关行政监督部门依法查处公共资源交易过程中的违法违规行为，实现部门协同执法、案件限时办结、结果主动反馈。加大信息公开力度，加快推进公共资源交易全过程信息依法公开。畅通社会监督渠道，加强市场主体、行业组织、社会公众、新闻媒体等对公共资源交易活动的监督，促进市场开放和公平竞争。

（十一）强化信用监管

加快公共资源交易领域信用体系建设，制定全国统一的公共资源交易信用标准，完善公共资源交易信用信息管理、共享、运用等制度，强化各类市场主体信用信息的公开和运用，把市场主体参与公共资源交易活动的信用信息归集到全国信用信息共享平台，作为实施监管的重要依据，依法依规开展守信联合激励和失信联合惩戒。

（十二）开展智慧监管

依托公共资源交易平台电子系统及时在线下达指令，实现市场主体、中介机构和交易过程信息全面记录、实时交互，确保交易记录来源可溯、去向可查、监督留痕、责任可究。运用大数据、云计算等现代信息技术手段，对公共资源交易活动进行监测分析，及时发现并自动预警围标串标、弄虚作假等违法违规行为，加大对重点地区、重点领域、重点环节的监督执法力度，增强监管的针对性和精准性。推进公共资源交易平台电子系统与全国投资项目在线审批监管平台对接。

五、强化组织实施保障

（十三）加强组织领导

国家发展改革委要会同有关部门完善公共资源交易平台整合工作部际联席会议机制，加强政策指导、工作协调和业务培训，督促任务落实。地方各级人民政府要统筹推进本行政区域公共资源交易平台整合共享工作，强化对本行政区域各级公共资源交易中心的业务指导，切实保障公共资源交易平台的运行维护经费，完善工作协调机制，制定细化落实工作方案，加大人员、设施等配套保障力度，加强信息技术方面培训和能力建设。

（十四）加快制度建设

抓紧做好招标投标、自然资源资产转让、国有产权交易、政府采购等公共资源交易领域法律法规规章的立改废释工作。加强信息安全制度建设，根据国家信息安全标准加快构建公共资源交易信息安全防护体系，保障公共资源交易平台运行安全和数据安全。完善评标、评审专家管理办法，健全专家征集、培训、考核和清退机制，加快推进电子评标评审。完善中介机构管理制度，规范代理行为，促进行业自律。完善制度规则清理长效机制，国家发展改革委要会同有关部门抓紧对不符合整合共享要求的全国性公共资源交易制度规则进行清理，制定实施全国统一的公共资源交易服务标准，按程序发布实施全国公共资源交易目录指引；各省级人民政府要定期对本行政区域公共资源交易制度规则进行清理并及时公告清理过程和结果，接受社会监督。

（十五）狠抓督促落实

地方各级人民政府要将深化公共资源交易平

台整合共享工作纳入政府目标考核管理，加强对公共资源交易领域公共服务、行政监管和市场规范等工作情况的监督检查，建立市场主体和第三方评议机制，并向社会公开相关情况；加强对公共资源交易监管部门、公共资源交易中心及其工作人员的监督，健全廉政风险防控机制。国家发展改革委要会同有关部门加强指导督促，总结推广典型经验和创新做法；对推进工作不力、整合不到位的，要进行通报，确保各项任务措施落实到位，重要情况及时报告国务院。

关于统筹推进自然资源资产产权制度改革的指导意见

（中办、国办2019年4月14日印发）

自然资源资产产权制度是加强生态保护、促进生态文明建设的重要基础性制度。改革开放以来，我国自然资源资产产权制度逐步建立，在促进自然资源节约集约利用和有效保护方面发挥了积极作用，但也存在自然资源资产底数不清、所有者不到位、权责不明晰、权益不落实、监管保护制度不健全等问题，导致产权纠纷多发、资源保护乏力、开发利用粗放、生态退化严重。为加快健全自然资源资产产权制度，进一步推动生态文明建设，现提出如下意见。

一、总体要求

（一）指导思想

以习近平新时代中国特色社会主义思想为指导，全面贯彻党的十九大和十九届二中、三中全会精神，全面落实习近平生态文明思想，认真贯彻党中央、国务院决策部署，紧紧围绕统筹推进"五位一体"总体布局和协调推进"四个全面"战略布局，以完善自然资源资产产权体系为重点，以落实产权主体为关键，以调查监测和确权登记为基础，着力促进自然资源集约开发利用和生态保护修复，加强监督管理，注重改革创新，加快构建系统完备、科学规范、运行高效的中国特色自然资源资产产权制度体系，为完善社会主义市场经济体制、维护社会公平正义、建设美丽中国提供基础支撑。

（二）基本原则

——坚持保护优先、集约利用。正确处理资源保护与开发利用的关系，既要发挥自然资源资产产权制度在严格保护资源、提升生态功能中的基础作用，又要发挥在优化资源配置、提高资源开发利用效率、促进高质量发展中的关键作用。

——坚持市场配置、政府监管。以扩权赋能、激发活力为重心，健全自然资源资产产权制度，探索自然资源资产所有者权益的多种有效实现形式，发挥市场配置资源的决定性作用，努力提升自然资源要素市场化配置水平；加强政府监督管理，促进自然资源权利人合理利用资源。

——坚持物权法定、平等保护。依法明确全民所有自然资源资产所有权的权利行使主体，健全自然资源资产产权体系和权能，完善自然资源资产产权法律体系，平等保护各类自然资源资产产权主体合法权益，更好发挥产权制度在生态文明建设中的激励约束作用。

——坚持依法改革、试点先行。坚持重大改革于法有据，既要发挥改革顶层设计的指导作用，又要鼓励支持地方因地制宜、大胆探索，为制度创新提供鲜活经验。

（三）总体目标

到2020年，归属清晰、权责明确、保护严格、流转顺畅、监管有效的自然资源资产产权制度基本建立，自然资源开发利用效率和保护力度明显提升，为完善生态文明制度体系、保障国家生态安全和资源安全、推动形成人与自然和谐发展的现代化建设新格局提供有力支撑。

二、主要任务

（四）健全自然资源资产产权体系

适应自然资源多种属性以及国民经济和社会发展需求，与国土空间规划和用途管制相衔接，推动自然资源资产所有权与使用权分离，加快构建分类科学的自然资源资产产权体系，着力解决权力交叉、缺位等问题。处理好自然资源资产所有权与使用权的关系，创新自然资源资产全民所有权和集体所有权的实现形式。落实承包土地所有权、承包权、经营权"三权分置"，开展经营权入股、抵押。探索宅基地所有权、资格权、使用权"三权分置"。加快推进建设用地地上、地表和地下分别设立使用权，促进空间合理开发利用。探索研究油气探采合一权利制度，加强探矿权、采矿权授予与相关规划的衔接。依据不同矿种、不同勘查阶段地质工作规律，合理延长探矿权有效期及延续、保留期限。根据矿产资源储量规模，分类设定采矿权有效期及延续期限。依法明确采矿权抵押权能，完善探矿权、采矿权与土地使用权、海域使用权衔接机制。探索海域使用权立体分层设权，加快完善海域使用权出让、转让、抵押、出租、作价出资（入股）等权能。构建无居民海岛产权体系，试点探索无居民海岛使用权转让、出租等权能。完善水域滩涂养殖权利体系，依法明确权能，允许流转和抵押。理顺水域滩涂养殖的权利与海域使用权、土地承包经营权，取水权与地下水、地热水、矿泉水采矿权的关系。

（五）明确自然资源资产产权主体

推进相关法律修改，明确国务院授权国务院自然资源主管部门具体代表统一行使全民所有自然资源资产所有者职责。研究建立国务院自然资源主管部门行使全民所有自然资源资产所有权的资源清单和管理体制。探索建立委托省级和市（地）级政府代理行使自然资源资产所有权的资源清单和监督管理制度，法律授权省级、市（地）级或县级政府代理行使所有权的特定自然资源除外。完善全民所有自然资源资产收益管理制度，合理调整中央和地方收益分配比例和支出结构，并加大对生态保护修复支持力度。推进农村集体所有的自然资源资产所有权确权，依法落实农村集体经济组织特别法人地位，明确农村集体所有自然资源资产由农村集体经济组织代表集体行使所有权，增强对农村集体所有自然资源资产的管理和经营能力，农村集体经济组织成员对自然资源资产享有合法权益。保证自然人、法人和非法人组织等各类市场主体依法平等使用自然资源资产、公开公平公正参与市场竞争，同等受到法律保护。

（六）开展自然资源统一调查监测评价

加快研究制定统一的自然资源分类标准，建立自然资源统一调查监测评价制度，充分利用现有相关自然资源调查成果，统一组织实施全国自然资源调查，掌握重要自然资源的数量、质量、分布、权属、保护和开发利用状况。研究建立自然资源资产核算评价制度，开展实物量统计，探索价值量核算，编制自然资源资产负债表。建立自然资源动态监测制度，及时跟踪掌握各类自然资源变化情况。建立统一权威的自然资源调查监测评价信息发布和共享机制。

（七）加快自然资源统一确权登记

总结自然资源统一确权登记试点经验，完善确权登记办法和规则，推动确权登记法治化，重点推进国家公园等各类自然保护地、重点国有林区、湿地、大江大河重要生态空间确权登记工作，将全民所有自然资源资产所有权代表行使主体登记为国务院自然资源主管部门，逐步实现自然资源确权登记全覆盖，清晰界定全部国土空间各类自然资源资产的产权主体，划清各类自然资源资产所有权、使用权的边界。建立健全登记信息管理基础平台，提升公共服务能力和水平。

（八）强化自然资源整体保护

编制实施国土空间规划，划定并严守生态保护红线、永久基本农田、城镇开发边界等控制线，建立健全国土空间用途管制制度、管理规范和技术标准，对国土空间实施统一管控，强化山水林田湖草整体保护。加强陆海统筹，以海岸线为基础，统筹编制海岸带开发保护规划，强化用途管制，除国家重大战略项目外，全面停止新增围填海项目审批。对生态功能重要的公益性自然资源资产，加快构建以国家公园为主体的自然保护地体系。国家公园范围内的全民所有自然资源资产所有权由国务院自然资源主管部门行使或委托相关部门、省级政府代理行使。条件成熟时，逐步过渡到国家公园内全民所有自然资源资产所有权由国务院自然资源主管部门直接行使。已批准的国家公园试点全民所有自然资源资产所有权具体行使主体在试点期间可暂不调整。积极预防、及时制止破坏自然资源资产行为，强化自然资源资产损害赔偿责任。探索建立政府主导、企业和社会参与、市场化运作、可持续的生态保护补偿机制，对履行自然资源资产保护义务的权利主体给予合理补偿。健全自然保护地内自然资源资产特许经营权等制度，构建以产业生态化和生态产业化为主体的生态经济体系。鼓励政府机构、企业和其他社会主体，通过租赁、置换、赎买等方式扩大自然生态空间，维护国家和区域生态安全。依法依规解决自然保护地内的探矿权、采矿权、取水权、水域滩涂养殖捕捞的权利、特许经营权等合理退出问题。

（九）促进自然资源资产集约开发利用

既要通过完善价格形成机制，扩大竞争性出让，发挥市场配置资源的决定性作用，又要通过总量和强度控制，更好发挥政府管控作用。深入推进全民所有自然资源资产有偿使用制度改革，加快出台国有森林资源资产和草原资源资产有偿使用制度改革方案。全面推进矿业权竞争性出让，调整与竞争性出让相关的探矿权、采矿权审批方式。有序放开油气勘查开采市场，完善竞争出让方式和程序，制定实施更为严格的区块退出管理办法和更为便捷合理的区块流转管理办法。健全水资源资产产权制度，根据流域生态环境特征和经济社会发展需求确定合理的开发利用管控目标，着力改变分割管理、全面开发的状况，实施对流域水资源、水能资源开发利用的统一监管。完善自然资源资产分等定级价格评估制度和资产审核制度。完善自然资源资产开发利用标准体系和产业准入政策，将自然资源资产开发利用水平和生态保护要求作为选择使用权人的重要因素并纳入出让合同。完善自然资源资产使用权转让、出租、抵押市场规则，规范市场建设，明确受让人开发利用自然资源资产的要求。统筹推进自然资源资产交易平台和服务体系建设，健全市场监测监管和调控机制，建立自然资源资产市场信用体系，促进自然资源资产流转顺畅、交易安全、利用高效。

（十）推动自然生态空间系统修复和合理补偿

坚持政府管控与产权激励并举，增强生态修复合力。编制实施国土空间生态修复规划，建立健全山水林田湖草系统修复和综合治理机制。坚持谁破坏、谁补偿原则，建立健全依法建设占用各类自然生态空间和压覆矿产的占用补偿制度，严格占用条件，提高补偿标准。落实和完善生态环境损害赔偿制度，由责任人承担修复或赔偿责任。对责任人灭失的，遵循属地管理原则，按照事权由各级政府组织开展修复工作。按照谁修复、谁受益原则，通过赋予一定期限的自然资源资产使用权等产权安排，激励社会投资主体从事生态保护修复。

（十一）健全自然资源资产监管体系

发挥人大、行政、司法、审计和社会监督

作用，创新管理方式方法，形成监管合力，实现对自然资源资产开发利用和保护的全程动态有效监管，加强自然资源督察机构对国有自然资源资产的监督，国务院自然资源主管部门按照要求定期向国务院报告国有自然资源资产报告。各级政府按要求向本级人大常委会报告国有自然资源资产情况，接受权力机关监督。建立科学合理的自然资源资产管理考核评价体系，开展领导干部自然资源资产离任审计，落实完善党政领导干部自然资源资产损害责任追究制度。完善自然资源资产产权信息公开制度，强化社会监督。充分利用大数据等现代信息技术，建立统一的自然资源数据库，提升监督管理效能。建立自然资源行政执法与行政检察衔接平台，实现信息共享、案情通报、案件移送，通过检察法律监督，推动依法行政、严格执法。完善自然资源资产督察执法体制，加强督察执法队伍建设，严肃查处自然资源资产产权领域重大违法案件。

（十二）完善自然资源资产产权法律体系

全面清理涉及自然资源资产产权制度的法律法规，对不利于生态文明建设和自然资源资产权保护的规定提出具体废止、修改意见，按照立法程序推进修改。系统总结农村土地制度改革试点经验，加快土地管理法修订步伐。根据自然资源资产产权制度改革进程，推进修订矿产资源法、水法、森林法、草原法、海域使用管理法、海岛保护法等法律及相关行政法规。完善自然资源资产产权登记制度。研究制定国土空间开发保护法。加快完善以国家公园为主体的自然保护地法律法规体系。建立健全协商、调解、仲裁、行政裁决、行政复议和诉讼等有机衔接、相互协调、多元化的自然资源资产产权纠纷解决机制。全面落实公益诉讼和生态环境损害赔偿诉讼等法律制度，构建自然资源资产产权民事、行政、刑事案件协同审判机制。适时公布严重侵害自然资源资产产权的典型案例。

三、实施保障

（十三）加强党对自然资源资产产权制度改革的统一领导

自然资源资产产权制度改革涉及重大利益调整，事关改革发展稳定全局，必须在党的集中统一领导下推行。各地区各有关部门要增强"四个意识"，不折不扣贯彻落实党中央、国务院关于自然资源资产产权制度改革的重大决策部署，确保改革有序推进、落地生效。建立统筹推进自然资源资产产权制度改革的工作机制，明确部门责任，制定时间表和路线图，加强跟踪督办，推动落实改革任务。强化中央地方联动，及时研究解决改革推进中的重大问题。

（十四）深入开展重大问题研究

重点开展自然资源资产价值、国家所有权、委托代理、收益分配、宅基地"三权分置"、自然资源资产负债表、空间开发权利等重大理论和实践问题研究，系统总结我国自然资源资产产权制度实践经验，开展国内外比较研究和国际交流合作，加强相关学科建设和人才培养，构建我国自然资源资产产权理论体系。

（十五）统筹推进试点

对自然资源资产产权制度改革涉及的具体内容，现行法律、行政法规没有明确禁止性规定的，鼓励地方因地制宜开展探索，充分积累实践经验；改革涉及具体内容需要突破现行法律、行政法规明确禁止性规定的，选择部分地区开展试点，在依法取得授权后部署实施。在福建、江西、贵州、海南等地探索开展全民所有自然资源资产所有权委托代理机制试点，明确委托代理行使所有权的资源清单、管理制度和收益分配机制；在国家公园体制试点地区、山水林田湖草生态保护修复工程试点区、国家级旅游业改革创新先行区、生态产品价值实现机制试点地区等区域，探索开展促进生态保护修复的产权激励机制试点，吸引社会资本参与生态保护修复；在全民所有自然资源资产有偿使用试点地区、农村土地制度改革试点地区等其他区域，部署一批健全产权体系、促进资源集约开发利用和加强产权保护救济的试点。强化试点工作统筹协调，及时总结试点经验，形成可复制可推广的制度成果。

（十六）加强宣传引导

加强政策解读，系统阐述自然资源资产产权制度改革的重大意义、基本思路和重点任务。利用世界地球日、世界环境日、世界海洋日、世界野生动植物日、世界湿地日、全国土地日等重要纪念日，开展形式多样的宣传活动。

改革国有资本授权经营体制方案

（国务院2019年4月19日印发）

按照党中央、国务院关于深化国有企业改革的决策部署，近年来，履行国有资本出资人职责的部门及机构（以下称出资人代表机构）坚持以管资本为主积极推进职能转变，制定并严格执行监管权力清单和责任清单，取消、下放、授权一批工作事项，监管效能有效提升，国有资产管理体制不断完善。但也要看到，政企不分、政资不分的问题依然存在，出资人代表机构与国家出资企业之间权责边界不够清晰，国有资产监管越位、缺位、错位的现象仍有发生，国有资本运行效率有待进一步提高。党中央、国务院对此高度重视，党的十九大明确提出，要完善各类国有资产管理体制，改革国有资本授权经营体制。为贯彻落实党的十九大精神，加快推进国有资本授权经营体制改革，进一步完善国有资产管理体制，推动国有经济布局结构调整，打造充满生机活力的现代国有企业，现提出以下方案。

一、总体要求

（一）指导思想

以习近平新时代中国特色社会主义思想为指导，全面贯彻党的十九大和十九届二中、三中全会精神，坚持和加强党的全面领导，坚持和完善社会主义基本经济制度，坚持社会主义市场经济改革方向，以管资本为主加强国有资产监管，切实转变出资人代表机构职能和履职方式，实现授权与监管相结合、放活与管好相统一，切实保障国有资本规范有序运行，促进国有资本做强做优做大，不断增强国有经济活力、控制力、影响力和抗风险能力，培育具有全球竞争力的世界一流企业。

（二）基本原则

——坚持党的领导。将坚持和加强党对国有企业的领导贯穿国有资本授权经营体制改革全过程和各方面，充分发挥党组织的领导作用，确保国有企业更好地贯彻落实党和国家方针政策、重大决策部署。

——坚持政企分开政资分开。坚持政府公共管理职能与国有资本出资人职能分开，依法理顺政府与国有企业的出资关系，依法确立国有企业的市场主体地位，最大限度减少政府对市场活动的直接干预。

——坚持权责明晰分类授权。政府授权出资人代表机构按照出资比例对国家出资企业履行出资人职责，科学界定出资人代表机构权责边界。国有企业享有完整的法人财产权和充分的经营自主权，承担国有资产保值增值责任。按照功能定位、治理能力、管理水平等企业发展实际情况，一企一策地对国有企业分类授权，做到权责对等、动态调整。

——坚持放管结合完善机制。加快调整优化出资人代表机构职能和履职方式，加强清单管理和事中事后监管，该放的放权到位、该管的管住管好。建立统一规范的国有资产监管制度体系，精简监管事项，明确监管重点，创新监管手段，提升监管水平，防止国有资产流失，确保国有资产保值增值。

（三）主要目标

出资人代表机构加快转变职能和履职方式，切实减少对国有企业的行政干预。国有企业依法建立规范的董事会，董事会职权得到有效落实。将更多具备条件的中央企业纳入国有资本投资、运营公司试点范围，赋予企业更多经营自主权。到 2022 年，基本建成与中国特色现代国有企业制度相适应的国有资本授权经营体制，出资人代表机构与国家出资企业的权责边界界定清晰，授权放权机制运行有效，国有资产监管实现制度完备、标准统一、管理规范、实时在线、精准有力，国有企业的活力、创造力、市场竞争力和风险防控能力明显增强。

二、优化出资人代表机构履职方式

国务院授权国资委、财政部及其他部门、机构作为出资人代表机构，对国家出资企业履行出资人职责。出资人代表机构作为授权主体，要依法科学界定职责定位，加快转变履职方式，依据股权关系对国家出资企业开展授权放权。

（一）实行清单管理

制定出台出资人代表机构监管权力责任清单，清单以外事项由企业依法自主决策，清单以内事项要大幅减少审批或事前备案。将依法应由企业自主经营决策的事项归位于企业，将延伸到子企业的管理事项原则上归位于一级企业，原则上不干预企业经理层和职能部门的管理工作，将配合承担的公共管理职能归位于相关政府部门和单位。

（二）强化章程约束

依法依规、一企一策地制定公司章程，规范出资人代表机构、股东会、党组织、董事会、经理层和职工代表大会的权责，推动各治理主体严格依照公司章程行使权利、履行义务，充分发挥公司章程在公司治理中的基础作用。

（三）发挥董事作用

出资人代表机构主要通过董事体现出资人意志，依据股权关系向国家出资企业委派董事或提名董事人选，规范董事的权利和责任，明确工作目标和重点；建立出资人代表机构与董事的沟通对接平台，建立健全董事人才储备库和董事选聘、考评与培训机制，完善董事履职报告、董事会年度工作报告制度。

（四）创新监管方式

出资人代表机构以企业功能分类为基础，对国家出资企业进行分类管理、分类授权放权，切实转变行政化的履职方式，减少审批事项，强化事中事后监管，充分运用信息化手段，减轻企业工作负担，不断提高监管效能。

三、分类开展授权放权

出资人代表机构对国有资本投资、运营公司及其他商业类企业（含产业集团，下同）、公益类企业等不同类型企业给予不同范围、不同程度的授权放权，定期评估效果，采取扩大、调整或收回等措施动态调整。

（一）国有资本投资、运营公司

出资人代表机构根据《国务院关于推进国有资本投资、运营公司改革试点的实施意见》（国发〔2018〕23号）有关要求，结合企业发展阶段、行业特点、治理能力、管理基础等，一企一策有侧重、分先后地向符合条件的企业开展授权放权，维护好股东合法权益。授权放权内容主要包括战略规划和主业管理、选人用人和股权激励、工资总额和重大财务事项管理等，亦可根据企业实际情况增加其他方面授权放权内容。

战略规划和主业管理。授权国有资本投资、运营公司根据出资人代表机构的战略引领，自主决定发展规划和年度投资计划。国有资本投资公司围绕主业开展的商业模式创新业务可视同主业投资。授权国有资本投资、运营公司依法依规审核国有资本投资、运营公司之间的非上市公司产权无偿划转、非公开协议转让、非公开协议增资、产权置换等事项。

选人用人和股权激励。授权国有资本投资、运营公司董事会负责经理层选聘、业绩考核和薪酬管理（不含中管企业），积极探索董事会通过差额方式选聘经理层成员，推行职业经理人制度，对市场化选聘的职业经理人实行市场化薪酬分配制度，完善中长期激励机制。授权国有资本投资、运营公司董事会审批子企业股权激励方案，支持所出资企业依法合规采用股票期权、股票增值权、限制性股票、分红权、员工持股以及其他方式开展股权激励，股权激励预期收益作为投资性收入，不与其薪酬总水平挂钩。支持国有创业投资企业、创业投资管理企业等新产业、新业态、新商业模式类企业的核心团队持股和跟投。

工资总额和重大财务事项管理。国有资本投资、运营公司可以实行工资总额预算备案制，根据企业发展战略和薪酬策略、年度生产经营目标和经济效益，综合考虑劳动生产率提高和人工成本投入产出率、职工工资水平市场对标等情况，结合政府职能部门发布的工资指导线，编制年度工资总额预算。授权国有资本投资、运营公司自主决策重大担保管理、债务风险管控和部分债券类融资事项。

政府直接授权的国有资本投资、运营公司按照有关规定对授权范围内的国有资本履行出资人职责，遵循有关法律和证券市场监管规定开展国有资本运作。

（二）其他商业类企业和公益类企业

对未纳入国有资本投资、运营公司试点的其他商业类企业和公益类企业，要充分落实企业的经营自主权，出资人代表机构主要对集团公司层面实施监管或依据股权关系参与公司治理，不干预集团公司以下各级企业生产经营具体事项。对其中已完成公司制改制、董事会建设较规范的企业，要逐步落实董事会职权，维护董事会依法行使重大决策、选人用人、薪酬分配等权利，明确由董事会自主决定公司内部管理机构设置、基本管理制度制定、风险内控和法律合规管理体系建设以及履行对所出资企业的股东职责等事项。

四、加强企业行权能力建设

指导推动国有企业进一步完善公司治理体系，强化基础管理，优化集团管控，确保各项授权放权接得住、行得稳。

（一）完善公司治理

按照建设中国特色现代国有企业制度的要求，把加强党的领导和完善公司治理统一起来，加快形成有效制衡的公司法人治理结构、灵活高效的市场化经营机制。建设规范高效的董事会，完善董事会运作机制，提升董事会履职能力，激发经理层活力。要在所出资企业积极推行经理层市场化选聘和契约化管理，明确聘期以及企业与经理层成员双方的权利与责任，强化刚性考核，建立退出机制。

（二）夯实管理基础

按照统一制度规范、统一工作体系的原则，加强国有资产基础管理。推进管理创新，优化总部职能和管理架构。深化企业内部三项制度改革，实现管理人员能上能下、员工能进能出、收入能增能减。不断强化风险防控体系和内控机制建设，完善内部监督体系，有效发挥企业职工代表大会和内部审计、巡视、纪检监察等部门的监督作用。

（三）优化集团管控

国有资本投资公司以对战略性核心业务控股为主，建立以战略目标和财务效益为主的管控模式，重点关注所出资企业执行公司战略和资本回报状况。国有资本运营公司以财务性持股为主，建立财务管控模式，重点关注国有资本流动和增值状况。其他商业类企业和公益类企业以对核心业务控股为主，建立战略管控和运营管控相结合的模式，重点关注所承担国家战略使命和保障任务的落实状况。

（四）提升资本运作能力

国有资本投资、运营公司作为国有资本市场化运作的专业平台，以资本为纽带、以产权为基础开展国有资本运作。在所出资企业积极发展混合所有制，鼓励有条件的企业上市，引进战略投资者，提高资本流动性，放大国有资本功能。增强股权运作、价值管理等能力，通过清理退出一批、重组整合一批、创新发展一批，实现国有资本形态转换，变现后投向更需要国有资本集中的行业和领域。

五、完善监督监管体系

通过健全制度、创新手段，整合监督资源，严格责任追究，实现对国有资本的全面有效监管，切实维护国有资产安全，坚决防止国有资产流失。

（一）搭建实时在线的国资监管平台

出资人代表机构要加快优化监管流程、创新监管手段，充分运用信息技术，整合包括产权、投资和财务等在内的信息系统，搭建连通出资人代表机构与企业的网络平台，实现监管信息系统全覆盖和实时在线监管。建立模块化、专业化的信息采集、分析和报告机制，加强信息共享，增强监管的针对性和及时性。

（二）统筹协同各类监督力量

加强国有企业内部监督、出资人监督和审计、纪检监察、巡视监督以及社会监督，结合中央企业纪检监察机构派驻改革的要求，依照有关规定清晰界定各类监督主体的监督职责，有效整合企业内外部监督资源，增强监督工作合力，形成监督工作闭环，加快建立全面覆盖、分工明确、协同配合、制约有力的国有资产监督体系，切实增强监督有效性。

（三）健全国有企业违规经营投资责任追究制度

明确企业作为维护国有资产安全、防止流失的责任主体，健全内部管理制度，严格执行国有企业违规经营投资责任追究制度。建立健全分级分层、有效衔接、上下贯通的责任追究工作体系，严格界定违规经营投资责任，严肃追究问责，实行重大决策终身责任追究制度。

六、坚持和加强党的全面领导

将坚持和加强党的全面领导贯穿改革的全过程和各方面，在思想上政治上行动上同党中央保持高度一致，为改革提供坚强有力的政治保证。

（一）加强对授权放权工作的领导

授权主体的党委（党组）要加强对授权放权工作的领导，深入研究授权放权相关问题，加强行权能力建设，加快完善有效监管体制，抓研究谋划、抓部署推动、抓督促落实，确保中央关于国有资本授权经营体制改革的决策部署落实到位。

（二）改进对企业党建工作的领导、指导和督导

上级党组织加强对国有企业党建工作的领导，出资人代表机构党组织负责国家出资企业党的建设。国家出资企业党组织要认真落实党中央、上级党组织、出资人代表机构党组织在党的领导、党的建设方面提出的工作要求。在改组组建国有资本投资、运营公司过程中，按照"四同步""四对接"的要求调整和设置党的组织、开展党的工作，确保企业始终在党的领导下开展工作。

（三）充分发挥企业党组织的领导作用

企业党委（党组）要切实发挥领导作用，把方向、管大局、保落实，依照有关规定讨论和决定企业重大事项，并作为董事会、经理层决策重

大事项的前置程序。要妥善处理好各治理主体的关系，董事会、经理层等治理主体要自觉维护党组织权威，根据各自职能分工发挥作用，既要保证董事会对重大问题的决策权，又要保证党组织的意图在重大决策中得到体现。董事会、经理层中的党员要坚决贯彻落实党组织决定，向党组织报告落实情况。在推行经理层成员聘任制和契约化管理、探索职业经理人制度等改革过程中，要把坚持党管干部原则和发挥市场机制作用结合起来，保证党对干部人事工作的领导权和对重要干部的管理权，落实董事会、经理层的选人用人权。

七、周密组织科学实施

各地区、各部门、各出资人代表机构和广大国有企业要充分认识推进国有资本授权经营体制改革的重要意义，准确把握改革精神，各司其职、密切配合，按照精细严谨、稳妥推进的工作要求，坚持一企一策、因企施策，不搞批发式、不设时间表，对具备条件的，成熟一个推动一个，运行一个成功一个，不具备条件的不急于推进，确保改革规范有序进行，推动国有企业实现高质量发展。

（一）加强组织领导，明确职责分工

国务院国有企业改革领导小组负责统筹领导和协调推动国有资本授权经营体制改革工作，研究协调相关重大问题。出资人代表机构要落实授权放权的主体责任。国务院国有企业改革领导小组各成员单位及有关部门根据职责分工，加快研究制定配套政策措施，指导推动改革实践，形成合力共同推进改革工作。

（二）健全法律政策，完善保障机制

加快推动国有资本授权经营体制改革涉及的法律法规的立改废释工作，制定出台配套政策法规，确保改革于法有据。建立健全容错纠错机制，全面落实"三个区分开来"，充分调动和激发广大干部职工参与改革的积极性、主动性和创造性。

（三）强化跟踪督导，确保稳步推进

建立健全督查制度，加强跟踪督促，定期总结评估各项改革举措的执行情况和实施效果，及时研究解决改革中遇到的问题，确保改革目标如期实现。

（四）做好宣传引导，营造良好氛围

坚持鼓励探索、实践、创新的工作导向和舆论导向，采取多种方式解读宣传改革国有资本授权经营体制的方针政策，积极宣介推广改革典型案例和成功经验，营造有利于改革的良好环境。

各省（自治区、直辖市）人民政府要按照本方案要求，结合实际推进本地区国有资本授权经营体制改革工作。

金融、文化等国有企业的改革，按照中央有关规定执行。

国务院国资委关于以管资本为主加快国有资产监管职能转变的实施意见

（2019年11月7日印发）

党的十九届四中全会明确要求，形成以管资本为主的国有资产监管体制，这是以习近平同志为核心的党中央立足党和国家事业发展全局、对深化国资国企改革做出的重大决策，对于优化国

有资本布局、发挥国有经济主导作用、促进国民经济持续健康发展具有十分重要的意义。贯彻落实习近平总书记关于加快实现从管企业向管资本转变的重要指示，推进国家治理体系和治理能力现代化，按照《中共中央 国务院关于深化国有企业改革的指导意见》等有关要求，现提出以下实施意见。

一、以管资本为主转变国有资产监管职能

适应国有资产资本化、国有企业股权多元化的发展阶段和市场化、法治化、国际化发展趋势，针对当前国有资产监管越位、缺位、错位问题，按照形成以管资本为主的国有资产监管体制的要求，从监管理念、监管重点、监管方式、监管导向等方面作出全方位、根本性转变。

（一）转变监管理念，从对企业的直接管理转向更加强调基于出资关系的监管

坚持政企分开、政资分开，进一步厘清职责边界，依法对国有资本投资、运营公司和其他直接监管的企业履行出资人职责，将应由企业自主经营决策的事项归位于企业，将延伸到子企业的管理事项原则上归位于一级企业，确保该管的科学管理、决不缺位，不该管的依法放权、决不越位。

（二）调整监管重点，从关注企业个体发展转向更加注重国有资本整体功能

立足国资监管工作全局，着眼于国有资本整体功能和效率，加强系统谋划、整体调控，在更大范围、更深层次、更广领域统筹配置国有资本，持续优化布局结构，促进国有资本合理流动、保值增值，推动国有经济不断发展壮大，更好服务国家战略目标。

（三）改进监管方式，从习惯于行政化管理转向更多运用市场化法治化手段

坚持权由法定、权依法使，严格依据法律法规规定的权限和程序行权履职。改变重审批、轻监督等带有行政化色彩的履职方式，更加注重以产权为基础、以资本为纽带，依靠公司章程，通过法人治理结构履行出资人职责，将监管要求转化为股东意志。

（四）优化监管导向，从关注规模速度转向更加注重提升质量效益

坚持质量第一、效益优先，按照高质量发展的要求，完善考核规则，更好引导企业加快转变发展方式，推动国有企业质量变革、效率变革、动力变革，不断增强国有经济竞争力、创新力、控制力、影响力、抗风险能力。

二、突出管资本的重要内容

深刻领会管资本的实质内涵，聚焦优化国有资本配置，管好资本布局；聚焦增强国有企业活力，管好资本运作；聚焦提高国有资本回报，管好资本收益；聚焦防止国有资产流失，管好资本安全；聚焦加强党的领导，管好国有企业党的建设。

（五）加强资本布局整体调控，进一步发挥国有资本功能作用

统筹国有资本布局方向，服务国家重大战略、区域发展战略和产业政策规划，构建全国国有资本规划体系。着力优化资本配置，坚持出资人主导与市场化原则相结合，大力推进国有资本的战略性重组、专业化整合和前瞻性布局。通过强化战略规划和主业管理、制定投资负面清单、核定非主业投资控制比例等方式，引导企业聚焦主责主业。大力化解过剩产能，加快处置低效无效资产，有效盘活国有资本。

（六）强化资本运作，进一步提高国有资本运营效率

建立完善国有资本运作制度，加强国有资本运作统筹谋划，加快打造市场化专业平台。发挥国有资本投资公司功能作用，通过开展投资融资、产业培育和资本运作等，推动产业集聚、化解过剩产能

和转型升级，培育核心竞争力和创新能力。优化国有资本运营，通过股权运作、基金投资、培育孵化、价值管理、有序进退等方式，实现国有资本合理流动和保值增值。加强产权登记、国有资产交易流转、资产评估、资产统计、清产核资等基础管理工作，确保资本运作依法合规、规范有序。

（七）优化资本收益管理，进一步促进国有资本保值增值

完善考核指标体系，对不同功能定位、不同行业领域、不同发展阶段的企业实行分类、差异化考核。充分发挥考核导向作用，突出质量第一、效益优先、服务国家战略、创新驱动发展、供给侧结构性改革等重点，完善激励约束机制。优化国有资本经营预算的收益与支出管理，更多体现出资人调控要求，提高资本金注入占预算支出的比重，推动资本预算市场化运作。加强上市公司市值管理，提高股东回报。强化财务预决算管理和重大财务事项监管，实现资本收益预期可控和保值增值。

（八）维护国有资本安全，进一步筑牢防止国有资产流失的底线

健全覆盖国资监管全部业务领域的出资人监督制度，加强对所监管企业关键业务、改革重点领域和国有资本运营重要环节以及境外国有资产的监督。完善问责机制，加大违规经营投资责任追究力度，构建业务监督、综合监督、责任追究三位一体的监督工作闭环。强化监督协同，统筹出资人监督和纪检监察监督、巡视监督、审计监督以及社会监督力量，建立有效的监督协同联动和会商机制，切实防止国有资产流失。

（九）全面加强党的领导，进一步以高质量党建引领国有企业高质量发展

坚持"两个一以贯之"，将加强党的领导与完善公司治理相统一，指导推动国有企业党委（党组）发挥领导作用，把方向、管大局、保落实。着力抓好党的建设，坚持管资本就要管党建，把党的建设融入管资本的全过程各方面，加强混合所有制企业党的组织建设，推进基层党组织全覆盖，不断增强基层党组织的组织力、凝聚力、战斗力。推动全面从严治党向纵深发展，加强国有企业党风廉政建设和反腐败工作，为国有企业改革发展营造风清气正的良好环境。

三、优化管资本的方式手段

坚持授权与监管相结合、放活与管好相统一，在明确管资本重点内容的基础上，同步调整优化监管方式，实现监管职能与方式相互融合、相互促进，增强向管资本转变的系统性和有效性。

（十）实行清单管理

依照《中华人民共和国公司法》《中华人民共和国企业国有资产法》等法律法规和国资委"三定"规定，建立完善权力和责任清单，落实以管资本为主的要求，明确履职重点，厘清职责边界。按照权责法定原则，将不该有的权力拦在清单之外；保证清单内的权力规范运行，督促责任落实到位。根据职能转变进展情况，对清单实施动态调整，规范权责事项履职内容和方式。

（十一）通过法人治理结构履职

依法制定或参与制订公司章程，推动各治理主体严格依照公司章程行权履职，充分发挥公司章程在公司治理中的基础作用。依据股权关系向国家出资企业委派董事或提名董事人选，规范董事的权利和责任，强化对外部董事的监督管理，督促履职尽责，加强沟通，健全工作联动机制，更好落实出资人意志。

（十二）分类授权放权

加大授权放权力度，结合企业功能界定与分类、治理能力、管理水平等改革发展实际，根据国有资本投资、运营公司和其他直接监管企业的不同特点，有针对性地开展授权放权，充分激发微观主体活力。定期评估授权放权事项的执行情况和实施效果，建立动态调整机制。

(十三) 加强事中事后监管

切实减少审批事项，打造事前制度规范、事中跟踪监控、事后监督问责的完整工作链条。推进信息化与监管业务深度融合，统一信息工作平台，实现实时在线动态监管，提高监管的针对性和有效性。加大对国有资产监管制度执行情况的监督检查力度，不断健全监督制度，创新监督手段，严格责任追究。

四、强化管资本的支撑保障

围绕以管资本为主的目标任务，需要进一步统一思想认识、加强组织领导、健全监管制度、强化队伍建设，为形成以管资本为主的国有资产监管体制提供坚实保障。

（十四）统一思想认识，凝聚系统共识

牢牢把握国资监管机构职责定位，全面履行好中央企业出资人职责、国有资产监管职责和中央企业党的建设三方面职责，按照以管资本为主的要求，强化重点职能，调整履职方式。加强中央关于国资监管职能转变精神宣贯，突出做好对地方国资监管工作的指导监督，形成国资监管系统向管资本转变的合力，加快构建国资监管大格局、形成国资监管一盘棋。

（十五）加强组织领导，有效落实责任

立足党和国家工作全局谋划推进国资监管职能转变工作，将管资本的要求贯穿各个专业监管领域。全面查找当前履职中与管资本要求不符合、不适应的问题，主动作为，勇于担当，拿出务实管用的措施，确保改革要求落实到位。按照调整后内设机构职能，理顺运行机制，主动沟通衔接，避免工作交叉和监管空白，提高监管效能。

（十六）完善制度体系，强化法治保障

积极参与国资监管重点领域立法，推动将管资本有关要求体现到《中华人民共和国公司法》等有关法律法规修订中。及时开展文件清理，修改废止与中央精神不一致、与管资本要求不相符的国资监管规章规范性文件。完善规范性文件合法性审查机制，确保各项制度在基本方向和原则、履职重点和方式等方面符合以管资本为主的国有资产监管体制的要求。

（十七）改进工作作风，提升队伍素质

进一步提高政治站位，坚决做到对党忠诚，把加快自身改革、推进职能转变的实际行动作为检验干部增强"四个意识"、坚定"四个自信"、做到"两个维护"的重要标准。强化服务意识，加强调查研究，主动从企业角度考虑问题、推进工作，不断提高服务企业的质量和水平。加强国资监管业务知识学习，注重实践能力提升，建设一支适应管资本要求、具备管资本能力、忠诚干净担当的高素质专业化国资监管干部队伍。

中共中央 国务院
关于建立更加有效的区域协调发展新机制的意见

（2018年11月18日）

实施区域协调发展战略是新时代国家重大战略之一，是贯彻新发展理念、建设现代化经济体系的重要组成部分。党的十八大以来，各地区各部门围绕促进区域协调发展与正确处理政府和市

场关系,在建立健全区域合作机制、区域互助机制、区际利益补偿机制等方面进行积极探索并取得一定成效。同时要看到,我国区域发展差距依然较大,区域分化现象逐渐显现,无序开发与恶性竞争仍然存在,区域发展不平衡不充分问题依然比较突出,区域发展机制还不完善,难以适应新时代实施区域协调发展战略需要。为全面落实区域协调发展战略各项任务,促进区域协调发展向更高水平和更高质量迈进,现就建立更加有效的区域协调发展新机制提出如下意见。

一、总体要求

(一)指导思想

以习近平新时代中国特色社会主义思想为指导,全面贯彻党的十九大和十九届二中、三中全会精神,认真落实党中央、国务院决策部署,坚持新发展理念,紧扣我国社会主要矛盾变化,按照高质量发展要求,紧紧围绕统筹推进"五位一体"总体布局和协调推进"四个全面"战略布局,立足发挥各地区比较优势和缩小区域发展差距,围绕努力实现基本公共服务均等化、基础设施通达程度比较均衡、人民基本生活保障水平大体相当的目标,深化改革开放,坚决破除地区之间利益藩篱和政策壁垒,加快形成统筹有力、竞争有序、绿色协调、共享共赢的区域协调发展新机制,促进区域协调发展。

(二)基本原则

——坚持市场主导与政府引导相结合。充分发挥市场在区域协调发展新机制建设中的主导作用,更好发挥政府在区域协调发展方面的引导作用,促进区域协调发展新机制有效有序运行。

——坚持中央统筹与地方负责相结合。加强中央对区域协调发展新机制的顶层设计,明确地方政府的实施主体责任,充分调动地方按照区域协调发展新机制推动本地区协调发展的主动性和积极性。

——坚持区别对待与公平竞争相结合。进一步细化区域政策尺度,针对不同地区实际制定差别化政策,同时更加注重区域一体化发展,维护全国统一市场的公平竞争,防止出现制造政策洼地、地方保护主义等问题。

——坚持继承完善与改革创新相结合。坚持和完善促进区域协调发展行之有效的机制,同时根据新情况新要求不断改革创新,建立更加科学、更加有效的区域协调发展新机制。

——坚持目标导向与问题导向相结合。瞄准实施区域协调发展战略的目标要求,破解区域协调发展机制中存在的突出问题,增强区域发展的协同性、联动性、整体性。

(三)总体目标

——到2020年,建立与全面建成小康社会相适应的区域协调发展新机制,在建立区域战略统筹机制、基本公共服务均等化机制、区域政策调控机制、区域发展保障机制等方面取得突破,在完善市场一体化发展机制、深化区域合作机制、优化区域互助机制、健全区际利益补偿机制等方面取得新进展,区域协调发展新机制在有效遏制区域分化、规范区域开发秩序、推动区域一体化发展中发挥积极作用。

——到2035年,建立与基本实现现代化相适应的区域协调发展新机制,实现区域政策与财政、货币等政策有效协调配合,区域协调发展新机制在显著缩小区域发展差距和实现基本公共服务均等化、基础设施通达程度比较均衡、人民基本生活保障水平大体相当中发挥重要作用,为建设现代化经济体系和满足人民日益增长的美好生活需要提供重要支撑。

——到本世纪中叶,建立与全面建成社会主义现代化强国相适应的区域协调发展新机制,区域协调发展新机制在完善区域治理体系、提升区域治理能力、实现全体人民共同富裕等方面更加有效,为把我国建成社会主义现代化强国提供有力保障。

二、建立区域战略统筹机制

（四）推动国家重大区域战略融合发展

以"一带一路"建设、京津冀协同发展、长江经济带发展、粤港澳大湾区建设等重大战略为引领，以西部、东北、中部、东部四大板块为基础，促进区域间相互融通补充。以"一带一路"建设助推沿海、内陆、沿边地区协同开放，以国际经济合作走廊为主骨架加强重大基础设施互联互通，构建统筹国内国际、协调国内东中西和南北方的区域发展新格局。以疏解北京非首都功能为"牛鼻子"推动京津冀协同发展，调整区域经济结构和空间结构，推动河北雄安新区和北京城市副中心建设，探索超大城市、特大城市等人口经济密集地区有序疏解功能、有效治理"大城市病"的优化开发模式。充分发挥长江经济带横跨东中西三大板块的区位优势，以共抓大保护、不搞大开发为导向，以生态优先、绿色发展为引领，依托长江黄金水道，推动长江上中下游地区协调发展和沿江地区高质量发展。建立以中心城市引领城市群发展、城市群带动区域发展新模式，推动区域板块之间融合互动发展。以北京、天津为中心引领京津冀城市群发展，带动环渤海地区协同发展。以上海为中心引领长三角城市群发展，带动长江经济带发展。以香港、澳门、广州、深圳为中心引领粤港澳大湾区建设，带动珠江—西江经济带创新绿色发展。以重庆、成都、武汉、郑州、西安等为中心，引领成渝、长江中游、中原、关中平原等城市群发展，带动相关板块融合发展。加强"一带一路"建设、京津冀协同发展、长江经济带发展、粤港澳大湾区建设等重大战略的协调对接，推动各区域合作联动。推进海南全面深化改革开放，着力推动自由贸易试验区建设，探索建设中国特色自由贸易港。

（五）统筹发达地区和欠发达地区发展

推动东部沿海等发达地区改革创新、新旧动能转换和区域一体化发展，支持中西部条件较好地区加快发展，鼓励国家级新区、自由贸易试验区、国家级开发区等各类平台大胆创新，在推动区域高质量发展方面发挥引领作用。坚持"输血"和"造血"相结合，推动欠发达地区加快发展。建立健全长效普惠性的扶持机制和精准有效的差别化支持机制，加快补齐基础设施、公共服务、生态环境、产业发展等短板，打赢精准脱贫攻坚战，确保革命老区、民族地区、边疆地区、贫困地区与全国同步实现全面建成小康社会。健全国土空间用途管制制度，引导资源枯竭地区、产业衰退地区、生态严重退化地区积极探索特色转型发展之路，推动形成绿色发展方式和生活方式。以承接产业转移示范区、跨省合作园区等为平台，支持发达地区与欠发达地区共建产业合作基地和资源深加工基地。建立发达地区与欠发达地区区域联动机制，先富带后富，促进发达地区和欠发达地区共同发展。

（六）推动陆海统筹发展

加强海洋经济发展顶层设计，完善规划体系和管理机制，研究制定陆海统筹政策措施，推动建设一批海洋经济示范区。以规划为引领，促进陆海在空间布局、产业发展、基础设施建设、资源开发、环境保护等方面全方位协同发展。编制实施海岸带保护与利用综合规划，严格围填海管控，促进海岸地区陆海一体化生态保护和整治修复。创新海域海岛资源市场化配置方式，完善资源评估、流转和收储制度。推动海岸带管理立法，完善海洋经济标准体系和指标体系，健全海洋经济统计、核算制度，提升海洋经济监测评估能力，强化部门间数据共享，建立海洋经济调查体系。推进海上务实合作，维护国家海洋权益，积极参与维护和完善国际和地区海洋秩序。

三、健全市场一体化发展机制

（七）促进城乡区域间要素自由流动

实施全国统一的市场准入负面清单制度，消除歧视性、隐蔽性的区域市场准入限制。深入实施公平竞争审查制度,消除区域市场壁垒,打破行政性垄断,清理和废除妨碍统一市场和公平竞争的各种规定和做法,进一步优化营商环境,激发市场活力。全面放宽城市落户条件,完善配套政策,打破阻碍劳动力在城乡、区域间流动的不合理壁垒,促进人力资源优化配置。加快深化农村土地制度改革,推动建立城乡统一的建设用地市场,进一步完善承包地所有权、承包权、经营权三权分置制度,探索宅基地所有权、资格权、使用权三权分置改革。引导科技资源按照市场需求优化空间配置,促进创新要素充分流动。

(八)推动区域市场一体化建设

按照建设统一、开放、竞争、有序的市场体系要求,推动京津冀、长江经济带、粤港澳等区域市场建设,加快探索建立规划制度统一、发展模式共推、治理方式一致、区域市场联动的区域市场一体化发展新机制,促进形成全国统一大市场。进一步完善长三角区域合作工作机制,深化三省一市在规划衔接、跨省际重大基础设施建设、环保联防联控、产业结构布局调整、改革创新等方面合作。

(九)完善区域交易平台和制度

建立健全用水权、排污权、碳排放权、用能权初始分配与交易制度,培育发展各类产权交易平台。进一步完善自然资源资产有偿使用制度,构建统一的自然资源资产交易平台。选择条件较好地区建设区域性排污权、碳排放权等交易市场,推进水权、电力市场化交易,进一步完善交易机制。建立健全用能预算管理制度。促进资本跨区域有序自由流动,完善区域性股权市场。

四、深化区域合作机制

(十)推动区域合作互动

深化京津冀地区、长江经济带、粤港澳大湾区等合作,提升合作层次和水平。积极发展各类社会中介组织,有序发展区域性行业协会商会,鼓励企业组建跨地区跨行业产业、技术、创新、人才等合作平台。加强城市群内部城市间的紧密合作,推动城市间产业分工、基础设施、公共服务、环境治理、对外开放、改革创新等协调联动,加快构建大中小城市和小城镇协调发展的城镇化格局。积极探索建立城市群协调治理模式,鼓励成立多种形式的城市联盟。

(十一)促进流域上下游合作发展

加快推进长江经济带、珠江—西江经济带、淮河生态经济带、汉江生态经济带等重点流域经济带上下游间合作发展。建立健全上下游毗邻省市规划对接机制,协调解决地区间合作发展重大问题。完善流域内相关省市政府协商合作机制,构建流域基础设施体系,严格流域环境准入标准,加强流域生态环境共建共治,推进流域产业有序转移和优化升级,推动上下游地区协调发展。

(十二)加强省际交界地区合作

支持晋陕豫黄河金三角、粤桂、湘赣、川渝等省际交界地区合作发展,探索建立统一规划、统一管理、合作共建、利益共享的合作新机制。加强省际交界地区城市间交流合作,建立健全跨省城市政府间联席会议制度,完善省际会商机制。

(十三)积极开展国际区域合作

以"一带一路"建设为重点,实行更加积极主动的开放战略,推动构建互利共赢的国际区域合作新机制。充分发挥"一带一路"国际合作高峰论坛、上海合作组织、中非合作论坛、中俄东北—远东合作、长江—伏尔加河合作、中国—东盟合作、东盟与中日韩合作、中日韩合作、澜沧江—湄公河合作、图们江地区开发合作等国际区域合作机制作用,加强区域、次区域合作。支持沿边地区利用国际合作平台,积极主动开展国际区域合作。推进重点开发开放试验区建设,支持边境经济合作区发展,稳步建设跨境经济合作区,更好发挥境外产能合作园区、经贸合作区的带动作用。

五、优化区域互助机制

（十四）深入实施东西部扶贫协作

加大东西部扶贫协作力度，推动形成专项扶贫、行业扶贫、社会扶贫等多方力量多种举措有机结合互为支撑的"三位一体"大扶贫格局。强化以企业合作为载体的扶贫协作，组织企业到贫困地区投资兴业、发展产业、带动就业。完善劳务输出精准对接机制，实现贫困人口跨省稳定就业。进一步加强扶贫协作双方党政干部和专业技术人员交流，推动人才、资金、技术向贫困地区和边境地区流动，深化实施携手奔小康行动。积极引导社会力量广泛参与深度贫困地区脱贫攻坚，帮助深度贫困群众解决生产生活困难。

（十五）深入开展对口支援

深化全方位、精准对口支援，推动新疆、西藏和青海、四川、云南、甘肃四省藏区经济社会持续健康发展，促进民族交往交流交融，筑牢社会稳定和长治久安基础。强化规划引领，切实维护规划的严肃性，进一步完善和规范对口支援规划的编制实施和评估调整机制。加强资金和项目管理，科学开展绩效综合考核评价，推动对口支援向更深层次、更高质量、更可持续方向发展。

（十六）创新开展对口协作（合作）

面向经济转型升级困难地区，组织开展对口协作（合作），构建政府、企业和相关研究机构等社会力量广泛参与的对口协作（合作）体系。深入开展南水北调中线工程水源区对口协作，推动水源区绿色发展。继续开展对口支援三峡库区，支持库区提升基本公共服务供给能力，加快库区移民安稳致富，促进库区社会和谐稳定。进一步深化东部发达省市与东北地区对口合作，开展干部挂职交流和系统培训，建设对口合作重点园区，实现互利共赢。

六、健全区际利益补偿机制

（十七）完善多元化横向生态补偿机制

贯彻绿水青山就是金山银山的重要理念和山水林田湖草是生命共同体的系统思想，按照区际公平、权责对等、试点先行、分步推进的原则，不断完善横向生态补偿机制。鼓励生态受益地区与生态保护地区、流域下游与流域上游通过资金补偿、对口协作、产业转移、人才培训、共建园区等方式建立横向补偿关系。支持在具备重要饮用水功能及生态服务价值、受益主体明确、上下游补偿意愿强烈的跨省流域开展省际横向生态补偿。在京津冀水源涵养区、安徽浙江新安江、广西广东九洲江、福建广东汀江—韩江、江西广东东江、广西广东西江流域等深入开展跨地区生态保护补偿试点，推广可复制的经验。

（十八）建立粮食主产区与主销区之间利益补偿机制

研究制定粮食主产区与主销区开展产销合作的具体办法，鼓励粮食主销区通过在主产区建设加工园区、建立优质商品粮基地和建立产销区储备合作机制以及提供资金、人才、技术服务支持等方式开展产销协作。加大对粮食主产区的支持力度，促进主产区提高粮食综合生产能力，充分调动主产区地方政府抓粮食生产和农民种粮的积极性，共同维护国家粮食安全。

（十九）健全资源输出地与输入地之间利益补偿机制

围绕煤炭、石油、天然气、水能、风能、太阳能以及其他矿产等重要资源，坚持市场导向和政府调控相结合，加快完善有利于资源集约节约利用和可持续发展的资源价格形成机制，确保资源价格能够涵盖开采成本以及生态修复和环境治理等成本。鼓励资源输入地通过共建园区、产业合作、飞地经济等形式支持输出地发展接续产业和替代产业，加快建立支持资源型地区经济转型长效机制。

七、完善基本公共服务均等化机制

（二十）提升基本公共服务保障能力

在基本公共服务领域，深入推进财政事权和支出责任划分改革，逐步建立起权责清晰、财力协调、标准合理、保障有力的基本公共服务制度体系和保障机制。规范中央与地方共同财政事权事项的支出责任分担方式，调整完善转移支付体系，基本公共服务投入向贫困地区、薄弱环节、重点人群倾斜，增强市县财政特别是县级财政基本公共服务保障能力。强化省级政府统筹职能，加大对省域范围内基本公共服务薄弱地区扶持力度，通过完善省以下财政事权和支出责任划分、规范转移支付等措施，逐步缩小县域间、市地间基本公共服务差距。

（二十一）提高基本公共服务统筹层次

完善企业职工基本养老保险基金中央调剂制度，尽快实现养老保险全国统筹。完善基本医疗保险制度，不断提高基本医疗保险统筹层级。巩固完善义务教育管理体制，增加中央财政对义务教育转移支付规模，强化省、市统筹作用，加大对"三区三州"等深度贫困地区和集中连片特困地区支持力度。

（二十二）推动城乡区域间基本公共服务衔接

加快建立医疗卫生、劳动就业等基本公共服务跨城乡跨区域流转衔接制度，研究制定跨省转移接续具体办法和配套措施，强化跨区域基本公共服务统筹合作。鼓励京津冀、长三角、珠三角地区积极探索基本公共服务跨区域流转衔接具体做法，加快形成可复制可推广的经验。

八、创新区域政策调控机制

（二十三）实行差别化的区域政策

充分考虑区域特点，发挥区域比较优势，提高财政、产业、土地、环保、人才等政策的精准性和有效性，因地制宜培育和激发区域发展动能。坚持用最严格制度最严密法治保护生态环境的前提下，进一步突出重点区域、行业和污染物，有效防范生态环境风险。加强产业转移承接过程中的环境监管，防止跨区域污染转移。对于生态功能重要、生态环境敏感脆弱区域，坚决贯彻保护生态环境就是保护生产力、改善生态环境就是发展生产力的政策导向，严禁不符合主体功能定位的各类开发活动。相关中央预算内投资和中央财政专项转移支付继续向中西部等欠发达地区和东北地区等老工业基地倾斜，研究制定深入推进西部大开发和促进中部地区崛起的政策措施。动态调整西部地区有关产业指导目录，对西部地区优势产业和适宜产业发展给予必要的政策倾斜。在用地政策方面，保障跨区域重大基础设施和民生工程用地需求，对边境和特殊困难地区实行建设用地计划指标倾斜。研究制定鼓励人才到中西部地区、东北地区特别是"三区三州"等深度贫困地区工作的优惠政策，支持地方政府根据发展需要制定吸引国内外人才的区域性政策。

（二十四）建立区域均衡的财政转移支付制度

根据地区间财力差异状况，调整完善中央对地方一般性转移支付办法，加大均衡性转移支付力度，在充分考虑地区间支出成本因素、切实增强中西部地区自我发展能力的基础上，将常住人口人均财政支出差异控制在合理区间。严守生态保护红线，完善主体功能区配套政策，中央财政加大对重点生态功能区转移支付力度，提供更多优质生态产品。省级政府通过调整收入划分、加大转移支付力度，增强省以下政府区域协调发展经费保障能力。

（二十五）建立健全区域政策与其他宏观调控政策联动机制

加强区域政策与财政、货币、投资等政策的协调配合，优化政策工具组合，推动宏观调控政策精准落地。财政、货币、投资政策要服务于国家重大区域战略，围绕区域规划及区域政策导向，采取完善财政政策、金融依法合规支持、协同制定引导性和约束性产业政策等措施，加大对跨区域交通、水利、生态环境保护、民生等重大工程项目的支持力度。对因客观原因造成的经济增速放缓地区给予更有针对性的关心、指导和支持，在风险可控的前提下加大政策支持力度，保持区域经济运行在合理区间。加强对杠杆率较高地区的动态监测预警，强化地方金融监管合作和风险联防联控，更加有效防范和化解系统性区域性金融风险。

九、健全区域发展保障机制

（二十六）规范区域规划编制管理

加强区域规划编制前期研究，完善区域规划编制、审批和实施工作程序，实行区域规划编制审批计划管理制度，进一步健全区域规划实施机制，加强中期评估和后评估，形成科学合理、管理严格、指导有力的区域规划体系。对实施到期的区域规划，在后评估基础上，确需延期实施的可通过修订规划延期实施，不需延期实施的要及时废止。根据国家重大战略和重大布局需要，适时编制实施新的区域规划。

（二十七）建立区域发展监测评估预警体系

围绕缩小区域发展差距、区域一体化、资源环境协调等重点领域，建立区域协调发展评价指标体系，科学客观评价区域发展的协调性，为区域政策制定和调整提供参考。引导社会智库研究发布区域协调发展指数。加快建立区域发展风险识别和预警预案制度，密切监控突出问题，预先防范和妥善应对区域发展风险。

（二十八）建立健全区域协调发展法律法规体系

研究论证促进区域协调发展的法规制度，明确区域协调发展的内涵、战略重点和方向，健全区域政策制定、实施、监督、评价机制，明确有关部门在区域协调发展中的职责，明确地方政府在推进区域协调发展中的责任和义务，发挥社会组织、研究机构、企业在促进区域协调发展中的作用。

十、切实加强组织实施

（二十九）加强组织领导

坚持和加强党对区域协调发展工作的领导，充分发挥中央与地方区域性协调机制作用，强化地方主体责任，广泛动员全社会力量，共同推动建立更加有效的区域协调发展新机制，为实施区域协调发展战略提供强有力的保障。中央和国家机关有关部门要按照职能分工，研究具体政策措施，协同推动区域协调发展。各省、自治区、直辖市要制定相应落实方案，完善相关配套政策，确保区域协调发展新机制顺畅运行。

（三十）强化协调指导

国家发展改革委要会同有关部门加强对区域协调发展新机制实施情况跟踪分析和协调指导，研究新情况、总结新经验、解决新问题，重大问题要及时向党中央、国务院报告。

团体标准管理规定

（国标委〔2019〕1号）

第一章 总 则

第一条 为规范、引导和监督团体标准化工作，根据《中华人民共和国标准化法》，制定本规定。

第二条 团体标准的制定、实施和监督适用本规定。

第三条 团体标准是依法成立的社会团体为满足市场和创新需要，协调相关市场主体共同制定的标准。

第四条 社会团体开展团体标准化工作应当遵守标准化工作的基本原理、方法和程序。

第五条 国务院标准化行政主管部门统一管理团体标准化工作。国务院有关行政主管部门分工管理本部门、本行业的团体标准化工作。

县级以上地方人民政府标准化行政主管部门统一管理本行政区域内的团体标准化工作。县级以上地方人民政府有关行政主管部门分工管理本行政区域内本部门、本行业的团体标准化工作。

第六条 国家实行团体标准自我声明公开和监督制度。

第七条 鼓励社会团体参与国际标准化活动，推进团体标准国际化。

第二章 团体标准的制定

第八条 社会团体应当依据其章程规定的业务范围进行活动，规范开展团体标准化工作，应当配备熟悉标准化相关法律法规、政策和专业知识的工作人员，建立具有标准化管理协调和标准研制等功能的内部工作部门，制定相关的管理办法和标准知识产权管理制度，明确团体标准制定、实施的程序和要求。

第九条 制定团体标准应当遵循开放、透明、公平的原则，吸纳生产者、经营者、使用者、消费者、教育科研机构、检测及认证机构、政府部门等相关方代表参与，充分反映各方的共同需求。支持消费者和中小企业代表参与团体标准制定。

第十条 制定团体标准应当有利于科学合理利用资源，推广科学技术成果，增强产品的安全性、通用性、可替换性，提高经济效益、社会效益、生态效益，做到技术上先进、经济上合理。

制定团体标准应当在科学技术研究成果和社会实践经验总结的基础上，深入调查分析，进行实验、论证，切实做到科学有效、技术指标先进。

禁止利用团体标准实施妨碍商品、服务自由流通等排除、限制市场竞争的行为。

第十一条 团体标准应当符合相关法律法规的要求，不得与国家有关产业政策相抵触。

对于术语、分类、量值、符号等基础通用方面的内容应当遵守国家标准、行业标准、地方标准，团体标准一般不予另行规定。

第十二条 团体标准的技术要求不得低于强制性标准的相关技术要求。

第十三条 制定团体标准应当以满足市场和创新需要为目标，聚焦新技术、新产业、新业态和新模式，填补标准空白。

国家鼓励社会团体制定高于推荐性标准相关技术要求的团体标准；鼓励制定具有国际领先水平的团体标准。

第十四条 制定团体标准的一般程序包括：提案、立项、起草、征求意见、技术审查、批准、编号、发布、复审。

征求意见应当明确期限，一般不少于 30 日。涉及消费者权益的，应当向社会公开征求意见，并对反馈意见进行处理协调。

技术审查原则上应当协商一致。如需表决，不少于出席会议代表人数的 3/4 同意方为通过。起草人及其所在单位的专家不能参加表决。

团体标准应当按照社会团体规定的程序批准，以社会团体文件形式予以发布。

第十五条 团体标准的编写参照 GB/T 1.1《标准化工作导则 第 1 部分：标准的结构和编写》的规定执行。

团体标准的封面格式应当符合要求，具体格式见附件。

第十六条 社会团体应当合理处置团体标准中涉及的必要专利问题，应当及时披露相关专利信息，获得专利权人的许可声明。

第十七条 团体标准编号依次由团体标准代号、社会团体代号、团体标准顺序号和年代号组成。团体标准编号方法如下：

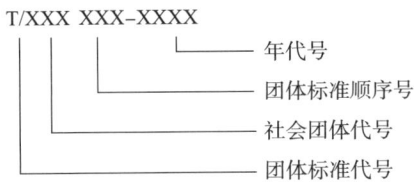

社会团体代号由社会团体自主拟定，可使用大写拉丁字母或大写拉丁字母与阿拉伯数字的组合。社会团体代号应当合法，不得与现有标准代号重复。

第十八条 社会团体应当公开其团体标准的名称、编号、发布文件等基本信息。团体标准涉及专利的，还应当公开标准涉及专利的信息。鼓励社会团体公开其团体标准的全文或主要技术内容。

第十九条 社会团体应当自我声明其公开的团体标准符合法律法规和强制性标准的要求，符合国家有关产业政策，并对公开信息的合法性、真实性负责。

第二十条 国家鼓励社会团体通过标准信息公共服务平台自我声明公开其团体标准信息。

社会团体到标准信息公共服务平台上自我声明公开信息的，需提供社会团体法人登记证书、开展团体标准化工作的内部工作部门及工作人员信息、团体标准制修订程序等相关文件，并自我承诺对以上材料的合法性、真实性负责。

第二十一条 标准信息公共服务平台应当提供便捷有效的服务，方便用户和消费者查询团体标准信息，为政府部门监督管理提供支撑。

第二十二条 社会团体应当合理处置团体标准涉及的著作权问题，及时处理团体标准的著作权归属，明确相关著作权的处置规则、程序和要求。

第二十三条 鼓励社会团体之间开展团体标准化合作，共同研制或发布标准。

第二十四条 鼓励标准化研究机构充分发挥技术优势，面向社会团体开展标准研制、标准化人员培训、标准化技术咨询等服务。

第三章 团体标准的实施

第二十五条 团体标准由本团体成员约定采用或者按照本团体的规定供社会自愿采用。

第二十六条 社会团体自行负责其团体标准的推广与应用。社会团体可以通过自律公约的方式推动团体标准的实施。

第二十七条 社会团体自愿向第三方机构申请开展团体标准化良好行为评价。

团体标准化良好行为评价应当按照团体标准化系列国家标准（GB/T 20004）开展，并向社会公开评价结果。

第二十八条 团体标准实施效果良好，且符合国家标准、行业标准或地方标准制定要求的，团体标准发布机构可以申请转化为国家标准、行业标准或地方标准。

第二十九条 鼓励各部门、各地方在产业政策制定、行政管理、政府采购、社会管理、检验检测、认证认可、招投标等工作中应用团体标准。

第三十条 鼓励各部门、各地方将团体标准纳入各级奖项评选范围。

第四章 团体标准的监督

第三十一条 社会团体登记管理机关责令限期停止活动的社会团体，在停止活动期间不得开展团体标准化活动。

第三十二条 县级以上人民政府标准化行政主管部门、有关行政主管部门依据法定职责，对团体标准的制定进行指导和监督，对团体标准的实施进行监督检查。

第三十三条 对于已有相关社会团体制定了团体标准的行业，国务院有关行政主管部门结合本行业特点，制定相关管理措施，明确本行业团体标准发展方向、制定主体能力、推广应用、实施监督等要求，加强对团体标准制定和实施的指导和监督。

第三十四条 任何单位或者个人有权对不符合法律法规、强制性标准、国家有关产业政策要求的团体标准进行投诉和举报。

第三十五条 社会团体应主动回应影响较大

的团体标准相关社会质疑，对于发现确实存在问题的，要及时进行改正。

第三十六条 标准化行政主管部门、有关行政主管部门应当向社会公开受理举报、投诉的电话、信箱或者电子邮件地址，并安排人员受理举报、投诉。

对举报、投诉，标准化行政主管部门和有关行政主管部门可采取约谈、调阅材料、实地调查、专家论证、听证等方式进行调查处理。相关社会团体应当配合有关部门的调查处理。

对于全国性社会团体，由国务院有关行政主管部门依据职责和相关政策要求进行调查处理，督促相关社会团体妥善解决有关问题；如需社会团体限期改正的，移交国务院标准化行政主管部门。对于地方性社会团体，由县级以上人民政府有关行政主管部门对本行政区域内的社会团体依据职责和相关政策开展调查处理，督促相关社会团体妥善解决有关问题；如需限期改正的，移交同级人民政府标准化行政主管部门。

第三十七条 社会团体制定的团体标准不符合强制性标准规定的，由标准化行政主管部门责令限期改正；逾期不改正的，由省级以上人民政府标准化行政主管部门废止相关团体标准，并在标准信息公共服务平台上公示，同时向社会团体登记管理机关通报，由社会团体登记管理机关将其违规行为纳入社会团体信用体系。

第三十八条 社会团体制定的团体标准不符合"有利于科学合理利用资源，推广科学技术成果，增强产品的安全性、通用性、可替换性，提高经济效益、社会效益、生态效益，做到技术上先进、经济上合理"的，由标准化行政主管部门责令限期改正；逾期不改正的，由省级以上人民政府标准化行政主管部门废止相关团体标准，并在标准信息公共服务平台上公示。

第三十九条 社会团体未依照本规定对团体标准进行编号的，由标准化行政主管部门责令限期改正；逾期不改正的，由省级以上人民政府标准化行政主管部门撤销相关标准编号，并在标准信息公共服务平台上公示。

第四十条 利用团体标准实施排除、限制市场竞争行为的，依照《中华人民共和国反垄断法》等法律、行政法规的规定处理。

第五章 附 则

第四十一条 本规定由国务院标准化行政主管部门负责解释。

第四十二条 本规定自发布之日起实施。

第四十三条 《团体标准管理规定（试行）》自本规定发布之日起废止。

关于进一步推动构建国资监管大格局有关工作的通知

（国资发法规〔2019〕117号）

委内各厅局，各省、自治区、直辖市及计划单列市和新疆生产建设兵团国资委：

党中央、国务院高度重视国资监管工作。习近平总书记多次强调要以管资本为主加强国有资产监管。党的十九届四中全会明确提出形成以管资本为主的国有资产监管体制。近年来，各级国资委统筹推进国资国企改革发展，国资监管系统建设取得积极进展。但仍然存在上下级国资委沟通联系不够紧密、指导监督工作机制还不完善、全国国资系统合力有待增强等问题。为加快形成以管资本为主的国有资产监管体制，推动构建国资监管大格局、形成国资监管一盘棋，现就有关工作通知如下：

一、明确构建国资监管大格局的总体要求

各级国资委要以习近平新时代中国特色社会主义思想为指导，深入学习贯彻党中央关于推进国家治理体系和治理能力现代化，形成以管资本为主的国有资产监管体制的决策部署。要充分认识到，构建国资监管大格局、形成国资监管一盘棋，有利于从党和国家事业发展全局的高度，统筹推进国资国企发展改革监管和党的建设，有利于在更大范围、更广领域、更深层次推动国有资本合理流动、优化配置，有利于更好落实以管资本为主加强国有资产监管的要求，为国有企业改革发展提供良好的监管环境。各级国资委要立足全面履行国资监管职责，健全国资监管工作体系，完善工作机制，力争用2~3年时间推动实现机构职能上下贯通、法规制度协同一致、行权履职规范统一、改革发展统筹有序、党的领导坚强有力、系统合力明显增强，加快形成国资监管一盘棋。

二、突出构建国资监管大格局的重点任务

（一）统筹推进全面履行职责

按照"法定职责必须为"的要求，各级国资委要全面履行好《中华人民共和国企业国有资产法》《企业国有资产监督管理暂行条例》等法律法规，全面承担党中央、国务院明确的国有企业出资人职责、专司国有资产监管职责和负责国有企业党的建设等职责，切实做好发展、改革、监管和党的建设工作，更好实现国有资产保值增值。

（二）统筹推动形成以管资本为主的国有资产监管体制

各级国资委要转变监管思路，集中精力履行好管资本重点职能，管好国有资本布局、规范资本运作、提高资本回报、维护资本安全，更多关注国有资本整体的功能和效率。调整完善权力和责任清单，逐步实现国资委系统清单范围、原则、事项基本一致。坚持放活与管好相统一，加大授权放权力度，加强事中事后监管，构建与管资本相适应的国有资本授权经营体制。改进监管方式，注重依托资本纽带，通过法人治理结构，更好体现出资人意志。

（三）统筹深化经营性国有资产集中统一监管

坚持政企分开、政资分开原则，落实党和国家机构改革的决策部署，积极配合做好党政机关和事业单位所属企业脱钩划转和接收工作，加快实现监管全覆盖。各级国资委要逐步将委托其他部门监管的企业纳入国资监管体系，充分发挥专业化监管优势，做强做优做大国有资本。

（四）统筹健全国有资产监管法规制度体系

国务院国资委要积极参与有关重点法律、行政法规修订工作，制定政策文件要注重征求地方国资委意见，推动产权管理、财务监管、指导监督等制度要求更多适用于全国国资系统，形成系统完备、科学规范、运行有效、上下贯通的制度体系。各地国资委要积极推动出台国资监管地方性法规，共同加强事关国资国企大局的顶层制度设计。

（五）统筹优化国有资本整体布局

国务院国资委要统筹构建全国国有资本规划体系，确保各级规划定位准确、边界清晰、统一衔接、引领有力。各地国资委要全面掌握所监管企业国有资产布局结构，按照国家区域协调发展战略和产业规划要求，结合本地区国有资产布局情况，深化股权、业务等合作，整合国资国企力量，引导国有资本合理布局，实现优势互补、互利共赢。

（六）统筹推进国有企业改革

上级国资委要着力强化政策引领，对下级政府国资监管工作中不符合中央确定的国企改革原则方向的，及时予以提醒和纠正。各地国资委要

充分发挥基层首创精神，组织实施好国有资本投资运营公司试点、"双百行动"和"区域性国资国企综合改革试验"，探索在地方国有企业开展创建世界一流示范企业工作，推动有关企业解放思想、勇于创新，切实发挥示范带动作用。

（七）统筹加强国有资产监督

各级国资委要进一步优化调整出资人监督机制，加强业务监督，探索完善综合监督，不断深化责任追究，加快构建三位一体的出资人监督工作闭环，加强与审计、纪检监察、巡视等外部监督力量的有效衔接，提升监督合力，切实防止国有资产流失。指导推动地方国有企业全面加强风险管理和内控体系建设，提高企业内部监督机制有效性，切实增强抗风险能力。

（八）统筹加强国有资产基础管理

各级国资委要健全产权管理工作体系，抓好产权界定、产权登记、资产评估、国有资产交易流转监管工作，全面掌握监管国有资产分布状况。加强资产统计、综合评价和经济运行分析，参照国务院国资委关于财务预决算管理、债务风险管控等方面的要求，完善信息编报制度，提高监管工作水平。

（九）统筹建设全国性国资国企在线监管系统

国务院国资委要统一国资监管数据标准，发布国资国企在线监管系统接口规范，建立健全国资监管数据管理制度。各地国资委要加快本地在线监管系统建设，重点做好"三重一大"决策运行、大额资金支出动态监测、财务、产权、投资、责任追究等应用建设，促进形成上下联动的信息化监管格局。

（十）全面加强国有企业党的建设

各级国资委要切实加大对国有企业党建工作的指导工作力度，推动所监管企业深入学习贯彻习近平新时代中国特色社会主义思想，认真落实全国国有企业党的建设工作会议精神，加强基层党组织建设，推进党风廉政建设和反腐败斗争，为构建国资监管大格局提供坚强政治保证，为国有企业改革发展营造风清气正的良好环境。

三、完善构建国资监管大格局的工作机制

（十一）完善组织领导机制

各级国资委要加强组织领导，把指导监督工作摆在更突出、更重要的位置，成立专门领导小组，明确分管负责同志和承担综合归口职责的机构，形成职责明确、分工负责、有效统筹的指导监督工作组织体系。

（十二）强化指导协调机制

各级国资委承担综合归口职责的部门要统筹组织年度指导监督计划的拟定和实施，推动改革发展任务的研究落实，畅通日常事务联系渠道，定期组织本地区研讨培训。其他业务部门要通过召开会议、组织培训等多种形式，切实加强对法治建设、规划发展、产权管理、财务监管、考核分配、改革重组、资本运作、董事会建设、监督追责、科技创新、党的建设等工作的专项指导。

（十三）健全监督检查机制

上级国资委要重点监督下级政府国资监管工作是否落实党中央路线方针政策、是否遵守法律法规和国资监管规章制度。要落实重大事项报告制度，下级国资委及时报告机构设置、职责定位、监管范围发生重大变动，本地区国有资产总量、结构、变动及所出资企业有关财务情况。探索开展规范性文件备案，适时开展省、市国资监管法治机构建设示范创建活动，推进全国国资监管制度统一。

（十四）优化沟通交流机制

统筹系统力量开展国资国企重大理论和实践问题攻坚，及时总结、推广和宣传国企改革、国资监管典型经验。各级国资委要加强交流，建立常态化交流机制，互相学习、补齐短板，加快形成指导监督有效、相互支持有力、沟通协调有方、

共同发展有序的工作机制，凝聚国资监管事业蓬勃发展的系统合力。

各地国资委要按照本通知要求，结合工作实际，认真抓好贯彻落实。工作推进中遇到的问题，及时向国务院国资委反映。

国务院国资委
2019 年 11 月 8 日

中央企业混合所有制改革操作指引

（国资产权〔2019〕653 号）

为贯彻落实党中央、国务院关于积极发展混合所有制经济的决策部署，稳妥有序推进中央企业混合所有制改革，促进各种所有制资本取长补短、相互促进、共同发展，夯实社会主义基本经济制度的微观基础，按照《中共中央、国务院关于深化国有企业改革的指导意见》（中发〔2015〕22 号）、《国务院关于国有企业发展混合所有制经济的意见》（国发〔2015〕54 号）等文件精神和有关政策规定，结合中央企业混合所有制改革实践，制定本操作指引。中央企业所属各级子企业通过产权转让、增资扩股、首发上市（IPO）、上市公司资产重组等方式，引入非公有资本、集体资本实施混合所有制改革，相关工作参考本操作指引。

一、基本操作流程

中央企业所属各级子企业实施混合所有制改革，一般应履行以下基本操作流程：可行性研究、制定混合所有制改革方案、履行决策审批程序、开展审计评估、引进非公有资本投资者、推进企业运营机制改革。以新设企业、对外投资并购、投资入股等方式实施混合所有制改革的，履行中央企业投资管理有关程序。

（一）可行性研究

拟实施混合所有制改革的企业（以下简称拟混改企业）要按照"完善治理、强化激励、突出主业、提高效率"的总体要求，坚持"因地施策、因业施策、因企施策，宜独则独、宜控则控、宜参则参，不搞拉郎配，不搞全覆盖，不设时间表"的原则，依据相关政策规定对混合所有制改革的必要性和可行性进行充分研究，一企一策，成熟一个推进一个。

积极稳妥推进主业处于充分竞争行业和领域的商业类国有企业混合所有制改革，国有资本宜控则控、宜参则参；探索主业处于重要行业和关键领域的商业类国有企业混合所有制改革，保持国有资本控股地位，支持非公有资本参股；根据不同业务特点，有序推进具备条件的公益类国有企业混合所有制改革；充分发挥国有资本投资、运营公司市场化运作专业平台作用，积极推进所属企业混合所有制改革。

可行性研究阶段，企业应按照有关文件规定，对实施混合所有制改革的社会稳定风险做出评估。

（二）制定混合所有制改革方案

拟混改企业应制定混合所有制改革方案，方案一般包括以下内容：企业基本情况，混合所有制改革必要性和可行性分析，改革基本原则和思路，改革后企业股权结构设置，转变运营机制的主要举措，引进非公有资本的条件要求、方式、定价办法，员工激励计划，债权债务处置方案，职工安置方案，历史遗留问题解决方案，改革风险评估与防范措施，违反相关规定的追责措施，改革组织保障和进度安排等。

制定方案过程中，要科学设计混合所有制企业股权结构，充分向非公有资本释放股权，尽可能使非公有资本能够派出董事或监事；注重保障企业职工对混合所有制改革的知情权和参与权，涉及职工切身利益的要做好评估工作，职工安置方案应经职工大会或者职工代表大会审议通过；科学设计改革路径，用好用足国家相关税收优惠政策，降低改革成本。必要时可聘请外部专家、中介机构等参与。

（三）履行决策审批程序

混合所有制改革方案制定后，中央企业应按照"三重一大"决策机制，履行企业内部决策程序。拟混改企业属于主业处于关系国家安全、国民经济命脉的重要行业和关键领域、主要承担重大专项任务子企业的，其混合所有制改革方案由中央企业审核后报国资委批准，其中需报国务院批准的，由国资委按照有关法律、行政法规和国务院文件规定履行相应程序；拟混改企业属于其他功能定位子企业的，其混合所有制改革方案由中央企业批准。

（四）开展审计评估

企业实施混合所有制改革，应合理确定纳入改革的资产范围，需要对资产、业务进行调整的，可按照相关规定选择无偿划转、产权转让、产权置换等方式。企业混合所有制改革前如确有必要开展清产核资工作的，按照有关规定履行程序。

拟混改企业的资产范围确定后，由企业或产权持有单位选聘具备相应资质的中介机构开展财务审计、资产评估工作，履行资产评估项目备案程序，以经备案的资产评估结果作为资产交易定价的参考依据。

（五）引进非公有资本投资者

拟混改企业引进非公有资本投资者，主要通过产权市场、股票市场等市场化平台，以公开、公平、公正的方式进行。通过产权市场引进非公有资本投资者，主要方式包括增资扩股和转让部分国有股权。通过股票市场引进非公有资本投资者，主要方式包括首发上市（IPO）和上市公司股份转让、发行证券、资产重组等。中央企业通过市场平台引进非公有资本投资者过程中，要注重保障各类社会资本平等参与权利，对拟参与方的条件要求不得有明确指向性或违反公平竞争原则的内容。

（六）推进运营机制改革

混合所有制企业要完善现代企业制度，健全法人治理结构，充分发挥公司章程在公司治理中的基础性作用，各方股东共同制定章程，规范企业股东（大）会、董事会、监事会、经理层和党组织的权责关系，落实董事会职权，深化三项制度改革；用足用好用活各种正向激励工具，构建多元化、系统化的激励约束体系，充分调动企业职工积极性。转变混合所有制企业管控模式，探索根据国有资本与非公有资本的不同比例结构协商确定具体管控方式，国有出资方强化以出资额和出资比例为限、以派出股权董事为依托的管控方式，明确监管边界，股东不干预企业日常经营。

二、"混资本"相关环节操作要点

（一）资产审计评估

1. 财务审计

实施混合所有制改革，应当按照《国务院办公厅转发国务院国有资产监督管理委员会关于规范国有企业改制工作意见的通知》（国办发〔2003〕96号）、《国务院办公厅转发国资委关于进一步规范国有企业改制工作实施意见的通知》（国办发〔2005〕60号）等规定，开展财务审计工作。

（1）关于选聘审计机构。选聘审计机构应采取差额竞争方式，综合考察和了解其资质、信誉及能力。选聘的审计机构近两年内在企业财务审计中没有违法、违规记录，未承担同一混合所有制改革项目的评估业务，与企业不存在经济利益关系。

（2）关于审计报告。审计报告应为无保留意见的标准审计报告。拟上市项目或上市公司的重大资产重组项目，评估基准日在6月30日（含）之前的，需出具最近三个完整会计年度和本年度截至评估基准日的审计报告；评估基准日在6月30日之后的，需出具最近两个完整会计年度和本年度截至评估基准日的审计报告。其他经济行为需出具最近一个完整会计年度和本年度截至评估基准日的审计报告。

2. 资产评估

实施混合所有制改革，应当按照《中华人民共和国资产评估法》《企业国有资产评估管理暂行办法》（国资委令第12号）等规定，开展资产评估工作。

（1）评估机构选聘及委托。中央企业应当采取差额竞争方式在本企业评估机构备选库内选聘评估机构。选聘的评估机构应具有与企业评估需求相适应的资质条件、专业人员和专业特长，近3年内没有违法、违规执业国有资产评估项目记录；掌握企业及所在行业相关的法律法规、政策、经济行为特点和相关市场信息；与混合所有制改革相关方无经济利益关系。评估对象为企业股权的资产评估项目，由产权持有单位委托，其中涉及增资扩股事项的，可由产权持有单位和增资企业共同委托。

（2）评估备案管理权限。经国资委批准的混合所有制改革涉及的资产评估项目，由国资委负责备案；经中央企业批准的混合所有制改革涉及的资产评估项目，由中央企业负责备案；被评估企业涉及多个国有股东的，经协商一致，可以由持股比例最大的国有股东办理备案手续。

（3）重点关注事项。一是评估基准日选取应尽量接近混合所有制改革的实施日期。如果期后发生对评估结果产生重大影响的事项，应调整评估基准日或评估结果。二是评估范围应与混合所有制改革方案、决策文件、评估业务委托约定书等确定的范围一致。三是纳入评估的房产、土地、矿产资源等资产应当权属明晰、证照齐全。符合划拨用地条件的国有划拨土地使用权，经所在地县级以上人民政府批准可继续以划拨方式使用。四是涉及企业价值的资产评估项目，原则上应当采用两种以上评估方法。五是资产评估项目备案前，应当按照资产评估项目公示制度履行公示程序。

（二）通过产权市场实施混合所有制改革

1. 产权交易机构选择

非上市企业通过产权转让、增资扩股方式实施混合所有制改革应按照《企业国有资产交易监督管理办法》（国资委 财政部令第32号）、《关于印发〈企业国有产权交易操作规则〉的通知》（国资发产权〔2009〕120号）等有关规定，在国资委确定的可以从事相关业务的产权交易机构中公开进行。从事中央企业产权转让业务的机构有北京产权交易所、天津产权交易中心、上海联合产权交易所和重庆联合产权交易所；从事中央企业增资扩股业务的机构有北京产权交易所和上海联合产权交易所。

2. 信息披露

进场交易项目要严格按照规定在产权交易机构进行信息披露。企业混合所有制改革方案确定后，可合理选择信息发布时机，及早披露相关信息。产权转让项目正式信息披露时间不少于20个工作日，涉及企业实际控制权转移的应进行信息预披露，时间不少于20个工作日。增资扩股项目信息披露时间不少于40个工作日。

3. 投资人遴选

拟混改企业要合理确定投资人的遴选方式。产权转让项目可采取拍卖、招投标、网络竞价等方式，增资扩股项目可采取竞价、竞争性谈判、综合评议等方式。投资人遴选过程中，对战略投资人主要关注与企业发展战略、经营目标、主营业务等方面的匹配和协同情况，对财务投资人主要关注资金实力和财务状况等。

4. 重点关注事项

（1）企业增资与产权转让同步进行。企业混合所有制改革后继续保持国有控股地位的，如增资过程中国有股东拟同步转让其所持有的少部分企业产权，统一按照增资流程操作，产权转让价格应与增资价格保持一致。

（2）商业秘密保护。在配合意向投资人尽职调查过程中，如涉及拟混改企业商业秘密，应按照《关于印发〈中央企业商业秘密保护暂行规定〉的通知》（国资发〔2010〕41号）要求，与相关方签订保密协议，保护自身权益。

（3）交易价格。产权转让项目首次正式挂牌底价不得低于经备案的评估结果，信息披露期满未征集到受让方拟降价的，新的挂牌底价低于评估结果90%时，应经混合所有制改革批准单位同意；交易价格确定后，交易双方不得以期间损益等理由对交易价格进行调整。增资扩股项目的交易价格以评估结果为基础，结合意向投资人的条件和报价等因素综合确定，并经企业董事会或股东会审议同意。

（三）通过股票市场实施混合所有制改革

通过股票市场发行证券、转让上市公司股份、国有股东与上市公司资产重组等方式实施混合所有制改革，应按照《上市公司国有股权监督管理办法》（国资委 财政部 证监会令第36号）及证券监管的有关规定履行程序。

（1）发行证券。通过发行证券形式实施混合所有制改革，可以采取首发上市（IPO）、国有股东以所持上市公司股票发行可交换公司债券、上市公司发行股份购买非国有股东所持股权、增发和发行可转换公司债券等方式。采取首发上市（IPO）方式的，应当按照要求履行国有股东标识管理程序。符合国家战略、拥有关键核心技术、科技创新能力突出、主要依靠核心技术开展生产经营、具有稳定商业模式、市场认可度高、社会形象良好、具有较强成长性的企业，可积极申请在科创板上市。

（2）上市公司股份转让。应坚持公开、公平、公正原则，一般采取公开征集方式进行。国有股东履行内部决策程序后，书面通知上市公司，由其依法披露、进行提示性公告。国有股东将转让方案、可行性研究报告、内部决策文件、拟发布的公开征集信息等内容通过国资委产权管理综合信息系统报国资委同意后，书面通知上市公司发布公开征集信息，内容主要包括拟转让股份权属情况和数量、受让方应当具备的资格条件、受让方的选择规则、公开征集期限等。公开征集信息中对受让方资格条件不得设定指向性或违反公平竞争要求的条款。收到拟受让方提交的受让申请和受让方案后，国有股东成立由内部职能部门及独立外部专家组成的工作小组，严格按照已公告的规则选择确定受让方。转让价格不低于上市公司提示性公告日前30个交易日的每日加权平均价格的算术平均值及最近一个会计年度经审计的每股净资产值中的较高者。

（3）国有股东与上市公司资产重组。国有股东应按照符合国有股东发展战略及有利于提高上市公司质量和核心竞争力等原则，在与上市公司充分协商的基础上，科学策划重组方案，合理选择重组时机。国有股东履行内部决策程序后，书面通知上市公司，由其依法披露并申请停牌，并按照相关规定履行国资委预审核、上市公司董事会审议预案、对外披露预案、复牌、资产评估及备案、董事会审议草案、对外披露草案、集团公司或国资委审批重组方案、股东大会审议重组方案、报送证券监管机构审核等程序。资产重组发行股份价格在符合证券监管规则基础上，按照有利于维护包括国有股东在内的全体股东权益的原则确定。

通过股票市场实施混合所有制改革应做好信息披露工作，切实防控内幕交易，其中涉及的投资人遴选、商业秘密保护等事项按照"通过产权市场实施混合所有制改革"中明确的原则操作。

三、"改机制"相关环节操作要点

（一）关于混合所有制企业公司治理和管控方式

（1）混合所有制企业法人治理结构。混合所有制企业要建立健全现代企业制度，坚持以资本为纽带、以产权为基础完善治理结构，根据股权结构合理设置股东（大）会、董事会、监事会，规范股东会、董事会、监事会、经理层和党组织的权责关系，按章程行权、依规则运行，形成定位清晰、权责对等、运转协调、制衡有效的法人治理结构。充分发挥公司章程在公司治理中的基础性作用，国有股东根据法律法规和公司实际情况，与其他股东充分协商，合理制定章程条款，切实维护各方股东权利。充分发挥非公有资本股东的积极作用，依法确定非公有资本股东提名和委派董事、监事的规则，建立各方参与、有效制衡的董事会，促进非公有资本股东代表能够有效参与公司治理。

（2）混合所有制企业管控方式。中央企业要科学合理界定与混合所有制企业的权责边界，避免"行政化""机关化"管控，加快实现从"控制"到"配置"的转变。国有股东要在现代企业制度框架下按照市场化规则，以股东角色和身份参与企业决策和经营管理，不干预企业日常经营。通过股东（大）会表决、推荐董事和监事等方式行使股东权利，实施以股权关系为基础、以派出股权董事为依托的治理型管控，加强股权董事履职支撑服务和监督管理，确保国有股权董事行权履职体现出资人意志。依法保障混合所有制企业自主经营权，落实董事会对经理层成员选聘、业绩考核和薪酬管理等职权。对于国有参股的混合所有制企业，结合实际健全完善管理体制、落实董事会职责权限、加强经理层成员和国有股权董事监督管理，并在公司章程中予以明确。

（3）混合所有制企业党的建设。中央企业混合所有制改革要把建立党的组织、开展党的工作作为必要前提。根据不同类型混合所有制企业特点，明确党组织的设置方式、职责定位和管理模式。按照党章及党内法规制度要求，结合实际，推动混合所有制企业党组织和工作有效覆盖，设置党的工作机构，配齐配强专兼职党务工作人员，保证必需的党建工作经费，确保党的活动能够正常开展。

（二）关于三项制度改革

（1）建立市场化选人用人机制，实现管理人员能上能下。推动混合所有制企业在更大范围实行经理层成员任期制和契约化管理，具备条件的建立职业经理人制度，积极探索建立与市场接轨的经理层激励制度。树立正确的选人用人导向，建立健全内部管理人员考核评价机制，实现"能者上、庸者下、平者让"。完善职业发展通道，为内部管理人员搭建能上能下平台。

（2）健全市场化用工制度，实现员工能进能出。建立健全以合同管理为核心、以岗位管理为基础的市场化用工制度。拓宽人才引进渠道，严格招聘管理，严把人员入口，不断提升引进人员质量。合理确定用工总量，盘活用工存量，畅通进出渠道，构建正常流动机制，不断提升用工效率和劳动生产率。

（3）建立市场化薪酬分配机制，实现收入能增能减。落实中央企业工资总额管理制度改革要求，建立健全与劳动力市场基本适应、与企业经济效益和劳动生产率挂钩的工资决定和正常增长机制。完善市场化薪酬分配制度，优化薪酬结构，坚持向关键岗位和核心骨干倾斜，坚持与绩效考核紧密挂钩，合理拉开收入分配差距，打破高水平"大锅饭"。统筹推进上市公司股权激励、科技型企业股权分红、员工持股等中长期激励措施，用好用足相关政策，不断增强关键核心人才的获得感、责任感、荣誉感。

（三）关于激励约束机制

鼓励混合所有制企业综合运用国有控股混合所有制企业员工持股、国有控股上市公司股权激励、国有科技型企业股权和分红激励等中长期激励政策，探索超额利润分享、项目跟投、虚拟股权等中长期激励方式，注重发挥好非物质激励的积极作用，系统提升正向激励的综合效果。

（1）混合所有制企业员工持股。员工持股应按照《关于印发〈关于国有控股混合所有制企业开展员工持股试点的意见〉的通知》（国资发改革〔2016〕133号）稳慎开展。坚持依法合规、公开透明、增量引入、利益绑定，以岗定股、动态调整，严控范围、强化监督等原则。优先支持人才资本和技术要素贡献占比较高的科技型企业开展员工持股。员工持股企业应当具备以下条件：主业处于充分竞争行业和领域的商业类企业；股权结构合理，非公有资本股东所持股份应达到一定比例，公司董事会中有非公有资本股东推荐的董事；公司治理结构健全，建立市场化的劳动人事分配制度和业绩考核评价体系，形成管理人员能上能下、员工能进能出、收入能增能减的市场化机制，营业收入和利润90%以上来源于所在企业集团外部市场。员工持股总量原则上不高于公司总股本的30%，单一员工持股比例原则上不高于公司总股本的1%。

（2）中央企业控股上市公司股权激励。中央企业控股上市公司应按照证监会和国资委有关规定规范实施股权激励，建立健全长效激励约束机制，充分调动核心骨干人才创新创业的积极性。股权激励对象要聚焦核心骨干人才队伍，结合企业高质量发展需要、行业竞争特点、关键岗位职责、绩效考核评价等因素综合确定。股权激励方式一般为股票期权、股票增值权、限制性股票等方式，也可以探索试行法律、行政法规允许的其他激励方式。中小市值上市公司及科技创新型上市公司，首次实施股权激励计划授予的权益数量占公司股本总额的比重，最高可以由1%上浮至3%。上市公司两个完整会计年度内累计授予的权益数量一般在公司总股本的3%以内，公司重大战略转型等特殊需要的可以适当放宽至总股本的5%以内。股权激励对象实际获得的收益不再设置调控上限。中央企业控股上市公司根据有关政策规定，制定股权激励计划，在股东大会审议之前，国有控股股东按照公司治理和股权关系，经中央企业审核同意，并报国资委批准。除主营业务整体上市公司外，国资委不再审核上市公司股权激励分期实施方案，上市公司依据股权激励计划制定的分期实施方案，国有控股股东应当在董事会审议决定前，报中央企业审核同意。

（3）国有科技型企业股权和分红激励。鼓励符合条件的国有科技型企业按照国家相关规定，实施股权和分红激励，充分调动科研骨干和关键人才的积极性和创造性。明确激励政策导向，以推动形成有利于自主创新和科技成果转化的激励机制为主要目标，根据科技人才资本和技术要素贡献占比及投入产出效率等情况，合理确定实施企业范围和激励对象，建立导向清晰、层次分明、重点突出的中长期激励体系。优先支持符合《"十三五"国家科技创新规划》战略布局和中央企业"十三五"科技创新重点研发方向，创新能力较强、成果技术水平较高、市场前景较好的企业或项目实施股权和分红激励。综合考虑职工岗位价值、实际贡献、承担风险和服务年限等因素，重点激励在自主创新和科技成果转化中发挥主要作用的关键核心技术、管理人员。科学选择激励方式，鼓励符合条件的企业优先开展岗位分红激励，科技成果转化和项目收支明确的企业可选择项目分红激励，在积累试点经验的基础上稳妥实施、逐步推进股权激励。合理确定总体激励水平，从经营发展战略以及自身经济效益状况出发，分类分步推进股权和分红激励工作，坚持效益导向和增量激励原则，根据企业人工成本承受能力和经营业绩状况，合理确定激励水平。规范制度执行，中央企业开展股权和分红激励要按照《关于印发〈国有科技型企业股权和分红激励暂行办法〉的通知》（财资〔2016〕4号）等有关规定，不得随意降低资格条件。

四、相关支持政策

（一）关于财税支持政策

发展改革委、国资委会同有关部门共同制定出台了《关于深化混合所有制改革试点若干政策的意见》（发改经体〔2017〕2057号）、《国家发展改革委办公厅关于印发〈国有企业混合所有制改革相关税收政策文件汇编〉的通知》（发改办经体〔2018〕947号），对混合所有制改革过程中符合税法规定条件的有关情形，可享受相应的财税政策支持，主要包括：股权（资产）收购、合并、分立、债务重组、债转股等，可享受企业所得税递延纳税优惠政策；涉及以非货币性资产对外投资确认的非货币性资产转让所得，可享受5年内分期缴纳企业所得税政策；符合税法规定条件的债权损失在计算企业所得税应纳税所得额时扣除；通过合并、分立、出售、置换等方式，将全部或者部分实物资产以及与其相关联的债权、负债和劳动力，一并转让给其他单位和个人，其中涉及的货物、不动产、土地使用权转让，不征收增值税、营业税；符合条件的股权收购、资产收购、按账面净值划转股权或资产等，可适用特殊性税务处理政策；混合所有制改革涉及的土地增值税、契税、印花税，可享受相关优惠政策。

（二）关于土地处置支持政策

企业推进混合所有制改革过程中涉及的土地处置事项，按照《国务院关于促进企业兼并重组的意见》（国发〔2010〕27号）、《国务院关于进一步优化企业兼并重组市场环境的意见》（国发〔2014〕14号）、《国务院关于全民所有自然资源资产有偿使用制度改革的指导意见》（国发〔2016〕82号）等相关规定办理，主管部门对拟混改企业提出的土地转让、改变用途等申请，将依法依规加快办理相关用地和规划手续。拟混改企业拥有国有划拨土地使用权的，经主管部门批准，可根据行业和改革需要，分别采取出让、租赁、国家作价出资（入股）、授权经营和保留规划用地等方式进行处置；重点产业调整和振兴规划确定的混合所有制改革事项涉及的国有划拨土地使用权，经省级以上主管部门批准，可以国家作价出资（入股）方式处置；涉及因实施城市规划需要搬迁的工业项目，经主管部门审核批准，可收回原国有土地使用权，并以协议出让或租赁方式为原土地使用权人重新安排工业用地；涉及事业单位等改制为企业的，允许实行国有企业改制土地资产处置政策。

混合所有制改革具有较强探索性和挑战性，涉及面广、政策性强、影响广泛、社会关注度高。中央企业要坚持解放思想、实事求是，积极稳妥统筹推进，鼓励探索、勇于实践，建立健全容错纠错机制，宽容在改革创新中的失误。要坚持依法合规操作，注重发挥内外部监督合力，做到规则公开、过程公开、结果公开，防止暗箱操作、低价贱卖、利益输送、化公为私、逃废债务，杜绝国有资产流失。要及时跟踪改革进展，评估改革成效，推广改革经验，加快形成可复制、可推广的模式和经验。

关于进一步明确国有金融企业增资扩股股权管理有关问题的通知

（财金〔2019〕130号）

国务院有关部委、有关直属机构，各省、自治区、直辖市、计划单列市财政厅（局），新疆生产建设兵团财政局，各中央管理金融企业：

为进一步加强国有金融资本管理，规范国有金融企业增资扩股行为，明确进场交易相关流程，防止国有金融资产流失，根据国家有关法律、行政法规，现就国有金融企业增资扩股股权管理有关问题通知如下：

一、本通知所称国有金融企业是指国家可实际控制的金融企业（包括依法设立的获得金融业务许可证的各类金融企业，主权财富基金、金融控股公司、金融投资运营公司以及金融基础设施等实质性开展金融业务的其他企业或机构），即通过出资或投资关系、协议、其他安排，能够实际支配金融企业行为，包括独资、全资、绝对控股、实际控制等情形。

本通知所称增资扩股，是指国有金融企业增加资本金的行为。各级政府或履行出资人职责的机构对国有金融企业注资，以及风险金融机构接受风险救助的情形除外。

二、中央及地方财政部门按照统一政策、分级管理的原则，依职责对国有金融企业增资行为进行监督管理。

（一）国有金融企业本级因增资导致国有股权比例变动的，须依法报同级财政部门履行相关程序；因增资导致国家不再拥有所出资金融企业控股权的，财政部门须报同级人民政府批准。

（二）国有金融企业完成公司制改革、治理结构健全的，所属子公司增资行为原则上由集团（控股）公司按照公司治理程序自主决策。派驻国有金融企业的股权董事应当按照授权办法、本办法规定和派出单位的指示发表意见、行使表决权。

其中，重点子公司因增资行为导致实际控制权转移的，须报财政部门履行相关程序。重点子公司由集团（控股）公司综合考虑公司长期发展战略、金融业务布局、财务管理水平、风险管控能力、投资行业范围等因素确定，包括但不限于集团（控股）公司具有实际控制权的金融企业和上市公司，以及当期净资产占集团（控股）公司本级净资产超过一定比例（一般不低于5%）的各级子公司。

国有金融企业应建立重点子公司动态名录，并报同级财政部门备案。

（三）国有金融企业未完成公司制改革、治理结构不健全的，所属子公司增资行为须报财政部门履行相关程序。

（四）行政事业单位（除金融管理部门外）所办竞争性国有金融企业因增资行为导致实际控制权转移的，按现行管理体制，报财政部门履行相关程序。

三、增资行为的报告主体为集团（控股）公司。被增资企业为多家国有金融企业共同持股的，由其中持股比例最大的国有股东负责履行相关程序；各国有股东持股比例相同的，由相关股东协商后确定其中一家股东负责履行相关程序。

四、国有金融企业增资应当符合企业发展战略，做好可行性研究，制定增资方案，明确增资资金金额、用途、投资方应具备的条件、选择标准和遴选方式等。

五、被增资企业应对意向投资方进行资格审查，增资引入的投资方应当符合股东资质相关要求。除法律法规另有规定外，增资资金应为真实合法的自有资金（增资额一般应低于投资方的净资产），不得使用受托（管理）资金、债务资金等非自有资金参与增资，以非货币财产出资的应当依法进行资产评估。

投资方为境外机构的，应符合国家有关外商投资的监督管理规定，由被增资企业集团（控股）公司按照有关规定报经政府有关部门批准。

六、国有金融企业增资，应根据资产评估有关规定，委托符合条件的资产评估机构开展相关工作，并以被增资企业评估价值和投资方出资额为依据确定资本及股权比例。存在以下情形的，可以依据评估报告或最近一期审计报告确定资本及股权比例：

（一）被增资企业原股东参与增资，且未造成国有股权比例变动的；

（二）国有金融企业对其全资子公司增资的；

（三）被增资企业和投资方均为国有独资或国有全资金融企业的。

七、国有金融企业增资原则上应在符合条件的省级（含）以上产权交易机构公开披露信息，征集意向投资方，公开征集时间不得少于40个工作日。

信息披露内容包括企业的基本情况、近三年审计报告中的主要财务指标，增资行为的决策及批准情况，拟增资金额及用途，增资前后的股权结构，投资方的资格条件及遴选方式，投资金额和持股比例要求以及增资终止的条件等事项。

八、以下情形依法报同级财政部门履行相关程序后，可以采取非公开协议方式进行增资：

（一）国有金融企业因资本布局结构调整需要，各投资方均为国有企业的；

（二）国家有关规定对投资方有特殊要求的；

（三）由政府或履行出资人职责的机构指定其他单位参与增资的；

（四）经同级财政部门认可的其他情形。

九、以下情形经集团（控股）公司审议决策，可以采取非公开协议方式进行增资：

（一）集团（控股）公司直接或指定其控股、实际控制的子公司，对其子公司进行增资的；

（二）国有金融企业债权转为股权的；

（三）国有金融企业原股东增资的，其中，非原股东同比例增资的，参与增资的股东连续持股时间原则上不宜短于一年。

十、国有金融企业增资，须报财政部门履行相关程序的，需报送的资料包括：

（一）国有金融企业关于增资扩股问题的申请报告；

（二）增资方案及内部决策文件；

（三）被增资企业的产权登记表（证）；

（四）被增资企业审计报告，最近一期财务报告、主要财务数据；

（五）被增资企业最近一期前十大股东名称和持股比例；

（六）前次增资资金使用情况报告和本次增资资金运用的可行性研究报告；

（七）拟引入投资方的资格条件、投资金额、持股比例要求和遴选原则等；

（八）使用自有资金增资的相关证明文件；

（九）拟选择的产权交易机构及信息披露方案；

（十）财政部门认为必要的其他文件。

采取非公开协议方式增资的，还应提供采取非公开协议方式增资的必要性、投资方情况、增资协议、增资行为的法律意见书以及其他必要的文件。

十一、国有金融企业审议决策下属子公司增资行为时，应当审核的文件参照第十条执行。

十二、增资协议签订并生效后，应将有关情况抄报同级财政部门。采取进场交易的，应通过产权交易机构对外公告结果，公告内容包括投资方名称、投资金额、持股比例等。公告信息原则上应长期保留。

十三、因增资导致集团（控股）公司对被增资企业失去实际控制权的，被增资企业名称中不宜再使用集团（控股）公司名称中所含的字号。

十四、国有金融企业应当根据本通知要求，加强对增资扩股行为的管理。各地财政部门可依据本通知制定相关实施细则。

十五、国有金融企业未按本通知要求履行相关程序、选择增资方式、有效管理增资行为的，由财政部门责令其改正，情节严重的，对单位给予通报批评，可建议有关部门对相关责任人员给予行政处分；造成国有资产损失的，可建议有关部门依法追究相关董事、监事及高管人员的责任；涉嫌犯罪的，依法移送司法机关处理。

十六、各级财政部门及其工作人员在国有金融企业增资监督管理工作中，存在违反规定进行批准行为，以及滥用职权、玩忽职守、徇私舞弊等违法违纪行为的，按照预算法、公务员法、监察法、财政违法行为处罚处分条例等国家有关规定追究相关部门和个人责任；涉嫌犯罪的，依法移送司法机关处理。

十七、本通知自2019年12月20日起施行。

财政部

2019年11月25日

关于深化混合所有制改革试点若干政策的意见

（发改经体〔2017〕2057号）

各省、自治区、直辖市及计划单列市发展改革委、财政厅（局）、人力资源社会保障厅（局）、国土资源厅（局）、国资委、国家税务局、地方税务局、证监局、国防科工局：

按照党中央、国务院关于国有企业混合所有制改革的部署，在国务院国有企业改革领导小组领导下，国家发展改革委、国务院国资委会同有关部门已先后推出两批重要领域混合所有制改革试点，并取得显著改革成效。试点推进过程中企业普遍反映，为使试点顺利推进取得实效，必须认真研究解决试点中存在的具体问题。国务院国有企业改革领导小组高度重视，国有企业改革领导小组办公室积极协调，提出解决办法。为全面贯彻落实党的十九大精神，以习近平新时代中国特色社会主义思想为指引，更加卓有成效地推动混合所有制改革，现就混合所有制改革试点中的相关政策问题提出以下意见。

一、关于国有资产定价机制

科学准确地对国有资产进行定价，是国有企业混合所有制改革的基础，是防止国有资产流失的重要手段。目前，国有非上市公司交易相关定价制度办法需进一步完善，有关部门要加快研究修订《国有资产评估管理办法》，严格规范国有资产评估程序、细化评估方式、强化监管和法律责任追究、强化违法失信联合惩戒，有效防止国有资产流失。对于按规定程序和方式评估交易的国有资产，建立免责容错机制，鼓励国有企业推动混合所有制改革。

二、关于职工劳动关系

有关部门要加强协调指导，督促混合所有制改革试点企业严格按照《劳动合同法》和《国务院关于国有企业发展混合所有制经济的意见》（国发〔2015〕54号）涉及职工劳动关系调整的相关规定，依法妥善解决混合所有制改革涉及的国有企业职工劳动关系调整、社会保险关系接续等问题，确保职工队伍稳定。企业混合所有制改革时，职工劳动合同未到期的应当依法继续履行，可按有关规定与职工变更劳动合同，改制前后职工的工作年限应合并计算。企业依法与职工解除劳动合同的，应当支付经济补偿。混合所有制改革企业要形成市场化劳动用工制度，实现员工能进能出。

三、关于土地处置和变更登记

土地是国有企业混合所有制改革能够注入的重要资产。由于一些国有企业历史上获得划拨国有土地证照不全、证实不符、权属不清、土地分割等问题，按现有规定办理，存在确权困难、程序烦琐、审批时间长等问题，影响混合所有制改革进程。认真落实国有企业改革"1+N"系列文件，有关部门要研究加强国有土地资产处置管理工作，解决国有土地授权经营、作价出资（入股）等历史遗留问题。国有企业要加强内部管理，抓紧解决历史上获得划拨国有土地证照不全、证实不符、权属不清、土地分割等问题。各地要进一步优化简化相关审批程序，为解决混合所有制改革中的土地处置和变更登记提供便利。

四、关于员工持股

坚持依法合规、公开透明、立足增量、不动存量、同股同价、现金入股、以岗定股、动态调整等原则，积极推进混合所有制改革试点企业员工持股，有效实现企业与员工利益和风险绑定，强化内部激励，完善公司治理。试点企业数量不受《关于国有控股混合所有制企业开展员工持股试点的意见》（国资发改革〔2016〕133号）规定的数量限制。试点企业名单由国家发展改革委、国务院国资委按程序报请国务院国有企业改革领导小组确定。为有效指导混合所有制企业员工持股工作，有关部门要抓紧研究制定重要领域混合所有制企业开展员工持股试点的意见，明确相关政策，加强规范引导。

五、关于集团公司层面开展混合所有制改革

党的十九大报告指出，深化国有企业改革，发展混合所有制经济，培育具有全球竞争力的世界一流企业。集团公司层面开展混合所有制改革，既符合中央要求和改革方向，也是实现具有全球竞争力的世界一流企业的重要途径。积极探索中央企业集团公司层面开展混合所有制改革的可行路径，国务院国资委审核中央企业申请改革试点的方案，按程序报国务院批准后开展试点，鼓励探索解决集团层面混合所有制改革后国有股由谁持有等现实问题的可行路径。积极支持各地省属国有企业集团公司开展混合所有制改革。

六、关于试点联动

国有企业混合所有制改革、落实董事会职权、市场化选聘经营管理者、剥离企业办社会职能和解决历史遗留问题等各项国有企业改革试点核心任务关联性较高，加强各项试点联动，可以有效协同攻坚，发挥政策合力。要进一步加强混合所有制改革试点与其他国有企业改革试点之间的联动。对于纳入混合所有制改革试点的企业，符合条件的，可以同步申请开展其他国有企业改革试点，按规定程序批准后，适用相关试点政策。

七、关于财税支持政策

企业符合税法规定条件的股权（资产）收购、合并、分立、债务重组、债转股等重组行为，可按税法规定享受企业所得税递延纳税优惠政策；企业以非货币性资产投资，可按规定享受5年内分期缴纳企业所得税政策；企业符合税法规定条件的债权损失可按规定在计算企业所得税应纳税所得额时扣除；在企业重组过程中，企业通过合并、分立、出售、置换等方式，将全部或者部分实物资产以及与其相关联的债权、负债和劳动力，一并转让给其他单位和个人，其中涉及的货物、不动产、土地使用权转让行为，符合规定的，不征收增值税；企业重组改制涉及的土地增值税、契税、印花税，符合规定的，可享受相关优惠政策。有关混合所有制改革企业要科学设计改革路径，最大程度用足用好现有国家对企业改制重组的税收优惠政策。

八、关于工资总额管理制度

为建立健全与混合所有制企业相适应的市场化薪酬机制、有效发挥薪酬激励效用，有关部门要加快研究制定改革国有企业工资决定机制的意见，支持符合条件的混合所有制改革试点企业实行更加灵活的工资总额管理制度。对于集团层面混合所有制改革试点企业，要比照落实董事会职权试点相关政策，实行工资总额备案制。鼓励集团公司对下属混合所有制改革试点企业采取差异化工资总额管理方式，充分激发企业内生活力。

九、关于军工企业国有股权控制类别和军工事项审查程序

军工企业混合所有制改革不断深化，既有的关于军工企业国有股权控制类别界定的政策规定，

已不适应军民融合发展的需要。有关部门要抓紧对军工企业国有控股类别相关规定进行修订。类别修订完成前，确属混改需要突破相关比例规定的，允许符合条件的企业以一事一议方式报国防科工局等军工企业混合所有制改革相关主管部门研究办理。

国家发展改革委
财政部
人力资源社会保障部
国土资源部
国资委
税务总局
证监会
国防科工局
2017 年 11 月 29 日
（本文有删减）

国务院关于推进国有资本投资、运营公司改革试点的实施意见

（国发〔2018〕23 号）

各省、自治区、直辖市人民政府，国务院各部委、各直属机构：

改组组建国有资本投资、运营公司，是以管资本为主改革国有资本授权经营体制的重要举措。按照《中共中央、国务院关于深化国有企业改革的指导意见》《国务院关于改革和完善国有资产管理体制的若干意见》有关要求和党中央、国务院工作部署，为加快推进国有资本投资、运营公司改革试点工作，现提出以下实施意见。

一、总体要求

（一）指导思想

全面贯彻党的十九大和十九届二中、三中全会精神，以习近平新时代中国特色社会主义思想为指导，坚持社会主义市场经济改革方向，坚定不移加强党对国有企业的领导，着力创新体制机制，完善国有资产管理体制，深化国有企业改革，促进国有资产保值增值，推动国有资本做强做优做大，有效防止国有资产流失，切实发挥国有企业在深化供给侧结构性改革和推动经济高质量发展中的带动作用。

（二）试点目标

通过改组组建国有资本投资、运营公司，构建国有资本投资、运营主体，改革国有资本授权经营体制，完善国有资产管理体制，实现国有资本所有权与企业经营权分离，实行国有资本市场化运作。发挥国有资本投资、运营公司平台作用，促进国有资本合理流动，优化国有资本投向，向重点行业、关键领域和优势企业集中，推动国有经济布局优化和结构调整，提高国有资本配置和运营效率，更好服务国家战略需要。试点先行，大胆探索，及时研究解决改革中的重点难点问题，尽快形成可复制、可推广的经验和模式。

（三）基本原则

坚持党的领导。建立健全中国特色现代国有企业制度，把党的领导融入公司治理各环节，把企业党组织内嵌到公司治理结构之中，明确和落实党组织在公司法人治理结构中的法定地位，充

分发挥党组织的领导作用,确保党和国家方针政策、重大决策部署的贯彻执行。

坚持体制创新。以管资本为主加强国有资产监管,完善国有资本投资运营的市场化机制。科学合理界定政府及国有资产监管机构,国有资本投资、运营公司和所持股企业的权利边界,健全权责利相统一的授权链条,进一步落实企业市场主体地位,培育具有创新能力和国际竞争力的国有骨干企业。

坚持优化布局。通过授权国有资本投资、运营公司履行出资人职责,促进国有资本合理流动,优化国有资本布局,使国有资本投资、运营更好地服务于国家战略目标。

坚持强化监督。正确处理好授权经营和加强监督的关系,明确监管职责,构建并强化政府监督、纪检监察监督、出资人监督和社会监督的监督体系,增强监督的协同性、针对性和有效性,防止国有资产流失。

二、试点内容

(一) 功能定位

国有资本投资、运营公司均为在国家授权范围内履行国有资本出资人职责的国有独资公司,是国有资本市场化运作的专业平台。公司以资本为纽带、以产权为基础依法自主开展国有资本运作,不从事具体生产经营活动。国有资本投资、运营公司对所持股企业行使股东职责,维护股东合法权益,以出资额为限承担有限责任,按照责权对应原则切实承担优化国有资本布局、提升国有资本运营效率、实现国有资产保值增值等责任。

国有资本投资公司主要以服务国家战略、优化国有资本布局、提升产业竞争力为目标,在关系国家安全、国民经济命脉的重要行业和关键领域,按照政府确定的国有资本布局和结构优化要求,以对战略性核心业务控股为主,通过开展投资融资、产业培育和资本运作等,发挥投资引导和结构调整作用,推动产业集聚、化解过剩产能和转型升级,培育核心竞争力和创新能力,积极参与国际竞争,着力提升国有资本控制力、影响力。

国有资本运营公司主要以提升国有资本运营效率、提高国有资本回报为目标,以财务性持股为主,通过股权运作、基金投资、培育孵化、价值管理、有序进退等方式,盘活国有资产存量,引导和带动社会资本共同发展,实现国有资本合理流动和保值增值。

(二) 组建方式

按照国家确定的目标任务和布局领域,国有资本投资、运营公司可采取改组和新设两种方式设立。根据国有资本投资、运营公司的具体定位和发展需要,通过无偿划转或市场化方式重组整合相关国有资本。

划入国有资本投资、运营公司的资产,为现有企业整体股权(资产)或部分股权。股权划入后,按现行政策加快剥离国有企业办社会职能和解决历史遗留问题,采取市场化方式处置不良资产和业务等。股权划入涉及上市公司的,应符合证券监管相关规定。

(三) 授权机制

按照国有资产监管机构授予出资人职责和政府直接授予出资人职责两种模式开展国有资本投资、运营公司试点。

1. 国有资产监管机构授权模式。政府授权国有资产监管机构依法对国有资本投资、运营公司履行出资人职责;国有资产监管机构根据国有资本投资、运营公司具体定位和实际情况,按照"一企一策"原则,授权国有资本投资、运营公司履行出资人职责,制定监管清单和责任清单,明确对国有资本投资、运营公司的监管内容和方式,依法落实国有资本投资、运营公司董事会职权。国有资本投资、运营公司对授权范围内的国有资本履行出资人职责。国有资产监管机构负责对国有资本投资、运营公司进行考核和评价,并定期向本级人民政府报告,重点说明所监管国有资本投资、运营公司贯彻国家战略目标、国有资产保值增值等情况。

2. 政府直接授权模式。政府直接授权国有资本投资、运营公司对授权范围内的国有资本履行出资人职责。国有资本投资、运营公司根据授权自主开展国有资本运作，贯彻落实国家战略和政策目标，定期向政府报告年度工作情况，重大事项及时报告。政府直接对国有资本投资、运营公司进行考核和评价等。

（四）治理结构

国有资本投资、运营公司不设股东会，由政府或国有资产监管机构行使股东会职权，政府或国有资产监管机构可以授权国有资本投资、运营公司董事会行使股东会部分职权。按照中国特色现代国有企业制度的要求，国有资本投资、运营公司设立党组织、董事会、经理层，规范公司治理结构，建立健全权责对等、运转协调、有效制衡的决策执行监督机制，充分发挥党组织的领导作用、董事会的决策作用、经理层的经营管理作用。

1. 党组织。把加强党的领导和完善公司治理统一起来，充分发挥党组织把方向、管大局、保落实的作用。坚持党管干部原则与董事会依法产生、董事会依法选择经营管理者、经营管理者依法行使用人权相结合。按照"双向进入、交叉任职"的原则，符合条件的党组织领导班子成员可以通过法定程序进入董事会、经理层，董事会、经理层成员中符合条件的党员可以依照有关规定和程序进入党组织领导班子。党组织书记、董事长一般由同一人担任。对于重大经营管理事项，党组织研究讨论是董事会、经理层决策的前置程序。国务院直接授权的国有资本投资、运营公司，应当设立党组。纪检监察机关向国有资本投资、运营公司派驻纪检监察机构。

2. 董事会。国有资本投资、运营公司设立董事会，根据授权，负责公司发展战略和对外投资，经理层选聘、业绩考核、薪酬管理，向所持股企业派出董事等事项。董事会成员原则上不少于9人，由执行董事、外部董事、职工董事组成。保障国有资本投资、运营公司按市场化方式选择外部董事等权利，外部董事应在董事会中占多数，职工董事由职工代表大会选举产生。董事会设董事长1名，可设副董事长。董事会下设战略与投资委员会、提名委员会、薪酬与考核委员会、审计委员会、风险控制委员会等专门委员会。专门委员会在董事会授权范围内开展相关工作，协助董事会履行职责。

国有资产监管机构授权的国有资本投资、运营公司的执行董事、外部董事由国有资产监管机构委派。其中，外部董事由国有资产监管机构根据国有资本投资、运营公司董事会结构需求，从专职外部董事中选择合适人员担任。董事长、副董事长由国有资产监管机构从董事会成员中指定。

政府直接授权的国有资本投资、运营公司执行董事、外部董事（股权董事）由国务院或地方人民政府委派，董事长、副董事长由国务院或地方人民政府从董事会成员中指定。其中，依据国有资本投资、运营公司职能定位，外部董事主要由政府综合管理部门和相关行业主管部门提名，选择专业人士担任，由政府委派。外部董事可兼任董事会下属专门委员会主席，按照公司治理结构的议事规则对国有资本投资、运营公司的重大事项发表相关领域专业意见。

政府或国有资产监管机构委派外部董事要注重拓宽外部董事来源，人员选择要符合国有资本投资、运营公司定位和专业要求，建立外部董事评价机制，确保充分发挥外部董事作用。

3. 经理层。国有资本投资、运营公司的经理层根据董事会授权负责国有资本日常投资运营。董事长与总经理原则上不得由同一人担任。

国有资产监管机构授权的国有资本投资、运营公司党组织隶属中央、地方党委或国有资产监管机构党组织管理，领导班子及其成员的管理，以改组的企业集团为基础，根据具体情况区别对待。其中，由中管企业改组组建的国有资本投资、运营公司，领导班子及其成员由中央管理；由非中管的中央企业改组组建或新设的国有资本投资、运营公司，领导班子及其成员的管理按照干部管理权限确定。

政府直接授权的国有资本投资、运营公司党组织隶属中央或地方党委管理，领导班子及其成员由中央或地方党委管理。

国有资本投资、运营公司董事长、董事（外部董事除外）、高级经理人员，原则上不得在其他有限责任公司、股份有限公司或者其他经济组织兼职。

（五）运行模式

1. 组织架构。国有资本投资、运营公司要按照市场化、规范化、专业化的管理导向，建立职责清晰、精简高效、运行专业的管控模式，分别结合职能定位具体负责战略规划、制度建设、资源配置、资本运营、财务监管、风险管控、绩效评价等事项。

2. 履职行权。国有资本投资、运营公司应积极推动所持股企业建立规范、完善的法人治理结构，并通过股东大会表决、委派董事和监事等方式行使股东权利，形成以资本为纽带的投资与被投资关系，协调和引导所持股企业发展，实现有关战略意图。国有资本投资、运营公司委派的董事、监事要依法履职行权，对企业负有忠实义务和勤勉义务，切实维护股东权益，不干预所持股企业日常经营。

3. 选人用人机制。国有资本投资、运营公司要建立派出董事、监事候选人员库，由董事会下设的提名委员会根据拟任职公司情况提出差额适任人选，报董事会审议、任命。同时，要加强对派出董事、监事的业务培训、管理和考核评价。

4. 财务监管。国有资本投资、运营公司应当严格按照国家有关财务制度规定，加强公司财务管理，防范财务风险。督促所持股企业加强财务管理，落实风险管控责任，提高运营效率。

5. 收益管理。国有资本投资、运营公司以出资人身份，按照有关法律法规和公司章程，对所持股企业的利润分配进行审议表决，及时收取分红，并依规上交国有资本收益和使用管理留存收益。

6. 考核机制。国有资本投资公司建立以战略目标和财务效益为主的管控模式，对所持股企业考核侧重于执行公司战略和资本回报状况。国有资本运营公司建立财务管控模式，对所持股企业考核侧重于国有资本流动和保值增值状况。

（六）监督与约束机制

1. 完善监督体系。整合出资人监管和审计、纪检监察、巡视等监督力量，建立监督工作会商机制，按照事前规范制度、事中加强监控、事后强化问责的原则，加强对国有资本投资、运营公司的统筹监督，提高监督效能。纪检监察机构加强对国有资本投资、运营公司党组织、董事会、经理层的监督，强化对国有资本投资、运营公司领导人员廉洁从业、行使权力等的监督。国有资本投资、运营公司要建立内部常态化监督审计机制和信息公开制度，加强对权力集中、资金密集、资源富集、资产聚集等重点部门和岗位的监管，在不涉及国家秘密和企业商业秘密的前提下，依法依规、及时准确地披露公司治理以及管理架构、国有资本整体运营状况、关联交易、企业负责人薪酬等信息，建设阳光国企，主动接受社会监督。

2. 实施绩效评价。国有资本投资、运营公司要接受政府或国有资产监管机构的综合考核评价。考核评价内容主要包括贯彻国家战略、落实国有资本布局和结构优化目标、执行各项法律法规制度和公司章程，重大问题决策和重要干部任免，国有资本运营效率、保值增值、财务效益等方面。

三、实施步骤

国有资本投资、运营公司试点工作应分级组织、分类推进、稳妥开展，并根据试点进展情况及时总结推广有关经验。中央层面，继续推进国有资产监管机构授权的国有资本投资、运营公司深化试点，并结合本实施意见要求不断完善试点工作。同时推进国务院直接授权的国有资本投资、运营公司试点，选择由财政部履行国有资产监管职责的中央企业以及中央党政机关和事业单位经营性国有资产集中统一监管改革范围内的企业稳步开展。地方层面，试点工作由各省级人民政府结合实际情况组织实施。

四、配套政策

（一）推进简政放权

围绕落实出资人职责的定位，有序推进对国有资本投资、运营公司的放权。将包括国有产权流转等决策事项的审批权、经营班子业绩考核和薪酬管理权等授予国有资本投资、运营公司，相关管理要求和运行规则通过公司组建方案和公司章程予以明确。

（二）综合改革试点

国有资本投资、运营公司所持股国有控股企业中，符合条件的可优先支持同时开展混合所有制改革、混合所有制企业员工持股、推行职业经理人制度、薪酬分配差异化改革等其他改革试点，充分发挥各项改革工作的综合效应。

（三）完善支持政策

严格落实国有企业重组整合涉及的资产评估增值、土地变更登记和国有资产无偿划转等方面税收优惠政策。简化工商税务登记、变更程序。鼓励国有资本投资、运营公司妥善解决历史遗留问题、处置低效无效资产。制定国有资本投资、运营公司的国有资本经营预算收支管理政策。

五、组织实施

加快推进国有资本投资、运营公司改革试点，是深化国有企业改革的重要组成部分，是改革和完善国有资产管理体制的重要举措。国务院国有企业改革领导小组负责国有资本投资、运营公司试点工作的组织协调和督促落实。中央组织部、国家发展改革委、财政部、人力资源社会保障部、国务院国资委等部门按照职责分工制定落实相关配套措施，密切配合、协同推进试点工作。中央层面的国有资本投资、运营公司试点方案，按程序报党中央、国务院批准后实施。

各省级人民政府对本地区国有资本投资、运营公司试点工作负总责，要紧密结合本地区实际情况，制定本地区国有资本投资、运营公司改革试点实施方案，积极稳妥组织开展试点工作。各省级人民政府要将本地区改革试点实施方案报国务院国有企业改革领导小组备案。

国务院
2018 年 7 月 14 日

中国产权市场年鉴 2019—2020

China Property Rights Exchanging Capital Market Yearbook 2019–2020

年度统计

北京产权交易所 2018 年交易数据

业务分类	交易数（宗）	成交金额（万元）
交易类业务：		
产股权	1166	16590110.68
资产交易	20532	1445559.83
诉讼资产	213	37575.75
金融产品	6532	595621362.39
环境权益	10680430	369357.66
公共资源	430	8948593.23
知识产权（含技术合同登记）	7060	10629211.85
融资服务	285	10289947.78
林权	146	499406.50
合计	10716794	644431125.67
非交易类业务：		
资产租赁	24	8180.06
招标采购	255	286312.13
合计	279	294492.19

北京产权交易所 2019 年交易数据

序号	交易类别	交易数（宗）	交易额（万元）	交易增减值	
				增值金额（万元）	节约金额（万元）
1	资产股权类	30297	778193847.27	—	—
2	自然资源类	340	2822556.15	—	—
3	环境权类	1839	206707.92	—	—
4	招标采购类	288	81993.57	—	—
	合计	32764	781305104.91	—	—

注："交易增减值"包括"增值金额"和"节约金额"两种情况。增值金额指项目交易额或中标金额与资产评估价或出让底价相比增加的金额，适用于资产股权类、自然资源类、环境权类等具有卖方转让、出让性质的交易项目；节约金额指交易项目中标金额或交易额与预算金额、标底金额或控制价相比减少的金额，适用于招标采购类等具有买方采购性质的交易项目。余同。

上海联合产权交易所 2018 年交易数据

业务分类	交易数（宗）	成交金额（万元）
交易类业务：		
产股权	975	14731063.23
资产交易	819	1687404.14
金融产品	146	2162612.01
环境权益	—	19638.68
知识产权	32	15279.80
融资服务	86	3906370.01
文化产权	42	265508.90
农村产权	127	184173.42
合计	2227	22972050.19
非交易类业务：		
资产租赁	70	353265.99
合计	70	353265.99

上海联合产权交易所 2019 年交易数据

序号	交易类别	交易数（宗）	交易额（万元）	交易增减值	
				增值金额（万元）	节约金额（万元）
1	资产股权类	2516	18968421.81	—	—
2	自然资源类	770	7013.30	—	—
3	环境权类	998	28289.24	—	—
	合计	4284	19003724.35	—	—

天津产权交易中心 2018 年交易数据

业务分类	交易数（宗）	成交金额（万元）
交易类业务：		
产股权	160	1328183.50
资产交易	2386	149324.02
金融产品	13198	264882111.72
环境权益	208	2654.84
公共资源	230	84160.91
融资服务	57	2280156.80
文化产权	6	9081.00
农村产权	416	158210.12
合计	16661	268893882.91

天津产权交易中心 2019 年交易数据

序号	交易类别	交易数（宗）	交易额（万元）	交易增减值 增值金额（万元）	节约金额（万元）
1	资产股权类	11864	370980833.09	—	—
2	自然资源类	562	41454.01	2081.13	—
3	环境权类	7	390.24	—	—
4	招标采购类	275	120443.03	—	11100.00
	合计	12708	371143120.37	2081.13	11100.00

重庆联合产权交易所集团 2018 年交易数据

业务分类	交易数（宗）	成交金额（万元）
交易类业务：		
产股权	180	1948364.00
资产交易	2943	479515.96
诉讼资产	3299	725603.33
金融产品	9	98852.00
环境权益	3485	14566.94
公共资源	8368	23197714.84
知识产权	3	191.06
融资服务	8	335150.25
林权	10	39.50
矿权	48	137697.48
农村产权	3	725.24
合计	18356	26938420.60
非交易类业务：		
资产租赁	1000	35562.09
招标采购	3	1256.69
合计	1003	36818.78

重庆联合产权交易所集团 2019 年交易数据

序号	交易类别	交易数（宗）	交易额（万元）	交易增减值 增值金额（万元）	节约金额（万元）
1	资产股权类	6756	5693306.35	—	—
2	自然资源类	340	9970174.40	1707577.00	—
3	环境权类	2154	15650.66	—	—
4	招标采购类	3890267	21363460.00	—	424529.20
	合计	3899517	37042591.41	1707577.00	424529.20

河北产权市场有限公司 2018 年交易数据

业务分类	交易数（宗）	成交金额（万元）
交易类业务：		
产股权	31	104703.49
资产交易	87	1339000.05
诉讼资产	506	212338.36
合计	624	1656041.90

河北产权市场有限公司 2019 年交易数据

序号	交易类别	交易数（宗）	交易额（万元）	交易增减值	
				增值金额（万元）	节约金额（万元）
1	资产股权类	314	969835.23	—	—
	合计	314	969835.23	—	—

哈尔滨产权交易中心 2018 年交易数据

业务分类	交易数（宗）	成交金额（万元）
交易类业务：		
产股权	6	5836.30
资产交易	172	30238.86
公共资源	264	8918.80
合计	442	44993.96
非交易类业务：		
资产租赁	327	6813.94
招标采购	708	135438.14
合计	1035	142252.08

哈尔滨产权交易中心 2019 年交易数据

序号	交易类别	交易数（宗）	交易额（万元）	交易增减值	
				增值金额（万元）	节约金额（万元）
1	资产股权类	909	151806.41	—	—
2	自然资源类	17	681.35	—	—
3	招标采购类	699	86441.87	—	14993.42
	合计	1625	238929.63	—	14993.42

江苏省产权交易所 2018 年交易数据

业务分类		交易数（宗）	成交金额（万元）
交易类业务：			
	产股权	39	116384.86
	资产交易	120	51177.97
	诉讼资产	1	4653.10
	金融产品	2	2168.85
	融资服务	555	1675903.59
	合计	717	1850288.37
非交易类业务：			
	资产租赁	27	1235.30
	合计	27	1235.30

江苏省产权交易所 2019 年交易数据

序号	交易类别	交易数（宗）	交易额（万元）	交易增减值	
				增值金额（万元）	节约金额（万元）
1	资产股权类	328	712387.75	—	—
	合计	328	712387.75	—	—

武汉光谷联合产权交易所 2018 年交易数据

业务分类		交易数（宗）	成交金额（万元）
交易类业务：			
	产股权	1908	1424662.39
	资产交易	793	83891.69
	诉讼资产	3334	2458718.74
	金融产品	13	139375.81
	环境权益	15410	40413.32
	知识产权	3388	558086.80
	融资服务	675	1793729.50
	文化产权	721	44895.55
	合计	26242	6543773.80
非交易类业务：			
	资产租赁	9	566.72
	合计	9	566.72

武汉光谷联合产权交易所 2019 年交易数据

序号	交易类别	交易数（宗）	交易额（万元）	交易增减值	
				增值金额（万元）	节约金额（万元）
1	资产股权类	10777	7472680.99	—	—
2	环境权类	16641	42944.88	—	—
	合计	27418	7515625.87	—	—

西部产权交易所 2018 年交易数据

业务分类	交易数（宗）	成交金额（万元）
交易类业务：		
产股权	43	141677.99
资产交易	707	47244.67
金融产品	6	52526.90
知识产权	7	14000.00
融资服务	7	199334.61
农村产权	60	1340.00
合计	830	456124.17

西部产权交易所 2019 年交易数据

序号	交易类别	交易数（宗）	交易额（万元）	交易增减值	
				增值金额（万元）	节约金额（万元）
1	资产股权类	1292	552816.34	—	—
2	自然资源类	125	6737.39	-156.90	—
	合计	1417	559553.73	-156.90	—

广州产权交易所 2018 年交易数据

业务分类	交易数（宗）	成交金额（万元）
交易类业务：		
产股权	54	908320.95
资产交易	524	123319.04
诉讼资产	661	187097.68
金融产品	9	25439.53
环境权益	—	38442.48
公共资源	48063	194274.78
知识产权	154	202950.44
融资服务	—	15655951.72
文化产权	4	13038.98
合计	49469	17348835.60
非交易类业务：		
资产租赁	3825	936413.15
招标采购	170	63662.06
合计	3995	1000075.21

广州产权交易所 2019 年交易数据

序号	交易类别	交易数（宗）	交易额（万元）	交易增减值	
				增值金额（万元）	节约金额（万元）
1	资产股权类	7182	2178375.68	—	—
2	自然资源类	3	6383.99	30.00	—
3	环境权类	—	94269.73		
4	招标采购类	149	82054.73	—	—
	合计	7334	2361084.13	30.00	—

青岛产权交易所 2018 年交易数据

业务分类	交易数（宗）	成交金额（万元）
交易类业务：		
产股权	18	71192.00
资产交易	105	36633.45
诉讼资产	16	10236.60
金融产品	4	11717.00
融资服务	3	11381.05
合计	146	141160.10
非交易类业务：		
资产租赁	50	2976.11
司法辅助	469	450700.00
合计	519	453676.11

青岛产权交易所 2019 年交易数据

序号	交易类别	交易数（宗）	交易额（万元）	交易增减值	
				增值金额（万元）	节约金额（万元）
1	资产股权类	265	228984.20	—	—
	合计	265	228984.20	—	—

内蒙古产权交易中心 2018 年交易数据

业务分类	交易数（宗）	成交金额（万元）
交易类业务：		
产股权	18	122787.60
资产交易	1019	159179.76
金融产品	48	196285.55
矿权	2	2300.92
合计	1087	480553.83
非交易类业务：		
资产租赁	225	2056.83
招标采购	2923	528430.94
合计	3148	530487.77

内蒙古产权交易中心 2019 年交易数据

序号	交易类别	交易数（宗）	交易额（万元）	交易增减值	
				增值金额（万元）	节约金额（万元）
1	资产股权类	1648	301572.05	—	—
2	自然资源类	4	52613.86	95.29	—
3	招标采购类	3009	868951.94	—	111123.35
	合计	4661	1223137.85	95.29	111123.35

沈阳联合产权交易所 2018 年交易数据

业务分类	交易数（宗）	成交金额（万元）
交易类业务：		
产股权	21	118928.32
资产交易	653	117148.23
诉讼资产	2	2032.76
金融产品	53	252686.76
融资服务	185	833789.44
农村产权	41	9898.49
合计	955	1334484.00
非交易类业务：		
资产租赁	12	1594.82
合计	12	1594.82

沈阳联合产权交易所 2019 年交易数据

序号	交易类别	交易数（宗）	交易额（万元）	交易增减值	
				增值金额（万元）	节约金额（万元）
1	资产股权类	1109	1040877.24	—	—
2	自然资源类	40	2903.17	5.33	—
3	环境权类	1	1846.00	—	—
	合计	1150	1045626.41	5.33	—

吉林长春产权交易中心 2018 年交易数据

业务分类	交易数（宗）	成交金额（万元）
交易类业务：		
产股权	11	26087.00
资产交易	275	61527.00
金融产品	7	5615.00
知识产权	49	11000.00
融资服务	265	1445511.00
合计	607	1549740.00
非交易类业务：		
资产租赁	2	291.00
合计	2	291.00

吉林长春产权交易中心 2019 年交易数据

序号	交易类别	交易数（宗）	交易额（万元）	交易增减值	
				增值金额（万元）	节约金额（万元）
1	资产股权类	434	1648500.92	—	—
	合计	434	1648500.92	—	—

浙江产权交易所 2018 年交易数据

业务分类	交易数（宗）	成交金额（万元）
交易类业务：		
产股权	60	656437.96
资产交易	1554	179052.25
金融产品	32	65677.28
融资服务	7	346779.63
合计	1653	1247947.12
非交易类业务：		
资产租赁	709	243536.01
合计	709	243536.01

浙江产权交易所 2019 年交易数据

序号	交易类别	交易数（宗）	交易额（万元）	交易增减值		备注
				增值金额（万元）	节约金额（万元）	
1	资产股权类	1340	1434907.60	—	—	有7宗项目不计入增值统计，其中有3宗外船项目为美元计价，换算成交日成交价的人民币计价金额为51013.31万元，相关增值额统计中剔除以上标的，该3宗项目共增值740万美元；另4宗不良资产项目未公开底价，不计入增值，成交金额共计75017万元
	合计	1340	1434907.60	—	—	

宁波产权交易中心 2018 年交易数据

业务分类	交易数（宗）	成交金额（万元）
交易类业务：		
产股权	17	513804.80
资产交易	114	119610.10
金融产品	11	60043.70
公共资源	13	428.39
合计	155	693886.99
非交易类业务：		
资产租赁	34	1545.86
合计	34	1545.86

宁波产权交易中心 2019 年交易数据

| 序号 | 交易类别 | 交易数（宗） | 交易额（万元） | 交易增减值 | |
				增值金额（万元）	节约金额（万元）
1	资产股权类	277	161501.05	—	—
2	招标采购类	3	252.32	—	4.78
	合计	280	161753.37	—	4.78

安徽省产权交易中心 2018 年交易数据

业务分类	交易数（宗）	成交金额（万元）
交易类业务：		
产股权	36	170781.88
资产交易	417	763886.06
合计	453	934667.94
非交易类业务：		
资产租赁	34	1545.86
合计	34	1545.86

安徽省产权交易中心 2019 年交易数据

| 序号 | 交易类别 | 交易数（宗） | 交易额（万元） | 交易增减值 | |
				增值金额（万元）	节约金额（万元）
1	资产股权类	1072	2239224.44	—	—
2	自然资源类	3	1155.30	18.00	—
	合计	1075	2240379.74	18.00	—

福建省产权交易中心 2018 年交易数据

业务分类	交易数（宗）	成交金额（万元）
交易类业务：		
产股权	39	76863.45
资产交易	810	1012014.14
金融产品	1	80.00
环境权益	1	2770.27
公共资源	83	306042.65
林权	13	997.36
矿权	7	2251.21
合计	954	1401019.08
非交易类业务：		
资产租赁	2954	197460.13
招标采购	38	49172.87
合计	2992	246633.00

福建省产权交易中心 2019 年交易数据

序号	交易类别	交易数（宗）	交易额（万元）	交易增减值	
				增值金额（万元）	节约金额（万元）
1	资产股权类	706	435796.20	—	—
2	自然资源类	5	1571.70	-9.61	—
3	环境权类	164	174546.52	—	—
4	招标采购类	7	509.53	—	35.16
	合计	882	612423.95	-9.61	35.16

厦门产权交易中心 2018 年交易数据

业务分类	交易数（宗）	成交金额（万元）
交易类业务：		
产股权	216	236542.00
资产交易	446	47082.00
金融产品	14	32351.00
融资服务	51	778261.00
合计	727	1094236.00
非交易类业务：		
资产租赁	191	96797.00
合计	191	96797.00

厦门产权交易中心 2019 年交易数据

序号	交易类别	交易数（宗）	交易额（万元）	交易增减值	
				增值金额（万元）	节约金额（万元）
1	资产股权类	1042	1047795.00	—	—
	合计	1042	1047795.00	—	—

江西省产权交易所 2018 年交易数据

业务分类	交易数（宗）	成交金额（万元）
交易类业务：		
产股权	44	195015.52
资产交易	877	185230.45
金融产品	8	18806.68
环境权益	9	52869.06
融资服务	76	790778.08
林权	61	28.94
合计	1075	1242728.73
非交易类业务：		
资产租赁	257	28927.78
招标采购	1	990.79
合计	258	29918.57

江西省产权交易所 2019 年交易数据

序号	交易类别	交易数（宗）	交易额（万元）	交易增减值	
				增值金额（万元）	节约金额（万元）
1	资产股权类	1717	1453764.04	—	—
2	环境权类	5	53096.60	—	—
3	招标采购类	18	10548.82	—	84.29
	合计	1740	1517409.46	—	84.29

山东产权交易中心 2018 年交易数据

业务分类		交易数（宗）	成交金额（万元）
交易类业务：			
	产股权	124	1062176.75
	资产交易	1186	1450779.23
	诉讼资产	4810	908457.00
	金融产品	183	1306187.85
	公共资源	90	9734.73
	融资服务	17	293878.00
	文化产权	25	61256.13
	农村产权	31	1406.35
	合计	6466	5093876.04
非交易类业务：			
	资产租赁	47	7597.23
	招标采购	5684	6401960.70
	合计	5731	6409557.93

山东产权交易中心 2019 年交易数据

序号	交易类别	交易数（宗）	交易额（万元）	交易增减值	
				增值金额（万元）	节约金额（万元）
1	资产股权类	791	3157818.25	—	—
2	自然资源类	176	20371.23	4097.32	—
3	招标采购类	8240	16775288.37	—	1244922.16
	合计	9207	19953477.85	4097.32	1244922.16

河南省产权交易中心 2018 年交易数据

业务分类		交易数（宗）	成交金额（万元）
交易类业务：			
	产股权	2031	540442.13
	资产交易	547	39090.67
	金融产品	6	13137.06
	融资服务	9	367001.27
	矿权	3	63658.23
	合计	2596	1023329.36
非交易类业务：			
	资产租赁	4	388.69
	合计	4	388.69

河南省产权交易中心 2019 年交易数据

序号	交易类别	交易数（宗）	交易额（万元）	交易增减值	
				增值金额（万元）	节约金额（万元）
1	资产股权类	422	1633080.64	—	—
2	环境权类	10	27365.88	—	—
	合计	432	1660446.52	—	—

湖南省联合产权交易所 2018 年交易数据

业务分类	交易数（宗）	成交金额（万元）
交易类业务：		
产股权	103	881912.17
资产交易	1165	264967.46
金融产品	239	337379.50
融资服务	1	7840.00
林权	2	800.00
农村产权	2	11.50
合计	1512	1492910.63
非交易类业务：		
资产租赁	183	62985.10
招标采购	13	1278.16
合计	196	64263.26

湖南省联合产权交易所 2019 年交易数据

序号	交易类别	交易数（宗）	交易额（万元）	交易增减值	
				增值金额（万元）	节约金额（万元）
1	资产股权类	477	1212507.49	—	—
2	招标采购类	90	9409.25	—	642.97
	合计	567	1221916.74	—	642.97

广东省交易控股集团2018年交易数据

业务分类	交易数（宗）	成交金额（万元）
交易类业务：		
产股权	3205	9394272.86
资产交易	45418	1461488.49
诉讼资产	15	16639.82
金融产品	1085	143066193.60
环境权益	253861	600149.94
公共资源	1769721	14143100.00
知识产权	1012	283470.00
融资服务	1153	22369939.60
文化产权	5	12765.20
农村产权	5	64700.00
合计	2075480	191412719.51
非交易类业务：		
资产租赁	817	324793.93
招标采购	2	504.60
合计	819	325298.53

广东省交易控股集团2019年交易数据

序号	交易类别	交易数（宗）	交易额（万元）	交易增减值	
				增值金额（万元）	节约金额（万元）
1	资产股权类	32819	115953628.91	—	—
2	环境权类	39	504.30	—	—
3	招标采购类	1837347	13628790.00	—	538400.00
	合计	1870205	129582923.21	—	538400.00

深圳联合产权交易所2018年交易数据

业务分类	交易数（宗）	成交金额（万元）
交易类业务：		
产股权	57	692540.58
资产交易	224	139782.81
诉讼资产	6	9066.00
金融产品	39	146583.00
公共资源	—	239760.00
融资服务	250	6299810.00
合计	576	7527542.39
非交易类业务：		
资产租赁	970	198316.79
招标采购	7	2991.42
合计	977	201308.21

深圳联合产权交易所 2019 年交易数据

序号	交易类别	交易数（宗）	交易额（万元）	交易增减值	
				增值金额（万元）	节约金额（万元）
1	资产股权类	3511	36286087.92	—	—
2	招标采购类	7	3436.62	—	1690.49
	合计	3518	36289524.54	—	1690.49

北部湾产权交易所集团 2018 年交易数据

业务分类	交易数（宗）	成交金额（万元）
交易类业务：		
产股权	54	507684.43
资产交易	111	45901.84
诉讼资产	6	125879.68
金融产品	81	1738631.22
环境权益	1	20493.00
知识产权	83	6066.73
林权	360	187528.96
农村产权	3	55.40
合计	699	2632241.26
非交易类业务：		
资产租赁	121	16070.44
合计	121	16070.44

北部湾产权交易所集团 2019 年交易数据

序号	交易类别	交易数（宗）	交易额（万元）	交易增减值	
				增值金额（万元）	节约金额（万元）
1	资产股权类	633	2218086.96	—	—
2	自然资源类	730	284366.60	17761.66	—
3	招标采购类	31	3567.30	—	31.85
	合计	1394	2506020.86	17761.66	31.85

海南产权交易所 2018 年交易数据

业务分类	交易数（宗）	成交金额（万元）
交易类业务：		
产股权	10	69522.15
资产交易	134	14163.91
金融产品	1	23609.70
融资服务	3	79377.37
合计	148	186673.13
非交易类业务：		
资产租赁	130	4840.78
合计	130	4840.78

海南产权交易所 2019 年交易数据

序号	交易类别	交易数（宗）	交易额（万元）	交易增减值	
				增值金额（万元）	节约金额（万元）
1	资产股权类	251	358057.06	—	—
2	自然资源类	1	198.91	—	—
	合计	252	358255.97	—	—

西南联合产权交易所 2018 年交易数据

业务分类	交易数（宗）	成交金额（万元）
交易类业务：		
产股权	129	1057413.57
资产交易	1864	464205.12
诉讼资产	200	27563.90
金融产品	90	1611932.00
环境权益	3925300	4372.60
知识产权	3316	189897.42
融资服务	33	1249128.75
合计	3930932	4604513.36
非交易类业务：		
资产租赁	496	35478.87
招标采购	125	24008.78
合计	621	59487.65

西南联合产权交易所 2019 年交易数据

序号	交易类别	交易数（宗）	交易额（万元）	交易增减值	
				增值金额（万元）	节约金额（万元）
1	资产股权类	7199	5365404.79	—	—
2	环境权类	1070	6490.85	—	—
3	招标采购类	257	30521.55	—	1717.35
	合计	8526	5402417.19	—	1717.35

贵州阳光产权交易所 2018 年交易数据

业务分类	交易数（宗）	成交金额（万元）
交易类业务：		
产股权	25	161363.19
资产交易	62	40392.16
金融产品	2	3426.00
融资服务	10	218309.00
合计	99	423490.35
非交易类业务：		
资产租赁	109	10031.68
招标采购	690	1068200.00
合计	799	1078231.68

贵州阳光产权交易所 2019 年交易数据

序号	交易类别	交易数（宗）	交易额（万元）	交易增减值	
				增值金额（万元）	节约金额（万元）
1	资产股权类	233	487258.47	—	—
2	环境权类	7985	2.40	—	—
3	招标采购类	727	720651.40	—	34091.35
	合计	8945	1207912.27	—	34091.35

云南产权交易所 2018 年交易数据

业务分类	交易数（宗）	成交金额（万元）
交易类业务：		
产股权	53	707840.25
资产交易	102	36596.05
融资服务	3	190066.67
林权	20	1581.00
合计	178	936083.97

云南产权交易所 2019 年交易数据

序号	交易类别	交易数（宗）	交易额（万元）	交易增减值	
				增值金额（万元）	节约金额（万元）
1	资产股权类	301	1593198.87	—	—
	合计	301	1593198.87	—	—

甘肃省产权交易所 2018 年交易数据

业务分类	交易数（宗）	成交金额（万元）
交易类业务：		
产股权	21	90478.67
资产交易	239	423413.36
金融产品	5	21397.52
公共资源	1	122.80
融资服务	5	54467.34
矿权	1	352.20
合计	272	590231.89
非交易类业务：		
资产租赁	88	9934.97
招标采购	3	4340.80
合计	91	14275.77

甘肃省产权交易所 2019 年交易数据

序号	交易类别	交易数（宗）	交易额（万元）	交易增减值	
				增值金额（万元）	节约金额（万元）
1	资产股权类	482	835047.53	—	—
2	自然资源类	14	98039.78	9292.99	—
3	招标采购类	18	64094.31	—	197.61
	合计	514	997181.62	9292.99	197.61

青海省产权交易市场 2018 年交易数据

业务分类	交易数（宗）	成交金额（万元）
交易类业务：		
产股权	13	230657.00
资产交易	169	35952.00
融资服务	1	1000.00
合计	183	267609.00

青海省产权交易市场 2019 年交易数据

序号	交易类别	交易数（宗）	交易额（万元）	交易增减值	
				增值金额（万元）	节约金额（万元）
1	资产股权类	325	64020.84	—	—
	合计	325	64020.84	—	—

宁夏科技资源与产权交易所 2018 年交易数据

业务分类	交易数（宗）	成交金额（万元）
交易类业务：		
产股权	3	3853.70
资产交易	186	6564.98
诉讼资产	2	5.51
公共资源	13	1062.49
合计	204	11486.68
非交易类业务：		
资产租赁	9	43.59
合计	9	43.59

宁夏科技资源与产权交易所 2019 年交易数据

序号	交易类别	交易数（宗）	交易额（万元）	交易增减值	
				增值金额（万元）	节约金额（万元）
1	资产股权类	349	63666.69	—	—
	合计	349	63666.69	—	—

新疆产权交易所 2018 年交易数据

业务分类	交易数（宗）	成交金额（万元）
交易类业务：		
产股权	47	428792.21
资产交易	118	60373.62
融资服务	3	81625.82
合计	168	570791.65
非交易类业务：		
资产租赁	17	2009.19
合计	17	2009.19

新疆产权交易所 2019 年交易数据

序号	交易类别	交易数（宗）	交易额（万元）	交易增减值	
				增值金额（万元）	节约金额（万元）
1	资产股权类	562	564504.75	—	—
	合计	562	564504.75	—	—

黑龙江联合产权交易所 2018 年交易数据

业务分类	交易数（宗）	成交金额（万元）
交易类业务：		
产股权	18	227474.10
资产交易	498	59546.32
金融产品	234	10325.24
融资服务	220	1076438.64
合计	970	1373784.30
非交易类业务：		
资产租赁	224	7087.98
合计	224	7087.98

黑龙江联合产权交易所 2019 年交易数据

序号	交易类别	交易数（宗）	交易额（万元）	交易增减值	
				增值金额（万元）	节约金额（万元）
1	资产股权类	1935	753822.50	—	—
2	自然资源类	1	71.00	38.00	—
3	招标采购类	222	14629.00	—	752.00
	合计	2158	768522.50	38.00	752.00

苏州市公共资源交易中心 2018 年交易数据

业务分类	交易数（宗）	成交金额（万元）
交易类业务：		
产股权	51	708120.66
资产交易	6	4016.85
融资服务	58	195581.00
合计	115	907718.51
非交易类业务：		
资产租赁	30	1089.00
合计	30	1089.00

苏州市公共资源交易中心 2019 年交易数据

序号	交易类别	交易数（宗）	交易额（万元）	交易增减值	
				增值金额（万元）	节约金额（万元）
1	资产股权类	123	554129.73	—	—
2	招标采购类	8443	9597949.20	—	6.33
	合计	8566	10152078.93	—	6.33

徐州产权交易所 2018 年交易数据

业务分类	交易数（宗）	成交金额（万元）
交易类业务：		
产股权	15	9365.71
资产交易	6	10225.28
环境权益	2312	2999.85
合计	2333	22590.84
非交易类业务：		
资产租赁	5	343.23
合计	5	343.23

徐州产权交易所 2019 年交易数据

序号	交易类别	交易数（宗）	交易额（万元）	交易增减值	
				增值金额（万元）	节约金额（万元）
1	资产股权类	151	95565.29	—	—
2	环境权类	70	1224.50	—	—
	合计	221	96789.79	—	—

无锡产权交易所 2018 年交易数据

业务分类	交易数（宗）	成交金额（万元）
交易类业务：		
产股权	33	442145.14
资产交易	21	56835.00
合计	54	498980.14
非交易类业务：		
资产租赁	144	3355.88
招标采购	6652	473200.00
合计	6796	476555.88

无锡产权交易所 2019 年交易数据

序号	交易类别	交易数（宗）	交易额（万元）	交易增减值	
				增值金额（万元）	节约金额（万元）
1	资产股权类	215	338873.45	—	—
2	招标采购类	6888	604751.14	—	33730.64
	合计	7103	943624.59	—	33730.64

杭州产权交易所 2018 年交易数据

业务分类	交易数（宗）	成交金额（万元）
交易类业务：		
产股权	38	147560.49
资产交易	473	117229.02
诉讼资产	1	7050.00
环境权益	481	4851.89
公共资源	—	66754.20
融资服务	3	24096.67
农村产权	6	2471.63
合计	1002	370013.90
非交易类业务：		
资产租赁	370	183242.71
合计	370	183242.71

杭州产权交易所 2019 年交易数据

序号	交易类别	交易数（宗）	交易额（万元）	交易增减值	
				增值金额（万元）	节约金额（万元）
1	资产股权类	19240	1118288.17	—	—
2	自然资源类	2	321.24	—	—
3	环境权类	153	6264.75	—	—
4	招标采购类	2	95103.14	—	—
	合计	19397	1219977.30	—	—

台州市产权交易所 2018 年交易数据

业务分类	交易数（宗）	成交金额（万元）
交易类业务：		
产股权	4	2337.80
资产交易	15	36603.48
公共资源	2	368.30
融资服务	1	30000.00
合计	22	69309.58
非交易类业务：		
资产租赁	13	1492.10
招标采购	22	17728.74
合计	35	19220.84

台州市产权交易所 2019 年交易数据

序号	交易类别	交易数（宗）	交易额（万元）	交易增减值	
				增值金额（万元）	节约金额（万元）
1	资产股权类	275	507041.61	—	—
2	自然资源类	1	69750.00	—	—
3	招标采购类	15	4020.33	—	388.06
合计		291	580811.94	—	388.06

合肥市产权交易中心 2018 年交易数据

业务分类	交易数（宗）	成交金额（万元）
交易类业务：		
产股权	9	1182272.18
资产交易	56	16384.22
诉讼资产	17	12272.41
公共资源	10	1019.49
文化产权	27	5067.44
农村产权	311	57768.23
合计	430	1274783.97
非交易类业务：		
资产租赁	498	72188.34
招标采购	4	44678.46
合计	502	116866.80

合肥市产权交易中心 2019 年交易数据

序号	交易类别	交易数（宗）	交易额（万元）	交易增减值	
				增值金额（万元）	节约金额（万元）
1	资产股权类	655	142121.85	—	—
2	环境权类	1	605.00	—	—
3	招标采购类	10	180438.70	—	8869.90
	合计	666	323165.55	—	8869.90

蚌埠市产权交易中心 2018 年交易数据

业务分类		交易数（宗）	成交金额（万元）
交易类业务：			
	产股权	2	2848.76
	资产交易	21	74897.56
	公共资源	54	943263.00
	林权	1	58.70
	合计	78	1021068.02
非交易类业务：			
	资产租赁	9	4945.60
	合计	9	4945.60

蚌埠市产权交易中心 2019 年交易数据

序号	交易类别	交易数（宗）	交易额（万元）	交易增减值	
				增值金额（万元）	节约金额（万元）
1	资产股权类	153	10750.27	—	—
2	自然资源类	6	292.00	41.78	—
	合计	159	11042.27	41.78	—

安徽长江产权交易所 2018 年交易数据

业务分类		交易数（宗）	成交金额（万元）
交易类业务：			
	产股权	18	58417.91
	资产交易	1095	78450.60
	诉讼资产	10	5444.82
	林权	10	791.34
	农村产权	34	2922.22
	合计	1167	146026.89

安徽长江产权交易所 2019 年交易数据

序号	交易类别	交易数（宗）	交易额（万元）	交易增减值	
				增值金额（万元）	节约金额（万元）
1	资产股权类	1035	1587435.00	—	—
2	自然资源类	53	3337.18	99.55	—
	合计	1088	1590772.18	99.55	—

珠海产权交易中心 2018 年交易数据

业务分类	交易数（宗）	成交金额（万元）
交易类业务：		
产股权	7	63442.39
资产交易	142	7399.82
融资服务	3	1564058.00
合计	152	1634900.21
非交易类业务：		
资产租赁	85	37789.62
招标采购	671	108918.59
合计	756	146708.21

珠海产权交易中心 2019 年交易数据

序号	交易类别	交易数（宗）	交易额（万元）	交易增减值	
				增值金额（万元）	节约金额（万元）
1	资产股权类	396	1311552.00	—	—
	合计	396	1311552.00	—	—

广西联合产权交易所 2018 年交易数据

业务分类	交易数（宗）	成交金额（万元）
交易类业务：		
产股权	5	5309.55
资产交易	76	78984.00
诉讼资产	1	3130.00
林权	1	455.00
合计	83	87878.55
非交易类业务：		
资产租赁	185	83561.69
合计	185	83561.69

广西联合产权交易所 2019 年交易数据

序号	交易类别	交易数（宗）	交易额（万元）	交易增减值	
				增值金额（万元）	节约金额（万元）
1	资产股权类	312	271651.41	—	—
	合计	312	271651.41	—	—

昆明联合产权交易所 2018 年交易数据

业务分类	交易数（宗）	成交金额（万元）
交易类业务：		
产股权	9	133709.61
资产交易	17	1327.72
合计	26	135037.33
非交易类业务：		
资产租赁	94	17666.16
合计	94	17666.16

昆明联合产权交易所 2019 年交易数据

序号	交易类别	交易数（宗）	交易额（万元）	交易增减值	
				增值金额（万元）	节约金额（万元）
1	资产股权类	359	111685.53	—	—
2	环境权类	1	4665.00	—	—
	合计	360	116350.53	—	—

阳泉市产权交易中心 2018 年交易数据

业务分类	交易数（宗）	成交金额（万元）
交易类业务：		
产股权	1	25
资产交易	12	94
合计	13	119

阳泉市产权交易中心 2019 年交易数据

序号	交易类别	交易数（宗）	交易额（万元）	交易增减值	
				增值金额（万元）	节约金额（万元）
1	资产股权类	29	2039.94	—	—
	合计	29	2039.94	—	—

晋城市产权交易市场 2018 年交易数据

业务分类	交易数（宗）	成交金额（万元）
交易类业务：		
产股权	2	283.12
资产交易	—	1059.38
合计	2	1342.50
非交易类业务：		
资产租赁	—	231.68
合计	—	231.68

晋城市产权交易市场 2019 年交易数据

| 序号 | 交易类别 | 交易数（宗） | 交易额（万元） | 交易增减值 | |
				增值金额（万元）	节约金额（万元）
1	资产股权类	13	1703.51	—	—
	合计	13	1703.51	—	—

济南产权交易中心 2018 年交易数据

业务分类	交易数（宗）	成交金额（万元）
交易类业务：		
产股权	6	1417.47
资产交易	26	39948.90
合计	32	41366.37
非交易类业务：		
资产租赁	4	150.78
招标采购	1	351.20
合计	5	501.98

济南产权交易中心 2019 年交易数据

| 序号 | 交易类别 | 交易数（宗） | 交易额（万元） | 交易增减值 | |
				增值金额（万元）	节约金额（万元）
1	资产股权类	66	21922.08	—	—
	合计	66	21922.08	—	—

常州产权交易所 2018 年交易数据

业务分类	交易数（宗）	成交金额（万元）
交易类业务：		
产股权	22	76249.57
资产交易	324	32511.84
金融产品	18	14799.79
融资服务	1	1520.00
农村产权	412	3545.52
合计	777	128626.72
非交易类业务：		
资产租赁	114	21100.86
合计	114	21100.86

常州产权交易所 2019 年交易数据

序号	交易类别	交易数（宗）	交易额（万元）	交易增减值	
				增值金额（万元）	节约金额（万元）
1	资产股权类	1443	113007.56	—	—
	合计	1443	113007.56	—	—

河南中原产权交易有限公司 2018 年交易数据

业务分类	交易数（宗）	成交金额（万元）
交易类业务：		
产股权	27	193053.33
资产交易	26	29254.37
合计	53	222307.70
非交易类业务：		
资产租赁	1	125.00
合计	1	125.00

河南中原产权交易有限公司 2019 年交易数据

序号	交易类别	交易数（宗）	交易额（万元）	交易增减值	
				增值金额（万元）	节约金额（万元）
1	资产股权类	85	427487.84	—	—
2	招标采购类	132	58097.66	—	—
	合计	217	485585.50	—	—

山西省产权交易中心 2018 年交易数据

业务分类	交易数（宗）	成交金额（万元）
交易类业务：		
产股权	32	56983.61
资产交易	1764	54586.23
诉讼资产	1412	40006.19
金融产品	473	3764776.68
环境权益	24	52744.23
农村产权	24	559.25
合计	3729	3969656.19
非交易类业务：		
资产租赁	30	2734.05
合计	30	2734.05

山西省产权交易中心 2019 年交易数据

| 序号 | 交易类别 | 交易数（宗） | 交易额（万元） | 交易增减值 | |
				增值金额（万元）	节约金额（万元）
1	资产股权类	1451	2499763.41	—	—
2	环境权类	51	215891.71	—	—
3	招标采购类	94	8790.76	—	—
	合计	1596	2724445.88	—	—

大连产权交易所 2018 年交易数据

业务分类	交易数（宗）	成交金额（万元）
交易类业务：		
产股权	11	57968.20
资产交易	292	104403.76
金融产品	8	72828.82
文化产权	26	2258.99
矿权	1	17670.00
合计	338	255129.77
非交易类业务：		
资产租赁	30	510.30
招标采购	5	1718.47
合计	35	2228.77

大连产权交易所 2019 年交易数据

序号	交易类别	交易数（宗）	交易额（万元）	交易增减值	
				增值金额（万元）	节约金额（万元）
1	资产股权类	574	167335.31	—	—
2	自然资源类	5	216.85	108.31	—
3	环境权类	18	4348.42	—	—
4	招标采购类	2	236.04	—	13.96
	合计	599	172136.62	108.31	13.96

盐城公共资源交易中心 2018 年交易数据

业务分类	交易数（宗）	成交金额（万元）
交易类业务：		
产股权	5	5092.78
资产交易	3	5027.27
合计	8	10120.05
非交易类业务：		
资产租赁	1	283.73
合计	1	283.73

盐城公共资源交易中心 2019 年交易数据

序号	交易类别	交易数（宗）	交易额（万元）	交易增减值	
				增值金额（万元）	节约金额（万元）
1	资产股权类	20	122198.93	—	—
	合计	20	122198.93	—	—

黑龙江农垦农信产权交易有限公司 2018 年交易数据

业务分类	交易数（宗）	成交金额（万元）
交易类业务：		
产股权	2	1150.00
资产交易	84	9727.93
合计	86	10877.93

黑龙江农垦农信产权交易有限公司 2019 年交易数据

序号	交易类别	交易数（宗）	交易额（万元）	交易增减值	
				增值金额（万元）	节约金额（万元）
1	资产股权类	115	14578.50	—	—
2	自然资源类	1	135.00	—	—
	合计	116	14713.50	—	—

长治市产权交易市场有限公司 2018 年交易数据

业务分类	交易数（宗）	成交金额（万元）
交易类业务：		
产股权	1	7.36
资产转让	37	23468.13
合计	38	23475.49
非交易类业务：		
资产租赁	12	371.22
合计	12	371.22

长治市产权交易市场有限公司 2019 年交易数据

序号	交易类别	交易数（宗）	交易额（万元）	交易增减值	
				增值金额（万元）	节约金额（万元）
1	资产股权类	67	17768.31	—	—
2	环境权类	1	4650.00	—	—
	合计	68	22418.31	—	—

连云港市产权交易所 2018 年交易数据

业务分类	交易数（宗）	成交金额（万元）
交易类业务：		
产股权	9	72281.04
资产交易	13	4811.25
合计	22	77092.29

连云港市产权交易所 2019 年交易数据

序号	交易类别	交易数（宗）	交易额（万元）	交易增减值	
				增值金额（万元）	节约金额（万元）
1	资产股权类	129	103285.67	—	—
	合计	129	103285.67	—	—

烟台联合产权交易中心 2018 年交易数据

业务分类	交易数（宗）	成交金额（万元）
交易类业务：		
产股权	9	39754.63
资产交易	20	22270.52
诉讼资产	2	4.91
金融产品	3	38549.86
融资服务	1	420.00
合计	35	100999.92
非交易类业务：		
资产租赁	5	200.37
招标采购	43	17480.61
合计	48	17680.98

烟台联合产权交易中心 2019 年交易数据

序号	交易类别	交易数（宗）	交易额（万元）	交易增减值	
				增值金额（万元）	节约金额（万元）
1	资产股权类	62	205472.09	—	—
2	招标采购类	7	5303.64	—	117.36
	合计	69	210775.73	—	117.3

西安产权交易中心 2018 年交易数据

业务分类	交易数（宗）	成交金额（万元）
交易类业务：		
产股权	16	71318.65
资产交易	41	8867.60
合计	57	80186.25

西安产权交易中心 2019 年交易数据

序号	交易类别	交易数（宗）	交易额（万元）	交易增减值	
				增值金额（万元）	节约金额（万元）
1	资产股权类	102	88602.22	—	—
	合计	102	88602.22	—	—

南平市产权交易中心 2018 年交易数据

业务分类	交易数（宗）	成交金额（万元）
交易类业务：		
资产交易	111	4010.20
矿权	1	70.00
合计	112	4080.20
非交易类业务：		
资产租赁	321	15085.90
合计	321	15085.90

南平市产权交易中心 2019 年交易数据

序号	交易类别	交易数（宗）	交易额（万元）	交易增减值	
				增值金额（万元）	节约金额（万元）
1	资产股权类	512	22151.83	—	—
2	自然资源类	15	1076.00	114.00	—
	合计	527	23227.83	114.00	—

临汾地区资产调剂产权交易中心 2018 年交易数据

业务分类	交易数（宗）	成交金额（万元）
交易类业务：		
资产交易	3	753.22
合计	3	753.22

临汾地区资产调剂产权交易中心 2019 年交易数据

序号	交易类别	交易数（宗）	交易额（万元）	交易增减值	
				增值金额（万元）	节约金额（万元）
1	资产股权类	1	419.00	—	—
	合计	1	419.00	—	—

大同市产权交易中心 2018 年交易数据

业务分类	交易数（宗）	成交金额（万元）
交易类业务：		
资产交易	19	116.55
合计	19	116.55
非交易类业务：		
资产租赁	5	15.50
合计	5	15.50

大同市产权交易中心 2019 年交易数据

序号	交易类别	交易数（宗）	交易额（万元）	交易增减值	
				增值金额（万元）	节约金额（万元）
1	资产股权类	25	1400.68	—	—
	合计	25	1400.68	—	—

甘肃省文化产权交易中心 2018 年交易数据

业务分类	交易数（宗）	成交金额（万元）
交易类业务：		
产股权	1	45.00
资产交易	2	569.35
文化产权	9	680.21
合计	12	1294.56

甘肃省文化产权交易中心 2019 年交易数据

序号	交易类别	交易数（宗）	交易额（万元）	交易增减值	
				增值金额（万元）	节约金额（万元）
1	资产股权类	11	11064.28	—	—
	合计	11	11064.28	—	—

泉州产权交易中心 2018 年交易数据

业务分类	交易数（宗）	成交金额（万元）
交易类业务：		
产股权	4	2794.00
资产交易	121	4492.00
公共资源	37	254179.00
融资服务	1	2012.00
合计	163	263597.00
非交易类业务：		
资产租赁	978	43856.00
招标采购	16	23720.00
合计	994	67576.00

泉州产权交易中心 2019 年交易数据

序号	交易类别	交易数（宗）	交易额（万元）	交易增减值	
				增值金额（万元）	节约金额（万元）
1	资产股权类	1520	117647.00	—	—
2	自然资源类	14	588574.00	151543.00	—
3	招标采购类	48	29910.00	—	447.00
	合计	1582	736131.00	151543.00	447.00

绍兴市公共资源交易中心 2018 年交易数据

业务分类	交易数（宗）	成交金额（万元）
交易类业务：		
产股权	2	185.22
资产交易	9	2190.15
公共资源	11	29691.00
合计	22	32066.37
非交易类业务：		
资产租赁	35	5541.52
合计	35	5541.52

绍兴市公共资源交易中心 2019 年交易数据

序号	交易类别	交易数（宗）	交易额（万元）	交易增减值	
				增值金额（万元）	节约金额（万元）
1	资产股权类	316	60321.22	—	—
2	招标采购类	80	52303.66	—	—
	合计	396	112624.88		

株洲市产权交易中心 2018 年交易数据

业务分类	交易数（宗）	成交金额（万元）
交易类业务：		
产股权	6	25009.00
诉讼资产	211	69300.00
金融产品	5	353.80
合计	222	94662.80
非交易类业务：		
资产租赁	1	1150.00
合计	1	1150.00

株洲市产权交易中心 2019 年交易数据

序号	交易类别	交易数（宗）	交易额（万元）	交易增减值	
				增值金额（万元）	节约金额（万元）
1	资产股权类	78	140749.85	—	—
	合计	78	140749.85		

银川产权交易中心 2018 年交易数据

业务分类	交易数（宗）	成交金额（万元）
交易类业务：		
资产交易	3	11600.00
合计	3	11600.00

银川产权交易中心 2019 年交易数据

序号	交易类别	交易数（宗）	交易额（万元）	交易增减值	
				增值金额（万元）	节约金额（万元）
1	资产股权类	7	97.09	—	—
	合计	7	97.09		

西藏产权交易中心 2018 年交易数据

业务分类	交易数(宗)	成交金额(万元)
交易类业务:		
产股权	2	48565.20
资产交易	17	7813.27
诉讼资产	23	1353.42
金融产品	1	7102.56
合计	43	64834.45
非交易类业务:		
资产租赁	1	285.00
合计	1	285.00

西藏产权交易中心 2019 年交易数据

序号	交易类别	交易数(宗)	交易额(万元)	交易增减值	
				增值金额(万元)	节约金额(万元)
1	资产股权类	445	67100.92	—	—
	合计	445	67100.92	—	—

义乌产权交易所 2018 年交易数据

业务分类	交易数(宗)	成交金额(万元)
交易类业务:		
产股权	887	200885.00
资产交易	308	43395.37
农村产权	37	7618.04
合计	1232	251898.41
非交易类业务:		
资产租赁	264	5334.74
招标采购	289	50413.10
合计	553	55747.84

包头产权交易中心 2019 年交易数据

序号	交易类别	交易数（宗）	交易额（万元）	交易增减值	
				增值金额（万元）	节约金额（万元）
1	资产股权类	33	10170.36	—	—
	合计	33	10170.36	—	—

山东潍坊产权交易中心 2019 年交易数据

序号	交易类别	交易数（宗）	交易额（万元）	交易增减值	
				增值金额（万元）	节约金额（万元）
1	资产股权类	50	25905.78	—	—
	合计	50	25905.78	—	—

中国林业产权交易中心 2018 年交易数据

业务分类	交易数（宗）	成交金额（万元）
交易类业务：		
大宗林产品交易	146	49.90
合计	146	49.90

太原公共资源拍卖中心 2018 年交易数据

业务分类	交易数（宗）	成交金额（万元）
交易类业务：		
资产交易	12	217.20
金融产品	11	154312.62
公共资源	1	142000.00
合计	24	296529.82
非交易类业务：		
资产租赁	1	290.00
合计	1	290.00

中国产权市场年鉴 2019—2020

China Property Rights Exchanging Capital Market Yearbook 2019–2020

附 录

产权交易资本市场国有资产交易指数

1. 产股权交易综合指数

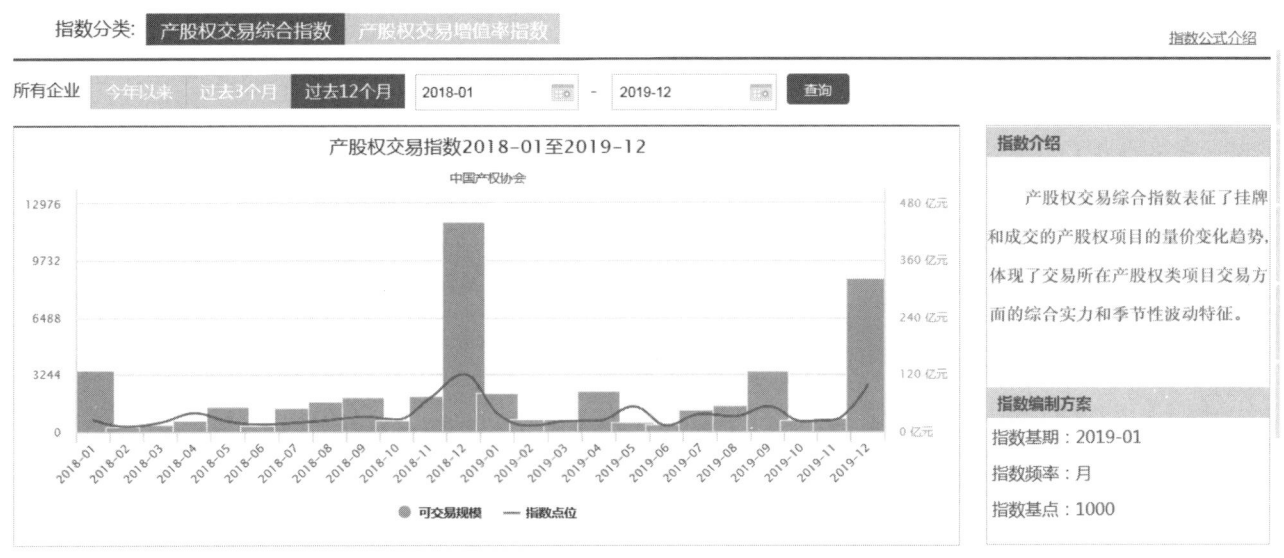

2. 产股权交易增值率指数

3. 实物资产交易综合指数（房产交易）

4. 实物资产交易综合指数（不动产及土地使用权交易）

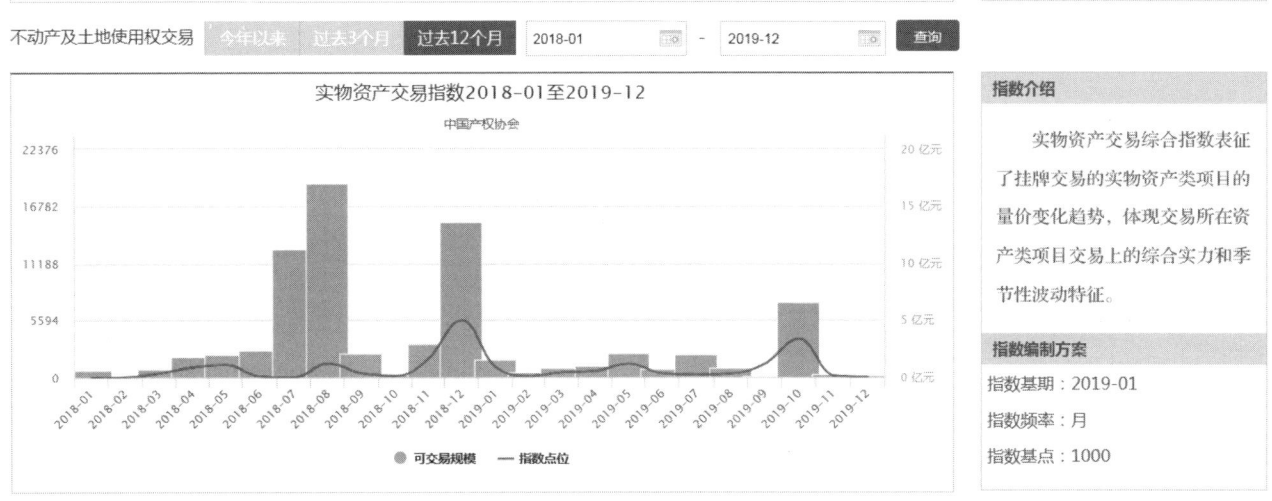

5. 实物资产交易综合指数（交通运输设备交易）

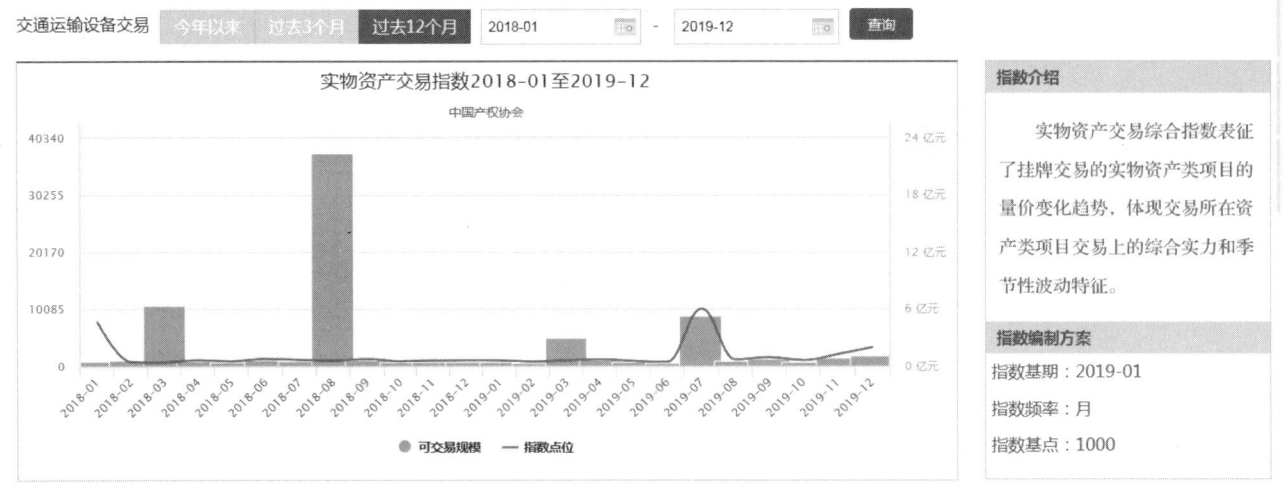

6. 实物资产交易综合指数（机械设备交易）

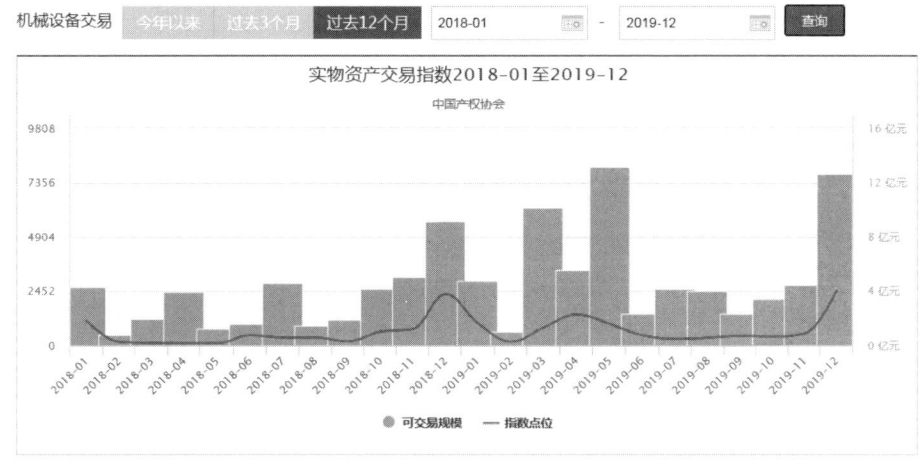

7. 实物资产交易综合指数（低效无效处置）

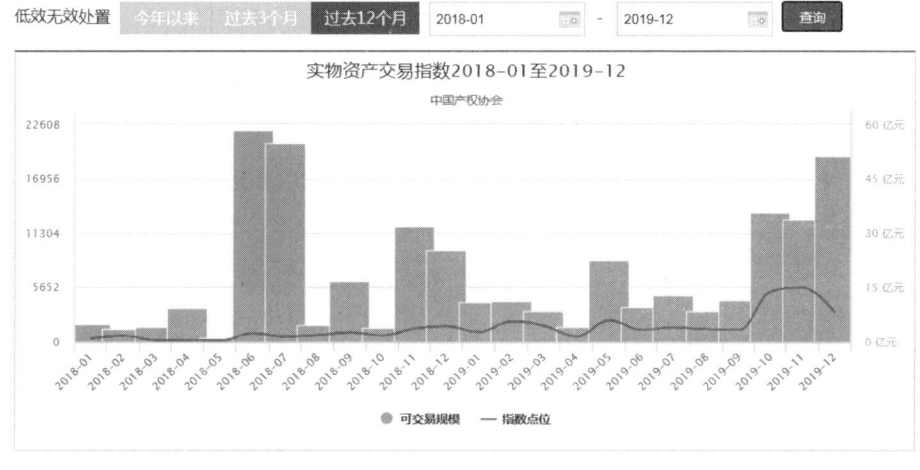

8. 增资交易综合指数

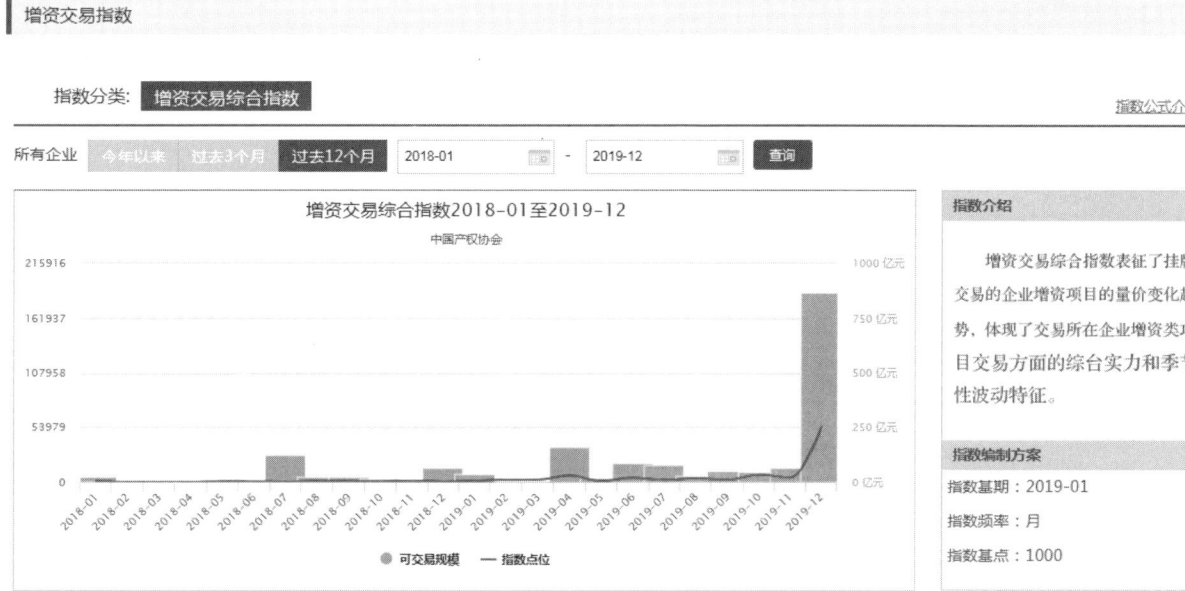

9. 混合所有制交易综合指数

10. 混合所有制交易增值率指数

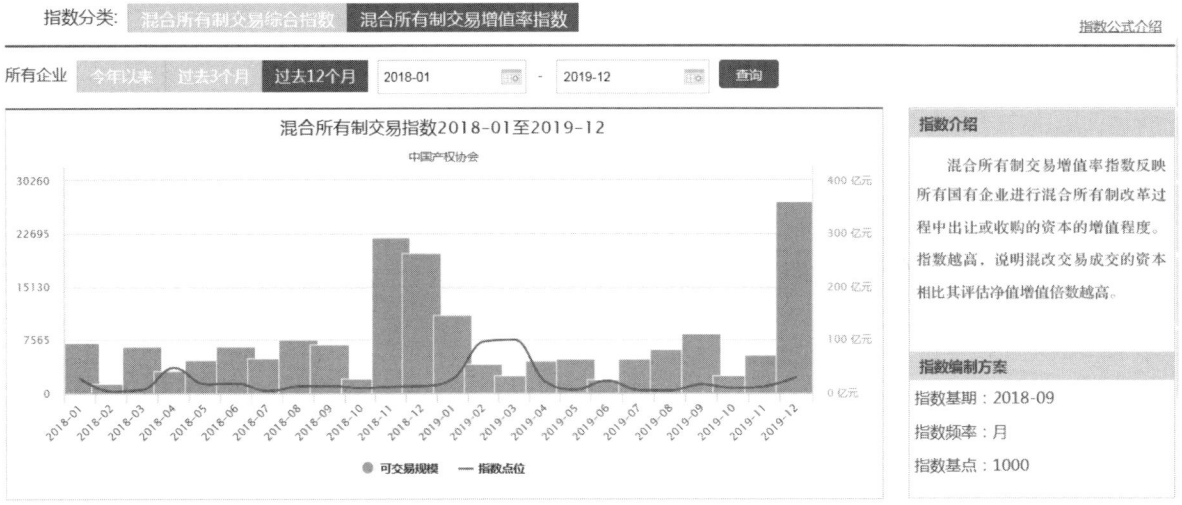

11. 金融资产价格交易指数

12. 金融资产景气交易指数

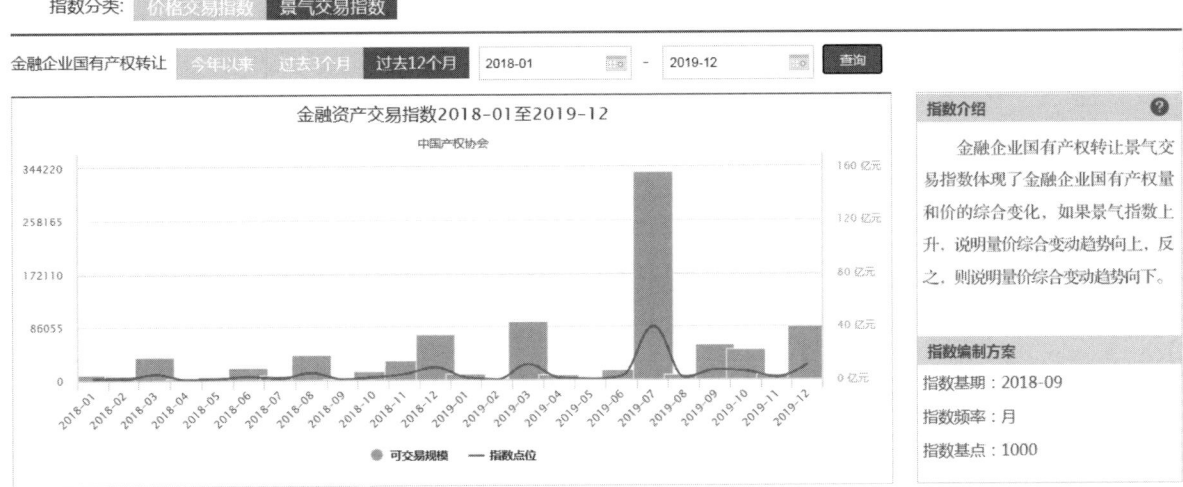

13. 国有资本结构调整指数（产股权结构调整）

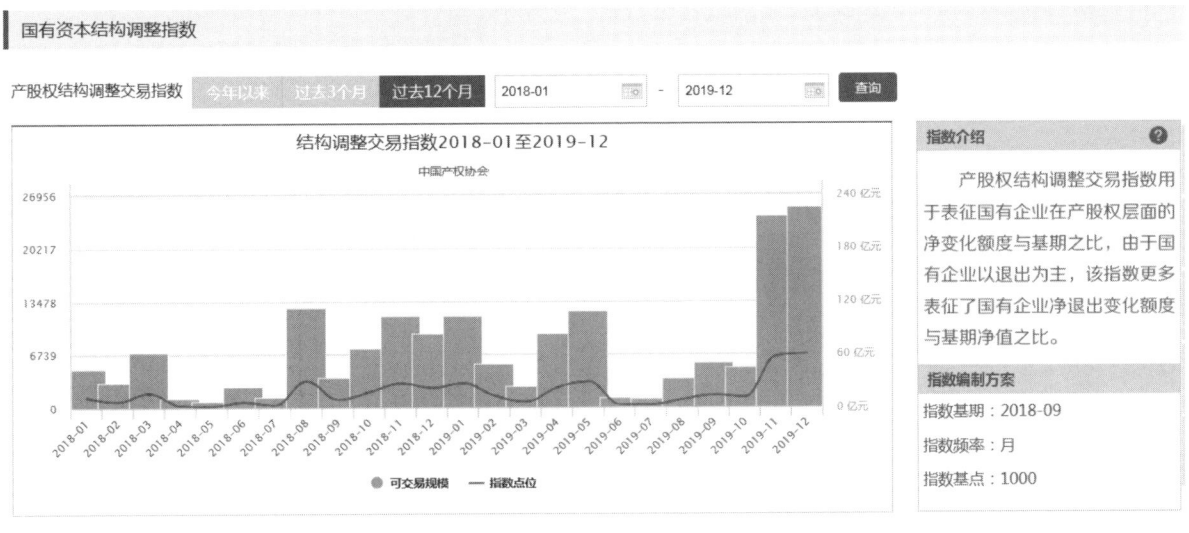

14. 国有资本结构调整指数（产能结构调整）

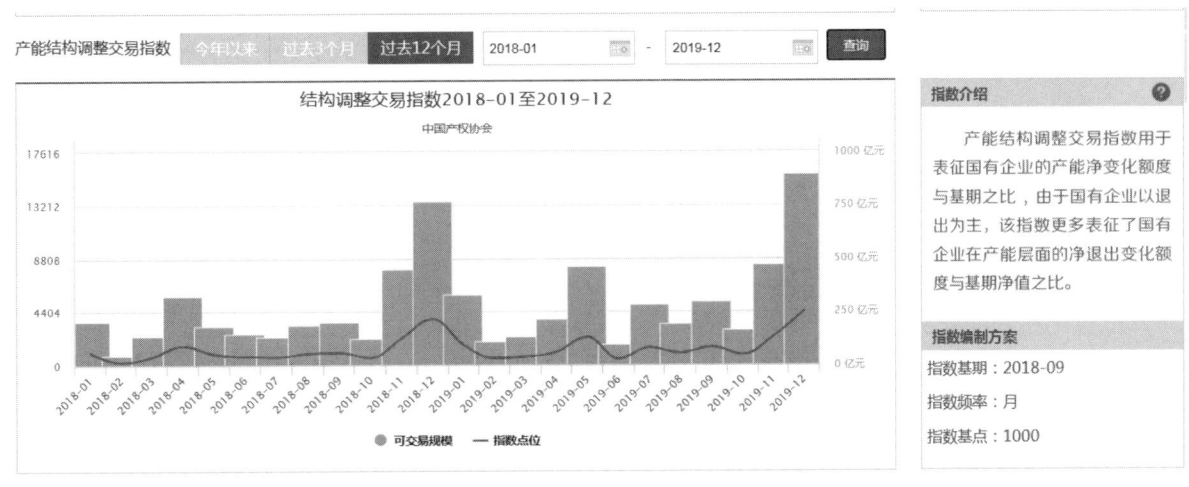

15. 第一产业指数

16. 第二产业指数

17. 第三产业指数

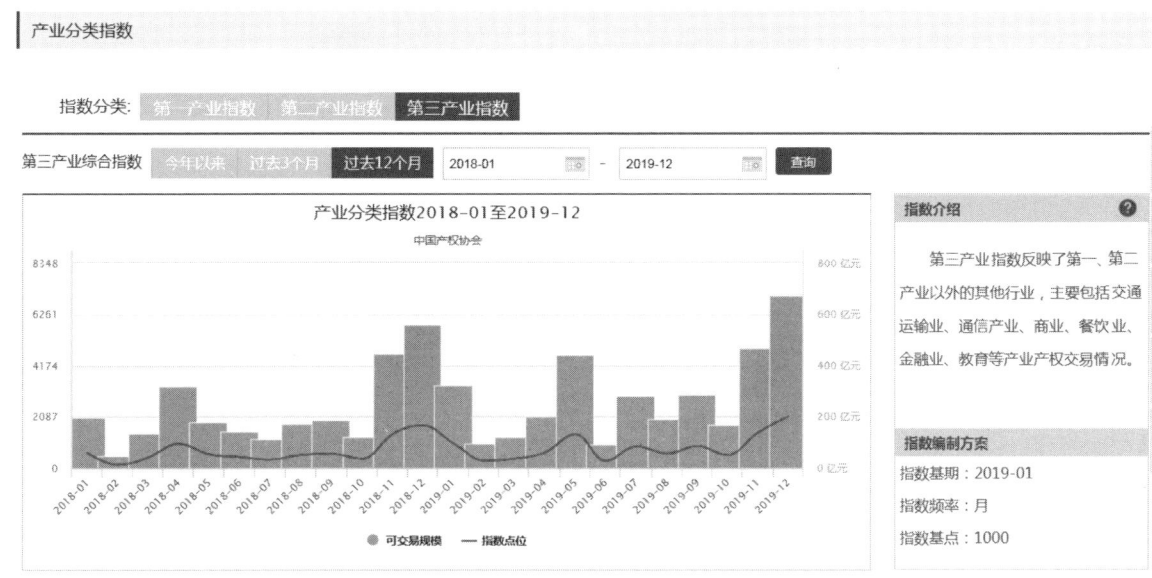

18. 京津冀区域指数

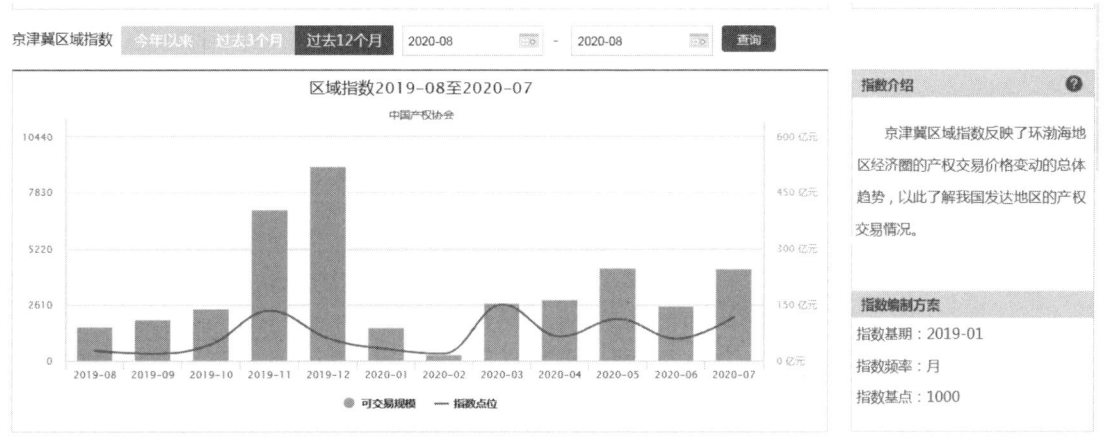

19. 长三角一体化区域指数

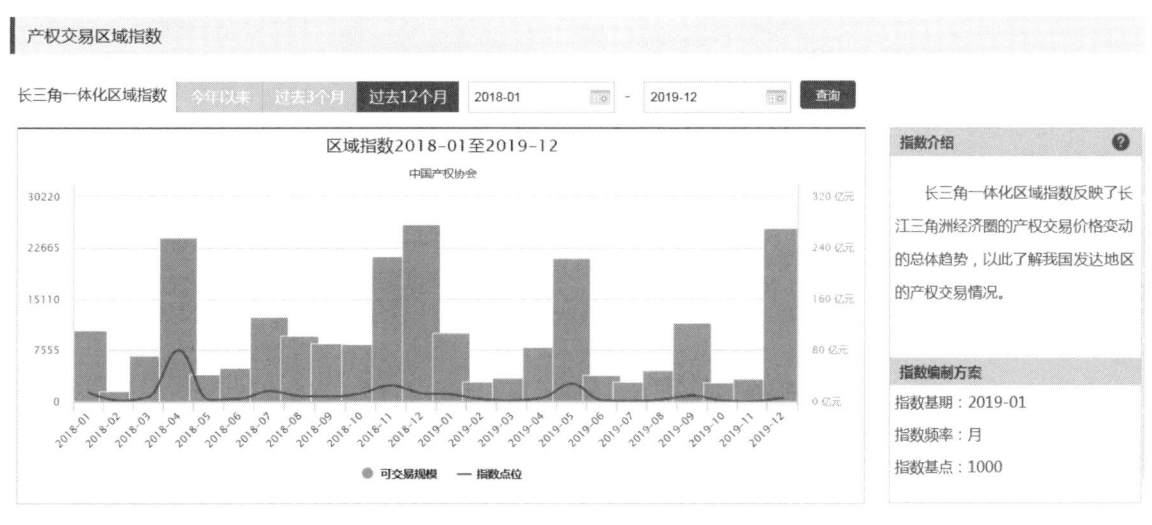

20. 粤港澳大湾区区域指数

21. 市场交易热点指数（股权交易增值指数）

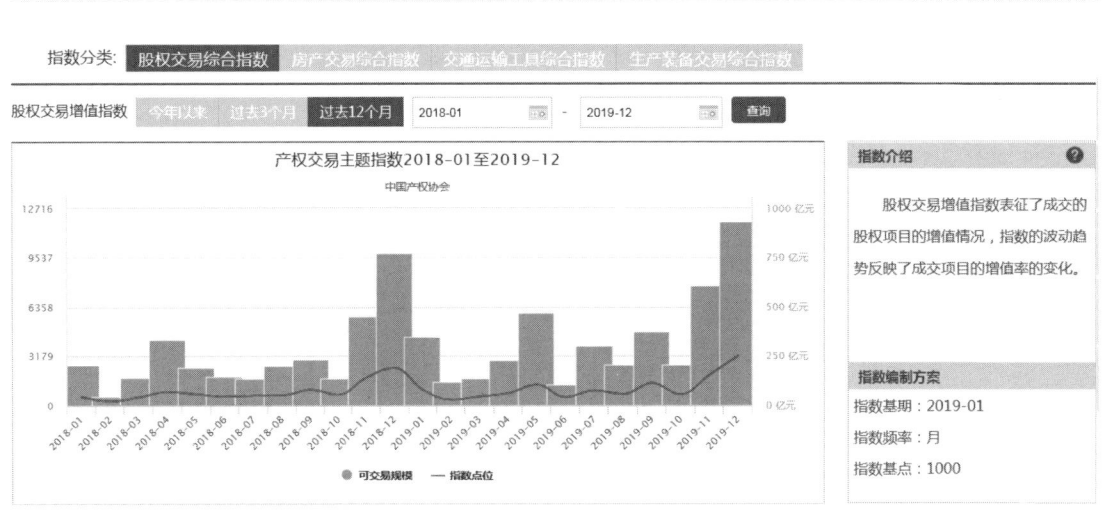

22. 市场交易热点指数（房产交易增值指数）

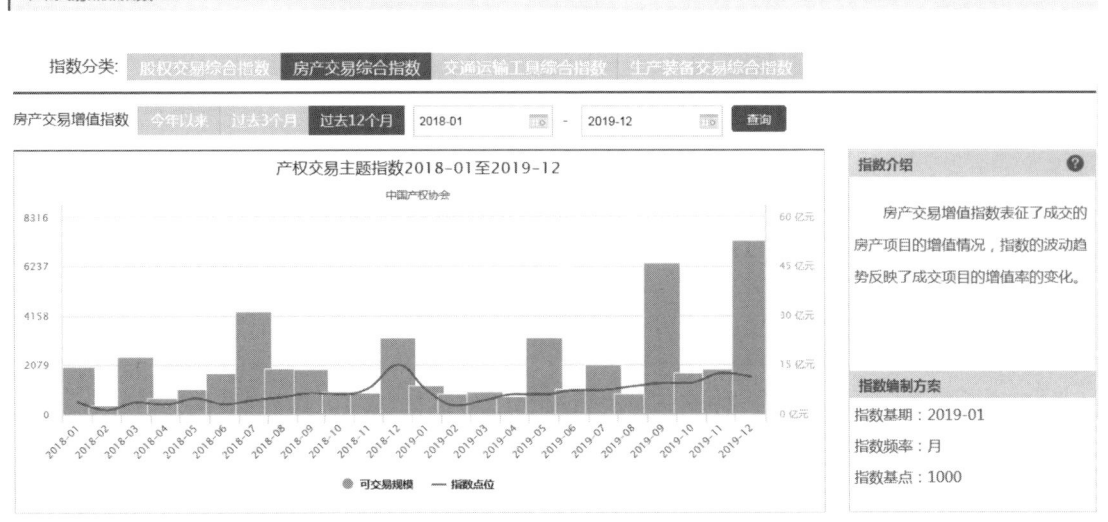

23. 市场交易热点指数（交通运输类资产交易增值指数）

24. 市场交易热点指数（生产装备类资产交易增值指数）

2018—2019年企业国有产权交易相关地方性法规及文件一览

序号	发文部门	法规及文件	法规文号	颁布日期
1	国务院国资委	关于印发《中央企业混合所有制改革操作指引》的通知	国资产权〔2019〕653号	2019年11月8日
2	国务院国资委	《国务院关于印发改革国有资本授权经营体制方案的通知》	国发〔2019〕9号	2019年4月20日
3	国务院国资委	关于印发《国务院国资委授权放权清单（2019年版）》的通知	国资发改革〔2019〕52号	2019年6月5日
4	国务院国资委	《中央企业国有资本经营预算支出执行监督管理暂行办法》	国资发资本规〔2019〕92号	2019年10月12日
5	国务院国资委	关于进一步推动构建国资监管大格局有关工作的通知	国资发法规〔2019〕117号	2019年11月29日
6	国务院国资委	关于进一步做好中央企业控股上市公司股权激励工作有关事项的通知	国资发考分规〔2019〕102号	2019年11月11日
7	国务院国资委	关于印发《国务院国资委关于以管资本为主加快国有资产监管职能转变的实施意见》的通知	国资发法规〔2019〕114号	2019年11月7日
8	国务院国资委	国务院国资委办公厅关于进一步明确非上市股份有限公司国有股权管理有关事项的通知	国资厅产权〔2018〕760号	2018年11月19日
9	北京市国资委	北京市人民政府国有资产监督管理委员会关于深化企业国有资产评估管理改革工作有关事项的通知		2019年3月20日
10	北京市国资委	关于印发《市属国有企业混合所有制改革操作指引》的通知		2019年8月13日
11	北京市国资委	关于印发《市属国有企业公司制改制工作实施方案》的通知		2019年8月27日
12	北京市国资委	关于印发《北京市人民政府国有资产监督管理委员会关于推进市管企业信息公开的实施意见》的通知	京国资发〔2019〕23号	2019年11月26日
13	天津市国资委	关于印发《混合所有制企业国有股权代表管理指导意见》的通知		2019年12月14日
14	天津市国资委	关于印发《天津市国资委监管企业国有资产评估管理办法》的通知	津国资〔2018〕5号	2018年2月13日
15	内蒙古自治区国资委	关于印发《内蒙古自治区深化国资国企改革两年攻坚行动方案（2019—2020年）》的通知	内国资发〔2019〕7号	2019年6月5日
16	内蒙古自治区国资委	内蒙古自治区人民政府国有资产监督管理委员会关于印发《内蒙古自治区区属国有资本布局结构调整规划方案》的通知	内国资发〔2019〕8号	2019年4月29日
17	内蒙古自治区国资委	内蒙古自治区企业国有资产监督管理条例		2018年3月31日
18	辽宁省国资委	辽宁省企业国有资产监督管理条例		2019年7月30日

续表

序号	发文部门	法规及文件	文号	颁布日期
19	吉林省国资委	关于印发《吉林省国资委监管企业投资监督管理办法》及《省国资委监管企业投资项目负面清单》的通知		2018年9月7日
20	上海市国资委	上海市国有资产监督管理委员会关于重新发布《上海市国有企业产权无偿划转暂行办法》等27个规范性文件的通知	沪国资委法规〔2019〕112号	2019年5月27日
21	上海市国资委	关于印发《关于全面推进上海法治国企建设的意见》的通知	沪国资委法规〔2019〕277号	2019年10月15日
22	上海市国资委	关于印发《上海市国资委推进市属国有企业信息公开的指导意见》的通知	沪国资委办〔2019〕85号	2018年4月29日
23	上海市国资委	关于印发《上海市国资委监管企业合规管理指引（试行）》的通知	沪国资委法规〔2018〕464号	2018年12月28日
24	江苏省国资委	关于印发《省属企业合规管理指引（试行）》的通知		2019年11月6日
25	江苏省国资委	江苏省国资委关于省属企业与所控股上市公司实施资产、产权置换有关事项的通知		2018年1月31日
26	浙江省国资委	关于加强浙江省国有企业资产负债约束的实施意见	浙国资发〔2019〕7号	2019年9月25日
27	安徽省国资委	关于印发《安徽省国资委授权放权清单（2019年版）》的通知		2019年11月13日
28	安徽省国资委	省国资委关于省属企业发展混合所有制经济的若干意见		2018年5月28日
29	福建省国资委	福建省人民政府国有资产监督管理委员会关于印发《所出资企业境外国有资产交易监督管理办法》的通知	闽国资产权〔2019〕8号	2019年1月22日
30	福建省国资委	福建省人民政府国有资产监督管理委员会关于印发《所出资企业国有资产交易监督管理办法》的通知	闽国资产权〔2019〕4号	2019年1月17日
31	江西省国资委	关于印发《江西省百户国企混改攻坚行动方案》的通知		2019年9月29日
32	江西省国资委	江西省国资委出资监管企业国有产权代表管理办法		2018年11月2日
33	江西省国资委	关于印发《江西省国资委出资监管企业混合所有制改革操作指引（试行）》的通知	赣国资企改字〔2018〕96号	2018年4月27日
34	江西省国资委	江西省人民政府办公厅关于转发省国资委以管资本为主推进职能转变方案的通知		2018年1月16日
35	河南省国资委	关于选定全省企业国有资产交易机构的通知	豫国资产权〔2018〕4号	2018年3月19日
36	湖北省国资委	关于印发《省政府国资委出资企业资产租赁管理暂行办法》的通知	鄂国资产权〔2019〕12号	2019年3月11日
37	湖北省国资委	《湖北省政府国资委出资企业违规经营投资责任追究实施办法（试行）》	鄂国资监督〔2019〕89号	2019年12月31日
38	湖南省国资委	湖南省人民政府办公厅关于转发湖南省国资委以管资本为主推进职能转变方案的通知		2019年9月20日
39	广东省国资委	广东省人民政府关于印发广东省推进国有资本投资、运营公司改革试点实施方案的通知	粤府〔2019〕19号	2019年3月13日
40	广东省国资委	广东省人民政府办公厅关于转发广东省国资委以管资本为主推进职能转变方案的通知	粤府办〔2018〕30号	2018年7月26日
41	广西壮族自治区国资委	自治区国资委关于印发《自治区国资委授权放权清单（2019年版）》的通知		2019年9月30日

续表

序号	发文部门	法规及文件	文号	颁布日期
42	广西壮族自治区国资委	关于印发广西壮族自治区国有企业混合所有制改革操作指引的通知		2019年9月16日
43	广西壮族自治区国资委	关于印发《广西壮族自治区人民政府国有资产监督管理委员会履行出资人职责企业境外投资管理暂行办法》的通知		2018年8月23日
44	广西壮族自治区国资委	自治区国资委、自治区财政厅关于印发广西壮族自治区企业国有资产交易监督管理办法的通知		2018年2月13日
45	海南省国资委	中共海南省委办公厅、海南省人民政府办公厅印发《关于完善产权保护制度依法保护产权的实施意见》的通知	琼办发〔2019〕103号	2019年9月4日
46	重庆市国资委	关于印发《重庆市市属国有企业境外经营合规管理指引（试行）》的通知	渝国资发〔2019〕18号	2019年11月5日
47	重庆市国资委	关于印发《重庆市市属国有企业合规管理指引（试行）》的通知	渝国资发〔2019〕17号	2019年11月1日
48	重庆市国资委	关于印发《重庆市国资委授权放权清单》的通知	渝国资发〔2019〕16号	2019年10月23日
49	四川省国资委	四川省政府国有资产监督管理委员会关于印发《四川省国资委所出资企业混合所有制改革操作指引（试行）》的通知		2019年7月4日
50	四川省国资委	四川省人民政府办公厅关于转发四川省国资委以管资本为主推进职能转变方案的通知	川办发〔2018〕68号	2018年9月3日
51	四川省国资委	关于印发《四川省企业国有资产交易监督管理办法》的通知		2018年1月23日
52	四川省国资委	四川省人民政府办公厅关于进一步推动省属企业结构调整和重组的实施意见		2018年8月30日
53	贵州省国资委	省国资委关于印发《贵州省国有企业违规经营投资责任追究暂行办法》的通知	黔国资通法规〔2019〕158号	2019年8月3日
54	贵州省国资委	省国资委关于印发十大监管机制的通知	黔国资通法规〔2019〕134号	2019年5月26日
55	陕西省国资委	陕西省人民政府关于印发推进国有资本投资、运营公司改革试点实施方案的通知	陕政发〔2019〕21号	2019年12月22日
56	陕西省国资委	陕西省人民政府办公厅关于转发省国资委以管资本为主推进职能转变方案的通知	陕政办发〔2018〕72号	2019年2月26日
57	陕西省国资委	陕西省人民政府办公厅关于印发深入实施国企国资改革攻坚加快推动高质量发展三年行动方案（2018—2020年）的通知	陕政办发〔2018〕61号、陕规〔2018〕35号	2018年11月5日
58	甘肃省国资委	甘肃省人民政府印发关于国有资本投资、运营公司改革试点实施方案的通知	甘政发〔2019〕43号	2019年9月25日
59	甘肃省国资委	甘肃省人民政府印发关于改革国有资本授权经营体制实施方案的通知	甘政发〔2019〕42号	2019年9月25日
60	甘肃省国资委	2018年省政府国资委推进国资监管法治机构建设工作要点	甘国资法规发〔2018〕237号	2018年5月14日
61	宁夏回族自治区国资委	自治区人民政府办公厅关于进一步完善国有企业法人治理结构的实施意见	宁政办发〔2019〕51号	2019年9月4日
62	宁夏回族自治区国资委	自治区人民政府办公厅关于印发宁夏回族自治区公共资源交易目录的通知	宁政办规发〔2018〕16号	2018年11月29日
63	新疆生产建设兵团国资委	新疆维吾尔自治区人民政府关于国有控股混合所有制企业开展员工持股试点的实施意见	新国资发〔2017〕473号	2018年6月7日